# Handbuch
# Trainingslehre

# Handbuch Trainingslehre

Dietrich Martin
Klaus Carl
Klaus Lehnertz

VERLAG HOFMANN SCHORNDORF

Die Deutsche Bibliothek — CIP-Einheitsaufnahme

**Martin, Dietrich:**
Handbuch Trainingslehre / Dietrich Martin; Klaus Carl; Klaus Lehnertz.
— 2., unveränd. Aufl. — Schorndorf: Hofmann, 1993
(Beiträge zur Lehre und Forschung im Sport; 100)
ISBN 3-7780-4002-2
NE: Carl, Klaus:; Lehnertz, Klaus:; GT

Bestellnummer 4002

© *1991 by Verlag Karl Hofmann, 7060 Schorndorf*

**2., unveränderte Auflage 1993**

*Zeichnungen: Bernhard Martin*

*Erschienen als Band 1000 der „Beiträge zur Lehre und Forschung im Sport"*

*Gesamtherstellung in der Hausdruckerei des Verlags*
*Printed in Germany · ISBN 3-7780-4002-2*

# Inhaltsverzeichnis

# Vorwort

Das hier vorliegende HANDBUCH TRAININGSLEHRE ist weder eine Überarbeitung, Fortschreibung, noch eine Neuauflage der beiden Bände „Grundlagen der Trainingslehre" von D. MARTIN. Es ist ein völlig neues und und nur geringfügig an diesen Vorgängern orientiertes Buch. Im Verlaufe einer vierjährigen intensiven Auseinandersetzung mit neueren trainingswissenschaftlichen Erkenntnissen entstand aus der Kooperation dreier Autoren trotz teilweise unterschiedlicher Ansätze und Zugangsweisen schließlich ein Konzept einer völlig neuen Bearbeitung des Gegenstandsbereiches, das in seiner theoretischen Orientierung und inhaltlichen Systematik einen anderen Weg beschreitet, wie die gegenwärtig gängigen Trainingslehren anderer Autoren.

Hauptmotiv bei der Erarbeitung dieser neuen Trainingslehre war die Überzeugung der Autoren, daß der Erkenntnisstand trainingswissenschaftlicher Forschung, die für die Trainingstheorie aus naturwissenschaftlichen Erkenntnissen ableitbaren Belege und die Erfahrungen der Trainingspraxis sich in den letzten Jahren erheblich erweitert, ja teilweise umorientiert hatten, und deshalb eine grundsätzliche Überarbeitung und Revision der Theorie der Trainingslehre erforderlich wurde. Dieses Buch versucht nun, diesem Motiv gerechtzuwerden. Dabei verkennen die Autoren nicht, daß der vorgegebene Umfang und auch die offenen Fragen formale und aussagemäßige Einschränkungen verursachen mußten.

Das leitende Arbeitsprinzip war für die Autoren die wissenschaftliche bzw. theoretische Begründung der hier getroffenen Aussagen und Trainingsregeln. Denn immer da, wo diese Aussagen und Regeln durch naturwissenschaftliche, trainingswissenschaftliche, psychologische Erkenntnisse, Theorien oder Modelle abgeleitet oder abgesichert werden konnten, ist dies verantwortungsbewußt geschehen. Dieses Arbeitsprinzip verleiht diesem Buch, das zwar auch den Anspruch hat, ein Lehrbuch zu sein, nach unserer Auffassung zusätzlich den Charakter eines „Handbuches". Den Autoren ging es nämlich nicht nur darum, ein Lehrbuch der Trainingslehre vorzulegen, sondern darum, den Inhalt so zu begründen und zu detaillieren, daß dieses Buch auch als Nachschlagewerk im Sinne eines Handbuches fungieren kann. Wir hoffen, daß diese Synthese gelungen ist.

Zwei Themenbereiche, deren hohe Affinität zum Trainingsprozeß unbestritten ist, haben wir bewußt ausgeklammert: die psychologischen und pädagogischen Aspekte des Trainings. Für diese Entscheidung liegen mehrere Gründe vor. Erstens gibt es zu diesen Themen sehr gute Veröffentlichungen mit kompetenteren Autoren, so die Bearbeitung psychologischer Trainingsprobleme bei KUNATH u. a. (1972 u. 1974), GABLER / EBERSPÄCHER / HAHN / KERN / SCHILLING (1979) und die beiden Studienbriefe von EBERSPÄCHER (1988) und GABLER (1988) sowie die Bearbeitung pädagogischer Grundlagen des Trainings im Studienbrief von KURZ (1988). Zweitens hätte eine detaillierte Bearbeitung dieser Themen den Rahmen dieses Buches gesprengt. Und drittens ging es uns aber auch darum, die originären Gegenstandsbereiche der Trainingslehre gegenüber anderen sportwissenschaftlichen Disziplinen inhaltlich konkret abzugrenzen. Wobei nicht verkannt werden soll, daß sich der Rahmen des Gegenstandsbereiches der Trainingslehre sicherlich unterschiedlich eng oder weit abstecken läßt. Wir haben ihn inhaltlich so festgelegt, wie er in diesem Buch vorgestellt wird und wissen, daß die Entscheidung über den Gegenstandsbereich der Trainingslehre auch hätte weiter gefaßt werden können.

Dank zollen wir Marion Grüber, Jürgen Nicolaus, Stefan Weigelt, Bernward Winter, alle sind sie Mitarbeiter an der Universität Kassel, die uns bei der Textverarbeitung, der Redaktion und den Korrekturarbeiten halfen und Bernhard Martin, der die Zeichnungen anfertigte.

Kassel / Köln, im Januar 1991 Die Autoren

## Vorwort zur zweiten Auflage

Schneller als vorauszusehen, war die erste Auflage vom HANDBUCH TRAININGSLEHRE vergriffen.

Darin sehen wir unsere Arbeit und die Konzeption dieses Buches bestätigt. Da uns eine Reihe von Sportwissenschaftlern, Sportwissenschaftlerinnen, aber auch Trainer, Trainerinnen und andere Leser eine positive Rückmeldung zu diesem Buch zukommen ließen, haben sich Autoren und Verlag entschlossen, eine zweite Auflage erscheinen zu lassen.

Kassel/Köln, im Januar 1993 Die Autoren

# Sportliches Training, Trainingslehre, Trainingswissenschaft — — eine Einleitung

Dieses Handbuch wendet sich an alle, die sich vertiefend mit dem *sportlichen Training* auseinandersetzen. Es ist somit auf Trainer/innen, Übungsleiter/innen und Sportlehrer/innen ausgerichtet und will bei der Bewältigung der im Training auf sie zukommenden Aufgaben behilflich sein, indem es die relevanten Probleme aufzeigt und dazu Leitlinien und Regeln für deren Lösungen vorgibt. Das Handbuch will aber auch aktive Sportler/innen ansprechen und ihnen diejenigen Informationen vermitteln, die notwendig sind, das Trainingsgeschehen zu verstehen. Schließlich wendet es sich an die Studierenden und Lehrenden sportbezogener Studien- und Ausbildungsgänge, um ihnen das in der Trainingslehre notwendige Basiswissen zu präsentieren bzw. zur Diskussion über dieses Basiswissen anzuregen.

*Trainingslehre* beschäftigt sich mit dem *sportlichen Training*, d. h. mit einem spezifischen Handeln von aktiven Sportlern/innen, Trainern, Sportlehrern, Übungsleitern zur Verbesserung individueller sportlicher Leistungszustände (dazu Abschnitt 1.1.4), und mit der Präsentation sportlicher Leistungen, vor allem im sportlichen Wettkampf. Konzepte der Trainingslehre werden wesentlich von der Art der Anforderungen sportlicher Leistungen, vom wissenschaftlichen Erkenntnisstand und von den trainingspraktischen Erfahrungen über den Zusammenhang von Trainingsvollzug und Trainingswirkung bestimmt. Die Absicht dieses Handbuches besteht darin, die wichtigsten *Trainingsregeln* für die unterschiedlichen Handlungsbereiche des Trainings aufzuzeigen und die Erkenntnisse darzustellen, die diesen Regeln zugrundeliegen bzw. zu diesen Regeln geführt haben. Es ist sowohl auf das Training im *Wettkampfsport,* speziell im Hochleistungssport, im *Nachwuchssport,* als auch auf das Training im *Freizeitsport,* und hier vor allem auf die Formen des Fitnessports, ausgerichtet. Bevor die Gesetzmäßigkeiten, praktischen Erfahrungen und Regeln (Theorien) für die einzelnen Trainingsaufgaben beschrieben werden, wird zunächst die Bedeutung der zentralen Begriffe „sportliches Training", „Trainingswissenschaft", „Trainingslehre" und „sportliche Leistung" (Abschnitt 1.1) aufgezeigt.

## Zum Trainingsbegriff

Der Trainingsbegriff wird sowohl in der Alltagssprache als auch in unterschiedlichen Wissenschaftssprachen benutzt. So definiert beispielsweise HEHLMANN (1964, 510) im Wörterbuch der *Pädagogik:* „Training (engl.), [als] planmäßige Funktionsübung auf körperlichem oder auf geistigem Gebiet mit dem Ziel der individuellen Bestleistung, besonders im Sport. Zweckmäßiges Training und harmonische Gesamterziehung können sich ergänzen". ULICH (1973, 8) deutet Training auf dem Hintergrund eines *handlungspsychologischen* Verständnisses als denjenigen planvollen Prozeß, „der eine Optimierung von Fertigkeiten und Können, d. h. auch von Handlungsplänen und Handlungsstrukturen, bewirkt". Aus *leistungsphysiologischer* Sicht definiert STEGEMANN (1971, 227): „Als Training bezeichnet man einen Einfluß, der die Leistungsfähigkeit durch meßbare Änderung der Organstruktur verbessert". HOLLMANN (1973, 191) interpretiert Training „als Summe aller in bestimmten Zeitabständen zum Zwecke der Leistungssteigerung durchgeführten Beanspruchungen (Reize), die zu funktionellen und morphologischen Veränderungen des Organismus führen".

Zwei weitere Beispiele zeigen, wie Training aus der Sicht einer handlungsorientierten *Trainingslehre* verstanden werden kann. CARL / KAYSER (1976, 219) definieren: „Sportliches Training ist ein komplexer Handlungsprozeß mit dem Ziel der planmäßigen und sachorientierten Einwirkung auf die sportliche Leistungsentwicklung". Und bei MARTIN (1977, 21) heißt es: „Sportliches Training ist ein planmäßig gesteuerter Prozeß, bei dem mit Trainingsmaßnahmen, entsprechend bestimmter Zielvorstellungen, Zustandsänderungen der komplexen sportmotorischen Leistung bzw. Handlungsfähigkeit entwickelt werden sollen". Im Vergleich zu anderen Formen sportlichen Aktivseins, etwa beim Spiel oder im Unterricht, wird im Training zwar der Hauptakzent auf die *effektive Verbesserung der sportlichen Leistungsfähigkeit* gesetzt, wie jedes Handeln wirkt es jedoch darüber hinaus stets auch auf die Gesamtpersönlichkeit der Trainierenden. Dieses Zusammenhanges muß sich jeder Übungsleiter, Sportlehrer und Trainer bewußt sein, um dann bei seinen Trainingsentscheidungen die *pädagogische* und die *trainingsmethodische* Ebene gleich zu gewichten und in ihrer gegenseitigen Bedingtheit zu berücksichtigen. Dabei sollte ihm ein wichtiger Rollenwechsel in seinem Verhältnis zum aktiven Sportler deutlich werden: während er im Training mit Kindern und Jugendlichen vorrangig die verantwortliche Rolle des *Erziehers* einnimmt, wird er im Training mit Erwachsenen eher in die Position eines *Beraters* oder eines *Spezialisten* mit besonderen Aufgabenstellungen überwechseln. Vor allem im Nachwuchstraining hat der Trainer die Chance und die Verantwortung der bewußten erzieherischen Einflußnahme auf den ihm anvertrauten Sportler.

Wir vertreten dazu die Auffassung, daß Trainer/innen ihr *pädagogisches* Handeln stets so anlegen sollten, daß Kinder und Jugendliche kontinuierlich zu schöpferischem und kritischem Mitdenken angeregt werden, um mit zunehmendem Alter die auf sie zukommenden Aufgaben eigenverantwortlich erledigen zu können. Wir trauen dem selbständig und selbstverantwortlich handelnden Sportler am ehesten zu, daß er in herausfordernden Situationen, wie sie sich vor allem im Wettkampfsport ergeben, erfolgreich besteht. Sowohl aus Verantwortung gegenüber den zu betreuenden Sportlern und Sportlerinnen als auch im Hinblick auf das Erreichen bestmöglicher Leistungssteigerungen und Erfolge im Training und Wettkampf, sollten die Konzepte sportlichen Trainingshandelns stets auf die Entwicklung der Gesamtpersönlichkeit ausgerichtet sein. Gleichermaßen aus pädagogischer und trainingsmethodischer Sicht sollten positive Trainingswirkungen bzgl. der motorischen, emotionalen und intellektuellen Verhaltensmerkmale angestrebt werden. Um die Besonderheit sportlichen Trainings zu kennzeichnen, sind allerdings die Zielorientierungen, „planmäßige Entwicklung eines sportlichen Leistungszustandes" und „erfolgreiche Präsentation sportlicher Leistungen" hervorzuheben.

Auf der Grundlage der vorgenannten handlungsorientierten Überlegungen wird diesem Handbuch die folgende Definition vorangestellt:

---

**Definition:**

*Sportliches Training* ist ein komplexer Handlungsprozeß, der auf die planmäßige Entwicklung bestimmter sportlicher Leistungszustände und deren Präsentation in sportlichen Bewährungssituationen, speziell im sportlichen Wettkampf, ausgerichtet ist.

---

Dieses Verständnis von sportlichem Training kennzeichnet es als einen *komplexen Handlungsprozeß* und macht damit gleichzeitig deutlich, daß sich das Training immer auch auf die Entwicklung der *Gesamtpersönlichkeit* auswirkt. *Planmäßigkeit* besagt, daß die einzelnen Tätigkeiten in bezug auf die Ziele *Weiterentwicklung des sportlichen Leistungszustandes* und *Präsentation sportlicher Leistungen* nicht überwiegend spontan entschieden und vollzogen werden, sondern daß ihnen längerfristige Vorüberlegungen und Vorentscheidungen zugrundeliegen, die sich an wissenschaftlichen Erkenntnissen, Trainingstheorien, trainingspraktischen Erfahrungen und relativ überdauernden situativen Bedingungen orientieren. Aus der Definition ergibt sich auch, daß *sportliches Training* nicht auf den Leistungssport beschränkt zu sein braucht, sondern ebenso in zahlreichen anderen Handlungsfeldern, wie dem Freizeitsport, dem Schulsport u. a. stattfinden kann, und daß neben der Ausrichtung auf die sportliche Hoch- oder Höchstleistung stets auch das Anstreben sehr unterschiedlicher, individuell als Wert gesetzter Ziele oder Normen, oberstes Trainingsziel sein kann.

## Trainingslehre und Trainingswissenschaft

Die Bereiche oder Disziplinen, die sich systematisch mit der Problematik des sportlichen Trainings auseinandersetzen, werden in der wissenschaftstheoretischen Diskussion verschiedenartig abgegrenzt und mit unterschiedlichen Fachbegriffen benannt; am häufigsten findet man die Bezeichnungen *Trainingslehre, Trainingswissenschaft* und *Theorie und Methodik des Trainings.* Die unterschiedlichen begrifflichen Festlegungen und Abgrenzungsversuche sollen hier nicht im einzelnen dargestellt werden. Es sei nur darauf hingewiesen, daß Beschreibungen sportlicher Bewegungsabläufe und Erklärungen von Trainingswirkungen, die im Zusammenhang mit Trainingsanweisungen stehen, bereits seit Ende des 19. Jahrhunderts veröffentlicht und immer wieder verändert oder verfeinert worden sind (CARL 1978 und 1983; LETZELTER 1987 u. a.). Seit dieser Zeit ist ständig versucht worden, die verschiedenartigen sportlichen Bewegungsabläufe und einzelne Aspekte des komplexen Trainingsvorganges sowohl mit wissenschaftlichen Methoden als auch auf der Basis subjektiver Beobachtung zu beschreiben und zu erklären. Auch die seither erstellten Handlungsanweisungen für die Trainer, Übungsleiter und Sportlehrer fußen aus diesem Grund einerseits auf Erkenntnissen verschiedener Basiswissenschaften, vor allem der Medizin, der Psychologie, der Biomechanik oder komplexer trainingsmethodisch ausgerichteter Forschung und andererseits auf dem Erfahrungswissen von Trainingsexperten, vor allem von Trainern. Eine *eigenständige wissenschaftliche Disziplin,* die sich mit dem sportlichen Training als zentralem Gegenstand systematisch und aus unterschiedlichem Blickwinkel auseinandersetzt, hat im deutschsprachigen Raum in den 60er Jahren in der ehemaligen DDR ihre Anfänge und beginnt sich in der Bundesrepublik Deutschland seit Mitte der 70er Jahre zu etablieren.

Im Hinblick auf die Akzentuierung einer streng *wissenschaftlichen* gegenüber einer *trainingsmethodischen* Betrachtungsweise schlagen wir die folgende Unterscheidung zwischen Trainingslehre und Trainingswissenschaft vor.

Als **Trainingswissenschaft** sei jener Teil der Sportwissenschaft bezeichnet, der sich aus interdisziplinärer Sichtweise mit der Beschreibung und Analyse sportlicher Leistungen und Leistungsbedingungen sowie mit der Begründung und Überprüfung des Leistungshandelns im Training und im sportlichen Wettkampf auseinandersetzt. Das Erkenntnisinteresse der Trainingswissenschaft, wie jeder Wissenschaft, ist insbesondere darauf ausgerichtet, den

Wahrheitsgehalt von gegenstandsspezifischen Aussagen mit spezifischen wissenschaftlichen Methoden zu bestätigen oder zu widerlegen; die Handlungsrelevanz der Aussagen ist im Vergleich dazu von untergeordneter Bedeutung. Vor allem bezüglich dieser Akzentsetzung unterscheidet sich unserer Auffassung nach die Trainingswissenschaft von der Trainingslehre.

---

Definition:
*Trainingslehre* umfaßt alle Aussagen, die Regeln und Regelsysteme zum Handeln im Training und in sportlichen Bewährungssituationen, speziell im Wettkampf, zum Gegenstand haben.

---

Trainingslehre ist somit die Handlungslehre (Handlungstheorie) des Trainings. Ihre Aussagen greifen nicht nur auf *wissenschaftliche Erkenntnisse,* sondern stets auch auf *reflektierte Erfahrungen* der in der Trainingspraxis Tätigen bzw. die Trainingspraxis systematisch Beobachtenden zurück. Einzelne Handlungsregeln bzw. Systeme von Handlungsregeln können sich als **Allgemeine Trainingslehre** auf das sportliche Training insgesamt beziehen oder als **Spezielle Trainingslehren** einzelne Handlungsfelder, wie den Wettkampf-, Gesundheits- oder Fitnesssport, einzelne Sportarten und einzelne Trainingsarten, wie etwa die verschiedenen Arten des Konditions- oder Techniktrainings betreffen.

*Eine Trainingslehre hat als Theorie des Trainingshandelns die Funktion, auf der Basis von Anforderungsanalysen sportlicher Leistungen (bzw. von vorgegebenen Leistungsnormen) und unter Berücksichtigung wissenschaftlicher Erkenntnisse und praktischer Trainingserfahrungen, die zentralen Instanzen und Kategorien des Handelns herauszuarbeiten und zu strukturieren. Dazu ist es notwendig, die Beziehungen zwischen den Elementen herzustellen, die eigene Fachsprache zu präzisieren, Handlungsregeln und -prinzipien aufzustellen und auf logische Konsistenz, sprachliche Exaktheit und Praxiseffektivität hin zu überprüfen.*

Während die frühen Handlungskonzepte des Trainings im wesentlichen auf der Basis praktischer Erfahrungen entstanden oder auf kaum speziell überprüften analogen Ableitungen aus wissenschaftlichen Erkenntnissen anderer Fachdisziplinen beruhten, ergab sich mit der Weiterentwicklung und Ausdifferenzierung immer mehr das Bedürfnis nach eigenständigem wissenschaftlichen Handeln. Der Übergang von einer anfänglichen „Trainingskunde" oder „Trainingskunst" zu einer Trainingswissenschaft führte aber auch dazu, daß die Aussagen immer spezifischer und diffiziler wurden, so daß die Trainingspraxis die wissenschaftlichen Erkenntnisse oftmals gar nicht oder nur schwer verstehen konnte oder für nicht relevant hielt. Es scheint kaum vermeidbar, daß Trainingspraxis und Trainingswissenschaft mit fortschreitendem Entwicklungsstand eigenständige und z. T. gegensätzliche Interessen entwickeln und sich an unterschiedlichen Kriterien zur Bewertung des Handelns orientieren. Um aber sicherzustellen, daß neue wissenschaftliche Erkenntnisse kontinuierlich in die Trainingspraxis übertragen werden, und daß andererseits der Trainingswissenschaft stets die aktuellen Probleme der Trainingspraxis gegenwärtig sind, ist eine *Umsetzungs- und Vermittlungsinstanz* unverzichtbar. Diese über eine reine Handlungslehre hinausgehende Aufgabe wahrzunehmen, sehen wir als wesentliche Funktion der Trainingslehre, speziell dieses Handbuches, an.

Effektives Trainingshandeln ist auf dem heutigen Entwicklungsniveau der Trainingspraxis vor allem im hochleistungsorientierten Wettkampfsport zwar immer theoriegeleitet, d. h. es basiert immer auf verallgemeinerten Konzepten und Modellen (vereinfachten Abbildern der Realität), es setzt immer aber auch ein großes Maß an sehr subjektiver Erfahrung der beteiligten Sportler/innen, Trainer/innen und Betreuer/innen voraus. So rät einer der Nestoren der bundesdeutschen Trainerschaft, Toni NETT, bereits 1960, in seinem Laufbuch den Trainern und Übungsleitern des Deutschen Leichtathletik-Verbandes, daß diejenigen Übungsleiter und Trainer, die die naturgesetzlichen Wirkungen eines Trainingsmittels kennen, beim Training keinen grundsätzlichen Fehler mehr machen können. Und der Rudertrainer Karl ADAM (1975), in den 60er Jahren besonders mit seinen Achtern erfolgreich, schreibt 15 Jahre später, daß er immer peinlich darauf geachtet habe, daß die vollständige Korrespondenz seines Trainings mit den gesicherten Sätzen der exakten wissenschaftlichen Physik, Chemie, Physiologie gewahrt blieb.

## Zur Handlungstheorie des Praktikers

Die individuell spezifische Zugangsweise und Neigung zu wissenschaftlichen Erkenntnissen und die spezifischen Erfahrungen als Athlet/in oder Übungsleiter/in lassen jeden Trainer, jede Trainerin zu einem sehr individuell gefärbten Handlungsstil und Handlungskonzept gelangen. Die Faktoren, die das Entstehen eines für eine erfolgreiche Arbeit in der Trainingspraxis unverzichtbaren individuellen Handlungskonzeptes — das wir nachfolgend als *Gebrauchstheorie* bezeichnen wollen — im wesentlichen bestimmen, sind in dem folgenden Schema zusammengefaßt.

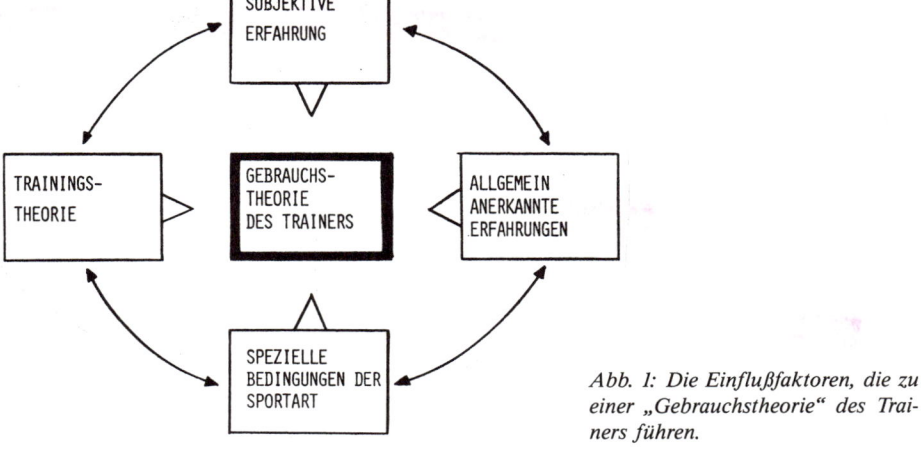

Abb. 1: Die Einflußfaktoren, die zu einer „Gebrauchstheorie" des Trainers führen.

**Wissenschaftliche Erkenntnisse** gehen vor allen Dingen als empirisch abgesicherte Anforderungsprofile von speziellen Leistungen, als Gesetzmäßigkeiten über Anpassungsprozesse, speziell über den Zusammenhang zwischen spezifischen Trainingsbelastungen und Trainingswirkungen, als Verfahren der Leistungsdiagnostik, als Leitlinie für Auswertungskonzepte und als mit wissenschaftlichen Methoden überprüfte Trainingsregeln in die Gebrauchstheorie des Trainers ein. Sportliches Training als einen „nach wissenschaftlichen Erkenntnissen geführten pädagogischen Prozeß der sportlichen Vervollkommnung ..." zu bezeichnen, wie dies beispielsweise HARRE (1982, 17 f.) tut, kann unserer Meinung nach zwar als wissenschaftsoptimistisches Programm angesehen und akzeptiert werden, jedoch nicht als Realität trainingspraktischen Handelns.

*Für die Gebrauchstheorie jedes einzelnen Trainers/jeder Trainerin stellen die zusammengefaßten und systematisierten Erfahrungen zahlreicher Trainerexperten und die subjektive, reflektierte Eigenerfahrung nach wie vor eine durch keine wissenschaftliche Erkenntnis zu ersetzende Handlungsvoraussetzung dar.* Als vierter Komplex fließen die speziellen Bedingungen einer Sportart und eines Trainingsortes in die Gebrauchstheorie ein. Die Beachtung spezifischer Wettkampfregeln, der Umgang mit speziellen Trainings- oder Wettkampfgeräten oder Sportstätten und die aus den Anforderungsprofilen der Sportart abgeleiteten Schwerpunkte und Kombinationen von Trainingsarten und Trainingsformen führen zu einem sportartspezifischen Wissen, das einen wesentlichen und unverzichtbaren Bestandteil der Gebrauchstheorie ausmacht.

Effektives Trainingshandeln von Trainern/innen, Sportlehrern/innen und Übungsleitern/innen setzt zwar eine möglichst umfassende und ausdifferenzierte Gebrauchstheorie voraus. Die Handelnden sollten sich aber stets bewußt sein, daß Verhaltenstheorien und -konzepte verallgemeinerte Aussagen darstellen, denen individuelles Verhalten höchstens angenähert folgen wird. Um die Regelhaftigkeit individuellen Verhaltens zu erkennen und bei der Handlungsplanung zu berücksichtigen, ist es unverzichtbar, daß die individuellen Trainingsvollzüge, die Trainingswirkungen und die präsentierten Leistungen sorgfältig dokumentiert und ausgewertet werden. Nur dann ist eine erfolgreiche Steuerung und Regelung des Trainings möglich. Wenn heute vor allem von den in der Trainingspraxis Tätigen immer wieder eine die Zusammenarbeit erschwerende Kluft zwischen theoretischem und praktischem Handeln festgestellt wird, so sind unserer Einschätzung nach hierfür insbesondere drei Gründe maßgebend:

Erstens wird von den Praktikern angenommen, daß die Trainingslehre bereits die „Gebrauchstheorie" sei. Zu selten ist sich die Trainingspraxis der Tatsache bewußt, daß erst die Fähigkeit zur Synthese von eigener Erfahrung und verallgemeinerter Theorie zu kompetentem Handeln qualifiziert. Zweitens sind trainingswissenschaftliche Veröffentlichungen im Aufbau und in der Sprache für den trainingspraktisch Handelnden oft nur schwer verständlich. Wenn dann auch noch Hinweise zur Umsetzbarkeit der wissenschaftlichen Erkenntnisse fehlen, erscheinen wissenschaftliche Arbeiten dem Praktiker nicht selten irrelevant. Drittens fehlt es oftmals aber auch an der Bereitschaft der Praxis, sich mit den zum Teil schwer verstehbaren wissenschaftlichen Vorgehensweisen und Standards vertraut zu machen.

Dieses Handbuch will neben dem eingangs erwähnten Ziel, Leitlinien und Regeln zum Trainingshandeln aufzustellen, auch Brücken zwischen den in der Trainingspraxis und den in der Trainingswissenschaft Tätigen bauen. Dabei sollten sich alle Beteiligten darüber im klaren sein, daß die Trainingspraxis immer wieder Fragen stellen wird, die die Trainingswissenschaft nicht beantworten kann und zu denen die Trainingslehre zunächst keine Regeln bereitstellen kann.

# 1. Analyse der sportlichen Leistung und des Trainingssystems als Voraussetzung für effektives Trainingshandeln

## 1.1 Die sportliche Leistung

### 1.1.1 Trainingsleitziele

*Trainingsleitziele sind grundsätzlich die systematische Beeinflussung individuell auszuprägender sportlicher Leistungszustände, die Präsentation sportlicher Leistungen und/oder das Erzielen individuell bestmöglicher Erfolge, speziell in sportlichen Wettkämpfen.* Dabei kann sich Training in unterschiedlichen Handlungsfeldern, von unterschiedlichem Leistungsniveau und individuellem Einsatz ausgehend, vollziehen. Training kann demnach im Spitzensport, im Freizeitsport (mit oder ohne Wettkampfteilnahme) oder im Gesundheits- und Fitnessport ebenso stattfinden wie im Schulsport. Es kann von weltbesten Spitzensportlern, von durchschnittlich leistungsfähigen Personen oder von Leistungsschwachen durchgeführt werden. Der einzelne kann täglich mehrere Stunden trainieren oder nur einmal in der Woche eine Trainingseinheit absolvieren; er kann dabei bis an die Grenze seiner Beanspruchungsreserven gehen oder sich nur geringfügig belasten.

Aus der Differenz zwischen den angestrebten **Trainingszielen** und dem individuell bereits erreichten Leistungszustand ergibt sich das zu realisierende *Trainingsprogramm*. Das durchgeführte Training, in Abhängigkeit vom individuellen genetischen Potential, bestimmt die Art der Entwicklung des sportlichen Leistungszustandes und damit das Niveau der erreichbaren sportlichen Leistung oder des sportlichen Erfolges.

Generell gesehen besteht die Absicht des sportlichen Trainings also in einer zielgerichteten Beeinflussung des sportlichen Leistungszustandes. Sie geschieht mittels solcher Belastungen, die entsprechende Anpassungsreaktionen hervorrufen (Abschnitt 3.1.5). Dadurch können beispielsweise bestimmte Ausprägungen von Kraft-, Ausdauerfähigkeiten oder von Bewegungsfertigkeiten gezielt entwickelt werden. Allerdings bewirken selbst gezielte Trainingsbelastungen immer auch Einflüsse auf das psycho-physische Gesamtbefinden. Und dabei können leistungssteigernde Effekte des einen Systems (sportlicher Leistungszustand) leistungsmindernd auf ein anderes System wirken (schulische Leistungen). Das heißt, sportliches Training beeinflußt auch bei gezielter Ausrichtung auf nur eine Leistungskomponente in jedem Fall die komplexe psycho-physische Leistungsfähigkeit, das gesundheitliche Wohlbefinden und die emotionale Befindlichkeit. Andererseits zeigen außerhalb des Sports stattfindende Handlungen wieder Rückwirkungen auf die Entwicklung des sportlichen Leistungszustandes. Bei der Planung und Realisierung des sportlichen Trainings ist daher darauf zu achten, daß die positiven Effekte des Trainings nicht mit negativen verbunden werden, die der Persönlichkeitsentwicklung schaden oder sie in eine Richtung führen, die von Sportlern/innen nicht gewollt oder ihnen nicht bewußt ist.

Die Analyse sportlicher Leistungen und die darauf bezogene Ableitung von Trainingsstrategien sollte daher niemals nur das Handlungsfeld des Sports, sondern darüber hinaus das Gesamtfeld menschlichen Handelns berücksichtigen. Trainern/innen, Sportlehrern/innen und Betreuern kommt dabei die verantwortungsvolle Aufgabe zu, die ihnen anvertrauten Sportler/innen als mündige Persönlichkeiten zu fördern. Deshalb gehört zu den *Trainings- leitzielen* — neben der gezielten Beeinflussung des sportlichen Leistungszustandes — *das Bewußtmachen und die kritische Reflexion der Bedingungen des Trainings- und Leistungs- systems in ihren Zusammenhängen mit den Handlungen und Voraussetzungen anderer so- zialer Lebensbereiche.*

## 1.1.2 Definition und Analyse sportlicher Leistung

Wird man vor die Aufgabe gestellt, *sportliche Leistung* zu definieren, erkennt man zu- nächst, daß sowohl innerhalb der Alltags- als auch der Wissenschaftssprache des Sports mit dem Begriff Leistung zum Teil unterschiedliche Sachverhalte beschrieben werden. Weit- gehende Übereinstimmung scheint jedoch darüber zu bestehen, daß als sportliche Leistung das *Ergebnis* einer sportlichen Handlung oder Tätigkeit angesehen wird. In diesem Sinne werden dann etwa die in einem 100-m-Lauf erzielten Zeiten von 10,15 oder 13,5 Sekunden ebenso als Leistungen angesehen, wie die 9,8 oder 7,2 Punkte für eine Reckübung oder der 4:3-Sieg einer Fußballmannschaft. Oftmals wird für die Anerkennung einer sportlichen Handlung als Leistung aber auch noch vorausgesetzt, daß sie verabredeten oder anerkann- ten Gütemaßstäben genügt, d. h. von den Beteiligten als „gut" angesehen wird, oder daß der Leistungsvollzug mit subjektiver Anstrengung verbunden ist. In diesem Sinne könnte dann etwa eine Weitsprungleistung eines 14jährigen Jungen von 5,50 m im Rahmen eines Klassenverbandes als Leistung angesehen werden, während das gleiche Resultat, erzielt als Vorkampfleistung bei den Deutschen Jugendmeisterschaften, nicht als Leistung bewertet wird. Sportliche Leistung als Ergebnis sportlichen Handelns kann demnach sowohl als *wertfreier Begriff* als auch als *wertender Begriff* definiert und gebraucht werden.

Gelegentlich wird als sportliche Leistung nicht nur das Ergebnis einer Handlung angese- hen, sondern es werden auch der Weg und die individuelle Anstrengung, die zu diesem Er- gebnis geführt haben, also der *Vorgang des Leistens,* in die Leistungsbewertung und auch in die Begriffsdefinition mit einbezogen. In diesem Sinne schreibt beispielsweise GABLER (1988, 19): „Unter einer sportlichen Leistung wird (hier) zum einen der Vollzug einer sport- lichen Handlung, die mit eigener Anstrengung verbunden ist, und zum anderen das Ergeb- nis dieser Handlungen verstanden." Inhaltlich ähnliche begriffliche Festlegungen finden sich auch bei THIESS / SCHNABEL (1987, 109), bei GROSSER (1986, 14) und auch schon bei WAGNER (1928, 7).

Unterschiedlichkeiten in der Definition der sportlichen Leistung sind wohl auch darauf zu- rückzuführen, daß der Leistungsbegriff sowohl in einzelnen Natur- als auch Geisteswissen- schaften eine zentrale Stellung einnimmt und wegen der in diesen Wissenschaften vonein- ander abweichenden Sichtweisen unterschiedlich definiert wird. Als Beispiel einer *wertfrei- en Begriffsdefinition* sei der Leistungsbegriff der *Mechanik* genannt: Danach ist Leistung die in einem bestimmten Zeitabschnitt verrichtete Arbeit, d. h.:

$$\text{Leistung} = \frac{\text{Arbeit}}{\text{Zeitdauer der Arbeit}}$$

Als Formel geschrieben $P = \dfrac{W}{t}$ bzw. $P = \dfrac{\Delta W}{\Delta t}$ bzw. $P = \dfrac{dw}{dt}$

oder wegen der Definition der Arbeit als Produkt aus Kraft und Weg ($W = F \cdot s$), die gleichwertige Formel

$$P = F \cdot \frac{s}{t} = F \cdot v \text{ (Leistung = Kraft} \cdot \text{Geschwindigkeit)}.$$

Eine *wertfreie* Begriffsfestlegung ist auch in der *Physiologie* üblich. Allgemein wird dort die mechanische Leistungsdefinition zugrunde gelegt. HOLLMANN / HETTINGER (1980, 117) unterscheiden aus sportmedizinischer Sicht jedoch unterschiedliche Leistungsgrößen: (1) die *mechanische Leistungsgröße*, (2) den *aeroben Energieumsatz pro Zeiteinheit* (gemessen als Sauerstoffaufnahme pro Minute) und (3) den *anaeroben Energieumsatz pro Zeiteinheit*. Noch deutlicher auf die Energie bezogen wird der Energietransfer pro Zeiteinheit als Leistung bezeichnet (OREAR 1982, 100).

Die *Psychologie* definiert Leistung allgemein als die Menge der von einer Person in einer bestimmten Zeit richtig gelösten Aufgaben oder als die Menge und Güte der gegebenen Antworten (MARSCHNER 1976, II/1, 421 u. a.). In der *Pädagogik* ist es dagegen weit verbreitet, Leistung als Einheit von Vollzug und Resultat in *wertender Weise* zu definieren. Als Beispiel sei die Definition von KLAFKI (1974, 90) angeführt: Leistung ist bei ihm „Ergebnis und Vollzug einer Tätigkeit, die mit Anstrengung und gegebenenfalls Selbstüberwindung verbunden ist und für die Gütemaßstäbe anerkannt werden, die also beurteilt wird." Auf die darüber hinaus bestehende Uneinheitlichkeit der Leistungsdefinitionen in der Erziehungswissenschaft weist u. a. WULF (1974, 382 ff.) hin. Er nennt vier unterschiedliche Verwendungen des Leistungsbegriffes: (1) im Sinne von Anforderungen, die gestellt werden, (2) zur Bezeichnung des Prozesses, in dem Anforderungen erfüllt oder nicht erfüllt werden, (3) zur Kennzeichnung der Ergebnisse eines Leistungsprozesses und (4) zur Bewertung des Ertrages einer Aktivität.

Im Hinblick auf die in der *Trainingswissenschaft, Trainingslehre* und *Trainingspraxis* anstehenden Probleme der Ergebnisanalyse, Ergebnisprognose und der davon klar zu trennenden Aufgabe der Trainingsanalyse bzw. Trainingswirkungsanalyse, wird es als zweckmäßig angesehen, die Definition der sportlichen Leistung auf das *Leistungsergebnis* einzugrenzen. Speziell für den Wettkampfsport ist jedoch zu beachten, daß auch das Ergebnis einer sportlichen Tätigkeit zwei Dimensionen hat: „— den *Rangplatz,* der einer einzelnen Person oder einer Mannschaft unter den Teilnehmern eines Wettkampfes zugeordnet wird; — die *Maßzahl,* die den Bewegungshandlungen einer einzelnen Person oder Gruppe nach den Regeln des Wettkampfes zugeordnet wird". Es wird deshalb vorgeschlagen, die erste Dimension des Ergebnisses mit dem Begriff *sportlicher Erfolg* und die zweite Dimension mit *sportliche Leistung* zu belegen (CARL 1983, 26). Daraus läßt sich folgende Begriffsbestimmung ableiten:

---

Definition:
**Sportliche Leistung** ist das Ergebnis einer sportlichen Handlung, das speziell im Wettkampfsport seinen Niederschlag in einer Maßzahl findet, die der Bewegungshandlung nach vorher festgelegten Regeln zugeordnet wird.

---

Im Hinblick auf die im einzelnen später noch systematisch abzuleitenden Analysen und Entscheidungen des Trainingshandelns und der Leistungspräsentation ist es notwendig, neben den Ergebniskategorien *„sportlicher Erfolg", „sportliche Leistung"* stets auch die Kategorien des *„Leistens"* (Leistungsvollzugs) und vor allen Dingen das Beziehungsgeflecht zwischen diesen Kategorien bei der Lenkung des Trainings — in der Fachterminologie heute meist als *„Trainingssteuerung"* oder *„Steuerung und Regelung des Trainings"* bezeichnet — mitzuberücksichtigen.

Aus der Unterschiedlichkeit sportlicher Bewegungshandlungen ergibt sich zwangsläufig eine große Vielfalt zum Teil nicht miteinander zu vergleichender sportlicher Leistungen, was zu unterschiedlichen Vorschlägen, zur Systematisierung dieser sportlichen Leistungen bzw. der sie bestimmenden Bewegungshandlungen führt. Für die Trainingslehre wichtige Unterscheidungsmöglichkeiten seien im folgenden aufgezeigt:

So kann sportliche Leistung nach der *Art der Ermittlung* dargestellt werden. Im Wettkampfsport unterscheidet RÖBLITZ (1970, 67) vier Gruppen: (1) Leistungen, die nach Raum, Zeit und Gewicht zu messen und damit absolut objektivierbar sind; (2) Leistungen, die auf eine vorher fixierte Punktetabelle bezogen werden; (3) Leistungen, deren Maßstab die Überwältigung eines Gegners ist und (4) Trefferleistungen, besonders im Bereich der Sportspiele.

Zweitens können sportliche Leistungen aber auch nach der *Art der Bewegungsfertigkeiten,* durch die sie im wesentlichen erreicht werden, unterschieden werden. Drittens können Leistungen anhand konditioneller Parameter wie der Muskelleistung, von Meßwerten der aeroben Kapazität, der Reaktionsschnelligkeit, der Beschleunigungsfähigkeit u. a. unterschieden werden.

Analysen des **sportlichen Erfolges** sind notwendig, um die Position eines Einzelsportlers oder einer Sportlergruppe im Vergleich zu seinen Konkurrenten zu bestimmen; sie beinhalten im wesentlichen Rangplatzverschiebungen und/oder die Größe interindividueller Leistungsunterschiede.

Analysen der **sportlichen Leistung** werden vor allem mit dem Ziel durchgeführt, erstens *Leistungsentwicklungen* aufzuzeigen, zweitens *Anforderungsprofile* für bestimmte Leistungsniveaus (Trainingssollwerte) abzuleiten. Des weiteren beinhalten Leistungsanalysen die Aufteilung der Komplexleistung in *Teilbestimmungen* und das Aufzeigen der Leistungsvoraussetzungen.

## 1.1.3 Leistungsbedingungen

Für die Ableitung von Strategien zum Erreichen sportlicher Erfolge bzw. hoher sportlicher Leistungen und auch von Trainingsentscheidungen, ist es notwendig, die Bedingungen zu kennen, die für das Zustandekommen erforderlich bzw. ursächlich sind. Solche Bedingungen sind auf unterschiedlichen Systematisierungsebenen zu betrachten. Auf oberster Abstraktionsebene erscheint es zweckmäßig, *personale* und *apersonale* Bedingungsvariablen zu unterscheiden, die im einzelnen auf den darunterliegenden Ebenen weiter ausdifferenziert werden können. Abb. 2 zählt die im einzelnen zu berücksichtigenden Leistungsbedingungen im Überblick auf, ohne deren Beziehungszusammenhang darzustellen.

Die **personalen Bedingungen** sind die durch Veranlagung und Umwelteinflüsse geprägten

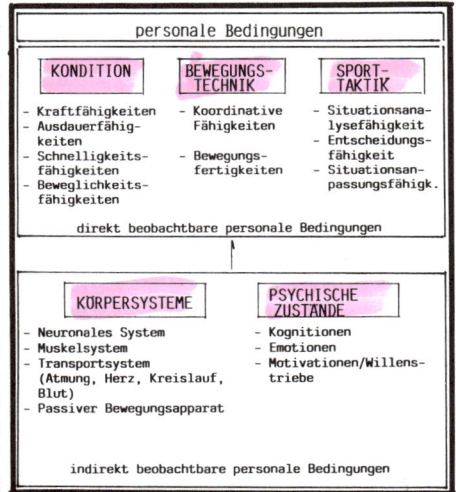

*Abb. 2: Bedingungen sportlicher Leistungen.*

personalen Voraussetzungen der sportlichen Leistung. Ihr Zustand ist zum Teil durch Training beeinflußbar. Einzelne Bedingungsvariablen sind in ihrer Weiterentwicklung jedoch auch durch genetische Voraussetzungen oder bisher erfahrene Umwelteinflüsse vorherbestimmt oder fixiert. Die Ableitung von Trainingsregeln setzt die Kenntnis der *Trainierbarkeit* der einzelnen Bedingungen voraus. In der Trainingspraxis und in der Trainingslehre ist es weitgehend üblich, die personalen Bedingungen auf der direkt beobachtbaren Verhaltensebene hinsichtlich konditioneller Fähigkeiten, Bewegungstechnik und Sporttaktik zu unterscheiden und für Schwerpunktsetzung im Trainingsvollzug weiter auszudifferenzieren. Wesentliches Kennzeichen der direkt beobachtbaren personalen Leistungsbedingungen ist ihre relativ große gegenseitige Abhängigkeit. D. h. kausalanalytische Überlegungen zum Zusammenhang zwischen komplexer Leistungsfähigkeit und den direkt beobachtbaren Verhaltensmerkmalen sind nur bedingt möglich.

Für *Kausalanalysen, Leistungs-* oder *Talentprognosen* und für Individualentscheidungen der Steuerung und Regelung des Trainings ist es zweckmäßig, die relativ unabhängigen nur indirekt beobachtbaren personalen Leistungsbedingungen, speziell die vier in Abb. 2 aufgeführten **Körpersysteme,** zu betrachten, weil ihre Form und ihr Funktionszustand die individuelle körperliche (speziell sportliche) Leistungsfähigkeit bestimmen. Sie stehen auch in Wechselwirkung zu den die Leistungsbereitschaft verursachenden **psychischen Zuständen.** Aus der Abb. 2 wird ebenfalls ersichtlich, daß es sich bei den einzelnen direkt beobachtbaren personalen Leistungsbedingungen stets um *komplexe* psychophysische Leistungskomponenten handelt, während die indirekt beobachtbaren personalen Leistungsbedingungen stets *spezifische* Funktionen wahrnehmen. *Das Gesamtniveau der eine sportliche Leistung* bestimmenden personalen Komponenten wird in der Trainingslehre als **sportlicher Leistungszustand** *bezeichnet.*

Nun ist die von Einzelsportlern oder einer Sportlergruppe erreichte bzw. erreichbare sportliche Leistung nicht nur von ihrem jeweiligen Leistungszustand abhängig, sondern wird auch, wie in Abb. 2 dargestellt, von Bedingungen bestimmt, die dem Umfeld dieser Sportler/innen zuzuordnen sind. Bei diesen hier bezeichneten **apersonalen Bedingungen** (CARL 1983, 28; MECHLING 1989, 240 f.) lassen sich *materiale* und *soziale* Leistungsbedingungen unterscheiden. Die materialen Bedingungen haben direkten Einfluß auf die erreichbare sportliche Leistung, sind durch Training nicht beeinflußbar, zum Teil jedoch bewußt ausnutzbar oder veränderbar. Bewußt veränderbar sind z. B. die benutzten Sportgeräte, wie die Skier im Abfahrtslauf, Sportausrüstungen wie der Springeranzug u. a.

**Soziale Bedingungen** haben zum Teil *direkten Einfluß* auf die Leistung, wie etwa der taktische Hinweis des Trainers in der Auszeit im Volleyballspiel oder die Unterstützung des Spitzenfahrers durch seine Mannschaft im Straßenradrennen. In anderen Fällen hingegen haben soziale Bedingungen nur *indirekten Einfluß* auf die erreichbare sportliche Leistung. Beispiele hierfür sind die Bereitschaft der Eltern, das leistungssportliche Engagement ihrer Kinder zu unterstützen, die ständige Verfügbarkeit von qualifizierten Trainern oder die hinreichende finanzielle Unterstützung der Spitzensportler/innen, die es ihnen erlaubt, die verfügbare Zeit zum sportlichen Training statt zur Berufstätigkeit zu nutzen. In diesen Fällen handelt es sich bei den sozialen Bedingungen nicht um Leistungsbedingungen im engeren Sinne, sondern eher um *leistungsfördernde Rahmenbedingungen* des Trainings.

### 1.1.4  Das Leistungssystem

Wie schon im vorausgegangenen Abschnitt formuliert, wird das Gesamtniveau, der eine sportliche Leistung bestimmenden *personalen Leistungskomponenten,* als *sportlicher Leistungszustand* bezeichnet. Diese disponible Größe wählen wir als *zentralen Begriff* zur Beschreibung der Zielgrößen der Leistungsentwicklung im Training.

---

Definition:

Der **sportliche Leistungszustand** ergibt sich aus dem aktuellen Niveau personaler Leistungskomponenten (Einflußgrößen), deren Ausprägungsgrad sich im Ergebnis einer Aufgabenlösung zeigt.

---

Ein bestimmter *sportlicher Leistungszustand* ist das jeweilige Ziel des Trainings. Hinter einem Leistungszustand stecken Bedingungen und Prozesse, die in Wechselbeziehung zueinander stehen und ein *System* — ein *Leistungssystem* — bilden. Bisher wurde für diesen Sachverhalt in der Trainingslehre hauptsächlich der Begriff „Leistungsstruktur" verwendet. Da aber der Systembegriff genau jene Zusammenhänge charakterisiert, auf deren Darstellung es hier ankommt, wird von uns der Begriff Leistungssystem verwendet. Ein System bezeichnet nach DORSCH (1970, 406) „ein Aggregat von mehreren Einzelvorgängen, die nach bestimmten Gesetzen wechselseitig aufeinander wirken, d. h. dynamisch voneinander abhängig sind, in dem Sinne, daß ein gemeinsamer Effekt erzielt wird".

---

Definition:

Das **Leistungssystem** kennzeichnet den Aufbau und das Zustandekommen des sportlichen Leistungszustandes, der sich aus den leistungsbestimmenden Einflußgrößen (Komponenten) und deren Wechselbeziehungen untereinander ergibt.

---

### 1.1.4.1 Modell zur Erklärung des Leistungssystems

Um darzustellen, welche *Einflußgrößen* den sportlichen Leistungszustand bedingen und welche *Wechselbeziehungen* diese Einflußgrößen untereinander haben, können unterschiedliche Zugänge benutzt werden. Eine Zugangsmöglichkeit wurde in Abb. 2 gezeigt.

Wir haben uns zur Darstellung des Leistungssystems auf ein Modell geeinigt, das Einflußgrößen auf der trainingstechnisch-inhaltlichen Ebene von solchen der Gesamtpersönlichkeit unterscheidet (Abb. 3 und 4). Im *Mittelpunkt* dieses Modells steht die **Sportlerpersönlichkeit,** die mit ihren Merkmalen, wie Motiven, Erfahrungen, Erbanlagen und dem jeweiligen Entwicklungsstand, die Wirkungen des Trainings beeinflußt. Sie subjektiviert die Einflußgrößen des Leistungszustandes und verknüpft sie zum ganzheitlichen Handeln (Abb. 3). Alle Einflußgrößen des Leistungszustandes können letztlich nur in ihrer ganzheitlichen Wirkung und individuellen Umsetzung durch die Sportlerpersönlichkeit gesehen werden.

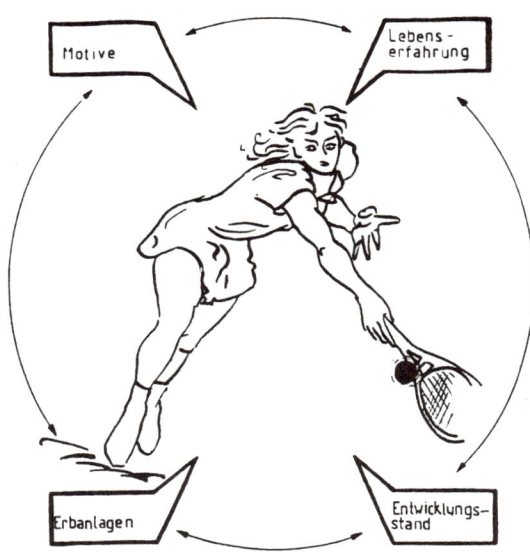

*Abb. 3: Die Sportlerpersönlichkeit mit den leistungsrelevanten Persönlichkeitsmerkmalen.*

Auf der *trainingstechnisch-inhaltlichen* Ebene sind es drei Gruppen von Einflußgrößen, die den Trainingsprozeß und seine Zielsetzungen bestimmen:

① Die Entwicklung der **Kondition** bzw. der einzelnen *konditionellen Fähigkeiten.* Ihr Ausprägungsgrad ist abhängig von *Anpassungsprozessen* in der Muskulatur und im Herz-Kreislaufsystem und den daraus resultierenden energetischen Möglichkeiten.

② Der Erwerb der **Koordination** bzw. *koordinativer Fähigkeiten* und das Erlernen **sportlicher Techniken.** Ihr Niveau ist das Ergebnis von *Anpassungs- und Lernprozessen,* die sich als Gedächtnisleistungen, -besitz und Dispositionen des Zentralnervensystems (ZNS) niederschlagen.

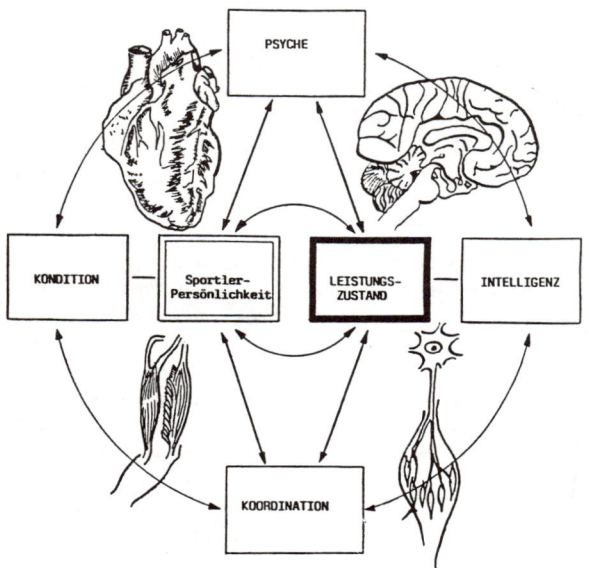

③ Das Aneignen *taktischer Fähigkeiten* und *kognitiver Fähigkeiten.* Sie sind das Ergebnis *intelligenter Leistungen* des Denkvermögens höherer Hirnstrukturen.

Konditionelle, koordinative Fähigkeiten, der Könnensstand sportlicher Techniken, aber auch die taktische Handlungsfähigkeit und kognitive Leistungen sind letztlich alle abhängig von *psychischen Eigenschaften,* wie der Leistungsmotivation, der Leistungsbereitschaft, Einstellungen und dem Willen. So beeinflussen *psychische Prozesse* alle anderen Einflußgrößen des Leistungszustandes.

*Abb. 4: Modell des Leistungssystems des sportlichen Leistungszustandes mit seinen Einflußgrößen.*

### 1.1.4.2 Zum Ganzheitscharakter des sportlichen Leistungszustandes

Der sportliche Leistungszustand kann nicht besser oder schlechter sein als das Zusammenwirken der einzelnen Einflußgrößen des Leistungssystems oder deren unterschiedliche Ausprägungsgrade. Wie in den Abbildungen 3 und 4 schematisch gezeigt wird, wirken hier konditionelle Fähigkeiten, das Fertigkeitsniveau der sportlichen Techniken genauso mit wie kognitive und taktische Fähigkeiten, psychische Komponenten und nicht zuletzt Erbanlagen und allgemeine Lebenserfahrungen. Der nur „physisch hochgezüchtete Sportler" (Konditionsmaschine) hätte bei den gegenwärtigen Anforderungen des Leistungssports ebenso wenig Erfolgschancen wie der psychisch labile „Problemathlet" oder der „Trainingsweltmeister", der seine Trainingsleistungen nicht in Wettkampfergebnisse umzusetzen vermag. Alle diese Einflußgrößen und Bedingungen bündeln sich zu einem Ganzen und werden von der Persönlichkeit verarbeitet und entwickeln sich weiter. *Persönlichkeit* sein setzt einen bestimmten Grad an Selbständigkeit, Bewußtheit, Fähigkeit zur Selbstmotivierung, schöpferische Fähigkeiten, den Willen zum Aktivsein und die mitdenkende Auseinandersetzung in der sozialen Umwelt voraus. Persönlichkeit ist ein Individuum dann, wenn es seiner sozialen Umwelt selbständig, schöpferisch und aktiv handelnd gegenübertritt. Weil die *Sportlerpersönlichkeit* mit ihren Merkmalen (Abb. 3) die tragende Säule der anderen, zumeist trainingsbedingten Einflußgrößen ist, muß sich Training auch ständig als ein persönlichkeitsbildender Erziehungsprozeß verstehen, der diese Persönlichkeitsmerkmale anspricht, provoziert und aktiv zum Austragen kommen läßt. Dieses Postulat kann nicht oft und ernsthaft genug an Trainer/innen, Sportlehrer/innen und Übungsleiter/innen, die junge Menschen im Training „betreuen", herangetragen werden (MARTIN 1977, 24 f.).

## 1.2 Das Trainingssystem

Das sportliche Training ist bereits im einführenden Kapitel als komplexer Handlungsprozeß von Sportlern/innen und Trainern/innen definiert worden, der darauf ausgerichtet ist, die Entwicklung bestimmter sportlicher Leistungszustände im Hinblick auf unterschiedliche Ziele planmäßig herauszuarbeiten. Dieser Handlungsprozeß darf allerdings nicht nur in enger Sichtweise als Vollzug des Trainings verstanden werden. Training ist vor allem mit dem Anspruch der Systematik und Planmäßigkeit als ein ganzes System — als *Trainingssystem* — aufzufassen, das — gerichtet auf ein gemeinsames Ziel — aus einer Menge von Einzelvorgängen und Maßnahmen besteht, die nach den Gesetzen sportlicher Leistungsentwicklung wechselseitig aufeinander wirken und dynamisch voneinander abhängig sind. Dieser Abschnitt will sich deshalb mit der Frage auseinandersetzen, welche *Entscheidungen* ein auf die Entwicklung bestimmter sportlicher Leistungszustände ausgerichtetes Trainingssystem erforderlich macht? Da sich das Kapitel 5 dem Trainingssystem detailliert widmet, will dieser Abschnitt eine überblickartige Einführung in diese Thematik geben.

### 1.2.1 Steuerung und Regelung des Trainings

Wesentliches Kennzeichen eines sportlichen Trainingssystems ist dessen ständige *Steuerung* und *Regelung*. Darunter soll die gezielte Abstimmung aller Maßnahmen verstanden werden, die im Hinblick auf das Erreichen des angestrebten sportlichen Leistungszustandes bzw. der vorgenommenen sportlichen Leistungen oder Erfolge notwendig sind (CARL 1983; THIESS / SCHNABEL 1987 u. a.). Das bedeutet: Training wird entsprechend der Trainingsleitziele geplant, durchgeführt, die daraus resultierenden Trainingswirkungen werden beobachtet, diagnostiziert, absolviertes Training selbst dokumentiert, ausgewertet und die Ergebnisse, sowohl der Leistungsbeobachtungen als auch der Trainingsauswertungen, werden rückkoppelnd wieder so verwendet, daß sie den Plan und damit den Trainingsvollzug entsprechend der Zielsetzung korrigieren können. Für diesen Regelungskreislauf (Regelkreis) hat sich in der Trainingslehre der Begriff der *Trainingssteuerung* durchgesetzt (Abb. 5).

#### 1.2.1.1 Übergeordnete Trainingsleitziele

Das gesamte System des sportlichen Trainings ist darauf gerichtet, einen den Trainingsleitzielen entsprechenden wirkungsvollen Trainingsvollzug zu gewährleisten. Die Orientierung an übergeordneten *Trainingsleitzielen,* die als langfristige *Grundentscheidungen* die Rahmenvorgaben für alle daraus abzuleitenden trainingstechnisch-inhaltlichen Sachentscheidungen darstellen, ist ein wichtiges Kennzeichen aller sportlichen Trainingsprozesse. Generell kann das sportliche Training (1) auf die Herausbildung eines bestimmten sportlichen Leistungszustandes, (2) einzelner Komponenten (Einflußgrößen) dieses Zustandes oder (3) auf die Präsentation sportlicher Leistung bzw. das Erreichen sportlicher Erfolge ausgerichtet sein. Die Höhe des individuell dabei angestrebten Niveaus ist eine der wichtigen Grundentscheidungen des sportlichen Trainings, von der die verschiedenen Sachentscheidungen zum Trainingsaufbau und insbesondere zum Trainingsvollzug abgeleitet werden. Zwar gilt für das sportliche Training insgesamt die unverzichtbare Orientierung an übergeordneten

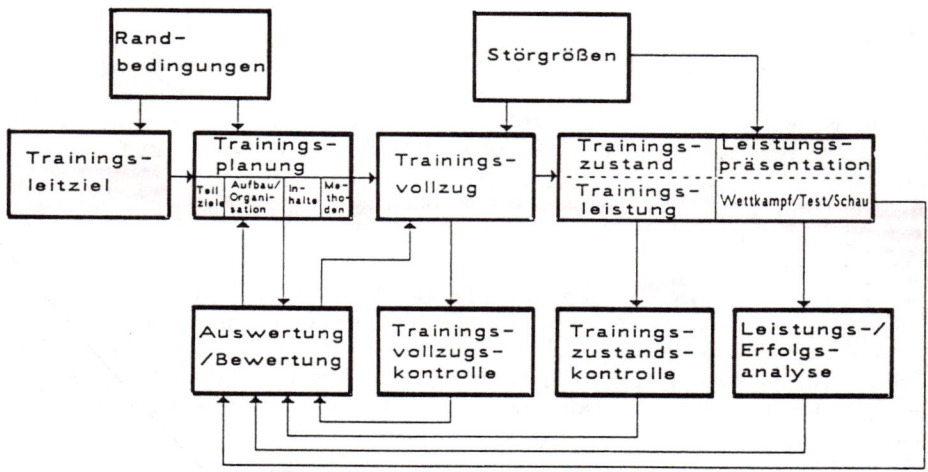

*Abb. 5: Regelkreis des Trainingssystems (CARL 1989, 219).*

Zielvorgaben, der Erfolg oder Mißerfolg spezieller Handlungsaufgaben wird jedoch zuallererst von den Sachentscheidungen zum Trainingsvollzug, also von inhaltlichen und methodischen Entscheidungen in der Trainingspraxis bestimmt.

### 1.2.1.2 Trainingsbelastung

Wichtigste Maßnahme der Steuerung und Regelung des Trainings ist die Festlegung der individuellen Trainingsbelastung in Abhängigkeit von anerkannten Normen der Trainingslehre und von individuellen Reaktionen auf bestimmte Belastungen. (Im Abschnitt 3.1.4 gehen wir genau auf den Problemzusammenhang von Belastungsanforderung und Beanspruchung ein). Vorläufig wollen wir als **Trainingsbelastung** die Gesamtheit der von einem Sportler/einer Sportlerin realisierten Trainingsformen bezeichnen. Zur näheren Kennzeichnung der Trainingsbelastung erscheint es einführend zweckmäßig, qualitative und quantitative Beschreibungsgrößen zu unterscheiden (CARL 1983, 36 ff.; WERCHOSCHANSKI 1988, 93 u. a.). Qualitative Beschreibungsgrößen der Trainingsbelastung sind die unterschiedlichen Trainingsinhalte, Durchführung und Schwierigkeitsgrad sportmotorischer Fertigkeiten, Techniken, die Reihenfolge, in der unterschiedliche Übungsformen innerhalb des Gesamtaufbaus einer Trainingseinheit realisiert werden. Quantitative Beschreibungsgrößen der Trainingsbelastung sind die Belastungskomponenten *Trainingshäufigkeit* (= Anzahl der Trainingseinheiten) pro Woche, die *Trainingsdauer,* das ist die Dauer der einzelnen Trainingseinheit oder die Gesamtdauer des Trainings in einem Trainingszyklus, und die *Dosierung der Belastungsanforderung in der Trainingseinheit,* die durch Belastungsumfang, Belastungsintensität, Belastungsdauer und Belastungsdichte näher beschrieben wird. Mit Hilfe dieser Parameter ist es möglich, das Trainingshandeln sehr genau zu quantifizieren.

Es ist darauf hinzuweisen, daß es in der Trainingslehre unterschiedliche Ansätze zur Definition der Trainingsbelastung gibt. Im Gegensatz zu unserem Vorschlag der Definition einer personunabhängigen Größe zur Beschreibung der Trainingsbelastung schlagen andere Autoren vor, sie z. B. als „Prozeß der Auseinandersetzung des Sportlers mit an ihn gestellten physischen und psychischen Anforderungen ..." zu definieren (THIESS / SCHNABEL 1987) und fassen damit die beiden Aspekte „Menge der realisierten Trainingsformen" und „davon abhängige individuelle Reaktion des Sportlers" in einem Begriff zusammen. Wir schlagen statt dessen vor, in Anlehnung an die vor allem in der Arbeitsphysiologie verbreitete Begrifflichkeit, den ersten Aspekt als Trainingsbelastung und den zweiten Aspekt als Trainingsbeanspruchung zu bezeichnen und definieren. **Trainingsbeanspruchungen** sind die unterschiedlichen psychophysischen Reaktionen eines Individuums auf realisierte Trainingsformen. Trainingsbeanspruchungen als Folge von Trainingsbelastungen bedeuten immer Störungen des psychophysischen Gleichgewichtszustands (NITSCH 1976, 16). Abhängig von der Qualität und der Quantität der Störung des Gleichgewichtszustands kann es nachfolgend (1) zur Wiederherstellung des ursprünglichen Gleichgewichtszustands und damit zur Konstanthaltung des Leistungszustands, (2) zu längerandauernden Regulationsstörungen, damit zu Übertrainingszuständen (Abschnitt 5.4.3) und zur Abnahme des Niveaus des Leistungszustands oder (3) zu einer Stabilisierung eines Gleichgewichtszustands auf einem höheren Niveau, also zu Anpassungsprozessen kommen. Solche Anpassungen können die psychischen Zustände oder die Körpersysteme betreffen. Es kann sich dabei um eine Veränderung von Einstellungen, um Anpassungen bei den Systemen der zentralen Informationsaufnahme und -verarbeitung oder um funktionale oder die Form betreffende Veränderung der energetischen Systeme handeln.

Bei der Diagnose und Kausalanalyse solcher Anpassungsprozesse bestehen z. T. erhebliche Schwierigkeiten, weil die Trainingswirkungen zu *unterschiedlichen Zeitpunkten* sichtbar werden können und weil sich Trainingsbelastungen, die zu unterschiedlichen Zeitpunkten und mit unterschiedlicher Zielsetzung durchgeführt wurden, in ihrer Wirkung gegenseitig beeinflussen können. Aus trainingsmethodischer Sicht erscheint es zweckmäßig, drei Arten von Trainingswirkungen zu unterscheiden: (1) *sofortige Trainingswirkungen* (z. B. das Erlernen der Grobform einer sportlichen Technik), (2) *verzögerte Trainingswirkungen* (z. B. die Zunahme des Muskelquerschnitts nach einem mehrwöchigen, besonderen Maximalkrafttraining) und (3) *kumulative Trainingswirkungen* (z. B. Verbesserung der ruderspezifischen Kraftausdauer als Folge besonderen aeroben Ausdauertrainings und besonderen Maximalkrafttrainings).

Zwar kann man hinsichtlich der Trainingswirkungen analytisch zwischen physischen und psychischen Reaktionen, speziell Beanspruchungen unterscheiden. Es ist aber auch zu beachten, daß man sich niemals isoliert physisch oder psychisch beansprucht fühlt, sondern immer als Gesamtperson betroffen ist und reagiert.

Im Rahmen der Steuerung und Regelung des Trainings hat die Trainingsbeanspruchung eine doppelte Funktion. Einmal ist sie Parameter zur Erfassung der unmittelbaren Reaktion auf die realisierten Trainingsbelastungen; sie dient also zur Einschätzung der individuellen Wirksamkeit des Trainings und ist damit eine Kontroll- und Korrekturgröße für die Festlegung der individuellen Trainingsbelastung. Zum anderen ist sie aber auch eine Führungsgröße des Trainings. Durch eine an den Erkenntnissen der Trainingslehre orientierten Vorgabe der für jede Trainingseinheit geplanten subjektiven Beanspruchung soll sichergestellt werden, daß es vor allem wegen der gegenseitigen Beeinflussung der einzelnen Trainingseinheiten in den Trainingszyklen (besonders in den Mikrozyklen) zu optimalen Anpassungsreaktionen kommen kann, so daß die Reizsetzungen weder zu gering (und somit unwirksam) noch zu hoch (und damit zu Übertraining führend) sein werden. In diesem Sinne hat die Trainingsbeanspruchung dann die Funktion einer Leitlinie, also eines Trainingsteilzieles.

### 1.2.1.3 Trainingsplanung

Erste Handlungsinstanz im Konzept der Steuerung und Regelung ist die Trainingsplanung. Mit ihr werden wir uns im Abschnitt 5.3 detailliert auseinandersetzen.

Als *Trainingsplanung* wird ganz allgemein die gedankliche Vorwegnahme des Trainingsprogramms bezeichnet. Trainingsplanung bezieht sich deshalb insbesondere auf den *Trainingsvollzug*. Deren an den Trainingszielen orientierte Entscheidungen betreffen vor allem die inhaltlich-methodische Gestaltung unter Berücksichtigung allgemeiner Erkenntnisse und Erfahrungen der Trainingslehre und individueller Besonderheiten des Leistungszustandes und der Leistungsentwicklung. Sie bezieht auch die sozialen und materialen Bedingungen unter denen Sportler/innen trainieren und deren außersportliche Zielsetzungen, vor allem in Schule und Beruf, mit ein. In Abhängigkeit von der zugrundegelegten Trainingskonzeption und der individuellen Trainingsperspektive ist es zumindest im Wettkampfsport üblich geworden, drei Arten von Trainingsplänen zu unterscheiden, langfristige (mehrjährige) Trainingspläne; mittelfristige (auf das Trainingsjahr und die großen mehrmonatigen Trainingszyklen bezogene) Trainingspläne; kurzfristige (zumeist auf die Woche bezogene) Trainingspläne.

Die langfristigen Trainingspläne zielen darauf ab, die Gesamtstrategie des Trainings festzulegen, die mittelfristigen Trainingspläne sollen die langzeitige Trainingsanpassung sichern und die kurzfristigen Trainingspläne sollen den optimalen organisatorischen Ablauf des täglichen Trainingshandelns, speziell die Abstimmung der Trainingsbelastung, gewährleisten. Trainingsplanung ist zwar die originäre Aufgabe von Trainern/innen. Im Hinblick auf das Erreichen des Erziehungszieles des Trainings, den mündigen Sportler, die mündige Sportlerin, werden Trainer/innen jedoch mit fortschreitendem Trainingsprozeß ihre Trainingsplanung immer mehr mit den Sportlern/innen absprechen und im Extremfall die Aufgaben der Planung sogar durch sie wahrnehmen lassen.

## 1.2.2 Entscheidungskategorien von Trainingsplanung und Trainingsvollzug

Wichtigste Instanz des Trainingsregelkreises und damit des Trainingssystems ist der Trainingsvollzug (Abb. 5). Als *Trainingsvollzug* sollen die Maßnahmen des Trainings bezeichnet werden, die von Sportlern/innen oftmals mit Unterstützung durch Trainer/innen und Betreuer/innen durchgeführt werden, um die vorher festgelegten Trainingsziele zu erreichen. Die Entscheidungen des Trainingsvollzugs beziehen sich in gewisser Parallelität zu Didaktikmodellen auf die *Festlegung der Trainingsteilziele,* den *Trainingsaufbau,* die *Trainingsinhalte,* die *Trainingsmethoden* und zielen auf eine Trainingsbelastung ab, die optimale Trainingswirkungen zur Folge hat. Tabelle 1 faßt die wichtigsten Entscheidungskategorien und Entscheidungsvariablen, auf die im folgenden Bezug genommen wird, zusammen.

*Tabelle 1: Entscheidungskategorien und Entscheidungsvariablen von Trainingsplanung und Trainingsvollzug.*

| Trainingsteilziele | Trainingsaufbau | Trainingsorganisation | Trainingsinhalte | Trainingsmethoden |
|---|---|---|---|---|
| Sportliche Erfolge/ Leistungen | Mehrjähriger Trainingsaufbau | Trainingsvollzug<br>– Trainingsstätten<br>– Trainingsgruppe<br>– Trainer/Betreuer<br>– Trainingsmittel | Übungsformen Kontroll- u. Trainingswettkämpfe | Trainingskonzepte Trainingsvollzug im engeren Sinne |
| Sportliche Leistungszustände | Zyklen des Trainingsjahres | | Kognitive Themen zur Kenntnisvermittlung | Organisatorischer Ablauf des Trainings |
| Einzelne Komponenten des Leistungszustandes | Mikrozyklen | Hilfsmittel der Steuerung u. Regelung<br>– Trainingspläne<br>– Leistungsdiagnostik<br>– Trainingsdokumentation<br>– Wettkampfbeobachtung<br>– Trainings- u. Wettkampfauswertung | Trainingsbegleitende Maßnahmen (Physiotherapie, Ernährung u. a.) | Traineraktionsformen |
| Trainingsbeanspruchungen | Trainingseinheiten | | | Trainingsauswertung |
| | Sportliche Wettkämpfe | | | |
| | | Talentsuche und Talentauswahl | | |
| | | | TRAININGSFORMEN | |

## 1.2.2.1 Trainingsteilziele

Als **Trainingsteilziele** sollen die Sollwerte des Trainingsvollzugs, die sich auf die kurz- und mittelfristigen Trainingszeiträume beziehen, bezeichnet werden. Sie legen damit die Richtung und den Zeitraum der angesteuerten, beabsichtigten Trainingswirkungen fest. Bezüglich der *Richtung* können sich die Trainingsteilziele auf die Veränderung des komplexen sportlichen Leistungszustandes bzw. auf einzelne Komponenten des Leistungszustandes beziehen. Sie können Trainingsprozesse ansteuern, die primär auf relativ isoliertes motorisches Lernen, auf funktionale oder morphologische Anpassungen des Organismus oder auf die Kopplung dieser Lern- und Anpassungsprozesse, etwa im Hinblick auf die gezielte Beeinflussung der komplexen Wettkampfleistung, ausgerichtet sind. In der Trainingslehre ist es üblich geworden, bezüglich der primären *Richtung* der Leistungsentwicklung **Trainingsarten** voneinander abzugrenzen, so daß sich in der Trainingspraxis die folgende Differenzierung durchsetzen konnte:

① **Techniktraining**
② **Konditionstraining**
③ **Taktiktraining**
④ **Komplextraining** oder **wettkampfähnliches Training.**

Der *Zeitraum,* in dem Anpassungserscheinungen auftreten sollen, hat als Teilzielvorgabe direkten Einfluß auf die Dosierung der Trainingsbelastung. Aus den Ableitungen der Trainingsteilziele wird die Struktur der kurz- und mittelfristigen Trainingszyklen und der einzelnen Trainingseinheiten deutlich.

## 1.2.2.2 Trainingsaufbau

Nach Zielentscheidungen sind anschließend zunächst Entscheidungen über den Trainingsaufbau (Tabelle 1) notwendig, d. h. über die Einteilung des Trainingsprozesses in unterschiedlich lange Trainingsabschnitte einmalig spezifischer oder zyklisch wiederkehrender Zielsetzung. Zumindest seit HARRE (1971) wird die zyklische Gestaltung als Grundsatz des Trainingshandelns angesehen. Entsprechend betreffen die Entscheidungen zum Trainingsaufbau die Gliederung des *langfristigen Trainingsprozesses* von dessen Beginn bis zum Erreichen des übergeordneten Trainingsleitzieles in mehrjährige Trainingsstufen; die Gliederung des *Trainingsjahres* in mehrmonatige sogenannte Trainingsperioden oder Trainingsmakrozyklen; die Gliederung dieser mehrmonatigen in *kleinere Trainingsabschnitte,* sogenannte Trainingsmikrozyklen, bis hin zu den einzelnen Trainingseinheiten (Abschnitt 5.2).

### 1.2.2.3 Trainingsorganisation

Weitere Teilkomponente eines effektiven Trainingshandelns ist eine durchschaubare Trainingsorganisation. Die organisatorischen Maßnahmen beziehen sich auf drei Bereiche: Erstens den **Trainingsvollzug:** Hierzu zählen das Bereitstellen von *Trainingsstätten,* die die bestmöglichen Voraussetzungen zum Erreichen der angestrebten Trainingsziele bieten; die Zusammenstellung der *Trainingsgruppe* unter Berücksichtigung von Gruppengröße und Leistungsstärke: die Verfügbarkeit einer hinreichenden Anzahl qualifizierter *Trainer* und *Betreuer* und die Verfügbarkeit der zur Durchführung des Trainings notwendigen Geräte der sog. *Trainingsmittel.*

Zweitens aus den **Hilfsmitteln** zur Steuerung und Regelung des Trainings. Hierzu zählen das Bereitstellen und der organisatorische Einsatz von hinreichend präzisen Trainingsplänen, Instrumentarien zur Leistungsdiagnostik, Materialien zur Trainingsdatendokumentation, Materialien zur Wettkampfbeobachtung und Konzepten zur Trainings- und Wettkampfauswertung.

Drittens die **Talentsuche** und **Talentauswahl,** um im Wettkampfsport kontinuierliche Leistungsförderung auf hohem Niveau zu gewährleisten, ist die Durchführung regelmäßiger Talentsuche- und Talentauswahlmaßnahmen zu gewährleisten. Dazu ist es u. a. notwendig, regelmäßig wiederkehrende Termine für Such- und Auswahlverfahren festzulegen und Absprachen mit Kooperationspartnern, z. B. Schulen, Sportvereine, Presse, zu treffen (Kapitel 6).

### 1.2.2.4 Trainingsinhalte

Die Vorentscheidungen zu den Trainingsteilzielen, zum Trainingsaufbau und zur Trainingsorganisation bilden die Bedingungen für die nachfolgenden Inhalts- und Methodenentscheidungen, die vor allem die möglichen Trainingswirkungen bestimmen. Inhaltsentscheidungen betreffen das „Was?", Methodenentscheidungen das „Wie?" des Trainings. Da in der Trainingslehre zur Kennzeichnung dieser Entscheidungskategorie zum Teil unterschiedliche Begriffe gebräuchlich sind, erscheint es zweckmäßig, auf die wichtigsten abweichenden Auffassungen hier kurz einzugehen und daraus folgend eindeutige Begriffsfestlegungen zu treffen; abzugrenzen sind vor allem die Begriffe Trainingsinhalt, Trainingsmittel, Trainingsform und Trainingsmethode (CARL / KAYSER 1976; zur allgemeinen Diskussion siehe auch KURZ 1988). So bezeichnen beispielsweise CARL / KAYSER (1983, 430) als Trainingsinhalt „die Tätigkeiten (insbesondere die sportlichen Übungen) im Training". Nahezu den gleichen Sachverhalt bezeichnen THIESS / SCHNABEL (1987, 164/165) als Trainingsmittel; CARL (1983, 422) versteht hingegen unter Trainingsmittel „alle bei der Realisierung des

Trainings verwendeten Geräte ...". Im folgenden sollen Trainingsinhalte im Sinne von Tätigkeiten im Training und Trainingsmittel im Sinne von Hilfsmitteln, speziell Geräten, des Trainings aufgefaßt werden:

> Definition:
> **Trainingsinhalt** ist die Art der Tätigkeit im Training, über deren Vollzug bestimmte Trainingsziele angesteuert werden sollen.

Die wesentlichen Trainingsinhalte sind Übungsformen und spezielle kognitive Themen, wie taktische Konzepte, über deren Vollzug Sportler/innen ihren Leistungszustand beeinflussen, es sind aber auch Kontroll- und Trainingswettkämpfe. Ferner könnten die zur Entwicklung des Leistungszustandes durchzuführenden physiotherapeutischen/hygienischen Maßnahmen sowie die notwendige spezifische Ernährung oder medikamentöse Substitution zu den Trainingsinhalten zählen (vgl. CARL 1983, 33 f.); sie sollen im folgenden jedoch als trainingsunterstützende Maßnahmen bezeichnet werden.

Als **Trainingsmittel** werden alle bei der Realisierung des Trainings verwendeten Geräte, die der planmäßigen Entwicklung der Leistungsfähigkeit dienen, bezeichnet (vgl. CARL 1983, 421). Trainingsmittel sind beispielsweise alle im Training benutzten Sport-, Hilfs- und Meßgeräte, vor allem auch alle Geräte zur Simulation- und Sofortinformation, die zur Unterstützung von Lernprozessen oder zur Motivationsverbesserung dienen, speziell alle audiovisuellen Medien.

Als **Trainingsform** soll ebenfalls in Anlehnung an CARL / KAYSER (1976) die durch genaue Aufgaben zum Trainingsinhalt und zur Trainingsmethode präzisierte Tätigkeit von Sport-LERn/innen bezeichnet werden. *Der aktive Trainingsvollzug wird deshalb durchschnittlich mit den verschiedensten Trainingsformen absolviert.*

### 1.2.2.5 Trainingsmethoden

Obwohl wir die Trainingsmethoden jeweils zu jeder *Trainingsart,* so zum Technik-, Kraft-, Schnelligkeits-, Ausdauer-, Beweglichkeits-, Taktik- und Fitnesstraining gesondert darstellen, wollen wir einleitend einige *Prinzipien,* die für Methodenentscheidungen allgemeine Gültigkeit beanspruchen, detaillierter beschreiben.

Didaktisch wird zumeist postuliert, daß Zielentscheidungen Vorrang vor Inhalts- und Methodenentscheidungen haben, wobei der Implikationszusammenhang von Zielen, Inhalten und Methoden dabei nicht in Frage gestellt wird. Da methodische Entscheidungen jedoch das „Wie" des Trainings bestimmen, haben sie im Trainingsvollzug — also in der durchzuführenden Praxis — eine konstituierende Bedeutung. Denn, wie Trainer/innen den zu betreuenden Sportlern/innen etwas „rüberbringen", d. h. Inhalte zur Vermittlung aufbereiten, Belastungsdosierungen subjektivieren, Bewegungsabläufe kontrollieren, korrigieren, Feedback-Verfahren einsetzen, wichtige Trainingsmittel (Medien) zur Unterstützung, zur Reproduktion von Trainingsleistungen anwenden, wie sie gezeigte Leistungen in der Technikschulung, beim Kraft- und Schnelligkeitstraining auswerten, das alles gehört zum methodischen Vorgehen.

Auch wie Sportler/innen ihr Training subjektiv erleben, wie sinnvoll, wirkungsvoll sie es erachten, ist häufig davon abhängig, wie methodisch vorgegangen wurde. Ebenso sollten

Trainer/innen, Sportlehrer/innen wissen, daß die Einschätzung ihrer „Fachkompetenz" durch die Trainierenden in hohem Maße davon abhängt, „wie" sie das Training gestalten, d. h. wie sie methodisch vorzugehen in der Lage sind.

Welche Trainingserfahrungen Sportler/innen sammeln und welche Trainingswirkungen erzielt werden konnten, sind ebenfalls größtenteils Ergebnisse des methodischen Vorgehens. Somit hat das trainingsmethodische Vorgehen im Rahmen des Trainingsvollzuges eine „hautnahe" Relevanz für Trainer/innen wie für Sportler/innen. Grund genug, sich einleitend mit den Prinzipien methodischer Entscheidungen näher auseinanderzusetzen.

---

Definition:

**Trainingsmethoden** sind planmäßige Verfahren der Vermittlung und zur Gestaltung von Trainingsinhalten zu zielgerichteten Trainingsformen.

---

Der **Trainingsvollzug** „im engeren Sinne" wird durch **Trainingsformen** realisiert. Nach dem Verständnis der vorausgegangenen Definition ergeben sie sich aus der Koppelung und Wechselwirkung dessen, „*was*" inhaltlich zur Durchführung kommt und „*wie*" diese Inhalte bewältigt werden. Aus dieser Koppelung von Inhalten und Methoden kommen dann beispielsweise im Krafttraining Trainingsformen zustande, wie das Bankdrücken (als Übungsform) mit festgelegter Belastungsanforderung, bestehend aus den Komponenten Belastungsumfang, -intensität und -dichte, aber auch mit Festlegung der Durchführungsart, so z. B. explosiver Bewegungsbeginn, langsames Zurückführen. Oder im Techniktraining, wo beispielsweise eine bestimmte Fertigkeit, ein Schwung aus den Slalomtechniken (Inhalt), mit bestimmten Bewegungsintensitäten, Wiederholungszahlen, unterschiedlich großen Radien, der Richtungsänderung, unterschiedlicher Hangneigung (Methoden), zu Trainingsformen gekoppelt wird.

Die methodische Gestaltung der Inhalte einer Trainingsform — vor allem durch die Dosierung von Belastungsanforderungen — und Durchführungsbedingungen, ist zwar die zentrale trainingsmethodische Entscheidung für den Trainingsvollzug im engeren Sinne. Es ist aber nicht die einzige Entscheidungsebene. Methodische Entscheidungen im weiteren Sinne sind auf fünf Ebenen zu fällen (Tabelle 2).

*Tabelle 2: Trainingsmethodische Entscheidungen und ihre Realisierungsmerkmale.*

| Trainingsmethodische Entscheidungsebenen | Realisierungsmerkmale |
|---|---|
| Trainingskonzept | aus Trainingsteilzielen abgeleitete Trainingsarten |
| Trainingsvollzug im engeren Sinne | Reihenfolge der Trainingsformen mit Belastungsanforderungen und Durchführungsbedingungen |
| Organisatorischer Ablauf des Trainings | Sozialformen, Geräteaufbau, Geländeauswahl, -präparierung, Hilfen/Unterstützungen, Medien |
| Traineraktionsformen | Informationen, Korrekturen, Feedbackmaßnahmen, Beobachtungen, Beobachtungsstandorte, Auswertungen |
| Trainingsauswertungen | Messen/Kontrollieren/Beobachten – Auswerten – Interpretieren (Trainingssteuerung auf der Mikroebene der Trainingseinheit) |

Ausgangspunkt zur Gestaltung einer Trainingeinheit ist die Entscheidung für das optimale *Trainingskonzept*. Es ergibt sich aus dem anzusteuernden *Trainingsteilziel* und der daraus abgeleiteten *Trainingsart*. Hierfür zwei Beispiele: Für das kommende Samstagsspiel müssen Standardsituationen wie Eckbälle und Freistöße auf das taktische Abwehrkonzept der gegnerischen Mannschaft zugeschnitten werden (Trainingsteilziel). Dazu werden in einem theoretischen und praktischen Taktiktraining (Trainingsarten) diese Situationen zunächst an der Stecktafel gezeigt und diskutiert und dann unter gestellten Abwehrbedingungen praktisch geübt. Oder, um ein zweites Beispiel anzuführen: Bei einer Biathlonmannschaft soll unter hohem Belastungsdruck (hohe Herzschlagfrequenz) Schnelligkeit und Treffsicherheit des Stehendschießens verbessert werden (Trainingsteilziel). Dazu wird auf kurzen 1200-m-Runden gelaufen (zu Fuß) und am Stand in vorgegebener Zeit fünfmal geschossen. Diese Trainingsart wird als Komplextraining bezeichnet. Die Entscheidung über das Trainingskonzept geht derjenigen über den Trainingsvollzug (im engeren Sinne) voraus.

Die Planung des **organisatorischen Ablaufes des Trainings** ist die folgende Entscheidungsebene. Hier wird festgelegt mit welcher Sozialform das Training stattfindet, so entschied sich der Trainer bei unserem Biathlonbeispiel für partnerweises Laufen und Schießen. Es werden Geräteaufbau, so bei einem Sprungkrafttraining in der Halle; Sicherheitsmaßnahmen, so am Schießstand beim Biathlontraining; Bahnverteilung nach Leistung und bevorzugter Technik beim Training einer Schwimmannschaft, Hilfen und Unterstützungen beim Techniktraining im Gerätturnen; Medieneinsatz u. v. a. organisiert. Der optimale organisatorische Ablauf ist entscheidend für das „Funktionieren" einer Trainingseinheit.

Die nächste methodische Entscheidung ist über die angemessenen *Traineraktionsformen* zu fällen. Diese Aktionsformen bezeichnen das methodisch richtige Eingreifen von Trainern/innen, ihre Informationen, Korrekturen, aber auch Standorte ihres Aufenthalts z. B. beim Ausdauertraining, Skilanglauftraining im Gelände, an der Abfahrtsstrecke usw. Traineraktionsformen sind solche Aktivitäten, die den Trainingsvollzug optimal steuern. Sie müssen geplant sein, wenn sie nicht in Zufälligkeit und Improvisation untergehen sollen.

Als fünfte trainingsmethodische Entscheidungsebene (Tabelle 2) muß noch die *Trainingsauswertung* beschrieben werden. Mit diesem Begriff fassen wir alle Maßnahmen zusammen, die zur Ergebniskontrolle, -beobachtung, deren Auswertung und Interpretation zum Einsatz kommen. Die optimale Effektivität einer Trainingseinheit, das richtige Belasten, hauptsächlich im Intensitätsbereich hängen im wesentlichen davon ab, welche Trainingsauswertungen im Verlaufe des Trainingsvollzugs „eingebaut" werden. An den beiden vorgestellten Beispielen des Fußball-Taktiktrainings und Biathlon-Komplextrainings sollen einige Auswertungsmöglichkeiten vorgestellt werden: Der Trainer geht nach dem Abschluß jeder durchgeführten Standardsituation auf Stellungsfehler oder mögliche andere Varianten ein (Feedback), nach dem Training gibt er an der Stecktafel noch eine Zusammenfassung des gesamten Trainings im Vorgriff auf das kommende Spiel. Beim Biathlon-Training wird mit Pulskontrolluhren gelaufen, die nach dem Training ausgewertet werden. Am Schießstand wird beim Schießen jedes Trefferbild sofort an die Trainierenden weitergegeben. Kontinuierliche Trainingsauswertungen heißt auch ständige Trainingssteuerung innerhalb einer Trainingseinheit. Die hier einsetzbaren Instrumentarien sind so vielseitig wie das trainingsmethodische Wirken selbst.

Ferner wäre es im Sinne von Training als „sozialem" Handeln von Trainern/innen und Sportlern/innen auch möglich, die besonderen Interaktionsformen der Beteiligten als trainingsmethodisches Element zu bezeichnen. Da die Intentionen dieser Partner oftmals jedoch nicht auf das Training im engeren Sinne beschränkt und folglich vielfältig bedingt sind, ist eine Entscheidung in diesem Bereich nur in den seltensten Fällen ausschließlich aus trainingsmethodischer Sicht zu analysieren und kann daher als ausschließlich trainingsmethodische Entscheidung sehr leicht fehlinterpretiert werden.

### 1.2.3 Allgemeine Prinzipien des sportlichen Trainings

Als *Trainingsprinzipien* seien übergeordnete Anweisungen zum Handeln im sportlichen Training bezeichnet. Deshalb stellen sie eher eine allgemeine Orientierungsgrundlage und weniger eine konkrete Handlungsrichtlinie dar. Sie leiten das Handeln von Trainern/innen und Sportlern/innen bei der Festlegung von Handlungsentwürfen. Dabei beziehen sie sich weniger auf konkrete Operationen als vielmehr auf wesentliche Grundzüge von Handlungsklassen (SCHNABEL / MÜLLER 1988, 97).

Dem hier zugrundegelegten Konzept der Steuerung und Regelung des Trainings entsprechend, können Trainingsprinzipien die verschiedenen Instanzen des Handelns, also gleichermaßen die Trainingsplanung, den Trainingsvollzug, die Trainingskontrollen und die Trainingsauswertung betreffen und die Leistungspräsentation miteinbeziehen. Sie können für das Trainingshandeln insgesamt, für einzelne Handlungsfelder, wie z. B. das Nachwuchstraining, oder für bestimmte Trainingsarten, wie z. B. das Techniktraining, gelten und für die unterschiedlichen Personengruppen im Training Gültigkeit haben.

Trainingsprinzipien als Handlungsanweisungen können *Normvorgaben* sein, die das Ergebnis gesellschaftlichen Selbstverständnisses oder gesellschaftliche Vereinbarungen darstellen, wie z. B. das „Prinzip der Gesunderhaltung und Gesundheitssicherung". Sie können aber auch als *Handlungshypothesen* aus trainingswissenschaftlichen Gesetzen oder trainingspraktischen Erfahrungen abgeleitet werden. Als Norm vorgegebene Trainingsprinzipien behalten Bestand, solange sie gesellschaftlich gewollt sind. Aus Gesetzen oder Erfahrungen abgeleitete Trainingsprinzipien können weder „wahr" noch „falsch", sondern nur „mehr oder weniger effektiv" sein. Ihre Zweckmäßigkeit ergibt sich aus dem Grad ihrer Effektivität in der Trainingspraxis.

Der Begriff des *Trainingsprinzips* sollte vom Begriff der *Trainingsregel* unterschieden werden. Beide bezeichnen zwar Handlungsanweisungen, u. a. SCHNABEL / MÜLLER (1988/2, 99), weisen jedoch darauf hin, daß sie in der Trainingslehre zum Teil uneinheitlich benutzt werden. Ebenso wie die o. g. Autoren werden wir im folgenden davon ausgehen, daß Prinzipien im Verhältnis zu Regeln einen höheren Allgemeinheitsgrad besitzen; Regeln dienen der Interpretation und der Konkretisierung von Prinzipien. In einem umfassenden Handlungskonzept des Trainings haben sie vor allem die Funktion einer Leitlinie für konkrete, auf den Trainingsvollzug bezogene Entscheidungen. In den nachfolgenden Kapiteln zum Technik-, Konditions- und Taktiktraining wird immer wieder versucht werden, auf der Basis wissenschaftlicher Erkenntnisse und trainingspraktischer Erfahrungen *bewährte* Trainingsregeln als konkrete Handlungsanweisungen zu formulieren.

Allgemeine Trainingsprinzipien als Leitlinien für die Ableitung und Begründung von Trainingskonzepten sind in der Vergangenheit immer wieder zusammengestellt worden. Zu nennen sind z. B. die Arbeiten von DESCHKA (1961), HARRE (1971), BAUERSFELD / SCHRÖ-

TER (1979), MATWEJEW (1981); zuletzt haben sich vor allem SCHNABEL / MÜLLER (1988) und MÜLLER (1988a und 1988b) mit der Problematik der Ableitung von Trainingsprinzipien ausführlich auseinandergesetzt. Bisher ist es jedoch noch nicht gelungen, ein in Fachkreisen weitgehend akzeptiertes umfassendes Konzept der allgemeinen Trainingsprinzipien zu erstellen. Wesentliche Gründe hierfür scheinen sowohl unterschiedliche Auffassungen über den Stellenwert eines sportlichen Trainings innerhalb einer Gesellschaftsordnung als auch ein immer noch lückenhafter Kenntnisstand zum Trainingssystem selbst zu sein.

Im folgenden ist versucht worden, wichtige allgemeine Trainingsprinzipien eher stichwortartig aufzuzählen. Wir haben uns dabei sehr wesentlich auf die o. g. Autoren bezogen; die dort genannten Prinzipien jedoch vor allem um einige nicht nur für das Handlungsfeld sportliches Training spezifische allgemeine Handlungsanweisungen ergänzt.

Innerhalb der allgemeinen Trainingsprinzipien erscheint es zweckmäßig, drei Klassen zu unterscheiden.

— Allgemeine *pädagogische Prinzipien,* die über das Trainingshandeln hinaus in unterschiedlichen pädagogischen Handlungsprozessen Gültigkeit besitzen;

— Prinzipien des *Trainingsaufbaus* und der *Trainingsorganisation;*

— Prinzipien der *inhaltlich-methodischen Gestaltung* des Trainings.

### 1.2.3.1 Pädagogische Prinzipien zum Training

(1) *Prinzip der gesellschaftlichen Bedingtheit von Handlungsentscheidungen.* Bei Handlungsentscheidungen sollen die gesamtgesellschaftlichen Rahmenbedingungen Berücksichtigung finden.

(2) *Prinzip des Vorrangs der umfassenden Persönlichkeitsentwicklung vor der sportlichen Leistungsentwicklung.* Sportliche Handlungsentscheidungen sollen im Einklang mit den Zielen der Gesamtpersönlichkeitsentwicklung stehen.

(3) *Prinzip der Bewußtheit des Trainingshandelns.* Das Handeln im Training und die Kontextbedingungen dieses Handelns mit den übrigen Lebensbedingungen müssen ständig bewußt gemacht werden, damit sie zu bewußten Handlungen werden.

(4) *Prinzip der Gesundheitserhaltung und -sicherung.* Handlungsentscheidungen sind so zu fällen, daß sie keine Gefahr für die Gesundheit von Sportlern/innen nach sich ziehen; sie sollen möglichst der Sicherung der Gesundheit dienen.

(5) *Prinzip der Orientierung des Trainingshandelns an den Bedürfnissen und Interessen der Sportler/innen.* Trainingshandeln soll sich an den Bedürfnissen und Interessen der Sportler/innen orientieren (zu den Bedürfnissen von Kindern vgl. u. a. KURZ 1988).

(6) *Prinzip der Entwicklungsgemäßheit des Handelns.* Handlungsentscheidungen sollen sich am individuellen Entwicklungsstand der Trainierenden orientieren. Bei Heranwachsenden sind die in einzelnen Entwicklungsabschnitten vorgegebenen besonders günstigen Entwicklungsbedingungen zu nutzen.

(7) *Prinzip der zunehmenden Selbstverantwortlichkeit von Sportlern/innen.* Handlungskonzeptionen und Handlungsentscheidungen sollen so angelegt sein, daß sie zunehmend die Selbstverantwortlichkeit von Sportlern/innen fördern. Sie sollen deshalb vorwiegend auf der Basis eines umfassenden Dialogs zwischen Trainern/innen und Sportlern/innen getroffen werden.

(8) *Prinzip der anschaulichen Präsentation und Nachvollziehbarkeit von Handlungsentscheidungen.* Sie sollen den Beteiligten anschaulich und transparent präsentiert werden und von ihnen in ihrem Ablauf und in ihrer Bedeutung nachvollziehbar sein.

### 1.2.3.2 Prinzipien zum Trainingsaufbau und zur Trainingsorganisation

(1) *Prinzip der Abstimmung der Trainingsentscheidungen.* Trainingsentscheidungen bedürfen in der Regel der Abstimmung zwischen zum Teil divergierenden Vorgaben, die sich vor allem aus spezifischen Leistungsanforderungen, entwicklungsgemäßen Besonderheiten und individuellen Bedürfnissen ergeben.

(2) *Prinzip der Effektivitätsorientierung des Trainingshandelns.* Trainingshandeln soll im Hinblick auf die vorgegebenen Leistungsziele immer einen möglichst hohen Wirkungsgrad erreichen.

(3) *Prinzip der Unterteilung langfristiger Trainingsprozesse in Zwischenstufen.* Langfristige Trainingsprozesse, wie etwa das spitzensportorientierte Training, sind in relativ eigenständige mehrjährige Trainingsstufen zu unterteilen, für die jeweils spezifische Trainingsziele und inhaltlich methodische Schwerpunkte vorzugeben sind.

(4) *Prinzip der Orientierung an Trainingszielen.* Trainingsprozesse sollen für die Sportler immer auf attraktive Ziele ausgerichtet sein, die in überschaubaren Zeiträumen erreichbar sind.

(5) *Prinzip der aufeinander abgestimmten allgemeinen und speziellen Leistungsentwicklung.* In allen Entwicklungsabschnitten soll den jeweiligen Zielen entsprechend ein wohl abgestimmtes Verhältnis von allgemeinen und sportartspezifischen Trainingsformen bestehen und so stets eine Weiterentwicklung bzw. Erhaltung der allgemeinen und der sportartspezifischen Leistungsfähigkeit gesichert sein (BAUERSFELD / SCHRÖTER 1979, 38).

(6) *Prinzip der rechtzeitigen und zunehmenden Spezialisierung.* Um das genetisch vorgegebene Leistungspotential eines Sportlers im Hinblick auf sportartspezifische Anforderungen voll ausschöpfen zu können und zu einem höchstmöglichen Leistungszustand zu gelangen, ist auf der Basis einer allgemeinen sportlichen Grundausbildung rechtzeitig eine zunehmende Spezialisierung bei Trainingsinhalten und Trainingsmethoden notwendig (MÜLLER 1988, 105 f.).

(7) *Prinzip der zunehmenden Individualisierung.* Um die individuell höchstmöglichen Leistungen zu erreichen, soll das an allgemeinen Gesetzmäßigkeiten und Regeln orientierte Handeln mit fortschreitendem Trainingsprozeß immer mehr auf die individuellen Voraussetzungen und Verhaltensweisen bezogen und immer mehr auf die optimale Herausbildung der individuellen Stärken ausgerichtet werden (BAUERSFELD / SCHRÖTER 1979, 35; und MÜLLER 1988, 106).

(8) *Prinzip der permanenten Steuerung und Regelung des Trainings.* Um ein angestrebtes Leistungsziel in einem vorgesehenen Zeitabschnitt zu erreichen, ist auf der Basis ständiger Vergleiche (Leistungsdiagnostik) zwischen vorgeplantem und tatsächlich erreichtem Leistungszustand eine kontinuierliche Anpassung anfallender Trainingsentscheidungen an langfristige Sollvorgaben notwendig.

### 1.2.3.3 Prinzipien zur inhaltlich-methodischen Gestaltung des Trainings

(1) *Prinzip der gegenseitigen Bedingtheit von konditionellen, koordinativ-bewegungstechnischen und sporttaktischen Leistungsvoraussetzungen.* Um die Entwicklung eines sportlichen Leistungszustandes kontinuierlich voranzutreiben, ist zu beachten, daß die konditionellen, koordinativen Leistungsvoraussetzungen, die Bewegungstechnik und die Taktik sich gegenseitig bedingen und daher stets aufeinander abgestimmt zu entwickeln sind.

(2) *Prinzip der Komplexität von Trainingswirkungen.* Bei Trainingsentscheidungen ist zu berücksichtigen, daß sich bestimmte Trainingsformen niemals nur isoliert auf einzelne Leistungsbedingungen, sondern immer auf den komplexen Leistungszustand auswirken.

(3) *Prinzip der Anpassungsspezifität von Training und Wettkampf.* Mit der Zunahme des Trainingsalters und der Erhöhung des Leistungszustandes sind Trainingsformen zum Erzielen von Anpassungen immer stärker unter Berücksichtigung der Bedingungen des Wettkampfes auszuwählen.

(4) *Prinzip der Schaffung optimaler Orientierungsgrundlagen zur Realisierung trainingsmäßiger Handlungen.* Zur Verbesserung der Trainingswirkung, speziell im Technik- und Taktiktraining, sollten optimale Orientierungsgrundlagen als Basis für eine effektive Informationsaufnahme, -verarbeitung und -speicherung geschaffen werden (MÜLLER 1988, 175 f.).

(5) *Prinzip der optimalen psychophysischen Aktivierung.* Vor allem beim Koordinations- und Techniktraining sollte auf einen optimalen psychophysischen Aktivierungszustand der Sportler geachtet werden (MÜLLER 1988b, 176).

(6) *Prinzip der optimalen Ausführungsqualität von Trainingsübungen.* Vor allem beim Koordinations- und Techniktraining sollte stets eine höchstmögliche Ausführungsgüte beibehalten werden (MÜLLER 1988, 176 f.).

(7) *Prinzip der ansteigenden Trainingsbelastung.* Um die fortlaufende Verbesserung eines sportlichen Leistungszustandes zu erreichen, ist eine systematische Steigerung der Trainingsbelastung zu gewährleisten (HARRE 1982, 93 ff.).

(8) *Prinzip des kontinuierlichen Trainings.* Um einen sportlichen Leistungszustand auf hohem Niveau zu erhalten oder zu verbessern, sollten größere Trainingspausen vermieden werden (HARRE 1982, 97 f.).

(9) *Prinzip der Zyklisierung des Trainingshandelns.* Beim Aufbau des sportlichen Trainings sollte darauf geachtet werden, daß innerhalb einzelner und aufeinander folgender Trainingszyklen unterschiedliche Trainingsziele gesetzt und veränderte Trainingsformen realisiert werden. Insbesondere ist zu beachten, daß die Trainingsbeanspruchung variiert.

# 2. Sportliche Technik und Techniktraining

## 2.1 Techniktraining — Charakteristik und Begriffe

### 2.1.1 Zur Bedeutung des Techniktrainings

Wir stellen das Kapitel „Techniktraining" deshalb an den Anfang dieser Trainingslehre, weil damit die *übergeordnete Bedeutung* des Techniktrainings innerhalb des gesamten Trainingsprozesses dokumentiert werden soll.

Der *Zugang* zu einer Sportart erfolgt in den meisten Fällen über das Erlernen der grundlegenden Fertigkeiten der betreffenden sportartspezifischen Techniken. Das ist in allen kompositorischen Sportarten, in Zweikampf-, Spiel- und Rennsportarten, ja selbst in Ausdauersportarten mit hoch einzuschätzender Technikkomponente, wie dem Schwimmen, Eisschnellaufen, Skilanglaufen, Rudern u. a. zu beobachten. In diesen Sportarten werden — vor allem im Kinderbereich — sogar die ersten Wettkampferfahrungen auf dem erreichten technischen Könnensstand gesammelt, bevor überhaupt andere leistungsbestimmende Komponenten, wie konditionelle Fähigkeiten, trainiert werden.

Die Bedeutung des Techniktrainings muß ferner unter dem Aspekt seiner *integrativen Wirkung* gesehen werden. Denn, wie koordinative und konditionelle Fähigkeiten in komplexe Wettkampfleistungen umgesetzt werden können, ist in hohem Maße vom Niveau des sporttechnischen Könnensstandes abhängig. Deshalb bezeichnet WERCHOSCHANSKI (1988, 74) das Techniktraining auch als den wichtigsten Prozeß längerfristiger Anpassung des Organismus, weil Aufgabe und Wesen des Techniktrainings darin bestehen, das sich ständig entwickelnde motorisch-konditionelle Potential für die Lösung technischer Aufgaben optimal zu nutzen.

Ein weiterer Aspekt dieser übergeordneten Bedeutung ist die zunehmende *Spezialisierung* in allen Lebensbereichen als Voraussetzung von Leistungssteigerungen. Sie ist auch im Sport offensichtlich. Dies bezieht sich zunächst auf die Wahl einer bestimmten Sportart. Dann wird innerhalb einiger Sportarten die Festlegung auf eine Disziplin notwendig oder bei Ballsportarten sogar auf eine Spielposition. Teilweise wird dabei sogar durch eine Reduzierung des Techniktrainings auf das schwerpunktmäßige Üben der technischen Stärken, die Spezialisierung auf die Spitze getrieben (LEHNERTZ 1990b, 119 f.).

Die These, daß zum bestmöglichen Erfolg ein hoher Grad an Spezialisierung notwendig sei, wird auch in neueren Orientierungen der Trainingslehre gestützt. Denn inzwischen findet diese Auffassung Eingang in neuere trainingswissenschaftliche Arbeiten. BOIKO (1988) begründet die Forderung nach Spezialisierung auf die begrenzten Anpassungsmöglichkeiten des menschlichen Organismus und wendet sich entschieden gegen den in den letzten Jahren zu beobachtenden Trend der vielseitigen Ausbildung, weil sich die Anpassungsmöglichkeiten des Organismus bei einer Verringerung der Anzahl von Faktoren, an die er sich anpassen muß, steigern. Die Ursache liegt in der relativen Beschränktheit der Anpassungs-reserve des Organismus. Daraus kann man folgern, daß eine Konzentration des Trainings auf die Spezialisierung zu einem Anstieg des Leistungsmaximums führen muß. Diesem Problem werden wir in den Abschnitten 3.1.5.2 und 5.1.1 gezielt nachgehen.

### 2.1.2 Zum Theorieproblem des Techniktrainings in der Trainingslehre

Die im vorausgegangenen Abschnitt vertretenen Argumente verweisen darauf, daß dem Techniktraining in jeder Sportart, aber auch in jedem Ausbildungsabschnitt vom Kinder-bis zum Hochleistungstraining eine übergeordnete Bedeutung innerhalb des gesamten Trai-nings zukommt und die Trainingswissenschaft gefordert ist, der Trainingspraxis hierzu ent-sprechende theoretische Modelle zu liefern. Selbstkritisch muß zu dieser Forderung aller-dings eingeräumt werden, daß sich die trainingswissenschaftliche Theoriebildung bisher in dieser Hinsicht traditionell an die Theorien des *motorischen Lernens* und der *Bewegungs-koordination* anlehnte (MARTIN 1977; LETZELTER 1978; WEINECK 1980; GROSSER / NEU-MAIER 1982; HARRE 1986; u. a.) und versäumte, eine darüber hinausgehende oder darauf aufbauende *Theorie des Techniktrainings* zu konzipieren. Auch wurde in der Trainingsleh-re bisher mit einem Technikbegriff operiert, der die sportliche Technik als das Zusammen-wirken konkret zu beobachtender kinematischer und dynamischer Merkmale begriff und die Praxis aufforderte, sich über beschreibende und biomechanische Merkmale ein jeweils sportartspezifisches Technikmodell zu erstellen, das idealtypisch als Grundgerüst für In-formationen über die sportliche Technik dienen sollte.

Sicher müssen sich Trainer/Sportlehrer/Übungsleiter/innen über Theorien des motori-schen Lernens informieren, denn Techniktraining ist immer *motorisches Lerntraining*. Sie müssen auch über einen hohen Informationsstand zu den Merkmalen ihrer speziellen Tech-niken verfügen und ihn mit biomechanischem Fachwissen stützen, denn genaue, objektive Informationen zur Technik sind nur über biomechanische Merkmale erhältlich. Theorien des Bewegungslernens und der Biomechanik können dem Merkmalsspektrum des Technik-trainings nur partiell als Erklärungsmodell dienen. Der hohe technische Könnensstand in den meisten Sportarten und die übergeordnete Bedeutung des Techniktrainings im gesam-ten Trainingssystem verlangen eine Neuorientierung in der Theorie des Techniktrainings. Wir haben ein denkbares Konzept in verschiedenen Veröffentlichungen, Trainerseminaren und Symposien zur Diskussion gestellt (LEHNERTZ 1990b; MARTIN 1989; MARTIN / LEH-NERTZ 1989) und wollen diesen Ansatz hier vor allem unter trainingsmethodischen Ge-sichtspunkten erweitern.

### 2.1.3 Technik und Techniktraining — Begriffe

*Technik* ist das schöpferische Schaffen und Umsetzen von Verfahren zur Lösung von Auf-gaben unter Benutzung von Materialien und Kräften bei Berücksichtigung der Naturgeset-ze (GROSSER BROCKHAUS Bd. XII, 1973, 517). Dieses Allgemeinverständnis des Technikbe-griffs enthält zwei Handlungsdimensionen, (1) das *Umsetzen* von Verfahren zur Bewälti-gung von Aufgaben, als die „handwerklich-technische" Komponente und (2) das *schöpferi-sche Schaffen* solcher Verfahren im Sinne einer kontinuierlichen Weiterentwicklung, als die „kreativ-wissenschaftliche" Komponente (LEHNERTZ 1990b, 116).

Umgesetzt in die Problematik des Techniktrainings heißt das, wenn Sportler/innen das technologische Wissen zur Lösung ihrer sportlichen Aufgaben nützen, dann ist das das erwähnte *handwerklich-technische* Handeln. In dieser Handlungskategorie bewegen sich alle Sportler/innen, die versuchen, das sporttechnische Verhalten von Vorbildern/Vorlagen zu kopieren. Trainer/innen und Sportler/innen müssen jedoch darüber hinaus bemüht sein, durch *Experimentieren* mit vorhandenem Können und Wissen die sporttechnische Handlungsfähigkeit über den bekannten Rahmen hinaus zu erweitern. In diesen Fällen handeln sie *kreativ-wissenschaftlich*.

Experimentieren ist zwar ein erweiternder, aber relevanter Teil des Techniktrainings. Diese Aufforderung hat einfach deshalb Gültigkeit, weil die Trainingspraxis immer wieder versucht, die technischen Aufgaben ständig verbessert zu bewältigen und sich dadurch kurzfristig Vorteile zu verschaffen. Solche Experimente betreffen die Veränderungen sportlicher Techniken selbst (Fosbury-Flop, Skating-Technik im Skilanglauf) oder wie im Gerätturnen, Eiskunstlauf, der Rhythmischen Sportgymnastik das Kreieren immer neuer Einzelfertigkeiten und das ständige Verändern ihres choreographischen Einsatzes. Ein anderes Feld des technischen Experimentierens ist die Entwicklung von Trainingsgeräten, an denen beispielsweise Techniken imitiert bzw. simuliert werden können (so der Flug beim Skisprung, der Start zu einer Schlitten- oder Bobabfahrt u. a.). Oder es werden Geräte entwickelt, mit denen techniknahes spezielles Krafttraining möglich wird. Wieder ein anderes Feld des technischen Experiments betrifft das Weiterentwickeln der Wettkampfausrüstung oder die Entwicklung von Testverfahren zur richtigen Auswahl des optimalen Wettkampfgerätes usw. Hunderte solcher Innovationsbeispiele aus dem technischen Bereich des Sports sind in den letzten Jahren bekanntgeworden und lassen sich auf Anhieb nennen. Dieser Aspekt eines erweiterten Verständnisses des Techniktrainings konnte nur kurz angerissen werden. Er ist jedoch für die vielen Veränderungen und Weiterentwicklungen im technischen Bereich des Sports und Trainings verantwortlich.

Beide Handlungskategorien — die *handwerklich-technische* und die *kreativ-wissenschaftliche* — lassen sich tendenziell voneinander abgrenzen, wenn sie auch letztendlich eng miteinander verflochten sind. Theoretisch kann es nützlich sein, den technischen Bereich auf den handwerklich-technischen Aspekt einzuengen. Praktisch gehören beide Bereiche zusammen.

> Definition:
>
> Die **sportliche Technik** ist eine erprobte, zweckmäßige und effektive Bewegungsfolge zur Lösung einer definierten Aufgabe in Sportsituationen.

Die der sportlichen Technik immanenten Eigenschaften wie das Erprobtsein, die Zweckmäßigkeit und die Effektivität verweisen nicht nur auf die in der Definition postulierte Hauptaufgabe, die *Aufgabenlösung,* sondern auch auf ihre Funktion als *Leitbild, Vorgabemodell* (THIESS / SCHNABEL 1987, 163) als *idealtypisches Modell* bzw. *Normbewegung*. Diese Funktionen spielen vor allem bei der Ansteuerung der technischen Leistungsfähigkeit die orientierende Rolle. Deshalb konstruieren sich die Modelle der Techniken auch aus der Güte der Informationen über die ihrem Bewegungsablauf zugrundeliegenden Merkmale. Und das können qualitative und quantitative Merkmale sein (Tabelle 3). Qualitative Merkmale sind einer direkten visuellen Betrachtung zugänglich. Kinematische und dynamische (quantitative) Merkmale sind nicht direkt beobachtbar. Sie sind Gegenstand biomechanischer Messungen. Vor allem auf der Grundlage quantitativer Informationen können sportliche Techniken ihre *orientierende Modellfunktion* realisieren.

Tabelle 3: *Qualitative und quantitative Merkmale von Bewegungsabläufen sportlicher Techniken (BALLREICH 1983, 74).*

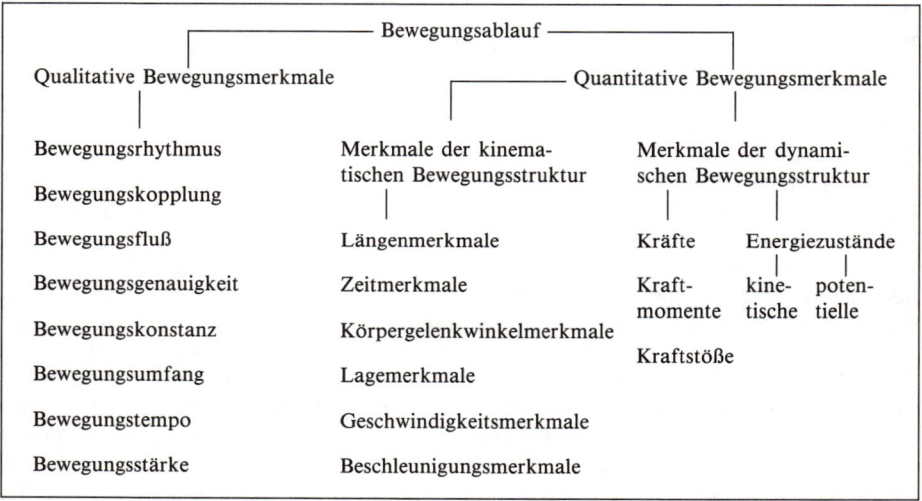

**Techniktraining** bezeichnet die Gesamtheit derjenigen Maßnahmen und Verfahren, die dazu dienen die Techniken mit ihren sportmotorischen Fertigkeiten, deren Anwendung sowie technischen Einsatz systematisch zu erlernen und in sportartspezifischen Situationen optimale Erfahrungen zu sammeln. Ferner steckt im Techniktraining die Erwartung, wissenschaftliche Erkenntnisse sportartspezifisch optimal nutzbar zu machen.

Eine solche Auffassung von Techniktraining beinhaltet nicht nur das Erlernen und „Einschleifen" bewährter Techniken, sondern auch die Anpassung an neue technische (apparative) Entwicklungen, sowie das Bemühen, vorhandenes naturwissenschaftliches Wissen in sporttechnisches Werkzeug umzusetzen. In diesem Zusammenhang verweisen wir auf zwei Begriffe, die darauf aufmerksam machen, wie wichtig die individuelle Abstimmung technikorientierter Trainingsmaßnahmen ist: nämlich auf Idealtechnik und Zieltechnik. Die *Idealtechnik* ist eine am momentanen Wissensstand orientierte Vorstellung über das zweckmäßigste Lösungsverfahren einer sportlichen Bewegungsaufgabe. Die *Zieltechnik* ist eine an der Idealtechnik orientierte und auf die Möglichkeiten einer Person/Gruppe abgestimmte Vorstellung über das zweckmäßigste Lösungsverfahren einer sportlichen Bewegungsaufgabe.

Aus den Beschreibungen wird die enge Verbindung zwischen Idealtechnik und Zieltechnik deutlich. Es wird aber auch sichtbar, daß im Lehr-/Lernprozeß eine Abstimmung der Idealtechnik auf die Zielgruppe erfolgen muß. Dabei gilt: Je höher das technomotorische

Niveau der Zielgruppe ist, desto enger wird die Verbindung zwischen Ziel- und Idealtechnik.

## 2.2 Aufbau und Systematik des Techniktrainings

Im Abschnitt 2.1.2 wurde das offensichtliche Defizit einer trainingswissenschaftlichen Theorie des Techniktrainings aufgezeigt. In diesem Abschnitt versuchen wir mit einer Systematisierung des Techniktrainings einer solchen Theorie eine praxisorientierte Grundlage zu geben.

### 2.2.1 Zur Problematik der Verallgemeinerung von Aussagen zum Techniktraining

Mit dem oben postulierten Anspruch ergibt sich eingangs gleich die zentrale Frage: Kann die Trainingswissenschaft bei der kaum vorstellbaren Anzahl sportlicher Techniken aus den verschiedensten Sportarten und tausendfach situativen Variations- und Anwendungsmöglichkeiten überhaupt verallgemeinernde Aussagen zum Techniktraining machen?

Bisher wurden einige Versuche unternommen, die Vielzahl sportlicher Techniken in einem Schema übersichtlich zu ordnen und anhand verschiedener Merkmale Technikgruppen zu bilden. Zu verweisen ist hier auf die Einteilung der Technikanforderungen in vier Gruppen, wie sie STAROSTA (1988, 40 ff.) vornimmt, auf die Systematik der Klassifizierung von ROTH, der fünf Fertigkeitstypen beschreibt (WILLIMCZIK / ROTH 1983, 148 ff.) und auf die Einteilung der Techniken nach MECHLING (1988, 39 ff.). Er unterscheidet vier *Fertigkeitstypen,* die er jeweils damit verknüpft, ob sie einen *zyklischen* oder *azyklischen* Bewegungscharakter haben oder durch *Geschlossenheit,* d. h. Konstanz der äußeren Bedingungen bei der Fertigkeitsdurchführung, bzw. *Offenheit,* d. h., daß hierbei die situativen Bedingungen wechselnd und teilweise nicht vorausschaubar sind, aufweisen:

Der *Fertigkeitstyp 1* ist eine geschlossene Fertigkeit mit stabiler Ausführungsstruktur bei zyklischen (Hürdenlauf) oder azyklischen (Gewichtheben) Bewegungsverläufen.

Der *Fertigkeitstyp 2* beinhaltet die Verbindung einzelner Teile zu einer Gesamtleistung (Gerätturnen, Sportgymnastik) unter stabilen Umweltbedingungen.

Der *Fertigkeitstyp 3* ist eine offene Fertigkeit bei sehr stabilen Grundstrukturen, die aber unter nicht standardisierten Bedingungen ablaufen (alpiner Rennsport, Skispringen, Skilanglauf).

Der *Fertigkeitstyp 4* ist gekennzeichnet durch offene Fertigkeitstypen wie in den Sportspielen oder Kampfsportarten, die allerdings auch auf isoliert beherrschten Fertigkeiten oder Fertigkeitskombinationen beruhen.

Auf der Grundlage eines solchen Einteilungsmodells läßt sich für das Techniktraining folgendes *Prinzip* verallgemeinern:

*Alle sportartspezifischen Techniken (Fertigkeitstypen), ob zyklisch oder azyklisch, ob offen oder geschlossen, basieren auf stabilen technischen Grundmustern, d. h. auf automa-*

*tisierten, überdauernden sportmotorischen Fertigkeiten,* die auch im Rahmen von Bewegungskombinationen, variablem Einsatz und bei sich verändernden sowie instabilen Außenbedingungen als Bewegungsgrundmuster ihre Funktion beibehalten. Weil dieses *Prinzip* eine allgemeine Gültigkeit beanspruchen kann, sind auch die daraus abgeleiteten *Trainingsziele* für das Techniktraining aller Sportarten bindend.

## 2.2.2 Die Ziele des Techniktrainings

Sporttechnisches Handeln umfaßt den Vollzug derjenigen sportmotorischen Fertigkeiten, mit denen die zweckmäßigste Lösung sportartspezifischer Aufgaben ermöglicht wird. Von einer *guten, erfolgreichen Technik* wird dann gesprochen, wenn damit das aktuelle biomechanische Optimum, ein hoher Grad an Virtuosität, Stabilität, die variable Anwendung und das angestrebte sportliche Resultat erreicht werden. Aus diesem Technikverständnis leiten sich die folgenden Ziele für das Techniktraining ab:

① Das **Erlernen derjenigen sportmotorischen Fertigkeiten,** *die die Grundlage der sportartspezifischen Techniken bilden.*

② Der **Erwerb desjenigen Beherrschungsgrades der sportlichen Technik, der mit dem biomechanischen Optimum charakterisiert werden kann.** Dieser Beherrschungsgrad gewährleistet die Zweckmäßigkeit, Effektivität und Ökonomie der sportartspezifischen Technikanwendung am ehesten.

③ Die **Stabilität der Beherrschung der Technik.** Sie bezeichnet die Unverändertheit bzw. relative Konstanz des Verhaltens bei auftretenden Veränderungen der äußeren oder inneren Bedingungen.

④ Die **virtuose Beherrschung der Technik.** Sie hat vor allem für kompositorische Sportarten eine herausgehobene Bedeutung. Wenn wir beispielsweise die Perfektion der Flüge von Dieter Thoma oder Jens Weißflog beobachten, das Ballgefühl von guten Spielern oder Sportgymnastinnen bei ihrer Kür bewundern, dann ist dieses technische Können nicht nur mit dem biomechanischen Optimum, mit hoher Stabilität erklärbar, sondern am ehesten mit dem Begriff der Virtuosität. Er besagt vollendete meisterliche Beherrschung der Technik. Wir sind der Auffassung, daß das Techniktraining als höchste Ausprägungsstufe gerade diese Virtuosität anzusteuern hat.

⑤ Die **Fähigkeit zur situationsgemäßen variablen Anwendung der Techniken** in den jeweils sportartspezifischen Bedingungen und Anforderungen.

Wenn wir diese fünf Ziele für das Techniktraining als Leitlinie akzeptieren, dann muß es ihnen entsprechend sowohl trainingsorganisatorisch als auch inhaltlich systematisiert werden. Im folgenden beschreiben wir ein praktiziertes Beispiel der Systematisierung und stellen ein allgemein gültiges Modell dar, das inzwischen in mehreren Trainerseminaren diskutiert wurde und allgemeine Anerkennung fand.

### 2.2.2.1 Ein praktisches Beispiel — Gerätturnen

Wie eine solche Systematisierung vorgenommen werden kann, liegt uns als Beispiel in den „Anleitungen für Übungsleiter zum Gerätturnen" aus der ehemaligen DDR (SCHMIDT u. a. 1987) vor. Die Abb. 6 versucht die einzelnen Teilbereiche des Techniktrainings, so wie sie diesen Anleitungen entnommen werden konnten, übersichtlich zu strukturieren:

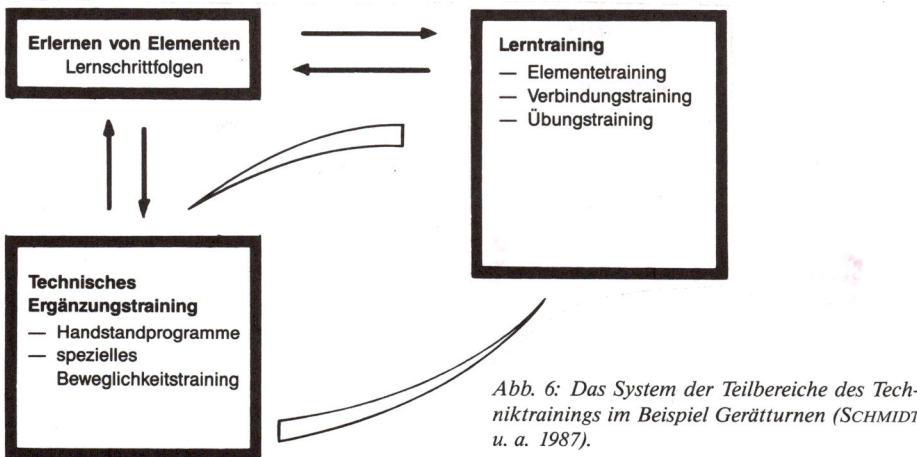

Abb. 6: *Das System der Teilbereiche des Techniktrainings im Beispiel Gerätturnen (SCHMIDT u. a. 1987).*

Das System des Techniktrainings wird hier in drei Teilbereiche gegliedert: (1) In das *Erlernen von Turnelementen.* Hierbei werden die grundlegenden Fertigkeiten in Lernschrittfolgen erlernt. (2) In das *Lerntraining,* hierbei sollen die Elemente stabilisiert, virtuos beherrscht in mehreren Verbindungen durchführbar und zu Gesamtübungen verbunden werden. Das Lerntraining ist als Techniktraining im engeren Sinne zu bezeichnen. (3) Ferner in das *technische Ergänzungstraining.* Es besteht aus ergänzenden Zusatzprogrammen. Wenn wir an dieser Stelle die Beobachtungen zum Techniktraining in verschiedenen Sportarten zusammenfassen, kommen wir zu den folgenden Ergebnissen:

— In nahezu allen Sportarten liegen Programme vor, die in *Lernschrittfolgen* den methodischen Zugang zu den die sportartspezifischen Techniken bestimmenden sportmotorischen Fertigkeiten beschreiben.

— Ebenfalls liegen in den meisten Sportarten *Technikbeschreibungen, -leitbilder* und teilweise *biomechanische Untersuchungsergebnisse* zu den einzelnen Techniken vor.

— Eine *Systematisierung* des eigentlichen Techniktrainings gibt es jedoch weder in der allgemeinen Trainingslehre noch sportartspezifischen Trainingslehren. Das hier vorgestellte Systematisierungsmodell aus dem Gerätturnen ist eine löbliche Ausnahme.

— Angaben über *Belastungsgestaltung* und die *Steuerung des Techniktrainings* sind in den meisten Fällen sehr global gehalten und können kaum als Handlungsregeln für die Trainingspraxis bezeichnet werden.

### 2.2.2.2  Ein sportartübergreifendes Konzept der Systematisierung

Ein sportartübergreifendes Konzept entwickelte LEHNERTZ (1990b, 153 ff.), indem er zwischen *Technikerwerbstraining* und *Technikanwendungstraining* unterschied. In der Praxis damit eng verknüpft sind Trainingsmaßnahmen zur Verbesserung koordinativer Fähigkeiten. Deshalb erweiterte MARTIN (1989) das Zwei-Komponenten-Modell durch das sog. *technische Ergänzungstraining,* was zwar theoretisch nicht konsequent, aber der praktischen Anwendung des Modells dienlich ist. Die Eingangsstufe — wie auch die Abb. 7 zeigt — ist in jedem Falle das Erlernen grundlegender *sportmotorischer Fertigkeiten.*

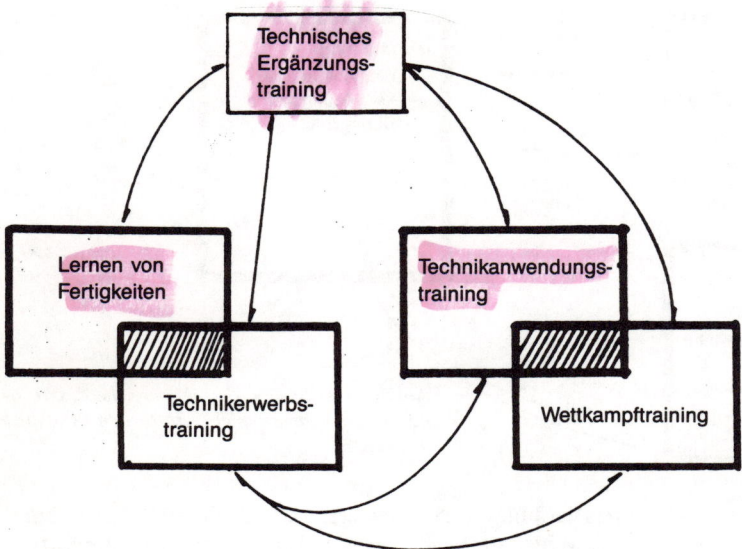

*Abb. 7: Das Techniktraining ist aus Gründen der Systematik zu gliedern in die Trainingstypen „Technikerwerbstraining", „Technikanwendungstraining" und „technisches Ergänzungstraining". Diese Trainingstypen werden gestützt durch das erforderliche Lernen von Fertigkeiten und das Wettkampftraining. Alle Bereiche wirken prozeßhaft zusammen.*

### 2.2.2.3 Das Erlernen von Fertigkeiten als erste Phase des Techniktrainings

Dem Techniktraining im engeren Sinne geht das Erlernen derjenigen sportmotorischen Fertigkeiten voraus, die für die sportartspezifischen Techniken konstitutiv sind. Bereits auf der Stufe des „Einstiegs" in die Spezifik einer Sportart oder in der ersten Phase des Techniktrainings nehmen HOTZ (1982, 15) und HOTZ / WEINECK (1988, 14) ebenfalls eine Zweiteilung dieses Prozesses in *Erwerb* und *Anwenden* vor. Dabei geben sie folgenden systematischen Verlaufsplan für den Fertigkeitserwerb an: (1) Erste Konfrontation und Auseinandersetzung mit dem Bewegungsvorbild. (2) Entwicklung der Bewegungsvorstellung, des Bewegungskonzepts. (3) Erste Versuche des Umsetzens mit Rückmeldungen und Korrekturen, die zur Differenzierung der Bewegungsvorstellung und zur Präzisierung des Bewegungsentwurfs führen. (4) Eine zunehmende Spezifizierung von der Rahmen- (Grob-) zur Feinkoordination der betreffenden Fertigkeit.

Das *Anwenden* erfolgt dann (1) durch vielfaches mentales und reales Wiederholen und (2) durch Festigen in variablen Umweltsituationen, um diese Fertigkeiten variabel verfügbar zu machen.

Der gesamte Prozeß des Erlernens von Fertigkeiten, wie er in der Systematik dieser Autoren vorgezeichnet wird, liegt ja meist am Beginn eines langjährigen Trainingsprozesses. Er gestaltet den Einstieg in eine Sportart vor allem im Bereich des Kindertrainings. Das er von uns als ein richtiges Konzept gewertet wird, liegt an seiner Vorausnahme der Systematik des anschließenden Techniktrainings in „verkleinertem Maßstab".

### 2.2.2.4 Das Technikerwerbstraining

*Das Technikerwerbstraining steuert die automatisierte Beherrschung von sportmotorischen Fertigkeiten an, die sich durch einen hohen Grad an „Stabilität" auszeichnen müssen, d. h. durch eine stabile Unveränderbarkeit der Durchsetzung dieser Fertigkeiten auch unter den Bedingungen innerer und äußerer Veränderungen.*

Wie im Abschnitt 2.4 beschrieben wird, ist die Grundlage des Bewegungslernens und des darauf aufbauenden Technikerwerbstrainings die Gedächtnisfähigkeit neuronaler Strukturen. Am Ende der Skala neuronaler Prozesse steht das teils unbewußte, teils bewußte Erkennen, Speichern, Erinnern und Wiederabrufen der in den Erregungsmustern enthaltenen Informationen (HENATSCH / LANGER 1983, 51). Die dauerhafte Speicherung der durch Lernen erworbenen Informationen wird von den meisten Forschern als interneuronale Verknüpfung gesehen, wobei Verbände von Nervenzellen über Synapsen geschaltet eine *Verschaltungseinheit,* ein **Engramm** bilden. *Das Engramm ist eine Konsolidierung von Gedächtnisspuren eines bestimmten Gedächtnisinhaltes* und wahrscheinlich die Grundlage für die Informationsspeicherung im Langzeitgedächtnis (LAUDIN 1977, 56; SINZ 1981, 208). Erst auf der Basis von angemessenen Engrammen sind bewegungsspezifische Programmierungen zur Bewältigung sportlicher Aufgaben möglich.

Die Programmierung *automatisierter Bewegungsabläufe,* wie sie zur Lösung sportbezogener Aufgaben notwendig sind, setzt ständige Wiederholungen der Aktionsfolgen voraus. Damit kann das Bewußtsein nach und nach systematisch entlastet werden, so daß es sich nur noch auf wenige Knotenpunkte dieses Programmablaufes konzentrieren muß und sein Einsatz nur bei unvorhergesehenen Ereignissen erforderlich wird. Mit dem Prozeß der unbewußten Programmierung werden die Details des Bewegungsvollzugs weitgehend von höheren auf niedere Hirnzentren zurückübertragen und auch *spinalen Einzelmechanismen* wird hierbei eine begrenzte Selbständigkeit zuerkannt (HENATSCH / LANGER 1983, 52 f.). Es ist nun davon auszugehen, daß schwach ausgebildete Engramme sehr hemmungsanfällig, stark ausgebildete hingegen Einflüssen gegenüber sehr resistent sind und bei auftretenden Hemmungen sogar verstärkt werden (LAUDIN 1977, 131). Die Schlußfolgerung aus dieser Theorie hieße: Das Technikerwerbstraining hat die Aufgabe, stark ausgebildete, störungsresistente Engramme einzuschleifen, die die jeweils technikbestimmenden Fertigkeiten bis zur Automatisation präprogrammiert haben. Zur Realisierung dieser Forderung sind zwei **trainingsmethodische Prinzipien** zu gewährleisten.

*Erstens:* Der Einschleifprozeß der Fertigkeiten erfordert Übungswiederholungen mit möglichst gleichen Bewegungsabläufen. Diese Forderung bedeutet, daß das *Technikerwerbstraining* immer unter *optimalen, nicht störungsanfälligen,* ja möglichst **standardisierten Bedingungen** durchgeführt werden muß. Da es wahrscheinlich unmöglich ist, eine exakte Bewegungskopie einer vorausgegangenen Bewegungshandlung durchzuführen, wird es immer Minimalabweichungen geben. Diese Abweichungen möglichst gering zu halten gelingt aber nur bei relativ standardisierten Trainingsbedingungen.

*Zweitens:* Der Einschleifprozeß der Fertigkeiten erfordert immens *hohe Wiederholungszahlen,* deshalb ist das **kontinuierliche Überlernen** das zweite trainingsmethodische Prinzip des Technikerwerbstrainings. Begrifflich beschreibt das Überlernen nichts anderes als den Prozeß eines übertrieben ausgedehnten und sich ständig wiederholenden Übens. Beobachtungen der Trainingspraxis zeigen, daß das Überlernen tatsächlich ein grundlegendes Verfahren des Techniktrainings darstellt, ohne daß größtenteils bewußt wird, um welches Verfahren es sich hierbei handelt und wie es als methodisches Prinzip zu handhaben ist. Beim Überlernen im leistungssportlichen Techniktraining geht es nicht nur um eine bessere Festigung der Programme, sondern um weit mehr: erstens um die permanente Integration sich nahezu ständig verändernder *konditionell-energetischer Bedingungen* in die Präprogrammierung der Fertigkeiten, und zweitens um das *In-Erfahrung-Bringen,* die Verfügbarkeit tausendfacher *minimalster Programmänderungsmöglichkeiten,* weil — wie wir ausführten — exakte Kopien von Fertigkeitsverläufen weder unter Trainings- noch unter Wettkampfbedingungen möglich sind.

### 2.2.2.5 Das Technikanwendungstraining

*Beim Technikanwendungstraining werden die zu den Techniken gehörenden Fertigkeiten unter möglichst vielseitig gestalteten variablen und wettkampfspezifischen Bedingungen einer Sportart trainiert.*

Die trainingsmethodische Frage, die sich hierbei stellt, lautet: Wie soll die Anwendung der Technik unter der Variabilität sportartspezifischer Bedingungen trainiert werden? Unseres Erachtens ist diese Frage nur dann hinreichend zu beantworten, wenn man über Erkenntnisse verfügt, wie Sportler/innen den Einsatz ihrer Technik auch unter den variablen Anforderungen ihrer Sportart erfolgreich durchsetzen.

Hierbei wird im allgemeinen — wie bei ROTH (1983, 150) — davon ausgegangen, daß z. B. Spieler im Fußball, Basketball, Tennis u. a. in der Lage sein müssen, die beherrschten Fertigkeiten in vielfältiger und *unvorhersehbarer Weise* variieren zu können. Auf der Basis des bisherigen Theorie- und Erkenntnisstandes ist es allerdings sehr schwierig die Position, daß Fertigkeiten in verschiedenen Sportarten in unvorhersehbarer Weise variiert werden müssen, in Frage zu stellen. Trotzdem muß festgehalten werden: Theoretisch gelöst ist das Problem der *variablen Verfügbarkeit* sportmotorischer Fertigkeiten bei instabilen äußeren oder inneren Bedingungen keinesfalls, das zeigen auch die beiden unterschiedlichen Positionen zu diesem Problem innerhalb motorischer Lerntheorien. Die eine geht davon aus, daß eine sportmotorische Fertigkeit erst relativ konstant erworben sein sollte, bevor sie variabel verfügbar gemacht werden kann. Die andere meint hingegen, daß der angestrebte Fertigkeitstyp von Anfang an variiert werden müßte. Diese Position beruft sich auf diejenigen neueren Lerntheorien, die als erweiterte Programmkonzepte oder Schema-Theorien bekannt geworden sind (SCHMIDT 1975; 1976).

Zur Problematik der sog. „variablen Verfügbarkeit" von Fertigkeiten möchten wir einen anderen Denkansatz vortragen und dabei von folgender Hypothese ausgehen:

*Die erfolgreiche Verfügbarkeit sportmotorischer Fertigkeiten in den variablen Situationen technischer Aufgabenlösungen beruht auf zwei Fähigkeiten: (1) auf einer* **erfahrungsbedingten Antizipationsfähigkeit** *und (2) auf dem gegenüber äußeren und inneren Störungen stabilen* **Durchsetzungsvermögen automatisierter Fertigkeiten.**

In all jenen Sportarten, beispielsweise in Spielsportarten, Zweikampfsportarten, im alpinen Rennsport, Skisprung, Kanuslalom u. a., wo die Entscheidung darüber, wie die jeweils gegebene Situation momentan technisch bewältigt werden soll, nur Bruchteile, Tausendstel von Sekunden beanspruchen darf, hätten wir es im Sinne der gängigen *Reaktionstheorien* mit komplizierten oder Auswahlreaktionen zu tun. Die Praxis scheint dem jedoch zu widersprechen.

Im Abschnitt 3.3.3.1 haben wir uns sehr eingehend mit der Reaktionsschnelligkeit auseinandergesetzt und konnten am Beispiel des Handballtorhüters veranschaulichen, daß verbesserte *Reaktionsleistungen* kaum über Verbesserungen des Informationsflusses, sondern nur über dauerndes motorisches Lernen und Üben motorischer Programme erreicht werden kann. Das stützt die hier vorgetragene Hypothese, daß technische Anpassungsleistungen, im Sinne der „variablen Verfügbarkeit sportmotorischer Fertigkeiten", *Antizipationsleistungen* voraussetzen. Dabei kann die Antizipation soweit gehen, daß der Ablauf von „Reaktionsleistungen" aufgrund von *Erfahrungen* bereits strukturell programmiert ist. Man kann zwei Formen unterscheiden (hierzu auch RÜSSEL 1976, 84 ff.; MEINEL / SCHNABEL 1987, 75 ff.): Erstens die „*Situationsantizipation*"; hierbei wird die Handlung aufgrund situationsanalytischer Wahrnehmungen und Erfahrungen vorbereitet, ohne daß die Reaktion — verzögert durch die Reaktionszeit — einsetzen muß. In solchen Fällen stehen Wahrnehmungs- und Erfahrungsdaten aus früheren adäquaten Situationen zur Verfügung, die es gestatten, die Raum-, Zeitbedingungen vorauszunehmen. Zweitens die „*Handlungsantizipation*"; hier wird mit denjenigen Handlungen reagiert, die sich aufgrund von Erfahrungen als situationsgemäß und erfolgreich bewährt haben.

Zur Begründung dafür, daß die sog. variable Verfügbarkeit sportmotorischer Fertigkeiten vor allem im leistungssportlichen Bereich, wo es auf den erfolgreichen Einsatz dieser Fertigkeiten ankommt, auf die Fähigkeit zurückzuführen ist, die Situation und die sie bewältigende technische Lösung zu *antizipieren* und auch gegen Widerstand *durchzusetzen,* gäbe es noch mehrere praktische Beispiele. Der Kommentar eines der erfolgreichsten Skispringer, den er nach dem Welt-Cup-Springen am Holmenkollen 1989 gab, soll hier noch eingefügt werden. Auf die Frage in der Pressekonferenz, wie er es denn geschafft habe, bei diesen Seitenwindböen nicht „aufzumachen", bekamen die Journalisten die folgende Antwort: „Man muß manchmal einfach seine Technik durchsetzen, auch wenn man den Sprung eigentlich korrigieren müßte". Aussagen, die auf dieses Phänomen, seine Technik durchzusetzen, sie auch dann durchzuziehen, wenn es in der Situation unmöglich scheint, kennen wir von hervorragenden Judoka, Slalomläufern/innen, von Hockey-, Handball- und Volleyballspielern und -spielerinnen u. a. Hier kommt zum Ausdruck, daß gerade in schwierigen Situationen nicht der variable Einsatz, sondern die Stabilität von Techniken gefragt ist.

*Die variable Verfügbarkeit von Fertigkeiten wird in erster Linie von der Qualität und Stabilität der eingeschliffenen Programme bestimmt.* Erst in zweiter Linie von der variablen Situation selbst, weil letztlich in unvorhergesehenen oder überraschenden Situationen sich nur solche Fertigkeiten als relativ störungsfrei erweisen, die auf hoher Qualität und Automatisation gegründet sind. Beobachtungen in verschiedenen Sportarten haben gezeigt, daß Sportler/innen in sog. variablen Situationen, vor allem da, wo sie unter Zeitdruck stehen, selbst bei der Möglichkeit mit unterschiedlichen Fertigkeiten auf diese Situation zu reagieren, fast immer auf diejenige Fertigkeit zurückgreifen, über die sie „traumwandlerisch" verfügen. Solche Beobachtungen stützen die These, daß die Güte variabler Verfügbarkeit von Fertigkeiten auch von der Stabilität der Programme abhängig ist. Das Technikanwendungstraining muß demnach zwei Ziele verfolgen: (1) in variablen Situationen *optimale technische Lösungen antizipieren* und (2) auch unter schwierigen Bedingungen die Technik *durchsetzen* zu können. Beide Fähigkeiten beruhen auf dem kontinuierlichen und systematischen Sammeln situationsgerechter Erfahrungen.

### 2.2.2.6 Das technische Ergänzungstraining

Mit dem Komplex des technischen Ergänzungstrainings wird versucht jenen Teil des Techniktrainings begrifflich zu erfassen, der zwar in der Praxis variantenreich existiert, aber bislang kaum systematisiert wurde. *Technisches Ergänzungstraining umfaßt all jene Maßnahmen, die die Virtuosität, Stabilität, Koordination der sportartspezifischen Techniken ergänzend ausformen.* Einige praktische Beispiele sollen belegen, welche Typen des Ergänzungstrainings sich in der Praxis bewährt haben:

① Es sind **Ausformungsprogramme:** Sie werden da angewandt, wo eine technikbestimmende Fertigkeit unter verschiedenen Bedingungen, Ausdrucksmöglichkeiten, Anwendungsformen u. a. stabil beherrscht werden muß. Ein typisches Beispiel für solche Ausformungsprogramme ist das bereits erwähnte Handstandprogramm von Gerätturnern (Abb. 8).

*Abb. 8: Ausschnitte aus dem Handstandprogramm (nach SCHMIDT u. a. 1987, 26 ff.).*

*Abb. 9: Ballettausbildung bei Eiskunstläuferinnen.*

② Es ist die **Tanz- und Ballettausbildung,** die sich in solchen Sportarten, deren technischer Vortrag wesentlich auf der Choreographie von Ausdrucksbewegungen beruht, inzwischen als unerläßlich erwiesen hat (Abb. 9).

③ Ferner muß hier die **schwerpunktmäßige Schulung einer technikbestimmenden koordinativen Fähigkeit** genannt werden. Vor allem da, wo eine bestimmte koordinative Fähigkeit die Durchführung einer Fertigkeit unter variablen Bedingungen stabilisiert, muß diese Fähigkeit ergänzend zum Techniktraining trainiert werden (Abb. 10).

*Abb. 10: Beispiel: Gleich-gewichtstraining von Armin Bittner.*

④ Darüber hinaus muß man auf das **spezielle Beweglichkeitstraining** verweisen. Zu denken ist hierbei an Sportarten wie die Rhythymische Sportgymnastik, Eistanz, Gerätturnen, aber auch das Schwimmen, Hürdenlaufen u. a. Solche Sportarten haben teilweise Beweglichkeitsprogramme entwickelt, die eine bestimmte, effektive Gelenkbewegung oder eine eindrucksvolle Bewegungsweite benötigen (Abb. 11).

*Abb. 11: Übungen aus dem Beweglichkeitsprogramm von Turnerinnen (nach SCHMIDT u. a. 1987, 26 ff.).*

⑤ Beim **Imitationstraining** wird ein Modell in eine Bewegungsform umgesetzt. Es wird hauptsächlich da eingesetzt, wo der Technikerwerb an sich ein Überlernen erforderlich machen würde, aber das komplexe Techniktraining mit großem Organisationsaufwand oder mit hohem Risiko durchgeführt werden muß und somit die erforderlichen Wiederholungen zum Überlernen nicht zuläßt. Beispiele sind der Einstichvorgang beim Stabhochsprung, Anschlagübungen bei Schützen und Biathleten, Absprungübungen bei Skispringern u. a.

Es gibt kaum eine technisch anspruchsvolle Sportart, die auf ein technisches Ergänzungstraining verzichten könnte. Auf diesem Gebiet sind Methode und Experiment gefragt und teilweise schon Trainingsgeräte, an denen Techniken wie der Flug beim Skispringen, der Start zu einer Rennschlitten- oder Bobabfahrt u. a., imitiert werden können, konstruiert worden. Trotzdem mangelt es in den meisten Sportarten an einer Systematisierung dieses unverzichtbaren technischen Ergänzungstrainings.

*Abb. 12 Imitationstraining im Skisprung (Absprung und Flugphase)*

Zur gesamten **Thematik der Systematisierung des Techniktrainings** kann zusammenfassend festgehalten werden:

Das Erlernen einer sportlichen Technik im biomechanischen Optimum, ihre Ausformung zur Stabilität, Virtuosität und variablen Anwendung machen nach unserer Auffassung eine Systematisierung des Techniktrainings mit einer Unterscheidung in *Bewegungslernen, Technikerwerbs-, Technikanwendungs- und technisches Ergänzungstraining* erforderlich.

Der *Technikerwerb* als Einschleifen durch vielmaliges Wiederholen im biomechanischen Optimum, ist nur dann zu realisieren, wenn das Training unter nahezu gleichen Bedingungen durchgeführt werden kann. Es soll ein hohes Maß an Stabilität der Techniken bewirken.

Das *Technikanwendungstraining* hingegen soll die Durchsetzung stabiler Techniken unter den jeweils variablen Bedingungen der Sportart entwickeln. Es muß zum Sammeln vielfältiger Erfahrungen führen.

Allein schon die unterschiedlichen Zielsetzungen, erstens das Einschleifen von Fertigkeiten und zweitens die Schulung ihrer variablen Verfügbarkeit, bedingen diese beiden Techniktrainingstypen mit unterschiedlichen Trainingsmethoden.

In Sportarten mit einer hohen Technikkomponente reicht zum Erwerb, zur Stabilisierung und Virtuosität der Technik das Techniktraining allein nicht aus. Es muß durch bestimmte Ausformungsprogramme, Imitationstraining, besonderes Koordinationstraining u. a. ergänzt werden. Dieses *technische Ergänzungstraining* ist häufig noch Zufallsfindungen, individuellen Einfällen überlassen und in den wenigsten Sportarten programmatisch *systematisiert*.

## 2.3 Die Schulung koordinativer Fähigkeiten

### 2.3.1 Begriff und Bedeutung

Die Schulung koordinativer Fähigkeiten wird im praktischen Trainingsvollzug nicht einheitlich bewertet, weil der Koordinationsanspruch unterschiedlich ist. Wenn Sprinter/innen von Koordinationsläufen sprechen, meinen sie damit Läufe, die die inter- und intramuskuläre Koordination, d. h. die Steuerung von Agonisten und Antagonisten sowie die Rekrutierungsfolge im Muskel auf der spinalen Ebene, koordinieren (Abschnitt 3.3.3.3). Im Kindertraining hat die Schulung koordinativer Fähigkeiten, eine andere Bedeutung; hier soll eine sportartübergreifende Bewegungsvielfalt, die Fähigkeit Bewegungen schnell zu lernen, sie Situationen anzupassen, bewegungsmäßig geschickt, gewandt, reaktionsschnell zu sein, entwickelt werden. So ließen sich noch einige Beispiele für das praktische Verständnis koordinativer Fähigkeiten anführen. Bei einer Begriffsbestimmung orientieren wir uns an den Arbeiten von HIRTZ (1985, 17):

> Definition:
> **Koordinative Fähigkeiten** sind auf Bewegungserfahrungen beruhende Verlaufsqualitäten spezifischer und situationsgemäßer Bewegungssteuerungsprozesse.

Sie sind damit Leistungsvoraussetzung für die Bewältigung besonders koordinativer Anforderungen und entwickeln sich auf der Basis zentralnervöser Funktionsmechanismen. Deshalb zeigt sich ihre Wirksamkeit und Ausprägung auch besonders beim Erlernen sportmotorischer Fertigkeiten, bei ihrem Verfügbarmachen in variablen Situationen und beim Umsetzen konditionell-energetischer Möglichkeiten in Fertigkeitsleistungen.

Ihr eigentlicher Anteil an einer sportlichen Leistung ist schwer zu „messen" und nachzuweisen. Trotzdem ist davon auszugehen, daß ein effektives, situationsgerechtes Bewegungsverhalten mit großer Wahrscheinlichkeit auch auf allgemeiner koordinativer Erfahrung und Leistungsfähigkeit beruht. In der Trainingspraxis zeigt sich die Schulung koordinativer Fähigkeiten unter folgenden *Bezügen* und *Inhalten:*

— im *Kindertraining* als vielseitiges und ergänzendes Bewegungsangebot neben der Spezialsportart,

— als *technisches Ergänzungstraining,* hier wird zumeist die für die Stabilisierung und variable Verfügbarkeit dominierende koordinative Fähigkeit besonders geschult, wie das Beispiel Gleichgewichtsschulung im alpinen Rennsport (Abschnitt 2.2.3.6) zeigen konnte,

— durch das *Betreiben einer anderen Sportart* neben der Spezialdisziplin, so wenn Skispringer systematisch Volleyball spielen, Trampolin springen u. a.

Es ist allerdings auch zu beobachten, daß im Training die Schulung der koordinativen Fähigkeiten mit sportartunspezifischen Inhalten, orientiert am Gleichgewicht, der Reaktion, Rhythmik u. a. praktiziert wird.

## 2.3.2 Zum Modell der Bewegungskoordination

Die Grundidee, daß im Gedächtnis gespeicherte Steuerungsprogramme am Zustandekommen von Bewegungsabläufen beteiligt sind, ist in allen *Modellvorstellungen zur Bewegungskoordination* enthalten. Ferner hat sich die Auffassung durchgesetzt, daß zielgerichtete Koordinationen auf rückgekoppelten sensorischen Informationen beruhen. Feedbackunabhängige Regelungen werden nur noch bei extrem schnellen (ballistischen) Bewegungen angenommen. Nach ROTH (1987, 192 f.) wird die Bewegungskoordination gegenwärtig allgemein über feedback- und fehlerorientierte Regelkreismodelle dargestellt, die als Closed-loop- oder Schematheorien bezeichnet werden.

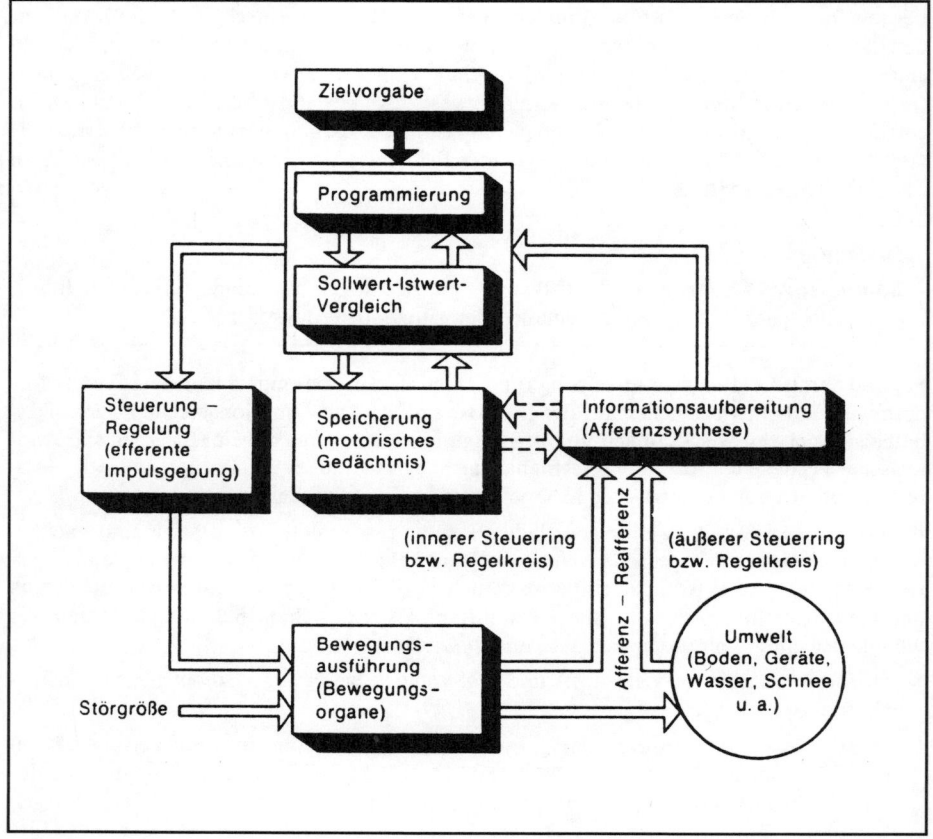

*Abb. 13: Modell der Bewegungskoordination (MEINEL / SCHNABEL 1987, 66).*

Die wesentlichsten Teilprozesse solcher Theorien der Bewegungskoordination sind:

— Die orientierende und motivierende Informationsaufnahme und -aufbereitung durch die Analysatoren.

— Die Programmierung des Bewegungsablaufes und Ergebnisvorausnahme (Antizipation) auf der Grundlage der Handlungsziele, der sensorischen Information über die Ausgangssituation und der Auswertung des motorischen Gedächtnisses.

— Die Erteilung der Steuerimpulse an die → Muskulatur (Innervation).

— Die Bewegungsausführung durch die Bewegungsorgane in Wechselwirkung von Muskel- und äußeren Kräften.

— Die ständige Rückinformation (Feedback) über den Bewegungsablauf.

— Der Vergleich der Rückinformation mit dem antizipierten Ziel und Programm (Soll-Ist-Vergleich).

— Die Erteilung von Regelimpulsen (Korrekturbefehlen an die Muskeln)" (ROTH 1987, 192 f.).

Wie diese Zusammenhänge neurophysiologisch zu betrachten sind, wird im Abschnitt 2.4 beschrieben.

### 2.3.3 Die koordinativen Fähigkeiten

Koordinative Fähigkeiten ergaben sich im Verlaufe der Motorikforschung als Differenzierungen eines *Komplexes,* der in der Trainingslehre lange mit dem Begriff *Gewandtheit* bezeichnet wurde. Seit Mitte der sechziger Jahre jedoch wird versucht, mit Hilfe wissenschaftlicher Verfahren, diesen Bereich zu strukturieren. Wobei in der Sportpraxis hauptsächlich die Differenzierungen von HIRTZ (1977/1985), MEINEL / SCHNABEL (1987) und HARRE an Bedeutung gewannen. Nach HIRTZ (1985, 17 ff.) aktualisieren sich koordinative Fähigkeiten in *Handlungsprogrammen,* der *Geschwindigkeit, Art und Weise des Lernens* von Bewegungsfertigkeiten oder sportlichen Techniken sowie in *situationsadäquater Anwendung.* Dieser Autor unterscheidet fünf koordinative Fähigkeiten: (1) Die **kinästhetische Differenzierungsfähigkeit,** durch sie erhalten Bewegungen ihre detaillierte Differenzierung und Abstufung aufgrund vorwiegend kinästhetischer Informationen aus Muskeln und Sehnen. (2) Die **räumliche Orientierungsfähigkeit,** sie begründet sich auf Beobachtungen und Verarbeitung vorwiegend optischer Informationen zur raumorientierenden Bewegungssteuerung. (3) Die **Gleichgewichtsfähigkeit,** die das Halten bzw. Wiederherstellen des Gleichgewichts bei wechselnden Situationen und das Lösen von motorischen Aufgaben bei labilen Gleichgewichtsverhältnissen umfaßt. (4) Die **komplexe Reaktionsfähigkeit,** sie ist die zweckmäßige Einleitung und Ausführung kurzzeitiger Bewegungshandlungen auf unterschiedliche Signale. (5) Die **Rhythmusfähigkeit,** die das Erfassen, Speichern und Darstellen von vorgegebenen bzw. in der Bewegung selbst enthaltenen zeitlich-dynamischen Strukturen, bezeichnet.

Mehr auf das sportliche Training und vor allem auf eine Optimierung bei der Schulung sportmotorischer Fertigkeiten bezogen, sieht HARRE (1986, 187 ff.) die Differenzierung und Bedeutung koordinativer Fähigkeiten. Weil verschiedene Sportarten, im Rahmen ihres speziellen Koordinationstrainings, die von HARRE vorgenommene Differenzierung zugrundelegen, soll auch dieses Modell hier vorgestellt werden. Es unterteilt die Koordination in sieben koordinative Fähigkeiten: (1) Die **Kopplungsfähigkeit** ist die Fähigkeit, Teilkörperbewegungen, Einzelbewegungen und Operationen zu einer zielgerichteten Gesamtbewegung zu koordinieren. (2) Die **Orientierungsfähigkeit** bestimmt die Lageveränderungen des Körpers im Raum und Zeit und ist damit die Fähigkeit zur raum-zeit-orientierenden Antizipation und Bewegungssteuerung. (3) Die **Differenzierungsfähigkeit** macht das Erreichen genauer Feinabstimmungen einzelner Bewegungsphasen möglich und unterscheidet Kraft-, Raum- und Zeitparameter innerhalb eines Bewegungsvollzuges präzise. (4) Die **Gleichgewichtsfähigkeit** erlaubt es, Formen des statischen und dynamischen Gleichgewichts während und nach Bewegungsvollzügen beizubehalten und wieder herzustellen. (5) Die **Reaktionsfähigkeit** ist die Fähigkeit, zum zweckmäßigsten Zeitpunkt mit einer aufgabenbezogenen Geschwindigkeit auf Signale reagieren zu können (Abschnitt 3.3.3.1). (6) Die **Umstellungsfähigkeit** stellt die Grundlage, bei Situationsveränderungen das Handlungsprogramm den neuen Gegebenheiten anzupassen. (7) Die **Rhythmisierungsfähigkeit** erlaubt es, Bewegungen von außen und innen vorgegebenen Rhythmen anzupassen. Dieser Ansatz ist als eine Ergänzung des Modells von HIRTZ zu sehen.

Trotz vielfältiger wissenschaftlicher Bemühungen und Modellbildungen gibt es für die Koordination noch keine annähernd exakte Differenzierung von Einzelfähigkeiten, wie das für die Kondition der Fall ist. Die bereits vor Jahren von MATTAUSCH (1973) erhobene Feststellung, daß die wissenschaftliche Durchdringung von koordinativen Leistungskomponenten noch am Anfang stehe, gilt trotz aller Bemühungen, wie z. B. der Arbeiten von HIRTZ und Mitarbeitern, auch noch gegenwärtig. Zusammenfassend läßt sich in Anlehnung an FREY (1977) feststellen: *Koordinative Fähigkeiten umfassen das Vermögen, Bewegungen relativ schnell zu erlernen und motorische Handlungen in vorhersehbaren sowie unvorhersehbaren Situationen sicher und effektiv zu beherrschen.*

### 2.3.4 Die Schulung eines allgemein-vielseitigen Niveaus koordinativer Fähigkeiten

Für die Schulung eines allgemein-vielseitigen Niveaus koordinativer Fähigkeiten orientiert man sich häufig am **inhaltlichen Einteilungsmodell** von HIRTZ (1985). Methodisch gesehen können koordinative Fähigkeiten nur mit *koordinativ anspruchsvollen Übungsformen* ausgeprägt werden. Koordinativ anspruchsvoll sind erstens neue, ungewohnte, zweitens komplizierte, knifflig-schwierige Übungsformen, drittens Bewegungsabläufe, die durch Variationen und/oder Kombinationen erschwert werden. So besitzen vor allem die Sportspiele viele Möglichkeiten zur Ausprägung koordinativer Fähigkeiten (HIRTZ 1985, 73). *Für alle Individualsportarten bedeutet deshalb ein technisch anspruchsvolles Durchführen von Sportspielen auch ein umfassendes Ausprägen eines „komplexen" Niveaus koordinativer Fähigkeiten.* Denn die wichtigsten Methoden zur Schulung koordinativer Fähigkeiten sind die *Variationen des Übens* und die *Variationen der Bewegungsausführung und der Übungsbedingungen* (Abschnitt 2.2.3.5). Sportspielen sind diese methodischen Forderungen prinzipiell immanent. Ein allgemein-vielseitiges Niveau kann aber auch gezielt entwickelt werden. Das hat vor allem im **Kindertraining** neben dem *sportartspezifischen Bewegungslernen* Bedeutung bei der geforderten *Vielseitigkeitsschulung.* Hierbei sollten die fünf koordinativen Fähigkeiten, die HIRTZ differenziert hat, systematisch geschult werden:

Die **Differenzierungsfähigkeit** durch *Differenzierungsaufgaben* bei deren erfolgreicher Lösung es darauf ankommt, Informationen über die räumlichen und zeitlichen Merkmale der eigenen Bewegungen, über den Grad der Muskelanspannung und -entspannung zu unterscheiden und zu verarbeiten. Differenzierungsaufgaben haben dadurch eine enge Verbindung zu Orientierungsaufgaben. Differenzierungsaufgaben müssen mit großer Bewegungsgenauigkeit durchgeführt werden. Beispiele:

— Zielwürfe mit unterschiedlichen Geräten und Wurfformen.

— Zielsprünge mit unterschiedlichen Sprungformen, Zielzonen, Sprunghöhen, Sprungweiten, aus dem Stand und unterschiedlichen Anlaufrhythmen.

— An- und Entspannungsübungen.

— Läufe mit genauem Tempowechsel u. a.

Die **Orientierungsfähigkeit** durch *Orientierungsaufgaben,* mit denen die Stellung und Lage des Körpers im Raum, die räumlichen Bedingungen von Leit- und Gegenspielern/innen und von Spielgeräten erfaßt werden sollen. Neben den Sportspielen wird die Orientierungsfähigkeit vor allem durch „kleine Spiele" geschult. Beispiel sind Prellball, Parteiball von Feld zu Feld, Drei-Felder-Ball, Völkerball, Jägerball, Laufball u. v. a. Orientierungsaufgaben sind eng mit Differenzierungsaufgaben verbunden. Die *Gleichgewichtsfähigkeit* durch *Gleichgewichtsaufgaben,* mit denen das Gleichgewichtshalten oder Gleichgewichtswiederherstellen geübt werden sollen. Beispiele sind:

— Drehbewegungen, Drehsprünge

— Übungen auf der umgekippten Turnbank bzw. dem Schwebebalken

— Drehbewegungen vom Mini-Trampolin auf Weichböden u. v. a.

Die **Reaktionsfähigkeit** mit *Reaktionsaufgaben,* mit denen auf optische, akustische Signale und auf sich bewegende Objekte reagieren gelernt werden soll. Wichtig bei Reaktionsaufgaben ist die ständige Variation der Signalgebung hinsichtlich ihrer Zeitpunkte.

Die **Rhythmusfähigkeit** mit *Rhythmisierungsaufgaben,* mit denen vor allem die zeitlich-dynamische Gliederung vorgegebener Bewegungsrhythmen erarbeitet werden soll. Beispiele sind:

— Lauf-, Sprung- und Hopserrhythmen

— unterschiedliche Rhythmen bei Dribblings, beim Prellen, Werfen und Fangen

— gymnastisch-tänzerische Kombinationen u. v. a.

## 2.3.5 Schulung koordinativer Fähigkeiten als technisches Ergänzungstraining

Ein wesentlicher Inhalt des technischen Ergänzungstrainings (Abschnitt 2.2.3.6) ist u. a. die *sportartspezifische Ausprägung spezieller Koordinationsleistungen.*

Bei SCHRAMM (1987, 267 ff.) wird infolge der parallel stattfindenden Entwicklung von sportmotorischen Fertigkeiten und koordinativen Fähigkeiten die Schulung der koordinativen Fähigkeiten dann nicht als gesonderter Trainingsbestandteil hervorgehoben, wenn die Inhalte des Techniktrainings durch das Erlernen und Fortentwickeln von sportmotorischen Fertigkeiten, bestimmt werden. Er sieht den Zusammenhang von sportlicher Technik und koordinativer Fähigkeiten wie folgt: In der Phase, in der das Techniktraining noch durch das ständige Erlernen und Fortentwickeln von allgemeinen und speziellen sportmotorischen Fertigkeiten gekennzeichnet ist, findet grundsätzlich eine parallele Entwicklung der Fertigkeiten und der koordinativen Fähigkeiten statt, so daß koordinative Fähigkeiten nicht gesondert trainiert werden müßten. Erst auf der Grundlage von beherrschten Techniken und deren situationsgemäßen, variablen Anwendungen werden leistungsbestimmende Details koordinativer Fähigkeiten besonders ausgeprägt und treten als „technisches Ergänzungstraining" und damit als eigenständiger Trainingsinhalt auf. Ein Beispiel für diese Auffassung ist die im Abschnitt 2.2.3.6 beschriebene besondere Gleichgewichtsschulung im alpinen Rennsport.

Für das Schwimmtraining heißt das beispielsweise bei SCHRAMM (1987, 268): Unter der

Schulung der koordinativen Fähigkeiten wird die „akzentuierte Ausprägung von leistungsrelevanten Bewegungssteuerungen verstanden", die auf den bereits beherrschten Feinformen der Schwimmtechniken aufbaut.

Auch nach unserer Auffassung ist die Schulung der koordinativen Fähigkeiten ein integrativer Bestandteil des gesamten Systems des Techniktrainings mit den Bestandteilen *Technikerwerbstraining, Technikanwendungstraining* und *technisches Ergänzungstraining.* Es ist allerdings die Aufgabe des *technischen Ergänzungstrainings,* zur Sicherung der *Stabilität,* der *Virtuosität* und *situationsgemäßen variablen Anwendung* der Techniken, die leistungsrelevanten koordinativen Fähigkeiten besonders auszuprägen. An zwei sportartspezifischen Beispielen soll aufgezeigt werden, wie die koordinativen Fähigkeiten im Rahmen des technischen Ergänzungstrainings geschult werden:

① Beispiel: *Schwimmen*

Wir beziehen uns bei diesem Beispiel auf SCHRAMM (1987, 279 f.): Zunächst ist jedoch festzustellen, daß es für die Schulung koordinativer Fähigkeiten keine besonderen Methoden gibt. Es gelten die gleichen methodischen Grundsätze wie beim Bewegungslernen und Techniktraining.

Inhalte für die Schulung *allgemeiner koordinativer* Fähigkeiten sind u. a.:

— Hindernisschwimmen
— Streckentauchen mit Richtungswechsel
— Wasserballdribbling
— Wasserballspiel

Inhalte für die Schulung *spezieller koordinativer Fähigkeiten* und *koordinativer Besonderheiten* sind:

— Lagenschwimmen mit Wechsel nach kurzen Teilstrecken
— Kombinationen der Arm- und Beinbewegungen verschiedener Schwimmtechniken
— Veränderungen der Anzahl der Beinbewegungen je Armzyklus
— Rollen, Drehungen um die Längsachse, Freiwasserwenden
— Schwimmen mit Vorgabe der Bewegungsfrequenz
— Veränderung der Bewegungsfrequenz bei gleicher Schwimmgeschwindigkeit
— Veränderung der Schwimmgeschwindigkeit bei gleicher Bewegungsfrequenz u. a.

② Beispiel: *Gerätturnen*

Dieses Beispiel (nach SCHMIDT 1987, 37 ff.) lehnt sich konsequent an die Differenzierungen der koordinativen Fähigkeiten nach HARRE (Abschnitt 2.3.3) an. Geschult werden vor allem die Kopplungsfähigkeit, die statische Gleichgewichtsfähigkeit und die Differenzierungsfähigkeit.

Die *Kopplungsfähigkeit* ist laufender Bestandteil beim Training verbindender Elemente. Im Anfängertraining sollen allerdings gymnastische Übungsaufgaben gelöst werden, um diese Fähigkeit besonders auszuprägen, so u. a.:

— gleichzeitige und gleichartige Bewegungen der Arme bzw. der Arme und Beine zusammen
— Kombinationen gleichartiger, gleichzeitiger Armbewegungen mit ungleichartigen Beinbewegungen

— Umschalten von einer Bewegungsform auf die andere durch Aufeinanderfolge ungleichartiger Rumpf-, Arm- und Beinbewegungen

Die besondere Schulung der *Differenzierungsfähigkeit* soll vor allem ergeben, daß Turner und Turnerinnen erforderliche Körperwinkel mit hoher Genauigkeit und der richtigen Muskelspannung einnehmen können. Das soll durch die optische Kontrolle der Sportler/innen selbst und durch das bewußte Erfassen der Spannungsempfindungen in der Muskulatur bei bestimmten Winkelstellungen herausgebildet werden.

Bei der Schulung der *statischen Gleichgewichtsfähigkeit* sollen Abweichungen der statischen Gleichgewichtslage bei Standwaagen und Handständen (s. Handstandprogramm Abschnitt 2.2.3.6) ausgeglichen werden, deshalb werden beispielsweise Handstände mit verschiedenen Kopfhaltungen an tiefen und sehr hoch gestellten Geräten, Handstände an verschiedenen Geräten unterschiedlicher Stabilität, Handstände mit mehrfachen Drehungen u. a. durchgeführt.

Zusammenfassend läßt sich folgende Regel aufstellen:

Im Leistungstraining wird die Schulung koordinativer Fähigkeiten hauptsächlich als technisches Ergänzungstraining durchgeführt. Es dient der Stabilisierung und der virtuosen Durchführbarkeit der sportartspezifischen Fertigkeiten.

## 2.4 Wissenschaftliche Erklärungsmodelle zur Motorik

*Motorik* umfaßt die Gesamtheit der steuernden Strukturen und Funktionen, die zu *Bewegungen* führen. Sie beruht auf Funktionen, und Strukturen bestimmter Teilbereiche des **Zentralnervensystems** (ZNS). Zum Verständnis der motorischen Prozesse geben wir in Anlehnung an SCHMIDT (1977, 180 ff.) zunächst einen Überblick über die motorischen Zentren des ZNS aus neurophysiologischer Sicht. Wir halten Kenntnisse über das Zusammenwirken motorischer Zentren für das Verständnis von Wirkungen und Methoden des Techniktrainings für erforderlich.

### 2.4.1 Supraspinale motorische Zentren

Oberhalb des Rückenmarks (supraspinal) liegen die folgenden motorischen Zentren: der Motorcortex in der Großhirnrinde, die Basalganglien und das Kleinhirn sowie der Hirnstamm. Die Pfeile der Abb. 14 geben den Informationsfluß dieser Zentren untereinander schematisch wieder. Eine Schlüsselstellung nimmt im Prozeß der Bewegungssteuerung der Motorcortex ein. Er erreicht sowohl über den Hirnstamm, als auch über eine direkte Bahn (Tractus corticospinalis) die motorischen Zentren des Rückenmarks. Der Motorcortex ist die letzte supraspinale Station für die Umsetzung der im assoziativen Cortex induzierten Bewegungshandlungen in Bewegungsprogramme. Mit ihm beginnt die Kette der Steuerungsstrukturen, die die Bewegungsausführung übernehmen.

Der *Hirnstamm* umfaßt nur einige kleinere motorische Kerngebiete. Die **Basalganglien** liegen in unmittelbarer Nähe des *Thalamus,* der das wichtigste sensible Kerngebilde des Gehirns darstellt, aber mit einigen Kernen in das motorische System eingebunden ist. Basal-

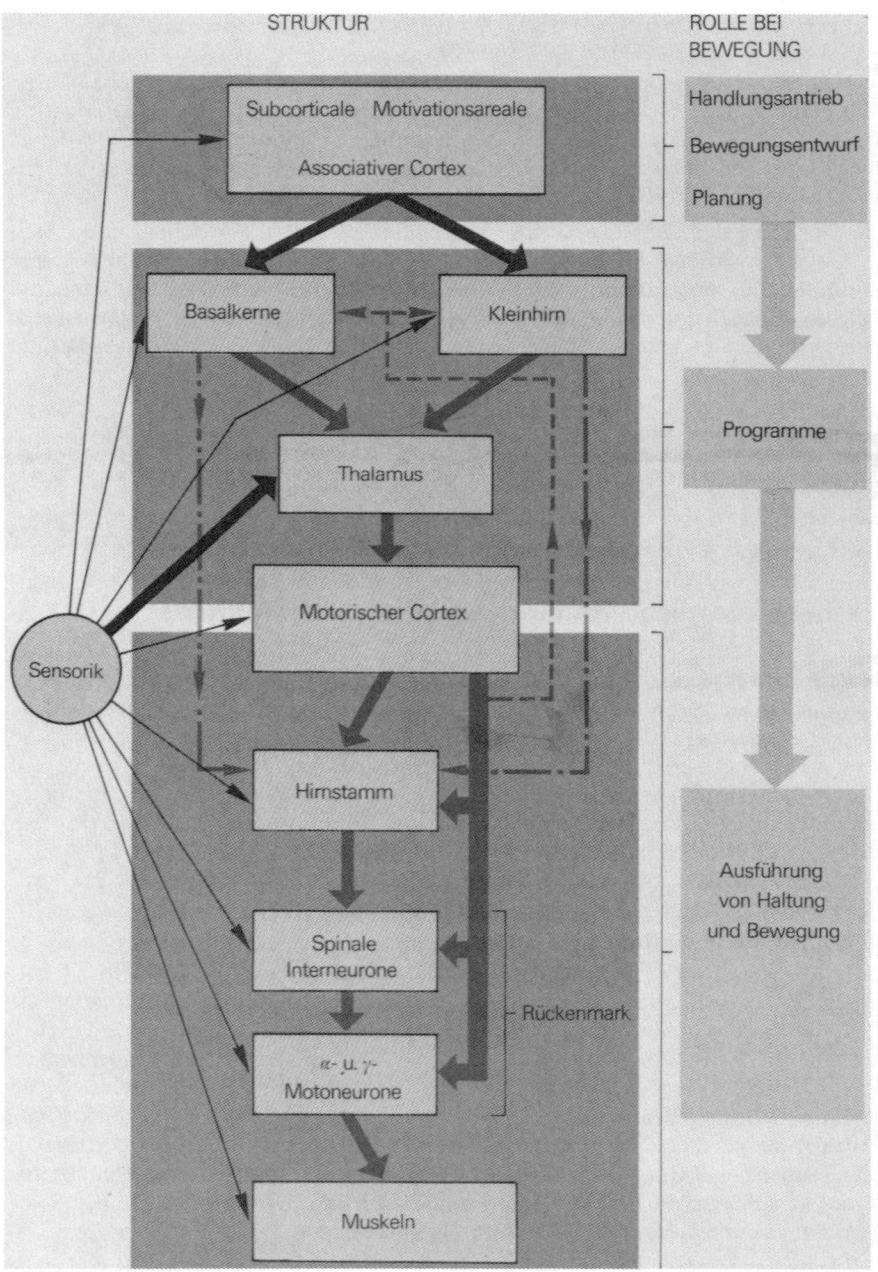

*Abb. 14: Blockdiagramm der supraspinalen und spinalen motorischen Zentren mit zusammengefaß-
ten sensorischen Zuflüssen (SCHMIDT 1977, 181).*

ganglien sind ein wichtiges Bindeglied zwischen dem Motorcortex und der gesamten Großhirnrinde. Ihre Aufgabe besteht darin, bei den Umsetzungen, der vom assoziativen Cortex
ausgehenden Handlungsplanungen in entsprechende Bewegungsprogramme, mitzuwirken.
Basalganglien sollen vor allem für die Einleitung und Durchführung langsamer Bewegungen verantwortlich sein. Sie und das **Kleinhirn** (Cerebellum) sind gleichrangige Zentren.
Die Efferenzen der Kleinhirnkerne beeinflussen teils über den Thalamus den Motorcortex,
teils direkt die motorischen Zentren im Hirnstamm. Das Kleinhirn ist noch für die Programmierung schneller Bewegungen und die Korrektur dieser Bewegungen verantwortlich.
Die *spinale Motorik* wird im Abschnitt 3.3.3.3 beschrieben.

### 2.4.2 Das Zusammenwirken von Großhirn und Kleinhirn

Neurophysiologisch gesehen werden beim Bewegungsüben vom Gehirn *Signalmuster* gebil-
det, die über die *Leitungsbahnen* des Nervensystems an die *Muskulatur* gesandt werden.
Die Muskeln bilden Kraft, die über den *passiven Bewegungsapparat* die Bewegung von
Körperteilen und des Gesamtkörpers beeinflußt. Gleichzeitig erhält das *Gehirn* über meh-
rere „Kanäle" Rückmeldungen über das Ergebnis der von ihm gebildeten Signalmuster. Die
Gehirnregionen kann man in erster Annäherung in drei Funktionsbereiche einteilen, in das
*Denkhirn* (Großhirn), *Antriebs- und Empfindungshirn* und *Bewegungshirn* (LEHNERTZ
1986b, 28; 1990b, 123).

Aus diesen Bezeichnungen ist zu erkennen, welche Aufgaben von den Hirnarealen jeweils
schwerpunktmäßig wahrgenommen werden. Im nächsten Abschnitt werden die Funktionen
des *Kleinhirns* — ein wesentlicher Teil des *Bewegungshirns* — als Fertigkeitsspeicher beschrieben. Es wird beschrieben, warum sportliche Leistungen erst dann möglich sind, wenn
ein gewisser Umfang an sportmotorischen Fertigkeiten im Kleinhirn bereitliegt. Das ist
aber nur *eine* Mindestvoraussetzung zur Leistung, denn insgesamt gesehen ist jede zielgerichtete Bewegung eine koordinative Gesamtleistung des ZNS, wobei sich daß Großhirn
notwendigerweise der untergeordneten ZNS-Einheiten bedienen muß. Dabei gelten die folgenden Grundsätze: (1) Jede zielgerichtete Bewegung ist eine *koordinative Gesamtleistung
des ZNS* unter Führung des Großhirns. (2) Die Bewegungsvorstellungen des Großhirns
sind nur durch *Mitwirkung untergeordneter ZNS-Einheiten* in reale Bewegungen umzusetzen.

### 2.4.2.1 Steuerzentrale Großhirn

Wenn wir eine sportliche Bewegung ausführen, so ist es uns nur bedingt möglich, an alle
Bewegungseinheiten zu denken. Aufgrund der geringen Kapazität des Denkhirns (Großhirn) für Bewußtseinsprozesse kann die Aufmerksamkeit gleichzeitig auf nur sehr wenige
Details einer sportlichen Aktion gerichtet sein. Beispielsweise wird Tennisspielern/innen
bewußt sein, daß sie die Vorhand „long line" spielen. Wie das im Körper geschieht, ist dem
Großhirn — das die bewußten Vorgänge steuert — nicht gegenwärtig. Trotzdem läuft bei
hochgeübten Spielern/innen die Bewegung — dank der im Kleinhirn gespeicherten Fertigkeiten — ohne Fehlleistung ab, alle Muskeln arbeiten koordiniert (LEHNERTZ 1990b, 124).

Das Bewegungshirn — bei schnellen Bewegungen vor allem das *Kleinhirn* — ist für die
Feinarbeit der Muskeln bei der Bewegungssteuerung verantwortlich. Erläuternd zur Abbil-

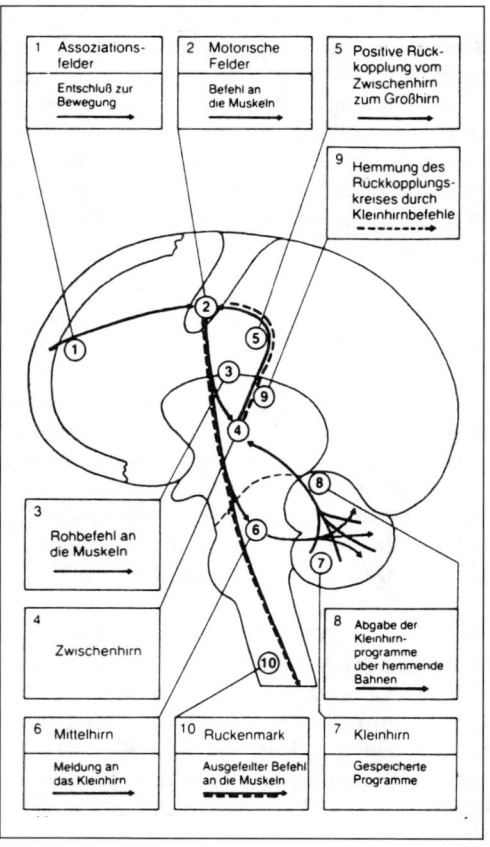

| 1 Assoziations-felder | 2 Motorische Felder | 5 Positive Rückkopplung vom Zwischenhirn zum Großhirn |
|---|---|---|
| Entschluß zur Bewegung | Befehl an die Muskeln | |

9 Hemmung des Rückkopplungs-kreises durch Kleinhirnbefehle

| 3 Rohbefehl an die Muskeln | | 8 Abgabe der Kleinhirn-programme über hemmende Bahnen |
|---|---|---|
| 4 Zwischenhirn | | |
| 6 Mittelhirn | 10 Rückenmark | 7 Kleinhirn |
| Meldung an das Kleinhirn | Ausgefeilter Befehl an die Muskeln | Gespeicherte Programme |

*Abb. 15: Zusammenarbeit von Großhirn und Kleinhirn bei der Koordination von Bewegungen (MIRAM / SCHARF 1981 nach ECCLES 1979).*

dung 15 läßt sich der Vorgang der Bewegungssteuerung wie folgt beschreiben: Der Entschluß zur Bewegung entsteht in den Assoziationsfeldern des Großhirns (1). Er enthält die Information, welche Körperteile die Bewegung ausführen sollen. Dieser Entschluß wird zu den sog. motorischen Feldern (Motorcortex) geleitet (2), die für alle Muskelpartien spezielle Nervenzellen besitzen. Diese Nervenzellen erteilen nun den für die Bewegung benötigten Bein-, Fuß-, Arm-, Handmuskeln usw. den Befehl, Kraft zu bilden (3). Allein aufgrund dieser Befehle würde jedoch die Bewegung nur sehr grob und unzureichend koordiniert ablaufen, wobei die Ungenauigkeit durch antreibende Impulse aus dem Zwischenhirn — ein Teil des Antriebs- und Empfindungshirns (Thalamus) — noch verstärkt wird (5). Gleichzeitig läuft der Rohbefehl auch über Querverbindungen in das Kleinhirn (6). Dort sind für alle geübten Bewegungen Programme gespeichert, die Informationen zur Feinkoordinierung der Muskelarbeit enthalten (7). Auf der Grundlage dieser Bewegungs(fertigkeits)programme dämpft das Kleinhirn mit hemmenden Signalen die in dem Rückkopplungskreis (8) umlaufenden Impulse derart, daß die Nervenzellen der motorischen Felder nur Befehle abgeben, die genau der vorgesehenen Bewegung entsprechen (9). Ein so durch das Kleinhirn modellierter Befehl läuft über das Rückenmark zu den Muskeln der beteiligten Glieder (10) und bewirkt schließlich, daß die Muskeln wohlabgestimmt — eben koordiniert — Kraft bilden.

Dieser Prozeß läßt sich wie folgt zusammenfassen: Die Lösung sportmotorischer Aufgaben erfolgt unter Führung des Großhirns auf der Basis im Kleinhirn gespeicherter Fertigkeitsprogramme. Die Präzision der im Kleinhirn gespeicherten Programme, die sehr unterschiedlich ist, hängt davon ab, wie umfangreich und intensiv eine Bewegung trainiert worden ist. Sportler/innen der Spitzenklasse haben für die wichtigsten Bewegungsformen ihrer Sportart im Kleinhirn sehr exakt und zuverlässig arbeitende Programme gespeichert, die sie sich durch jahrelanges Techniktraining angeeignet haben. Sie sind das wichtigste Handwerkszeug aller erfolgreichen Sportler und Sportlerinnen. In höheren Leistungsklassen reicht aber selbst die brillanteste Technik nicht aus, sondern Spitzenkönner müssen vielmehr darüber hinaus in der Lage sein, das technische Können in jeder Situation bestmöglich einzusetzen (LEHNERTZ 1990b, 127).

Häufig werden Wettkämpfe — vor allem in Kampf- und Spielsportarten — von Sportlern/innen gewonnen, die aus überraschenden Situationen heraus für sich einen Vorteil ziehen können. Zur Bewältigung unerwarteter, überraschender evtl. „unbekannter" Wettkampfsituationen ist ebenfalls das Zusammenwirken von Großhirn und Kleinhirn unabdingbar. Es kommt jedoch der Leistungsfähigkeit des Denkhirns umso größere Bedeutung zu, je überraschender die Situation ist und um so weniger geübt die zur Situationsbewältigung erforderlichen Bewegungen sind. Das Großhirn muß in solchen Fällen nicht nur entsprechende Programme aus dem Kleinhirn abrufen, sondern zunächst die Situation erkennen und dann aus möglichen Handlungsalternativen die erfolgversprechendste auswählen. Offensichtlich kann sich während einer aktionsvorbereitenden „Denkphase" auch die Zielvorgabe verändern. Deshalb sind häufig die Entscheidungsprozesse auch dann noch nicht abgeschlossen, wenn eine Bewegungsaktion bereits in Gang gekommen ist. Zum Beispiel beim Tennisspielen können sich Spieler/innen noch während des Laufens zum Ball entscheiden, wohin und wie sie den Rückschlag spielen wollen. Daraus wird ersichtlich, wie groß der Anteil des Großhirns bei der Koordination sportbezogener Bewegungen ist (ebenda).

### 2.4.2.2 Fertigkeitsspeicher Kleinhirn

Die Fähigkeit, zielgerichtete Bewegungen situationsangemessen zu koordinieren, ist das Ergebnis von **Lernprozessen,** die strukturelle Veränderungen im ZNS bewirken. Das Ergebnis der durch Lernen und Üben bewirkten neuronalen Veränderungen wird von Psychologen allgemein als *Gedächtnis* bezeichnet und speziell auf Bewegungserfahrungen bezogen, spricht man vom *motorischen Gedächtnis* (LEHNERTZ 1986a, 5). Im Bereich der Neurophysiologie werden die Gedächtnisspuren mit einem *Engramm-Konzept* beschrieben, auf das wir im Abschnitt 2.2.3.4 im Zusammenhang mit der Einführung des Begriffs Technikerwerbstraining bereits hingewiesen haben und das hier eingehender dargestellt werden soll.

Sehr vereinfachend skizziert wird aus *psychologischer* Sicht eine Bewegungsaufgabe gelöst, indem nach Wahrnehmung einer zur Bewegung auffordernden Situation und den damit verbundenen Motivationsprozessen eine Bewegungshandlung erfolgt. Dabei hängt vor allem bei schnellen Bewegungen der Handlungserfolg davon ab, inwieweit Teile einer Bewegungsfolge ohne Beteiligung des Bewußtseins — gewissermaßen *automatisch* — ablaufen können. Demnach müssen zur Lösung sportlicher Aufgaben *Bewegungsautomatismen* (Fertigkeiten) verfügbar sein, deren Programme im „Unterbewußtsein" verankert sind.

Mit großer Wahrscheinlichkeit ist davon auszugehen, daß Programme für schnelle Bewegungen im Kleinhirn gespeichert werden. Das **Kleinhirn** ist ein Organ, das in viele *Rückmeldungssysteme* eingebaut ist und dadurch die sensomotorischen Programme kontrollieren kann. Bei Versuchen, neue Bewegungstechniken zu erlernen, laufen aus den dem Kleinhirn übergeordneten motorischen Zentren des Großhirns Impulse zu den Motoneuronen im Rückenmark, um die geplante Bewegung auszulösen. Die Bewegungsausführung wird dem Kleinhirn über die Kanäle der Sinnesorgane rückgemeldet und falls Programmierungsfehler vorhanden sind, greift das Kleinhirn ein, um die Leistung zu verbessern. Dieser

Mechanismus kommt aber bei schnellen Bewegungen zu spät und reicht nicht aus, um die Kleinhirnfunktion bei schnellen und exakten Bewegungen zu erklären (LEHNERTZ 1990 b, 127).

Bei der *Koordination* schneller, zielgerichteter Bewegungen ist das Kleinhirn bereits an der *Programmierung* beteiligt, wozu es durch die während der Lern- und Übungsprozesse gespeicherten Erfahrungen befähigt ist. Bei gekonnten Bewegungen entladen sich schon vor Beginn der Bewegung Kleinhirn-Neurone und beteiligen sich an der Modellierung des *Endprogramms.* Wenn also im Großhirn der Entschluß zur Bewegungsausführung entstanden ist, existiert ein äußerst rascher und zuverlässiger Informationswechsel zwischen Großhirn und Kleinhirn. Das Großhirn kann keine Aktion in Gang setzen, ohne daß das Kleinhirn sofort darüber Bescheid weiß. Es gibt keinen Zweifel darüber, daß das Großhirn das Kommandozentrum ist, aber alle Instruktionen, die es zu den Motoneuronen des Rückenmarks feuert, werden unmittelbar in die gesamte Computermaschinerie der *Kleinhirnrinde* eingegeben. Es wird angenommen, daß der *Input* in der Kleinhirnrinde unter Einsatz ihrer *Gedächtnisspeicher* verarbeitet wird und nach weiterer Verarbeitung in den Kleinhirnkernen zur gleichen motorischen Region des Großhirns zurückgegeben wird (ECCLES 1979, 168).

Von Neurophysiologen wird heute allgemein akzeptiert, daß intensive neuronale Aktivitäten Spuren im ZNS hinterlassen, die sich zunächst in sog. *dynamischen Engrammen* niederschlagen. Darunter versteht man eine neuronale Organisation im Gehirn, die auf einer spezifischen Musterbildung von Impulsübertragungen beruht, bis zu Stunden bestehen bleibt und nur kraft dieses anhaltenden strukturierten Vorgangs existiert. Es wird davon ausgegangen, daß die an der Impulsmusterbildung beteiligten Synapsen in der dynamischen Engrammzeit für Folgereize besonders empfänglich sind. Für das Erlernen sporttechnischer Bewegungsfertigkeiten ist es wichtig, daß zur Stabilisierung eines als richtig bewerteten und damit speicherungswürdigen Bewegungsmusters der nächste Versuch erfolgt, bevor das dynamische Engramm erloschen ist. Dann nämlich „schleift" sich das Nervenimpulsmuster durch überdauernde Veränderungen der beteiligten Synapsen ein und wird zum bleibenden Engramm, psychologisch ausgedrückt: zum motorischen Gedächtnisbesitz. Der sportmotorische Gedächtnisbesitz wiederum ist identisch mit dem sporttechnischen Repertoire (LEHNERTZ 1986a, 6; 1990b, 132).
Diesen Tatbestand werden wir im Zusammenhang mit methodischen Fragestellungen noch einmal aufgreifen.

## 2.5 Methoden im Techniktraining

### 2.5.1 Ein allgemeines methodisches Konzept zum Fertigkeitserwerb

Wenn eingangs dieses Kapitels darauf verwiesen wurde, daß sich die Trainingslehre bei der inhaltlichen Bearbeitung des Techniktrainings hauptsächlich auf Theorien der Bewegungslehre stützt, dann gilt das besonders auch für die Methodik des Techniktrainings. Sie stützt sich bei den meisten Autoren (MARTIN 1977; LETZELTER 1978; WEINECK 1980; HARRE 1986; GROSSER / NEUMAIER 1982; u. a.) auf Theorien des *motorischen Lernens* und der *Bewegungskoordination.* Dabei wird zumeist der Phasenverlauf des motorischen Lernens nach MEINEL (1960) und MEINEL / SCHNABEL (1987), nämlich Entwicklung der *Grobkoordination — Feinkoordination — Stabilisierung,* mit dafür erforderlichen methodischen Maßnahmen des Vermittelns und Übens gekoppelt. Die folgende Tabelle 4 gibt hierzu einen Überblick.

*Tabelle 4: Gegenüberstellung der Lernphasen, methodischen Maßnahmen und Zielsetzungen (MARTIN 1977, 223).*

| Lernphase/ Lernstufe | Methodische Maßnahmen | Zielsetzung in der betreffenden Lernphase/ Lernstufe |
|---|---|---|
| Einstimmung auf die Zielübung  Grobkoordinierung der Zielübung | erarbeitendes Üben | Vorformen der Zielübung, Sammeln grundlegender Bewegungserfahrungen Ganzheitliche Grobform der Zielübung |
| Feinkoordinierung der Zielübung | 1. Darbietungsformen *visuelle Informationen* Vormachen Vorzeigen Vorführen *verbale Informationen* Bewegungsbeschreibung Bewegungserklärung Bewegungsvorschrift 2. Beobachtungsaufgaben 3. Reflexion | Feinform der Zielübung, bewußtes Trainieren |
| Stabilisierung und Festigung der Zielübung | 1. Herauslösen von Details 2. Verbinden von Einzelteilen mit konditionellen Spezialübungen 3. Experimentieren 4. Anwendung von Streß- und Extremsituationen 5. Einschalten des Denkens und anderer zentraler Vorgänge | Vervollkommnung der sportlichen Technik, Stabilisierung der zentralen Vorgänge, Schulung des Bewußtseins und der gedanklichen Handlungsentwürfe |

Dieses Konzept läßt sich wie folgt zusammenfassen: Am Anfang der Technikschulung, um Vorformen, Fundamentalformen und später die ganzheitliche Grobform zu entwickeln, wird die Methode des „erarbeitenden Übens" angewandt. Das Wesensmerkmal ist der ständige Informationsaustausch zwischen Sportlehrer/in und Sportler/in auf der Grundlage äußerer Rückkopplung. Dabei überlagern sich die Aktivitäten der Lernenden und Lehrenden ständig zwischen Üben (Lernende) und Bewegungsanweisung (Lehrende), Üben und Vormachen, Üben und Helfen, Üben und neue Aufgabenstellung usw. Das Verhalten der Lernenden ist teils rezeptiv (Wahrnehmen von Informationen) und teils produktiv (Üben). Die wichtigste Aufgabe der Lehrenden ist die ständige Steuerung der Aktivität der Sportler/innen. Sie nehmen die Bewegungsvollzüge der Sportler/innen sofort auf, werten sie aus und geben rückkoppelnd neue Bewegungsanweisungen und neue Aufgaben, helfen, erstellen Geländehilfen, machen erneut vor oder lassen wieder vormachen usw. (STIEHLER

1974, 199). Die Zielsetzung der entsprechenden Lernstufe ist dabei nicht nur im Erlernen der Grobform zu sehen, sondern auch darin, eine *vielseitige Bewegungserfahrung* zu erarbeiten. Sie kann in der Vielseitigkeit des „erarbeitenden Übens" besser als mit anderen Methoden erworben werden. Bei fortschreitender Feinkoordinierung reicht das erarbeitende Üben nicht mehr aus. Nunmehr werden Methoden der einseitigen Informationsproduktion angewandt, die unter dem Oberbegriff „Darbietungsformen" zusammengefaßt werden. Die Informationsproduktion geht dann, wenn damit begonnen wird die Bewegung feinkoordiniert zu strukturieren, größtenteils einseitig von den Lehrenden aus. Anfangs werden die Bewegungsbeschreibung und das Vormachen als verbundene audiovisuelle Information angewandt. Beim Vormachen erhalten die Lernenden zunächst eine visuelle Vorstellung des räumlichen Verlaufs, beim wiederholten Vormachen auch der zeitlichen Zusammenhänge der Bewegungsführung. Wichtig: (1) das Vormachen muß dem erwarteten Bewegungsverhalten entsprechen und noch nicht einem Idealtyp; (2) es wird mehrfach vorgemacht; (3) beim Vormachen wird bewußt zeitlich gedehnt, um die hohe Informationsdichte zu reduzieren; (4) die wesentlichen Bewegungsphasen werden durch Übertreibungen demonstriert (FETZ 1973, 83; STIEHLER 1974, 192 f.).

Das Vormachen wird mit der Bewegungsbeschreibung zu einer audiovisuellen Information verbunden. Bewegungsanweisungen sind knappe Basaltexte, die mit wenigen, eindeutigen Begriffen das erwartete Bewegungsverhalten der Lernenden beschreiben. Sie enthalten keine „Hintergrundinformationen". Es ist in der Trainingspraxis ein häufig zu beobachtender Fehler, daß bereits im Anfangsstadium der Formung einer Fertigkeit zu viel erklärt und mit einer Informationsfülle aufgewartet wird, die von den Lernenden nicht verarbeitet werden kann.

Erst wenn die Feinstruktur und Feinform einer Bewegung vorhanden ist, setzt der Prozeß ein, der als „bewußtes Lernen" bezeichnet werden kann. Im Gegensatz zur vorher beschriebenen Phase werden die verbalen Informationen nunmehr umfangreicher, hintergründiger, erklärender und informieren sich mehr und mehr am Idealtyp der sportlichen Technik. Methodische Maßnahmen sind hier das Vorzeigen von Bildreihen, das Vorführen von Filmen und Videoaufzeichnungen, die Bewegungserklärung und die Bewegungsvorschrift. Die „Bewegungserklärung" teilt Gesetzmäßigkeiten mit und geht auf Ursache-Wirkungszusammenhänge ein, sie spricht vom Beschleunigungsweg und begründet seine Funktion. Sie versucht Verständnis für gesetzmäßige Zusammenhänge herzustellen. Die „Bewegungsvorschrift" orientiert sich nicht wie die Bewegungsbeschreibung am erwarteten Bewegungsverhalten, sondern an Merkmalen der sportlichen Technik.

Im Prozeß des „bewußten Lernens" dürfen zwei methodische Maßnahmen nicht fehlen, die Beobachtungsaufgabe und die Reflexion. Bei der „Beobachtungsaufgabe" (Abschnitt 2.5.4) wird die Aufmerksamkeit der Lernenden auf ganz bestimmte Merkmale des Bewegungsverhaltens anderer oder des eigenen gelenkt und sie werden mit der Reflexion gekoppelt. Die „Reflexion" ist bekanntlich das Zurückwenden der Aufmerksamkeit nach „innen", ein Zuwenden auf das innere Erleben, Überlegen und ein Nachdenken über die soeben abgelaufene Handlung. Die Trainerfrage, „was hast du beim Absprung für ein Gefühl gehabt?" ist eine Aufforderung zur Reflexion. Die Reflexion ist äußerst lernwirksam und vor allem bewußtseinsbildend (MARTIN 1977, 223 ff.).

Nach unserer Auffassung setzt die *Methodik des Techniktrainings* im engeren Sinne erst bei der inhaltlichen und organisatorischen Gestaltung des Technikerwerbstrainings ein.

Nach der traditionellen Auffassung wäre das die Schnittstelle (Tabelle 4) zwischen der *Feinkoordination* und der *Stabilisierung* von sportmotorischen Fertigkeiten.

## 2.5.2 Methoden des Technikerwerbstrainings

### 2.5.2.1 Vorüberlegungen

Der wesentlichste Unterschied zwischen Methoden des *motorischen Lernens* und denen des *Techniktrainings* ist darin zu sehen, daß bei den Lernmethoden die Formen des Übens und Informierens im Vordergrund stehen, Trainingsmethoden beruhen zusätzlich auf optimalen *Belastungen.* So übernehmen Belastungsdosierungen eine wichtige Steuer- bzw. Regelfunktion in allen Trainingsmethoden.

In Anlehnung an WERCHOSCHANSKI (1988, 87 ff.) läßt sich sagen: Der Zusammenhang zwischen dem Leistungszustand eines Sportlers/einer Sportlerin und der richtigen Belastung zur Leistungsentwicklung ist prinzipiell eine zentrale Frage der Trainingswissenschaft. Allerdings ist der bisherige Erkenntnisstand auf diesem Gebiet auch das schwächste Glied im Steuerungssystem des Trainings, „das eine unaufschiebbare wissenschaftliche Bearbeitung erfordert".

Unter Trainingsbelastung wird bekanntlich eine *Beschreibungsgröße* der zu leistenden *Trainingsarbeit* verstanden, die allerdings bei gleicher Ausprägung individuell zu unterschiedlichen physischen und psychischen *Beanspruchungen* führen kann. Über diese Beanspruchung sollen Trainingswirkungen erzielt werden. So wird dann auch im Konditionstraining über die Belastungsgrößen Umfang, Intensität, Dauer und Dichte eine Beanspruchung mit dem Effekt einer physischen, vor allem muskulären Ermüdung angesteuert, deren Regenerationsprozesse zu Superkompensationszuständen im Organismus mit nachfolgenden Anpassungen führen sollen (Abschnitt 3.1.4). Von dieser Zusammenfassung der Belastungsgestaltung ist die folgende Hypothese abzuleiten: *Die methodischen Grundsätze des Konditionstrainings, die die Belastungen im Sinne zu leistender Trainingsarbeit in Umfang, Intensität, Dauer und Dichte beschreiben, haben für das Techniktraining nur bedingt oder modifiziert Gültigkeit.*

Daraus ergibt sich die Frage, welche methodischen Grundsätze dann für die Belastungsdosierung im Techniktraining Gültigkeit erhalten. Zugegebenermaßen ist diese Frage beim derzeitigen trainingswissenschaftlichen Erkenntnisstand kaum zu beantworten. Deshalb sollen zur Aufarbeitung dieser Problematik einige Theorien und wissenschaftliche Erkenntnisse vorgetragen werden, die möglicherweise für modellhafte und künftige Ansätze einer Gestaltung der Belastungsstruktur im Techniktraining beitragen können.

### 2.5.2.2 Theorien und wissenschaftliche Erkenntnisse zur Belastungsproblematik

Zunächst ist für die muskuläre Belastung des Techniktrainings die folgende Hypothese von Bedeutung: *„Leistungsminderungen der Muskulatur infolge kurzfristiger hoher Krafteinsätze regenerieren sich parallel mit dem Verlauf der Kreatinphosphatsynthese, also in wenigen Sekunden."*

Diese Hypothese konnte mit unseren bisherigen Untersuchungen gestützt werden und ist auch anhand entsprechender Theorien zu untermauern. Grundlage der Kraftbildung der Muskulatur sind nämlich biochemische Reaktionen, aus denen mechanische wirksame

Kraft entsteht. Dabei kann ein Muskel so lange maximale Kraft bilden, wie Kreatinphosphat in ausreichendem Maße zur schnellen Resynthese von ATP vorhanden ist. Durch Kreatinphosphat wird nämlich das beim ATP-Verbrauch entstandene ADP auf „kurzem Weg" — der sog. LOHMANN-Reaktion — in ATP zurückgebildet und gleichzeitig werden dabei die bei der ATP-Spaltung entstandenen Protonen aufgenommen. Aufgrund der raschen Kreatinphosphatergänzung nach kurzzeitigen maximalen Krafteinsätzen — bei einem Kurzsprint, einem Sprung und auch beim Einüben technischer Fertigkeiten — ist der Kreatinphosphatspeicher in weniger als drei Sekunden wieder im vollen Umfang für die Lohmann-Reaktion (ATP-Resynthese) bereit (KÜCHLER 1983, 143; LEHNERTZ 1985a, 32 f.; LEHNERTZ / MARTIN 1985, 39 ff.). So bewirkt das nahezu schlagartige Regenerationsvermögen des Kreatinphosphatspeichers trotz mitunter relativ hoher Konzentration von Abbauprodukten im Blut — z. B. Laktat — eine unverzügliche Muskelerholung.

Der *Regenerationsprozeß* der Muskulatur verläuft also sehr schnell. Somit dürfte es beim Techniktraining mit kurzzeitigen hohen schnellkoordinativen Anforderungen an die Muskulatur kaum zu muskulär bedingten Ermüdungen kommen. Denn die Ausführungszeiten der einzelnen Technikwiederholungen bleiben dann im Bereich der anaerob-alaktaziden Energiebereitstellung, wobei es nicht zur ermüdungsverursachenden Muskelübersäuerung kommt.

Die Ermüdungen im Techniktraining scheinen eher zentralnervös verursacht zu sein. Deshalb müssen wir an dieser Stelle versuchen, diesem zweiten Aspekt theoretisch nachzugehen: Die Funktion des *Kleinhirns* ist nach ECCLES (1979, 184 f.) eine *inhibitorische* (hemmende). Aus den für Bewegungsabläufe zuständigen Kernzellen kommen sehr starke, aber mehr oder weniger diffuse Erregungsströme, die jedoch durch die hemmende Wirkung der Purkinjezellen des Kleinhirns zu einem der Bewegungsabsicht entsprechenden Impulsmuster modelliert werden (Abschn. 2.4.2.2), indem die Hintergrundladungen durch Hemmung vermindert werden. Voraussetzungen der Modellierungsarbeit des Kleinhirns sind jedoch: erstens das Vorhandensein entsprechender *Engramme* und zweitens das Vorhandensein ausreichender *Transmittersubstanzen* (LEHNERTZ 1986a, 7 ff.).

Es ist nun davon auszugehen, daß bei Ermüdungen der koordinativen Leistungsfähigkeit eine Verminderung der Hemmfunktion des Kleinhirns vorliegt und das Kleinhirn somit einer Kontrolle der Bewegung nur noch ineffektiv nachkommen kann (ECCLES 1985, 356). Biochemisch gesehen beruht die eingeschränkte Funktion des Kleinhirns auf einer Beeinträchtigung der Transmitterresynthese durch erhöhte Ammoniakkonzentration im ZNS (LEHNERTZ 1986a, 8 f.).

In der Trainingspraxis werden solche koordinativen Ermüdungen dadurch in Erfahrung gebracht, daß man bei der Bewegung wieder anfangen muß zu denken, d. h. die Kleinhirnermüdung muß mit erhöhter Tätigkeit des Großhirns kompensiert werden. Damit werden selbst automatisierte Bewegungsabläufe wieder bewußter und fehlerhafter. Dieses subjektive Bewußtwerden, daß man bei bereits automatisierten Bewegungsfertigkeiten wieder anfängt zu denken, kann als ein Zeichen für das Nachlassen der Hemmungsfunktion des Kleinhirns gewertet werden.

### 2.5.2.3 Belastungsanforderung und Methoden beim Technikerwerbstraining

Muß Techniktraining nun in einem nicht zentral ermüdeten Zustand stattfinden, damit ungehemmt über die automatisierten Fertigkeiten verfügt werden kann? Die Antwort auf diese Frage ist sicher nicht einfach und muß künftig empirisch gelöst werden. Trotzdem läßt sich von der Logik her folgende vorläufige These formulieren: *Das Technikerwerbstraining als Einschleiftraining von Engrammen sollte vorwiegend unter zentralnervösen Regenerationsbedingungen stattfinden.* Da man jedoch auch lernen muß, unter zentralnervös ermüdeten Bedingungen die *Stabilität* einer Technik durchzusetzen, muß Technikerwerbstraining in bestimmten Zeitabständen auch bis zur zentralnervösen Ermüdung führen, um einen Zustand herbeizuführen, bei dem die Programmierung einer Fertigkeit zunehmend auch wieder das Großhirn fordert. Die bewegungssteuernde Funktion des Großhirns, nämlich das Umsetzen bewußtseinspflichtiger Bewegungsvorstellungen in optimale Nervenimpulsmuster, wird vor allem auch bei extremem Wettkampfstreß gefordert. Unter Streßbedingungen unterliegen die bewegungsregelnden, hochautomatisierten Bewegungsfertigkeitsprogramme ähnlichen Beeinträchtigungen wie unter Ermüdungsbedingungen. Somit kann im Techniktraining unter Ermüdungsbedingungen auch das sporttechnische Verhalten für Extremstreß im Wettkampf geübt werden.

Ausgangspunkt für die folgenden methodischen Überlegungen sind wieder die damit anzusteuernden *Ziele,* (1) das „Einschleifen von Engrammen der technikbestimmenden Fertigkeiten im biomechanischen Optimum", (2) die „Stabilität und Durchsetzungsfähigkeit der Techniken" bei sich verändernden äußeren und inneren Bedingungen, und (3) die „Virtuosität der Technikbeherrschung" (Abschnitt 2.2.2).

Die grundsätzliche Methode für das Technikerwerbstraining ist, wie schon ausgeführt, das Überlernen. Das trainingsmethodische Konzept des Überlernens im Training muß aus zwei Größen komponiert werden. Erstens aus der Bewegungsintensität (dieser Begriff wird in diesem Zusammenhang bewußt anstelle der Belastungsintensität benutzt) mit der eine Fertigkeit trainiert werden soll und zweitens aus der Wiederholungszahl. Diese beiden Größen, „Bewegungsintensität" und „Wiederholungszahl" sind entsprechend der jeweiligen Absicht des Trainings methodisch genau zu kombinieren.

Nach unserer Auffassung gibt es für die **Bewegungsintensität** im Techniktraining drei Abstufungen:

— eine Bewegungsdurchführung der Fertigkeit ohne vollen Krafteinsatz in einer kinematisch genauen Bewegungsführung und der Möglichkeit äußerer Kontrolle;

— eine Bewegungsdurchführung der Fertigkeit mit vollem Krafteinsatz zur Herausbildung eines inneren Bewegungsbildes der bestimmenden Kraftverläufe;

— eine Bewegungsdurchführung unter Zeitdruck, der nach Möglichkeit größer ist als unter Wettkampfbedingungen, er soll die Durchsetzung der automatisierten Fertigkeiten, ohne Rückgriffmöglichkeit auf Denkprozesse fördern.

Gekoppelt werden muß jede dieser Bewegungsintensitäten mit einer bestimmten *Wiederholungszahl,* die sportartspezifisch entsprechend der Schwierigkeit, des Umfanges und der Durchführungsdauer einer Einzelfertigkeit (denken wir nur an den Umfangs- und Zeitunterschied eines Topspins beim Tischtennis und eines Dreifachsprunges beim Eiskunstlauf) in Erfahrung gebracht werden müßte.

Bei der Zuordnung von *Wiederholungszahlen* gehen wir von der folgenden Hypothese aus: *Techniktraining sollte überwiegend unter zentralnervös regenerierten, teilweise aber auch unter zentralnervös ermüdeten Bedingungen stattfinden.* So gesehen muß man in der Trainingsmethodik in erster Linie mit Wiederholungszahlen operieren, die bis an die Ermüdungsgrenze herangehen. Fallweise sollte jedoch hin und wieder die Ermüdungsgrenze ab

*Tabelle 5: Zusammenhang von Bewegungsintensität und Wiederholungszahl beim Überlernen im Techniktraining (+ + + = hoher, + = geringer Trainingsanteil).*

| Bewegungsintensität | niedrige Wiederholungszahl, sie liegt unterhalb der zentral-nervösen Ermüdungsgrenze | hohe Wiederholungszahl, sie liegt oberhalb der zentral-nervösen Ermüdungsgrenze |
|---|---|---|
| 1  Bewegungsdurchführung der Fertigkeit ohne vollen Krafteinsatz | + + + | + |
| 2  Bewegungsdurchführung der Fertigkeit mit vollem Krafteinsatz | + + + | + |
| 3  Bewegungsdurchführung unter Zeitdruck-Bedingungen | + | + |

sichtlich überschritten werden. Eine mögliche Kombination von *Bewegungsintensität* und *Wiederholungszahl* für das Technikerwerbstraining zeigt Tabelle 5.

## 2.5.3 Methoden des Technikanwendungstrainings

Methodische Maßnahmen für das Technikanwendungstraining sind in der Abb. 16 zusammengefaßt. Über solche Methoden sollen diejenigen *Erfahrungen gesammelt* und *gefestigt* werden, die Anpassungen und Umstellungen von Bewegungshandlungen an sich ändernde Situationen entwickeln. Hierbei ist Einfallsreichtum gefragt, weil das methodische Vorgehen darin besteht, solche Situationen zu konstruieren, die die Übungsdurchführung oder Übungsbedingungen variieren und unterschiedliche Wettkampfsituationen imitieren.

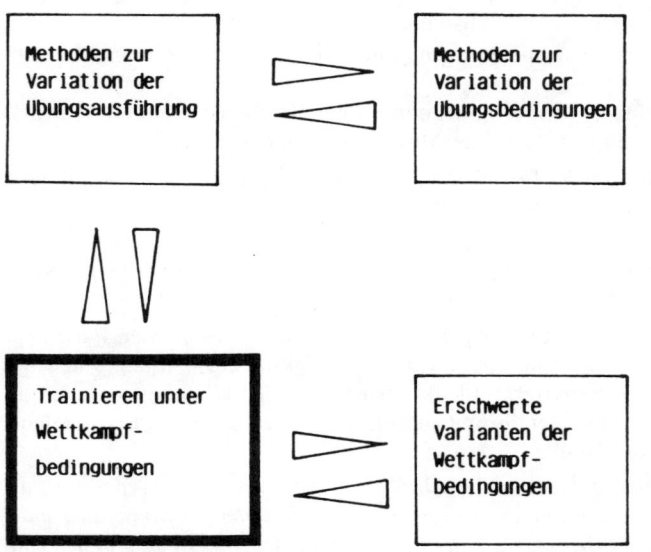

*Abb. 16: Methoden des Technikanwendungstrainings (MARTIN 1989, 12).*

## 2.5.4 Bewegungsbeobachtung und Fehleranalyse im Techniktraining

### 2.5.4.1 Grundlagen

Bei lernintensiven Methoden des Techniktrainings kommt es zum wechselseitig wirksamen (rückgekoppelten) Prozeß zwischen Bewegungsvorstellung und -vollzug. Beim kognitiv gesteuerten (bewußten) Bewegungsvollzug kommt der „zutreffenden" *Bewegungsvorstellung* und dem daraus abgeleiteten *Bewegungs(vor)satz* die führende Rolle zu. Ob eine Bewegungsvorstellung zutreffend ist und wie passend der daraus deduzierte Bewegungsvorsatz war, zeigt sich stets am Bewegungsergebnis (LEHNERTZ 1990b, 159). Das Bewegungsergebnis resultiert in einer meßbaren oder beobachtbaren Leistung. Das Wahrnehmen von *Bewegungsergebnissen* ist eine wichtige Komponente des Techniktrainings mit Aspekten, die sich auf die Wahrnehmungsprozesse von Sportlern/innen und Trainer/Übungsleiter/innen beziehen.

Trotz aller modernen Möglichkeiten, Bewegung durch Medien teilweise zu konservieren und die „Konserven" wiederholt zum Betrachten der aufgezeichneten Bewegungen zu nutzen, hat die *unmittelbare Beobachtung* beim Erlernen und Trainieren von sportlichen Techniken immer noch einen sehr hohen Stellenwert. Dies liegt zum einen daran, daß nicht alle Trainer/innen über die notwendige apparative Ausstattung verfügen. Darüber hinaus sind allerdings bestimmte Bewegungsqualitäten nur der unmittelbaren Anschauung zugänglich. Das sind vor allem die *dynamisch-rhythmischen Komponenten* von Bewegungsverläufen, die sich der Konservierung durch Film- oder Videoaufnahmen weitgehend entziehen. Denn sowohl durch das Fehlen der dritten Dimension als auch durch die zumeist verkleinerte Darstellung auf Projektionsflächen oder Monitoren werden nicht reale *Raum-Zeit-Relationen* abgebildet und somit ein verfälschtes Bild von Bewegungsdynamik und -rhythmus vermittelt. Darüber hinaus zeigt die Praxis immer wieder, wie schwierig auch die Kommunikation zwischen Trainer/in und Sportler/in dann ist, wenn *Informationen* über dynamisch-rhythmische Merkmale von Bewegungen ausgetauscht werden sollen. Meistens gelingt das nur einigermaßen zufriedenstellend, wenn Trainer/innen selbst die zu trainierende Technik auf hohem Niveau beherrschten. In diesem Fall ist es möglich, durch Vormachen des Bewegungsablaufs oder auch durch Demonstration einer Bewegungssequenz mit entsprechender akustischer Ergänzung etwas vom Bewegungsrhythmus weiterzugeben. Aber eine Optimierung der *Bewegungsdynamik* durch das Bewegungsvorbild der Trainer/innen im oberen Leistungsbereich hat seine naturgegebenen Grenzen (Lebensalter des Trainers). Demgegenüber kann auf der unteren bis mittleren Leistungsebene die Dynamik der Bewegung durch das Bewegungsvorbild der Trainer/innen wirkungsvoll beeinflußt werden. Dabei ist jedoch zu berücksichtigen, daß die Sportler/innen sowohl die positiven als auch die negativen Eigenarten des Trainervorbildes übernehmen. Das geschieht mitunter bewußt, häufiger allerdings auch unbewußt (LEHNERTZ 1990b, 161 f.).

Aus der Tatsache, daß das *Kopieren* — besser gesagt — das Übernehmen der Dynamik einer Bewegung ein mehr unbewußter Vorgang ist, ergeben sich folgende Konsequenzen: (1) Dem Sportler/der Sportlerin muß so oft wie möglich Gelegenheit gegeben werden, die zu ihm passenden *Bewegungsvorbilder* unmittelbar zu beobachten. (2) Trainer/innen müssen erkennen können, welche Spitzenkönner als *sporttechnische Vorbilder* für ihre Sportler/innen angemessen sind.

Der Notwendigkeit des unmittelbaren Beobachtens von Bewegungsvorbildern im Lern- und

Übungsprozeß ist die Problematik des Sehens gegenüberzustellen. *Sehen* ist nicht nur ein physiologischer Prozeß, bei dem die Umgebung der „Sehenden" im visuellen System objektiv abgebildet wird. Vielmehr ist jedes Sehen subjektiv „gefärbt", unter anderem auch durch die wahrnehmungsbeeinflussende Wirkung des sog. Erwartungswertes. Bei jeder Wahrnehmung geht ein Erwartungswert des Wahrnehmenden mit ein, der zum Teil von der emotionalen Gestimmtheit abhängt. Grundsätzlich sollte man sich bei jeder Beobachtung an folgenden Merksatz erinnern: *Jeder macht sich von der Wirklichkeit selbst sein Bild!* (LEHNERTZ 1990b, 163).

Ein zentraler Bestandteil der Handlungskompetenz von Trainern/innen ist die *Fähigkeit,* technische Fehler zu *erkennen* (zu identifizieren), sie zu *deuten* (zu interpretieren) und angemessen zu *korrigieren.* Im allgemeinen werden Fehler als Abweichungen von der Norm verstanden. Die Identifikation von Normabweichungen und deren Interpretation wird als **Fehleranalyse** bezeichnet. Sie erfolgt zumindest im Hochleistungssport mehr und mehr mit Unterstützung *apparativer Technik* wie Film, Video, Kamera, biomechanischen Meßverfahren usw. Trotz aller modernen technischen Hilfen hat aber die freie Beobachtung nach wie vor eine überragende Bedeutung (s. oben).

Die Fehleranalyse durch freie Beobachtung unterliegt einer Reihe von Einflußgrößen, deren Kenntnisse für die Einschätzung der *Objektivität* eines Beobachtungsergebnisses wichtig sind. Die Einflußgrößen beziehen sich sowohl auf die Beobachtenden als auch auf das Beobachtungsobjekt. Beispielsweise sind folgende Einflußgrößen von Bedeutung (nach BAUMANN 1988):

In bezug auf Trainer/in als *beobachtende Person:*
— *Qualität* der bewegungsspezifischen Kenntnisse
— *Eigenes* Bewegungskönnen
— *Erwartungshaltung*
— *Ermüdung*
— *Aufmerksamkeit*
— *Blickbewegung*
— *Kapazität* des Kurzzeitspeichers.

Bezogen auf zu beobachtende *Sportler/innen:*
— *Deutlichkeit* (Figur — Hintergrund)
— *Geschehensdichte* (Ablaufgeschwindigkeit und Dauer einer Bewegung)
— *Größe* des zur Beobachtung fixierten Objekts in Abhängigkeit von der Entfernung.

Zusammenfassend ist aus den psychologischen Grundlagen abzuleiten, daß die *Fehleranalyse* durch *Bewegungsbeobachtung* nur dann effizient ist, wenn man angemessene **Beobachtungsstrategien** entwickelt. Die Notwendigkeit zur Entwicklung solcher Beobachtungsstrategien ergibt sich aus der beschränkten Kapazität des *Kurzzeitgedächtnisses.* Das Kurzzeitgedächtnis spielt insofern eine wesentliche Rolle, als darin die bewußte Verarbeitung von Informationen aus der Umgebung und aus den längerfristigen Gedächtnisinhalten erfolgen muß. Da jedoch leider der Platz im Kurzzeitgedächtnis äußerst knapp bemessen ist, sind der gezielten Fehleranalyse durch freie Bewegungsbeobachtung enge Grenzen gesetzt. Beobachtungsstrategien müssen deshalb darauf abzielen, solche Informationen aufzunehmen, die dem jeweiligen *Beobachtungsziel* angemessen sind und darüber beim Beobachter eine möglichst umfassende Informationsverarbeitung gewährleisten. Dies erfordert eine

Wahrnehmungslenkung, wozu die Auflösung einer Bewegung in Einheiten notwendig ist (ebenda).

Wie oben bemerkt, sind Wahrnehmungen erwartungsgesteuert. Durch das Lenken der Aufmerksamkeit kann die Wahrnehmung auf ganz bestimmte Informationen in einem Bewegungsablauf gerichtet werden. Die Basis für das Bewegungssehen sind sog. *antizipierende Schemata*, mit denen die Beobachtung zielangemessen strukturiert wird. Sie bereiten die Wahrnehmenden darauf vor, bestimmte Arten von Informationen bevorzugt gegenüber anderen wahrzunehmen; sie steuern sozusagen das Sehen.

Schemata können sich entweder auf eine Bewegung als Ganzes oder auf Teile einer Bewegung beziehen. Bei der ganzheitlichen Wahrnehmung ist die Beobachtung auf *Normabweichungen* in bezug auf die koordinative Qualität der Bewegung als Ganzes gerichtet. Die Fehleridentifikation würde sich hier auf Normabweichungen einzelner Verhaltensmuster, z. B. des Bewegungsrhythmus, beziehen. Deshalb spielt für die Fehleranalyse die selektive Wahrnehmung gegenüber der ganzheitlichen Wahrnehmung eine übergeordnete Rolle. Verallgemeinert formuliert, besteht selektive Wahrnehmung darin, bestimmte Bewegungsabschnitte bzw. -ausschnitte zu identifizieren und zu interpretieren im Hinblick auf Abweichungen von normierten Beobachtungseinheiten. Während eines Bewegungsverlaufs verändern sich die räumlichen Beziehungen des Körpers zur Umgebung und die von Körperteilen zueinander in einem bestimmten zeitlichen Ablauf. Die Veränderungen führen im Verlauf des Bewegungsgeschehens zu beschreibbaren prägnanten Positionen. Solche Positionen, die für die Kontrolle des Bewegungsablaufes bedeutsam sind, kann man als *Schlüsselpositionen* bezeichnen (BAUMANN 1988, 73). Auf die auf der Grundlage funktionaler Verlaufsanalysen ermittelten Schlüsselpositionen erfolgt bei der Fehleranalyse die Aufmerksamkeitslenkung.

Obwohl die apparativen Möglichkeiten zur Messung von leistungsrelevanten Größen wie Bodenreaktionskräfte, Beschleunigungs- und Geschwindigkeitswerten zunehmend Eingang in die Trainingspraxis finden, steht derzeit der Einsatz von visuellen Hilfsmitteln noch im Vordergrund. Vor allem mit Hilfe der Videotechnik ist es heute möglich, relativ kostengünstig eine permanente Bewegungskontrolle durchzuführen. Eine solche Kontrolle ist aber nur dann sinnvoll, wenn das Aufnehmen mit Video bis zum Meßvorgang optimiert wird. Dazu ist es erforderlich, den Aufzeichnungsprozeß und die -bedingungen so zu standardisieren, daß auch Aufnahmen von unterschiedlichen Trainingstagen miteinander vergleichbar sind. Wir haben mit folgender Methode gute Ergebnisse erhalten:

Beispiel: *Kugelstoß*

Zunächst wurde aus Aluminiumprofilen ein 3 mal 3 m großer Rahmen gebaut. Die Profile des Rahmens hatten im Abstand von 20 cm Löcher, durch die weiße (plastifizierte) Seile (Wäscheleinen) gezogen wurden, so daß ein Gitter mit 20 Quadratzentimeter großen Einzelfeldern entstand. Dieses Gitter wird in einem bestimmten, immer gleich zu haltenden Abstand zur Bewegungsebene der Sportler/innen aufgestellt. Die Videokamera erhält — wie das Gitter — einen fixen Standort. Dabei muß nicht nur der Abstand zum Gitter, sondern auch die Höhe der Kamera sowie die Zoomstellung des Objektivs immer die gleiche bleiben (Abb. 17) (LEHNERTZ 1990b, 167 f.):

Mit einem solchen Raster ist es möglich, sehr genau die Bewegungsverläufe einiger ortsfester Sportarten zu analysieren. Anhand des Referenzgitters lassen sich sogar Geschwindigkeitswerte relativ exakt vermessen, wenn man mit Videokameras arbeitet, die High-speed-shuttle-Einrichtungen haben. Dabei kann man entweder mit „Gittereinheiten" rechnen oder aber die Wertigkeit der Gittereinheiten auf die Bewegungsebene abstimmen. Zur Abstimmung nimmt man auf der Bewegungsebene anstatt des Sportlers/der Sportlerin eine Meßlatte auf, an der abgelesen werden kann, welcher Wert einem Gitter zuzuordnen ist. Mit einem solchen Verfahren werden einige Fehlermöglichkeiten durch *optische Verzerrungen* umgangen, die bei der Verwendung von Rastern, die auf den Videomonitor aufgebracht werden, entstehen (LEHNERTZ 1990b, 169).

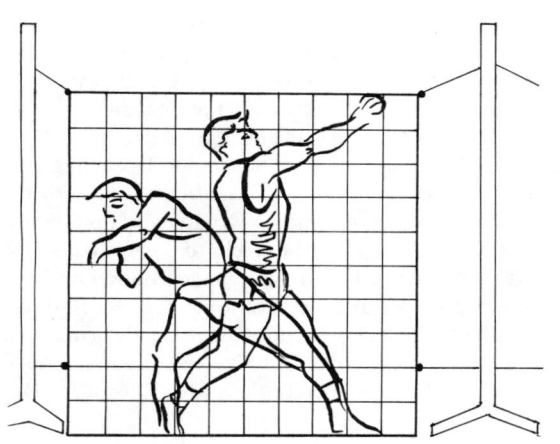

*Abb. 17: Vordergrundraster als Hilfe zur quantitiven Analyse von Video- oder Filmaufnahmen (LEHNERTZ 1990b, 168).*

### 2.5.4.2 Schulung der Bewegungswahrnehmung

Im Zusammenhang mit dem *Technikerwerbstraining* (Abschnitt 2.2.3.4) haben wir uns bis hierher in erster Linie mit der „Außensicht" befaßt. Das bezieht sich zum einen auf die Trainer/innen, die Sportler/innen, die ja immer nur von außen sehen, zum anderen aber auch auf Sportler/innen, die sich über Video- oder Filmaufnahmen ebenfalls ein „Außenbild" von ihrer Bewegung machten. Eine wesentliche Voraussetzung für das Erreichen optimal funktionierender sporttechnischer Fertigkeiten ist die Schulung der *Wahrnehmung von inneren Prozessen der Motorik.* Sportler/innen müssen gewissermaßen auch ein *inneres Bild* von ihren Bewegungen aufbauen. Insbesondere sollte das Wahrnehmen von **kinästhetischen Rückmeldungen** geschult werden. Allgemein unterliegt das Wahrnehmen von inneren Prozessen ähnlichen Mechanismen wie die Wahrnehmung der Außenwelt. Im einzelnen sollte man bei der Schulung der Bewegungswahrnehmung folgendes berücksichtigen:

Aufgrund der Tatsache, daß nach einem Bewegungsversuch das dabei gebildete Engramm (Abschnitt 2.4.2) nur kurzfristig „scharf" bleibt und sehr schnell „verbleicht" sind *Bewegungsserien* durchzuführen. Dabei ist gewährleistet, daß von Versuch zu Versuch die mit den Engrammen verbundenen kinästhetischen Empfindungen noch frisch sind. Dies ermöglicht eine Präzisierung der Wahrnehmungen.

— Die Wiederholungen sollten aber nicht im Schema „ersticken", weil sonst ein Gewöhnungseffekt im Sinne des Abstumpfens der Empfindungsfähigkeit eintritt. Trotz vielfacher Wiederholungen des Bewegungsablaufs sollte man immer wieder die Methode der Variation anwenden. Durch variierendes Üben entsteht jeweils eine Abweichung vom Idealbild der Bewegung. Diese Differenz verhindert eine „Nur-Stereotypisierung", wodurch eine Abstumpfung der Bewegungswahrnehmung verhindert wird.

— Liegt die *Ansprechschwelle* der Sportler/innen relativ hoch, d. h. kinästhetischen Rückmeldungen werden nicht oder nur bruchstückhaft wahrgenommen, müssen die Rückmeldungen verdeutlicht werden. Dazu werden die Rückmeldungen verstärkt (schwerere Geräte, Geräte mit höherem Reibungswiderstand u. a.) oder man schafft Bedingungen durch die Abweichung vom Bewegungsablauf (Fehler) deutlich werden (kleinere Ziele, glatter Langlaufski, schmalere Unterstützungsfläche).

— Bei besonders gut gelungenen Versuchen ist eine *sprachliche Auswertung* wichtig. Damit kann die entscheidende Schlüsselstelle beschrieben und benannt und bei weiteren Versuchen besser wahrgenommen werden.

— Eine *gezielte Befragung* zu einer Bewegungsausführung regt die Selbstbeobachtung an.

— Für eine *Verstärkung* von Bewegungswahrnehmungen ist auch ein verlangsamtes Ausführen der Bewegung von Nutzen.

— Um bestimmte Körper- oder Gelenkwinkelpositionen zu verdeutlichen, kann man den Sportler/die Sportlerin in einer *entsprechenden Stellung verharren* lassen (Verharren in der Stoßauslage beim Kugelstoßen kann die Stellung der Hüftachse verdeutlichen).

— Wesentlich ist die *Schaffung von Erwartungen,* die die Aufmerksamkeit der Sportler/innen bewußt auf bestimmte Details im Bewegungsablauf lenken.

— Durch das zeitweilige Ausschalten oder Einschränken der *Umgebungsinformation* des visuellen Systems kann die Empfindlichkeit des kinästhetischen Analysators verbessert werden (GROSSER / NEUMAIER 1982).

— Der Rückgriff auf *Bewegungsempfindungen* in Verbindung mit geübten Bewegungen erleichtert die Bildung von „Schlüsselempfindungen". Beispielsweise wirkt beim Tiefschneefahren der Hinweis, sich wie beim Radfahren in die Kurve zu legen.

Es sei aber hier nochmals auf die Subjektivität des Beobachtens hingewiesen, die auch bei der Selbstbeobachtung zu Fehlbeurteilungen führen kann. *Deshalb sollte man stets versuchen, die Selbstbeobachtung mit objektiven Daten zu verbinden* (LEHNERTZ 1990b, 171).

## 2.5.5 Mentales Training

Mit einigen Zitaten wollen wir belegen, was derzeit unter mentalem Training verstanden wird und wo dessen Vorteile und Grenzen liegen:

„Unter mentalem Training — es wird auch als ideomotorisches Training bezeichnet — versteht man das Erlernen oder Verbessern eines Bewegungsablaufes durch intensives Vorstellen ohne gleichzeitiges tatsächliches Üben." „Voraussetzung für das mentale Training ist eine klare Bewegungsvorstellung." ... „Mentales Training verkürzt die Lernzeiten für die Aneignung sportlicher Techniken." ... „Mentales Training erlaubt relativ hohe Wiederholungsfrequenzen pro Zeiteinheit und wirkt daher energiesparend." ... „Aufgrund der hohen konzentrativen Ermüdung ist mentales Training zeitlich nur begrenzt anwendbar (etwa 2—3 Minuten pro Trainingseinheit). Mentales Training umfaßt nicht die Bewegung der Muskeln und Gliedmaßen selbst und die davon abhängige Kontrolle (über entsprechende Rückkopplungsvorgänge), ob die Bewegung auch richtig ausgeführt wird. Wird mentales Training ausschließlich oder zu lange ausgeführt, so können sich mangels Kontrolle unter Wirklichkeitsbedingungen fehlerhafte Bewegungsabläufe entwickeln und einprägen" (WEINECK 1983, 272 ff.).

Die in den Zitaten behaupteten Effekte des mentalen Trainings sind keine wissenschaftlich belegten Erkenntnisse, sondern sind Vermutungen, die auf der Kombination von Erfahrungen basieren, über die Trainer, Sportler oder Psychologen berichten. Es gibt nämlich derzeit noch keine systematisch durchgeführte Arbeit aus dem Leistungssport, die beweist, daß mentales Training — so wie oben definiert — als vom *praktischen Üben separiertes Vorstellen von Bewegungen* — positive Effekte im Hinblick auf eine Verbesserung der sporttechnischen Disposition bewirkt (LEHNERTZ 1990b, 159).

Diese Feststellung soll aber nicht als genereller Einwand gegen mentale Trainingsmaßnahmen verstanden werden. Denn selbst dann, wenn aus informationstheoretischer Sicht mentale Trainingseinheiten, die losgelöst vom praktischen Üben durchgeführt werden, eher schaden als nützen, können sie dennoch bei „sensiblen Sportlern" im Sinne der *individuellen Psychoregulation* positiv wirken. Da wir uns aber nicht mit psychoregulativen Maßnahmen befassen wollen, soll auf diesen Aspekt hier auch nicht weiter eingegangen werden.

Auf der anderen Seite darf aber kein Zweifel daran aufkommen, daß das *mentale Leistungsvermögen ein wesentlicher Faktor des sporttechnischen Verhaltens in Training und Wettkampf darstellt,* da zum bestmöglichen Einsatz des sporttechnischen Vermögens sowohl die **motorische Sicherheit** als auch die **kognitive (mentale) Gewißheit gehören** (LEHNERTZ 1990b, 159).

Wenn wir im Zusammenhang mit Erörterungen zum Thema Techniktraining das mentale Leistungsvermögen erwähnen, werden Funktionen des Großhirns — speziell der *Großhirnrinde* — angesprochen. Im Großhirn — das wir vereinfachend auch *Denkhirn* genannt haben — laufen sämtliche *Denkprozesse* (= mentale Prozesse) ab. Dabei sind nicht alle Gedanken der Optimierung des sporttechnischen Verhaltens förderlich, da nämlich — wie jeder Sportler und jede Sportlerin wissen — zu vieles Denken häufig zu Koordinationsstörungen führt (ebenda) (Abschnitt 2.4.2).

Mental „stark sein" bedeutet nun, zum richtigen Zeitpunkt die passenden Gedanken zu haben. Für das optimale sporttechnische Verhalten in Training und Wettkampf sind nur solche Gedanken passend, die bewegungssteuernde Funktionen ausüben. Im wesentlichen sind das bildhafte Vorstellungen und kinästhetische Eindrücke zu Bewegungssequenzen, mit denen eine Gesamtbewegung gesteuert wird. Sportler/innen verbinden die Vorstellungen und Eindrücke mit visuellen Symbolen oder verbalen Zeichen. Daraus bilden sie eine bewegungssteuernde Gedankenkette (mentale Struktur der Bewegung), in der die Schlüsselstellen (engl. key points) einer Bewegung zu einem **Bewegungssatz** verknüpft sind.

Leider müssen Sportler/innen nahezu täglich erfahren, daß solche mentalen Strukturen nicht *wirkungsstabil* sind. Denn es ist nicht außergewöhnlich, daß eine am Vortag erfolgreiche Begriffskombination am Folgetag wenig hilfreich ist und die Bewegung eher negativ beeinflußt. Deshalb muß immer wieder erneut durch praktisches Üben überprüft werden, ob die eingesetzten Schlüsselbegriffe in der beabsichtigten Weise wirken. Darüber hinaus ist von besonderer Wichtigkeit, daß Sportler/innen lernen, situationsangemessene „Bewegungssätze" zu formulieren. Dies ist wiederum nur in realen Situationen zu erlernen, in denen der Bewegungserfolg zeigt, ob der mentale Bewegungs(vor)satz als Führungsgröße zutreffend ist. Aus diesen Gründen ist mentales Training losgelöst vom praktischen Bewegungsvollzug kein Verfahren zur Optimierung der sportlichen Technik. *Die positiven Wir-*

*kungen mentaler Maßnahmen sind nur in einem wechselseitigen (rückgekoppelten) Prozeß*
*zwischen Bewegungsvorstellung und -vollzug gewährleistet* (LEHNERTZ 1990b, 160).

## 2.6 Planung und Steuerung des Techniktrainings

Belastungsdosierung ist nicht nur das Problem einer Trainingseinheit, sondern des Systems des Trainings — und hierbei besonders der Mikrostruktur — insgesamt. Der eingangs dieses Kapitels beschriebene Prozeß der Spezialisierung des Trainings mit zunehmender Leistungsfähigkeit, macht das Techniktraining in den meisten Sportarten zum wichtigsten Bestandteil des gesamten Trainingsvollzuges.

Die hier anzusprechende Thematik ist insofern schwierig aufzuarbeiten, weil es für die Einordnung des Techniktrainings in die gesamte Trainingsstruktur und die durch Techniktraining verursachten psychologischen Beanspruchungen so gut wie keine wissenschaftlichen Untersuchungen gibt und dementsprechend kaum trainingswissenschaftliche Erklärungsmodelle vorliegen. Die Trainingspraxis integriert das Techniktraining sportartspezifisch in unterschiedlicher Weise in ihre Mikro- oder Makrozyklen. Dabei löst sie die Proportionierung, die Einordnung und die Belastungsdosierung des Techniktrainings mehr zufällig und nicht in der gleichen Weise systematisiert und orientiert an Kennwerten, wie das Konditionstraining.

### 2.6.1 Das Techniktraining in der Mikrostruktur

Zunächst sind hier im Anschluß an Theorien zum *dynamischen Engramm* (Abschnitt 2.4.2.2 und 2.5.2.2) noch einige wichtige Aspekte zur *Konsolidierungshypothese* hinzuzufügen. Danach ist die einfachste Annahme über die neuronale Grundlage des Lernens nach R. F. SCHMIDT die, „daß eine Information zunächst in Form *kreisender Erregung* in einem räumlich-zeitlich geordneten Muster als *dynamisches Engramm* gespeichert wird. Diese kreisende Erregung führt anschließend zu strukturellen Veränderungen an den beteiligten Synapsen und damit zur **Konsolidierung** zu einem *strukturellen Engramm*. Der Gedächtnisinhalt kann dann über eine entsprechende Aktivierung dieser Synapsen wieder abgerufen werden" (1977, 315).

DEUTSCH (1973) zieht aus solchen Zusammenhängen den Schluß, daß eine Trennung von zwei Phasen der Gedächtnisfunktion (kurzzeitig — langzeitig) nicht zwingend erforderlich sei, sondern besser durch die Vorstellung zu ersetzen wäre, es handele sich um eine zeitkontinuierliche Kräftigung des Engramms.

Lerninhalte unterliegen nach der Informationsaufnahme und dem erlebnismäßigen Abschluß der Lernphase noch längeren physiologischen Verarbeitungsprozessen im Sinne der spezifischen Musterbildung von Impulsübertragungen, die noch über Stunden erhalten bleiben. Solange jedoch eine Gedächtnisspur nicht überdauernd festgelegt ist und solange die elektrophysiologischen Kreisprozesse der Neuronenaktivität noch bestehen, können bereits geringe Störungen zu einer erheblichen Beeinträchtigung, ja zum Verfall führen (ROGGE 1981, 261). Nach LAUDIN (1977, 57) wird deshalb ein Konsolidierungsprozeß gefordert, der nach dem Lernen einige Zeit nachwirken kann.

Neben der Konsolidierungshypothese muß für eine optimale Gestaltung der Mikrostruktur auch die Trainingsermüdung berücksichtigt werden.

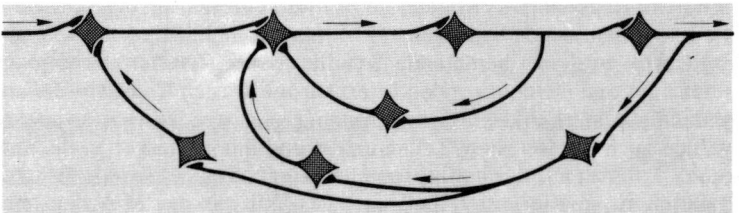

*Abb. 18: Neuronenverschaltung, die (hypothetisch) zu kreisenden Erregungen führen kann (SCHMIDT 1977, 116).*

In verschiedenen Sportarten oder Disziplinen ist das Techniktraining kontinuierlicher Bestandteil aller bzw. nahezu aller Mikrozyklen, wobei von Mikrozyklus zu Mikrozyklus unterschiedlich viele Trainingseinheiten mit dem Schwerpunkt Techniktraining gestaltet werden oder es auch Mischformen von Trainingseinheiten gibt, in denen Anteile Technik und Anteile Konditionstraining vorkommen. Unsere Forschungsprojekte, die wir zur Fragestellung der *Trainingsermüdung* durchführten, haben uns verschiedene Erkenntnisse gebracht, die wahrscheinlich auch für die Steuerung des Techniktrainings von Bedeutung sind. Aus diesen Ergebnissen läßt sich mit großer Wahrscheinlichkeit ableiten, daß die Trainingsermüdung bei Belastungssummierung in zwei Phasen verläuft (Abschnitte 5.2.4.2 und 5.4.1):

In der *ersten Phase* können die durch Belastungen verursachten Leistungsminderungen schnell und parallel mit der Wiederauffüllung muskulärer Energiedepots regeneriert werden. Bei einer Summierung von Belastungen jedoch kommt es von einem bestimmten Zeitpunkt an zur Ansammlung von Belastungsresten und zu Leistungsminderungen, die kurzfristig nicht behoben werden können (Abschnitt 2.5.2.2).

Diese *zweite Phase* bezeichnen wir als *komplexe Ermüdung,* die zentral verursacht sein dürfte. Diese phasenmäßige Ermüdung hat sich in dreijährigen Versuchen, in denen Probanden unterschiedlich lange Mikrozyklen absolvierten, immer wieder mit folgendem Ergebnis bestätigt:

Das schnellkoordinative Leistungsvermögen, wie die Sprint- und Beschleunigungsfähigkeit, die Absprunggeschwindigkeit, die Armstreckschnelligkeit, ja selbst die Schnellkraftleistungen, jeweils vor und nach den zu absolvierenden Trainingseinheiten gemessen, hatte sich bis etwa zur Wochenmitte hin in den zur Erholung zur Verfügung stehenden Zwischenzeiträumen wieder vollkommen erholt. Von der Wochenmitte an, ca. nach sechs, sieben Trainingseinheiten, regenerierte sich das schnellkoordinative Leistungsvermögen innerhalb der zur Verfügung stehenden Erholungszeiträume zwischen den Trainingseinheiten jedoch nicht mehr. Das heißt, die Schnelligkeitswerte gingen nicht mehr auf die Ausgangswerte, die vor der Belastung gemessen wurden, zurück. Daraus leitet sich ein üblicher Wochenzyklus ab, dem eine Erholungs- bzw. aktive Regenerationsphase folgt. Dieses Phänomenen wird in den Abschnitten zum „Mikrozyklus" (5.2.4.2) und zur „Ermüdung" (5.4.1) vertiefend bearbeitet.

Möglicherweise mag dieser Phasenverlauf hauptsächlich für solche Mikrozyklen Gültigkeit haben, die hohe physische Beanspruchungen erfordern. Im Leistungssport jedoch mit täglich zwei, ja mitunter drei Trainingseinheiten, kann es durchaus möglich sein, daß dieser Phasenverlauf für stark beanspruchende Mikrozyklen eine generelle Gültigkeit hat. Deswegen soll dieses Modell für die nachfolgenden trainingsmethodischen Überlegungen hypothetisch zugrunde gelegt werden: Wenn es so ist, daß in der ersten Hälfte eines Mikrozyklus ein fortlaufend regenerierbarer Leistungszustand vorherrscht und vorübergehende Leistungsminderungen nicht zentral verursacht sind, dann muß dasjenige *Techniktraining,* das unter *optimalen Bedingungen* stattfinden soll, im allgemein regenerierten Zustand, d. h. in den ersten drei Tagen eines Mikrozyklus, absolviert werden.

Da aber Techniktraining nach unserer Auffassung auch im *zentral verursachten Ermüdungszustand* stattfinden muß — allerdings mit anderen Zielsetzungen — ist es auch in der zweiten Hälfte eines Mikrozyklus durchzuführen.

Unabhängig davon, ob das Techniktraining kontinuierlicher Bestandteil des Trainingsvollzuges ist oder in Blöcken durchgeführt wird, muß es wirksam in die Mikrostruktur eingeordnet werden. Die Trainingslehre hat dazu entsprechende *Reihungsmodelle* entwickelt, die sich vor allem an einer vermeintlich „positiven Übertragung" der einzelnen Teile bzw. an voraussichtlichen Ermüdungs- und Regenerationseffekten dieser einzelnen Teile (Inhalte) orientieren (MARTIN 1977, 61 ff.; GROSSER / NEUMAIER 1982, 17 u. a.). Sie müssen in bezug auf das Techniktraining mit Sicherheit revidiert werden. In diesen Reihungstheorien wird davon ausgegangen, daß im Falle mehrerer Trainingsschwerpunkte innerhalb einer Trainingseinheit, das Techniktraining immer vor konditionellen Trainingsinhalten absolviert werden sollte. Allerdings wird dabei ein wesentlicher Sachverhalt nicht berücksichtigt, auf den LEHNERTZ (1990b, 175) erstmals im Zusammenhang mit dem Techniktraining hinweist. Denn, wie in der vorausgegangenen theoretischen Diskussion bereits herausgestellt wurde, bleiben nach einem Techniktraining die dynamischen Engramme, d. h. die kreisenden Erregungen, noch über Stunden erhalten. Das hat zwei Konsequenzen, die trainingsmethodisch von Bedeutung sind. Erstens wird der *Konsolidierungsprozeß* der Engrammbildung durch jede andere Tätigkeit, die nach einem Techniktraining durchgeführt würde, erheblich gestört, ja sogar zum Erlöschen kommen; und zweitens wird davon ausgegangen, daß die an der Impulsmusterbildung beteiligten Synapsen in der dynamischen Engrammzeit für Folgereize besonders empfänglich sind. Diese Theorien machen ein bestimmtes Reihungskonzept und eine bestimmte Mikrostruktur von Technik-Trainingseinheiten erforderlich, denen folgende Merkmale zugrundeliegen:

(1) Ein Techniktraining benötigt eine anschließende *Konsolidierungsphase,* in der sich die kreisenden Erregungen zu strukturellen Engrammen verfestigen können. Deshalb bildet ein Techniktraining den abschließenden Teil einer Trainingseinheit. (2) Dann, wenn die *Bewegungsintensität* beim Techniktraining mit vollen Krafteinsätzen durchgeführt werden soll, empfiehlt es sich sogar, sehr intensive, aber kürzere Schnelligkeits- oder Schnellkraftteile, die aufgrund eines geringen Belastungsumfanges nicht ermüdend wirken, dem Technikteil der Trainingseinheit voranzustellen.

## 2.6.2 Das Techniktraining in der Makrostruktur

In bestimmten Sportarten haben sich Periodisierungsmodelle durchgesetzt, die als Mischung von *klassischer Periodeneinteilung, Blockbildungen* und *sprunghaftem Belastungsaufbau* gekennzeichnet sind (Abschnitt 5.2.3).

Besonders bei solchen Sportarten bzw. Disziplinen wie Skispringen, Abfahrtslauf, Nordische Kombination, Freestyle-Skiing, Biathlon, Wildwasser-Kajak, Kanu-Slalom u. a., wo die Technik in hohem Maße komplex, anwendungsbezogen trainiert werden muß und die Technikdurchführung mit einem hohen Risiko und enormen psychischen Beanspruchungen verbunden ist, außerdem Techniktraining nur mit großem organisatorischen Aufwand betrieben werden kann, hat sich das Techniktraining als **Blocktraining** durchgesetzt. Bei Analysen der Praxis des Blocktrainings ergaben sich bestimmte Merkmale:

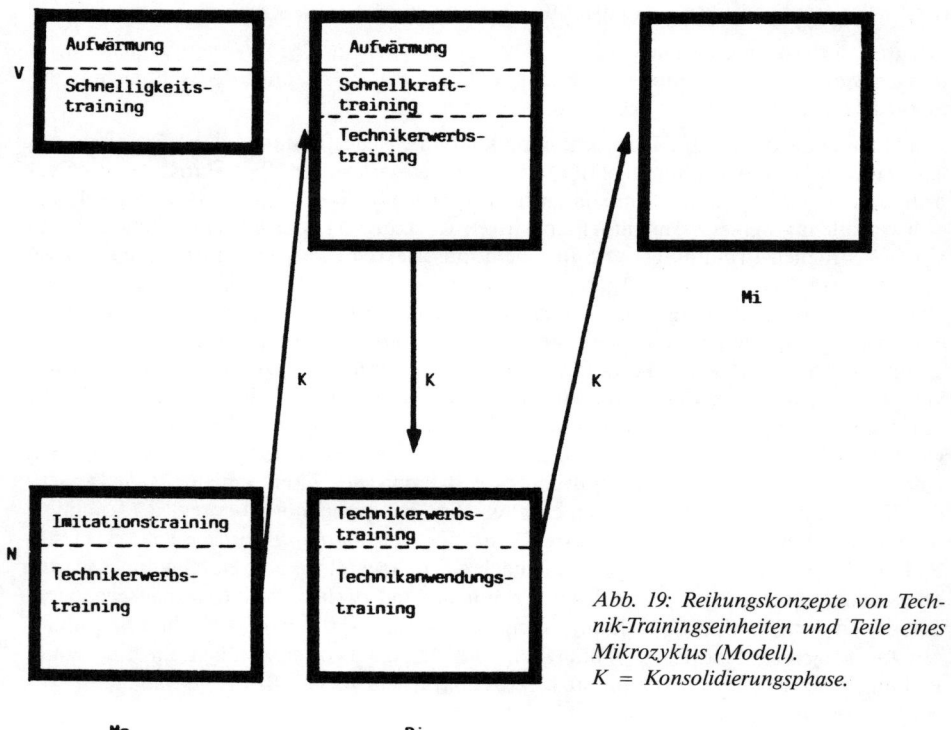

*Abb. 19: Reihungskonzepte von Technik-Trainingseinheiten und Teile eines Mikrozyklus (Modell).*
*K = Konsolidierungsphase.*

Techniktraining wird in den vorher bezeichneten Sportarten während der *Vorbereitungsperiode* hauptsächlich in Blöcken durchgeführt. Zwischen den Blöcken liegt mindestens ein Mikrozyklus mit unterschiedlicher Inhaltsstruktur. In den Blöcken findet das Techniktraining umfangsmäßig zu zwei Dritteln an den Vormittagen statt. Solche Mikrozyklen zwischen den Technikblöcken sind mit großer Wahrscheinlichkeit bei den Risikosportarten zur Regeneration der außergewöhnlichen psychischen Beanspruchungen erforderlich. Diese Thematik wird im Abschnitt 5.2.3 vertiefend bearbeitet.

### 2.6.3 Merkmale des Techniktrainings in Ausdauersportarten

Ausdauerleistungen sind in hohen Maße auf die Kapazität und das Leistungsvermögen des

Energiestoffwechsels zurückzuführen. Sie sind ferner abhängig von der gleichzeitigen Inanspruchnahme unterschiedlicher konditioneller Fähigkeiten und anspruchsvoller Regulationsmechanismen, die sich in *energetische* und *zentralnervöse* Steuer- und Regelprozesse differenzieren lassen. NEUMANN (1984, 174) stellt deshalb auch fest, daß Bewegungsprogramme bei allen sportlichen Ausdauerleistungen differenzierte nervale Steuerungen der schnell und langsam kontrahierenden Muskelfasern zu verursachen haben, die Aufrechterhaltung einer Ausdauerbelastung aber nur möglich wird, wenn die Muskulatur auf diese zentralnervösen Signale auch *energetisch* reagieren kann. Voraussetzung ist jedoch — von Seiten der Steuer- und Regelprozesse — , daß „Pattern" der leistungsbestimmenden Techniken eingeschliffen sind.

So ist Ausdauertraining auch darauf auszurichten, eine hohe *Technikökonomie* und eine hohe *Technikeffizienz* zu entwickeln. Diese beiden Begriffe sind für das Techniktraining im Ausdauerbereich deshalb einzuführen und differenziert zu behandeln, weil sie die Ergebnisse der beiden Techniktrainingsformen sind, die vorher beschrieben wurden. Das *Technikanwendungstraining* dient der „Ökonomisierung" der Technik, auch unter variablen äußeren Bedingungen und taktischen Varianten, das *Technikerwerbstraining* der Entwicklung und Stabilisierung einer *wirkungsvolleren Technik*. Spitzentrainer und -trainerinnen verschiedener Ausdauersportarten vollziehen diese Differenzierung sehr gewissenhaft und führen vor allem ein systematisches Technikerwerbstraining durch. SCHRAMM (1987, 205 f.) gibt für das *Technikerwerbstraining* beim Schwimmen folgende Merkmale:

— Es muß mit der ausschließlichen Zielsetzung der Verbesserung der technischen Bewegungsführung durchgeführt werden, Konditionierung ist dabei sekundär.

— Es muß systematisch in den Trainingsprozeß eingebracht werden.

— Die effektive Dauer des Techniktrainings beträgt 20 Minuten (im Schwimmen).

— Die Trainingshäufigkeit richtet sich nach dem technischen Leistungstand der Trainingsgruppe.

— Die Bewegungsintensität muß in der Regel relativ hoch sein, um den Vortrieb „erspüren" zu lernen.

— Aufgabenstellung des Techniktrainings ist in jedem Fall die Schulung des taktilen und kinästhetischen Analysators und eines verbesserten Abdruckempfindens.

Ein anderes Beispiel gab PUNKKINEN, der Trainer der italienischen Skilanglauf-Nationalmannschaft, in einem Referat auf einem internationalen Trainerseminar im Juni 1988. Seine Mannschaft absolviert im Juli, August, September reine Techniktrainingskurse von jeweils sechs Tagen auf Schnee mit folgenden Merkmalen:

— Die äußeren Bedingungen (Gleitfähigkeit des Schnees) müssen so gut sein, daß sie eine optimale Bewegungsausführung der Techniken zulassen.

— Pro Trainingstag wird nur eine Techniktrainingseinheit von ca. zwei Stunden durchgeführt.

— Begleitet wird das Techniktraining durch Schnelligkeitstraining auf dem Trockenen.

— Die Bewegungsintensität entspricht dem Renntempo oder ist sogar schneller, um die entscheidenden Vortriebsmerkmale verstärkt fühlbar zu machen. Das Training wird durch kurze Pausen unterbrochen.

— Pro Tag wird nur eine Einzeltechnik (entweder Diagonalschritt oder Schlittschuhtechnik oder Doppelstocktechnik) durchgeführt.

— Die Bewegungsabläufe werden mit Video aufgezeichnet und an jedem Abend mit der Mannschaft besprochen.

## 2.6.4 Allgemeine Grundsätze zur Steuerung des Techniktrainings

Die Steuerung des Techniktrainings berücksichtigt folgende methodische Maßnahmen:

— Bestimmung von *Häufigkeit* und *Wechselverhältnis* von Technikerwerbs- und Technikanwendungstraining, das zusätzliche Erlernen von Fertigkeiten und das technische Ergänzungstraining.

— Festlegung der *methodischen Komponenten* des Technikerwerbstrainings, wie die zu trainierende Technikform, die Standardisierungsbedingungen, Bewegungsintensität, Wiederholungszahl.

— Festlegung der *Methoden* des Technikanwendungstrainings, wie Veränderung der Bedingungen.

— *Konzipierung der Mikrostruktur* mit Anzahl und Aufbau der Trainingseinheiten, die vor allem die dem Training nachwirkenden Konsolidierungsprozesse zu berücksichtigen hat.

— *Periodisierung* des Techniktrainings mit den Merkmalen zeitliche Einordnung, Blockbildung und Proportionen.

# 3 Kondition und Konditionstraining

## 3.1 Kondition — Begriff und Entwicklungsbedingungen

### 3.1.1 Kondition und konditionelle Fähigkeiten — Begriffe

In der Alltagssprache bedeutet Kondition Bedingungen. Bestimmte Wissenschaften wie die Psychologie und die Trainingslehre benutzen diesen Begriff fachspezifisch und drücken damit den momentanen Zustand psycho-physischer Leistungsfähigkeit aus. In der Trainingslehre wird der Begriff Kondition als ein *Konstrukt* verwendet, d. h. als ein Erklärungsmodell für die Zusammenordnung solcher Eigenschaften bzw. Fähigkeiten, die die *„energetischen" Einflußgrößen* des Leistungszustandes verursachen. Energie ist bekanntlich das Vermögen eines Systems, mechanische Arbeit zu verrichten. Damit grenzt Trainingslehre gegenwärtig die Kondition strenger von der *Koordination* ab, die als *informationelle, bewegungssteuernde* Einflußgröße des Leistungszustandes zu werten ist, als dies früher der Fall war. Auch wenn die Kondition primär durch energetische Prozesse bestimmt wird, so ist die Realisierung konditioneller Leistungen zusätzlich von psychischen Eigenschaften wie Willensleistungen u. a. abhängig (THIESS / SCHNABEL 1987, 91), deshalb kommen wir zur folgenden Begriffsbestimmung:

> Definition:
>
> **Kondition** ist eine Komponente des Leistungszustandes. Sie basiert primär auf dem Zusammenwirken energetischer Prozesse des Organismus und der Muskulatur und zeigt sich als Kraft-, Schnelligkeits-, Ausdauerfähigkeit sowie Beweglichkeit im Zusammenhang mit den für diese Fähigkeiten erforderlichen psychischen Eigenschaften.

Entsprechend dieser Definition aktualisiert sich Kondition in *konditionellen Fähigkeiten*. Als Synonyma für diesen Begriff findet man in der Literatur auch „körperliche Eigenschaften" (ZACIORSKIJ 1972), „Bewegungseigenschaften" (STIEHLER 1974), „motorische Grundeigenschaften" (MARTIN 1977; LETZELTER 1978), „motorische Beanspruchungsformen" (HOLLMANN / HETTINGER 1976).

Die Einteilung der Kondition in unterschiedliche Fähigkeitsbereiche wird sowohl aus analytischen Gründen als auch aufgrund praktischer Erfahrungen der Trainingsmethodik erforderlich und sinnvoll. Daß der früher gebräuchliche Begriff *Eigenschaften* neuerdings vom Begriff *Fähigkeiten* ersetzt wird, mag damit zusammenhängen, daß Eigenschaften primär die habituellen Komponenten der Handlungsregulation (CLAUSS u. a. 1976, 118) und Fähigkeiten eher angeborene und im Lebensvollzug entwickelte Voraussetzungen und Dispositionen für das Zustandekommen von Leistungen beschreiben (GUNDLACH 1968, 199). Diese Unterscheidung ist sicherlich akademisch und für die Praxis eher von untergeordneter Bedeutung. Die Verwendung des Begriffes *konditionelle Fähigkeiten* ist eine neuere Übereinkunft der Trainingslehre. Da wir uns hier auch um eine eindeutige Begrifflichkeit und damit Verständigung zwischen Theorie und Praxis bemühen, schließen wir uns diesem Begriff an.

### 3.1.2 Ein Strukturierungsmodell der Kondition

*Konditionelle Fähigkeiten sind abgrenzbare Voraussetzungen der Motorik. Ihre Veränderung folgt im Verlauf der Entwicklung auch ohne Trainingseinwirkungen einem natürlichen Veränderungsprozeß.* So nimmt z. B. die Kraft bei Männern bis zum 20. bis 25. Lebensjahr natürlich, d. h. im Sinne des Wachstums, zu. Kraft-, Ausdauer- und Beweglichkeitsfähigkeiten sind in der menschlichen Motorik als allgemeine energetische Funktion zu betrachten, ohne deren Vorhandensein keine selbstverwirklichende Existenzmöglichkeit gegeben wäre. Menschliches Leben hat einen reifebedingten Bestand konditioneller Fähigkeiten und entwickelt diesen unabhängig von Einstellungen und bewußter Einflußnahme wachstumsmäßig und durch normale Umweltreize bis zu einem lebensbewältigenden Niveau weiter (MARTIN 1977, 36). Eine Weiterentwicklung dieser Fähigkeiten über dieses Niveau hinaus ist dann allerdings nur noch durch Reizwirkungen körperlicher Tätigkeiten zu gewährleisten (ZACIORSKIJ 1972, 3). *Daraus ergibt sich, daß die Entwicklung konditioneller Fähigkeiten in Wechselbeziehung zu den Reizen steht, die durch muskuläre Beanspruchung gesetzt werden.*

Durch unterschiedliche Formen des Konditionstrainings und den dabei angewandten Methoden werden in der Trainingspraxis und in der Trainingslehre *vier konditionelle Fähigkeitsbereiche* voneinander unterschieden. (Allerdings entsprechen nur zwei dieser Bereiche, nämlich *Kraft* und *Ausdauer,* den Kriterien der von uns bevorzugten Definition des Konditionsbegriffes (Abschnitt 3.1.1). Wir hatten bereits an anderer Stelle (Abschnitt 1.2.2) darauf hingewiesen, daß bei *Schnelligkeitsfähigkeiten* und bei der *Beweglichkeit* energetische und koordinative Komponenten komplex zusammenwirken. Aus trainingsmethodischen und systematisierenden Gründen werden aber beide den konditionellen Fähigkeiten zugeordnet):

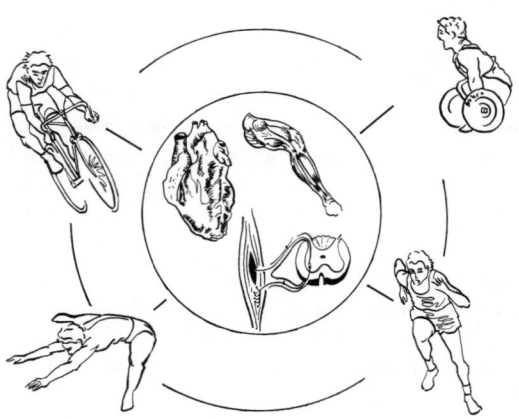

①  **Kraftfähigkeiten**
werden von Muskelleistungen bei größeren äußeren Widerständen erbracht.

②  **Schnelligkeitsfähigkeiten**
basieren auf dem neuromuskulären Zusammenspiel bei schnellen Bewegungen.

③  **Ausdauerfähigkeiten**
resultieren aus den sauerstoff- und energiebereitstellenden Prozessen des Organismus.

④  **Beweglichkeit**
wird vom Aktionsradius der Gelenke und der Dehnfähigkeit der Muskulatur bedingt.

*Abb. 20: Konditionsmodell dargestellt als Beziehungsschema sichtbarer Leistungen und der energetischen Substrate.*

Abb. 20 zeigt modellhaft, welche Zusammenhänge zwischen den einzelnen *konditionellen Fähigkeiten* bestehen und wie sie sich überlagern. In der allgemeinen Trainingslehre und in sportartspezifischen Trainingslehren ist dieses Modell, hauptsächlich aufgrund struktureller und trainingsmethodischer Gesichtspunkte noch weiter gehend ausdifferenziert worden (MARTIN 1977, 36; LETZELTER 1978, 121; GROSSER / STARISCHKA / ZIMMERMANN 1981, 9; u. a.). Bei der Beschreibung der einzelnen konditionellen Fähigkeiten sind wir dem folgenden *Ausdifferenzierungsmodell* gefolgt (Abb. 21):

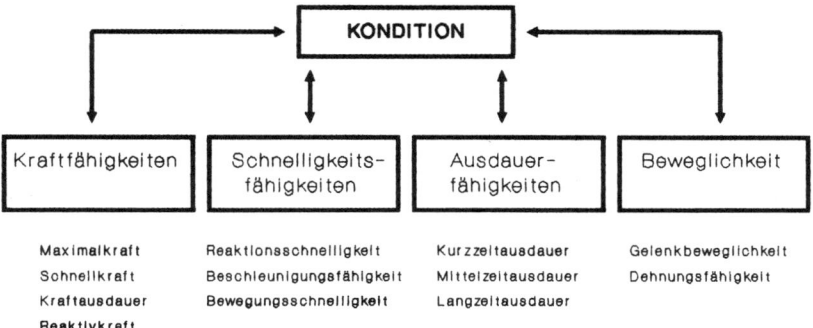

*Abb. 21: Modell zur Ausdifferenzierung der Kraft-, Schnelligkeits- sowie Ausdauerfähigkeiten und der Beweglichkeit.*

### 3.1.3 Bedeutung und Anwendungsbereiche der Kondition

Weil sportliche Techniken, koordinative Fähigkeiten, Taktik und Willenseigenschaften nur in dem Maße effektiv umgesetzt werden können, wie das die energetisch verursachten Muskelleistungen erlauben, ist die Kondition eine wesentliche Voraussetzung für das Niveau des sportlichen Leistungszustandes. Kondition ist damit die „conditio sine qua non", die Grundlage jeder sportlichen Leistung und das Konditionstraining Bestandteil des Trainingsvollzuges in jeder Sportart, als Mittel zum Zweck der systematischen Leistungssteigerung.

Eine zentrale Bedeutung mit einem nahezu „Ausschließlichkeitscharakter" hat der Konditionserwerb im **breitensportlichen Fitnesstraining** erhalten. Hier ist hauptsächlich die Kondition das motorische Ziel, weil eine bessere Kondition nachweislich eine stabilere Gesundheit, Prävention, Streßresistenz und andere Lebensqualitäten sichert. Konditionstraining findet hier seine Begründung in sich selbst. Im Hinblick darauf widmen wir das letzte Kapitel dieses Buches dem Thema „Fitness-Training".

Im **Leistungssport** unterscheidet man prinzipiell zwischen allgemeiner und spezieller Kondition, d. h. einer Kondition, die das allgemeine Niveau energetischer Prozesse des Organismus beschreibt und einer sport- oder disziplinspezifischen Ausprägung konditioneller Fähigkeiten.

Im langjährigen Prozeß der konditionellen Leistungsentwicklung bauen — vereinfacht dargestellt — die allgemeine und die spezielle Konditionsentwicklung aufeinander auf. Diese Reihenfolge hat auch teilweise für das Nacheinander der Trainingsinhalte innerhalb eines Jahreszyklus Gültigkeit, so daß die Abfolge allgemeines und spezielles Konditionstraining eine gewisse Gesetzmäßigkeit in der sportartspezifischen Konditionsentwicklung erlangt hat (MARTIN 1977, 173 ff.).

Im Training muß über das Konditionstraining in zweierlei Hinsicht entschieden werden. Einmal darüber, welchen Rang, welche Inhaltlichkeit, d. h. welche spezifische Zusammensetzung es aufweisen muß und zweitens darüber, bis zu welcher Ausprägung diese spezifische Komplexität trainiert werden muß. Denn Stellenwert, Struktur und Ausprägung des Konditionstrainings variieren von Sportart zu Sportart. So entwickelt jede Sportart ein eigenes *konditionelles Anforderungsprofil*, das äußerst spezifische Merkmalsausprägungen enthält.

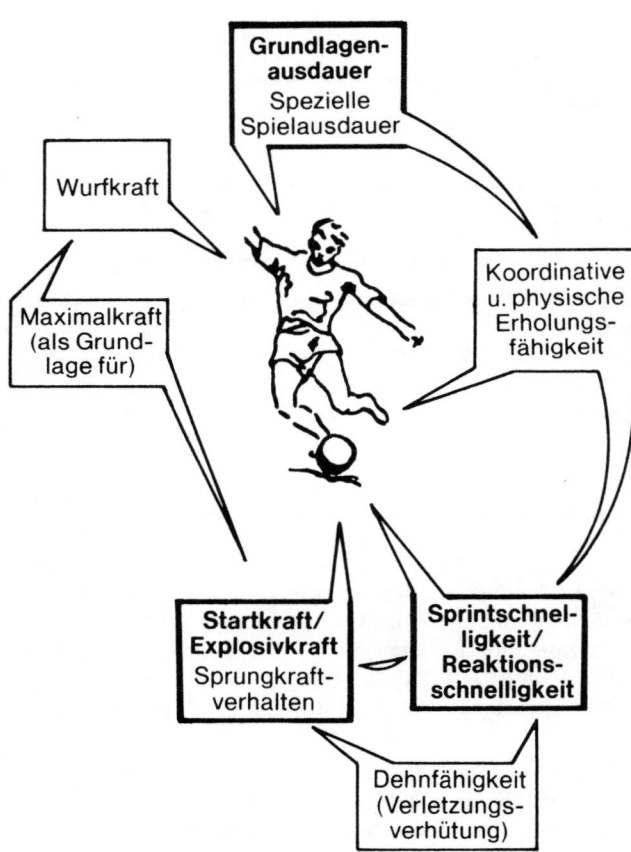

Es ist die Aufgabe sportartspezifischer Leistungsdiagnostik, unter Einbeziehung von Erfahrungen und der Trainingsplanung, ein jeweils der Sportart entsprechendes Anforderungsprofil der Kondition zu „konstruieren", weil für die meisten Sportarten kaum wissenschaftliche Ergebnisse über Anforderungsprofile vorliegen, und die Trainingswissenschaft auf diesem Gebiet noch in den Anfängen steckt. Deshalb sind die meisten Sportarten selbst gefordert, ein spezifisches Konditionskonzept zu entwickeln.

*Abb. 22: Beispiel für ein sportartspezifisches Konditions-Anforderungsprofil.*

### 3.1.4 Die Belastung als methodische Steuergröße zur Entwicklung der Kondition

Konditionstraining wird mittels bestimmter *Bewegungstechniken/Übungsformen* durchgeführt und methodisch in Verbindung mit *Belastungen* zu *Trainingsformen* gekoppelt. Belastungen steuern dabei den Entwicklungsprozeß der Kondition.

Unter **Trainingsbelastung** wird allgemein das Maß geleisteter Trainingsarbeit verstanden (WERCHOSCHANSKI 1988, 87). Damit dient sie als Beschreibungsgröße für die im Training gestellten Anforderungen (RÖTHIG 1983, 419), mit denen solche funktionellen, biochemischen, morphologischen und psychischen Veränderungen verursacht werden, die in Form von Anpassungen zur sportlichen Leistungsentwicklung führen. Die Komplexität der Belastungsproblematik führte in der Trainingslehre früher dazu, zwischen *äußerer Belastung* (als methodische Beschreibung der Belastungskomponenten) und der *inneren Belastung* (als den individuellen Prozeß der Belastungsbewältigung) zu unterscheiden. Wir sind der Auffassung, daß diese Zusammenhänge einer begrifflichen Klärung bedürfen. Aus diesem Grund gehen wir zunächst von der folgenden, einfachen Erklärung aus: Eine „Belastungsanforderung" im Konditionstraining führt im Organismus zu bestimmten „Reizen", die sich dann individuell als „Beanspruchung" auswirken (Abb. 23). Deshalb führen wir als *methodische Steuergröße* den Begriff „Belastungsanforderung" ein.

Definition:
Die **Belastungsanforderung** ist eine trainingsmethodische Beschreibungsgröße für Arbeitsleistungen im Training. Ihre Komponenten zur Steuerung des Trainings sind die Art der Übungsausführung, der Belastungsumfang, die Belastungsintensität, die Belastungsdauer und die Belastungsdichte.

Belastungsanforderungen bewirken *Reize.* Ein Reiz ist im physiologischen Sinne die Auslösung eines Aktionspotentials, das die Zelle depolarisiert (SCHMIDT 1977, 55) oder eine physikalisch-energetische Veränderung, die die Rezeptoren des Organismus erregen (DREVER / FRÖHLICH 1972, 227). Es ist deshalb wenig sinnvoll, bei der trainingsmethodischen Festlegung der Belastungsanforderungen von Reizumfang, Reizintensität, usw. zu sprechen, weil Reize nur hinsichtlich ihres Schwellenwertes meßbar sind bzw. immer nur ihren Schwellenwert erreichen müssen, um entsprechende Reaktionen auszulösen.

Eine **Beanspruchung** ist die Bezeichnung für die Anspannung der an der Arbeitsleistung des Menschen beteiligten Funktionen (CLAUSS 1976, 61) und damit eine Störung des inneren Gleichgewichtes aufgrund einer Belastung (NITSCH / HACKFORTH 1987, 33 f.). Aufgrund dieser begrifflichen Differenzierung von „Belastungsanforderung", „Reiz" und „Beanspruchung" lassen sich die methodischen Zusammenhänge wie folgt beschreiben:

Die *Ausprägung der Belastungsanforderung* wird methodisch durch die Festlegung von *Belastungskomponenten* bestimmt (s. Definition), die möglichst quantitativ beschrieben werden müssen. Wenn beispielsweise ein Sportler einen Stundenlauf mit einer festgelegten Durchschnittsgeschwindigkeit von 1 km/4 min (= 4,16 m/s) absolviert, dann sind damit *Belastungsdauer* und *Belastungsintensität* quantifiziert und als Beschreibungsgrößen der Belastungsanforderung vorgegeben. Die individuelle Reaktion auf diese Belastungsanforderung wird — wie beschrieben — als *Beanspruchung* verarbeitet. Wenn zwei Sportler nach den im vorigen Beispiel festgelegten Belastungskomponenten trainieren, können die dabei erreichten individuellen Beanspruchungen beträchtlich differieren und somit auch die daraus resultierenden Anpassungsreaktionen unterschiedlich verlaufen. Wenn z. B. Sportler A diesen Stundenlauf mit einer durchschnittlichen Herzschlagfrequenz von 172/min läuft und einen Blutlaktatwert von 4,3 mmol/l, Sportler B dabei jedoch nur eine Herzschlagfrequenz von 156/min und einen Blutlaktatwert von 3,1 mmol/l erreichte, dann dürften die jeweiligen individuellen Beanspruchungen bei gleichen methodischen Belastungsanforderungen mit Sicherheit unterschiedlich gewesen sein. Welche *Reize* dabei in beiden Fällen ausgelöst wurden, ist in der Praxis kaum nachzuvollziehen. Abb. 23 verdeutlicht diese Zusammenhänge nochmals schematisch.

**Belastungsanforderungen**                                      **Belastungswirkungen**

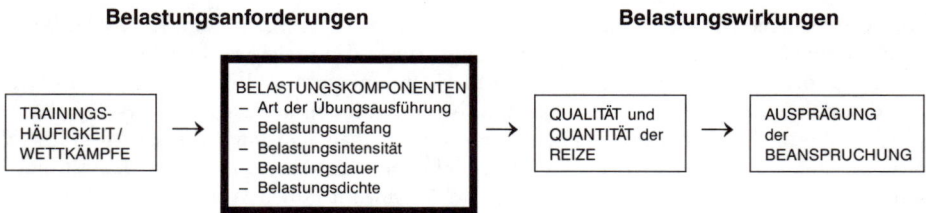

*Abb. 23: Zusammenhänge von Belastungsanforderung, Reiz und Beanspruchung.*

---

*Trainingshäufigkeit, Belastungsumfang, Belastungsintensität, Belastungsdauer* und *Belastungsdichte* sind jene „Beschreibungsgrößen" der Belastungsanforderungen, die Angaben darüber machen, auf welche Weise, d. h. wie umfangreich, wie intensiv, wie oft, wie lange und mit welchen Intervallen eine bestimmte Art der Übungsausführung realisiert wird.

---

① Der **Belastungsumfang** wird bestimmt durch die zu bewältigende Streckenlänge, Gesamtlast äußerer Widerstände, Häufigkeit an Wiederholungen, Trainingszeiten. *Einheiten* sind: km, kg, Anzahl der Wiederholungen, Stunden, Minuten.

② Die **Belastungsintensität** wird bestimmt durch den Anstrengungsgrad und die Art und Weise der Übungsausführung; *Einheiten* für die Intensität sind: Zeitmaße in Minuten, Sekunden, Geschwindigkeiten in Meter/Sekunden, Kilometer/Minuten, aber auch physiologische Beschreibungsgrößen wie beispielsweise Herzschlagfrequenz/Minute, mmol/l Laktat oder Watt; beim Krafttraining die Last in kg, in Prozent zur Bestmarke oder auch in Qualitäten wie maximal, submaximal, gering.

③ Die **Belastungsdauer** wird bestimmt durch die Zeit der Belastungseinwirkung. Sie dient aber auch in Verbindung mit der Streckenlänge zur Bestimmung der Intensität; *Einheiten* für die Dauer sind: Sekunden, Minuten, Stunden.

④ Die **Belastungsdichte** wird bestimmt durch die zeitliche Aufeinanderfolge von einzelnen Belastungen, bzw. vom Verhältnis von Belastung und Erholung; *Einheiten* für die Dichte sind: Zeitintervalle, Pausen zwischen Einzelbelastungen in Sekunden, Minuten.

### 3.1.5 Biologische Anpassungsprozesse als Voraussetzung zur Konditionsentwicklung

Zur Erklärung der Anpassungsprozesse und damit der Trainingswirkungen hat die Trainingslehre traditionell das *Theoriemodell* der *Superkompensation* herangezogen und sogar zum übergeordneten Trainingsprinzip erklärt (ZIMMERMANN; in RÖTHIG 1983, 423 f.). Damit wurde postuliert, daß konditionelle Belastungen mit entsprechender Beanspruchung prinzipiell zur Superkompensation führen würden. Diese Auffassung muß korrigiert werden. Denn experimentell kann die Superkompensation nur auf Prozesse des Glykogenstoffwechsels bezogen werden. Aber auch hier muß nach dem Ausgangsniveau, Art der Belastung, Ernährung und anderen Einflüssen differenziert werden. Deshalb ist selbst beim Glykogenstoffwechsel eine generelle Gültigkeit der Vorgänge: → Belastung → Ermüdung → Wiederherstellung → Superkompensation auf einer Zeitachse — (Abb. 24) nicht ausrei-

*Tabelle 6: Bestimmung der Komponenten der Belastungsanforderungen im Kraft-, Schnelligkeits- und Ausdauertraining.*

| | Krafttraining | Schnelligkeitstraining | Ausdauertraining |
|---|---|---|---|
| **Belastungsumfang**<br><br>wird bestimmt durch | (1) die Last (kg) die in einer TE mit einer bestimmten Übungsform bewegt wird<br>(2) Häufigkeiten (f) (Wiederholungen) bestimmter Übungsformen (Sprünge, Würfe u. a.) | (1) die Streckenlängen (m), deren Wiederholungen und Serien, die in einer TE mit einer bestimmten Übungsform absolviert werden<br>(2) Häufigkeiten (f) (Wiederholungen) bestimmter Übungsformen | (1) die Streckenlänge (m, km), deren Wiederholungen und Serien, die in einer TE mit einer bestimmten Übungsform absolviert werden |
| **Belastungsintensität**<br><br>wird bestimmt durch | (1) die Größe des Impulses (Ns) einer Übungsform<br>(2) Prozent (%) der konzentrischen Maximalkraft<br>(3) Prozent (%) der isometrischen Maximalkraft<br>(4) die Impulsqualität einer Übungsform (bei Sprüngen, Würfen u. a.: maximal, submaximal | (1) Prozent (%), bezogen auf die höchsten Schnelligkeitswerte, bei einer bestimmten Übungsform<br>(2) die Impulsqualität einer bestimmten Übungsform (maximal, submaximal)<br>(3) die Bewegungsfrequenz (f) innerhalb einer vorgegebenen Zeit | (1) die Bewegungsgeschwindigkeit (m/s; km/min; km/h)<br>(2) die durchschnittliche Herzfrequenz (HF/min), die auf einer Strecke eingehalten wird<br>(3) Prozent (%) von einer bestimmten Leistung auf einer Strecke oder von einem anderen Wert |
| **Belastungsdauer**<br><br>wird bestimmt durch | (1) die Dauer (s; min) einer Übungsfolge mit oder ohne festgelegte Übungsfrequenz (z. B. beim Circuittraining) | (1) die Zeit (s) für das Absolvieren einer Strecke<br>(2) die Zeit (s) für eine bestimmte oder unbestimmte Anzahl von Bewegungswiederholungen | (1) die Zeit (s; min; h) für das Absolvieren einer Strecke |
| **Belastungsdichte**<br><br>wird bestimmt durch | (1) die Pausenzeit (s; min) zwischen Wiederholungen, Serien | (1) Die Pausenzeit zwischen Teilstrecken, Wiederholungen, Serien<br>(2) ein bestimmtes Verhältnis (1:2; 1:3) zwischen Belastungsdauer und Pausenzeit | (1) die Pausenzeit zwischen Teilstrecken, Wiederholungen, Serien<br>(2) ein bestimmtes Verhältnis (1:2; 1:3) zwischen Belastungsdauer und Pausenzeit |

chend erwiesen (BLOM u. a. 1987). Eine Übertragung des Superkompensationsmodells auf andere Bereiche des Stoffwechsels ist nicht statthaft.

Der Vollständigkeit halber scheint es uns trotzdem angebracht, das Theoriemodell der Superkompensation nochmals kurz vorzutragen:

### 3.1.5.1 Das Theoriemodell der Superkompensation

Nach diesem Theoriemodell befinden sich bei Ruhe sämtliche Organe und Organsysteme des Körpers in einem *Zustand der Reaktionsbereitschaft.* Dieser Zustand wird als **Homöostase,** d. h. als Gleichgewichtszustand des Organismus, oder wie es JAKOWLEW (1972, 367) ausdrückt, als Aufrechterhaltung des biochemischen Zustandes des inneren Milieus des Organismus, bezeichnet. Jeder Organismus tendiert nun dazu, auch im Training, das dynamische Gleichgewicht, die Homöostase, selbst bei hohen Leistungsanforderungen zu erhalten.

Bei bestimmten Belastungsanforderungen werden Reize ausgelöst, die den Stoffwechselmechanismus, die Blut- und Sauerstoffversorgung und andere Regulationsmechanismen in unterschiedlicher Weise beanspruchen. Eine solche *Belastung* löst anschließend einen *Ermüdungsprozeß* aus, dem eine *Erholungsphase* folgt. Dabei weisen die Erholungsprozesse nach einer genügend hohen Beanspruchung ein Überkompensieren auf. Energiereserven, Stoffwechsel- und Regulationsmechanismen kehren nicht nur zum Ausgangszustand vor der Belastung zurück, sondern überschreiten ihn kurzzeitig. Das hat zur Folge, daß auch die energetische Leistungsfähigkeit des beanspruchten Organsystems kurzzeitig höher ist. Dieser biologische Mechanismus wird als **Superkompensation** bezeichnet.

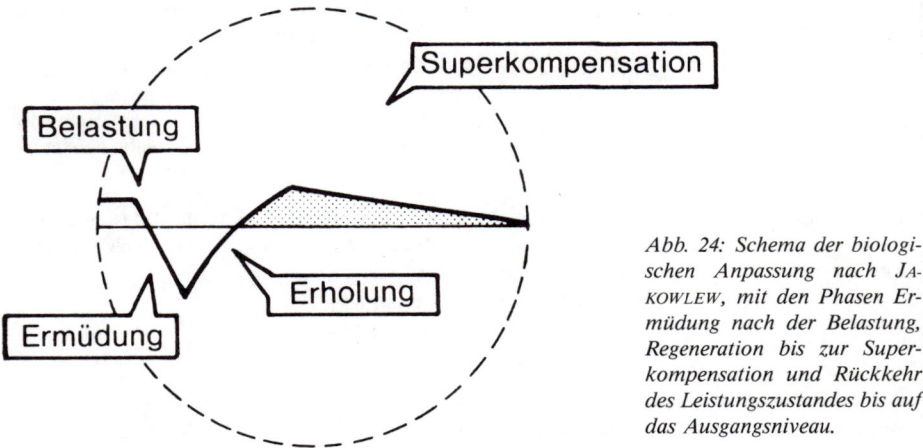

*Abb. 24: Schema der biologischen Anpassung nach JAKOWLEW, mit den Phasen Ermüdung nach der Belastung, Regeneration bis zur Superkompensation und Rückkehr des Leistungszustandes bis auf das Ausgangsniveau.*

Trifft den Organismus bzw. bestimmte Organsysteme im Zustand der Superkompensation eine erneute Belastung vorausgegangener Art, dann vollzieht sich der gleiche Ablauf organischer Beanspruchung und Regeneration. Es kommt zur *Überlagerung und Verstärkung der Superkompensationswirkungen* und wahrscheinlich zu einer **Anpassung** im Organismus im Sinne einer Zunahme des energetischen Leistungszustandes. Damit hat sich ein

Gleichgewichtszustand, eine *Homöostase,* auf einem höheren Beanspruchungsniveau eingestellt (FINDEISEN / LINKE / PICKENHAIN 1980, 213). Mit einer erreichten Anpassungsreaktion verschiebt sich der Bereich der Grenzbelastungen nach oben. Wollen weitere Belastungseffekte erreicht werden, dann sind die Belastungen zu steigern (FINDEISEN / LINKE / PICKENHAIN 1980, 212). Effekte des Organismus auf ein und dieselbe Belastung bleiben nicht unverändert, weil die biologischen Veränderungen mit einer Anpassung an gegebene Belastungen geringer werden. Sobald eine Gewöhnung an eine bestimmte Belastung erfolgt ist und keine Superkompensation mehr eintritt, bringt diese Belastung keine positiven Veränderungen mehr hervor. Um weitere Erhöhungen funktioneller Potenzen zu erzielen, müssen Umfang und Intensität der Belastung erhöht werden.

### 3.1.5.2 Neuere Erkenntnisse zur Trainingsanpassung

Die medizinisch-physiologische Literatur hat die Anpassungsproblematik im Sinne der Superkompensation immer mit Zurückhaltung behandelt (HOLLMANN / HETTINGER 1976, 1980; DE MARÉES 1979 u. a.), weil Superkompensation bisher weder experimentell noch theoretisch so nachweisbar wurde wie es das Modell annahm (Abb. 24). Sie zum Prinzip zu erheben (ZIMMERMANN 1983) erscheint deshalb nicht gerechtfertigt, denn Lösungsmöglichkeiten der Problematik von Trainingseffekten, die durch organische Anpassungen verursacht wurden, scheinen erst dann gegeben, wenn diese Anpassungen zu den dafür verantwortlichen Trainingsbelastungen in Beziehung gesetzt werden und die Trainingseffekte mit Trendanalysen auf einer Zeitreihe statistisch beschrieben werden können. Ferner muß davon aufgegangen werden, daß Veränderungen konditioneller Parameter möglicherweise nur individuell zu bewerten sind und deshalb kaum auf der Grundlage einer so verallgemeinerten Theorie wie der der Superkompensation erklärbar werden.

In Anlehnung an WERCHOSCHANSKI (1988, 32 ff.) und MADER (1989) versuchen wir für das Problem der *Anpassungen* ein weiteres theoretisches Modell vorzutragen und zur Diskussion zu stellen. Ausgangspunkt dieses Modells ist die These: *Ausprägungen von Anpassungsprozessen können weder kurz- noch langzeitig als unendlich fortsetzbar betrachtet werden.* Das Modell der Superkompensation ließe allerdings die Möglichkeit unendlich fortsetzbarer Anpassungsmöglichkeiten zu. Beobachtungen zeigen jedoch, daß mit wiederholter Anpassung an ein höheres Leistungsniveau der Spielraum, dieses Niveau noch weiter zu steigern, ständig geringer wird. Das läßt den Schluß zu, daß das Volumen der gesamten Anpassungskapazitäten des Organismus eine Grenze hat, die genetisch bestimmt wird.

Diese individuell bedingte Grenze ausschöpfbarer Anpassungskapazität wird als **Anpassungsreserve** bezeichnet (MADER 1989). Unabhängig von dieser individuellen Anpassungsreserve gibt es zu jeder Zeit eine bestimmte *aktuelle Funktionskapazität.* Sie bestimmt das gegenwärtige Leistungsniveau und ist das Ergebniss bisheriger Anpassungsprozesse (Trainingseffekte). Diese Kapazität bildet die obere Grenze der aktuellen verfügbaren **Funktionsreserve,** die als Differenz zwischen der aktuellen Funktionskapazität und der aktuellen Beanspruchung zu sehen ist. Abb. 25 schematisiert diese Zusammenhänge.

Nach diesem Modell kann die Belastungsanforderung dann als optimal angesehen werden, wenn die aktuellen Funktionsreserven bis in die Nähe der aktuellen Funktionskapazität *beansprucht* werden. Sind Belastungsanforderungen und die daraus resultierenden Beanspruchungen niedriger als die zur Verfügung stehende Funktionsreserve oder die aktuelle

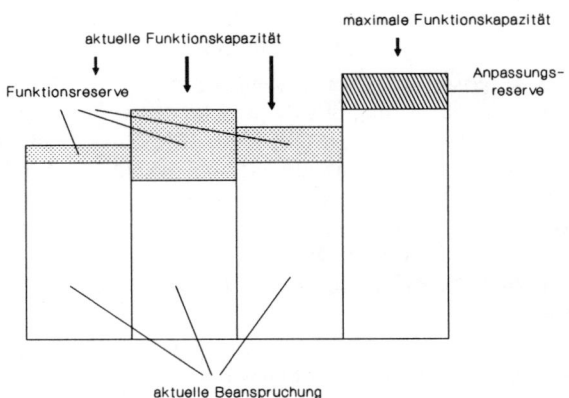

*Abb. 25: Schema der Zusammenhänge der aktuellen Funktionskapazität A, B, C, der Funktionsreserve als Differenz von Funktionskapazität und aktueller Beanspruchung und der maximalen Funktionskapazität mit der Anpassungsreserve.*

Funktionskapazität wird überschritten, dann wird in beiden Fällen der Trainingseffekt niedriger als erwartet ausfallen (WERCHOSCHANSKI 1988, 42).

Methoden zur Bewertung der laufenden Ausschöpfung der Funktionsreserven dürften in der Definition des Sollwerts für die Proteinsynthese zu sehen sein (MADER 1981). Dieser Aspekt wird hier nicht weiter verfolgt. In der Trainingspraxis sind geeignete leistungsdiagnostische Verfahren, die bestimmte Parameter kontinuierlich mit dem dazugehörenden Trainingsprozeß erfassen, anwendbar. Auf der Grundlage kontinuierlicher Messungen von Trainingsleistungen konnte WERCHOSCHANSKI (1988, 43 f.) zwei unterschiedliche dynamische Verläufe von Trainingseffekten bei Schnellkraftsportarten nachweisen (Abb. 26).

Die erste Form der Leistungsentwicklung (Abb. 26 a) ergab sich bei einer allmählichen Steigerung des Belastungsumfanges, wobei die Funktionsreserven nicht optimal ausgeschöpft werden und deshalb die energetischen Verluste kontinuierlich kompensiert werden konnten. Beobachtungen, die einen solchen Verlauf der Trainingseffekte zeigen, deuten demnach auf eine ständige Kompensation energetischer Verluste hin. Eine solche Belastungsdynamik und Entwicklung der Trainingseffekte sollte bei Nachwuchssportlern und Sportlern, die nicht zur absoluten Spitze gehören, angestrebt werden.

In der Leistungsspitze sollte die zweite Form der Belastungsdynamik angesteuert werden (Abb. 26 b), denn nach WERCHOSCHANSKI (1988, 44) hat sich diese Form für alle Schnellkraftdisziplinen als effektiv erwiesen. Hier wird mit einem erheblichen Trainingsumfang in der ersten Hälfte der ersten Etappe der Vorbereitungsperiode bewußt in einem Beanspruchungsbereich der *aktuellen Funktionskapazität* trainiert, was zu einem beträchtlichen, aber stabilen Leistungsabfall führt. Nach Verringerung des Belastungsumfanges kommt es zur angestrebten Anpassung im Sinne eines langzeitig verzögerten Trainingseffektes. Im Abschnitt 5.1.3 wird diese Problematik wieder aufzugreifen sein, weil die Dauer solcher Trainingsmaßnahmen die langzeitigen Trainingseffekte (Anpassungen) maßgeblich beeinflussen. Als Ergebnis dieser Überlegungen kann zunächst festgehalten werden:

*Richtige Belastungsanforderungen* führen zu Beanspruchungen, die die *aktuellen Funk-*

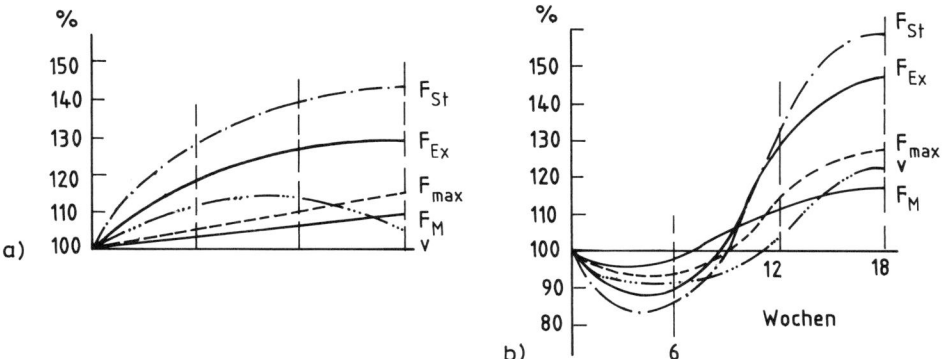

**Abb. 26:** *Zwei Formen unterschiedlicher Anpassungsvorgänge (Trainingseffekte) im Trainingsprozeß von Schnellkraftsportarten.* $F_M$ = *Maximalkraft;* $F_{Ex}$ = *Explosivkraft;* $F_{St}$ = *Startkraft;* $F_{max}$ = *Maximum der Explosivkraft;* v = *Bewegungsgeschwindigkeit (nach* WERCHOSCHANSKI *1988, 44).*

*tionsreserven* optimal ausschöpfen. Der Trainingseffekt ist bis zu einem bestimmten Niveau ansteigend. *Hohe Belastungsumfänge* führen zu Beanspruchungen im Bereich der *aktuellen Funktionskapazität* und teilweise darüber hinaus. Bei richtiger Belastungsdosierung kommt es zuerst zu einem Leistungsabfall, bei Umstellung der Belastung auf einen geringeren Umfang, jedoch mit erhöhter Intensität, zu einem *langzeitig verzögerten Trainingseffekt* (Abb. 26).

### 3.1.6 Die Übungsausführung im Konditionstraining

Aus der Abbildung 23 wird ersichtlich, daß eine weitere Komponente der Belastungsanforderungen die *Art der Übungsausführung* ist, mit der das Training durchgeführt wird. Damit ist gemeint: Belastungsanforderungen werden nur auf der Basis ihrer Umsetzung in Bewegungsabläufe realisierbar. Diese Umsetzung wird inhaltlich bestimmt durch die Art der Übungsausführung. Aufgrund unserer Analysen der Trainingspraxis bestehen die Inhalte des Konditionstrainings im Üben mittels (1) bestimmter *Übungsformen,* (2) *Spiel- und Wettkampfformen* und (3) *sportlicher Techniken:*

① *„Übungsformen"* sind konstruierte Bewegungsabläufe, die mit und ohne Geräte mit verschiedenen und variierbaren äußeren Widerständen mit einem eindeutigen inhaltlichen Ziel durchgeführt werden. Das wichtigste Kriterium für den Einsatz und die Art der Durchführung einer bestimmten Übungsform ist die *Zielsetzung* und damit das Stellen der Frage, was mit einer entsprechenden Übungsform erreicht werden soll. Im Konditionstraining (vor allem im Kraft-, Schnelligkeits- und Beweglichkeitstraining) haben sich solche Übungsformen durchgesetzt, deren Effektivität, bezogen auf die Zielsetzung, gut einschätzbar bzw. nachweisbar ist.

② *„Spiel- und Wettkampfformen"* gestalten das Üben im Rahmen einer Spiel- oder Wettkampfidee. Diese Formen des Konditionstrainings haben nicht nur im Kinder- und Jugendtraining ihre Berechtigung, sondern beispielsweise auch im Sprintschnelligkeitstraining, wo Verfolgungssprints, Haschspiele vielseitig anwendbar sind, oder im Ausdauertraining, wo Staffeln, „Sechstagerennen" als Intervalltrainingsformen eingesetzt werden und natürlich im Konditionstraining aller Spielsport- und Zweikampfsportarten, die in der Praxis vielfältige Spiel- und Wettkampfformen entwickelten. Das Training in Spiel- oder Wettkampfformen läßt sich gezielt auf die sportartspezifischen Voraussetzungen komplex wirkend gestalten und bringt Abwechslung in die Monotonie des Trainings.

③ Mit **„sportlichen Techniken"** wird hauptsächlich beim Ausdauer- und Schnelligkeitstraining trainiert, wobei diese Techniken teilweise modifiziert werden durch langsamere Bewegungsausführung, schnellere Bewegungsausführung, andere Geräte (z. B. Skiroller anstelle von Ski), größeren, äußeren Widerständen, durch passende Geländeprofile, beschränkten Bewegungsumfang (z. B. nur Beinarbeit beim Schwimmen) u. a.

Im Konditionstraining werden Übungs-, Spiel- und Wettkampfformen entsprechend einer Methode mit einer bestimmten Anzahl wiederholt. Daraus darf nicht der Schluß gezogen werden, daß sich das Wiederholen stets in der gleichen Verlaufsform und der gleichen Wirkung vollzieht. Die Wiederholung ist das bedeutsame Ereignis des Übens bzw. Trainierens. *Im Üben muß trotz der Wiederholung ein und derselben Übungs- oder Spielform die ihr zugrunde liegende Zielsetzung immer wieder neu angestrebt werden,* d. h. überprüft werden, ob die Qualität der Ausführung noch der ihr innewohnenden Absicht oder Zielsetzung entspricht. Üben darf nicht zur bloßen Reproduktion werden. Eine Gefahr, die der Trainingspraxis häufig widerfährt, weil hier nur der Anspruch der Wiederholungszahl nicht aber die dem Inhalt zugrundeliegende Aufgabe und damit Übungsqualität überprüft wird. HARRE schreibt bereits 1971 (62), daß die Übungsform das wichtigste Mittel der Leistungssteigerung im Sport ist. Sicherlich ist diese Aussage modifikationsbedürftig. Aber für Trainer/Sportlehrer/innen sind folgende Zusammenhänge von Bedeutung:

Es gibt eine Reihe von Zusammenfassungen und Katalogen allgemeiner und sportartspezifischer Kraft-, Schnelligkeits-, Beweglichkeits- und Dehnübungsformen, aber noch keine wissenschaftlich fundierte Strukturierung der Übungsformen hinsichtlich ihrer Funktion und Wirksamkeit. *Auswahl* und *Anwendung* der Übungs-, Spiel-, Wettkampfformen und sportlichen Techniken im Konditionstraining unterliegen somit den Entscheidungen von Trainern/Übungsleitern/Sportlehrern/innen. Hier besteht die Gefahr, althergebrachte traditionelle Formen immer wieder im Training anzuwenden, ohne zu hinterfragen, ob es nicht doch eine effektivere Form des Trainierens geben könnte? Die Auswahl der richtigen Übungsform braucht Methode, d. h. sie muß anhand bestimmter Kriterien erfolgen, wie (1) der *Zweckmäßigkeit* hinsichtlich des Trainingszieles, (2) der qualitativ guten *Durchführbarkeit,* (3) der *Effektivität* und (4) der *Ungefährlichkeit* (MARTIN 1977, 43).

Diese Kriterien sind zwar sehr verallgemeinert, würden sie Trainern jedoch als Gütekriterien bei ihren inhaltlichen Entscheidungen dienen, dann würde so manche Übungsform im Training kritischer unter die Lupe genommen und möglicherweise ausgetauscht werden.

### 3.1.7 Die Methoden des Konditionstrainings

Konditionstraining hat immer eine konkrete Zielsetzung und trifft dafür entsprechende inhaltliche Entscheidungen. Angewandte Methoden sind von den Ziel- und Inhaltsentscheidungen nicht zu trennen, weil methodische Entscheidungen inhaltliche voraussetzen. Was

Trainingsmethoden sind, wurde im Abschnitt 1.2.2.4 beschrieben. Danach bestimmen sie „wie" das Training durchgeführt wird. Sie richten sich nach der (1) Zielsetzung des Trainings, (2) den Rahmenbedingungen (Geräte, Raum, Medien), (3) dem Trainingszustand der Trainierenden und erhalten durch die Aktionsformen der Trainer/Übungsleiter/innen ihre subjektiven Bedingungen.

Nach dieser Auffassung ist beispielsweise das Circuit-Training noch keine Methode des Konditionstrainings. Es beschreibt nur eine bestimmte Organisationsform. Erst die Anordnung bzw. Reihenfolge der einzelnen zu absolvierenden Stationen, die Belastungsvorgaben wie Anzahl der Wiederholungen und Pausenlängen, sind methodische Entscheidungen und können dann beispielsweise ein bestimmtes Circuit-Training zu einer *Methode* allgemeiner Kraftausdauerentwicklung machen. Im Konditionstraining bestimmen demnach in erster Linie die *Belastungsanforderung*, d. h. die Festlegung des Umfanges, der Intensität, der Dauer und der Dichte der Belastungen, in zweiter die *Organisation* des Trainingsablaufes (Circuit, Stationen, Spiel- oder Wettkampfrahmen), drittens die *Übungsausführung* und viertens die *Aktionsformen* von Trainern/innen, die eigentliche Trainingsmethode.

Aus der Kopplung dieser vier Komponenten haben sich eine Reihe unterschiedlicher Methoden im Konditionstraining entwickelt. Die teilweise in der Trainingslehre vorgenommene Vereinfachung, nach der sich alle Methoden auf das Dauerprinzip, Intervall- oder Wiederholungsprinzip sowie auf Wettkampf und Kontrolle zurückführen lassen und für das gesamte Konditionstraining Gültigkeit haben soll (SCHOLICH 1979, 31 ff.; LETZELTER, H. o. J., 17 ff.), kann angesichts der in der Praxis vorhandenen methodischen Möglichkeiten und der Komponentenzahl, die eine Methode konstituieren, von uns nicht mitgetragen werden. Die nachfolgende Tabelle 7 gibt einen Überblick über die wichtigsten Methoden des Konditionstrainings.

*Tabelle 7: Überblick über die wichtigsten Methoden im Konditionstraining.*

| Ausdauertraining | Krafttraining | Schnelligkeits-training | Beweglichkeits-training |
|---|---|---|---|
| Dauermethoden | Methoden kurzzeitiger maximaler Krafteinsätze | intensive Intervall-methoden | Methoden der Gelenkbeweglichkeits-gymnastik |
| Wechselmethoden | | Wiederholungs-methoden | |
| Intervallmethoden | Methoden der wiederholten submaximalen Belastungen | | Dehnungsmethoden (Stretching) |
| Wiederholungs-methoden | | Reaktionstrainings-methoden | |
| Wettkampfmethoden | Schnellkrafttrainingsmethoden | | |
| Kontrollmethoden | | Spielformen | |
| Spielformen | Trainingsmethoden zur Reaktivkraftentwicklung | Wettkampfmethoden | |
| | Kraftausdauer-methoden | | |
| | Methoden des speziellen Krafttrainings | | |
| | u. a. | | |

Nachfolgend werden nun die einzelnen konditionellen Fähigkeiten in der Reihenfolge Kraft, Schnelligkeit, Ausdauer und Beweglichkeit unter besonderer Berücksichtigung der methodischen Aspekte beschrieben.

## 3.2 Kraft und Krafttraining

Krafttraining ist heute in jeder Sportart/Disziplin Bestandteil des Konditionstrainings, auch wenn in bestimmten Disziplinen, wie beispielsweise im Ausdauer- oder Spielsportbereich, noch berechtigte Unsicherheiten über die adäquaten Belastungen herrschen. Ferner hat das Krafttraining als Bodybuilding, Bodyshaping oder Biotraining eine zunehmende breitensportliche Orientierung erlangt und wird mit sehr gezielten Methoden unter Verwendung elektronisch gesteuerter Apparaturen in Studios sowie bei der Rehabilitation von Verletzungen eingesetzt. Das Spektrum der Anwendung des Krafttrainings und eine Reihe neuer Forschungsergebnisse (BÜHRLE; SCHMIDTBLEICHER; LETZELTER; LEHNERTZ), die es ermöglichen, die wissenschaftliche Begründung des Krafttrainings zu vertiefen, erfordern nicht nur eine Fortschreibung der bisherigen Konzepte der Trainingslehre, sondern teilweise auch neue Denkansätze im Verständnis der Kraft sowie das Überdenken einiger Methoden mit ihren charakteristischen Belastungsdosierungen.

### 3.2.1 Kraft und Muskelleistung — Charakteristik und Begriffe

Sportliche Leistungen sind vor allem Bewegungsleistungen, wobei die Bewegungen auf der beschleunigenden Wirkung von Kräften beruhen. Aus dieser Sicht ist es möglich, die Wirkung der Muskelkraft größtenteils auf der Grundlage *mechanischer Gesetze* zu beschreiben. Allerdings ist die physikalische Kraftdefinition unzureichend, um die konditionelle Fähigkeit „Kraft" vollständig zu erfassen.

Als physikalische Größe beschreibt Kraft die mechanische Wechselwirkung zwischen Körpern. Durch diese Wechselwirkung erfahren die Körper Verformungen (= verformende Wirkung der Kraft) und unter bestimmten Bedingungen eine Veränderung ihres Bewegungszustandes (= dynamische Wirkung der Kraft). Die Höhe der Kraft kann durch das Messen der *Verformung* von geeichten Meßelementen (Federwaagen, Dehnungsmeßstreifen u. a.) bestimmt oder aus der *Veränderung der Bewegungszustände* der beteiligten Körper ermittelt werden. Die Formel zur Berechnung der *Kraft* lautet: $F = m \cdot a$ (Kraft (F) gleich Masse (m) mal Beschleunigung (a)). Als Maßeinheit für die Kraft gilt heute das Newton (N). 1 N ist gleich der konstanten Kraft, die ein Kilogramm-Stück in einer Sekunde aus der Ruhe auf die Geschwindigkeit von 1 m/s beschleunigt (die veraltete Maßeinheit Kilopond (kp) entspricht 9,81 N).

*Kraftleistungen der Muskulatur* müssen jedoch etwas differenzierter charakterisiert werden. Muskelkräfte dürfen nämlich nicht lediglich als resultierende Kräfte behandelt werden, da die Krafteinwirkungen bei Bewegungen von einem komplizierten und mit vielen Freiheitsgraden an Bewegungsmöglichkeiten ausgestattetem System von *Gliederketten* mit *Muskelschlingen* (Abschn. 3.2.3.1) verursacht werden. Hierbei werden meist mehrere Gelenke einbezogen, wobei einige Muskelgruppen — die sog. *Synergisten* — in die gleiche Richtung, andere — sog. *Antagonisten* — gegenläufig Kraft entwickeln. Aufgrund der Anordnung der Gelenke und der sie aktivierenden Muskulatur ergibt sich eine Wirkungsweise dieses Systems, deren Kraftübertragung durch die jeweiligen Drehmomente an den beteiligten Gelenken zustande kommt. Im Abschnitt 3.2.3.1 gehen wir näher auf diese Zusammenhänge ein. Hier sei nur notiert, daß die Beschreibung des Kraftverhaltens bei sportlicher Betätigung mit rein mechanischen Kategorien ein äußerst kompliziertes Verfahren und derzeit kaum durchzuführen ist. Zur Charakteristik der Kraft als konditionelle Fähigkeit muß deshalb ein anderer Weg beschritten werden, um die Zusammenhänge hinlänglich zu erfassen. Dabei lassen sich folgende Argumente miteinander verknüpfen:

*Die Bildung von Kraft ist eines der wesentlichsten Leistungsmerkmale der Muskulatur,* wobei vor allem der Skelettmuskel aufgrund seiner Mikrostruktur zu hohen *Leistungen* befähigt ist. Wie bereits im Abschnitt 1.2 beschrieben, bezeichnet man den pro Zeiteinheit durchgeführten Energietransfer von einer Energieform in eine andere oder von einem System auf ein anderes als Leistung. Während körperlicher Betätigung wird in der Muskulatur die durch Ernährungs-, Atmungs- und Kreislaufsystem bereitgestellte *biochemische Energie* in *Kraft* und *Wärme* umgesetzt. Dabei entspricht der in der Zeit erbrachte Betrag der Arbeit plus dem Betrag der entwickelten Wärme der physiologischen **Muskelleistung.**

Von der *physiologischen Muskelleistung* ist im Zusammenhang mit der sportlichen Leistung in erster Linie der in Arbeit umgesetzte Teil wesentlich. Da *Arbeit* (W) physikalisch definiert ist als Kraft (F) mal Weg (s) (W = F · s) ergibt sich für die *mechanische Leistung* (P) als Arbeit pro Zeit (t) die Definition Kraft mal Weg durch Zeit (F · s/t). Nun ist Weg durch Zeit (s/t) gleich Geschwindigkeit (v) und somit kann die mechanische Leistung auch mit Kraft mal Geschwindigkeit (F · v) definiert werden. Damit haben wir eine unmittelbare sprachliche Verknüpfung mit einem wesentlichen *Ziel des Krafttrainings,* nämlich die Erhöhung der *Kraftbildungsgeschwindigkeit* als eine Voraussetzung für das Erbringen hoher sportlicher Leistungen; als funktionelle Grundlage dafür gilt die Verbesserung der *Innervationsfähigkeit der Muskulatur.* Außerdem ist offensichtlich, daß ein weiteres wesentliches Ziel des Krafttrainings darin liegen muß, die strukturelle Basis für die Bildung *sportartangemessener Muskelkraft* zu schaffen. Somit ergeben sich die beiden übergeordneten **Zielsetzungen** des allgemeinen Krafttrainings: (1) *Die Verbesserung der Innervationsfähigkeit der Muskulatur* als eine Bedingung für die Erhöhung der Kraftbildungsgeschwindigkeit; (2) *die Erweiterung des Energiepotentials der Muskulatur* durch Hypertrophie der Muskelstrukturen als Grundlage für die Steigerung des Muskelkraftniveaus. Dazu kommt die *Verbesserung des Energieflusses* im Muskel als ein weiteres Trainingsziel zur Optimierung der Kraftfähigkeit (Abschnitt 3.2.5.1).

Die Definition des Begriffes Kraftfähigkeit erfährt in der Trainingslehre eine Einengung. Denn obwohl alle menschlichen Bewegungen und Körperhaltungen durch Kräfte verursacht werden, so auch der Dauerlauf, der somit konsequenterweise ebenfalls in den Bereich des Kraftverhaltens einzuordnen wäre, wird dies nicht durchgängig eingehalten. So schlägt BÜHRLE (1985, 82) unter Bezug auf HETTINGER (1964, 51; zit. nach BÜHRLE ebenda) vor — um Kraft-, Ausdauer- und Schnelligkeitsverhalten theoretisch unterscheiden zu können — nur dann von Kraftverhalten zu sprechen, wenn Krafteinsätze aktualisiert werden, die über einem Drittel der individuell realisierbaren Kraftwerte liegen. Daran anknüpfend ließe sich Kraftfähigkeit wie folgt definieren:

---

Definition:

**Kraftfähigkeit** ist die konditionelle Basis für Muskelleistungen mit Krafteinsätzen, deren Werte über ca. 30% der jeweils individuell realisierbaren Maxima liegen.

---

## 3.2.2 Strukturierung und Erscheinungsformen der Kraft

Aufgrund sog. dimensionsanalytischer Ergebnisse empfehlen BÜHRLE / SCHMIDTBLEI-CHER (BÜHRLE 1985, 1989; SCHMIDTBLEICHER 1984; BÜHRLE / SCHMIDTBLEICHER 1981), die Einteilung der Kraft in sog. komplexe Fähigkeiten wie Maximalkraft — Schnellkraft — Kraftausdauer. Andere Einteilungsformen wie Stoß-, Wurf-, Sprung-, Sprintkraft u. a., wie sie beispielsweise LETZELTER (1978, 81; zit. nach BÜHRLE 1985, 82) vornimmt, sind zwar zur Erklärung spezieller Zielsetzungen im praktischen Training geeignet, vermischen jedoch zu stark die koordinativen mit den konditionellen bzw. energetischen Aspekten der Kraft und lassen damit die eigenständige Leistung der Muskulatur nicht trennscharf genug in den Vordergrund rücken. Bei der Darstellung der Kraft als einer konditionellen Fähigkeit sollten aber u. E. die Aspekte der Kondition von übergeordneter Bedeutung sein. Beim derzeitigen Kenntnisstand ist eine Einteilung in *Maximalkraft, Schnellkraft, Reaktivkraft* und *Kraftausdauer* sinnvoll.

Bevor näher auf diese Erscheinungsformen der Kraft eingegangen wird, ist auf die folgenden Zusammenhänge zu verweisen: Maximalkraft — Schnellkraft — Reaktivkraft — Kraftausdauer sind nicht gleichrangig nebeneinanderzustellen, sondern eher so anzuordnen, daß sowohl die Schnellkraft, die Reaktivkraft als auch die Kraftausdauer in hohem Maße vom willkürlich aktivierbaren Kraftpotential — und somit prinzipiell von der Maximalkraft — abhängig sind. Deshalb sind sie ihr hierarchisch unterzuordnen.

### 3.2.2.1 Maximalkraft

Die Trainingslehre differenziert die Maximalkraft traditionell entsprechend der überwindenden, haltenden und nachgebenden *Arbeitsweisen* der Muskulatur und der dabei realisierten **Kontraktionsformen** in eine *konzentrische, isometrische* und *exzentrische* Dimension.

Gegen eine Unterscheidung der Maximalkraft in eine isometrische und eine konzentrische sprechen sich BÜHRLE (1985, 87 ff.) und SCHMIDTBLEICHER (1984, 1786) aus. Sie argumentieren: Wenn eine Person eine Gewichtslast nahe ihrer individuellen Grenzlast gerade noch heben kann, muß sie zuerst eine Gegenkraft gegen diesen Widerstand entwickeln. Dabei arbeitet die Muskulatur isometrisch; dann kann die Last nur sehr langsam angehoben werden. Das heißt für die Beschleunigung kann nur noch ein geringer Kraftbetrag verwendet werden. Dabei nähert sich die konzentrische Maximalkraft der isometrischen an.

**Konzentrische Maximalkraftwerte** liegen je nach Meßverfahren und/oder Muskel/Muskelschlinge rund 5 bis 20 Prozent unter den isometrisch erreichbaren Werten. Je besser jedoch Kraftniveau und Trainingszustand sind, desto geringer wird der Unterschied zwischen konzentrischer und isometrischer Maximalkraft.

Die von BÜHRLE / SCHMIDTBLEICHER vorgenommene Gleichsetzung von konzentrischer und isometrischer Maximalkraft ist jedoch aus molekularmechanischer Sicht nicht sinnvoll. Es trifft zwar zu, daß sich der Prozeß der anfänglichen Kraftentwicklung bei beiden Formen nicht unterscheidet, jedoch entstehen bei der Haltearbeit im Moment des Haltens gegenüber der Bewegungsarbeit andere energetische Modalitäten: Beim Halten einer Kraft erfolgt nämlich kein Gleitvorgang zwischen dicken und dünnen Myofilamenten, was die Kraftbildung und den Energieumsatz gravierend beeinflußt (LEHNERTZ 1984, 30; 1988b, 48) (Abschnitt 3.2.3.2).

Wie ist nun in diesem Kontext die **exzentrische Maximalkraft** einzuordnen? Kann sie als eine eigenständige Dimension betrachtet werden? Zunächst ist dabei festzustellen, daß die exzentrische Maximalkraft 5 bis 45% größer sein kann als die isometrische (BÜHRLE 1985, 89). Das wird bislang wie folgt erklärt: Bei der Dehnung des aktivierten Muskel-Sehnen-Systems addieren sich die passiven Elastizitätskräfte zu dem durch die Willküraktivierung realisierten Kraftbetrag. Ferner treten bei der Dehnung des Muskels durch die dabei aktivierten Muskelspindeln Dehnungsreflexe auf, die eine Erhöhung der Innervationsaktivität und damit eine stärkere Kontraktion bewirken (SCHMIDTBLEICHER 1984, 1786). Auch hier kommen wir — wie bei der Erklärung von isometrischer und konzentrischer Maximalkraft — aufgrund molekularmechanischer Aspekte zu einer anderen Auffassung (LEHNERTZ 1988a, 112 f.) (Abschnitt 3.2.3.2).

Empirisch kann festgestellt werden, daß durch Willkürinnervation nur ein Teil der absolut entwickelbaren Kraft zu mobilisieren ist. So sollen beispielsweise Normalpersonen (Untrainierte) nur 70% ihrer sog. *Absolutkraft* willkürlich aktivieren können. Das nicht willkürlich aktivierbare Kraftpotential wird als *autonome Reserve* bezeichnet und der willkürlich erreichbare Kraftgrenzwert als *Mobilisationsschwelle* (BÜHRLE 1985, 90). Solche Kraftreserven lassen sich durch elektrische Stimulation aktivieren. *Demnach ist die Absolutkraft die Kraft, die ein Muskel bei maximaler elektrischer Stimulation unter isometrischen Bedingungen bildet.*

Daraus ergibt sich, daß die Maximalkraft durch den willkürlich aktivierbaren Teil der Absolutkraft bedingt ist. Die Absolutkraft wiederum hängt ab vom Muskelquerschnitt und der Muskelzusammensetzung. Sie repräsentiert das gesamte vorhandene Potential an Muskelkraft. Anhand dieses Konzepts ließe sich ermitteln, ob und in welchem Ausmaß die Maximalkraftfähigkeit noch ohne Muskelquerschnitts- und damit ohne Gewichtszunahme verbessert werden kann. In Anlehnung an HARRE (1979; 1986), LETZELTER (1986) u. a., läßt sich aus diesen Zusammenhängen der Maximalkraftbegriff wie folgt ableiten:

---

Definition:
**Maximalkraft** ist die höchstmögliche Kraft, die das Nerv-Muskelsystem bei maximaler willkürlicher Kontraktion auszuüben vermag.

---

### 3.2.2.2 Schnellkraft

Das Schnellkraftverhalten ist für die richtige *Technikausführung* und *Technikeffizienz* in vielen Sportarten die entscheidende *energetisch-mechanische Komponente,* vor allem weil hierfür die Geschwindigkeit mit der eine Kraft Arbeit verrichtet (mechanische Muskelleistung) entscheidend ist (Abschnitt 2.2.1). Das macht auch das Schnellkrafttraining zu einem wichtigen Inhalt im Training der meisten Sportarten.

Trotz dieser Bedeutung wird Schnellkraft in der Trainingslehre nicht so einheitlich beschrieben wie die Maximalkraft. Das hängt sicher mit den unterschiedlichen Erklärungsmodellen zusammen, die hierbei zugrunde gelegt werden. Von mehreren Autoren wird *Schnellkraft als das Vermögen betrachtet, große Kraftwerte pro Zeiteinheit zu realisieren,* wobei Schnellkraft als Quotient aus dem Maximalkraftwert und der Zeit, die erforderlich wäre, diesen Wert zu erreichen, definiert wird. Diese Fähigkeit wird auch als *Explosivkraft* bezeichnet. WERSCHOSHANSKIJ / TATJAN (1975, 61 ff.), BÜHRLE (1985, 99 ff.) u. a. leiten die Quantifizierung der Explosivkraft — als eine Komponente der Schnellkraft — aus den Steigungswerten von Kraft-Zeit-Kurven ab.

Als wesentlichen Faktor für die Realisierung von Schnellkraft sehen vor allem SCHMIDT-BLEICHER (1980; 1984) und BÜHRLE (1985) in ihren Arbeiten die *Maximalkraft.* Aus physikalischer Sicht wird wie folgt argumentiert: In der Sportpraxis wird immer dann von Schnellkraft gesprochen, wenn es darum geht, den eigenen Körper, Körperteile oder Sportgeräte in hohem Maße zu beschleunigen. Dabei wird die Höhe der Beschleunigung sowohl durch die entwickelte Kraft als auch durch die Masse der zu beschleunigenden Körper bzw. Geräte bestimmt. Denn wenn auf einen Körper mit der Masse (m) die Kraft (F) wirkt, entspricht die Beschleunigung (a) dem Quotienten aus Kraft durch Masse (a = F/m). Somit würde — unter der Voraussetzung, daß F stets vom Maximalkraftpotential abhängig ist — auch das Beschleunigungsverhalten gegen leichte Lasten von der Maximalkraft determiniert. Allerdings kann — wie wir später zeigen werden — F umso größer werden, je schwerer m ist.

Das Produkt F · t wird als Kraftstoß bezeichnet und in Newton/Sekunden (Ns) gemessen. Grafisch stellt sich ein Kraftstoß (engl. Impact) als Fläche unter der Linie einer Kraft-Zeit-Funktion dar (BAUMANN 1973, 365). Die Größe des Flächeninhaltes wird dabei außer von der Zeitdauer wesentlich von der Höhe der maximal erreichten Kraft (die stark abhängig ist von der jeweiligen Maximalkraft) und vom Anstiegswinkel der Kraft-Zeit-Kurve bestimmt.

Nach BÜHRLE (1985, 104) u. a. ist das Schnellkraftverhalten von einer dritten Komponente abhängig, nämlich der *Startkraft.* Sie bezeichnet das Vermögen des schnellen Reagierens bei der Kraftentwicklung, d. h. die Fähigkeit gleich bei Kontraktionsbeginn einen hohen Kraftanstieg zu entwickeln. Zur Bewertung für die Startkraft wird bei BÜHRLE die Kraftentwicklung während der ersten 30 ms (Millisekunden) des Anstiegs der Kraft-Zeit-Kurve berücksichtigt. Abb. 27 veranschaulicht die von BÜHRLE postulierten Schnellkraft-Parameter.

SCHMIDTBLEICHER (1984, 1787) greift bei der Definition des Schnellkraftvermögens auf den physikalischen Begriff Impuls zurück. Wir sprechen in diesem Zusammenhang von Kraftstoß und beschreiben damit die Impulsänderung. *Schnellkraft ist danach die Fähigkeit, einen möglichst großen Kraftstoß in der zur Verfügung stehenden Zeit zu produzieren.* Das hängt in erster Annäherung von einem schnellen Kraftanstieg, vom dabei erreichten Kraftmaximum und von der Dauer der Kraftwirkung ab. Allerdings führen weitergehende Analysen zu der Erkenntnis, daß ein maximaler Kraftanstieg nicht in jedem Fall zum größtmöglichen Kraftstoß und damit zu maximaler Bewegungsgeschwindigkeit führt.

In zahlreichen Sportarten kommt es bei Schnellkraftleistungen nicht darauf an, daß eine hohe *Anfangsbeschleunigung* entwickelt wird, sondern daß man auf dem vorhandenen Beschleunigungsweg eine hohe *Endgeschwindigkeit* erzielt (Kugelstoß, Absprung beim Ski-

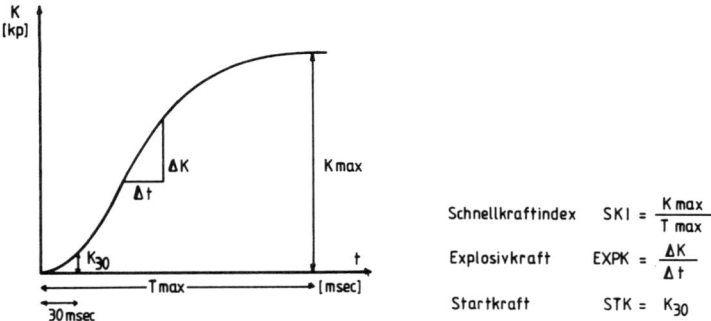

*Abb. 27: Schnellkraft-Parameter (BÜHRLE 1985, 104).*

sprung, Kernwurf beim Handball, Angriffsschlag beim Volleyball u.v.a.). Dadurch bekommen die Schnellkraftparameter eine andere Gewichtung als jene, die aus der Darstellung der Abb. 27 abgeleitet wird, nach der Formel: Viel Kraft in möglichst kurzer Zeit. Demgegenüber konnten wir in unseren Versuchen bei beidbeinigen Absprüngen von einer Kraftmeßplatte nachweisen, daß Sprünge mit maximalem Krafteinsatz am Sprunganfang durchgeführt (= mit höchstmöglicher Start- und Explosivkraft), eine geringere Endgeschwindigkeit beim Absprung erreichten, als jene, deren Sprungkurve flacher anstieg (LEHNERTZ 1985b). Ein frühzeitig maximaler Kraftanstieg führt demnach nicht unbedingt auch zur höchstmöglichen Endgeschwindigkeit, was durch molekularmechanisch orientierte Argumentation auch theoretisch begründet werden kann (LEHNERTZ 1984; 1985b; 1987b; 1988b, c).

Auf die biomechanischen Grundlagen dieser Sachverhalte hatte bereits HOCHMUTH hingewiesen: So seien zwar die Faktoren Kraft und Beschleunigungsweg einander gleichwertig, aber diese Gleichwertigkeit ist nur dann vorhanden, wenn durch das Vergrößern des Beschleunigungsweges die mittlere Beschleunigungskraft nicht negativ beeinflußt, d. h. nicht verringert wird. HOCHMUTH (1974, 193 f.) vermutete, daß die biomechanischen Eigenschaften der menschlichen Muskulatur einen solchen negativen Einfluß auf die mittlere Kraft bedingen.

Halten wir also fest:
Schnellkraftleistungen im Sport zielen überwiegend auf das Erreichen einer maximalen Endgeschwindigkeit auf einem gegebenen Beschleunigungsweg ab. Je kürzer der Beschleunigungsweg ist, umso mehr wird die Endgeschwindigkeit von Start- und Explosivkraft abhängig. Je länger der Beschleunigungsweg ist, umso mehr kommt es auf eine „reserviert" ansteigende Kraft an. Daraus ergibt sich, daß eine Definition der Schnellkraft über den Kraftstoß problematisch ist, vor allem dann, wenn daraus Konsequenzen für ein optimales Kraftverhalten abgeleitet werden sollen. Weniger problematisch erscheint uns eine Definition unter Bezug auf die Kraftbildungsgeschwindigkeit — oder die „schnelle Kontraktionsfähigkeit" (BÜHRLE 1989, 315). So setzen wir — unter dem Vorbehalt, daß zu differenzieren ist zwischen dem bestmöglichen Kraftverhalten beim Ansteuern von Schnellkraftleistungen und einer wesentlichen Bedingung dazu — Schnellkraft mit *Kraftbildungsgeschwindigkeit* gleich.

Definition:
**Schnellkraft** ist die Fähigkeit, optimal schnell Kraft zu bilden.

### 3.2.2.3 Reaktivkraft

*Reaktivkraft wird definiert als das Vermögen, bei schnell ablaufendem Dehnungs-Verkürzungs-Zyklus einer Muskelschlinge einen hohen Kraftstoß zu realisieren* (BÜHRLE 1989, 319). *Dehnungs-Verkürzungs-Zyklus bezeichnet die Kombination von exzentrischer und konzentrischer Kontraktion.* In diesem Zyklus kann vor allem die Leistung der konzentrischen Kontraktion deutlich erhöht werden. Die Ursache der Leistungserhöhung im Dehnungs-Verkürzungs-Zyklus bzw. des reaktiven Kraftverhaltens wird auf das elastische Verhalten der Muskulatur während und kurz nach der exzentrischen Kontraktion zurückgeführt. Danach sollen durch die Dehnung die Bedingungen im Muskel so verändert werden, daß die Wirkung der folgenden konzentrischen Phase vergrößert sein kann. Bei einem Tief-Hochsprung beispielsweise fällt man auf die Landefläche nieder und versucht anschließend möglichst sofort ab- und hochzuspringen. Beim Aufsprung ist dabei die synergistische Muskulatur bereits innerviert und angespannt, sie wirkt wie Gummibänder. In der nun nachgebenden Beugephase wird diese Muskulatur gedehnt und bremst den Körper ab. Die kinetische Energie des fallenden Körpers wird durch Abbremsen in Verformungsenergie des Sehnen-Muskelsystems umgewandelt und kurzfristig gespeichert. In der anschließenden konzentrischen Streckung erfolgt wieder eine Umwandlung in kinetische Energie, was einer Erhöhung des konzentrisch gebildeten Kraftstoßes gleichkommt (BÜHRLE 1989, 320).

Wenn ein aktivierter Muskel gedehnt oder ein passiv gedehnter Muskel aktiviert wird, dann erhöht er seine Spannung und speichert elastische Energie in seinen serienelastischen Teilen. Sind die zeitlichen Bedingungen zwischen Dehnung und Verkürzung günstig, kann ein Teil der gespeicherten Energie wieder genutzt werden. Hält die Dehnung des Muskels zu lange an, dann geht ein Teil der gespeicherten Energie als Wärme verloren. Folgt allerdings kurz nach der Dehnung des aktivierten Muskels (exzentrische Kontraktion) eine Verkürzung (konzentrische Kontraktion), dann steht für die positive Arbeitsleistung ein beträchtlicher Teil der in der exzentrischen Phase (negative Arbeitsphase) gespeicherten Energie zur Verfügung (KOMI 1985, 256).

In weitergehenden Ansätzen wird die Auffassung vertreten, daß ein beträchtlicher Anteil der Serienelastizität in den Querbrücken zwischen Aktin und Myosinfilamenten liegt. Nach HUXLEY / SIMMONS (1971; zit. nach KOMI 1985, 256 f.) rotieren die Myosinköpfe entgegen ihrem natürlichen Bestreben auf eine Position höherer potentieller Energie während des Dehnungsvorganges zurück. Da die Bindungsdauer zwischen 15 ms und 120 ms variieren, ist es für die Nutzbarmachung der gespeicherten Energie vorteilhaft, wenn sowohl die Dehnung als auch die Übergangsperiode zwischen Dehnung und Entdehnung kurz sind. Eine verlängerte Dehnungszeit hat ein Lösen bestehender Querbrücken zur Folge, wodurch das gespeicherte elastische Potential verlorengeht. Eine kurze Übergangsperiode verhindert hingegen das Lösen von Querbrücken und nutzt somit das gespeicherte Energiepotential während der folgenden Verkürzungsphase besser aus. LEHNERTZ (1988a) führt die Leistungssteigerung im Dehnungs-Verkürzungszyklus auf molekulare Gegebenheiten zurück (Abschnitt 3.2.3.2).

Über die Parameter der Kraft-Zeitkurve beschrieben sind reaktive Bewegungsformen (beispielsweise beim Sprung) in zwei Phasen zu teilen, in den Teil, der zur Amortisation von elastischer Energie aufgewandt wird, und den Teil, der zur Beschleunigung des Körpers in Sprungrichtung führt. *Optimales reaktives Bewegungsverhalten liegt dann vor, wenn aus einer relativ kurzen Amortisationsphase ein größtmöglicher Absprungimpuls erfolgt.* Das bedingt kurze Bodenkontaktzeiten, in denen hohe Kraftwerte pro Zeiteinheit bewältigt werden müssen (SCHMIDTBLEICHER / GOLLHOFER 1985, 277 ff.).

Nach WERSCHOSHANSKIJ (1972, 136 ff.) ist Schnellkraft, die explosivartig entwickelt wird (wie das bei reaktiven Bewegungsformen notwendig ist), eine „selbständige motorische Qualität", was trainingsmethodisch bedeutend ist. BÜHRLE (1989, 320 ff.) geht davon aus, daß neben der *Maximalkraft* und der Fähigkeit zur *schnellen Kontraktion* (Kraftbildungsgeschwindigkeit) eine weitere dimensional abgrenzbare Fähigkeit als zusätzliche Einflußgröße die Reaktivkraft bestimmt. Diese abgrenzbare Fähigkeit nennt BÜHRLE (1989, 323) *reaktive Spannungsfähigkeit,* und sie ist das Vermögen, bei Dehnungsbelastungen in der exzentrischen Phase des Dehnungs-Verkürzungs-Zyklus die Muskelspannung aufrechterhalten zu können.

---

Definition:

**Reaktivkraft** ist jene Muskelleistung, die innerhalb eines Dehnungs-Verkürzungs-Zyklus einen erhöhten Kraftstoß generiert. Sie ist abhängig von Maximalkraft, Kraftbildungsgeschwindigkeit und reaktiver Spannungsfähigkeit.

---

### 3.2.2.4 Kraftausdauer

Das teilweise unterschiedliche Verständnis von Kraftausdauer drückt sich in den verschiedenen Definitionen aus, die in der Literatur der Trainingslehre vorgeschlagen werden. Die meisten Definitionen (MARTIN 1977, 65; EHLENZ / GROSSER / ZIMMERMANN 1985, 67; WEINECK 1980, 205 u. a.) beziehen sich auf HARRE (1970, 125), der schreibt: „Die Kraftausdauer ist die Ermüdungswiderstandsfähigkeit des Organismus bei langandauernden Kraftleistungen". LETZELTER (1978, 137) schließt sich dieser Definition weitgehend an, glaubt jedoch, daß die lang andauernden Kraftleistungen eine zu ungenaue Größe sind und definiert: „Kraftausdauer ist demnach die Fähigkeit, Kraftleistungen über einen durch die Wettkampfdauer bestimmten Zeitraum aufrechtzuerhalten oder den Abfall des Kraftniveaus möglichst geringzuhalten." Mit solchen Definitionen sind Kraftausdauerleistungen kaum zu quantifizieren und machen infolgedessen auch Belastungskomponenten für die Trainingsmethodik nur schwer bestimmbar. Als *Bruttokriterium zur Quantifizierung* schlägt SCHMIDTBLEICHER (1984, 1792) deshalb vor, Kraftausdauer an der Höhe der erzielten *Impulssumme* (besser: Kraftstoßsumme, s. Abschnitt 3.2.2.2) in einem definierten Zeitraum zu berechnen.

Diese allgemeine Unsicherheit in der Darstellung der Kraftausdauer veranlaßt uns, eine weitergehende Beschreibung für diese Erscheinungsform der Kraft zur Diskussion zu stellen, um der Forderung gerechtzuwerden, daß Kraftausdauer dringend eine quantifizierbare Größe zu ihrer Operationalisierung benötigt (SCHMIDTBLEICHER).

Dabei gehen wir zunächst von dem bekannten Schema aus, daß bei einer Kraftausdauerlei-

stung zwei Merkmale eine Rolle spielen. Das erste Merkmal ist abhängig von der Maximalkraft, nämlich die *Bewältigung einer Last*. Das zweite Merkmal aber, die *Dauer der Lastbewältigung* ist abhängig von den *Stoffwechselleistungen der Muskulatur*. Dieses Merkmal
ist das eigentliche Charakteristikum der Kraftausdauer und dasjenige, das sie von den anderen Erscheinungsformen der Kraft unterscheidet. Bei Kraftausdauerleistungen kommt es
demnach darauf an, einen bestimmten Betrag der Muskelleistung in einer speziellen Bewegungsaufgabe (Ruderschlag, Vertikalsprung zum Block im Volleyball), für möglichst lange
Zeiträume mit dem gleichen Betrag wiederholbar zu machen, oder eine Last in einer bestimmten Bewegungsaufgabe über längere Zeit zu halten. Wir erkannten bei unseren Untersuchungen, daß Probanden, wenn sie innerhalb von 60 Sekunden, beginnend mit einer
Bewegungsleistung, die ihrem maximalen Kraftstoß entsprach, diesen 24mal im Abstand
von 2,5 Sekunden zu wiederholen versuchten, einer unterschiedlich großen Verringerung
der Kraftstoßhöhe unterliegen. Genau dieses Phänomen, der *individuelle Verringerungsbe-
trag des maximalen Kraftstoßes*, gemessen bei einer vorgegebenen Wiederholungszahl in
einer vorgegebenen Zeit, ist für uns der quantifizierbare Indikator der Kraftausdauer.
Denn Kraftausdauer soll ja bewirken, daß ein maximaler Kraftstoß, beispielsweise beim
vertikalen Sprung, bei mehrfacher Wiederholung aufrechterhalten werden kann.

Zur Messung der Kraftausdauer wurde ein Zweistufentest entwickelt (Abschnitt 3.2.4), mit
dem die Verringerung der Kraftstoßhöhe bei einer bestimmten Wiederholungszahl über die
Berechnung der Impulsänderung der beschleunigten Gewichtslast eingeschätzt werden
kann (Einzelheiten zum Meßvorgang siehe Abschn. 3.2.4.1).

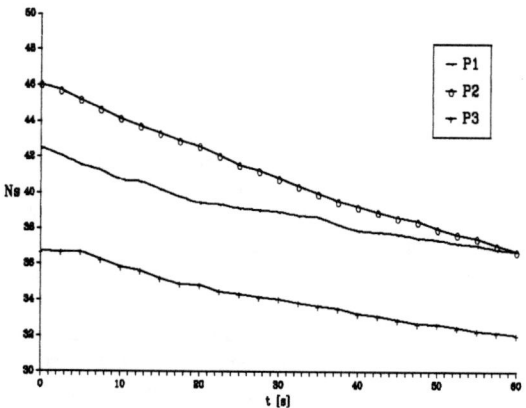

*Abb. 28: Testergebnisse von 3 Probanden. Die Verringerung der Impulse der beschleunigten Ge-
wichtslast (Impuls der Gewichtslast = Indikator für den Kraftstoß) bei 24 Wiederholungen in 60 Sekunden. P1 verringert seinen Kraftstoß dabei auf 79,7% ( von 46 auf 36,7 Ns), P2 auf 86,5% (von
42,4 auf 36,6 Ns) und P3 auf 87% ( von 36,8 auf 32 Ns).*

Der Zweiphasentest, der hier ruderspezifisch mit dem Bankziehen angewandt wurde, zeigt
— wie aus Abb. 28 hervorgeht —, ob Sportler/innen z. B. mehr Maximalkrafttraining
(Höhe des Kraftstoßes) oder mehr Kraftausdauertraining (Verringerung der Kraftstoßhöhe) benötigen. Unter Bezugnahme auf die geschilderte Operationalisierung kommen wir
zu folgender Definition:

---

Definition:

**Kraftausdauer** ist die Fähigkeit bei einer bestimmten Wiederholungszahl von Kraftstößen innerhalb eines definierten Zeitraumes die Verringerung der Kraftstoßhöhen möglichst geringzuhalten.

---

### 3.2.3 Wissenschaftliche Erklärungsmodelle zur Kraft

In den jeweiligen Abschnitten „Wissenschaftliche Erklärungsmodelle", werden zum Kraft-, Schnelligkeits-, Ausdauer- und Beweglichkeitstraining, solche *naturwissenschaftlichen* und *psychologischen* Erkenntnisse zusammengestellt, die das Verstehen von Zusammenhängen und Theorien der Trainingslehre erleichtern und gleichzeitig versuchen diese Abschnitte inhaltlich in einer bestimmten Systematik aufeinander abzustimmen.

#### 3.2.3.1 *Die Makrostruktur von Kraftleistungen*

Funktionell anatomische Analysen zeigen, daß selbst bei einfachen Bewegungsabläufen immer Kombinationen von Muskelgruppen beteiligt sind. Die sich bei solchen Kombinationen zusammenschließenden Muskelgruppen werden als *Muskelschlingen* bezeichnet (Abb. 29). Sie sind die Verbindung der bei einer bestimmten Bewegung die Hauptarbeit leistenden und aufeinander abgestimmten Muskelgruppen. Die frühere Annahme, daß jeder Muskel — aufgrund seines Ursprunges und Ansatzes — eine spezielle Aufgabe verrichtet, ist nur bedingt tragfähig. Die Hauptfunktion von einzelnen Muskeln wird von der jeweiligen Muskelgruppenverbindung und den eingelagerten Knochen und Gelenken bestimmt und in Wirkung von den äußeren Widerständen ausgeprägt. *Muskelschlingen sind Funktionseinheiten, die streckend, beugend, fixierend auf ein oder mehrere Gelenke wirken.* Anhand der Wirkung einer Streckschlinge bei einer einfachen Grundbewegung sollen diese Zusammenhänge praktisch verdeutlicht werden:

Durch vorbereitendes Beugen können sich die an einer Streckschlinge beteiligten Muskeln aus einer bestimmten Dehnungslage optimal verkürzen. Bereits aus der plastischen Formung der Oberfläche der beteiligten Extremitäten sind gewöhnlich Rückschlüsse auf die für Streckvorgänge aktivierten Muskeln möglich. So ist im Beispiel der Abb. 29 auf die Beteiligung des großen Gesäßmuskels, des vierköpfigen Schenkelstreckers sowie des Zwillingswadenmuskels und des Schollenmuskels zu schließen. Zur Abbremsung bzw. antagonistischen Abstimmung dieser Streckbewegung tragen die auf der Rückseite des Oberschenkels gelegene ischiocrurale Muskelgruppe (zweiköpfiger Schenkelmuskel, Halb- und Plattsehnenmuskel) sowie die auf der Vorderseite des Unterschenkels verlaufende Muskulatur (vorderer Schienbeinmuskel, langer Großzehenstrecker, langer Zehenstrecker) Sorge. Sie sind in Abb. 29 in Form einer

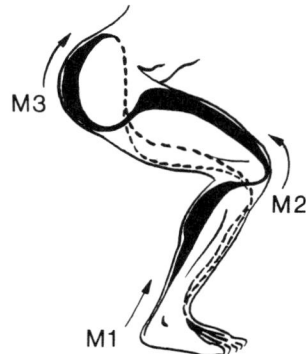

*Abb. 29: Ausgangsstellung zum Absprung eines im Hüft-, Knie- und Sprunggelenk gebeugten Beines mit der Streckschlinge und den Drehmomenten (M1, M2, M3); weitere Erläuterungen im Text (nach* TITTEL *1985, 331).*

zweiten, ihrer Arbeitsleistung entsprechenden, schwächeren (gestrichelten) Muskelschlinge (TITTEL 1985, 333) dargestellt. Das Problem der Muskelschlingen wird hier nur exemplarisch angerissen und wie folgt zusammengefaßt: Alle streckenden, beugenden, fixierenden Kraftleistungen der Muskulatur werden entsprechend der äußeren Widerstände und der dabei angewandten Bewegungsform von bestimmten Muskelschlingen durchgeführt, in denen die dafür erforderlichen Muskelgruppen als Funktionseinheit zusammenwirken. *Übungsformen des Krafttrainings sollten deshalb der Funktionseinheit von Muskelschlingen Rechnung tragen.*

Das Modell der Muskelschlingen läßt allerdings die Bestimmung der Anteile der einzelnen Muskelgruppen am insgesamt erbrachten Kraftbetrag nur schätzungsweise zu. Wie Abb. 29 andeutet, entsteht die Summe des Kraftbetrages aus den Beiträgen der drei Kraftmomente bzw. Drehmomente (M1 + M2 + M3). Drehmomente entstehen bei der Kraftbildung eines Muskels immer dann, wenn die Wirkungslinie seiner resultierenden Zugkraft nicht durch die Gelenkmitte, sondern in einem Abstand zu diesen Drehpunkten verläuft. Dieser Abstand ist der Hebelarm des Muskels. Und das Drehmoment einer gegebenen Muskelkraft ist um so höher, je größer der Hebelarm des Muskels ist. Daraus ergibt sich: *Das* **Drehmoment** *ist das Produkt der Kraft F und dem senkrechten Abstand r (= Hebelarm) ihrer Wirkungslinie vom Drehpunkt:* M = F · r (BAUMANN 1989, 55).

Aus der Abb. 29 wird offensichtlich, daß mehrere Kombinationen der einzelnen Drehmomente zum gleichen Endbetrag der Kraft, des Kraftstoßes oder der Geschwindigkeit der gesamten Streckschlinge führen können. Das bedeutet umgekehrt, daß aus Messungen von Kräften, Geschwindigkeiten u. a., die durch die Wirkung einer Muskelschlinge verursacht wurden, keine Aussagen über die Muskelleistungen der einzelnen Muskelgruppen gemacht werden können. Das würde eine Differentialdiagnose der Drehmomente des Sprung-, Knie- und Hüftgelenks erfordern. Derartige Analysen stehen jedoch noch am Anfang der wissenschaftlichen Bearbeitung und würden komplexe biomechanische Untersuchungen mit kinematischen, dynamischen und anthropometrischen Beschreibungsgrößen erforderlich machen (BAUMANN 1989, 154 ff.).

Makroskopisch gesehen hat für die Trainingspraxis ein weiteres Phänomen Bedeutung, nämlich die **Kontraktionscharakteristik** der Kraftbildung bei komplexen Bewegungsabläufen. *Muskelschlingen* arbeiten je nach Bewegungsziel mit differenzierter Aufgabenstellung. So basieren nahezu alle Bewegungsabläufe auf einer bestimmten Kontraktionscharakteristik, die aus verschiedenen *Kontraktionsformen* und *Übergängen* besteht. Der Prototyp einer Kontraktionscharakteristik ist die Reaktivkraftentwicklung im Dehnungs-Verkürzungs-Zyklus (Abschnitt 3.2.2.3). Es gibt jedoch auch andere Charakteristiken: die Streckung (konzentrische Kontraktion) aus einer fixierten Haltung (isometrische Kontraktion), wie beispielsweise zum Absprung beim Skispringen, die exzentrische Kontraktion aus vorausgegangener fixierter Haltung (isometrischer Kontraktion) mit anschließender konzentrischer Streckung, wie beim Startsprung im Schwimmen u. a. Im folgenden Beispiel, wird die Kontraktionscharakteristik der Streckschlinge der unteren Extremitäten beim Reißen dargestellt (Abb. 30).

Die Problematik der *makrostrukturellen Betrachtung* von Kraftleistungen mußte kurz ausfallen. Sie sollte aber bewußt machen, daß in der Trainingspraxis spezielle, sportartspezifische Kraftleistungen *funktionell-anatomisch* eingeschätzt werden sollten. Dabei läßt sich relativ genau herausarbeiten, welche Muskeln innerhalb der Funktionseinheit einer *Mus-*

kelschlinge, im Rahmen bestimmter Bewegungsabläufe, beteiligt sind. Dieses Wissen erleichtert die Auswahl effektiver Übungsformen. Der von einer Muskelschlinge generierte Gesamtkraftwert ist mit verschiedenen Meßmethoden analysierbar. Wie hoch der Anteil der einzelnen *Kraftmomente* einer solchen Schlinge ist, läßt sich dagegen nur mit hohem Untersuchungsaufwand feststellen. Solche Erkenntnisse wären für das Krafttraining von erheblichen Vorteil. Welche *Kontraktionscharakteristik* einem Bewegungsablauf zugrunde liegt, ist wiederum gut einschätzbar. Das Wissen darüber kann vor allem beim Festlegen der Ausführungsart von Kraftübungen genutzt werden.

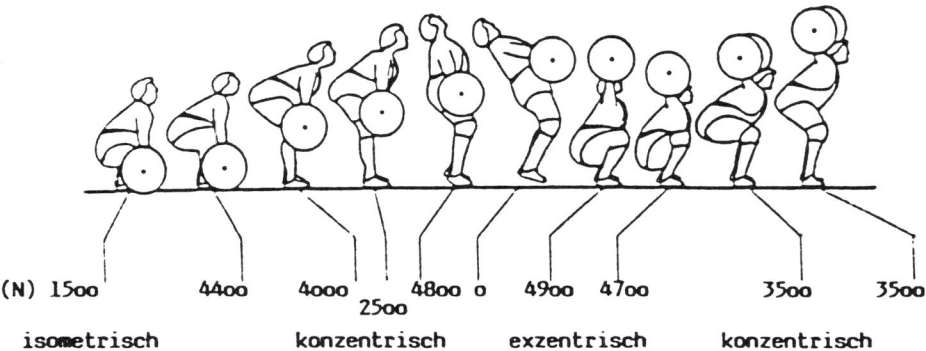

*Abb. 30: Kraftwerte und Kontraktionscharakteristik beim Reißen (nach* BAUMANN *1989, 145).*

### 3.2.3.2 Die Mikrostruktur von Kraftleistungen

Obwohl die Muskelkraft von jeher Gegenstand biologischer Forschungen war und viele experimentelle Befunde vorliegen, mangelt es noch an einer allgemein anerkannten Theorie, mit der beschrieben werden könnte, *wie im Muskel chemische Energie in nach außen wirksame Kraft umgesetzt werden kann.* Es liegen einige sinnvolle Vorstellungen über Teilschritte dieses Energieumwandlungsprozesses vor, aber es fehlt ein theoretisches Modell, das die wesentlichen Befunde hinreichend zusammenfaßt. Hier übernehmen wir ein Modell, das die Lücke schließt. In diesem Modell wird von der Annahme ausgegangen, daß alle mechanisch wirksamen Kräfte — und somit auch Muskelkräfte — letztlich durch **physikalische Kräfte** verursacht sein müssen (LEHNERTZ 1984, 28). Doch zunächst zum biologischen Grundwissen über den Muskel, das zum Verständnis des Modells notwendig ist.

Abb. 31 gibt einen schematischen Überblick über die **Feinstruktur** von quergestreiften Muskeln — auch Skelettmuskeln genannt —, die für die Kraftbildung bei aktiven Körperbewegungen zuständig ist. Der *Skelettmuskel* (Abb. 31 A) setzt sich aus *Faserbündeln* (Abb. 31 B) zusammen, die noch mit bloßem Auge — z. B. Fasern des gekochten Rindfleisches — gut sichtbar sind. Die einzelnen *Muskelfasern* eines Bündels (Abb. 31 C) sind einige bis viele cm lange Zellen bei einem Durchmesser von 10 bis 100 $\mu$m (1 $\mu$m = 1/1000 mm) Durchmesser. Sie durchlaufen meist die Gesamtlänge des Muskels und gehen an beiden Enden in die bindegewebigen Sehnen über. Bei mikroskopischer Betrachtung zeigen Muskelfasern eine charakteristische Querstreifung, verursacht durch die in der Faser längs verlaufenden *Myofibrillen* (Abb. 31 D), die streng geordnet nebeneinanderliegen. Die Querstreifung der Myofibrillen wird dadurch erzeugt, daß in ihnen das Licht stark doppelbrechende und schwach doppelbrechende Anteile regelmäßig aufeinander folgen und im durchfallenden Licht die stark doppelbrechenden Streifen dunkler als die weniger doppelbrechenden erscheinen. Sie sind entsprechend in Abb. 31 D als *anisotrope A-Bänder* und als *isotrope I-Bänder* bezeichnet. In der Mitte des I-Bandes liegt ein dünner dunkler Streifen, *Z-Scheibe* genannt. Die Strecke zwischen zwei Z-Scheiben wird als *Sarkomer* bezeichnet und ist die kleinste funktionelle Einheit der Myofibrille (DUDEL 1977, 132 ff.).

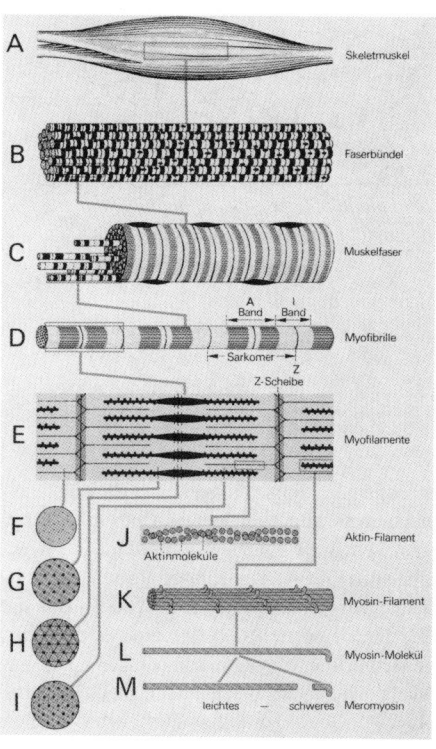

Mit Hilfe des Elektronenmikroskops (HUXLEY/NIEDERGERKE 1954; HUXLEY 1963) kann die Feinstruktur des Sarkomers weiter aufgelöst werden (Abb. 31 E-I). Es zeigt sich dabei, daß aus der Z-Scheibe in beide Richtungen *dünne Filamente* in die Sarkomermitte hineinragen. Im mittleren Teil des Sarkomers liegen zwischen den dünnen Filamenten *dicke Filamente* (Abb. 31 E). Querschnittsaufnahmen zeigen (Abb. 31 F-I) eine regelmäßige kristallähnliche Anordnung der dünnen und dicken Myofilamente. Durch chemische Analysen wurde nachgewiesen, daß die dünnen Filamente vorwiegend aus dem *globulären Eiweiß Aktin* (Abb. 31 J) bestehen, während die dicken Filamente aus langgestreckten Eiweißmolekülen — dem Myosin — zusammengesetzt sind (Abb. 31 K-M) (DUDEL 1977, ebenda).

Dieses gesicherte Wissen über die *festen Bausteine des Muskels* wird ergänzt durch Kenntnisse über die im Muskelplasma gelösten Stoffe, deren Wechselwirkung die Bereitstellung der für Muskelaktionen erforderlichen chemischen Energie gewährleistet. Über die *Kinetik der chemischen Prozesse* ist auf der Basis zahlreicher Experimente eine Theorie des Muskelstoffwechsels entstanden, die nahezu täglich modifiziert und erweitert wird (CIVAN / PODOLSKY 1966; SOBIESZEK 1982; WHITE / THORSON 1973). Das gleiche gilt für die Theorie der Umwandlung chemischer Muskelenergie in die mechanische Energie des sarkomeren Verkürzungsvorganges (SUGI / POLLACK 1977), der weiter unten beschrieben wird.

*Abb. 31: Feinstruktur des Skelettmuskels (DUDEL 1977, 136).*

Jeder **Verkürzung des Skelettmuskels** liegt die Verkürzung vieler in Reihe und parallel „geschalteter" Sarkomere zugrunde. Nach der Gleitfilamenttheorie (HUXLEY / NIEDERGERKE 1954; HUXLEY / SIMMONS 1971) bleibt während der Verkürzung die Länge der Myosin-

und Aktinfilamente konstant, d. h., daß die Längenänderungen der Sarkomere aus einem Aneinandervorbeigleiten von dünnen und dicken Myofilamenten bestehen. Die seit 30 Jahren diskutierte **Querbrückentheorie** (NOBLE / POLLACK 1977) besagt nun, daß der für diesen Gleitvorgang erforderliche Antrieb aus ruderartigen Bewegungen der Myosinfortsätze besteht, die wechselweise am dünnen Filament haften, ziehen, wieder „loslassen" und damit die dünnen Filamente zwischen die dicken ziehen.

In dem von uns vorgeschlagenen **Modell** (Abb. 32) wird darüber hinausgehend die Struktur eines Funktionsmechanismus beschrieben, bei dem eine bekannte physikalische Kraft, nämlich *elektrische Feldkraft,* in potentielle Energie (Federkraft des Myosins) und kinetische Energie (Gleitbewegung der Myofilamente) umgewandelt wird. Die diesem Mechanismus zugrundeliegende Kraft folgt dem Coulomb-Gesetz.

In seiner einfachsten Form besagt das Coulomb-Gesetz, daß sich Teilchen mit gleichnamiger Ladung abstoßen und mit gegensätzlicher Ladung anziehen, wobei die Größe der anziehenden oder abstoßenden Kraft nach Größe und Abstand der Ladungen bestimmt ist. Es gilt: Je größer die Ladung und je geringer der Abstand, um so größer die Kraft. Dieses Gesetz über elektrische Feldkräfte ist in allen Dimensionen gültig, also auch im biomolekularen Bereich.

Im Modell der Abb. 32 ermöglichen die strukturellen Bedingungen eine Summierung der winzigen Feldkräfte um die beteiligten Ionen zu makroskopisch wirksamen Kräften. Eine dieser Bedingungen ist die regelmäßige Anordnung der Myosinköpfe an den dicken Filamenten und ihre periodische Relation zu den Kontaktstellen an den dünnen Filamenten. Dies bestimmt im aktivierten Muskel weitgehend die Dynamik der Aktionszyklen der Querbrücken.

Der *Aktionszyklus einer Querbrücke* hängt ab vom Aufbau des Myosins und des dünnen Filaments sowie von den Ladungsbedingungen, die sich unter Einwirkung der beteiligten Ionen — das sind geladene Atome oder Moleküle — verändern. Die Myosinbrücken bestehen aus elastischen *Hälsen* und *Doppelköpfchen* mit enzymatisch hochaktiven Zentren, in denen die wichtige Spaltung des

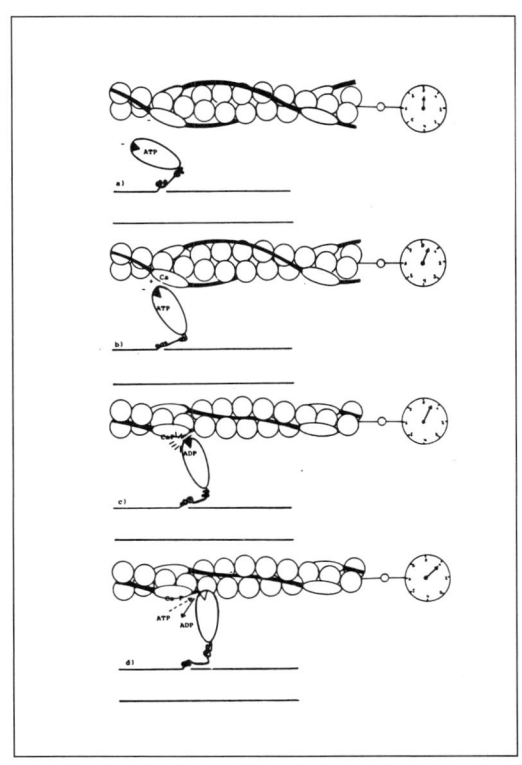

*Abb. 32: Querbrückenmodell mit elektrostatischer Wechselwirkung (a — nicht aktivierter Muskel, b-d — Phasen eines Aktionszyklus) (LEHNERTZ 1984, 30).*

„Energiemoleküls" ATP (Adenosintriphosphat) in ADP (Adenosindiphosphat) und $P_a$ (anorganisches Phosphat) erfolgt. Die doppelsträngige „Perlenkette" des dünnen Aktin-filaments ist in regelmäßigen Abständen mit einem negativ geladenen Protein bestückt, das *Troponin* genannt wird (HITCHCOCK 1981; HITCHCOCK / ZIMMERMANN 1981). Zwischen den Troponinen befinden sich längliche Eiweiße mit dem Namen Tropomyosin.

Wichtigste Ionen für die Muskelmechanismen sind $ATP^{--}$ und $Ca^{++}$ (Calcium); (WEBER / WINICUR 1961; WEBER / MURREY 1973). Abbildung 32 a zeigt die Verhältnisse im nichtaktivierten Muskel, die dadurch gekennzeichnet sind, daß die Troponinstellen von einem negativen Feld umgeben sind und die Myosinköpfchen durch die „Belegung" mit ATP (genaugenommen mit einem Magnesium-ATP-Komplex) ebenfalls. Daraus resultiert eine abstoßende Kraft zwischen Troponin und Myosin, und es existiert ein „Gleitpolster", vergleichbar mit den Bedingungen einer Magnetkissenbahn. Ein solcher Muskel läßt sich deshalb ohne Widerstand leicht „auseinanderziehen". Dies ändert sich, wenn der Muskel erregt wird. Dann strömen nämlich Calciumionen ($Ca^{++}$) in die Sarkomere und besetzen die Troponine (WEBER / MURREY 1973).

Über die Einzelheiten der nach der Calcium-Troponin-Fusion ablaufenden Mechanismen gibt es unterschiedliche Vorstellungen, wobei die meisten Modelle einen Kontakt zwischen dem ATP-Myosin-Komplex des dicken und dem Aktin des dünnen Filaments postulieren. In diesen Modellen hat Calcium lediglich die Funktion, über die Bindung mit Troponin die Tropomyosinblockade am Aktin zu entsperren. Dagegen sprechen aber neuere Befunde aus biochemischen Experimenten. Deshalb haben wir in unserem Modell die tradierten Modelle in einem wesentlichen Punkt modifiziert.

Nach unseren Vorstellungen wird als Folge des Calciumkontakts Troponin „umgeladen", und es entsteht eine anziehende Feldkraft zum Myosin-ATP-Komplex. Daraus resultiert er-stens *eine Annäherung des Myosindoppelköpfchens ans Troponin* — wodurch nach dem Coulomb-Gesetz die Feldkraft wächst — und zweitens eine *Speicherung von Spannungs-energie* (Federkraft) im elastischen Myosinhals (Abb. 32 b). Im weiteren Verlauf gerät das im Myosinköpfchen gebundene ATP so weit in den Wirkungsbereich des am Troponin haf-tenden Ca (LEHNERTZ 1987a, 44-46), daß es sich schlagartig in ADP und $P_a$ spaltet (Abb. 32 c). Als Folge springen ADP-Myosin weg vom Troponin und das Myosindoppelköpfchen haftet (unter Verlust des ADPs) — wie eine Klammer an der Leine — kurzzeitig am Aktin (Abb. 32 d). Nach Aufnahme eines neuen ATPs in die aktiven Zentren löst sich das Myosin vom Aktin und ist wieder bereit für einen neuen Zyklus (Abb. 32 a).

Entscheidend für die **Größe der Kraft,** die eine Muskeleinheit abgeben kann, ist die Anzahl der elektromagnetischen Kraftschlüsse zwischen ATP-Myosin und Calcium-Troponin, be-vor das terminale Phosphat unter Einwirkung von Calcium vom ATP abgespalten wird. Denn jede Querbrückenbindung ist unmittelbar nach der ATP-Spaltung vorübergehend nicht an der Kraftausübung beteiligt. Da bei einem Muskel, der sich aktiv verkürzt, bei je-dem Querbrückenkontakt an der reaktiven Stelle des dünnen Filaments eine ATP verbrau-chende Reaktion erfolgt, fällt während der Reaktionszeit die jeweilige Querbrücke als Kraftquelle aus. Dies ist einer der Gründe, weshalb ein sich verkürzender Muskel weniger Kraft entwickeln kann als ein unter isometrischen oder exzentrischen Bedingungen akti-vierter (LEHNERTZ 1984; 1988a, 114).

Da der Abstand der Troponine geringer ist als der der Myosine, hat unter *isometrischen Bedingungen* (keine Myofilamentverschiebungen) immer nur etwa eine von 8 ATP-Myosin-brücken reaktionswirksamen Calcium-Troponin-Kontakt. Hingegen besteht bei 2 bis 3 von

8 Querbrücken der kraftwirksame elektromagnetische Kontakt. Unter *exzentrischen Bedingungen* schließlich erfolgt die Begegnung zwischen ATP-Myosin und Calcium-Troponin aus der entgegengesetzten Richtung. In diesem Fall erfolgt keine ATP-Spaltung, womit die elektromagnetische Wechselwirkung bei jedem Brückenkontakt in vollem Umfang erhalten bleibt und kraftwirksam ist. Mit anderen Worten: Bei exzentrischer Arbeitsweise leistet ein aktivierter Muskel erheblichen Widerstand ohne Phosphatverbrauch (ebenda).

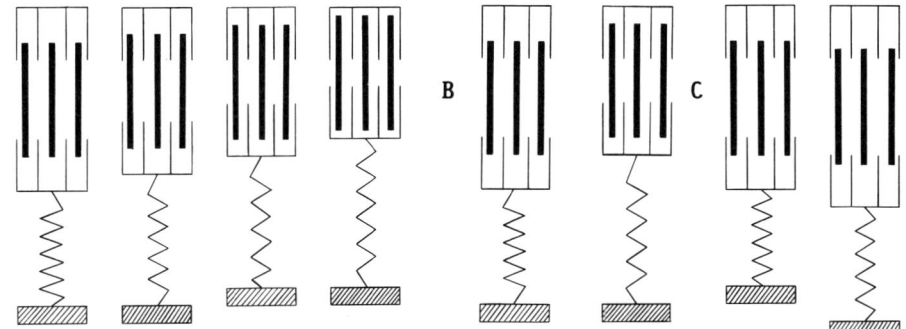

*Abb. 33: A = das Zusammenwirken der kontraktilen und elastischen Elemente bei einer konzentrischen, B = bei einer isometrischen und C = bei einer exzentrischen Kontraktion.*

In der Tabelle 8 sind die oben beschriebenen Arbeitsweisen und Kontraktionsformen des Skelettmuskels noch einmal mit den wesentlichsten Begriffen zusammengefaßt. So zeigen alle Versuche aus dem Bereich der Muskelkraftforschung, daß ein kontrahierender Muskel — abhängig davon, wie groß die jeweils auf ihn einwirkende Gegenkraft ist — sich entweder verkürzt, seine Ausgangslänge beibehält oder länger wird. Begrifflich wird heute unterschieden zwischen **konzentrischer** (Abb. 33 A, der Muskel verkürzt sich), **isometrischer** (Abb. 33 B, Muskellänge bleibt konstant) und **exzentrischer** (Abb. 33 C, der Muskel wird gedehnt) **Kontraktionsform** bzw. *positiver, statischer und negativer Arbeitsweise* (Tab. 5). Wird durch entsprechende Reizung ein Muskel zu seiner maximal möglichen Kontraktion stimuliert, sind die dabei entwickelten Kraftspitzen und auch andere Meßwerte von den Gegenkräften und somit von der Längenänderung oder -konstanz des Muskels abhängig.

*Tabelle 8: (oben) Arbeitsweisen und Kontraktionsformen des Skelettmuskels, (unten) Kraftbildung, Energieumsatz und EMG-Aktivität bei unterschiedlichen Kontraktionsformen (LEHNERTZ 1988b, 48).*

| Muskellänge | Arbeitsweise | | Kontraktionsform | |
|---|---|---|---|---|
| kürzer | positiv | | konzentrisch | |
| konstant | statisch | | isometrisch | |
| länger | negativ | | exzentrisch | |
| **Kraft** | konzentrisch | < isometrisch | < | exzentrisch |
| **Energie** | konzentrisch | > isometrisch | > | exzentrisch |
| **EMG** | konzentrisch | > isometrisch | > | exzentrisch |

Wenn man davon absieht, daß die Körperhaltung im wesentlichen durch isometrische Muskelkontraktion aufrechterhalten wird, so sind bei sportbezogenen Bewegungen Verbindungen zwischen konzentrischer und exzentrischer Kontraktionsform die häufigste Art der Kraftbildung. In der Regel werden nämlich Muskeln bzw. Muskelgruppen, die in einer bestimmten Bewegungsrichtung agieren (sog. _Agonisten_) durch ihre muskulären Gegenspieler (die _Antagonisten_) gedehnt (Ausholbewegungen). Dabei kontrahieren vor dem Umkehrpunkt die Agonisten _exzentrisch_ und leisten in dieser Phase negative Arbeit. Ähnlich verursacht auch die Wirkung von Schwer- und Trägheitskräften in der gegen„haltenden" Muskulatur negative Arbeit. Wie oben beschrieben ist dadurch eine größere Leistung bei der unmittelbar daran angeschlossenen positiven Arbeit der dann _konzentrisch_ arbeitenden Muskeln zu erzielen. Muskeln, die gemeinsam in der gleichen Richtung Kraft bilden, werden auch als _Synergisten_ bezeichnet.

### 3.2.3.3 Muskelinnervation und Muskelfasertypen

Die neuronale Basis für jede muskuläre Kraftentfaltung sind _neuronale Erregungsprozesse_ (Innervationen), die im Zentralnervensystem (ZNS) entstehen und über Nervenbahnen und Umschaltstellen als elektrische Signale zum Muskel gelangen. Dort führen sie über die in den vorangehenden Abschnitten beschriebenen Prozessen zur Muskelarbeit.

Die elektrischen Impulse, die mittels des peripheren Nervensystems zum Skelettmuskel gelangen, werden _Aktionspotentiale_ genannt. Sie werden von speziellen Nervenzellen im Rückenmark — den _Motoneuronen_ — ausgesandt und über _Nervenfasern_ (Axone) zur _Muskelzelle_ (Muskelfaser) geleitet. Dabei erregt jeweils ein Motoneuron mehrere Muskelfasern. Die Spanne reicht von 5 bis zu 2000 Muskelfasern pro Motoneuron. Ein Motoneuron mit seinem Axon, den Axonenverzweigungen und den angeschlossenen Muskelfasern wird **motorische Einheit** genannt (Abb. 34). Eine motorische Einheit ist die kleinste „autonome" Untergliederung im Nerv-Muskel-System. Sie kann isoliert aktiviert werden.

Die Kraft, die ein Muskel jeweils bildet, ist die Summe der Kraftwerte, die jede einzelne motorische Einheit erzeugt. _Dabei wird die Kontraktionskraft der einzelnen Einheit über die Entladungsfrequenz des Motoneurons geregelt._ Diese beiden Mechanismen zur Regulierung der Muskelkraft bezeichnet man als _neuronale Rekrutierung_. Daneben wird noch von _mechanischer Rekrutierung_ gesprochen. Dieser Begriff bezieht sich im wesentlichen auf den Prozeß der elektromechanischen Kopplung.

**Neuronale Rekrutierung** bedeutet die fortlaufende Einbeziehung von neuen, bis dahin nicht aktiven Einheiten in den muskulären Arbeitsprozeß. Nach dem erstmals von HENNEMANN (1965) postulierten Rekrutierungsprinzip werden die motorischen Einheiten immer in der gleichen Reihenfolge aktiviert: bei _niedrigen Kraftwerten_ arbeiten nur die _kleinen, langsamen Einheiten_ während bei _stärkeren Kontraktionen_ zunehmend auch _größere, kräftigere_ und _schnellere Einheiten_ aktiv werden.

Für jede motorische Einheit läßt sich eine _Rekrutierungsschwelle_ definieren als derjenige Kraftwert, bei dem sie das erste Mal aktiv wird. Dieser Schwellenwert korreliert eng mit der Größe des Motoneurons, der Leitungsgeschwindigkeit des Axons und der potentiellen Kraft der Einheit. Deshalb liefern motorische Einheiten mit einer höheren Rekrutierungsschwelle einen größeren absoluten Kraftzuwachs als kleinere. Demgegenüber ist der relative Zuwachs bei allen motorischen Einheiten ungefähr gleich. Damit ermöglicht dieses Rekrutierungsprinzip eine gleichmäßig abgestufte Regelung der Kontraktionskraft eines Muskels (MÜLLER 1987, 9).

An dieser Stelle soll noch einmal auf den Unterschied zwischen neuronaler und mechanischer Rekrutierung aufmerksam gemacht werden: Eine motorische Einheit gilt dann als neuronal rekrutiert, wenn sie — unabhängig vom Kraftwert — überhaupt aktiv wird. Unter mechanischer Rekrutierung hingegen wird der Prozeß der mechanischen Koppelung verstanden. Wie aus den vorangegangenen Ausführungen zu entnehmen ist, erfolgt die mechanische Rekrutierung in Abhängigkeit von Umfang und Intensität der neuronalen Rekrutierung und den den aktivierten Muskelfasern entgegenwirkenden Widerständen.

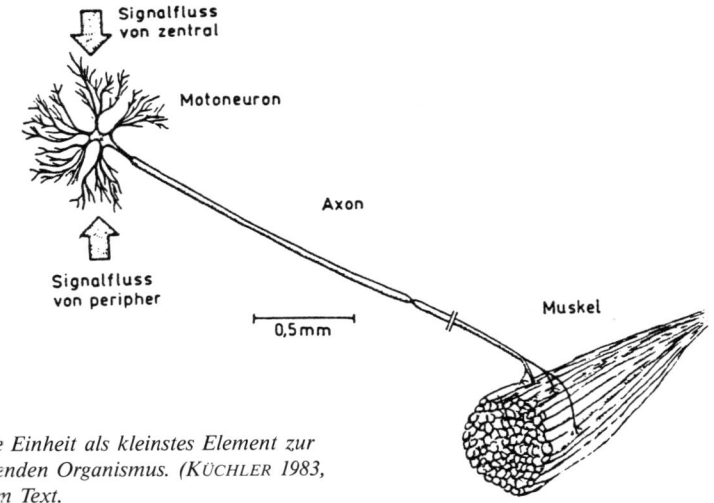

*Abb. 34: Motorische Einheit als kleinstes Element zur Kraftbildung im lebenden Organismus. (KÜCHLER 1983, 41). Erläuterungen im Text.*

Obwohl alle Skelettmuskelfasern grundsätzlich nahezu die gleiche Struktur haben, bestehen doch gewisse histochemische Differenzierungen sowie unterschiedliche Ausprägungen bestimmter struktureller Komponenten. Funktionell schlägt sich das zum Beispiel darin nieder, daß an verschiedenen menschlichen Muskeln die Kontraktionszeiten zwischen 25 ms bis 199 ms variieren.

Aufgrund der beobachteten unterschiedlichen mechanischen Eigenschaften einzelner Muskelfasern innerhalb eines Skelettmuskels und weiterer funktioneller, morphologischer und histochemischer Merkmale erfolgte eine Unterteilung in *langsame* und *schnelle Fasern.* Diese Grobeinteilung wird auf der Basis tierexperimenteller Untersuchungen weitergehend differenziert. So bestehen innerhalb des Spektrums der schnellen Fasern Unterschiede hinsichtlich *Ermüdbarkeit* und *Gehalt an Mitochondrien* bzw. *oxidativen Enzymsystemen.* Dies führt zu der Unterteilung in einen **ermüdbaren schnellen Fasertyp** (FF = fast twitch fatiguable bzw. FG = fast twitch glycolytic) und einen relativ **ermüdungsresistenten schnellen Fasertyp** (FR = fast twitch fatigue resistent bzw. FOG = fast twitch oxidative glycolytic) (KÜCHLER 1983, 44 f.).

Die schnellen Muskelfasern unterscheiden sich von den langsamen durch zwei Dinge: Erstens haben schnelle Muskelfasern ein *Myosin,* das schneller ATP umsetzt als das Myosin in den langsamen Muskeln. Zweitens ist das *sarkoplasmatische Retikulum* in schnellen Fasern stärker und regelmäßiger ausgebildet als in langsamen Fasern. Dadurch ist das sog. „Calcium-Handling" (RÜEGG 1987) verbessert: Die Geschwindigkeit, mit der das sarkoplasmatische Retikulum Ca-Ionen aufnimmt, liegt bei schnellen Fasern 5- bis 6mal höher als in langsamen Fasern. Dies bedeutet schnellere mechanische Rekrutierung und eine kürzere Erschlaffungszeit. Darauf kommen wir im Abschnitt 3.3 noch zurück.

### 3.2.4 Leistungsdiagnostische Verfahren zur Bestimmung der Kraftfähigkeiten

Für das Krafttraining hat die Leistungsdiagnostik folgende *Aufgaben:*

— Das *Bestimmen des gegenwärtigen Leistungszustandes,* bzw. von Komponenten dieses Zustandes, zum interindividuellen Leistungsvergleich innerhalb einer Trainingsgruppe zu einem bestimmten Zeitpunkt.

— Das *Analysieren der Veränderungen von Komponenten des Leistungszustandes* im zeitlichen Verlauf des Trainings, um die Leistungsentwicklung zu dokumentieren.

— Das *Erkennen von Wechselwirkungen* einer Einflußgröße des Leistungszustandes auf eine andere, um feststellen zu können, welche Zusammenhänge beispielsweise zwischen einer Veränderung der konzentrischen Maximalkraft der Beinstreckmuskulatur und der Sprint- oder vertikalen Sprungkraftleistungen bestehen.

— Zur *Bestimmung der genauen Widerstandslast* (Belastungsintensität) für die unterschiedlichen Trainingsmethoden.

Wir wollen an dieser Stelle keinen Rückgriff auf die Testtheorie nehmen, sondern nur auf die entsprechende Literatur zu dieser Thematik verweisen (BALLREICH 1970; WURDEL 1972; WILLIMCZIK u. a. 1977; GROSSER / STARISCHKA 1981; LETZELTER / LETZELTER 1983; NEUMAIER 1983).

Im Krafttraining werden zur Leistungsdiagnostik „biomechanische Untersuchungsmethoden" und „sportmotorische Tests" durchgeführt. Erstere leisten eine *Feindiagnose,* sportmotorische Tests sind „Gebrauchstests" zur *Grobdiagnose.* Beide Verfahren müssen immer unter standardisierten Bedingungen durchgeführt werden, sonst sind die ermittelten Ergebnisse nicht untereinander vergleichbar. Standardisierung heißt, daß die Bedingungen der Durchführung in allen Phasen der Tests, die Auswertung und Interpretation, für alle Testwiederholungen eindeutig und einheitlich festzulegen sind (BALLREICH 1970, 17). Ein anderer Gesichtspunkt ist, daß die Testübungen möglichst solche Übungsformen sein sollten, die in der betreffenden Sportart auch Anwendung im Krafttraining finden. Im folgenden sollen einige Möglichkeiten der Leistungsdiagnostik aufgezeigt und interpretiert werden.

#### 3.2.4.1 Bestimmung der Muskelleistungsschwelle

Da Krafteinsätze im Rahmen sportlicher Techniken in Form von Kraftstößen zu leisten sind, wird — wegen der oft begrenzten Antriebsdauer und dem begrenzten Antriebsweg — die *maximale Muskelleistung* zur entscheidenden Leistungskomponente. Denn die Leistung ist das Maß für die Geschwindigkeit mit der eine Kraft Arbeit verrichtet (Abschnitt 3.2.1). Für die Zukunft, d. h. wenn Geschwindigkeitsmessungen der Lastbewältigung an verschiedenen Krafttrainingsgeräten möglich werden, scheint uns die *Bestimmung der*

Muskelleistungsschwelle (MLS) als das geeignetste Verfahren für die Leistungsdiagnostik im Kraftbereich zu werden.

Die maximale Muskelleistung wird bei einem optimalen Verhältnis von zu bewältigender Last und der Geschwindigkeit der bewegten Last erreicht (Abb. 35). Da es bei den meisten sportlichen Bewegungen nicht darauf ankommt, die größtmögliche Last zu bewegen, sondern entweder (bei Schnellkraftsportarten) eine möglichst hohe Muskelleistung zu realisieren oder (bei Dauersportarten) eine mittlere Leistung möglichst lange zu halten, scheint uns *das Messen der Muskelleistung auch als die wichtigste Meßgröße zur Bestimmung der Kraftfähigkeit und zur Bemessung der Belastungsintensität bei Methoden des Krafttrainings zu sein.* LEHNERTZ / AMPUS (1988) haben ein Verfahren vorgestellt, mit dem über die Ermittlung der Impulsänderung einer beschleunigten Last die sog. Muskelleistungsschwelle (MLS) errechnet werden kann.

---

Definition:

Als **Muskelleistungsschwelle** (MLS) wird der Kulminationspunkt in der Leistungs-Last(Gewicht)-Kurve bezeichnet. Die Last (das Gewicht) mit der die maximale Leistung erreicht wird, heißt Schwellenlast (-gewicht).

---

Die Abbildung 36 zeigt den Versuchsaufbau zur Ermittlung der individuellen Leistungscharakteristik beim Bankziehen: Der Proband liegt in Bauchlage auf einem gepolsterten Brett so hoch vom Boden entfernt, daß er mit gestreckten Armen eine Langhantel greifen kann. Die Langhantel muß mit „aller Kraft" (maximalem Willenseinsatz) zur Brettunterkante hochgezogen werden. Oberhalb der Hantelstange befinden sich Infrarotlichtschranken, mit denen die Zeit gemessen wird, die die Hantelstange zum Passieren der Wegstrecke zwischen den Lichtschranken benötigt. Zur Ermittlung der maximal möglichen Muskelleistung werden mit einer stufenweisen Steigerung um 10 kg jeweils 6 Versuche absolviert. Für die Auswertung wird das rechnerische Zeitmit-

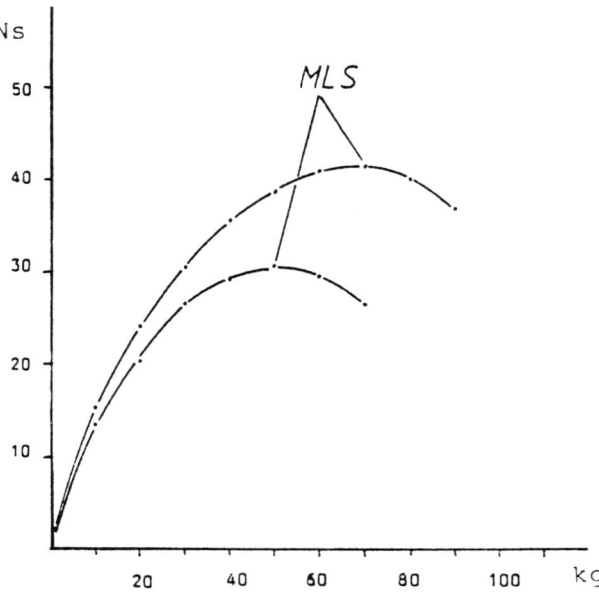

*Abb. 35: Charakteristik der Muskelleistungskurve (ermittelt über den Impuls der beschleunigten Masse) zweier Probanden mit den Muskelleistungsschwellen — indiziert durch den Impuls — bei 42 Ns und 30 Ns und den Schwellengewichten von 50 und 70 kg. Die Muskelleistungskurve wurde beim Bankziehen (Abb. 36) ermittelt.*

tel aus den 5 Bestversuchen berücksichtigt und über die Wegstrecke und die gehobene Last der Impuls (Impuls = Masse mal Geschwindigkeit) errechnet. Aus den ermittelten Impulsänderungen für jede Last kann man dann die Muskelleistungskurve (Abb. 35) ermitteln und feststellen, mit welcher Last (kg) der höchste Impuls erreicht werden konnte.

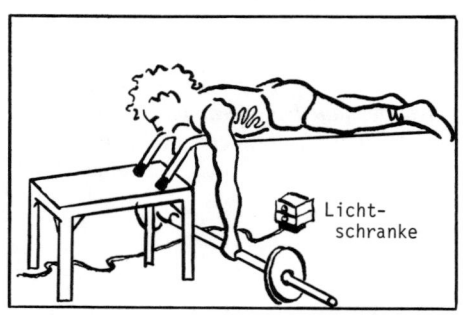

Die Veränderung der Muskelleistungsschwelle im Verlaufe des Trainingsprozesses gibt ein genaues Maß der Kraftentwicklung. Ferner ist die Bestimmung der *Belastungsintensität* über sie besser möglich als über die Messung der isometrischen und konzentrischen Maximalkraftwerte, da diese teilweise nur schwer (und bei den isometrischen sehr schmerzhaft) zu ermitteln sind — und, wie die Erfahrung lehrte, äußerst motivationsabhängig sind.

*Abb. 36: Versuchsaufbau zur Ermittlung der Muskelleistungsschwelle (MLS) beim Bankziehen.*

### 3.2.4.2 Kraftbestimmungen anhand von Kraft-Zeit-Kurven

Die biomechanische Kraftdiagnostik stützt sich gegenwärtig im wesentlichen auf die Registrierung von **Kraft-Zeit-Kurven.** Mit ihnen lassen sich folgende Einflußgrößen des Kraftverhaltens oder der Muskelleistung ermitteln: (1) *isometrische Maximalkraft;*

(2) *Kraftstoß* $I = \int_{t_o}^{t_1} F\,dt$

(3) *Startkraft- und Explosivkraftverhalten;* (4) *exzentrischer Maximalkraftwert;* (5) *Kraft-Zeit-Verläufe im Dehnungs-Verkürzungs-Zyklus;* (6) *Absprungsgeschwindigkeiten* (in m/s); (7) *Kraftspitzen der konzentrischen Maximalkraft* ($F_{max}$) u. a.

Anlagen zum Registrieren von Kraft-Zeit-Kurven sind apparativ-elektronische Koppelungen von Kraftmeßplatten oder Kraft- bzw. Beschleunigungsaufnehmern mit Personal-Computern, Monitor und Drucker. Diese Diagnosemöglichkeiten stehen gegenwärtig in mehreren Einrichtungen und Institutionen zur Verfügung.

Kraftdiagnosen mittels Kraft-Zeit-Kurven sind deshalb so bedeutsam, weil bei sportlicher Bewegung die Kraft während ihrer dynamischen Wirkung niemals konstant ist. Es handelt sich dabei generell um veränderliche Kräfte. In diesen Kraft-Zeit-Kurven werden Beziehungen zwischen der aufgewendeten Kraft (F) und den beiden Zeitpunkten ($t_1$—$t_2$) sichtbar gemacht und damit die Verläufe der Kraft in der Zeit registriert. Das folgende Beispiel (Abb. 37) zeigt das Zeitintegral der Kraft unter der Kraftkurve eines Kraftstoßes zwischen $t_0$ und $t_1$.

Anhand weiterer Beispiele sollen einige Diagnosemöglichkeiten der Kraft auf der Basis von Kraft-Zeit-Kurven dargestellt werden. Das erste Beispiel zeigt den Kraftverlauf bei einem **Strecksprung mit Auftaktbewegung** (Abb. 38). Die Kurve ist wie folgt interpretierbar: Zu Beginn der Bewegung ($t_0$) entspricht die Kraft (F) der Gewichtskraft des Pbn. Durch die nachgebende Gelenkbeugung kommt es zu einer Abwärtsbeschleunigung des Körperschwerpunktes (KSP), die ihren größten Wert bei $t_1$ hat, dann bei $t_2$ wieder den Ausgangswert erreicht. Bei $t_4$ wird die größte Kraft mit der größten Beschleunigung erreicht, wobei zu diesem Zeitpunkt Fuß-, Knie- und Hüftgelenk noch relativ stark gebeugt sind und sich erst am Anfang der Streckung befinden. Zwischen $t_4$ und $t_5$ nimmt die nach oben gerichtete Kraft zwar ständig ab, der KSP erreicht jedoch hier die größte Geschwindigkeit. Zum Zeitpunkt $t_5$ wird G (Gewicht) wieder geschnitten und bei verlassen des Bodens bei $t_6$ erreicht F den Wert Null.

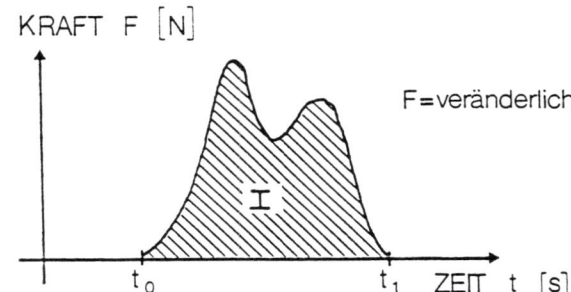

*Abb. 37: Kraftstoß (engl. Impact) I bei veränderlicher Kraft F während einer Zeit t ($t_1$—$t_0$) (nach* BAUMANN *1978, 25).*

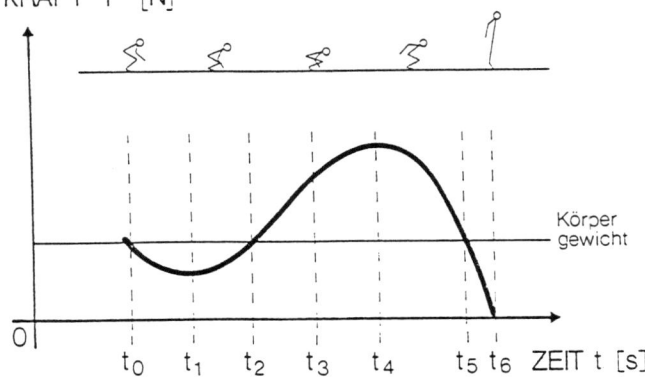

*Abb. 38: Vertikalkraft F bei einem Strecksprung aus der Hockstellung mit Auftaktbewegung und Armschwung rückwärts* (BAUMANN *1978, 27).*

Die nächste Kraft-Zeit-Kurve zeigt Ergebnisse der **isometrischen Maximalkraft,** erhoben mit einem Beinkraftmeßgerät (Abb. 39). Sie wird unter statischen Bedingungen gegen einen unüberwindlichen Widerstand gemessen. Die Parameter der hier beispielhaft vorgestellten Kraft-Zeit-Kurve sind (1) der realisierte Kraftspitzenwert (KMI), (2) die größte Anstiegssteilheit (EXI) als Indiz für die Explosivkraft und (3) der Kraftwert, der 50 ms nach Kontraktionsbeginn erreicht wurde und als Startkraft (STI) bezeichnet wird. Ferner werden die dazugehörigen Zeitparameter dargestellt. Die Messung der isometrischen Maximalkraft beschreibt den höchsten realisierten Kraftwert bei maximaler Willkürkontraktion. Daneben können dabei auch, wie die Kraft-Zeit-Kurve ausweist, zwei Komponenten der Schnellkraft, die *Startkraft* und die *Explosivkraft* ermittelt werden (Abschnitt 3.2.2.2). Startkraft kennzeichnet die Fähigkeit des neuromuskulären Systems, vom Anfangsmoment der Anspannung an eine möglichst große Kraft in kürzester Zeit (hier 50 ms) zu entwickeln.

Explosivkraft verweist auf die Fähigkeit des neuromuskulären Systems, einen begonnenen Spannungsanstieg maximal schnell in hohe Kraftwerte umzusetzen (SCHMIDTBLEICHER 1984, 1787 f.)

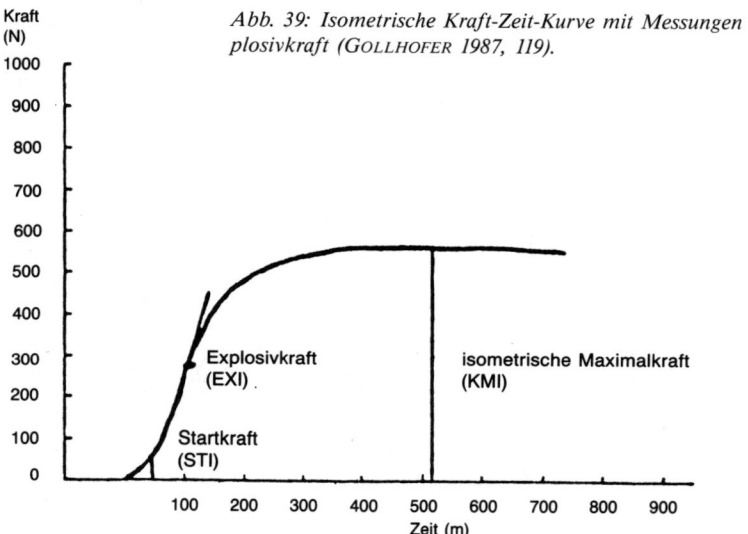

Abb. 39: Isometrische Kraft-Zeit-Kurve mit Messungen der Start- und Explosivkraft (GOLLHOFER 1987, 119).

Das letzte Beispiel zeigt Messungen der **Reaktivkraft** bei Tiefsprüngen aus einer Höhe von 1,10 m und von 0,50 m auf eine Kraftmeßplatte mit sofortigem Absprung (Abb. 40). Dabei werden aus dem Kraftverlauf die exzentrische, die konzentrische Kraftspitze und die Kontaktzeiten auf dem Boden ermittelbar.

### 3.2.4.3 Der Zweiphasen-Test zur Bestimmung der Kraftausdauer

Im Abschnitt 3.2.2.4 haben wir ein neues Kraftausdauerverständnis, als Ergebnis unserer Forschungen auf diesem Gebiet, beschrieben. Danach verstehen wir *Kraftausdauer* als die Kraftfähigkeit, die eine definierte Muskelleistung (hier indiziert über die Impulshöhe) über einen bestimmten Zeitraum, mit bestimmter Übungsfrequenz bei möglichst

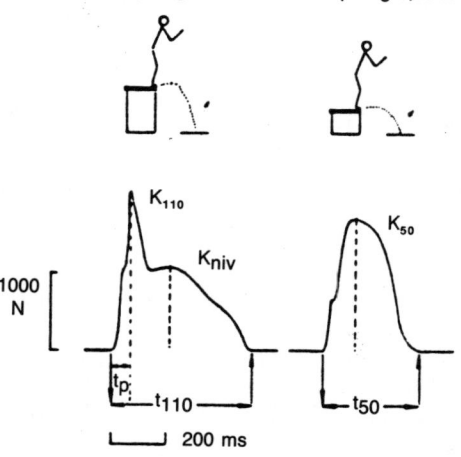

Abb. 40: Kraft-Zeit-Kurven von Absprüngen nach Tiefsprüngen aus 1,10 und 0,50 m Höhe (SCHMIDT-BLEICHER / GOLLHOFER 1985, 274).

kleiner Verringerung der Impulshöhe aufrechterhalten kann (Abschnitt 3.2.2.4). Zur Messung der Kraftausdauer haben wir den **Zweiphasen-Test** entwickelt.

In der ersten Phase wird die *Muskelleistungsschwelle* ermittelt (Abschnitt 3.2.4.1). Das dabei erreichte Schwellengewicht dient als Testgewicht für die zweite Phase. Nach dem Beispiel der Abb. 35 ist das Schwellengewicht in einem Fall 50 kg, im zweiten 70 kg. Als Testübungen lassen sich bei uns inzwischen das „Bankziehen" (Abb. 36) und das „Beinausstoßen aus dem Sitzen" (Abb. 41) durchführen.

In der zweiten Phase wird die *Verringerung der Impulshöhe* nach dem folgenden Testverfahren gemessen und errechnet: Die Probanden bewegen durch „Bankziehen" oder „Beinausstoßen" das in der ersten Phase ermittelte Testgewicht 24mal in einer Minute, in Intervallen von genau 2,5 Sekunden (digitales Signal), mit optimaler Geschwindigkeit. Mit den Testgeräten und den definierten Testübungen können aufgrund der Meßeinrich-

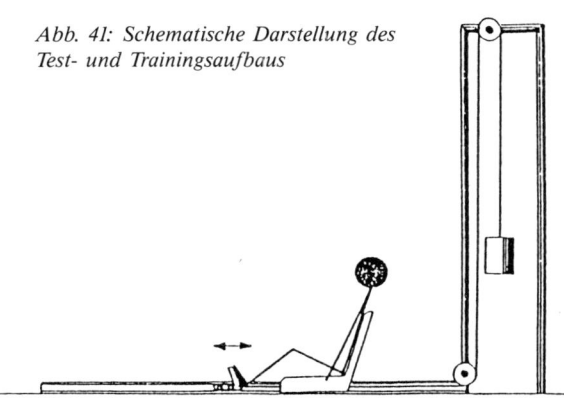

*Abb. 41: Schematische Darstellung des Test- und Trainingsaufbaus*

tungen die drei erforderlichen Parameter — *Arbeitsweg* (m), *Gewicht* (kg), *Geschwindigkeit* (m/s) — erhoben werden, um den Impuls und seine zeitliche Veränderung zu berechnen. In der nachfolgenden Tabelle sind die Werte zweier Pbn (junge Ruderer) eines solchens Tests gegenübergestellt:

*Tabelle 9: Als Vergleichswerte wurden zusätzlich die isometrische und konzentrische Maximalkraft gemessen. Der Kraftausdauerquotient ergibt sich aus mittlerem Impuls (Ns): rechnerische Verringerung (%). Die Werte entstammen der Testprüfung „Beinausstoßen" (Abb. 41).*

| Pb | isometr. Maximal- kraft (kp) | konzentr. Maximal- kraft Indik. (kg) | Gewicht an MLS (kg) | max. Impuls (Ns) | mittl. (x) Impuls (Ns) | rechn. Ver- ringerung des Impulses (%) |
|---|---|---|---|---|---|---|
| TF | 311,2 | 290 | 141,5 | 155,6 | 123,1 | 20,9 |
| AH | 270,6 | 260 | 136,5 | 154,9 | 146,1 | 5,7 |

Wie aus den Werten der Tabelle 9 hervorgeht, haben beide Pbn unterschiedliche Maximalkraftfähigkeiten, die allerdings bei dieser Bewegung unterschiedlich in Muskelleistungen (Impulshöhen) umgesetzt werden. Denn, Pb AH erreicht mit geringeren Maximalkraftfähigkeiten mit etwa dem gleichen Schwellengewicht nahezu die gleiche maximale Impulshöhe an seiner Muskelleistungsschwelle wie Pb TF, obwohl dieser über die bessere Maximalkraftbasis verfügt. Gründe mögen in einer besseren neuromuskulären Qualität von AH zu suchen sein. Ein erheblicher Unterschied wird bei beiden auch in ihren Kraftausdauerfähigkeiten gezeigt. Bei Pb TF verringert sich die Impulshöhe beim Test um 20,9 %, bei

Pb AH jedoch nur um 5,7 %. Er hält einen hohen Impuls länger aufrecht. Diese unterschiedliche Verringerung zeigt sich auch beim mittleren Impuls (x). Das hier dargestellte Beispiel deutet darauf hin, daß die Kraftausdauerfähigkeit vermutlich eine eigene Qualität darstellt, wobei die Maximalkraft nur eine Komponente ist. Bei 22 Pbn (Ruderer/innen und Sportstudenten/innen) zeigte sich im Rahmen dieser Untersuchung eine Verringerungsspannweite von 3,3 % bis zu 22,2 % bei einem Mittelwert von 13,8 % und einer Standardabweichung von 5,1 %. Mit diesem Zweiphasen-Test werden Leistungsunterschiede der Kraftausdauerfähigkeiten genau registriert. Leider sind aus apparativen und elektronischen Gründen die Diagnosemöglichkeiten erst für zwei Testübungen gegeben.

### 3.2.4.4 Sportmotorische Tests zur Grobdiagnose der Kraftfähigkeiten

*Grobdiagnosen* von Kraftleistungen werden mit sportmotorischen Tests durchgeführt. In der Literatur (GROSSER / STARISCHKA 1981) findet sich eine Reihe von Tests zur *Sprungkraftmessung* (Sprunggürteltest, Jump and Reach, Dreierhop, Standweitsprung), zur *Wurfkraftmessung* (Medizinballstoßtest, Standwurftest), zur *Kraftausdauerbeurteilung* (Aufbäumen aus der Bauchlage, Aufrichten aus der Rückenlage, Sit-ups, Einbeinhocke, Einbeinkniebeuge, Liegestütz, Klimmziehen) und zur Bestimmung der *konzentrischen Maximalkraft* (wie Bankziehen, Bankdrücken). Die nach unserer Auffassung besonders geeigneten sportmotorischen Testverfahren zur grobdiagnostischen Kraftbestimmung sollen hier vorgestellt werden. Die bislang angewandten Kraftausdauertests lassen kaum Einschätzungen der Kraftausdauerqualität zu.

*Abb. 42: Jump-and-Reach-Test (Differenzsprung) zur Festlegung des vertikalen Sprungdifferenzwertes.*

**Sprungkraftleistungen** sollten hauptsächlich feindiagnostisch gemessen werden. Ermittelt man sie mit sportmotorischen Tests, mit dem Standweitsprung, Sprunggürteltest oder mit dem Jump-and-Reach-Test, können angenäherte Rückschlüsse auf horizontale und vertikale Sprungkraftleistungen gezogen werden. Ein anwendungsfreundlicher Test ist der **Jump-and-Reach-Test** (Differenzsprung) (Abb. 42); mit ihm wird die Differenz zwischen „Greifhöhe im Stand" (ein- oder beidarmig) und „Greifhöhe beim Sprung" auf einer Zentimeterskala gemessen, wobei mit Magnesia präparierte Fingerkuppen die Meßgenauigkeit erhöhen. Für die Aussagegenauigkeit dieses Tests ist es erforderlich, die Absprungposition, das streckende Greifen für die Griffhöhe und die Auftaktbewegung zu standardisieren. Das gilt für ein- und beidbeinige Sprünge, wie für ein- und beidarmiges Greifen. Nur unter standardisierten Bedingungen sind intra-individuelle Leistungsunterschiede registrierbar. Interindividuelle Vergleichswerte, beispielsweise innerhalb einer Trainingsgruppe, eignen sich nur zur tendenziellen Einschätzung evtl. Unterschiede.

Aus einer Kopplung aus *Tiefsprung mit Jump-and-Reach* und dem damit erreichten Differenzwert ergeben sich Rückschlüsse auf das **reaktive Kraftverhalten,** wenn dieser Wert zur erreichten Differenz beim normalen Jump-and-Reach-Test in Beziehung gesetzt wird. Auch für diesen Test gilt: *Standardisierung der Testbedingungen!* (Empfehlungen: bei einbeinigen Sprüngen ist die Sprungtiefe 30—40 cm, bei beidbeinigen Sprüngen 50—70 cm, je nach Leistungsstärke der Testpersonen). Die Einschätzung der **konzentrischen Maximalkraft** dient der Feststellung, wieviel Last (in kg) auf einem *bestimmten Arbeitsweg* gerade noch bewegt werden kann. Das ist mit Hantelübungen (Abb. 44) aber auch an Krafttrainingsgeräten möglich, wenn die Bedingungen standardisiert werden können. Zur Einschätzung der konzentrischen Maximalkraft sollten nur „einfache", auch im Training angewandte Übungsformen herangezogen werden. Die Trainingspraxis hat jedoch gezeigt, daß solche Ermittlungen höchst motivationsabhängig sind und dabei ziemlichen Schwankungen unterliegen.

*Abb. 43: Kopplung von Tiefsprung und Jump-and-Reach (hier einbeinig) nach* KUHLOW *(1972, 21)*

*Abb. 44: Beispiele für das Feststellen der konzentrischen Maximalkraft im „Bankziehen" und „Bankdrücken".*

### 3.2.5  Methoden des Krafttrainings

#### 3.2.5.1 Zusammenhang von Zielen und Methoden

Im Abschnitt 3.2.1 hatten wir bereits darauf hingewiesen, daß mit dem **allgemeinen Krafttraining** zwei Ziele verfolgt werden: (1) *die Verbesserung der Innervationsfähigkeit der Muskulatur,* (2) *die Erweiterung des Energiepotentials der Muskulatur.* Werden diese Zielsetzungen mit den Erscheinungsformen der Kraft (Maximalkraft, Schnellkraft, Kraftausdauer, Reaktivkraft) und den Krafttrainingsmethoden verbunden, ergeben sich die in Abb. 45 aufgeführten Zusammenhänge. Im speziellen Krafttraining müssen die Zielsetzungen erweitert werden.

Das Krafttraining sucht, bezogen auf die jeweilige Zielsetzung, grundsätzlich nach dem

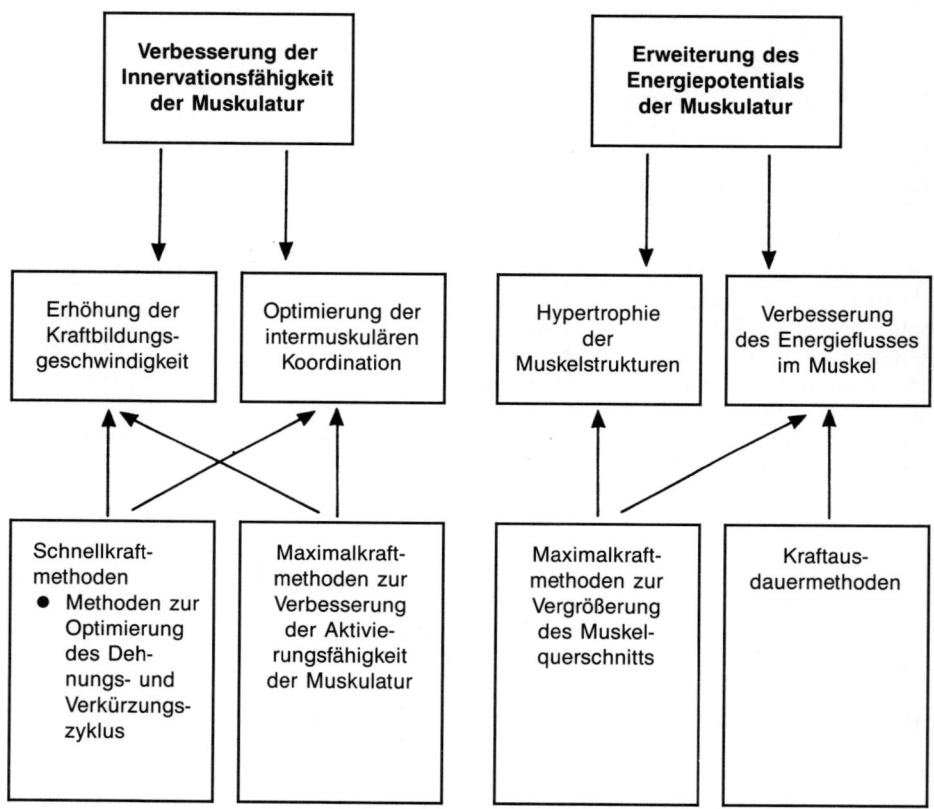

*Abb. 45: Zusammenhang der Ziele und Methoden des allgemeinen Krafttrainings.*

optimalen Trainingsreiz. Deshalb werden die Methoden des Krafttrainings nicht nach ihrer Belastungsstruktur eingeteilt, sondern nach ihrer *Trainingswirkung.* Die *Erweiterung des Energiepotentials* hängt vor allem von der Vergrößerung des Muskelquerschnittes (Maximalkraft) und einer Verbesserung der Kraftausdauer ab; die Verbesserung der *Innervationsfähigkeit* dagegen wird von einer Verbesserung der willkürlichen Aktivierungsfähigkeit der Muskulatur und von der Kraftbildungsgeschwindigkeit (Schnellkraftfähigkeiten) bestimmt. Diese Zusammenhänge können entsprechend des gegenwärtigen Wissensstandes als gesichert gelten.

Bevor wir näher auf die einzelnen Krafttrainingsmethoden und deren Wirkungsrichtungen eingehen, sind übergreifende Methodenprobleme, so die Bedeutung von Komponenten der **Belastungsstruktur** (Abschnitt 3.1.4), zu erörtern.

Die wichtigste Komponente der Belastungsstruktur ist die **Belastungsintensität.** Ihre Festlegung ist insofern schwierig, als ihre Bemessungsgrundlagen entsprechend der jeweiligen

Zielsetzung des Krafttrainings zu differenzieren sind. In der Trainingspraxis hat sich für die Intensitätsbemessung ein praktikables Verfahren durchgesetzt. Hier ermittelt man das mit einer bestimmten Übungsform erreichbare *konzentrische Lastmaximum* (in kg) und bezeichnet es als 100 % der Intensität. Abstufungen werden dann prozentual vorgenommen. Eine solche Bemessung der Intensität ist dann angebracht, wenn als *Trainingsziele* die „Erweiterung des Energiepotentials", d. h. „Hypertrophie der Muskelstrukturen" und „Verbesserung des Energieflusses im Muskel", angestrebt werden (Abb. 45).

Ist das Trainingsziel auf eine „Verbesserung der Innervationsfähigkeit der Muskulatur", also „Erhöhung der Kraftbildungsgeschwindigkeit" und „Optimierung der intermuskulären Koordination", ausgerichtet, ist die Belastungsintensität orientiert am konzentrischen Lastmaximum wenig sinnvoll. Hier sollte — bei Orientierung an beschleunigte Lasten — die maximal mögliche Impulshöhe in Newtonsekunden (Ns) als 100prozentige Belastungsintensität zugrundegelegt werden, denn diese Größe beschreibt das Optimum zwischen der Last, dem Lastweg und der Geschwindigkeit mit der die Last bei einer bestimmten Übungsform bewegt wird. Das würde allerdings das Messen der Muskelleistungsschwelle voraussetzen (Abschnitt 3.2.4.1), das in der Trainingspraxis bisher nur vereinzelt möglich und noch relativ unbekannt ist.

Der *maximale Impuls* (als Indikator für die maximale Muskelleistung) wird aufgrund unserer Untersuchungsergebnisse unter zwei Voraussetzungen erreicht: (1) bei ca. 60—70% des konzentrischen Lastmaximums (kg), (2) bewegt mit der willensmäßig maximal durchführbaren Geschwindigkeit. Liegt die Gewichtslast unterhalb von 60—70% des konzentrischen Lastmaximums, wird die Bewegungsgeschwindigkeit der Last höher, der Impulsbetrag geringer. Eine solche Belastungsintensität wird von den meisten Autoren für das Schnellkrafttraining vorgeschlagen. Liegt die Last oberhalb von 60—70% des konzentrischen Lastmaximums, werden Geschwindigkeit und Impuls geringer (Abb. 35). Diese Belastungsintensität wird hauptsächlich beim intermuskulären Maximalkrafttraining vorgegeben. Es muß daher angenommen werden, daß bei geringerer Last, dafür höherer Geschwindigkeit, nicht alle kraftbildenden Strukturen der betreffenden Muskelgruppe mechanisch rekrutiert (Abschnitt 3.2.3.3) werden können, demgegenüber bei Lasten oberhalb des Schwellengewichtes jeder molekulare „Einzelschritt" des Energietransfers langsamer verläuft. Wir halten deshalb eine *Intensität* im Bereich der Muskelleistungsschwelle für den optimalen Kompromiß zur Durchführung eines qualitätsübergreifenden Muskeltrainings.

Der **Belastungsumfang** ergibt sich im Krafttraining bei der Bewältigung von Fremdlasten aus der *Anzahl der Wiederholungen,* die zu *Serien* zusammengefaßt werden, multipliziert mit der dabei bewegten *Last* (kg). Bei Übungen, in denen der eigene Körper oder mit ihm sehr leichte Geräte, überhaupt leichte Geräte (Medizinbälle), bewegt werden, ergibt sich der Umfang aus der Anzahl der Wiederholungen, zusammengefaßt in Serien.

Bedeutend für die methodische Steuerung des Trainings ist im Krafttraining auch die Festlegung der **Belastungsdichte,** d. h. die Pausenlänge zwischen den einzelnen Wiederholungen und zwischen den Serien. So muß beispielsweise für die optimale Pausenlänge beim Schnellkrafttraining das Prinzip der Kreatinphosphatresynthese berücksichtigt werden, das besagt, Kreatinphosphat wird „schlagartig" (3—5 Sekunden) resynthetisiert. Zweitens muß aber auch an die Konzentration gedacht werden. Denn bei einer Belastungsintensität, die höchsten Willenseinsatz und höchstmögliche Durchführungsgeschwindigkeit erfordert, muß die Pausenlänge der erforderlichen Konzentration Rechnung tragen. Entsprechend der *Trainingsziele* (Abb. 45) gibt es drei Belastungsdichten zwischen den Übungswiederholungen: (1) beim *Kraftausdauertraining* werden die Wiederholungen nahezu ohne Pausen (höchstens drei Sekunden) aneinandergereiht, (2) beim *Maximalkrafttraining zur Verbesserung des Muskelquerschnitts,* reichen Wiederholungspausen von 4—8 Sekunden aus, (3) *Schnellkraft-, Reaktivkrafttraining und Maximalkrafttraining zur Optimierung der intermuskulären Koordination* bedürfen mitunter Konzentrationspausen von mehr als 10 Sekunden. Serienpausen haben eine Länge von 3 bis 4 Minuten. Diese Zeit genügt zur hinreichenden Resynthese der Energiedepots nach einer bestimmten Anzahl von Wiederholungen.

Neben der Festlegung der Belastungskomponenten (Intensität, Umfang, Dichte) ist zur Beschreibung einer Trainingsmethode auch die Bestimmung der *Kontraktionsform* der Muskulatur und damit das Beschreiben der Übungsdurchführung erforderlich. Denn es gibt *isometrische, exzentrische, konzentrische und aus zwei oder drei Kontraktionsformen zusammensetzbare Übungsdurchführungsmöglichkeiten* Abschnitt 3.2.3.1).

### 3.2.5.2 Maximalkrafttrainingsmethoden zur Vergrößerung des Muskelquerschnitts

In Anlehnung an BÜHRLE (1985, 94 ff.) und SCHMIDTBLEICHER (1985, 28 ff.) sind wir der Auffassung, daß hierbei die **Methoden der wiederholten submaximalen Belastungen,** die bis zur lokalen Erschöpfung führen, am effektivsten sind (Tab. 10):

Bei den Standardmethoden I und II werden hauptsächlich *Übungsformen* eingesetzt, bei

*Tabelle 10: Methoden der wiederholten submaximalen Belastungen zur Vergrößerung des Muskelquerschnitts, in Anlehnung an BÜHRLE (1985, 96).*

| | | Standardmethode I konstante Lasten | Standardmethode II progressiv ansteigende Lasten | Bodybuilding-methode I (exzessiv) | Bodybuilding-methode II (intensiv) | Isometrische Methoden |
|---|---|---|---|---|---|---|
| Kontraktionsformen<br>– konzentrisch<br>– isometrisch<br>– exzentrisch | | kon | kon | kon | kon | iso |
| **Intensität** | Geschwindigkeit<br>– schnell<br>– zügig<br>– langsam | zügig | zügig | langsam | zügig | |
| | Lastgröße % | 80% | 70–80–85–90% | 60–70% | 85–95% | 100% |
| **Umfang** | Wiederholungen | 8–10 | 10  10   7   5 | 15–20 | 5–8 | 1 |
| | Serien | 3 | 1   1   1   1 | 3–5 | 3–5 | 3–5 |
| | Belastungsdauer | | | | | 10–12 s |
| **Dichte** | Pause zwischen Wiederholungen<br>– 4–10 Sekunden<br>– kontinuierlich | 4–10 s | 4–10 s | kon | 4–10 s | |
| | Serienpause | ≥ 3 min | ≥ 3 min | ≥ 2 min | ≥ 3 min | ≥ 3 min |

denen *Muskelschlingen* an der Übungsdurchführung beteiligt sind, bei den Bodybuilding-Methoden sind meist nur *Muskelgruppen* beteiligt.

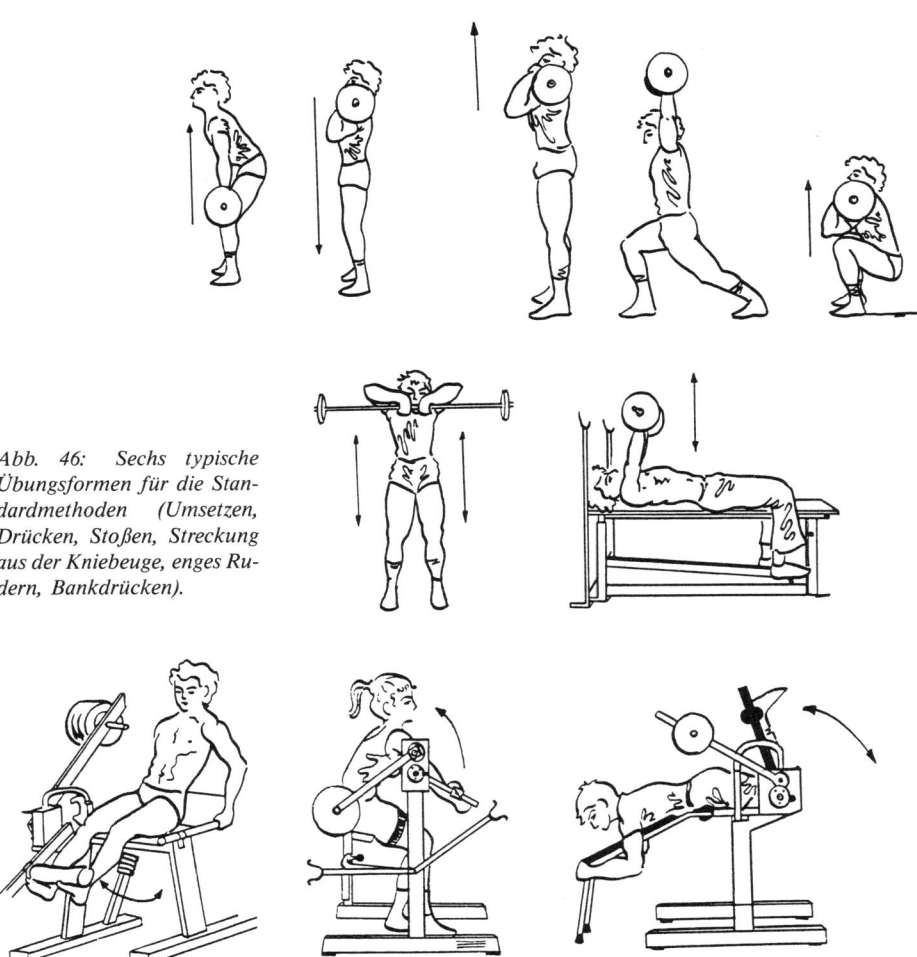

*Abb. 46: Sechs typische Übungsformen für die Standardmethoden (Umsetzen, Drücken, Stoßen, Streckung aus der Kniebeuge, enges Rudern, Bankdrücken).*

*Abb. 47: Drei typische Übungen der Bodybuilding-Methoden*

### 3.2.5.3 Maximalkrafttrainingsmethoden zur Verbesserung der Innervationsfähigkeiten der Muskulatur

Sollen zur Steigerung der Maximalkraft nicht der Muskelquerschnitt, sondern die *willkürliche Aktivierungsfähigkeit* verbessert und damit das *Kraftdefizit* verringert werden, dann sind die methodischen Bedingungen zu verändern. Das Kraftdefizit verringert sich dann, wenn Muskeln bzw. Muskelschlingen mit höherer Frequenz und damit mit höherer elektrischer Aktivität willkürlich innerviert werden (BÜHRLE 1985, 97; „Methode der kurzzeitigen maximalen Kontraktionen"). Schon ZACIORSKIJ (1972, 49) stellte die Regel auf, daß die effektivste Methode zur Verbesserung der inter- und intramuskulären Koordination ein Training mit sehr hohen Lasten, geringen Wiederholungszahlen und großen Erholungsintervallen ist. Ein solches Training verbessert die Fähigkeit, schnell große Innervationsaktivitäten zu mobilisieren. Als Ursache dieser Anpassung sind eine rascher ablaufende Rekrutierung motorischer Einheiten und eine Steigerung der Verarbeitungsfähigkeit hoher Innervationsfrequenzen anzunehmen (SCHMIDTBLEICHER 1985, 26 f.).

Es wird angenommen, daß **Methoden der kurzzeitigen maximalen Krafteinsätze** die Verbesserung der Maximalkraft ohne wesentlichen Zuwachs der Muskelmasse erbringt (WERSCHOSHANSKIJ 1972, 132). Wir sind der Auffassung, daß eine Methode mit einer Belastungsintensität, die sich am maximal erreichbaren Kraftstoß orientiert, also an der **Muskelleistungsschwelle** liegt, dieses Ziel ebenfalls erreicht, wobei sich Vorteile für das Ansteuern einer Optimierung der inter- und intramuskulären Koordination ergeben, wenn die Maximalkraft als Basis für die Schnellkraftentwicklung gesteigert werden soll.

*Tabelle 11: Methoden kurzzeitiger maximaler Krafteinsätze und des maximalen Impulses an der Muskelleistungsschwelle (siehe BÜHRLE 1985, 98)*

|  |  | Maximale Krafteinsätze | Submaximale Krafteinsätze | Belastungsmethode nach dem Prinzip der Muskelleistungsschwelle | Pyramidenmethode |
|---|---|---|---|---|---|
| | Kontraktionsformen<br>– konzentrisch<br>– isometrisch<br>– exzentrisch | kon | kon | kon | kon |
| Intensität | Geschwindigkeit<br>– optim. schnell<br>– zügig<br>– langsam | o. schnell | o. schnell | o. schnell | o. schnell |
| | Krafteinsatz<br>– explosiv | expl. | expl. | expl. | expl. |
| | Lastgröße % | 100% | 90–95–100% | ca. 55–60% | 80–85–90–95–100<br>–90–80 % |
| Umfang | Wiederholungen | 1–2 | 4  3  1–2 | 6–8 | 7  5  3  2  1<br>3  7 |
| | Serien | 5 | 2  2  2 | 3–5 | 1 |
| Dichte | Pause zwischen Wiederholungen<br>– 10 Sekunden | 10 s | 10 s | 10 s | 10 s |
| | Serienpause | ≥ 3 min | ≥ 3 min | ≥ 3 min | ≥ 3 min |

### 3.2.5.4 Methoden des Schnellkrafttrainings

Mit dem Schnellkrafttraining soll vor allem die **Kraftbildungsgeschwindigkeit** der Muskulatur verbessert werden

In sportlichen Techniken zeigen sich unterschiedliche **Beschleunigungscharakteristiken** bei der Kraftbildung. Einmal kommt es dabei auf das Erzielen einer hohen *Start- und Explosivkraft* an (Abschnitt 3.2.2.2), in anderen Techniken auf einen progressiven Kraftanstieg bis zur optimalen Endgeschwindigkeit. Deshalb sind im Schnellkrafttraining zwei Typen mit unterschiedlicher Beschleunigungscharakteristik zu unterscheiden:

Typ I:  eine hohe *Anfangsgeschwindigkeit* der Kraftbildung (Start- und Explosivkraftverhalten)

Typ II:  eine hohe *Endgeschwindigkeit* der Kraftbildung (progressives Beschleunigungsverhalten)

Wie wir aufgrund unserer Untersuchungen nachweisen konnten, garantiert eine hohe Startgeschwindigkeit noch nicht das Erreichen der bestmöglichen Endgeschwindigkeit. Zum Erreichen hoher Endgeschwindigkeiten ist es vielmehr erforderlich, auch im Training die Bewegungsausführung so zu timen, daß hohe Endbeschleunigungen zustandekommen.

Aus koordinativen Gründen sollte das Schnellkrafttraining sowohl die hohe Start- als auch die hohe Endgeschwindigkeit trainieren, und entsprechende Schwerpunkte setzen. Die Trainingsmethoden wurden von uns entsprechend differenziert. Dazu zählt auch eine methodische Variante, die mit Kraftempfindungstraining bezeichnet wird (LEHNERTZ 1988a, 109—123). Mit diesem Verfahren sollen die Sportler für muskelmechanische Aspekte sensibilisiert werden.

| | | Schnellkraft-methode | | Belastungsmethode nach dem Prinzip der Muskelleistungsschwelle | |
|---|---|---|---|---|---|
| | | Typ I | Typ II | Typ I | Typ II |
| Intensität | Arbeitsweise – konzentrisch | kon | kon | kon | kon |
| | Geschwindigkeit | maximal | maximal | maximal | maximal |
| | Beschleunigungscharakteristik mit explosiver Anfangsgeschwindigkeit | explosiver Start | | explosiver Start | |
| | 2) mit maximaler Endgeschwindigkeit | | progressive Beschleunigung | | progressive Beschleunigung |
| | Lasthöhe % | 35–50 % | | ca. 55–60% | |
| Umfang | Wiederholungen | 7 | | 8 | |
| | Serien | 5 | | 4 | |
| Dichte | Pause zwischen Wiederholungen – 10 s | 10 s | | 10 s | |
| | Serienpause | ≥ 3 min | | ≥ 3 min | |

*Tabelle 12: Schnellkrafttrainingsmethoden mit der jeweiligen Belastungsstruktur und Beschleunigungscharakteristik.*

### 3.2.5.5 Methoden des Kraftausdauertrainings

Das Trainingsziel des Kraftausdauertrainings ist die **Verbesserung des Energieflusses im Muskel** und damit das lange Aufrechterhalten einer bestimmten Höhe des Kraftstoßes (Abschnitt 3.2.2.4). Da für die Entwicklung einer hohen Stoffwechseldurchsatzrate und für das lange Aufrechterhalten eines bestimmten Kraftstoßes vor allem die *Belastungsdauer* der Bewegungsausführung eine steuernde Rolle spielt, erhalten die Trainingsmethoden die folgende Belastungsstruktur:

— *hohe Wiederholungszahlen* im Verhältnis zur Last

> Methode 1: bei einer Belastungsintensität von 40—70 % vom konzentrischen Kraftmaximum, 20 Wiederholungen in 3 bis 5 Serien
>
> Methode 2: bei einer Belastungsintensität von 30—40 %, 30 Wiederholungen in 4 bis 6 Serien;

— *bewußt überlangsame Bewegungsausführung* auf der konzentrischen und exzentrischen Strecke (wie bei der Bodybuildingmethode), nur für das Grundlagentraining der Kraftausdauer);

— oder mit *optimalen Kraftstoß,* wobei es darauf ankommt, die Größe des Kraftstoßes während der Wiederholungen konstant zu halten, für die spezielle Kraftausdauer;

— *keine Pausen* zwischen den Wiederholungen (Bodybuildingmethode);

— oder *Pausenlänge* entsprechend des sportartspezifischen Anforderungsprofils, aber kürzer als drei Sekunden;

— kurze Serienpausen

> Methode 1: < 2 Minuten
> Methode 2: < 1 Minuten.

Wie entscheidend eine bewußt langsame Bewegungsausführung und ein pausenloses Üben sind, zeigt die folgende Abbildung 48. Zwei Trainingsgruppen (TG I und TG II) von Ruderern absolvierten in einer Untersuchung ein Training mit der gleichen Anzahl von Wiederholungen, Serien und zu bewegender Gewichtslast im Bankziehen. TG I mit schnellen Bewegungen und kurzen Pausen zwischen den Wiederholungen, TG II ohne Pausen zwischen den Wiederholungen und mit langsamerer Bewegungsführung. Während bei der TG I nach dem Aufwärmen die Laktatproduktion von Serie zu Serie ständig zurückging, stieg der Laktatwert bei der TG II von Serie zu Serie an. Mit dieser Untersuchung konnte gezeigt werden, daß eine hohe Stoffwechseldurchsatzrate als Grundlage der Kraftausdauerverbesserung ein pausenloses Wiederholen erforderlich macht.

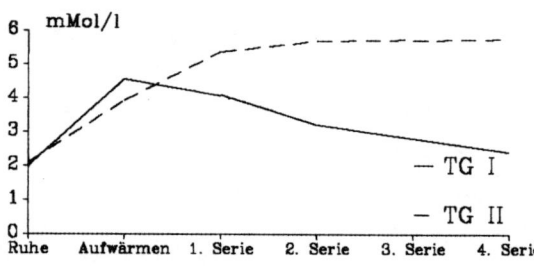

*Abb. 48: Mittelwerte der Laktatmessungen während einer Trainingseinheit zweier Trainingsgruppen (PAMPUS / LEHNERTZ / MARTIN 1989, 9).*

### 3.2.5.6 Methoden des Reaktivkrafttrainings

Die Entwicklung des *reaktiven Kraftverhaltens* hat zwei Zielsetzungen:

— Verkürzung der *Umschaltphase* im Dehnungs-Verkürzungs-Zyklus mit optimaler Beschleunigung der konzentrischen Arbeit;

— Verbesserung der Fähigkeit bei hohen Dehnungsbelastungen in der exzentrischen Phase des Dehnungs-Verkürzungs-Zyklus die *Muskelspannung* aufrechterhalten zu können (reaktive Spannungsfähigkeit; Abschnitt 3.2.2.3) (BÜHRLE 1989, 323).

*Abb. 49: Vier Gerätebahnen mit unterschiedlichen Sprungkombinationen*

Zum Erreichen der ersten Zielsetzung werden vor allem *Sprungkombinationen* an Geräte-bahnen durchgeführt. Solche Bahnen setzten sich aus Geräteverbindungen mit Sprung-kästen, Hürden, Sprungständern, Matten u. a. zusammen. Das Training wird so organi-siert, daß in der Regel vier Gerätebahnen für unterschiedliche Sprungkombinationen auf-gebaut werden. Diese vier Sprungkombinationen bilden eine Serie. Zwischen jeder Sprung-kombination liegen 10 bis 20 Sekunden Pause, zwischen jeder Serie eine Pause von ca. 3 Minuten. Insgesamt werden 3 bis 5 Serien durchgeführt. *Zu achten ist auf eine exakte und explosive Bewegungsausführung mit optimalem Übergang von der Dehnung zur Verkür-zung mit explosiver konzentrischer Arbeit.*

Das Beispiel der Abb. 49 zeigt vier Gerätebahnen mit unterschiedlichen Sprungkombina-tionen.

Bahn 1: 8 Hocksprünge über Kästen oder Hürden;
Bahn 2: Schrittsprünge über vier Kästen oder Bänke mit beidbeiniger Landung und sofor-tigem Übergang zum Dreierrhythmus;
Bahn 3: Hoch-Weitsprung mit Anlauf über die Kastentreppe (Dreierrhythmus = nur je-weils ein Kontakt auf jedem Kasten);
Bahn 4: Anlauf über eine Bank, Tiefsprung auf das Absprungbein mit sofortigem Hoch-Weitsprung, diese Sprungverbindung wird zweimal hintereinander absolviert.

Zur Verbesserung der *reaktiven Spannungsfähigkeit* werden solche Übungsformen und Be-lastungen gewählt, die innerhalb eines Dehnungs-Verkürzungs-Zyklus eine hohe Spannung in der exzentrischen Phase verursachen (Abb. 50).

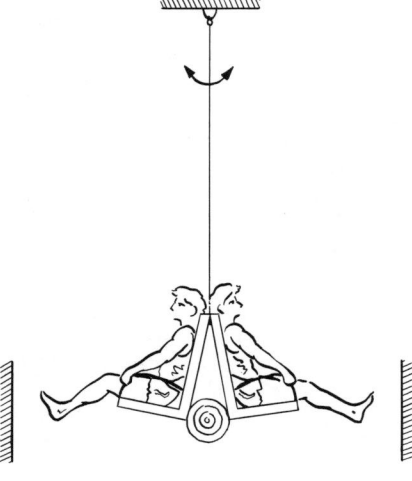
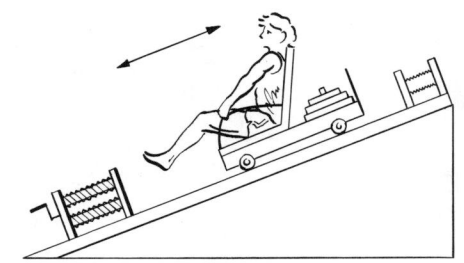

*Abb. 50: Übungsbeispiele für die Verbesserung der reaktiven Spannungsfähigkeit an Spezialgeräten.*

Die Belastungsstruktur hat folgende Merkmale: Es werden Serien von 8 Wiederholungen mit kurzen Pausen durchgeführt, die Serienpause beträgt ca. 3 Minuten. Wichtig ist dabei die *Übungsdurchführung.* Hierfür gelten folgende Regeln: (1) *Die exzentrische Phase muß zu einer ruhigen Ausgangsposition mit hoher Spannung (kurze Haltearbeit) führen, bevor* die konzentrische Phase beginnt. (2) *Die konzentrische Phase beginnt mit äußerster Explosivität, mit hoher Beschleunigungsarbeit.* (3) *Bei jeder Serie sollten die Beugewinkel der Haltearbeit (Ende der exzentrischen Phase) verändert werden.* Deshalb ist die individuelle Bemessung der optimalen Gewichtslast von großer Bedeutung.

### 3.2.5.7 Organisationsformen des Krafttrainings

Methodische Entscheidungen implizieren auch organisatorische Fragen, nämlich wie mit einer *Gruppe* unter den gegebenen *äußeren Bedingungen,* wie zur Verfügung stehende Geräte, Räumlichkeiten, den erforderlichen *Sicherheitsforderungen,* methodisch effektiv, d. h. mit den richtigen Übungsformen, der optimalen Pausengestaltung (ohne Wartezeiten) trainiert werden kann (Abschnitt 1.2.2.4). Die Effektivität eines Krafttrainings ist häufig ein organisatorisches Problem. Für das Krafttraining bieten sich vier Organisationsformen an:

— Beim *Stationstraining* durchlaufen die Trainierenden eine genaue Anordnung von nacheinander zu absolvierenden Übungsformen an dafür geeigneten Geräten. Jeder trainiert nach der gleichen Reihenfolge der Übungsformen (Stationen). Es können bei genügend vorhandenen Geräten auch zwei parallele Stationsdurchläufe organisiert werden (Abb. 51), um mit einer größeren Gruppe gleichzeitig trainieren zu können. Stationstraining ist besonders für das Maximal- und Schnellkrafttraining geeignet.

— Beim *Circuit-Training* sind die zu absolvierenden Übungsformen und Geräte auch nacheinander zu absolvieren. Jedoch spielt hierbei die Reihenfolge keine Rolle, d. h. die Gruppe der Trainierenden kann gemeinsam, aber an unterschiedlichen Stationen das Training beginnen und auch

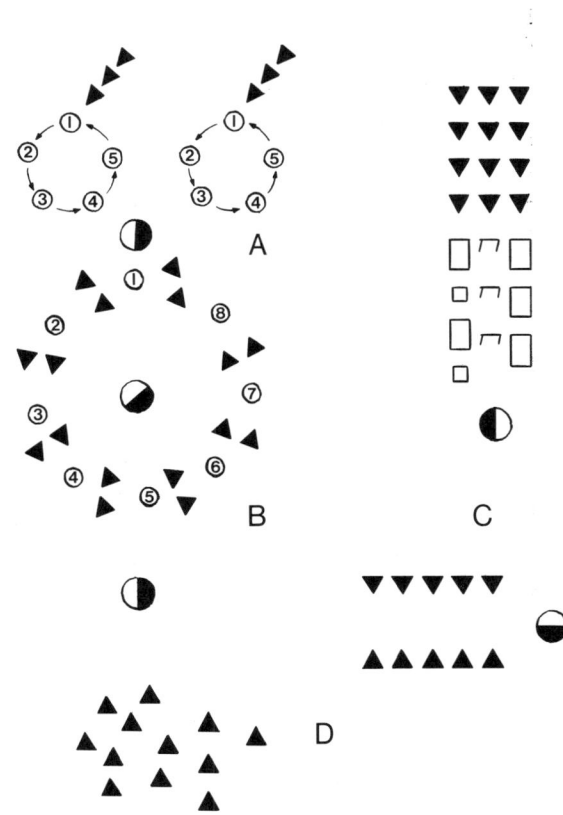

*Abb. 51: Organisationsformen des Krafttrainings. A = Stationstraining, B = Circuit-Training, C = Reihentraining, D = zwei Formen des Frontal-Trainings.*

beenden. Circuit-Training ist besonders geeignet für das Kraftausdauertraining, die Bodybuildingmethoden und andere Methoden zur Vergrößerung des Muskelquerschnittes.

— Das *Reihentraining* wird an unterschiedlichen Gerätebahnen durchgeführt. Dabei wechseln die Reihen die Gerätebahnen gemeinsam. Jede Reihe absolviert die Übungsformen jeder Gerätebahn (Abb. 51). Diese Organisationsform wird hauptsächlich für das Sprungkrafttraining und das Training von Sprungformen mit Betonung des Dehnungs- und Verkürzungszyklus angewendet.

— Beim *Frontaltraining* führt die Trainingsgruppe gemeinsam alle Übungsformen durch. Die Verteilung im Raum kann mittels loser Ordnungsformen, gegenüberstehender Stirnreihen u. a. erfolgen. Diese Organisationsform findet hauptsächlich im Kraftausdauer- und Schnellkrafttraining (z. B. mit dem Medizinball) Anwendung.

### 3.2.6  Spezielles Krafttraining

#### 3.2.6.1  *Ziele und Aufgaben des speziellen Krafttrainings*

Training folgt in seinem längerfristigem Aufbau grundsätzlich der Tendenz zunehmender *Spezialisierung.* Dieser Thematik wird in den Abschnitten 2.1 und 5.1 behandelt. Hier wird der Frage nachgegangen, welche Aufgaben das spezielle Krafttraining bei der Spezialisierung hat. Diese Frage kann vorläufig und global wie folgt beantwortet werden: Jede sportliche Technik wird durch ein bestimmtes *Krafteinsatzmuster* realisiert. Krafteinsatzmuster, als Steuerung der Krafteinsätze und der dadurch verursachte zeitlich-dynamische Kraftverlauf ergeben ein für jede Sportart/Disziplin typisches, ***spezielles Kraftanforderungsprofil.***

Ziel des speziellen Krafttrainings ist deshalb die Optimierung des Krafteinsatzmusters und Kraftverlaufs für das spezielle Kraftanforderungsprofil in einer Disziplin. Es ist die Aufgabe jeder Sportart, das spezielle Kraftanforderungsprofil zu „konstruieren", weil nur unter den Bedingungen dieses Profils das spezielle Krafttraining effektiv konzipiert werden kann. Dieses Profil entsteht auf der Festlegung bzw. Beschreibung folgender Merkmale:

— der am Kraftverlauf beteiligten *Muskelschlingen* (Streck- und/oder Beugeschlinge),

— der *Gelenkwinkel,* unter denen die Muskelgruppen einer Schlinge tätig werden müssen,

— der *Wirkungslinie* und *Stärke* der Kraftentwicklung, weil sich die gesamte Kraftwirkung einer Muskelschlinge aus der Summe der Drehmomente der beteiligten Gelenksysteme ergibt und dabei die Hebelarme über die Größe der Drehmomente entscheiden,

— der *Kontraktionskombination,* weil die meisten Bewegungsabläufe aus Kombinationen von exzentrisch-isometrisch-konzentrischen Kombinationen bestehen,

— der *Frequenz,* Anzahl und Dauer der Einzelkraftstöße.

Aus diesen Merkmalen eines Kraftanforderungsprofils ergeben sich die folgenden Regeln des speziellen Krafttrainings:

---

Die kinematischen, dynamischen und funktionell-anatomischen Merkmale der sportartspezifischen *Technik* und *Wettkampfführung* bestimmen die Konzeption des speziellen Krafttrainings.

Die *Übungsformen* orientieren sich an den beteiligten Muskelschlingen, den Gelenkwinkeln bei der Kraftentwicklung und der Wirkungslinie der Kraft.

---

Die *Übungsdurchführung* basiert auf der Kontraktionskombination der Kraftentwicklung.

Die *Belastungsanforderung* ist u. a. an der Kraftstoßhöhe, -frequenz und -dauer orientiert.

Diese Regeln sollen an einem praktischen Beispiel näher erläutert werden, das auch zeigt, wie notwendig *biomechanische Daten* zur Konstruktion eines Kraftanforderungsprofils sind.

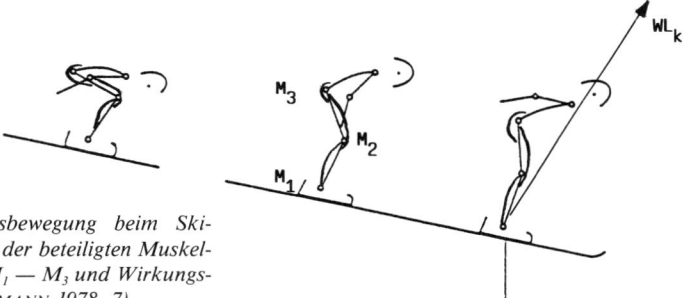

*Abb. 52: Die Absprungsbewegung beim Skisprung mit Gelenkwinkel, der beteiligten Muskelgruppen, Drehmomente M₁ — M₃ und Wirkungslinie der Kraft (nach BAUMANN 1978, 7).*

Die Abb. 52 zeigt den Absprung beim Skisprung. Hierbei muß auf einer bestimmten Wirkungslinie der Kraft und einem kurzen Beschleunigungsweg des KSP ein hoher Kraftstoß von den Muskeln der Streckschlinge der unteren Extremitäten generiert werden. Dabei streckt sich das Hüftgelenk von ca. 25° auf 115°, das Kniegelenk von ca. 85° auf 156°. Der Kraftbetrag (N) des Kraftstoßes (Ns) ergibt sich aus der Summe der Drehmomente $M_1$ + $M_2$ + $M_3$. Gewöhnlich wird die „spezielle" Beinkraft mit Hantelheben aus der Kniebeuge oder mit Übungen in der Beinpresse trainiert, weil spezielle Trainingsgeräte noch nicht zur Verfügung stehen. In vielen Fällen wird aber auch den eigentlichen Merkmalen des speziellen Kraftanforderungsprofils nicht genügend Aufmerksamkeit gewidmet.

Bei der in Abb. 53 beschriebenen Übungsform verläuft die Wirkungslinie des Kraft auf einem Kreisbogen. Der Hüftwinkel beträgt bei einem Kniewinkel von 90° ca. 65°. Am Ende der Beinstreckung (Kniewinkel = 175°) mißt der Hüftwinkel 93°. Die intermuskuläre Koordination der beim Absprung wirkenden drei Drehmomente (Abb. 52) der Streckschlinge kann hierbei kaum hinreichend trainiert werden. Die dagegen in der Abb. 54 beispielhaft vorgestellte Übungsform folgt den Bedingungen des speziellen Anforderungsprofils weit mehr, nämlich: Einsatz der gesamten Streckschlinge, unter den

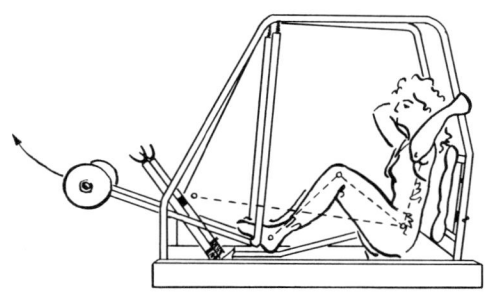

*Abb. 53: Beispiel einer Übungsform, die weder dem Krafteinsatzmuster noch dem Kraftverlauf des speziellen Kraftanforderungsprofils gerecht werden kann.*

entsprechenden Gelenkwinkeln auf der Wirkungslinie der Kraft. Wird zusätzlich der entsprechenden Kontraktionskombination Rechnung getragen, entspricht diese Übungsform denjenigen Merkmalen, die im vorausgegangenen Merksatz postuliert wurden.

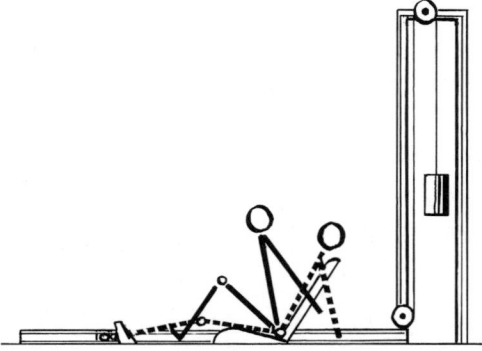

*Abb. 54: Übungsform in der Beinstoßmaschine, eingestellt für die Gelenkwinkelverhältnisse beim Skisprung: Beginn der Streckung Kniewinkel = 85°, Ende 156°; Hüftwinkel = 25° zu 115°. Die Übungsdurchführung läuft wie folgt ab: 5 Sekunden Halten in der Ausgangsposition (isometrische Kontraktion) — explosiver Kraftstoß durch Knie- und Hüftstreckung.*

### 3.2.6.2 Beispiel: Alpiner Rennsport

Die Trainingsmodelle entstanden in Zusammenarbeit mit Trainern des Deutschen Skiverbandes auf der Grundlage biomechanischer Untersuchungen, phänomenologischer Betrachtungen der verschiedenen Skitechniken und praktischen Erfahrungen der Trainer. Im Sinne eines speziellen Kraftanforderungsprofils wurden folgende Grundsätze erarbeitet:

— Für die explosiven und hohen Kraftspitzen beim Abdruck vom Ski (Richtungsänderungen), hauptsächlich verursacht durch die *Streckung* im Kniegelenk, mit minimaler Hüftstreckung, muß bei relativ kurzem Beschleunigungsweg des KSP eine maximal mögliche *konzentrische Start- und Explosivkraft* entwickelt werden.

— Diese konzentrische Start- und Explosivkraft generiert sich aus dem Halten einer bestimmten Fahrposition = *isometrische Ausgangslage* oder aus kurzer Tiefentlastung = *reaktive Kraftentwicklung.* Die Kraftverläufe bei den unterschiedlichen Schwüngen sind demnach Kontraktionskombinationen (isometrisch — konzentrisch; isometrisch — exzentrisch — konzentrisch; konzentrisch — exzentrisch — isometrisch).

— Die *Wettkampfdauer* verlangt ein entsprechend langes Aufrechterhalten eines optimalen Krafteinsatzes, sowie das gleichlange Halten von Fahrpositionen und damit eine *spezielle Kraftausdauerleistung.*

Aus diesen speziellen Kraftanforderungen lassen sich die folgenden Methoden konzipieren:

*Methode 1*

*Trainingsziel:* Verbesserung der Kontraktionskombination isometrisch-konzentrisch-exzentrisch-isometrisch. Hierbei soll besonders die reaktive Spannungsfähigkeit der Muskulatur trainiert werden (Abschnitt 3.2.2.3).
Übungsform (vgl. Abb. 55).

*Kontraktionskombination* (Übungsausführung):

— kurzes Halten des Gewichtes (3 Sekunden) mit einem Kniewinkel von 80—90° = *isometrische Phase;*

— explosives Abspringen = *konzentrische Phase;*

— wieder landen und abbremsen in einem Kniewinkel von 80—90° = *exzentrische Phase;*

— Halten des Gewichtes in diesem Kniewinkel (3—5 Sekunden) = *isometrische Phase,* nächste Übungsausführung.

*Belastungsanforderung* für eine Trainingseinheit: 3—4 Serien à 8—10 Wiederholungen mit 70 bis 80 % (je nach Trainingszustand) der konzentrisch möglichen Lastbewältigung. 3—4 Minuten Serienpause.

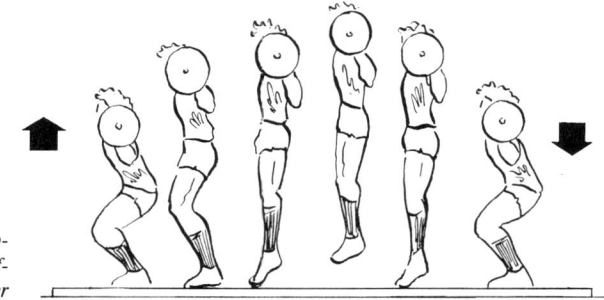

*Abb. 55: Reaktive Kraftübung, Absprünge aus der Haltearbeit, Aufsprung in die Haltearbeit mit der Hantel im Nacken.*

ISOMETRISCH  KONZENTRISCH          EXZENTRISCH - ISOMETRISCH

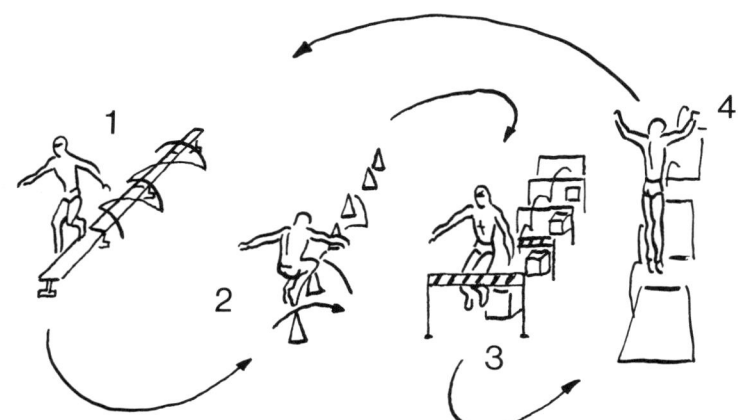

*Abb. 56: Vier Gerätebahnen zur Kraftausdauerschulung.*

*Methode 2*

*Trainingsziel:* Verbesserung des Energieflusses im Muskel zur Entwicklung der Kraftausdauer für die Muskelgruppen der Beine und des Rumpfes.

*Übungsformen und -organisation:* Hierfür werden in der Halle Gerätebahnen für Sprungübungen (Abb. 56) und daneben ein Circuit für Rumpf- und Armübungen (Abb. 57) aufgebaut. Bei diesem Training werden zuerst die Sprungübungen, unmittelbar danach die Rumpf- und Armübungen durchgeführt.

Diese vier Gerätebahnen enthalten folgende *Übungsformen:* (1) einbeiniges seitliches und kontinuierliches Überspringen (von li nach re, von re nach li) der Langbank = 12 Sprünge;

(2) in der tiefen Hocke beidbeiniges kontinuierliches Seitwärtsspringen nach schräg vorn durch eine Reihe von Markierungshütchen; (3) Sprungkombinationen vom kleinen Kasten, Tiefsprung — geprellter Absprung über die Hürde — weiter auf den kleinen Kasten — usf. (schnellstmögliche ununterbrochene Übungsausführung); (4) an einer Mattenbahn kontinuierliche Strecksprünge aus der tiefen Hocke, in die tiefe Hocke.

*Belastungsanforderung:* kontinuierliches Springen 60 bis 120 Sekunden lang, bei exakter Bewegungsausführung. Unmittelbar danach wird der Circuit mit den Rumpf- und Armübungen absolviert.

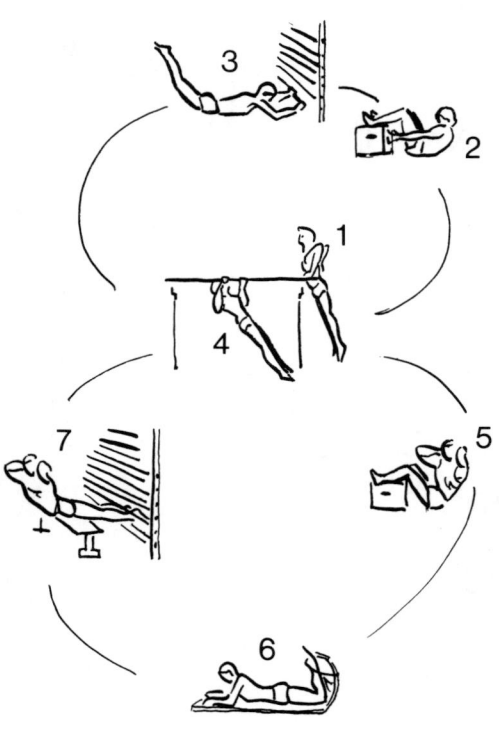

*Abb. 57: Circuit zur Kraftausdauerschulung.*

Dieser Circuit enthält folgende Übungsformen:

(1) Beugen und Strecken der Arme im Barrenstütz; (2) Sit-ups mit gebeugten Knien und eingerolltem Oberkörper; (3) Gestrecktes Beinheben in der Bauchlage; (4) Klimmzüge in der Schräglage am Barren; (5) Sit-ups mit Schulterdrehung nach links und rechts; (6) Unterschenkelheben in der Bauchlage, die Füße hängen in einer um eine Matte gezogenen Leine, dadurch wird die Matte mit angehoben; (7) Rumpfheben aus der Bauchlage mit Schulterdrehung nach rechts und links, alle Übungen müssen mit genauer Bewegungsausführung absolviert werden.

*Belastungsanforderung:* Die Übungen werden an jedem Gerät pausenlos und zügig durchgeführt, die Belastungszeit beträgt pro Station, je nach Leistungszustand, 30—45 Sekunden, zwischen den Stationen gibt es keine Pausen.

Beide Gerätekombinationen, die Gerätebahnen und der Circuit, werden in einer Trainingseinheit anfangs zwei bis dreimal hintereinander durchlaufen. Mit verbessertem Leistungszustand werden die Belastungszeiten erhöht, Gerätebahnen bis 180 s, Circuit-Stationen 60 s.

### 3.2.6.3 Beispiel: Schwimmen

Als zweites Beispiel wählen wir eine *Ausdauersportart* und fassen hier die Arbeiten von Counsilman (1980, 112 ff.) und Schramm (1987, 290 f.) zusammen. Daraus ergeben sich die folgenden Grundsätze für das spezielle Krafttraining im Schwimmen:

— Maximalkraft, Schnellkraft und Kraftausdauer werden hauptsächlich für diejenigen *Muskelgruppen* entwickelt, die bei den Schwimmtechniken die *Hauptantriebsarbeit* leisten;

*Tabelle 13: Beispiel einer Trainingseinheit zur Entwicklung der speziellen Kraftausdauer (SCHRAMM 1987, 291).*

**Erziehungsziel**

Größte Aufmerksamkeit auf konstante Bewegungsfrequenz und Ausnutzung des Arbeitsweges

**Einleitung**

15 min Erwärmung       Spezielle Gymnastik zur leichten Erwärmung

**Hauptteil**

| 25 min Kreistraining | 1. „Mini-Gym": Delphin Arme |
| — zehn Stationen | 2. Zugschlitten: Beinstrecken |
| — 90 s Belastunng | 3. spez. Armzuggerät: 70% MK |
| — 60 s Pause | 4. Gummiseil in Rückenlage |
| | 5. Beinstoßen an der Hantelschwinge in Rückenlage |
| | 6. Zugschlitten: Delphin Arme |
| | 7. „Mini-Gym": Kraul Arme |
| | 8. Beinstrecken am „Herkules" |
| | 9. „Mini-Gym": Kraul Arme im Sitzen |
| | 10. „Mini-Gym": Brust Arme im Liegen |

**Schlußteil**

Dehnungs- und Entspannungsübungen
(vorwiegend permanente und postisometrische Dehnung)

**Merkmale**

— Wettkampffrequenz ist Richtwert der Intensität
— Mobilisationsvermögen durch Frequenzerhöhung in den letzten 10 s
   der Übung individuell möglich
— Kontrollkriterien: Anzahl der Wiederholungen, Belastungspuls,
   Erfüllung technischer Merkmale

*Tabelle 14: Orientierung für das spezielle Krafttraining im Schwimmen (MK = Maximalkraft).*

| | Last | Bel. Zeit | Pausen |
|---|---|---|---|
| Maximalkraft-training | 70—90% der konzentr. MK | kurz | lang |
| Schnellkraft-training | unter 50% der konzentr. MK | kurz | lang |
| Kraftausdauer-training | 50—70% der konzentr. MK | lang | kurz bis mittellang |

— deshalb werden vor allem *spezielle Übungsformen* angewandt (Abb. 58);

— die hierbei belasteten Muskelgruppen sollen beim Krafttraining jedoch nur geringfügig an *Muskelmasse* zunehmen, das gilt besonders für die Schwimmer/innen der Langstrecken;

— die zeitlich-räumlich und zeitlich-dynamische Struktur der Übungsausführung im Krafttraining soll weitgehend der Dynamik des Kraftverlaufes der jeweiligen Schwimmtechnik entsprechen, deshalb werden auch vorwiegend *isokinetische Krafttrainingsgeräte* eingesetzt. Hierbei steigt, ähnlich wie im Wasser, der Bewegungswiderstand proportional mit der Geschwindigkeit an;

— für das *Schnell- und Maximalkrafttraining* werden die Übungsformen am Zugschlitten, mit der Hantel und an anderen Krafttrainingsgeräten konzentrisch durchgeführt.

Aus diesen Grundsätzen lassen sich die folgenden methodischen Richtlinien für das spezielle Krafttraining im Schwimmen ableiten:

— Das *Kraftausdauertraining* (Beispiel Tabelle 13) wird vorwiegend mit speziellen Übungsformen und unter isokinetischen Bedingungen durchgeführt.

— Die *Schnelligkeit* (Kraftbildungsgeschwindigkeit der Muskulatur) wird vorwiegend nach Methoden des Maximalkraft- aber auch nach Methoden des Schnellkrafttrainings trainiert. Auch hier werden überwiegend spezielle Übungsformen eingesetzt.

— Die *Belastungsanforderungen* für das spezielle Krafttraining werden in Tabelle 14 zusammengefaßt.

*Abb. 58: Eine Auswahl spezieller Übungsformen für die Muskeln der Arme und Schultern mit Bewegungen, die den Hauptantrieb imitieren, die Abbildung zeigt isokinetische Übungsformen an Zuggeräten und konzentrische Übungsformen mit der Hantel (nach COUNSILMAN).*

### 3.2.7 Planung und Steuerung des Krafttrainings

Krafttraining hat zwar in der Anforderungscharakteristik der einzelnen Sportarten einen unterschiedlichen Stellenwert. Unberührt davon ist jedoch die Tatsache, daß jede Bewegungsleistung auf bestimmten (quantitativen, qualitativen) Muskelleistungen beruht. Deshalb muß Krafttraining entsprechend des jeweiligen Stellenwertes auch Bestandteil der Trainingsstruktur jeder Sportart sein. Das ist inzwischen allgemein anerkannter Grundsatz. Fragen, denen wir in diesem Abschnitt nachgehen wollen, suchen nach Erklärungen dafür, wie Krafttraining in verschiedenen Sportarten längerfristig geplant und gesteuert werden soll, damit die erforderlichen Muskelleistungen im Rahmen eines Trainingszyklus ihr Optimum zum richtigen Zeitpunkt erreichen können. Beim derzeitigen Erkenntnisstand ist diese Frage nicht mit Sicherheit zu beantworten. Die vorliegenden Untersuchungsergebnisse und Erfahrungen sollen jedoch anhand von Beispielen beschrieben werden. Die meisten Erkenntnisse liegen für die periodische Entwicklung des Schnellkraftverhaltens vor. Da viele Sportarten energetisch auf Schnellkraftfähigkeiten beruhen, hat das nachfolgend beschriebene Modell auch für eine Reihe von Sportarten Gültigkeit.

### 3.2.7.1 Modell zum langzeitig verzögerten Trainingseffekt

Ein Modell, wie sich Schnellkraftfähigkeiten zyklisch verändern, beschreibt WERCHO-SCHANSKI (1988, 109 ff.). Er bezieht sich dabei auf eigene Untersuchungsergebnisse und stützt sich darüber hinaus auch auf andere Wissenschaftler der UdSSR (NIKITIN, MIRO-NENKO, ANTONOVA, LEVCENKO). Diese daraus hervorgegangenen Modelle basieren auf der Erkenntnis, daß alle Trainierenden ein bestimmtes Maß an *Belastungsanforderungen* verkraften. Liegt die Belastungsanforderung konstant unter diesem Niveau, sinkt die Muskelleistung nach einer gewissen Zeit kontinuierlich ab. Wird das individuelle Belastungsniveau wesentlich überschritten, kommt es zwar zunächst ebenfalls zu einer Verringerung der Kraftleistungen, die dann jedoch bei rechtzeitiger Herabsetzung der Belastungsanforderungen wieder stark ansteigen (Abb. 59). Dieser Anstieg wird als *langzeitig verzögerter Trainingseffekt* verstanden, der Ausdruck *kompensierender Anpassungen* nach umfangreichen Belastungen ist.

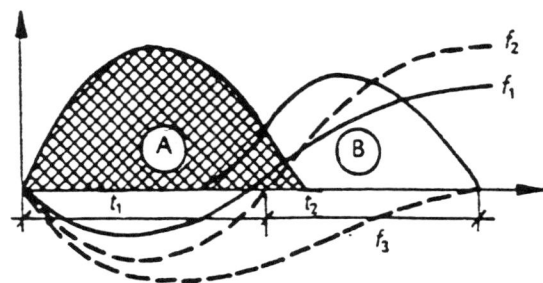

*Abb. 59: Modell des langzeitig verzögerten Trainingseffektes. A = Etappe des sehr umfangreichen Krafttrainings, B = Etappe des verminderten Belastungsumfanges bei hoher Intensität; $t_1$, $t_2$ = Zeiträume der Etappen; f = Verlaufskurven der Kraftleistungen.*

Aus der Abb. 59 lassen sich zum Prinzip des langzeitig verzögerten Trainingseffektes folgende Merkmale ableiten: (1) Bedingung für den langzeitig verzögerten Trainingseffekt ist ein konzentrierter, *umfangreicher Krafttrainingsblock*. (2) Je stärker — in optimalen Grenzen — die *Leistungsverringerung* in diesem Trainingsblock ist, umso größer ist der folgende *Leistungsanstieg* ($f_{1-3}$). (3) Im ersten Trainingsblock ist die Belastungsintensität noch nicht maximal, sie orientiert sich an der *Erweiterung des Kraftpotentials*. (4) Der Abschluß des ersten Krafttrainingsblocks (A) geht in *intensivere, dafür weniger umfangreiche Belastungsanforderungen* über. (5) Die anhaltende Dauer des langzeitig verzögerten Trainingseffektes wird wesentlich von der Dauer des ersten Krafttrainingsblocks bestimmt. Bei hochtrainierten Sportlern/Sportlerinnen werden diese Merkmale beobachtet, wenn der erste Krafttrainingsblock 4 bis 12 Wochen lang ist.

Das hier beschriebene Modell (Abb. 59) kann als allgemein gültiges Konzept für die Periodisierung des Krafttrainings in Sportarten mit hohem Schnellkraftanteil betrachtet werden. Innerhalb solcher Blöcke sollten nach MATWEJEW / NOWIKOW (1982, 153) die angewandten Krafttrainingsmodelle (Übungsformen, Belastungsintensität) bis zu 6 Wochen beibehalten und nicht verändert werden. Es verändert sich innerhalb eines solchen Zeitraumes nur der Belastungsumfang. Er wird kontinuierlich gesteigert. Die Trainingshäufigkeit pro Woche beträgt nach diesen beiden Autoren, die sich auf Experimente berufen, drei bis vier Krafttrainingseinheiten pro Woche. Bei sehr gutem Trainingszustand 4 TE, bei noch nicht ausreichendem Trainingszustand 3 TE. Nachfolgend sollen einige praktische Beispiele dargestellt werden, die nach diesem Modell konzipiert wurden.

### 3.2.7.2 *Periodisierung des Krafttrainings für Sprinter*

Das hier vorgestellte Beispiel ist ein Vorschlag für das Krafttraining der Sprinter/innen von GROSSER / ZIMMERMANN / EHLENZ (1985, 301 ff.). Es orientiert sich, wie im vorausgegangenem Modell gezeigt, an einem *langzeitig verzögerten Trainingseffekt*. Es sieht einen umfangreichen Krafttrainingsblock mit dem Ziel des *Muskelaufbautrainings* in der Vorbereitungsperiode (VP) II von 4 bis 8 Wochen vor, in dem dreimal wöchentlich *Muskelaufbau-* und *intramuskuläres Koordinationstraining* (Maximalkrafttraining) betrieben werden. Das entspricht dem Block A der Abb. 59. Darauf folgt ein kurzer Übergang zum Block B mit *intensiverem Krafttraining:* 2mal wöchentlich *Schnellkraft-*, 1mal wöchentlich *Maximalkrafttraining*. In der Wettkampfperiode schließlich wird einmal *Maximalkraft-* und zwei bis dreimal *Schnellkrafttraining* mit erheblicher Umfangreduzierung durchgeführt.

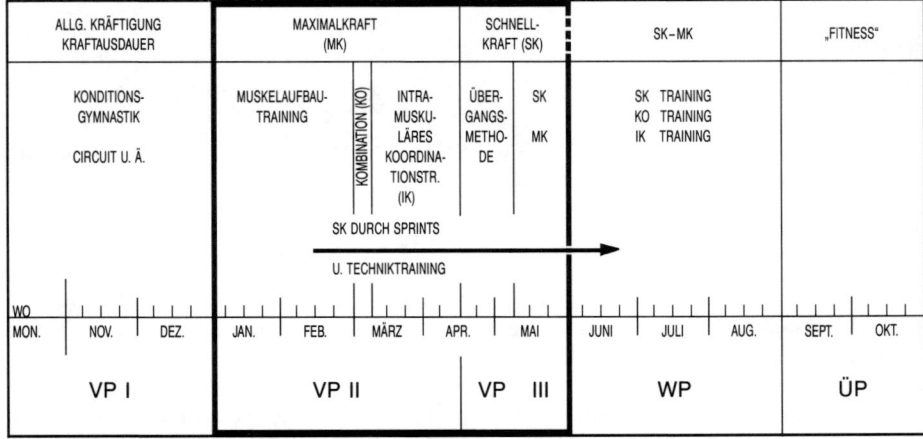

*Abb. 60: Vorschlag zur Periodisierung des Krafttrainings für Sprinter. Erster Teil der VP II entspricht dem Block A, zweiter Teil der VP II und VP III entsprechen Block B der Abb. 59. (GROSSER / ZIMMERMANN / EHLENZ 1985, 310).*

### 3.2.7.3 Krafttraining für Ausdauerdisziplinen

Das hier vorgestellte Krafttrainingsmodell differiert erheblich von den bisher beschriebenen, weil der langzeitig verzögerte Trainingseffekt nicht direkt angestrebt wird. Dieses Krafttraining dient ausschließlich der unmittelbaren Unterstützung bestimmter Merkmale der Ausdauerleistungen.

Obwohl es kaum Ausdauersportler/innen und Ausdauerdisziplinen gibt, die kein Krafttraining durchführen, zeigen Beobachtungen, daß dieses Training weder zyklisch noch methodisch hinreichend systematisiert wird. Zwei Gründe sind es, die systematisches Krafttraining für Ausdauersportarten unbedingt erforderlich machen: (1) Die Entwicklung einer *optimal leistungsfähigen Muskulatur;* das gilt für die an der Fortbewegung beteiligten Muskelschlingen, aber auch für die an der Haltearbeit des Stütz- und Bewegungsapparates beteiligten Muskelgruppen; (2) zur Entwicklung von *Schnellkraftfähigkeiten,* die den jeweiligen disziplinspezifischen *Sprintfähigkeiten,* der *Technikökonomie* und der *Technikeffizienz* als energetische Basis dienen. Aus diesen Zielsetzungen ergeben sich drei unterschiedliche Trainingsinhalte und -methoden:

*Tabelle 15: Inhalte und Methoden des Krafttrainings für Ausdauerdisziplinen.*

| allgemeines Kraftausdauertraining | spezielles Kraftausdauertraining | Schnellkrafttraining |
|---|---|---|
| — alle Muskelgruppen werden belastet, vor allem auch Haltemuskulatur | — die an der Fortbewegung beteiligten Muskelgruppen werden in technikadäquater Form mit erhöhtem Widerstand belastet (z. B. Schrittsprünge am Berg usw.) | — die an der Fortbewegung beteiligten Muskelgruppen |
| — Methode: Circuittraining mit folgenden Belastungskomponenten: 8 bis 12 Stationen 15—20 Wiederholungen | | — reaktive Methoden mit verschiedenen Sprungübungen |
| — einfache, genau auf die die einzelnen Muskelgruppen bezogene Übungsformen | — Wiederholungsmethode bei Fortbewegungsübungen, ca. 5 bis 10 sec Belastungszeit in Serien | — Schnellkraftmethode mit Belastungsintensität von 35—50% und 5 × 7 Wiederholungen mit 4 min Pause |
| — langsam-zügige Bewegungsausführung | — langsam-zügige Bewegungsausführung | — explosive Bewegungsausführung |

Der Gesamtjahresumfang des Krafttrainings beträgt

— für *Langzeitausdauerdisziplinen* ca. 5 %, das sind bei 900 Trainingsstunden pro Jahr etwa 45 Stunden Krafttraining;

— für *Mittel- und Kurzzeitausdauerdisziplinen* > 7 %, das sind bei 600 Trainingsstunden pro Jahr ca. 50—60 Stunden Krafttraining.

Das Krafttraining dauert jeweils 30 bis 40 Minuten. Es sollte innerhalb einer Trainingseinheit wechselweise vor oder nach einem Ausdauerblock liegen, der ebenfalls 30 bis 40 Minuten dauert und mit geringer Intensität durchgeführt wird. Solche kombinierten Trainingseinheiten finden in der Regel während der gesamten Vorbereitungsperiode zweimal wöchentlich statt. Wobei ebenfalls im Wechsel in

— Woche 1: einmal allgemeines Kraftausdauertraining und einmal spezielles Kraftausdauertraining

— Woche 2: einmal allgemeines Kraftausdauertraining und einmal Schnellkrafttraining

durchgeführt werden sollten.

Das Krafttraining findet während der gesamten Vorbereitungsperiode statt. In der Wettkampfperiode wird an Stelle des Krafttrainings das *Schnelligkeitstraining* erhöht. Der Erhalt des Kraftniveaus wird außerdem noch durch ein wöchentlich 20minütiges *Schnellkrafttraining* gewährleistet.

### 3.2.7.4 *Allgemeine Grundsätze zur Steuerung und Planung des Krafttrainings*

(1) In derjenigen Etappe der **Vorbereitungsperiode,** in der, entsprechend der Periodisierung, das umfangreichste Krafttraining geplant wird (Abb. 59), sollte je nach Sportart die folgende Anzahl von *Krafttrainingseinheiten* durchgeführt werden, in

— *Schnellkraftsportarten* mindestens 3 bis 5
— *Zweikampfsportarten* mindestens 3 bis 5
— *Spielsportarten* 2 bis 3
— *Ausdauersportarten* 2

Der *Belastungsumfang* ist in diesen Trainingseinheiten relativ hoch.

(2) In der darauffolgenden Etappe der Vorbereitungsperiode und während der Wettkampfperiode kommt es darauf an, das bis dahin entwickelte **Kraftleistungsniveau** optimal aufrechtzuerhalten. Das geschieht (1) durch *Verringerung der Anzahl der Trainingseinheiten,* (2) durch *Verringerung des Belastungsumfanges* innerhalb der einzelnen Trainingseinheiten und (3) durch eine *Erhöhung der Belastungsintensität.*

(3) Bei der *Planung der Mikrostruktur* ist die erforderliche Regenerationsspanne zu berücksichtigen, die je nach Umfang des Krafttrainings erforderlich wird. Ausgegangen werden muß dabei von einer **Regenerationszeit** für umfangreiches Krafttraining von ca. 48—72 Stunden, für weniger umfangreiches von ca. 48 Stunden und für ein das Nerv-Muskel-System belastendes, hoch intensives von 72—84 Stunden.

(4) *Umfangreiches Krafttraining* sollte in eigenen **Trainingseinheiten** absolviert werden. Ein Krafttraining mit *geringem Umfang,* aber hoher, explosiver *Intensität,* kann in **Teilen einer Trainingseinheit** neben anderen Inhalten durchgeführt werden. Dabei sollten die kürzeren Kraftteile im Rahmen einer Trainingseinheit *nach* Schnelligkeitstraining, aber *vor* dem Techniktraining zur Ausführung kommen (Abschnitt 2.6.1).

(5) Krafttraining benötigt eine **optimal präparierte Muskulatur,** die gut aufgewärmt und vorgedehnt sein muß. Die *Entmüdung* beginnt unmittelbar nach dem Krafttraining durch Gelenklockerungen und regenerative Dehnungen.

(6) Jede Sportart muß über einfache, im Training gut einzusetzende und aussagefähige **leistungsdiagnostische Verfahren** verfügen. Die Verfahren, für die man sich entscheidet, werden nicht mehr verändert. Damit wird vor der Vorbereitungsperiode der Istzustand ermittelt, dann werden diese Tests bis zum Beginn der Wettkampfperiode in

vierwöchigem Abstand wiederholt, um die Leistungsentwicklung zu beobachten. In der Mitte und am Ende der Wettkampfperiode werden diese Tests nochmals eingesetzt, um festzustellen, wie sich das in der Vorbereitung erarbeitete Niveau gehalten oder abgebaut hat.

## 3.3 Schnelligkeit und Schnelligkeitstraining

Die Theorie der Schnelligkeit und des Schnelligkeitstrainings ist in der Literatur der Trainingslehre seit ZACIORSKIJ (1972) nahezu unverändert geblieben (HARRE 1971—1986; MARTIN 1977; LETZELTER 1978; WEINECK 1980; GROSSER / STARISCHKA / ZIMMERMANN 1981; MATWEJEW / NOWIKOW 1982 u. a.). Nach unserer Auffassung ist es jedoch aufgrund des veränderten Erkenntnisstandes erforderlich, das Phänomen der *Schnelligkeitsleistung* im Sport unter erweiterten Gesichtspunkten zu diskutieren und aufzuarbeiten.

### 3.3.1 Schnelligkeit — Charakteristik und Begriff

Die Schnelligkeit ist nur bedingt den *konditionellen Fähigkeiten* zuzuordnen. Ihre Verursachung ist nur teilweise *energetisch.* Sie beruht in hohem Maße auf *zentralnervösen Steuerungsprozessen.* Eine Zuordnung zum Konditionsbereich geschieht aus Gründen der Zweckmäßigkeit, und weil sie in der Trainingslehre traditionell zu diesem Bereich gehörte.

Schnelligkeitsleistungen haben komplexe Ursachen, für die folgende Komponenten ausschlaggebend sind:

— die *Beweglichkeit der Nervenprozesse,* rasch Erregungen und Hemmungen abwechseln zu lassen, damit die Muskulatur Bewegungen in optimalen Zeiteinheiten realisieren kann,

— die *Fähigkeit,* auf Reize optimal schnell zu reagieren,

— das *technische Leistungsvermögen* (Bewegungserfahrung), das es erlaubt, das Schnelligkeitsvermögen des Nerv-Muskelsystems optimal umzusetzen,

— die Fähigkeit, eine *hohe Kraftbildungsgeschwindigkeit* in der Muskulatur zu entwickeln,

— das *„Schnelligkeits-Talent".*

Schnelligkeitsleistungen treten im Sport in unterschiedlichster Form auf und werden technisch vielfältig umgesetzt.

---

Definition:
**Schnelligkeit** bei sportlichen Bewegungen ist die Fähigkeit, auf einen Reiz bzw. ein Signal hin schnellstmöglich zu reagieren und/oder Bewegungen bei geringen Widerständen mit höchster Geschwindigkeit durchzuführen.

---

Die Trainingslehre spricht nur dann von Schnelligkeitsleistungen, wenn die äußeren Widerstände gering sind. Diese Abgrenzung wird wegen ihres Kraftverständnisses und der Möglichkeit der Differenzierung von Schnelligkeits- und Kraftleistungen erforderlich (Abschnitt 3.2.1).

### 3.3.2 Strukturierung und Erscheinungsformen der Schnelligkeit

Um das Phänomen und ihre Einteilung in Komponenten bzw. Erscheinungsformen zu beschreiben, geht die Trainingslehre sowohl *phänomenologisch,* das Wesen betrachtend, als auch *theoretisch* und *erfahrungsgeleitet* vor. Dabei wird sinnvollerweise eine grundsätzliche Unterscheidung zwischen *Reaktionsschnelligkeit* und *Aktionsschnelligkeit* (oder Schnelligkeit, Bewegungsschnelligkeit) getroffen und — wie das nachfolgende Beispiel (Tabelle 16) zeigt — werden daraus weitere Ausdifferenzierungen abgeleitet.

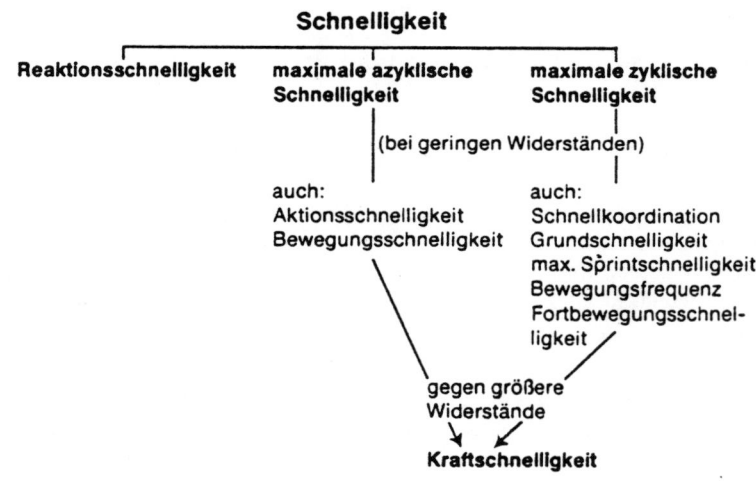

*Tabelle 16: Die Komponenten von Schnelligkeitsleistungen und Synonyma (GROSSER / STARISCHKA / ZIMMERMANN 1981, 81).*

Wir unterstützen eine solche Gliederung der Schnelligkeitsleistung, wollen jedoch eine Differenzierung in die einzelnen Erscheinungsformen im Sinne eines analytischen Ansatzes nach den einzelnen *Phasen* bzw. der *Verlaufsformen* vornehmen. Betrachtet man eine Schnelligkeitsleistung phänomenologisch, dann lassen sich hierbei folgende Phasen beschreiben: (1) *Phase der Reaktion* — (2) *Phase der positiven Beschleunigung* — (3) *Phase der gleichbleibenden Geschwindigkeit* — (4) *Phase der abnehmenden Geschwindigkeit.* Dieses Phasenmodell ist in hohem Maße an der Leistungscharakteristik eines Kurzstreckensprints mit Start orientiert und deshalb nicht für alle Schnelligkeitsleistungen im Sport (Boxschlag, Kernwurf im Handball, Schmetterschlag im Volleyball u. v. a.) konstitutiv. Betrachtet man die Schnelligkeitsleistungen in den verschiedenen Sportarten und sucht nach einer Verlaufsform mit hohem *Allgemeinheitsgrad,* dann zeigen sich zwei prinzipielle Verlaufsformen von Schnelligkeitsleistungen (Abb. 61):

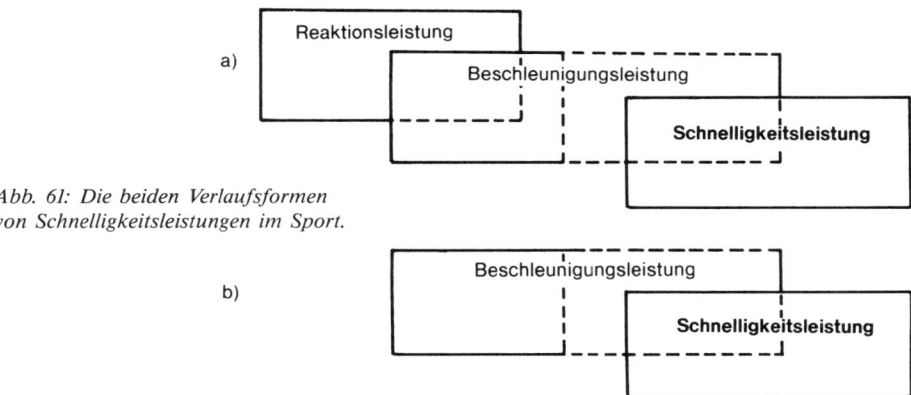

*Abb. 61: Die beiden Verlaufsformen von Schnelligkeitsleistungen im Sport.*

Die erste Verlaufsform von Schnelligkeitsleistungen (Abb. 61a) ist *dreiphasig.* Sie beginnt mit einer *Reaktionsleistung,* die übergangslos in einer *Beschleunigungsleistung* aufgeht. Der Zeitraum der Beschleunigungsleistung ist abhängig von der Größe des äußeren Widerstandes und davon, wie schnell durch die Beschleunigung die Schnelligkeit erreicht werden kann. Mit einem stufenlosen Übergang schließt sich dann die *Schnelligkeitsleistung* (Aktionsschnelligkeit) an. Diese dreiphasige Verlaufsform liegt überall da vor, wo auf äußere Reize hin optimal reagiert werden muß, so beim Sprintstart bis zum Erreichen der maximalen Schnelligkeit, beim Reagieren mit einer Finte, veranlaßt durch eine Gegenspieleraktion, mit der man versucht, durch eine Reaktions-, Beschleunigungs- und Schnelligkeitsleistung sich vom Gegner abzusetzen usw.

Die zweite Verlaufsform (Abb. 61b) ist *zweiphasig.* Danach verlaufen all jene Schnelligkeitsleistungen, die mit einem selbstgewählten Beschleunigungsbeginn einsetzen, wie beispielsweise der Anlauf zum Weitsprung, der Kugelstoß u. a. Hierbei geht die *Beschleunigungsleistung* übergangslos in die eigentliche *Schnelligkeitsleistung* über. Auch hierbei gilt, daß die Schnelligkeitsleistung umso eher zum Tragen kommt, je geringer der zu bewältigende äußere Widerstand ist. Nachfolgend sollen die Merkmale dieser drei Phasen und der sich daraus ergebenden *Erscheinungsformen* der Schnelligkeit beschrieben werden, um daraus auch methodische Konsequenzen ableiten zu können.

### 3.3.2.1 Reaktionsleistungen

Definition:
*Reaktionsfähigkeit* ist die psychophysische Leistungsvoraussetzung, die es dem Menschen ermöglicht, auf Reize, Zeichen, Signale in einer bestimmten Geschwindigkeit zu reagieren.

Analytisch gesehen sollen Reaktionsleistungen in Phasen ablaufen. ZACIORSKIJ (1972, 52) nennt fünf Phasen des Reaktionsverlaufes: (1) das *Auftreten einer Erregung im Rezeptor* (Auge, Ohr, Haut); (2) die *Überführung der Erregung in das Zentralnervensystem;* (3) den *Übergang des Reizes in die Nervennetze* und Bildung des *effektorischen Signales;* (4) den *Eintritt des Signales vom Zentralnervensystem in den Muskel* und (5) die *Reizung des Muskels durch das Zentralnervensystem* und die Entstehung einer *mechanischen Aktivität im Muskel.* In der Psychologie wird ein Vierphasen-Modell mit folgendem Reaktionsverlauf verwendet: (1) Phase der Vorbereitung, d. h. Einstellen auf das Auftreten eines zu erwartenden Reizes; (2) Phase des Reizangebotes, d. h. Wahrnehmen des erwarteten Reizes; (3) Phase der Latenz, d. h. Ablauf sensorisch-assoziativer Prozesse in Vorbereitung der Reaktionshandlung; (4) Phase der effektiven Handlung (CLAUSS u. a. 1976, 445).

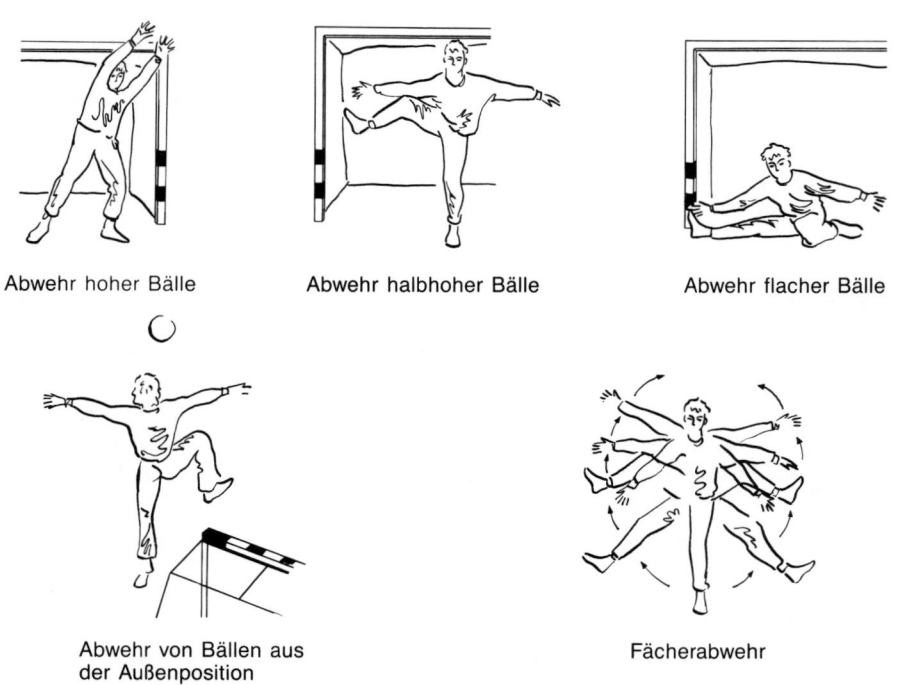

Abwehr hoher Bälle      Abwehr halbhoher Bälle      Abwehr flacher Bälle

Abwehr von Bällen aus der Außenposition        Fächerabwehr

*Abb. 62: Einige Standardabwehrbewegungen des Torwartes im Handball.*

Im Hinblick auf tiefergehende Einsichten müssen die oben skizzierten Phasenverläufe jeweils im Punkt 3 durch den Aspekt der **Antizipation** erweitert werden. Der Zusammenhang von Reaktionsleistungen und Antizipation ist nicht nur aufgrund wissenschaftlicher Erkenntnisse herzustellen. Er läßt sich auch in der Trainingspraxis beobachten, was anhand der Torwartleistung im Hallenhandball beispielhaft belegt werden soll. Hier gilt bekanntlich die Regel, „Torwartleistung und Reaktionsschnelligkeit sind untrennbar miteinander verbunden" (SINGER 1983, 43). Nach den bisherigen Theorien der Trainingslehre wurde angenommen, daß die Verbesserung der Reaktionsleistungen vor allem durch Verkürzung der Reaktionszeit, durch eine schnellere Reizleitung der Sinnesorgane zum ZNS, durch die schnellere Ausarbeitung eines Programms und durch eine schnellere Befehlsübertragung zur Muskulatur zustandekommen könnte (GROSSER / STARISCHKA / ZIMMERMANN 1981, 83; u. v. a.). Untersuchungen bei Hallenhandballtorwarten haben jedoch ergeben, daß sie bei Wahlreaktionen eine Reaktionszeit von durchschnittlich 0,3 Sekunden benötigen. Damit hätten sie allerdings nur bei Fernwürfen die Chance zu reagieren, weil die Würfe aus der Nahwurfzone eine wesentlich kürzere Flugzeit als 0,3 Sekunden haben. Solche Würfe lassen dem Torwart keine Zeit zu reagieren im Sinne der Reaktionstheorie. Er kann nur mit den zufällig richtig antizipierten, automatisierten Standardabwehrbewegungen agieren und zum Erfolg kommen (HARTMANN 1988, 21). Deshalb besteht das Technikerwerbstraining der Torwarte in erster Linie in der Schulung von Standardabwehrbewegungen (Abb. 62).

Im Technikanwendungstraining schulen Torwarte deren richtigen Einsatz, d. h. die dafür erforderliche *Antizipationsfähigkeit* (Abschnitt 3.3.3.1). Das geschieht in der Beobachtung von bestimmten Regelmäßigkeiten im Wurfverhalten, z. B. verzögerte Würfe kommen meist flach, wenn der Werfer gegen die Wurfhand fällt, wirft er meist geradeaus, fällt er von der Hand weg, wirft er ebenfalls flach u. a. Um die Antizipation zu schulen, stellen Torwarte im Handball gegenwärtig ganz systematische Gegnerbeobachtungen an. So hat in den letzten Jahren vor allem die Methode der Wurfbilderstellung Schule gemacht. Jeder Angreifer besitzt individuelle Bewegungsschemata in der Wurfart und der Wurfposition, die seinen Torwurf charakterisieren. Sind diese dem Torwart bekannt, dann antizipiert der Torwart daraufhin den Torwurf. KLUSSOW (1986, 85) berichtet beispielsweise, daß die führenden sowjetischen Torwarte über ihre Erfahrungen mit den jeweiligen Gegnern sogar Karteien anlegten.

Das, was von uns häufig als Reaktionsleistung, als eine enorm kurze Reaktionszeit bezeichnet wird, ist demnach in vielen Fällen ein gebündeltes Maß an Erfahrungen und Programmen, die als Situations- und Handlungsantizipation eingesetzt werden. Damit ist das Reaktionstraining auch vorwiegend ein *Techniktraining* (Kap. 2). Das hat für beide Typen der Reaktionsleistungen, nämlich für einfache und/oder komplexe Reaktionen, Gültigkeit. Aus systematisierenden Gründen unterscheidet die Trainingslehre nämlich diese beiden Typen:

Bei *einfachen Reaktionen* wird auf feststehende Signale (z. B. Startsignalen beim Sprint, Schwimmen, Eisschnellauf u. a.) mit feststehenden Bewegungsausführungen reagiert. Ein Training einfacher Reaktionen führt zu eindeutigen Programmen und damit zu Antizipationsmöglichkeiten.

Bei *komplexen Reaktionen* (auch mitunter Auswahlreaktionen genannt) wird auf vielfältige, vorausschaubare oder nicht vorausschaubare Reize, Signale (Gegnerverhalten im Sportspiel, Judo, Flugbahn eines Balles u. a.) mit einer zumeist bekannten Bewegung reagiert, wobei in vielen Situationen mehrere Entscheidungsmöglichkeiten für Reaktionen verfügbar sind. Die Entscheidung fällt bei erfahrenen Sportlern/innen schon über die Antizipationen.

### 3.3.2.2 Beschleunigungsleistungen

Jede schnelle Bewegung wird durch eine Beschleunigungsleistung in Gang gesetzt. Dynamik und Länge der Beschleunigungsphase werden durch zwei Charakteristika bestimmt. Einmal von der *Größe des äußeren Widerstandes.* Je größer dieser ist, umso größer muß die beschleunigende Kraft sein, die ihm entgegenwirkt. Zweitens davon, ob auf der *Beschleunigungsstrecke* die *erreichbare Höchstgeschwindigkeit* so früh wie möglich — wie in der Beschleunigungsphase des Sprints, beim Weitsprunganlauf u. a. — oder erst am Ende dieser Beschleunigungsstrecke — wie beim Kugelstoß, beim Schlagwurf im Handball u. a. — erreicht werden soll. Dynamik und Länge der Beschleunigungsphase sind bei unterschiedlichen Techniken und Bewegungshandlungen im Sport verschiedenartig, deshalb kann von *„der"* Beschleunigungsfähigkeit nicht verallgemeinert gesprochen werden (Abschnitt 3.3.3.2).

---

Definition:

**Beschleunigung** ist das Verhältnis (Quotient) der Änderung der Geschwindigkeit und der dazu benötigten Zeit;

$$\text{Beschleunigung} = \frac{\text{Geschwindigkeitsänderung}}{\text{benötigte Zeit}}$$

(BAUMANN 1989, 24).

---

Eine Beschleunigung ist nur gegeben bei einer Änderung der Geschwindigkeit. Bei konstanter Geschwindigkeit gibt es keine Beschleunigung. Ein Beispiel verdeutlicht das Wesen der Beschleunigung: Ein Sprinter erreicht nach zwei Sekunden (Zeitpunkt $t_1$) eine Geschwindigkeit von 6 m/s ($v_1$) und nach 2,5 Sekunden (Zeitpunkt $t_2$) 7 m/s ($v_2$). Daraus leitet sich die folgende Berechnung ab:

$$a = \frac{v_2 - v_1}{t_2 - t_1} = \frac{7 \text{ m/s} - 6 \text{ m/s}}{2,5 \text{ s} - 2 \text{ s}} = 2 \text{ m/s}^2$$

Beschleunigungsleistungen haben eine direkte Beziehung zum Niveau der *Maximalkraft, Schnellkraft* und in manchen Disziplinen auch zur *Reaktivkraft,* weil es in der beschleunigenden Phase darauf ankommt, große *Impulswerte* zu realisieren. Der Impuls ist bekanntlich diejenige Bewegungsgröße, die sich aus dem Produkt von Masse mal Geschwindigkeit ergibt. Der Problematik von Beschleunigungsleistungen wird im Abschnitt 3.3.3.2 noch differenzierter nachgegangen.

### 3.3.2.3 Schnelligkeitsleistungen im engeren Sinne — Bewegungsgeschwindigkeit

Schnelligkeitsleistungen im engeren Sinn hängen davon ab, mit welcher **Geschwindigkeit** in zyklischen oder azyklischen Bewegungsabläufen Einzelbewegungen durchgeführt werden können. Geschwindigkeit beschreibt das Verhältnis des zurückgelegten Weges und der dazu benötigten Zeit:

$$\text{Geschwindigkeit (v)} = \frac{\text{Strecke (s)}}{\text{Zeit (t)}} \text{ in m/s.}$$

Der *Komplex der Komponenten,* die die *Bewegungsgeschwindigkeit* bedingen, wird in der Trainingslehre auch als *Aktionsschnelligkeit* (WEINECK 1980, 176) oder als *Bewegungsschnelligkeit* bezeichnet (LETZELTER 1978, 195 ff.; HARRE 1986, 173).

> Definition:
>
> **Schnelligkeitsleistungen** im engeren Sinne sind die vom Nerv-Muskelsystem realisierten Kontraktions- und Bewegungsgeschwindigkeiten gegen geringe Widerstände.

Die Ursachen von Schnelligkeitsleistungen bei Bewegungen sind damit jedoch nicht annähernd zu erklären. Florence Griffith-Joyner sagte bei der ZDF-Show „Menschen '88" am 15. Januar 1989, daß ihre sprunghafte Leistungsverbesserung von 1987 auf 1988 damit zusammenhinge, daß sie gelernt habe, ihre Laufbewegung, die Arm- und Knieführung, exakt durchzuführen und beim Sprint im höchsten Tempo innerlich „entspannt" zu bleiben. Der DDR-Trainer der Sprinterinnen sagte anläßlich des Olympiasieges von Florence Griffith-Joyner im DDR-Fernsehen, daß er heute eine neue „Dimension der Sprinttechnik" gesehen habe, auf die man sich künftig einstellen müßte. Toni NETT schrieb in seinem Laufbuch bereits 1960 (26 f.), Klassesprinter seien an der Gelöstheit ihrer Laufbewegung, der „Entspannung in der Spannung", der „Ruhe in der Bewegung", zu beobachten. „Sportler, die bei zyklischen ... Bewegungen ihre Muskeln vollständig entspannen, sind aller Wahrscheinlichkeit nach imstande, längere Zeit ein größeres Bewegungstempo aufrechtzuerhalten." Nach NETT (1960, 27) seien in den fünfziger Jahren von ALBALKOW (ohne Literaturangabe) in der UdSSR exakte Forschungen darüber angestellt worden, ob durch Entspannung ein Geschwindigkeitsverlust eintrete. Aufgrund eines „Spidogramms" habe sich jedoch gezeigt, daß die Geschwindigkeit erhöht werden konnte, wenn Sprinter aufgehört hatten mit ganzer Willensanstrengung und Muskelspannung das Tempo zu verschärfen.

Das sind zunächst nur einige phänomenologische Deutungen der Bewegungsgeschwindigkeit bei Schnelligkeitsleistungen im engeren Sinne, die sehr wertvolle Hinweise zum Wesen solcher Schnelligkeitsleistungen geben. Es lohnt sich, sie auf der Grundlage des gegenwärtigen Wissensstandes noch eingehender zu betrachten.

Zunächst ist festzuhalten, daß die auf der Kontraktionsgeschwindigkeit der Muskulatur beruhenden Schnelligkeitsleistungen bei geringen äußeren Widerständen im Gegensatz zu Beschleunigungsleistungen weitgehend unabhängig sind von Schnell- und Maximalkraftleistungen. Sie beruhen erstens auf der *individuell aktivierbaren Kontraktionsgeschwindigkeit* und zweitens auf den *Leistungen der inter- und intramuskulären Koordination*. Dies scheint auch für Beschleunigungsleistungen gegen sehr niedrige Lasten zuzutreffen, wie sich aus folgender Untersuchung schließen läßt:

Abb. 63 zeigt, daß bei geringen äußeren Widerständen die Leistungsunterschiede in der Beschleunigung minimal sind, d. h. die Last bewegt sich auf der Meßstrecke mit nahezu der gleichen Geschwindigkeit. Die unterschiedliche individuelle Maximalkraftbasis schlägt sich erst deutlich mit zunehmenden Lasten nieder. Bei den 5 männlichen Probanden liegen die kgm/s-Werte bei einer 10 kg Last zwischen 13,79 und 16,14 (Differenz = 2,35 kgm/s oder 14,6 %), bei einer Last von 20 kg liegen die Werte von 21,22 bis 26,43 kgm/s (Differenz 5,21 kgm/s oder 19,7 %), bei 80 kg Last liegen die Werte dagegen zwischen 33,45 und 54,55 kgm/s (Differenz = 21,1 kgm/s und damit bei 38,6 %), bei 100 kg liegen die Werte zwischen 29,84 und 55,13 (Differenz = 25,29 kgm/s oder 45,8 %). Dieser Sachverhalt zeigt sich in allen unseren Untersuchungen. D. h., die Bildung der Kraft korreliert bei geringen Lasten nur unwesentlich mit dem Maximalkraftniveau, weil durch Fehlen höherer Widerstände „die Kraft der hohen Kontraktionsgeschwindigkeit nicht folgen kann". Zur Bewegungsgeschwindigkeit werden im Abschnitt 3.3.3.3 weitere wissenschaftliche Ergebnisse vorgelegt, um ihr Wesen noch fundierter zu erklären.

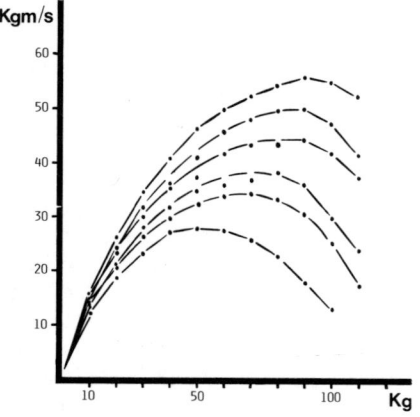

*Abb. 63: Ergebnisse zum Kraftverhalten beim Bankziehen (Abb. 36) bei ansteigenden Lasten, gezogen auf einer definierten Meßstrecke, von 5 männlichen und 1 weiblichen Probanden (untere Kurve).*

### 3.3.3    Wissenschaftliche Erklärungsmodelle zur Schnelligkeit

#### 3.3.3.1 *Informationstheoretische und psychologische Erkenntnisse zu Reaktionsleistungen*

Informationstheoretisch wird der Reaktionsfluß wie folgt beschrieben (KÜCHLER 1983, 78 ff.): Für Informationsverarbeitungen, die über die afferenten Nervenfasern einlaufen, stehen im Zentralnervensystem mehr als 10 Milliarden ($10^{10}$) Neurone zur Verfügung (Abb. 64). Eine Nervenfaser kann etwa 10—50 bit/Sekunde übertragen. Der maximale Nachrichtenfluß aller afferenten Nervenfasern liegt bei ca. 100 Millionen bit/s ($10^8$ bit/s). Von dieser enormen Informationsmenge werden bei der Verarbeitung im Gehirn nur etwa 10—20 bit/s bewußt wahrgenommen (s. untere Linie in der Abb. 64). Folglich findet eine Verringerung um fast sieben Zehnerpotenzen statt.

Demnach gelangen nur die allerwichtigsten Meldungen ins Bewußtsein, alle anderen werden ausgeschlossen, aber zum geringen Teil unbewußt reflektorisch-motorisch verwertet. Obwohl der hier beschriebene Informationsfluß auf Schätzungen beruht, wird dennoch deutlich gezeigt, daß der aus Reflexbewegungen, Instinkthandlungen und variablen erlernten motorischen Handlungen bestehende *motorische Aktionsbereich* viel kleiner ist als der *sensorische Wahrnehmungsbereich.* Verantwortlich dafür ist die fünffach kleinere Zahl motorischer Neurone, gegenüber der Anzahl der Neurone der Sinnesorgane. Außerdem begrenzen Schwerkraft, Massenträgheit, Beweglichkeit der Gelenke, Verkürzungsgeschwindigkeit, Kraftbildung der Muskulatur, zusätzlich die motorischen Leistungen. Das impliziert, daß eine verbesserte Reaktionsleistung kaum über eine Verbesserung des Informationsflusses in den beteiligten Strukturen erreicht werden kann, sondern nur über ein dauerndes motorisches Üben und Lernen komplizierter *motorischer Programme,* mit denen eine fortwährende Anpassung der Reaktionen an die wesentlichen Reize bzw. Signale realisiert wird (KÜCHLER 1983, 79).

Diese Annahme wird auch durch die Arbeit von RÜSSEL (1976, 75 ff.) bestätigt, der eine Reihe empirischer Untersuchungen anführt, die das untermauern. Nach diesen Erkenntnissen läßt sich das bisher Gesagte wie folgt ergänzen: Reaktionsleistungen im Sport werden je nach der vorliegenden individuellen Erfahrung schon mehr oder weniger gut vorausgenommen, also *antizipiert*.

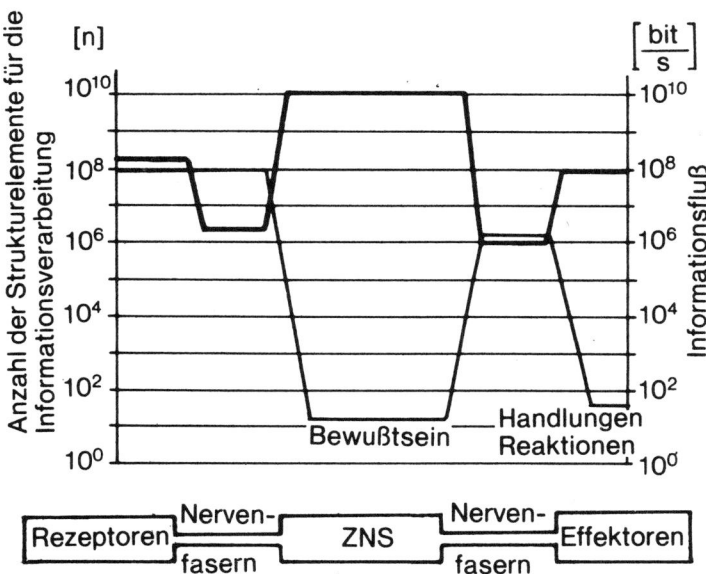

*Abb. 64: Informationsfluß im Zentralnervensystem. Die obere, stark gezeichnete Kurve zeigt die Anzahl der Strukturelemente (n). Die untere, dünner gezeichnete Linie zeigt den Informationsfluß in bit/Sekunden (KÜCHLER 1983, 79).*

Am Beispiel der im Abschnitt 3.3.2.1 beschriebenen Reaktionsleistungen des Handballtorwartes ist gezeigt worden, daß diese Leistungen nicht auf einfachen Reaktionsmustern im herkömmlichen Sinne beruhen können, sondern der Torwart diese Situation antizipiert und dann mit einer beherrschten Technik pariert.

Die **Antizipation** ist ein psychischer Vorgang, bei dem durch nur wenige Informationen über Beginn und Begleiterscheinungen bestimmter Situationen ihr weiterer Verlauf und das Resultat im voraus konstruiert werden. Der Ausprägungsgrad der Antizipation von Reaktionsleistungen ist sowohl bei *einfachen,* als auch bei *komplexen Reaktionen* abhängig von denjenigen Bewegungserfahrungen, die als feste **Programme** gespeichert sind, so daß bei der Realisierung von Reaktionen nur noch eine gewisse Variabilität erforderlich ist, die zur Anpassung an die jeweilige Situation führt.

Antizipation kann soweit gehen, daß der Ablauf von Reaktionsleistungen aufgrund von Erfahrungen fest programmiert ist. In diesen Erfahrungen spiegeln sich nicht nur die mo-

torischen Handlungen wider, mit denen reagiert wird, sondern auch die dabei vorausgegangenen Wahrnehmungen. Vor allem die komplizierten Reaktionen bei Sportspielen oder
Kampfsportarten sind an vielfältige Antizipationen gebunden, weil hier auf der Grundlage
der wahrgenommenen Situation und der vorliegenden Erfahrungen die eigene Handlung
ständig antizipiert wird. Die Antizipation muß allerdings zweiphasig gesehen werden. Sie
beginnt mit einer Situationsantizipation und geht dann in die Handlungsantizipation über.

Die *Situationsantizipation* bereitet eine Reaktion aufgrund situationsanalytischer Wahrnehmungen und Erfahrungen vor, ohne daß die Reaktion, verzögert durch die Reaktionszeit, einsetzen muß. In solchen Fällen stehen Wahrnehmungs- und Erfahrungsdaten aus
früheren adäquaten Situationen zur Verfügung, die es gestatten, die Raum-Zeitbedingun-
gen vorauszunehmen. Somit entfällt die sog. Reaktionszeit der Phasenmodelle.

Bei der *Handlungsantizipation* wird mit denjenigen Handlungen reagiert, die sich aufgrund von Erfahrungen als situationsgemäß und erfolgreich bewährt haben. Das sind bei
erfahrenen Sportlern/innen Handlungsprogramme.

Als Ergebnis dieser Diskussion kann festgehalten werden: *Reaktionsleistungen, die sich sowohl in der Reaktionszeit messen, als auch im Reaktionserfolg bewerten lassen, beruhen
in erster Linie auf der Fähigkeit der Antizipation. Die Reaktionszeitverbesserung hängt
hauptsächlich mit einer Optimierung der Situationsantizipation zusammen, weil sie den
zeitlich-räumlich angemessenen Einsatz der Reaktion vorausnimmt; die Verbesserung des
Reaktionserfolges beruht vorwiegend auf einer Optimierung der Handlungsantizipation,
die vorausnimmt, mit welchem Bewegungsablauf in einer bestimmten Situation reagiert
werden soll. Deshalb ist die Optimierung der Handlungsantizipation ein wesentliches Ziel
zur Verbesserung von sog. Reaktionsleistungen, das durch entsprechendes Training angesteuert werden kann.*

### 3.3.3.2 Biologische und mechanische Erklärungen zur Beschleunigungsleistung

Im Abschnitt 3.2.3.3 haben wir die Muskelinnervation und die Rekrutierung *motorischer
Einheiten* beschrieben. Diese Beschreibung soll hier im Zusammenhang mit der **Beschleunigung** fortgesetzt werden.

Bei körperlicher Aktivität erfolgt die Erregung der an einer Bewegung beteiligten Muskulatur in einer bestimmten Reihenfolge, der eine *Rekrutierungsordnung* folgender Art zugrunde liegt: Bei schwacher Willkürinnervation werden motorische Einheiten aktiviert, deren
Motoneurone eine niedrige Reizschwelle aufweisen. Bei erhöhter „Kraftforderung" werden
— in Abhängigkeit von der Reizschwelle ihrer Motoneurone — zunehmend weitere Einheiten an der Kraftbildung beteiligt. Es spricht einiges dafür, daß das Reizschwellenniveau der
Motoneurone ausschließlich durch deren Größe bestimmt ist (FREUND 1983).

Auf der Grundlage der Rekrutierungsmechanismen (neuronale und mechanische Rekrutierung s. Abschnitt 3.2.3.3) kann erklärt werden, warum beim Beschleunigen unterschiedlicher Lasten mit maximalem „Willensstoß", mit leichten Gewichten weniger Muskelkraft
entwickelt werden kann als mit schwereren. Dazu ist ein detaillierte Beschreibung des *mus-
kelinternen Mechanismus* notwendig, wobei wir auf der im Abschnitt 3.2.3.2 beschriebenen Querbrückentheorie aufbauen.

GONZALES-SERRATOS (1971) konnte beobachten, daß bei Fasererregung nicht alle Myofibrillen gleichzeitig mit der aktiven Verkürzung beginnen. Vielmehr bildet sich zunächst
in den Randbezirken einer Faser Verkürzung bewirkende Kraft. In dieser Phase werden die

Myofibrillen im Faserzentrum durch die aktiven Fibrillen an der Peripherie passiv mit verkürzt. GONZALES-SERRATOS führte diese Erscheinung auf zeitbedingte Leitungsprozesse elektrochemischer Art zurück, ohne dafür eine spezifische Erklärung zu finden. Ergänzend kann in Anlehnung an die Ergebnisse der Muskelforschung für den Kraftbildungsprozeß in den Myofibrillen folgende Vorstellung entwickelt werden:

Die Myosinquerbrücken zwischen den dicken und dünnen Filamenten bestehen aus einem elastischen „Hals" und einem „Köpfchen", das ein chemisch aktives Zentrum trägt. Bei Erregung strömen als Folge des in die Faser von außen nach innen vordringenden elektrochemischen Signals Calciumionen zwischen die Filamente und besetzen an dünnen Eiweißfäden (Tropomyosin) befestigte Eiweißplättchen (Troponine). Damit entstehen attraktive Stellen für die Köpfchen der Myosine. Sie werden aufgrund ihrer chemischen Ladung im aktiven Zentrum ($MgATP^{--}$) von diesen Reaktionsstellen, die elektrisch positiv geladen sind, angezogen, spannen dabei die elastischen Hälse und üben Zugkraft auf die Myyosinfilamente aus (Abb. 32).

So entstehen zum Beispiel bei entsprechend geringer Gegenkraft bereits Myofibrillen- und damit Faserverkürzungen, auch bevor alle Troponine durch $Ca^{++}$ gesättigt sind. Da sofort mit der Verkürzung das „verbrauchte" Calcium vom Troponin entfernt wird, werden für die bei anhaltender Stimulierung einströmenden Calciumionen ständig schon in den Randbezirken der Myofibrillen Troponinstellen frei und können von $Ca^{++}$-„Neuankömmlingen" besetzt werden. Bei schnellen Filamentverschiebungen ist das Calciumangebot nicht ausreichend, um alle Wirkungsstellen zu besetzen, so daß dort — also vor allem im Fibrillenzentrum — die Häkchenmoleküle ohne Reaktionsmöglichkeit an den potentiellen Stellen vorbeigleiten und an der Kraftbildung nicht beteiligt sind. Verbleibt jedoch bei großen bis unüberwindlichen Gegenkräften durch fortgesetzte Stimulation der „Einströmungsdruck" des Calciums, ohne daß an Verkürzungsvorgänge gebundene Filamentverschiebungen ablaufen, ist ausreichend Zeit, um alle Troponine zu besetzen. Das bedeutet, daß nur bei entsprechenden — den Verkürzungsprozeß verzögernden — Gegenkräften alle Reaktionsstellen am dünnen Filament für Myosinköpfchen reaktiv werden (LEHNERTZ 1985b, 36 f.).

Bleibt die antagonistische Muskulatur außer acht, so kommen als möglicher Ursprung der gegen die Muskelkraft wirkenden Kräfte entweder unüberwindliche Widerstände in Frage oder Gegenstände, die durch den Muskel beschleunigt werden können und ihrer Masse entsprechende Trägheits- und Gewichtskräfte entwickeln.

Wenn nun bei fortgesetzter Stimulierung die Muskelfaser zur Verkürzung freigegeben wird (quick release), „entladen" sich sofort alle elastischen Komponenten und reißen unter entsprechendem Spannungsverlust entgegenwirkende Massen (Gewichtsstücke) ein Stück mit. Dabei wird die Strecke dieser einleitenden schlagartigen Faserverkürzung umso kleiner, je größer das Beharrungsvermögen (die Trägheit) der Gewichtsstücke ist. Die potentielle Energie der elastischen Strukturen geht dabei in kinetische Energie der beschleunigten Massen über. Gleichzeitig kommt es in den Sarkomeren wieder zu Filamentverschiebungen, wodurch vermehrt Calciumbindungsstellen freiwerden und eine erhöhte Umsetzung von chemischer Energie an den reaktiven Punkten ermöglicht wird (ebenda).

Nach dem „Schuß" durch die elastische Energie ist ein Gewichtsstück so schnell, daß es sich aufgrund seiner Trägheit vorübergehend weiterer Einflüsse durch die Kontraktionskraft des Muskels entzieht. Diesen Sachverhalt bezeichnen wir als *trägheitsbedingten Kraftflucteffekt*. Die Faser kontrahiert in der Phase des trägheitsbedingten Kraftfluchteffekts kurzzeitig leer, und das schlägt sich im Kraft-Zeit-Verlauf in einem Abfall der Kurve nieder. Erst wenn Gegenkräfte das Gewichtsstück abbremsen, findet der kontraktile Apparat wieder „Anschluß" und beschleunigt erneut, aber mit erheblich geringerer Kraft, da die Gegenkraft eines Gewichtsstückes, das durch eine Muskeleinheit bewegt werden kann, ja unter dem isometrischen Kraftniveau der Einheit liegen muß. Prinzipiell entsteht aber wieder ein ähnliches Phänomen wie oben beschrieben: Statt per isometrischer Fixierung, wird die Faser durch die Trägheitskraft der zu beschleunigenden Masse „gespannt", es entsteht wieder eine elastische „Ladung" und dann ein „Schuß". Dies setzt sich in einer Folge von „Minischüssen" fort und schlägt sich im oszillierenden Verlauf der Verkürzungs- und Kraft-Zeit-Kurven nieder. Schließlich verschwinden die Schwingungen der Übergangsphase und die Faser verkürzt sich mit nahezu konstanter — von der Gewichtskraft der angehängten Massen abhängigen — Geschwindigkeit. Bei „freier" Verkürzung steht als spannungsbestimmende Gegenkraft nur die Trägheitskraft der zu beschleunigenden Gewichtsstücke zur Verfügung. Das „Schußphänomen" nimmt dabei grundsätzlich den gleichen Verlauf wie unter quick-release-Bedingungen, ist aber weniger ausgeprägt. Beim Beschleunigen von Sportgeräten, Körpergliedern oder des Gesamtkörpers hingegen sind sowohl das mobilisierte Muskelpotential als auch die beschleunigten Massen sehr viel größer, so daß hier auch bei den sogenannten freien Verkürzungen der trägheitsbedingte Kraftflucheffekt in auffallender Weise in Erscheinung tritt (LEHNERTZ 1985b, 37). Wie sich dieser postulierte trägheitsbedingte Kraftflucheffekt in den Sprungkurven vertikaler Sprünge ohne Auftakt zeigt, soll an den folgenden Beispielen gezeigt werden (Abb. 65):

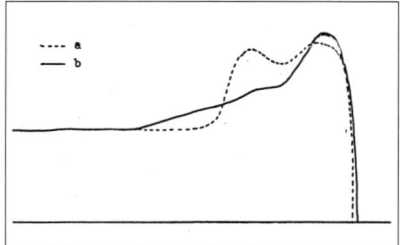 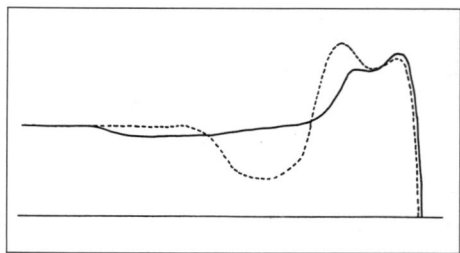

*Abb. 65: (links): Kraft-Zeit-Kurven bei vertikalen Sprüngen ohne Auftaktbewegung: a) Sprung mit maximaler Startkraft; b) Sprung mit kontinuierlich gesteigerter Kraft am Sprunganfang.*
*(rechts): Tendenzen des Kraft-Zeit-Verlaufs bei beidbeinigen Vertikalsprüngen: ----- Sprung mit maximalem Krafteinsatz; (dabei erzielte Geschwindigkeit am Sprungende 2,39 m/s); ——— Sprung mit kontinuierlicher Kraftzunahme am Sprunganfang; (erzielte Geschwindigkeit am Ende 2,68 m/s) (LEHNERTZ 1985b, 39).*

Die in Abb. 65 gezeigten Kurven demonstrieren folgenden Sachverhalt: In der Ausgangsstellung (Phase 1) verläuft die Kurve auf dem Niveau des Körpergewichtes. Dann, zur Zeit der Phase 2, steigt die Kurve an, und zwar um so steiler, je größer die entwickelte Kraft ist, und erreicht einen ersten Kraftgipfel. Während der Phase 3 flacht die Kurve wieder ab und durchläuft in Phase 4 — der Zeit des trägheitsbedingten Kraftflucheffektes ein „Krafttal", um danach in Phase 5 erneut anzusteigen. Nach Erreichen des zweiten Kraftgipfels fällt die Kurve mit zunehmender Steilheit ab und endet bei Null, sobald der Springer abgesprungen ist. Falls die Argumentation den Sachverhalt korrekt erfaßt, muß der erste Kraftgipfel um so höher und das folgende Krafttal um so tiefer werden, je höher die Start- und Explosivkraft waren. Demgegenüber dürfte bei einer geringen Start- und Explosivkraftleistung nur ein einziger Kraftgipfel entstehen.

Die Befunde der von uns durchgeführten Sprungversuche entsprechen exakt den Erwartungen. Abb. 65 (links) gibt zwei Kurven wieder, die für „Extremfälle" typisch sind: Kurve a für einen Sprung mit maximalem Krafteinsatz von Sprunganfang bis -ende, Kurve b für eine kontinuierliche Leistungssteigerung zu Beginn und maximalem Krafteinsatz zum Sprungende hin. Das bei Kraft-Zeit-Kurven zu beobachtende „Krafttal" ist nicht nur aus Sprungkraft-Zeit-Verläufen bekannt, sondern taucht auch bei anderen Beschleunigungsvorgängen mit maximalem Krafteinsatz auf. Außerdem zeigte sich wieder der wesentliche Einfluß der Trägheitskraft auf die Spannungsentwicklung des Muskels. Durch Senken des Körperschwerpunktes vor dem Einsatz der Streckmuskulatur zum Sprung wächst durch den Gegenimpuls die Trägheitskraft erheblich und demzufolge auch die Höhe des ersten Kraftgipfels gegenüber Sprüngen ohne Auftaktbewegung; ebenso ist die Auswirkung des Kraftflußeffektes ausgeprägter. Bezüglich der Absprunggeschwindigkeit ergab sich das gleiche Ergebnis, das wir schon bei unseren Versuchen mit Schlagbewegungen beobachteten, nämlich, daß ein zu frühzeitiger maximaler Kraftstoß nicht zur höchstmöglichen Endgeschwindigkeit führt (Abb. 65 rechts).

Zu Beginn des Abschnittes sind wir bereits darauf eingegangen, daß Beschleunigungen bei sportlichen Leistungen und/oder Techniken zwei differenzierte dynamische Verläufe haben können. (1) Verläufe, bei denen sofort die höchstmögliche Geschwindigkeit erreicht werden soll und (2) solche, bei denen zum Ende eines Kraftstoßes die höchste Absprung- oder Abwurfgeschwindigkeit (Abb. 65) erreicht werden soll.

Da für alle Schnelligkeitsleistungen die optimale Beschleunigung entscheidend ist, muß für das Training der Beschleunigungsleistungen folgendes grundsätzlich berücksichtigt werden:

*Beschleunigungsleistungen basieren — konditionell betrachtet — auf dem Ausprägungsgrad der Komponenten der Schnellkraft; — technisch gesehen — jedoch darauf, zu welchem Zeitpunkt der Kraft-Zeit-Kurve der Körperschwerpunkt seine maximale Geschwindigkeit erreicht haben soll.* Dabei gilt für das Erzielen hoher Endgeschwindigkeiten der Grundsatz: Zum Erzielen möglichst hoher Endgeschwindigkeiten bei Wurf, Stoß oder Schlag ist die Gesamtbewegung so zu gestalten, daß für die zuletzt einzusetzenden Muskelgruppen zur optimalen Kraftentwicklung noch ausreichend Trägheitswiderstand vorhanden ist. Für dieses Postulat haben wir den Begriff **Trägheitstiming** geprägt (LEHNERTZ 1984, 32; 1988c, 46).

### 3.3.3.3 Erklärungsmodelle zur Bewegungsgeschwindigkeit

Die Frage, ob die **Bewegungsgeschwindigkeit,** verursacht von der *Kontraktionsgeschwindigkeit* der Muskulatur, durch Training zu verbessern ist, muß wohl eindeutig verneint werden.

Aufgrund von Befunden aus tierexperimentellen Untersuchungen und neuentwickelten biochemischen Methoden zur Analyse der Molekularstruktur der kontraktilen Proteine kann die überragende Bedeutung genetischer Faktoren für die Bewegungsgeschwindigkeit der Muskulatur heute sehr gut beurteilt werden. Danach ist Myosin das wichtigste Protein bei der Muskelkontraktion. Es ist mit seiner Struktur verantwortlich für die Mechanik der Kontraktion und Kraftentwicklung und gleichzeitig katalysiert (= beschleunigt) es mit Hilfe seiner ATPase-Aktivität die Hydrolyse von ATP zu ADP und $P_a$ (Abschnitt 3.2.3.2). Dabei ist die Geschwindigkeit der ATPase von den sog. leichten Ketten der Myosinmoleküle abhängig.

In den Myosinfilamenten der Skelettmuskulatur sind 300-400 Myosinmoleküle parallel angeordnet. Ein einzelnes Myosinmolekül besteht aus zwei schweren Ketten und mehreren leichten Ketten. Die ATPase-Aktivität und damit die Schnelligkeitseigenschaften eines Muskels sind eng mit dem Gehalt an leichten Myosinketten verknüpft. F-Fasern (schnelle Fasern) enthalten immer die gleichen drei schnellen leichten Ketten, während S-Fasern (langsame Fasern) ein bis drei schnelle und zwei langsame leichte Ketten aufweisen können (BILLETTER u. a. 1981). Somit ist offensichtlich, daß für Schnellkraftsportarten in erster Linie die Ausstattung mit F-Fasern (= hoher Anteil von Myosinen mit drei schnellen leichten Ketten) leistungsbestimmend ist.

In welchem Umfang eine Muskelfaser Myosine mit drei schnellen leichten Ketten entwickelt, ist in erster Linie abhängig von der *genetischen Ausstattung,* d. h. daß auf molekularer Ebene schnellkraftfördernde Trainingsreize nur so wirksam werden können, wie es die Genstruktur zuläßt. Zwar können unter extremen experimentellen Bedingungen (z. B. durch sog. Kreuzinnervation) sonst ruhende Gene aktiviert und gleichzeitig andere gehemmt werden; aber es ist höchst unwahrscheinlich, daß solch extreme Reizbedingungen durch Trainingsmaßnahmen irgendwelcher Art nachzuvollziehen sind. *Deshalb sollte ein auf Schnelligkeitsentwicklung gerichtetes Training eine andere Zielrichtung haben. Schnelligkeitstraining kann und soll vor allem die intramuskuläre und die intermuskuläre Koordination verbessern.*

Die **intermuskuläre Koordination** — vor allem bei schnellen Sprint- und Absprungbewegungen — beruht in hohem Maße auf Verschaltungen und elementaren Programmen der **spinalen Sensomotorik** bzw. der spinalmotorischen Reflexe, die im Sinne von *Regelkreisen* wirken, die hier vereinfacht dargestellt werden. Beteiligt sind die *Motoneurone* (im wesentlichen die Alpha-Motoneurone) des Rückenmarks, deren efferente Entladungen über die *Ia-Fasern* die Muskeln zur Kontraktion bringen. Der einfachste Reflexbogen, der *Eigen-* oder *Dehnungsreflex,* geht von der *Muskelspindel,* einem Längenmeßinstrument, aus. Dabei werden über die *afferenten Ia-Fasern* Längenveränderungen zum Alpha-Motoneuron gemeldet. Wird durch Dehnung eine Längenveränderung erwirkt, steigt die Frequenz der afferenten Spindelimpulse an. Die aus dem Motoneuron rückwirkenden efferenten Impulse kontrahieren daraufhin denselben Muskel, um der Dehnung entgegenzuwirken (Abb. 66). Dieses Phänomen wird uns beim Stretching nocheinmal beschäftigen (Abschnitt 3.5.3.2). Bei allen anderen Regelkreisen der spinalen Sensomotorik sind *Interneurone,* die der Erregungsverarbeitung dienen, dazwischengeschaltet (HAASE 1976, 99 ff., HENATSCH 1976, 193 ff. und HENATSCH / LANGER 1983, 27 ff.).

Dieselben, oben beschriebenen, Ia-Afferenzen hemmen über ein Interneuron die antagonistischen Motoneurone (reziproke Antagonisten-Hemmung) und helfen bei der Abstimmung des Zusammenspiels von Agonisten und Antagonisten. Regelkreise, die über Ia-Fasern verlaufen, haben eine *längenstabilisierende Funktion.* Regelkreise, die über *Ib-Fasern* verschaltet sind, wirken *spannungsbegrenzend.* Sie gehen von den *Golgi-Sehnenorganen* (Sehnenspindeln) aus, den Spannungsmeßgeräten des Muskels. Die Ib-Afferenzen hemmen dabei über Interneurone die eigenen Motoneurone und erregen die antagonistischen Motoneurone im Sinne einer „autogenen Hemmung" (Abb. 66).

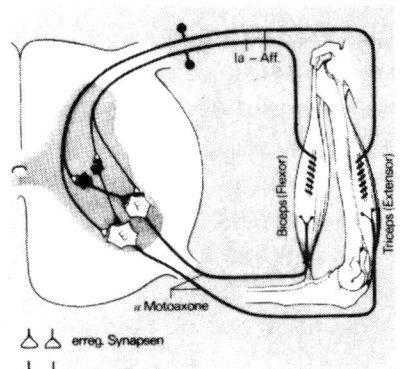
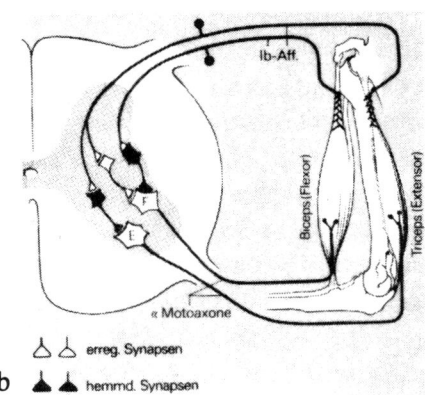

*Abb. 66: a: Spinale Grundverschaltung des Dehnungsreflexes und der reziproken (entgegengesetzt wirkenden oder wechselseitigen) Antagonistenhemmung, vermittelt über die Ia-Afferenz der Muskelspindeln vom Beuger und Strecker.*
*b: Spinale Grundverschaltung der autogenen Hemmung eigener Alpha-Motoneurone über die Ib-Afferenz der Sehnenorgane (HENATSCH / LANGER 1983, 31 ff.).*

Diese Beispiele stellen nur die Grundverschaltungsmechanismen dar. Das Zusammenwirken der beiden Extremitäten, bei der die eine beugt, die andere streckt, wird über die sog. *Flexor-Reflex-Afferenz,* einem gekreuzten Beuge-Streck-Reflex, bewirkt. Er bietet die spinale Voraussetzung, Kraftentwicklung und Bewegungskoordination kontralateral aufeinander abzustimmen.

Der integrativen und sensomotorischen Funktion der *spinalen Sensomotorik* können nach KÜCHLER (1983, 103) folgende Teilfunktionen und Kontrollmechanismen zugeordnet werden:

— Kontrolle von *Muskellänge* und *Muskelspannung* einer Extremität mit Abstimmung zur Gegenseite und der Kompensation ungewollter Effekte im Bewegungsablauf

— das Generieren *elementarer Bewegungsprogramme* (elementares motorisches Gedächtnis, lokomotorische Zentren) für koordinierte Laufbewegungen

— *Anpassungsmechanismen,* die die lokomotorischen Zentren zweckmäßig an Bewegungsabläufe anpassen.

In der Regel werden immer mehrere motorische Einheiten eines Muskels abwechselnd und/oder gleichzeitig aktiviert. Die Kontraktionseffekte überlagern sich dabei zu summarischen Gesamtverkürzungen bzw. zur Gesamtspannung, wobei sich die unterschiedlichen Kontraktionen der verschiedenen motorischen Einheiten weitgehend ausgleichen. Dieser Prozeß ist als intramuskuläre Koordination zu verstehen. Er kann durch ständiges Training der dabei angewandten Techniken unter hoher Bewegungsgeschwindigkeit trainiert werden (FINDEISEN / LINKE / PICKENHAIN 1980, 53).

So muß abschließend festgestellt werden, daß unter bestimmten Bedingungen auch die Schnelligkeitsleistungen im engeren Sinne noch erhebliche Verbesserungsmöglichkeiten haben.

*Schnelligkeitstraining* hat aufgrund dieser Erkenntnisse die Verbesserung der *intermuskulären Koordination* als Teilziel. Sie wird hauptsächlich durch eine *optimal programmierte spinale Sensomotorik* realisiert. Wenn Florence Griffith-Joyner demnach sagt, daß ihre Leistungssteigerungen hauptsächlich darauf zurückzuführen seien, daß sie auch gelernt habe, im höchsten Tempo innerlich entspannt zu bleiben, dann spricht sie die Problematik der intermuskulären Koordination an. Die Verbesserung der intermuskulären Koordination ist mit großer Wahrscheinlichkeit nur dann möglich, wenn gelernt wird, schnelle Bewegungen mit einem *idealen Muskelspannungsniveau* zu vollbringen. Das setzt das Einschleifen entsprechender *Programme* der spinalen Sensomotorik voraus.

Die **intramuskuläre Koordination** betrifft die Rekrutierung und Abstimmung der Beanspruchungsgrößen der motorischen Einheiten (HETTINGER 1968, 3). Die Rekrutierung verläuft nach einer bestimmten *Rekrutierungsordnung,* der mehrere Mechanismen zugrunde liegen (Abschnitt 3.2.3.3 u. 3.3.3.2). Normalerweise aktiviert ein Impulsstrom diejenigen Neurone zuerst, die die niedrigste Reizschwelle, d. h. die höchste Erregbarkeit haben. Das sind in der Regel die kleinsten Zellen, die die langsamen motorischen Einheiten innervieren, während die größeren Motoneurone, die die motorischen Einheiten mit den schnellen Muskelfasern aktivieren, eine größere Erregungsschwelle haben. Nun scheint allerdings diese Ordnung durch Änderung der Bewegungsgeschwindigkeit oder durch Änderung der Bewegung selbst über die Ia-Afferenz diese Rekrutierungsordnung veränderbar zu sein. So können auch die ermüdungsresistenten schnellen Muskelfasern durch spinale Kopplungen sehr schnell, d. h. mit Beginn der Impulsübertragung direkt mitaktiviert werden (KÜCHLER 1983, 50).

### 3.3.4 Leistungsdiagnostische Verfahren im Schnelligkeitstraining

Im Abschnitt 3.2.4 wurden die Aufgaben der Leistungsdiagnostik im Zusammenhang mit dem Krafttraining beschrieben. Das gilt im großen und ganzen auch für das Schnelligkeitstraining. Für die unterschiedlichen Erscheinungsformen der Schnelligkeit, wie der Reaktions-, Beschleunigungs- und Schnelligkeitsfähigkeiten muß die Leistungsdiagnostik jedoch differenzierter und auch kritisch betrachtet werden.

Die Beschleunigungsfähigkeit beruht auf den Komponenten der Schnellkraft, sie ist deshalb auch hauptsächlich mittels Kraft-Zeit-Kurven und anderen biomechanischen Methoden der Kraftanalyse bestimmbar (Abschnitt 3.2.4.2).

*Reaktionsfähigkeiten* sind nur bedingt meßbar. Das hat verschiedene Gründe. Einmal, weil diese Leistungen in hohem Maße antizipatorisch verursacht werden und Antizipationsleistungen schwer zu „messen" sind. Zweitens wegen der Ursachenzuschreibung. Drittens wegen des Mangels geeigneter Meß- oder Testinstrumentarien. Messungen können nur bestimmte Parameter von Einfachreaktionen erfassen.

*Schnelligkeitsleistungen,* die auf der *Bewegungsgeschwindigkeit* basieren, können nur durch Präzisions-Meßtechnik registriert werden. Sportmotorische Tests mit ihrem grobdiagnostischen Anspruch sind für die Leistungsdiagnostik nur bedingt einsetzbar.

### 3.3.4.1 Meßverfahren der Schnelligkeit

Zum Messen der Sprintschnelligkeit hat sich der **Kasseler Beschleunigungstest** bewährt. Mit diesem Test wird auf einer 30-m-Sprintstrecke in der Halle die Zeit zwischen 10 und 20 Meter und die Gesamtzeit von 30 m erfaßt. Die Teststrecke muß wegen der Bodenbeschaffenheit immer die gleiche sein. Gemessen wird mit einem Lichtschrankensystem auf Infrarotbasis, das mit einer Auflösung von 10 Mikrosekunden (Hunderttausendstel) arbeitet. Die Schranken werden an der Startlinie, bei 10, 20 und 30 m jeweils in Kopfhöhe des Probanden installiert, damit sie nicht durch die Schwungbewegungen der Extremitäten ausgelöst werden können. Gesprintet wird mit Hochstart in Schrittstellung. Gemessen werden Sekunden (z. B. 1,281 s für die Strecke 10—20 m und 4,017 s für die gesamten 30 m). Von zwei Testsprints wird das bessere Resultat gewertet. Dieser Test hat sich als reliabel und sehr aussagefähig für die lokomotorische Bewegungsgeschwindigkeit und Beschleunigungsfähigkeit erwiesen (MARTIN / LEHNERTZ 1986, 12).

Ein anderes Beispiel ist die Messung der **horizontalen Armstreckgeschwindigkeit:**

Benutzt wird ein Kraftgerät zur Trizepskräftigung (Abb. 67), bei dem die Probanden mit dem Rücken an einer senkrechten Stützfläche stehen. Dazu wurden Gurte entwickelt, mit denen die Probanden immer in der gleichen Position festgeschnallt werden. Die Füße stehen an einer Markierung. Der Hebel wird durch die Armstreckbewegung nach vorn geschleudert und passiert ein Lichtschrankensystem auf Infrarotbasis. Der Zeitwert wird auf einer Meßstrecke von 3,5 cm mit einer Auflösung von 10 Mikrosekunden ermittelt.

Der Proband kann die erreichte Zeit — die Zeiten liegen etwa bei 120—140 Hunderttausendstel Sekunden — sofort ablesen und versucht bei jedem Test, seinen Bestwert zu erreichen. Nach 10 bis 12 Wiederholungen werden die Zeiten langsamer. Die jeweils schnellsten Versuche werden durchschnittlich mit der fünften Wiederholung erreicht. Der Hebel bekommt eine so hohe Geschwindigkeit, daß er von einem Helfer aufgefangen werden muß (MARTIN / LEHNERTZ 1986, 13).

Zur **Identifikation abschnittsspezifischer Stärken und Schwächen beim Sprint** geben BAUMANN / SCHWIRTZ / GROSS (1986) ein Beispiel zum Anlegen eines *Differenzzeitdiagramms*. Diese Diagramme können für den 30-m-Beschleunigungssprint, für längere Sprintstrecken, für Sprints z. B. im Schwimmen, Eisschnellauf oder den Hürdenlauf angewandt werden. Aus der grafischen Darstellung ergeben sich Abschnitte positiver, negativer, maximaler Beschleunigungen und die Ausprägungen der Beschleunigungsfähigkeit, maximaler Bewegungsgeschwindigkeit und des Haltens dieser Geschwindigkeit (Sprintausdauer). Zur Erstellung der Grafik wird ein Referenzlauf gewählt, dessen Zwischenzeiten auf der x-Achse des Koordinatensystems und deren Differenzzeiten auf der y-Achse eingetragen werden. Die Abb. 68 zeigt ein Beispiel des 100-m-Endlaufs von München 1972. Als Referenzzeit diente der Lauf von Olympiasieger Borsow.

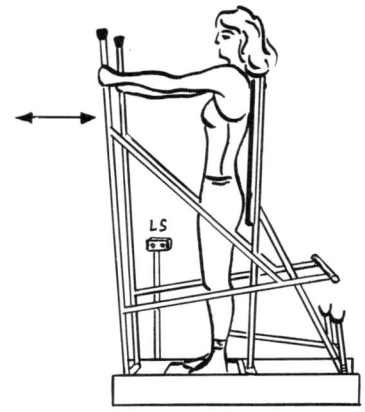

*Abb. 67: Testübung. Es werden keine Gewichte aufgelegt.*
*LS = Lichtschranke*

### 3.3.4.2 Sportmotorische Tests

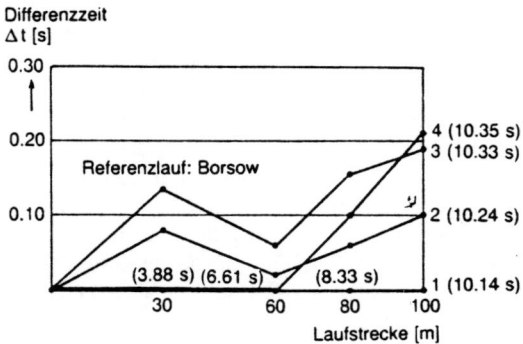

Solche Tests können nur einen grobdiagnostischen Aussagewert erbringen. GROSSER / STARISCHKA (1981, 65 ff.) nennen folgende Tests (geordnet nach Schnelligkeitsfähigkeit und Sportart): Für die *Reaktionsfähigkeit* (1) den „Reaktionstest Boxen", (2) den „Fallstabtest". Für die *Schnelligkeit* (Bewegungsgeschwindigkeit) (1) den „20-m-Sprint" (Hochstart) für Leichtathletik, Sportspiele, (2) den (30-m-Sprint-fliegend" für Leichtathletik, Sportspiele, (3) den „7 x 30-m-Pendelsprint" für Sportspiele, (4) den „Japan-Test" für Volley-

*Abb. 68: Differenzzeitdiagramm aus dem Endlauf der Männer OS 1972 (BAUMANN / SCHWIRTZ / GROSS 1986, 5).*

ball, (5) den „Skipping-Test für Leichtathletik und (6) den „Test 9-3-6-3-9" für Volleyball und Tennis.

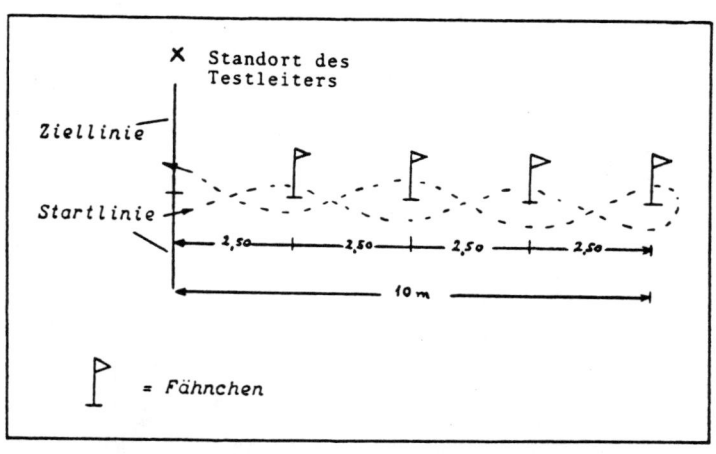

*Abb. 69: Slalomlauf — Organisationsskizze (NEUMAIER 1983, 153)*

*Sportmotorische Tests* müssen bei ihrer Anwendung einen hohen Grad der *Standardisierung* aufweisen. Dieser kann durch genaue Testanweisungen, Festlegung der Probeversuche, Anzahl der Testversuche, Angabe über die zu verwendenden Geräte, Meßgeräte, Beschreibung der Organisation, der Standorte der Betrachter u. a. sichergestellt werden. Ferner sollten, um die Durchführungsobjektivität zu gewährleisten, zwei oder mehrere Untersucher den Test an denselben Probanden durchführen. Die Ergebnisse der Untersucher lassen sich statistisch miteinander vergleichen (korrelieren).

Hier werden drei Tests vorgestellt und problematisiert:

Der **Slalomlauf** für Sportspieler testet die *Sprintgewandtheit.* Seine Ergebnisse haben aber erst dann Aussagekraft, wenn sie mit der Grundschnelligkeit des Probanden auf der 20-m-Strecke verglichen werden können und die prozentuale Differenz nachgewiesen wird.

Der **Dribbling-Test** nach GERISCH / REICHL (1978) erfaßt die *Dribbelfähigkeit unter Nicht-Spiel-Bedingungen.* Dieser Test scheint zunächst über die erforderliche inhaltliche Validität zu verfügen. Eine empirische Überprüfung an 53 aktiven Fußballspielern ergab jedoch, daß die Testwiederholungs-Reliabilität keinen akzeptablen Wert ergab. Diese Tatsache fordert dazu auf, bei Tests, die im Training angewendet werden, die Testwiederholungs-Reliabilität sicherzustellen. Sie ergibt sich dann, wenn das gemessene Merkmal bei einem Retest unter gleichen Bedingungen eine möglichst kleine Variationsbreite der Ergebnisse zeigt. Der Test ist dann anwendbar, wenn die Testwiederholungs-Reliabilität nachgewiesen werden kann und die inhaltliche Validität vertretbar ist.

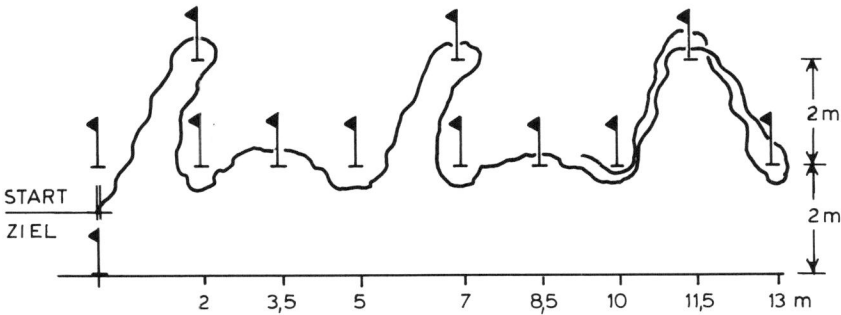

*Abb. 70: Dribbling-Test (nach* GERISCH / REICHL *1978)*

Der **beidhändige Medizinballweitwurf** wird häufig von Handball- und Speerwurftrainern angewendet. Sie diagnostizieren damit die allgemeine Wurffähigkeit bzw. die *Beschleunigungsfähigkeit bei Wurfbewegungen.* Mit diesem Test kann aber nur über die Wurfweite rückgeschlossen werden. Der Test erfordert eine gute Technik des beidarmigen Schlagwurfes aus der Schrittstellung mit Ausholbewegung, bevor Ergebnisse eine Testwiederholungs-Reliabilität erreichen.

Für das Erfassen des sportartspezifischen **Schnelligkeitskomplexes** werden vor allem in den Spielsportarten mehrere Tests in bestimmten, trainingsrelevanten Zeitabständen durchgeführt. Eine solche Testbatterie mit standardisierten Einzeltests, registrieren bestimmte Parameter des Schnelligkeitskomplexes und deren Leistungsdynamik ziemlich genau. Ein Handballbundesliga-Trainer, der mit uns zusammenarbeitet, setzt seit ca. drei Jahren in regelmäßigen Abständen folgende Tests ein: (1) den *Kasseler Beschleunigungstest,* Meßwert ist hier die Zeit von 10—20 m (Abschnitt 3.3.4.1), (2) den *Jump-and-Reach-Test* (Differenzsprung) (Abb. 42), (3) einen *handballspezifischen Dribbling-Test* und (4) den *beidhändigen Medizinballweitwurf.*

### 3.3.5 Methoden des Schnelligkeitstrainings

In diesem Buch kann nur exemplarisch auf Methoden und Modelle des Schnelligkeitstrainings eingegangen werden, weil Schnelligkeitsleistungen in den unterschiedlichen Sportarten so *komplex* (gemischte Reaktions-, Beschleunigungs- und Geschwindigkeitsleistung) und/oder *technisch* so speziell sind. Da allerdings die Fortbewegungsschnelligkeit (Sprintschnelligkeit) Bestandteil vieler Sportarten ist, wollen wir uns beispielhaft mit diesem Training auseinandersetzen.

#### 3.3.5.1 Beispiel Sprinttraining

Hier wird nur das spezielle Schnelligkeitstraining, ohne Kraft-, Beweglichkeits- und Ausdaueranteile, beschrieben. Es setzt sich aus folgenden Teilen zusammen:
— dem *Beschleunigungs- und Sprintschnelligkeitstraining*
— dem *Koordinationstraining*
— dem *Sprintausdauertraining*
— dem *Start- und Startbeschleunigungstraining.*

**Beschleunigung und Sprintschnelligkeit** werden im Rahmen des Schnelligkeitstrainings komplex trainiert, weil die höchste Geschwindigkeit erst nach einer Strecke von ca. 30 Metern erreicht werden kann. Nach GUNDLACH (1973) und BALLREICH (1969) wird die Sprintstrecke in „Beschleunigungsphase", „Phase maximaler Geschwindigkeit" und die „Phase absinkender Geschwindigkeit" eingeteilt, wobei mit Abnahme der Sprintzeit, auch die Länge der Beschleunigungsphase abnimmt. Die Phase bis zum Erreichen der höchsten Geschwindigkeit (Beschleunigungsphase) dauert etwa bis 30 m, allerdings ist die Geschwindigkeitszunahme von 20 bis 30 m nur noch gering, so daß die eigentliche Beschleunigungsarbeit ca. 20 m in Anspruch nimmt, denn, wie aus der Abb. 71 ersichtlich wird, haben Schrittfrequenz und Schrittlänge nach 20 Metern ihr Maximum erreicht.

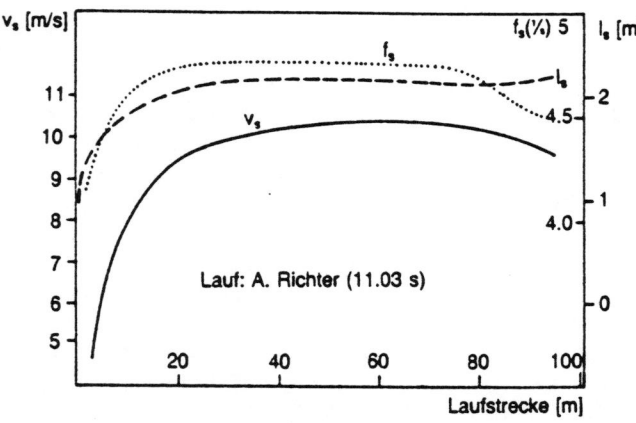

*Abb. 71: Verlauf von Geschwindigkeit (m/s), hier dargestellt anhand der Schrittgeschwindigkeit ($v_S$), der Schrittfrequenz ($f_S$) und der Schrittlänge ($l_S$), aus BAUMANN / SCHWIRTZ / GROSS (1986, 6).*

Das zeigt, daß sich Beschleunigungssprints von 30 bis 40 m Länge optimal für das Training der Kombination Beschleunigungs- und Sprintleistung eignen. Diese Sprints müssen allerdings unter optimalen, standardisierten äußeren Bedingungen durchgeführt werden. Die Belastungsdauer für diese Streckenlänge ist der folgenden Tabelle zu entnehmen:

*Tabelle 17: Annäherungswerte für 20, 30 und 40 m bei bestimmten 100-m-Zeiten, zusammengestellt nach einer Reihe von Untersuchungen (GUNDLACH 1973; BALLREICH 1969; BAUMANN 1976).*

| 100-m-Zeit s | 20 m<br>s | 30 m<br>s | 40 m<br>s |
|:---:|:---:|:---:|:---:|
| 10.2—10.6 | 3.12 | 3.94 | 4.9 |
| 11.6—12.4 | 3.40 | 4.50 | 5.6 |
| 11.0—12.2 | 3.42 | 4.20 | 5.3 |
| 12.2—14.0 | 3.80 | 5.10 | 6.5 |

Diese Zeiten lassen vermuten, daß die Energiebereitstellung mit großer Wahrscheinlichkeit anaerob-alaktazid ablaufen wird, was eigene Untersuchungen unterstützen (LEHNERTZ / MARTIN 1986, 14).

Die Wiederholungszahl solcher Sprints muß genau festgelegt werden. Eigene Untersuchungen haben gezeigt, daß Sprinttraining gewohnte Sportler/innen über einen Tag verteilt 60 x 30 m, im Extremfall 60 x 60 m ohne gravierende Zeitverschlechterungen laufen können. Allerdings kommt es bei solch hohen Wiederholungszahlen in der Regel zu nachträglichen und teilweise länger anhaltenden Muskelschmerzen und -verspannungen, sowie zur Muskelsteifheit, die aller Wahrscheinlichkeit nach auf Mikrotraumen in Muskel- und Bindegewebe zurückzuführen sein dürften (STOBOY 1972, 31; RUSKO 1985, 6).

Betrachtet man die Zeitentwicklung, dann sollten für ein Training zehn Wiederholungen durchgeführt werden, weil sie im individuellen Zeitoptimum liegen und bei dieser Wiederholungszahl auch nicht zu Muskelsteifheit und -verspannungen führen werden. Es ist aber auch ein Training von zwei Serien von 2 x 8 Sprints mit 4 Minuten Serienpause oder von 1 x 10 und 1 x 5 Sprints denkbar. Bei unseren Experimenten hat sich gezeigt, daß der Muskel stoffwechselmäßig durch die Kreatinphosphatresynthese schlagartig wieder regeneriert ist. Wir konnten feststellen, daß bei Sprintstrecken bis ca. 40 m dafür 2 Minuten vollständig ausreichen.

Zusammengefaßt ergeben sich demnach folgende *Belastungskomponenten* für das *Beschleunigungs- und Sprintschnelligkeitstraining:*

Belastungsintensität: 100 % mit höchster Willensanstrengung optimal zu beschleunigen und die Strecke durchzulaufen.

Belastungsumfang: 2 Serien à 8 x 30—40 m oder 1 Serie à 10 x 30 m und 1 Serie à 5 x 40 m

Belastungsdichte: Pause zwischen den einzelnen Wiederholungen = 2 min, zwischen den Serien > als 4 min.

Jeder Lauf sollte unbedingt mit *Zeitkontrollen* stattfinden. Gemessen wird neben der Gesamtzeit auch die Zeit des Streckenabschnittes 10—20 m, weil hier, das bestätigen unsere langjährigen Untersuchungen, die geringsten Streuungen in den Zeitmeßwerten auftreten, somit auch Leistungsveränderungen genauer nachweisbar werden, als mit anderen Zeitwerten.

Das **Koordinationstraining** soll die Sprintbewegung vor allem hinsichtlich der spinalen Verschaltungen und des Zusammenspiels von Agonisten und Antagonisten *intermuskulär* besser koordinieren (Abschnitt 3.3.3.3) und die an der Sprintbewegung beteiligte Muskulatur in übertriebene *Dehnungszustände* versetzen. Deshalb muß das Koordinationstraining die folgenden Merkmale enthalten

— *übertrieben ausholende Sprintbewegungen,* um dabei eine größere Dehnleistung zu erzielen als bei der normalen Sprintbewegung,

— so *entspannt, spielend* wie nur möglich zu laufen und dabei versuchen, an die Höchstgeschwindigkeit heranzukommen.

Bewährt haben sich hierfür *Steigerungsläufe* über 80 bis 100 m, bei denen die Geschwindigkeit bis zum Erreichen der Höchstgeschwindigkeit kontinuierlich gesteigert wird. Ferner *Laufserien,* bei denen auf Strecken von 60—80 Metern die Geschwindigkeit von Wiederholung zu Wiederholung gesteigert wird. Vierer-Serien, bei denen die letzte Wiederholung mit der höchstmöglichen Geschwindigkeit gelaufen wird, haben sich bewährt. Folgende Belastungsmerkmale sind hierbei zu beachten:

*Steigerungsläufe*

Streckenlänge:          80—100 m
Belastungsintensität:   die letzten 10—15 m in Höchstgeschwindigkeit
Belastungsumfang:       6 Wiederholungen
Belastungsdichte:       3 Minuten Pause zwischen jeder Wiederholung

*Wiederholungsläufe mit ansteigender Geschwindigkeit*

Streckenlänge:          60 Meter
Belastungsintensität:   80 — 90 — 95 — 100 %
Belastungsumfang:       2 Serien à 4 Wiederholungen
Belastungsdichte:       Pausen zwischen den Wiederholungen 3 Minuten, zwischen den
                        Serien 5 Minuten

Weitere Bedeutung kommt dem **Sprintausdauertraining** zu. In Anlehnung an SALTIN (1986, 101) muß die Sprintausdauer (in Abgrenzung zur Schnelligkeitsausdauer) als die Fähigkeit betrachtet werden, Leistungen bis zu ca. 30 Sekunden mit Höchstintensität durchführen zu können. Bei diesen Leistungen sind weder der Laktatanstieg noch die Sauerstoffschuld die limitierenden Faktoren, sondern mit großer Wahrscheinlichkeit das *Nachlassen der differenzierten Steuerung der Bewegungsprogramme* (wir bezeichnen diesen Zustand als Programmermüdung). Für das Sprintausdauertraining schlägt SALTIN (1986, 106 f.) folgende Belastungsmerkmale vor:

Sprintläufe von 20 bis 30 Sekunden Länge, mit 3 bis 8 Wiederholungen, je nach Trainingszustand, Trainingsziel und der Mikrostruktur des Trainings. Nach der Theorie der Kreatinphosphatsofort-Restitution reichen hierbei Pausen von 3—5 Minuten aus, wobei es allerdings von Lauf zu Lauf zu einer Protonenakkumulation (Säuerung) in der Muskulatur kommt, die sich u. a. in einer zunehmenden Erhöhung des Blutlaktats widerspiegelt. Übersteigt demnach die Wiederholungszahl fünf, dann muß das Training in zwei Serien mit einer Serienpause von 10—15 Minuten durchgeführt werden, damit gewährleistet ist, daß alle Wiederholungen nahezu mit Höchstgeschwindigkeit durchgeführt werden können.

Das Training von **einfachen Reaktionen,** wie z. B. von Starts, hat zwei Komponenten

— das *Einschleifen der Technik* der Start- bzw. Reaktionsbewegung mit dem Übergang zur Beschleunigungsphase,

— *Schulung der Zeitwahrnehmung* (Situationsantizipation).

Daß das Reaktionstraining in hohem Maße ein Training der Antizipation ist, wurde im Abschnitt 3.3.2.1 eingehend behandelt. Das Starttraining ist ein gutes Beispiel für die Schulung der Situationsantizipation. Denn hierbei muß gelernt werden, auf unterschiedliche Zeitintervalle zwischen einer Vorankündigung/Vorbereitungsphase explosiv zu reagieren. *Konzentration* (= sensorischer Anteil) und optimale *Muskelvorspannung* (= motorischer Anteil) der Reaktion müssen hierbei verbessert werden (MATWEJEW / NOWIKOW 1982, 157).

### 3.3.5.2 Schnelligkeitstraining in Spielsportarten — Beispiel Fußball

Das Schnelligkeitstraining der Spielsportarten besteht aus (1) *Sprinttraining,* (2) *Beschleunigungstraining* und (3) *Reaktionstraining:*

Das **Sprinttraining** wird mit und ohne Ball durchgeführt, die Streckenlänge soll ca. 30 Meter betragen, Pausen zwischen den Sprints dauern 2 Minuten, die Anzahl der Wiederholungen soll fünf nicht überschreiten.

Der Hauptanteil des Schnelligkeitstrainings besteht aus dem **Beschleunigungstraining** mit folgenden Formen:

— alle Formen von *Fangspielen* mit der Möglichkeit von Malen bzw. Ruhezonen,

— *Linienläufe* — Beschleunigungssprints bis zu einer 5 m entfernten Linie, die berührt wird, umkehren, Startlinie berühren, wieder umkehren, sprinten bis zu einer 10 m entfernten Linie usw.,

— *Partnerverfolgungssprints* bis etwa 15 m, bei 2 bis 3 m Vorgabe für den Partner,

— von *Hut zu Hut:* 8—10 Hütchen werden seitversetzt in unterschiedlichen Entfernungen voneinander plaziert; von Hut 1 zu 2 Antritt, Hut 2 zu 3 auslaufen, Hut 3 zu 4 Antritt, usw. (AUSTE 1987, 105),

— Slalom-Dribblings durch Hütchen mit Zeitnahme,

— Zick-Zack-Dribblings mit Antritten und auslaufen,

u. v. a.

Das *Reaktionstraining* in den Spielsportarten ist ein „Techniktraining", weil die Bewegungen, mit denen reagiert wird, ebenso beherrscht werden müssen wie deren richtiger zeitlicher Einsatz. Ziel des Reaktionstrainings muß es deshalb sein, die *Situations-* und *Handlungsantizipation* zu schulen (Abschnitt 3.3.3.1). Nach psychologischen Theorien hat die Reaktion folgenden *Phasenverlauf:* z. B. Ball sehen, Richtung und Fluggeschwindigkeit einschätzen, einen Aktionsplan auswählen, die Reaktionsbewegung realisieren (ZACIORSKIJ 1972, 55 f.). Das nimmt ca. 0,25 bis 1 Sekunde in Anspruch, wobei die Zeit von nahezu einer Sekunde fast ausschließlich auf das Erfassen des Balles und der Einschätzung der Richtung und Fluggeschwindigkeit genutzt wird, denn die sensorische Phase soll nur etwa 0,05 s beanspruchen. Nach Untersuchungen von NELSON / USA (1964 ohne Literaturangabe) bei US-Volleyballspielern erreicht der Ball bei einem Angriffsschlag etwa 30 m/s, die Flugzeit des Balles dauert dabei 0,10 bis 0,12 s (ZACIORSKIJ 1972, 56). Unmöglich also, in dieser knappen Zeit Richtung und Geschwindigkeit des Balles „einzuschätzen". Daß Spieler/innen diesen Ball trotzdem abwehren können, hängt deshalb vor allem mit ihrer geschulten und auf Erfahrungen beruhenden Antizipation zusammen.

Auch AUSTE (1987, 118 f.) schreibt, daß die Reaktionen eines Fußballtorwartes zunächst die volle Beherrschung der Torwarttechniken voraussetzt, dann jedoch Reaktionen, die zum großen Teil vorausberechnet sein müssen. Obwohl — nach seiner Meinung — Reaktionen äußerst schwer „anzutrainieren" seien, muß ein ständiges Torwarttraining die Konzentration und Antizipation vielfältig verbessern. Die Fachliteratur gibt hierfür eine Reihe von Übungsbeispielen an.

Methodische Möglichkeiten wurden hier nur exemplarisch aufgezeigt. Da Schnelligkeitsleistungen immer an bestimmte sportliche Techniken gebunden sind, müssen sie auch in Verbindung mit den sportartspezifischen Techniken ausgeprägt und trainiert werden. Somit hat jede Sportart die Aufgabe, eine eigenes Konzept des Schnelligkeitstrainings zu konzipieren.

### 3.3.6  Planung und Steuerung des Schnelligkeitstrainings

#### 3.3.6.1 Probleme der Mikrostruktur

Probleme der Mikrostruktur werden im Abschnitt 5.2.4 differenziert behandelt. Deshalb werden hier nur einige Erkenntnisse zusammengefaßt, die sich mit dem Problem der Einpassung von Schnelligkeitstraining in den Mikrozyklus befassen:

*Erstens:* Im Kapitel Techniktraining (Abschnitt 2.6.1) haben wir die Hypothese — „*Leistungsminderungen der Muskulatur regenerieren kurzfristig, parallel mit dem Verlauf der Kreatinphosphatresynthese*" — erläutert und begründet. Danach verläuft der Regenerationsprozeß der Muskulatur sehr schnell. Ausgehend von diesem Sachverhalt dürfte es beim Schnelligkeitstraining und den hier praktizierten Belastungsumfängen kaum zu muskulär bedingten Ermüdungen kommen. Das gilt ganz besonders dann, wenn die Ausführungszeiten der einzelnen Wiederholungen im Bereich der anaerob-alaktaziden Energiebereitstellung bleiben.

*Zweitens:* Bei einer Summierung von Belastungsanforderungen durch eine hohe Trainingshäufigkeit ergibt sich jedoch ein bestimmter Ermüdungsverlauf. Aus den Ergebnissen unserer fünfjährigen Forschung auf dem Gebiet der Trainingsermüdung läßt sich mit großer Wahrscheinlichkeit ableiten, daß die *Trainingsermüdung* bei der typischen *Belastungssummierung* im Rahmen eines Mikrozyklus in zwei Phasen verläuft (Abschnitte 5.2.4 und 5.4.1): In der ersten Phase können die durch Belastungen verursachten Leistungsminderungen schnell, parallel mit der Wiederauffüllung muskulärer Energiedepots, regeneriert werden. Bei einer Summierung von Belastungsreizen jedoch kommt es von einem bestimmten Zeitpunkt an zur Ansammlung von Belastungsresten und zu Leistungsminderungen, die kurzfristig nicht behoben werden können. Diese zweite Phase bezeichnen wir als komplexe Ermüdung, die zentral verursacht sein dürfte. Das schnellkoordinative Leistungsvermögen hatte sich bis etwa zur Wochenmitte hin in den zur Erholung zur Verfügung stehenden Zwischenzeiträumen wieder vollkommen erholt. Aufgrund dieser Erkenntnisse lassen sich für die Gestaltung des Mikrozyklus folgende Regeln aufstellen:

Dasjenige Schnelligkeitstraining, das unter *regenerativen* Bedingungen stattfinden soll, müßte demzufolge in den ersten drei Tagen eines Mikrozyklus absolviert werden. Sprintausdauertraining hingegen, das einer Programmermüdung entgegenwirken soll, müßte sowohl unter noch regenerierten Bedingungen in der Wochenmitte, dann aber auch unter nicht voll regenerierten Bedingungen, in der zweiten Wochenhälfte, stattfinden.

*Drittens:* Ein kurzes aber intensives *Maximalkrafttraining,* das dem Schnelligkeitstraining unmittelbar vorgeschaltet ist, scheint *positive Nachwirkungen* auf die Muskulatur zu haben. Praktische Erfahrungen, wie von ALLMANN (1985, 294 ff.), verweisen darauf, daß sich nach einem solchen Training eine gesteigerte neuromuskuläre Leistungsbereitschaft zeigt und von den Trainierenden auch subjektiv gefühlt wird. Die positive Nachwirkung eines Krafttrainings auf das folgende Schnelligkeitstraining dauert — je nach Kraftbelastung — 5 bis 20 Minuten. Deshalb sollte ein- bis zweimal im Rahmen der ersten Wochenhälfte eines Mikrozyklus dem Schnelligkeitstraining ein kurzer, intensiver Kraftblock vorausgehen.

### 3.3.6.2 Allgemeine Grundsätze zur Gestaltung und Steuerung des Schnelligkeitstrainings

Die Gestaltung und Steuerung des Schnelligkeitstrainings unterliegt wie kein anderes Konditionstraining bestimmten Voraussetzungen, die die Wirksamkeit optimieren. Wir bezeichnen die nachfolgend beschriebenen Voraussetzungen als **methodische Grundsätze des Schnelligkeitstrainings.**

— Die *Körpertemperatur* muß bei Schnelligkeitsleistungen erheblich über der Umgebungstemperatur liegen. Denn alle chemischen Prozesse — und damit auch die Stoffwechselvorgänge im Organismus und die Nervenleitungsgeschwindigkeit — sind temperaturabhängig. Der Energieumsatz pro Zeiteinheit steigt gemäß der RGT-Regel (Reaktions-Geschwindigkeits-Temperatur-Regel) mit zunehmender Temperatur an. Es ist erstrebenswert, Körpertemperaturen von 38,5 Grad zu erreichen, die allerdings eine systematische Aufwärmarbeit von 15 bis 30 min und den Erhalt dieser Temperatur voraussetzen. Es konnte festgestellt werden, daß sich Sprintzeiten durch Erhöhung der Körpertemperatur von 2,5—6 % verbesserten (STOBOY 1972, 31).

— Zur Verbesserung der Schnelligkeitsleistungen gehört es, daß die Bewegungsabläufe mit großer technischer Präzision durchgeführt werden. Deshalb soll eine Bewegung (Start oder zyklische Bewegungsabläufe) erst schnell durchgeführt (gemacht) werden, wenn die richtige *Technik* stabilisiert ist. Diese Forderung hat einen neurophysiologischen Grund. Schnelle Bewegungen müssen wegen des Zeitdrucks zumeist auf spinaler Basis ablaufen (Abschnitt 3.3.3.3). Das Üben dieser schnellen Abläufe wird deshalb gleichzeitig mit ihrer Programmierung verbunden. Da jedoch möglichst „technisch" richtige Programme gespeichert werden sollen, ist die Präzision der Bewegungsdurchführung für das Schnelligkeitstraining eine höchst wichtige Voraussetzung.

— Vor jedem Schnelligkeitstraining muß die *Muskulatur dehnfähig* gemacht werden, um die inneren Widerstände zu minimieren. Wenn sich ein Muskel kontrahiert, muß sein Antagonist leicht dehnbar sein, um der agonistischen Muskulatur einen optimalen Widerstand entgegenzusetzen.

— Die *äußeren Trainingsbedingungen* müssen zum Einschleifen schneller Bewegungsabläufe optimal gestaltet, organisiert und gesteuert werden, so daß das Training ohne Störfaktoren ablaufen kann. Die Trainingsbedingungen sollten sogar *standardisiert* werden, d. h. jedesmal die gleichen sein.

— Schnelligkeitstraining sollte ständig unter den Bedingungen von *Ergebnis-Rückmeldungen* stattfinden (Fotozellen, Lichtschranken, Sprints in Partnerform, Videoaufzeichnungen u. a. Beobachtungen), da sonst nicht zu bewerten ist, welche Leistungsergebnisse sich im Training ergeben.

— Schnelligkeitstraining muß *hochmotiviert* und mit dem *Willen* zur optimalen Leistung durchgeführt werden.

## 3.4 Ausdauer und Ausdauertraining

### 3.4.1 Ausdauer — Charakteristik und Begriff

Im Verhältnis zu anderen Teilgebieten der Trainingslehre liegt zur Ausdauer — dank umfangreicher und grundlegender Forschungen der Sportmedizin und Biochemie — ein relativ umfangreiches „Grundlagenwissen" vor, das die Trainingsmethoden zielgerichteter, anwendbar und damit das Ausdauertraining objektiver steuerbar macht. Damit soll nicht gesagt werden, daß man über Ausdauerleistungen schon alles wüßte. Somit hat der *Ausdauerbegriff* in der Trainingslehre auch noch keine allgemein akzeptierte Definition gefunden. Sabine WEDEKIND (1985, 89 ff.) beispielsweise, stellte in der Literatur dreißig unterschiedliche Ausdauerdefinitionen fest. Die am meisten auftretenden Definitionselemente oder Kriterien sind für die Ausdauer *langandauernde Arbeitsausführung* sowie hauptsächlich die Gleichsetzung der Ausdauer mit der *Ermüdungswiderstandsfähigkeit.* Dieser Gleichsetzung können wir uns nur bedingt anschließen, weil menschliche Leistungen, ob im wissenschaftlichen, technischen, in Präzisionsarbeitsbereichen überall eine andauernde Konzentration und damit Ermüdungswiderstandsfähigkeit bedingen, ohne daß man dabei von Ausdauerleistungen sprechen würde. Ermüdungswiderstandsfähigkeit ist in den meisten Lebensbereichen gefordert und das, was wir im Sport der Ausdauer an Bedeutung beimessen, ist damit nicht hinreichend genug zu erklären. Vieles spricht dafür, daß eine gute Ausdauerleistungsfähigkeit wahrscheinlich auch die Voraussetzung für *Ermüdungswiderstands-, Regenerationsfähigkeit* sowie *Trainingsverträglichkeit* ist.

Ausdauer existiert nicht als Selbstzweck. Sie ist immer Bestandteil einer sportlichen Zielsetzung, d. h. einer bestimmten, angesteuerten Leistung, die auch eine bestimmte Ausprägung der Ausdauer voraussetzt. Ausdauerleistungen sind immer abhängig von folgenden Einflußgrößen: (1) *Technikökonomie,* (2) *Energiestoffwechsel,* (3) *Sauerstoffaufnahmefähigkeit,* (4) *optimales Körpergewicht,* (5) *Wille zum Durchhalten* und (6) *anlagebedingte Ausdauerfähigkeit.*

So ist eine nicht ausgefeilte Technik (Skilanglauf, Schwimmen, Rudern usw.) auch nicht durch eine noch so große Stoffwechselleistungsfähigkeit auszugleichen (MADER / HOLLMANN 1977, 1) und eine sehr hohe Sauerstoffaufnahmefähigkeit noch kein Garant für eine hohe Ausdauerleistung. Außerdem erfordern sportartspezifische Ausdauerleistungen Anleihen bei Kraft- und Schnelligkeitsfähigkeiten. Denn Ausdauerleistungen erfordern die gleichzeitige Inanspruchnahme unterschiedlicher konditioneller Fähigkeiten und anspruchsvolle Regulationsmechanismen, die sich zwar in „energetische" und „zentralnervale

Steuer- und Regelprozesse" differenzieren lassen. Aber dennoch wird das, was wir unter Ausdauerfähigkeiten verstehen, in erster Linie von den Leistungen des *Energiestoffwechsels* und der *Sauerstoffaufnahme* getragen. So stellt NEUMANN (1984, 174) fest, daß zwar Bewegungsprogramme bei allen sportlichen Ausdauerleistungen differenzierte nervale Steuerungen der schnell und langsam kontrahierenden Muskelfasern zu verursachen haben. Die Aufrechterhaltung einer Ausdauerbelastung aber nur möglich wird, wenn die Muskulatur auf diese zentralnervalen Signale auch *energetisch* reagieren kann. Somit muß Ausdauer ihrem Wesen nach in diesem komplexen Zusammenwirken begriffen werden. Die Praxis des *Ausdauertrainings* ist jedoch in hohem Maße auf die Entwicklung *energetisch-muskulärer Leistungsvoraussetzungen* von Dauerbelastungen gerichtet. Deshalb definieren wir den Ausdauerbegriff wie folgt:

---

Definition:
**Ausdauer** ist die Fähigkeit, eine bestimmte Leistung über einen möglichst langen Zeitraum aufrechterhalten zu können.

---

Lange galt die Auffassung, Ausdauer sei in einem hohen Maße trainierbar und setze nicht so spezifisch genetische Anlagen voraus, wie beispielsweise die Sprintschnelligkeit. Denn, so hieß es, Sprinter werden geboren, die Ausdauer kann man trainieren. Heute setzt sich aber zunehmend die Erkenntnis durch, daß der *genetische Faktor,* interpretierbar als *Talent für Ausdauersportarten* oder die Anpassungsreserve (Abschnitt 3.1.5.2), für die Trainierbarkeit der Ausdauer eine größere Rolle spielt, als noch vor einigen Jahren angenommen wurde. So wird vor allem die erreichbare maximale Sauerstoffaufnahmefähigkeit von genetischen Anlagen bestimmt, hauptsächlich vom angeborenen Muskelfasertyp. Ein Sportler, der in einer Ausdauersportart bis zur Weltspitze vordringen will, muß bereits anlagebedingt eine hohe Sauerstoffaufnahmefähigkeit aufweisen, denn sie kann durch Training nur um ca. die Hälfte ihres ursprünglichen Betrages gesteigert werden. Erreicht die Sauerstoffaufnahme bei einem Untrainierten ca. 40 ml pro kg Körpergewicht, läßt sie sich durch Training höchstens auf ca. 60 ml steigern. Liegt die Sauerstoffaufnahme aufgrund genetischer Anlagen aber bereits bei 50—55 ml/kg Körpergewicht, liegt die maximale Funktionskapazität bei ca. 75—80 ml/kg. Da in der Weltspitze der Langzeitausdauerdisziplinen 80 ml/kg Körpergewicht erreicht werden müssen, wird dieses Volumen nur aufgrund einer hohen anlagebedingten Sauerstoffaufnahme und durch Training erreichbar (LIESEN u. a. 1977, 66; KEUL u. a. 1985, 3).

Zusammenfassend läßt sich zum Charakter und Begriff der Ausdauer folgendes sagen: Ausdauer ist eine konditionelle Fähigkeit, deren erreichbares Niveau anlage- und trainingsbedingt ist. Sie ist eine komplexe Fähigkeit, bei der Bewegungsökonomie, Kraft- und Schnelligkeitsfähigkeiten sowie willensmäßiges Durchhaltevermögen zusammenwirken. Durch sie werden energetisch-muskuläre Voraussetzungen für Dauerbelastungen, eine hohe Trainingsverträglichkeit, Ermüdungswiderstands- und Regenerationsfähigkeit bewirkt und sichergestellt, daß ermüdungsbedingte Leistungsverluste bei Dauer-, Kraft-, Schnelligkeitsleistungen und dem Erhalt des technischen Niveaus für eine bestimmte Dauer hinausgezögert werden. Aufgrund der positiven Wirkung auf das Herz-Kreislaufsystem und den Stoffwechsel ist Ausdauertraining aus gesundheitlichen, präventiven und regenerativen Gründen zum *Hauptgebrauchstraining* geworden und dient vielen Menschen im breitensportlichen Bereich zur Kompensation des beruflichen, umweltbedingten Streß und den daraus entstehenden psychisch-mentalen Belastungen (Abschnitt 7.2).

### 3.4.2 Strukturierung und Erscheinungsformen der Ausdauer

Mehrere Gründe sprechen dafür, die unterschiedlichen Ausdauerleistungen anhand eines zweckmäßigen Theorieansatzes zu strukturieren. In der Trainingslehre und in der Sportmedizin haben sich deshalb entsprechende Strukturierungsmodelle durchgesetzt, die den Komplex Ausdauer unter jeweils anderen Gesichtspunkten einteilen. Uns erscheint wichtig, die trainingsrelevanten Modelle darzustellen und miteinander zu verknüpfen.

#### 3.4.2.1 *Kurzzeit-, Mittelzeit- und Langzeitausdauer*

Ein Einteilungsmodell aus der Trainingstheorie der ehemaligen DDR (HARRE 1979, 156 ff; NEUMANN 1984, 174 f. u. a.) wird zwischenzeitlich allgemein anerkannt. Es teilt die Ausdauer nach dem Kriterium der *Wettkampfdauer* in

① *Kurzzeitausdauer* (KZA; Wettkampfdauer = 35 s — 2 min)

② *Mittelzeitausdauer* (MZA; Wettkampfdauer > 2 min — 10 min) und

③ *Langzeitausdauer* (LZA; Wettkampfdauer > 10 min)

eingeteilt, wobei Kurzzeit- und Mittelzeitausdauer komplex mit den jeweilig erforderlichen Schnelligkeits- und Kraftfähigkeiten zusammenwirken. Die unterschiedliche Länge von Langzeitausdauerwettkämpfen macht eine noch differenziertere Betrachtung erforderlich. Dem wurde durch die weitergehende Unterteilung in:

— Langzeitausdauer I (LZA I; Wettkampfdauer > 10 min — 35 min)
— Langzeitausdauer II (LZA II; Wettkampfdauer > 35 min 90 min)
— Langzeitausdauer III (LZA III; Wettkampfdauer > 90 min — 360 min) und
— Langzeitausdauer IV (LZA IV; > 360 min),

Rechnung getragen.

Die nachfolgende Tabelle 18 zeigt Meßgrößen für die Beanspruchung der Funktionssysteme bei unterschiedlichen Ausdauerarten.

Tabelle 18 gibt den *Charakter* der unterschiedlichen Ausdauerleistungen wieder. So zeigen beispielsweise diese Meßgrößen, daß bei der Kurzzeitausdauer und bei der Mittelzeitausdauer die *maximale Sauerstoffaufnahme* Höchstwerte erreichen muß, obwohl die *aerobe Energiebereitstellung* bei der KZA nur zu 20 % und bei der MZA die *anaerobe Energiebereitstellung* immerhin noch mit 40 % beteiligt sind.

Die beiden Funktionssysteme der Energiebereitstellung verweisen auf zwei weitere Einteilungsschemata des Ausdauerkomplexes. Üblicherweise werden Ausdauerleistungen auch in *aerobe* und *anaerobe Ausdauer* unterschieden. Angesichts der komplexen Vorgänge bei der Energiebereitstellung ist es jedoch wenig sinnvoll, ja sogar unzulässig, solche Unterteilungen vorzunehmen (Tabelle 18). Damit ist nicht gesagt, daß man nicht gezielt entweder die aerobe oder die anaerobe Kapazität trainieren könnte.

*Tabelle 18: Die Meßgrößen bei der Beanspruchung von Funktionssystemen bei unterschiedlichen Ausdauerformen (NEUMANN 1984, 175).*

| Funktions-system | Meßgröße | KZA 35 s – 2 min | MZA >2 – 10 min | LZA I >10 – 35 min | LZA II >35 – 90 min | LZA III >90 – 360 min | LZA IV >360 min |
|---|---|---|---|---|---|---|---|
| Herz-Kreislauf | Hf (Schl./min) | 185 – 200 | 190 – 210 | 180 – 190 | 175 – 190 | 150 – 180 | 120 – 170 |
| O₂-Aufnahme | % VO₂ max | 100 | 95 – 100 | 90 – 95 | 80 – 95 | 60 – 90 | 50 – 60 |
| Energiewandlung | % Anteil aerob | 20 | 60 | 70 | 80 | 95 | 99 |
| | anaerob | 80 | 40 | 30 | 20 | 5 | (1) |
| Energieverbrauch (1 kcal = 4,19 kJ) | kJ/min | 250 | 190 | 120 | 105 | 80 | 75 |
| | kJ gesamt | 380 – 460 | 545 – 1 680 | 1 680 – 3 150 | 3 150 – 9 660 | 9 660 – 27 000 | >27 000 |
| Glykogenabbau | % Muskel-glykogen | 10 | 30 | 40 | 60 | 80 | 95 |
| Lipolyse | FFS (mmol/l) | 0,50 | 0,50 | 0,80 | 1,0 | 2,0 | 2,5 |
| Glykolyse | Laktat (mmol/l) | 18 | 20 | 14 | 8 | 4 | 2 |

### 3.4.2.2 Allgemeine Ausdauer (Grundlagenausdauer) — spezielle Ausdauer

Aus Gründen der Trainingssteuerung ist es angezeigt zwischen allgemeiner und spezieller Ausdauer zu unterscheiden. Dieses Modell geht auf die Arbeiten von NABATNIKOWA (1974) zurück. Es steht nicht im Widerspruch zum eben beschriebenen Modell, sondern muß als eine Erweiterung verstanden werden, die HARRE (1979, 157) mit der Einteilung KZA — MZA — LZA wie folgt in Verbindung brachte: Die Anteile von allgemeiner Ausdauer und spezieller Ausdauer betragen bei der KZA jeweils rund 50 %; bei der MZA ist das Verhältnis von allgemeiner Ausdauer und spezieller Ausdauer ca. 75 % zu 25 % und bei der LZA ca. 90 % zu 10 %.

Das Training der **allgemeinen Ausdauer** verfolgt das Ziel, die aerobe Leistungsfähigkeit, d. h. die Leistungen des kardio-pulmonalen Systems und des Energiestoffwechsels, systematisch zu verbessern, um damit die allgemeinen aeroben Grundlagen für die spezielle Ausdauer zu festigen. Die allgemeine Ausdauer wird teilweise relativ unspezifisch und von einer Technik bzw. Sportart unabhängig und zum anderen Teil sportartspezifisch trainiert. Aufgrund dieser übergeordneten Zielsetzung muß sie folgende Aufgaben erfüllen:

— *Verbesserung der Voraussetzungen für die aerobe Leistungsfähigkeit* unterhalb der aerob-anaeroben Schwelle.

— *Ökonomisierung der sportartspezifischen Techniken* in den unteren Intensitätsbereichen.

Die **spezielle Ausdauer** ist demgegenüber die komplexe Fähigkeit, optimale Ausdauerleistungen *sportart-* und *wettkampfspezifisch* zu mobilisieren. Das *Training* der speziellen

Ausdauer dient damit unmittelbar der Entwicklung sportartspezifischer Wettkampfleistungen. Es muß dabei folgende Aufgaben erfüllen:

— die Entwicklung des *Renntempos* und der adäquaten *Bewegungsfrequenz* in Verbindung mit der *Ökonomisierung der Technik* im Rahmen dieses Tempos;

— das Ertragen-Lernen der *Wettkampfdauer* in hohem Tempo;

— das *Tempo* im Wettkampf entsprechend der Renntaktik variieren zu lernen und die Fähigkeit erwerben, in der Schlußphase noch hohe Beanspruchungen verkraften zu können;

— die Leistungen in die *äußeren Wettkampfbedingungen* (Streckenprofile u. a.) umsetzen zu lernen;

— die *Willenseigenschaften* für die Härte und das *Durchhaltevermögen* bei hoher Beanspruchung zu erwerben.

### 3.4.3 Wissenschaftliche Erklärungsmodelle zur Ausdauer

Wissenschaftliche Erklärungsmodelle zur Ausdauer basieren größtenteils auf biologischen Erkenntnissen. Aus dieser Sicht sind Ausdauerleistungen — wie jede andere körperliche Leistung — zunächst das Ergebnis des koordinierten Einsatzes von Muskelkraft. Allerdings ist die Skelettmuskulatur ohne eine ausreichende Versorgung mit energetisch verwertbaren Molekülen lediglich für eine kurze Zeitspanne in der Lage, Kraft zu bilden und Arbeit zu verrichten. Muskelarbeit von Dauer ist nur auf der Basis einer ständigen Versorgung (z. B. mit Sauerstoff) und Entsorgung (z. B. von Kohlendioxid) über die Blutbahn möglich. Somit basiert — biologisch gesehen — Ausdauer auf der *metabolischen Kapazität der Arbeitsmuskulatur* (muskulärer Aspekt) und der *Transportkapazität des Blutkreislaufsystems,* wobei dem Herzleistungsvermögen (kardialer Aspekt) die größte Bedeutung zukommt.

Für die Kreislaufkapazität ist neben einem gut funktionierenden Gefäßsystem in erster Linie das Leistungsvermögen des Herzens die bestimmende Größe. Aus trainingschronologischer Sicht erfolgt aber eine organische Anpassung zunächst an der Peripherie des *Ausdauersystems,* nämlich in der *Arbeitsmuskulatur* und erst in einem zweiten Schritt wirkt Ausdauertraining auch auf das Herz-Kreislaufsystem.

### 3.4.3.1 Muskuläre Aspekte der Ausdauer

Wenn wir die biologischen Grundlagen der Ausdauer im Hinblick auf die Muskelarbeit erörtern, sprechen wir in erster Linie vom *muskulären Energieumsatz.* In der Muskulatur spielen sich nämlich die wesentlichen Prozesse ab, die darüber entscheiden, wie effizient das vorhandene Energiepotential in Bewegungsleistung umgesetzt wird. Obwohl sportliche Ausdauerleistungen auch intensive Aktivitäten des Zentralnervensystems erfordern, dominiert aus energetischer Sicht die Arbeit der Muskulatur des Bewegungsapparates und die des kardio-pulmonalen Systems. Dabei spielt bei Sportarten, die mehr als wenige Minuten dauern, die Energiebereitstellung unter Sauerstoffumsetzung eine entscheidende Rolle. Bei schwerer körperlicher Arbeit kann der Sauerstoffverbrauch in der Skelettmuskulatur — gegenüber den Werten in Phasen der körperlichen Ruhe — um das 20- bis 50fache, im Herzmuskel bis zum 4fachen steigen.

Im Abschnitt 3.2.3.2 wurde die Kraftbildung im Skelettmuskel eingehend dargestellt und beschrieben, wie aufgrund der strukturellen Gegebenheiten im Muskel mit Hilfe des *„Kraftmoleküls"* **ATP** (Adenosintriphosphat) und unter Mitwirkung von **Calcium** *chemische* in *mechanische Energie* umgesetzt wird. Dieser Prozeß kann aber nur durch hinreichende Neubildung (= Resynthese) des verbrauchten ATPs in Gang gehalten werden.

Bei ausreichendem, d. h. der jeweiligen Arbeitsbelastung angepaßtem Ernährungsstand, werden für die Bereitstellung des ATPs in erster Linie **Kohlenhydrate** und **Fettsäuren** verstoffwechselt. Das geschieht in Ruhephasen und bei leichter Arbeit nahezu vollständig aerob.

*Aerobe Verstoffwechselung* bedeutet, daß die zu verwertenden Moleküle mit Hilfe von *Sauerstoff* ($O_2$) vollständig abgebaut werden zu *Wasser* ($H_2O$) und *Kohlendioxid* ($CO_2$), sie werden „verbrannt". Dies ist die „wirtschaftlichste" Art der Energieumsetzung, weil dabei mit Hilfe der beim Abbau von Glukose- und Fettsäurenmolekülen freiwerdenden Energie, die *maximal mögliche Menge an ATP* entsteht. Neben der aeroben Verstoffwechselung kann in Grenzen auch durch nichtsauerstoffpflichtige, sog. **anaerobe Prozesse** ATP gebildet werden. Diese werden vor allem zu *Arbeitsbeginn* wirksam und dann, wenn die Muskulatur mit hoher Intensität arbeitet. Bei hochintensiver und kurzfristiger Belastung erfolgt unmittelbar nach der Spaltung von ATP in ADP (Adenosindiphosphat) + P (anorganisches Phosphat) + $H^+$ (ionisierter Wasserstoff, d. h. das Wasserstoffatom hat kein Elektron, trägt somit eine positive Ladung und ist dadurch chemisch sehr aktiv) eine Resynthese von ATP auf Kosten von **Kreatinphosphat** in der Reaktion:

$$\text{Kreatinphosphat} + \text{ADP} + H^+ - \text{Kreatin} + \text{ATP.}$$

Die Verwendung von *Kreatinphosphat* ist eine von zwei Möglichkeiten, auf anaerobem Wege ATP neuzubilden; die andere ist die Spaltung von *Glukose* zu *Laktat*. Bei der anaeroben ATP-Synthese — der sog. (anaeroben) **Glykolyse** — entstehen aus jeweils einem Glykosemolekül neben dem nutzbaren ATP zunächst zwei Pyruvatmoleküle, aus denen dann entweder unter Abspaltung von CO Acetyl-CoA (aktivierte Essigsäure) entsteht (das anschließend aerob verstoffwechselt wird) oder Pyruvat wird zu Laktat umgebildet.

Ob im arbeitenden Muskel aus *Pyruvat* überwiegend Acetyl-CoA oder Laktat gebildet wird, hängt in erster Linie vom pH-Wert der Muskelzelle ab. Der *pH-Wert* ist das Kennzeichen für die Konzentration von ionisiertem Wasserstoff (= Protonen). Bei einem pH-Wert unter 7,0 (man spricht dann von einem sauren Milieu) werden die laktatbildenden Enzyme aktiver als bei pH-Werten darüber.

Die beiden beschriebenen Arten der anaeroben ATP-Resynthese finden unmittelbar in den „Kraftkammern" der Muskulatur, den sog. *Sarkomeren* statt (Abschnitt 3.2.3.2). Demgegenüber laufen alle aeroben Prozesse in spezialisierten Strukturen ab, die als **Mitochondrien** bezeichnet werden. Dies gilt sowohl für die aerobe Verstoffwechselung von *Pyruvat* als auch von *Fettsäuren*.

ATP fungiert nicht nur als unmittelbarer Energiespender bei der Kraftbildung im Muskel, sondern ist auch beim „Kleinarbeiten" von Glukose und Fett erforderlich. So wie Glukose vor ihrem eigentlichen Eintritt in den Stoffwechsel unter ATP-Verbrauch „aktiviert" wer-

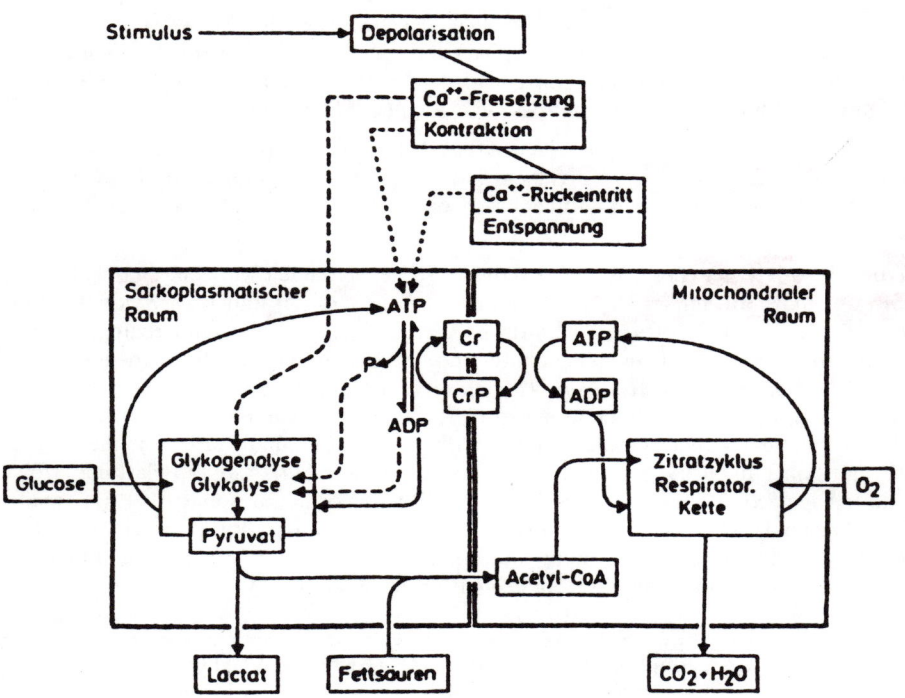

Abb. 72: *Schematisierung des beschriebenen Verlaufes der ATP-Resynthese extra- und intramito-chondrial und die zusätzliche Kreatinphosphatresynthese (CrP) nach* GERLACH, *in:* HOLLMANN / HETTINGER *1976, 61).*

den muß, erfordert auch die Aktivierung der chemisch relativ trägen Fettsäuren zuerst eine ATP-abhängige Reaktion. Wir gehen hier deshalb näher auf die Fettsäurenaktivierung ein, weil dabei Ammoniak entsteht und Ammoniakanalysen seit kurzem eine wichtige Rolle in der Steuerung des Ausdauertrainings spielen.

Am Ende des mehrstufigen Prozesses der Fettsäurenaktivierung entstehen als Reaktions-produkte u. a. das bereits erwähnte *Acetyl-CoA* — „Ausgangsstoff" für die *aerobe ATP-Bildung* — und AMP (Adenosinmonophosphat). AMP ist eng verbunden mit der Entste-hung des **Ammoniaks.** Im sog. Purinnukleotid(c)zyklus (PNC) wird das AMP zu IMP (Inosinmonophosphat) und Ammoniak verstoffwechselt. Der PNC ist zwar nicht die einzi-ge Ammoniak„quelle", er scheint aber bei Muskelarbeit der Hauptproduzent für das im Blut vermehrt zu identifizierende Ammoniak ($NH_3$) bzw. Ammonium ($NH_4^+$) zu sein.

Wie erwähnt, findet die aerobe Verstoffwechselung der für die Muskelarbeit notwendigen „Brennstoffe" — die *biologische Oxidation* — in den Mitochondrien statt. Durch die Membransysteme der Mitochondrien erfolgt ein Transport von *Pyruvat* und *Fettsäuren* in den Matrixraum der Mitochondrien. Dort werden sie zu Acetyl-CoA abgebaut und an-schließend in den sog. *Zitratzyklus* eingeschleust. Im Zitratzyklus durchläuft das Acetyl-

CoA einen Umbildungsprozeß zu weiteren Molekülen, die schließlich in der *Atmungskette* verwertet werden (Abb. 72). Die während des Wasserstoff- und Elektronentransportes in der Atmungskette freiwerdende Energie wird zum Teil für die Synthese von ATP genutzt. Nur für die zuletzt genannten Prozesse ist molekularer Sauerstoff $O_2$ notwendig.

Dieser kurze Überblick skizzierte in starker Vereinfachung die wesentlichsten Aspekte des muskulären Energiestoffwechsels. Dabei haben wir uns auf den Abbau von Kohlehydraten (Glykogen und Glukose) sowie die Aktivierung von Fettsäuren beschränkt und den Aminosäurenumsatz ausgeklammert. Die Verwertung von Aminosäuren als Brennstoff für die Muskelarbeit gewinnt erst dann an nennenswerter quantitativer Bedeutung, wenn die Kohlenhydrat- und Fettreserven erheblich abgebaut worden sind. Dies ist bei nicht angemessener Ernährung (Fasten und Proteindiät) und während extrem langer Ausdauerbelastungen der Fall.

### 3.4.3.2 Energieumsatz bei motorischer Aktivität

Die Umstellung des Muskelstoffwechsels von Ruhe auf Arbeit ist nicht so sehr qualitativer, sondern vielmehr quantitativer Natur. Die Skelettmuskulatur setzt bei Belastung neben dem selbst gespeicherten (endogenen) Glykogen vermehrt Glukose aus dem Blut sowie Fettsäuren um; der Herzmuskel erhöht dagegen besonders die Verwertung von Laktat. Das Ausmaß der Umstellungen ist von der Höhe und Dauer der Belastung und von der Art der arbeitenden Muskelfasern abhängig. Das Verhältnis der Energiedeckung der Muskeln durch *Kohlenhydrate* (endogenes Glykogen und Blut-Glukose) und *Fett* (Blut-Fettsäuren) beträgt *in Ruhe* etwa 20:80 %, *bei leichter Arbeit* etwa 40:60 % und *bei schwerer Arbeit* etwa 70:30 % (JUNGERMANN / MÖHLER 1984, 248).

Solche Näherungswerte beziehen sich auf den durchschnittlichen Energieumsatz, berechnet über die Gesamtarbeitszeit. Es gibt aber erhebliche Abweichungen zwischen den Umsatzraten zu Beginn, im weiteren Verlauf und vor allem zum Ende einer Arbeit. So wird bei *leichter Arbeit* zu Beginn überwiegend *Glykogen* anaerob bis zu *Laktat* abgebaut, bis nach Erhöhung des Blutflusses die aerobe Energiebereitstellung dominiert. Dann werden zunehmend Fettsäuren oxidiert; ihr prozentualer Anteil steigt mit der Dauer der Arbeit.

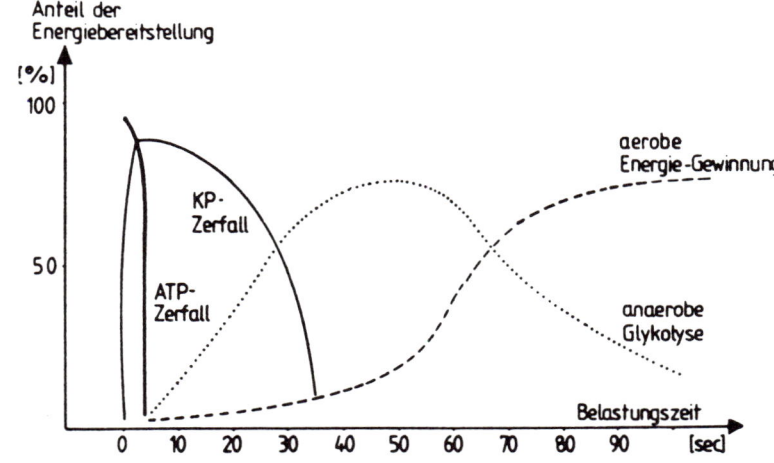

*Abb. 73: Schematische Darstellung des Anteiles der verschiedenen energieliefernden Substrate und Prozesse an der Energiebereitstellung (aus KEUL / HARALAMBIE 1972, 99).*

Bei *längerer schwerer Arbeit,* z. B. ein- bis zweistündiger sportlicher Leistung bis zur Erschöpfung, tragen *Muskel-Glykogen* mit 50 %, *Blut-Glukose* mit 20 % und *Fettsäuren* mit 30 % zur Energieversorgung der arbeitenden Muskulatur bei. Während kurzer, schwerster Arbeit, z. B. *Kurz-* und *Langsprint* bis zu zwei Minuten Dauer, wird die Energie in den ersten Sekunden überwiegend durch *Kreatinphosphat* (s. o.), dann vermehrt durch *anaerobe Glykolyse* von *Muskelglykogen* und *Blut-Glukose* und schließlich zunehmend durch *Oxidation* von *Glykogen, Blut-Glukose* und *Fettsäuren* bereitgestellt. Abb. 73 zeigt ein Schema, aus dem hervorgeht, welcher Mechanismus der Energiebereitstellung in Abhängigkeit von der Belastungsdauer dominiert.

Die Problematik des Energieumsatzes bei motorischer Aktivität soll an einem Beispiel noch vertieft werden. Es entstammt einer Arbeit von MADER / HOLLMANN (1977, 8 ff.) Der simulierte Ruderwettkampf wird hier in die Start-, Strecken- und Endspurtphase unterteilt. Wie die Abb. 74 zeigt, sind in allen drei Phasen unterschiedliche Bedingungen der anaeroben und aeroben Energiebereitstellung gegeben.

| Minuten | 1 | 2 | 3 | 4 | 5 | 6 | 7 | Werte nach 7 Minuten |
|---|---|---|---|---|---|---|---|---|
| Leistung (mkp/min) | 4 300 | 3 200 | 2 700 | 2 600 | 2 600 | 2 700 | 3 000 | 21 100 mkp = 100% |
| VO₂ (ml/min) | 4 500 | 5 300 | 5 500 | 5 700 | 5 750 | 5 800 | 6 000 | 38 000 ml |
| % VO₂max | 77,6 | 91,4 | 95,7 | 98,3 | 99,1 | 100 | | |
| aerob (mkp/min) | 2 000 | 2 350 | 2 500 | 2 550 | 2 580 | 2 650 | 2 700 | 17 300 mkp = 82,1% |
| anaerob (mkp/min) | 2 300 | | | | | | | 3 570 mkp = 16,9% |
| alaktazid (mkp/min) | 1 100 | | | 50 | | | | 1 100 mkp = 5,9% |
| laktazid (mkp/min) | 1 200 | 850 | 200 | | 20 | 50 | 300 | 2 470 mkp = 11,7% |
| Laktatbildung (mmol/l/min) | 8,4 | 5,9 | 1,4 | 0,4 | | 0,4 | 2,1 | |
| Gesamtlaktat (mmol/l) | 8,4 | 14,3 | 15,7 | 16,1 | 16,1 | 16,5 | 18,6 | |
| % Gesamtlaktat | 45,2 | 77,0 | 84,5 | 86,6 | 86,6 | 88,5 | 100 | |

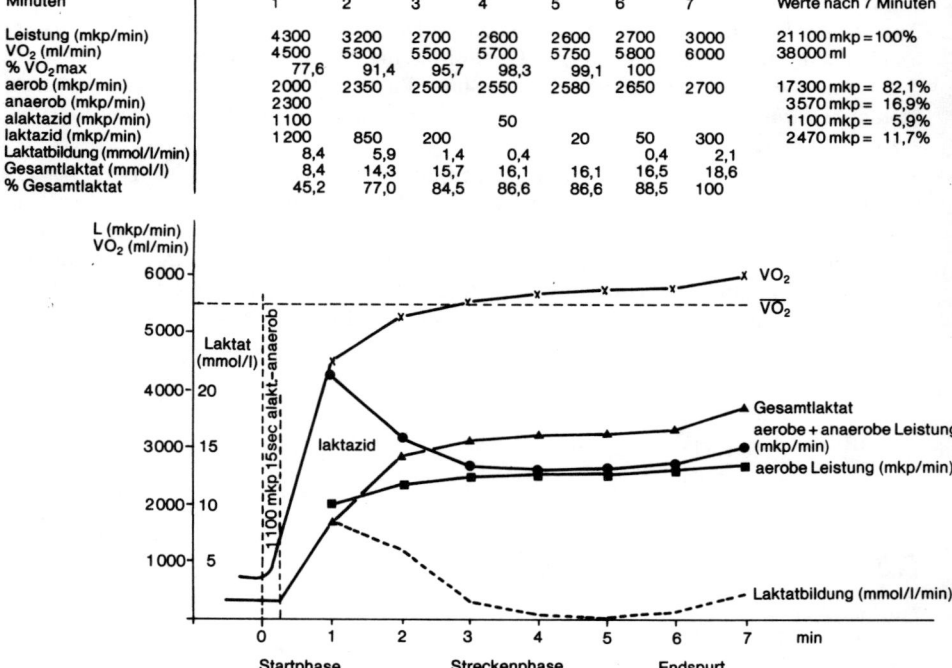

*Abb. 74: Die zeitabhängige Inanspruchnahme der einzelnen energieliefernden Stoffwechselreaktionen während eines im Ruderkasten simulierten Ruderwettkampfes über 7 min eines Eliteruderers (MA-DER / HOLLMANN 1977, 20).*

In der *Startphase,* = 0—500 m/1:35—1:40 min, wird das Boot mit hoher Schlagzahl auf das Renntempo beschleunigt. In den ersten 8—12 s nach dem Start wird der nutzbare Anteil des Kreatinphosphats (= 70—80 % des Ruhebestandes) verbraucht, wobei 800—1200 mkp/min an Leistung abgegeben werden. In der ersten Minute steigt die Sauerstoffaufnahme ($VO_2$) bereits auf ~ 4500 ml/min (das entspricht ~ 75 % der $VO_2$max). Damit werden schon in der Startphase ~ 47 % des Energiebedarfs über die $O_2$-Aufnahme gedeckt. Das verbleibende Energiedefizit muß anaerob-laktazid gedeckt werden, wobei bereits hier minimal 8,5 mmol/l Laktat gebildet werden.

In der *Streckenphase,* = 500—1500 m, von der zweiten bis zur fünften Minute, fällt die Laktatbildung ab, weil der Ruderer seine Leistung auf das subjektiv tolerierbare Streckentempo reduziert, das von seiner *aeroben Leistungsfähigkeit* bestimmt wird. Die $O_2$-Aufnahme erreicht hier zwischen 83—84 % der $VO_2$max (= 5800—6000 ml/min).

In der *Endspurtphase* kommt es darauf an, die verbleibende anaerob-laktazide Stoffwechselkapazität bis zur maximal möglichen Azidose auszuschöpfen. Dabei werden 18—24 mmol/l Laktat erreicht. Parallel dazu zeigt jedoch auch die $VO_2$-Höchstwerte.

Diese Wettkampfanalyse (Abb. 74) zeigt:

— daß der *anaerobe Anteil* des Energiestoffwechsels bei der 7-min-Ruderbelastung nur ca. 17 % des Gesamtenergieverbrauchs beträgt, wobei 60—80 % dieses Anteils bereits in der Startphase eingesetzt werden müssen;

— daß der wettkampfentscheidende Anteil der Energiebereitstellung die *Höhe der Sauerstoffaufnahme in ml/min* ist;

— und daß eine Verbesserung der Wettkampfleistung in erster Linie durch eine Steigerung der *aeroben Leistungsfähigkeit* möglich wird (MADER / HOLLMANN 1977, 22 ff.).

### 3.4.3.3 Zur Bedeutung der maximalen Sauerstoffaufnahmefähigkeit ($VO_2$max)

Mit zunehmender Wettkampfdauer wird die *aerobe Leistungsfähigkeit,* vor allem bei den Langzeitausdauersportarten, zu einem entscheidenden Leistungsfaktor. Selbst bei dem eben beschriebenen 7-minütigen Ruderwettkampf, der der Mittelzeitausdauer zuzuordnen ist, erreicht die *Sauerstoffaufnahme* schon von der zweiten Minute an über 90 % und von der vierten Minute an bereits 98 % von $VO_2$max (Abb. 74). Die herausragende Bedeutung einer hohen Sauerstoffaufnahmefähigkeit für Ausdauerleistungen wird auch durch Untersuchungen von FORSBERG (1985, 4 f.), der die schwedischen Skilangläufer und -läuferinnen untersuchte, gestützt.

Aufgrund dieser Untersuchungen kommt FORSBERG zur Auffassung, daß Medaillengewinner bei OS und WM mindestens eine Sauerstoffaufnahme von ca. 6 Liter/min oder von 80—85 ml/kg/min aufweisen müssen. In einer Langzeituntersuchung zwischen 1978—1985 (Abb. 76) bei schwedischen Teilnehmern und Teilnehmerinnen an Juniorenweltmeisterschaften zeigt sich dieser Trend ebenfalls. In den Jahren 1979—1982, als die gemessenen Werte der $VO_2$max für die Junioren hoch waren, war die Mannschaft sehr erfolgreich. Danach haben sich die Werte der Sauerstoffaufnahme in der Mannschaft verringert und auch die Leistungen gingen zurück. Bei den Juniorinnen konnte hingegen von 1982—1985 ein Anstieg der maximalen Sauerstoffaufnahme diagnostiziert werden, der sich auch in den Ergebnissen niederschlug.

Obwohl die *maximale Sauerstoffaufnahme* das am häufigsten verwendete Kriterium zur

Beurteilung der **aeroben Leistungsfähigkeit** ist, kann sie diese nur unzureichend beurteilen, weil auch das kardio-pulmonale System, der Metabolismus im Skelettmuskel und die Veränderungen der kontraktilen Charakteristik des Muskels die aerobe Leistungsfähigkeit mit bedingen (KINDERMANN 1984, 70; NEUMANN 1985, 5).

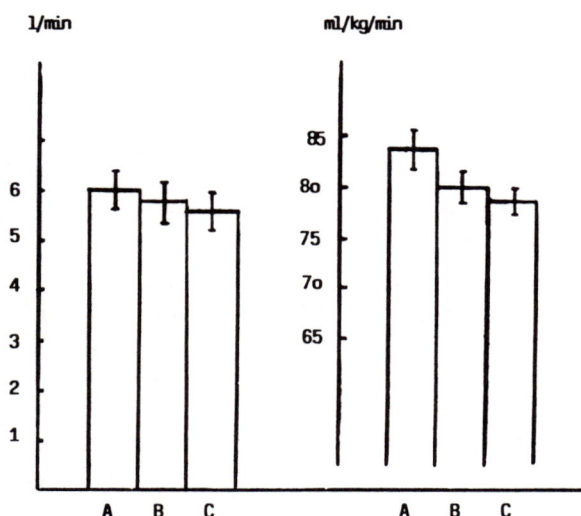

*Abb. 75:Die maximale Sauerstoffaufnahmefähigkeit schwedischer Elite-Skilangläufer während der Jahre 1970-80. Die Gruppe A zeigt die Werte derjenigen Läufer, die bei Olympischen Spielen und/oder Weltmeisterschaften individuelle Medaillen gewannen. Gruppe B zeigt die Werte derjenigen Läufer, die sich für OS oder WM qualifiziert hatten und die Gruppe C zeigt die Werte derjenigen, die sich als Mitglieder der Nationalmannschaft nicht qualifizieren konnten.*

Als gesichert gilt, daß Spitzenleistungen in den Langzeitausdauerdisziplinen der Männer eine $VO_2$max von 80—85 ml/kg/min voraussetzen. Aber diese Werte wurden auch schon vor 20 Jahren bei Spitzenathleten dieser Disziplinen nachgewiesen und haben sich trotz erheblicher Erhöhung der Trainingsbelastungen und den Verbesserungen der Leistungsergebnisse in den Ausdauerdisziplinen nicht mehr wesentlich verändert. So kann der Wert der Sauerstoffaufnahmefähigkeit zwar für eine grundlegende Leistungsbeurteilung aber nur bedingt für die *aktuelle Leistungsdiagnostik* herangezogen werden.

Die maximale Sauerstoffaufnahme wird dann erreicht, wenn mindestens 1/7 bis 1/6 der gesamten Körpermuskulatur mindestens 6 Minuten maximal dynamisch arbeiten. Sie wird vorwiegend von zwei Faktoren beeinflußt: (1) dem Leistungsvermögen des Herzens, dem *Herzminutenvolumen* (HMV) und (2) der *peripheren Sauerstoffausschöpfung,* die sich in der arterio-venösen Sauerstoffdifferenz widerspiegelt.

Ein gesundes Herz ist in der Lage, seine Förderleistung in weiten Grenzen zu verändern. Das **Herzminutenvolumen,** das ist die Blutmenge, die das Herz in einer Minute auswirft, kann beim Untrainierten maximal auf das 4- bis 5fache, beim Trainierten bis auf das 8fache des Ruhewertes ansteigen (ROST 1984, 11). Die Anpassung der Pumpleistung des Herzens an wechselnde Belastungen erfolgt sowohl über eine Veränderung des *Schlagvolumens* (das ist die Blutmenge, die das Herz pro Schlag auswirft) als auch über die *Herzschlagfrequenz.* Von diesen beiden Komponenten ist die Herzschlagfrequenz die entschei-

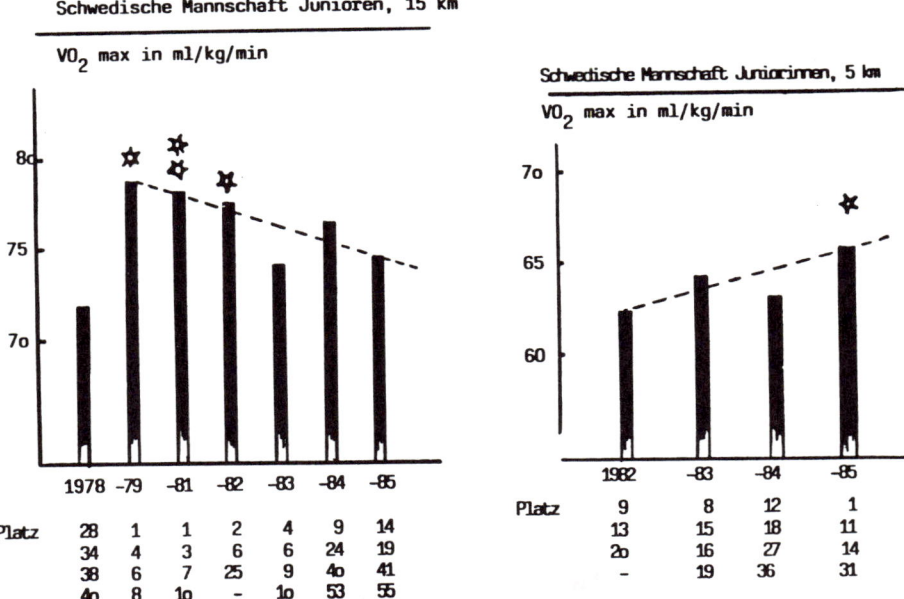

Abb. 76: a) VO₂max ml/kg/min bei den männlichen Teilnehmern der Juniorenweltmeisterschaften von 1978—1985; b) bei den Juniorinnen von 1982—1983. Die Sterne über den Säulen zeigen die gewonnenen Medaillen (FORSBERG 1985, 5).

dende Größe in der Leistungsanpassung, da den Herzkammern aufgrund anatomischer Gegebenheiten nur engbegrenzte Möglichkeiten zur Schlagvolumensteigerung zur Verfügung stehen.

Eine Erhöhung des Schlagvolumens als Anpassungsreaktion auf körperliche Arbeit erfolgt im wesentlichen zu Beginn einer Belastung, um dann bei weiterer Zunahme der Arbeitsintensität weitgehend konstant zu bleiben. Die Schlagvolumenvergrößerung wird — bei gleicher diastolischer Kammerfüllung — durch einen verstärkten systolischen Auswurf bewirkt. Allerdings werden die höchsten Schlagvolumina nicht während einer Belastung, sondern kurz danach erreicht. Grund dafür ist, daß sofort nach einer intensiven Belastung die Herzschlagfrequenz sehr rasch abfällt, während der venöse Rückstrom noch sehr hoch ist. Die Erhöhung des Schlagvolumens über den maximalen Belastungswert hinaus kann in Abhängigkeit von der Belastungsintensität bis zu drei Minuten anhalten (ROST 1984, 15).

Im Gegensatz zum Schlagvolumen steigt die Herzschlagfrequenz in weiten Bereichen linear mit der Belastungsintensität an. Somit kommt der **Herzschlagfrequenz** eine entscheidende Bedeutung für die Anpassung der Herzleistung an die Belastungsbedingungen zu. Während sich das Schlagvolumen beim Untrainierten in Abhängigkeit von der Körperhaltung nur von ca. 80 ml im Liegen bzw. 60 ml im Stehen auf 100 bis 120 ml steigern kann, ist es dem Herzen möglich, seine Schlagzahl von 70/min und weniger (40/min) in Ruhe bis auf 200/min unter maximaler Belastung zu verdreifachen. Die maximale Schlagzahl ist eine individuelle Größe, die im wesentlichen alters- und trainingsabhängig ist.

Das Ausmaß der Steigerung des Herzminutenvolumens bei körperlicher Arbeit ist bei dynamischer Belastung im wesentlichen von der Arbeitsintensität — also von der Höhe der Leistung — abhängig. Allgemein kann davon ausgegangen werden, daß gleiche Leistung auch den gleichen Energieumsatz erfordert und demnach unter aeroben Bedingungen für die gleiche Leistung der gleiche Sauerstoffbedarf besteht. So erfordert jede Mehrleistung von einem Watt vom Kreislauf einen Mehrtransport an Sauerstoff von 12 ml/min. Damit wird vom Herzen eine entsprechend höhere Pumpleistung (= Herzminutenvolumen) gefordert.

Über die grundlegenden Mechanismen der Einstellung des jeweiligen Herzminutenvolumens auf den entsprechenden Bedarf bei wechselnder Belastung gibt es unterschiedliche Ansichten. Weitgehende Einigkeit besteht darin, daß das *Steuerungssystem des Kreislaufs* ein kompliziertes Gleichgewicht ist, in das die metabolischen Bedürfnisse aller Organe eingehen und in das zahlreiche humorale, nervale und mechanische Steuerungsmechanismen eingreifen. Neben der vor allem muskelmechanisch zu begründenden Selbststeuerung des Herzens (Autoregulation) werden mögliche Steuerungen auf der Basis kortikaler Reflexe, humoraler Impulse und von Chemo- oder Pressorezeptoren gesehen.

### 3.4.3.4 Ursachen der Muskelermüdung

Der Zustand, der sich in einer Leistungsminderung als Folge von psychophysischen Beanspruchungen einstellt, wird allgemein mit dem Wort Ermüdung begrifflich gefaßt. In der Regel verbindet man mit diesem Wort eine herabgesetzte Leistungsfähigkeit und Lustlosigkeit zu irgendeiner Tätigkeit. Die häufig vorgenommene Trennung in *Muskelermüdung* (lokale oder auch periphere Ermüdung) und *allgemeine/komplexe Ermüdung* (zentrale Ermüdung) ist hier sinnvoll. Wenn wir versuchen, metabolische Ursachen für Ermüdung als Folge intensiver und umfangreicher Muskelarbeit zu benennen, bewegen wir uns trotz aller vorliegenden Kenntnisse immer noch im Bereich spekulativer Modelle. Unter dieser Voraussetzung kann man als Ursache für die *Muskelermüdung* — so wie sie bei hochintensiver Muskelarbeit auftritt — eine *Anhäufung* von *Wasserstoffionen* (Protonen) in der beteiligten Muskulatur annehmen. Demgegenüber scheint die *zentrale Ermüdung* eng mit einer *Verminderung erregender* (Glutamat) und *hemmender* (Gaba) *Transmitter* in Verbindung zu stehen (LEHNERTZ 1986a, 8 f.).

Allgemein hat sich im täglichen Sprachgebrauch eingebürgert, von sauren Muskeln zu sprechen, wenn bei einer hochintensiven körperlichen Tätigkeit die „Kräfte" nachlassen und schließlich die Arbeit unterbrochen werden muß. Als Erklärung dafür wird bislang davon ausgegangen, daß für die bei intensiver Muskelarbeit entstehende *Übersäuerung* des Muskels die Bildung von *Laktat* ursächlich sei. Danach soll durch die Ablösung (Dissoziation) des Protons ($H^+$) vom Endprodukt der anaeroben Glykolyse — der *Milchsäure* (Laktat = Milchsäure minus $H^+$) — eine Erhöhung der Protonenkonzentration (pH-Werterniedrigung = „Säuerung") im Zellplasma erfolgen. Auf diese Fehleinschätzung wird nun auch in der sportmedizinischen Fachliteratur hingewiesen (WALSH / BANISTER 1988). Denn die anaerobe Glykolyse verläuft bis einschließlich der Bildung des Laktats „Protonen neutral". Die Laktatbildung kann gewissermaßen als ein Mechanismus angesehen werden, der zur teilweisen Elimination von Protonen beiträgt. Wenn nämlich aus Pyruvat mit Hilfe des Enzyms Laktatdehydrogenase Laktat entsteht, wird dazu — neben NADH (Nicotinamid-Adenin-Dinucleotid) — sogar ein $H^+$ aus der „Umgebung" aufgenommen. Das heißt, die Bildung von Laktat wirkt nicht säuernd, sondern im Gegenteil: *Laktatbildung ist ein Mechanismus, mit dem sich hochintensiv arbeitende Muskelzellen in Grenzen vor Übersäuerung schützen können!*

Die wesentlichste Protonenquelle bei ATP-Umsatz ist die ATP-Spaltung selbst. Für die Umsetzung eines ATPs in ADP und $P_a$ (anorganisches Phosphat) wird nämlich ein Wassermolekül ($H_2O$) benötigt. Deshalb nennt man die ATP-Spaltung auch ATP-Hydrolyse. Somit entsteht bei jeder hydrolytischen Spaltung eines ATP-Moleküls auch ein Proton ($H^+$). Glücklicherweise hat sich die Natur mehrere Mechanismen „einfallen lassen", um unter intensiven Arbeitsbedingungen mit der Protonenflut fertigzuwerden. So erfolgt bei sehr intensiver Arbeit mit kurzer Dauer — beispielsweise bei Sprüngen oder Kurzsprints — eine nahezu vollständige Aufnahme der bei der ATP-Hydrolyse gebildeten Protonen durch die sehr schnelle (bereits oben erwähnte) ATP-Resynthese mit Hilfe von Kreatinphosphat (KrP).

Wird eine intensive Arbeit über mehr als nur wenige Sekunden fortgesetzt, so gewinnt die Bildung von *Laktat* aus *Pyruvat* nicht nur als zusätzlicher ATP-Bildungsprozeß (s. o.), sondern auch zunehmend als Protonen(Säure)-Puffer an Bedeutung. Die Abstimmung erfolgt über die jeweilige Protonenkonzentration (den pH-Wert) in der Muskelzelle nach dem Muster: Je geringer der Kreatinphosphatspeicher, desto höher die Protonenkonzentration ( = abnehmender pH-Wert) und umso umfangreicher die Bildung von Laktat.

Voraussetzung dafür, daß bei hohem *ATP-Umsatz* und *Kreatinphosphaterschöpfung* der *Laktat-Puffer* funktioniert, ist ein ausreichendes Angebot an Pyruvat. Dazu ist es erforderlich, daß die Glykolyse „angekurbelt" wird und ein ausreichendes Glykogen/Glukose-Angebot (Substrat-Angebot) vorhanden ist. Das Ankurbeln der Glykolyse erfolgt am Schlüsselenzym der Glykolyse, der Phosphofruktokinase. Die Phosphofruktokinase wird durch ATP und Zitrat — einem Produkt aus dem aeroben Stoffwechsel — gehemmt und u. a. durch AMP und *Ammonium* ($NH_4^+$) aktiviert.

Es ist offensichtlich, daß auch der Prozeß der glykolytischen Pyruvat-Laktatbildung — wie der Kreatinphosphatspeicher — eine begrenzte Kapazität besitzt. Daraus stellt sich die Frage, wie schützt sich die Zelle, wenn die Protonen*elimination* durch Laktatbildung (oder andere Puffer) von der Protonen*bildung* weit übertroffen wird? Dazu existiert ein Mechanismus der — wie vieles im biologischen Bereich — verblüffend einfach ist: *Die Protonen blockieren die Wirkungsstellen des Calciums* (LEHNERTZ 1985a, 32) das ja letztlich Initiator für die ATP-Hydrolyse ist (LEHNERTZ 1987a). Somit verhindert eine erhöhte Protonenkonzentration selbst, daß sie weiter bis zu einer Konzentration akkumuliert, ab der es wegen Übersäuerung zu Zellschädigungen kommen könnte.

Dieser Schutzmechanismus basiert ebenso auf elektrischer Basis, wie alle anderen biologischen Mechanismen (siehe auch Kapitel 3.2.3.2): Mit zunehmender Protonenakkumulation werden mehr und mehr die elektrisch negativen Calciumbindungsstellen (Troponin) mit $H^+$ besetzt. Dadurch werden die Calciumionen $Ca^{++}$ daran gehindert, (1) die *kraftbildende Wechselwirkung* zwischen Calcium-Troponin und Myosin-ATP zu initiieren und (2) die *protonenbildende ATP-Hydrolyse* in Gang zu halten (LEHNERTZ 1988d, 43).

Damit ist der Muskel „sauer" und gibt keine Kraft mehr ab. Dies ist die metabolische Ursache für den Zustand, den man als lokale Muskelermüdung bezeichnet und den der Sportler als „schwere Beine und dicke Arme" empfindet.

Kommen wir zurück zur Laktatbildung: Das im Muskel entstehende Laktat gelangt zum großen Teil in die Blutbahn und wird von da in geeigneten Organen verwertet. Für die Wiederverwertung von Laktat im Stoffwechsel eines Organs ist neben den notwendigen Enzymen zur Laktatverarbeitung (sog. Laktatdehydrogenasen) vor allen Dingen die Fähigkeit zum Pyruvatumsatz erforderlich. Aus Laktat entstandenes Pyruvat kann zwar in allen Organen zur Energiegewinnung über Pyruvathydrogenase und Acetyl-CoA in den Zitratzyklus eingeschleust werden. Diese Möglichkeit der Laktatverwertung wird jedoch, abgesehen vom Herzmuskel, nicht im wesentlichen Umfang zur Energiegewinnung genutzt. In der Regel wird das in der Muskulatur entstandene Laktat in der Leber oder in der Niere zur Glukoseneubildung verwendet. Die hierfür erforderlichen Enzyme sind in anderen Organen — wie beispielsweise in bestimmten Muskelfasern — nur in geringem Umfang vorhanden.

Während intensiver und anhaltender körperlicher Aktivität ist Laktat für das Herz ein sehr willkommener Brennstoff. Während bei Körperruhe der Anteil des Laktats am oxidativen Stoffwechsel des Herzmuskels ca. 28 % beträgt, steigt der Laktatanteil während schwerer körperlicher Arbeit auf über 60 % (ebenda).

Mit Ergebnissen unserer Untersuchungen konnten wir zeigen, wie sich auch *spiroergometrische Meßwerte* als Folge von Ermüdung und Kohlenhydratabstinenz ändern. Nach einer harten Trainingswoche mit besagter Kohlenhydratabstinenz zeigten sich bei allen untersuchten Sportlern ermüdungsbedingte Minderungen in der sportmotorischen Leistungsfähigkeit. Ebenso einheitlich erhöhten sich die Harnstoffwerte aller Probanden (Mittelwerte = 8,6 mmol/l; jeweils niedrigster und höchster Wert = 6,9 und 11,6 mmol/l). Außerdem schlug sich der durch hartes Training und Reduzierung der Kohlenhydrataufnahme veränderte Stoffwechselstatus in der Ammoniak-Leistungskurve nieder: Beim Ergometertest unter Ermüdungsbedingungen lagen die im arterialisierten Kapillarblut gemessenen Ammoniakwerte bei vergleichbaren Belastungsstufen bei allen getesteten Sportlern höher als unter Regenerationsbedingungen. Demgegenüber gab es bei der Laktat- und Herzschlagfrequenzkinetik keine durchgängig einheitliche Tendenz: Bei 8 Probanden wurden unter Ermüdungsbedingungen niedrigere Laktat- und höhere Herzschlagfrequenzwerte beobachtet als unter Regenerationsbedingungen, während zwei Sportler höhere Laktatwerte und niedrigere Herzschlagfrequenzwerte hatten. Verglichen mit den Werten unter Regenerationsbedingungen zeigten sich bei den spiroergometrischen Untersuchungen in den oberen Belastungsstufen unter Ermüdungsbedingungen: (1) Steigerungen des *Atemminutenvolumens;* (2) Verminderungen der *$CO_2$-Differenzen* zwischen Ein- und Ausatmungsluft. Vergleichbare Trends beobachteten wir für die $O_2$-Aufnahme (leicht erhöht), die $O_2$-Ein-/Ausatmungsdifferenz (deutlich erniedrigt) sowie beim respiratorischen Quotienten (erniedrigt) (LEHNERTZ 1988e, 51, ff.; 1989a, 91 f.; LEHNERTZ / LÜBS / MARTIN 1989, 313-318).

Unsere Untersuchungsergebnisse legen es nahe, die Ermüdung der Ausdauerleistungsfähigkeit gleichzusetzen mit *leeren intramuskulären Glykogenspeichern* und überlastetem *Harnstoffzyklus.* Beide Komponenten bedingen bei vergleichbarer physischer Belastung eine Erhöhung der Ammoniak- bzw. Ammoniumwerte im Organismus: Zunächst entsteht bei reduzierten Glykogenspeichern über die Aktivierung der Myokinase und einer gesteigerten Fettsäureaktivierung mehr AMP, das im Purinnukleotidzyklus zu Ammoniak/Ammonium abgebaut wird (BUONO u. a. 1984; LEHNERTZ / LÜBS / MARTIN 1989, 318). Darüber hinaus erfolgt bei hohen Harnstoffwerten im Blut eine verzögerte Metabolisierung von Ammoniak/Ammonium zu Harnstoff. Da Ammonium die zelluläre Verwertung des kardiopulmonalen Sauerstoffangebots beeinträchtigt, muß unter Ermüdungsbedingungen vergleichsweise mehr *Sauerstoff* über das kardiopulmonale System transportiert werden als unter Regenerationsbedingungen. Dies spiegelt sich am deutlichsten in einer zusätzlichen Steigerung des Atemminutenvolumens in Relation zur Sauerstoffaufnahme wider (ebenda) (sog. respiratorische Kompensation (BACHL 1981)). Bei einer Trainingssteuerung unter Bezug auf Parameter des Gasaustauschs sind diese Aspekte zu berücksichtigen.

### 3.4.4 Leistungsdiagnostische Verfahren zur Bestimmung der Ausdauerleistungsfähigkeit

#### 3.4.4.1 Leistungsdiagnostik im Labor

Leistungsdiagnostik im Labor wird in der Regel auf dem Laufband bzw. dem Fahrradergometer und anderen Ergometertypen in Form von *Stufentests* gekoppelt mit spiroergometrischer Datenerfassung und Laktatmessungen durchgeführt, um

— die maximale *Sauerstoffaufnahmefähigkeit* $VO_2max$ zu messen und die auf das *Körpergewicht relativierte Sauerstoffaufnahme* $VO_2/kg$ zu berechnen

— die *Laktatkinetik* und den Leistungswert an der 4-mmol-Schwelle bzw. die individuelle *aerob-anaerobe Schwelle* zu bestimmen;

— die Herzschlagfrequenzsteigerung und die *maximale Herzschlagfrequenz* zu registrieren

und andere Meßwerte wie beispielsweise den *Respiratorischen Quotienten* (RQ), der das Verhältnis von ausgeatmetem Kohlendioxid ($CO_2$) und verbrauchtem Sauerstoff, das *Atemminutenvolumen, die Atemfrequenz, $CO_2$-Abgabe* u. a. zu erfassen.

Für die Trainingssteuerung sind die $VO_2max$, $VO_2/kg$, die Laktat- und Herzschlagfrequenzwerte bedeutsam, weil mit diesen Parametern das aerobe Leistungsniveau abschätzbar wird. Nach NEUMANN (1985, 11) sollte eine Funktionsdiagnostik im Labor alle 6—8 Wochen durchgeführt werden, für den Skilanglauf beispielsweise schlägt VANOI (1987) solche kombinierten Labortests für Juni, September und Dezember vor, wobei in der Zwischenzeit allerdings alle vier Wochen die Durchführung zusätzlicher Feldtests vorgesehen ist. Es existieren mehrere Stufenkonzepte, die ergometrische Standardtestuntersuchungen nach HOLLMANN / HETTINGER 1976, 385), bei der alle 3 Minuten, beginnend mit einer Belastung von 3 mkp/s, um 4 mkp/s gesteigert wird.

Gegenwärtig werden die Stufentests hauptsächlich auf dem Laufband, teilweise mit, teilweise ohne Spiroergometrie, durchgeführt und nach jeder Stufe zur Laktatmessung unterbrochen. Hierzu einige Modelle:

(1) KEILHOLZ / STRÄHLE / WEICKER (1982): Laufband 5 % Steigung, 3 Minuten mit 8 km/h, dann Steigerung alle 3 Minuten um 2 km/h bis zur Erschöpfung. Blutabnahme zur Laktatbestimmung während und nach der Belastung.

(2) Standardtest nach NEUMANN (1985): Jede Stufe 5 min auf dem Laufband ohne Steigungsverändererung, jeweils nach jeder Stufe 1 Minute Pause zur Blutentnahme, Beginn mit 3,25 m/s, Steigerung für jede Stufe 0,25 m/s.

③ Test für Skilangläufer nach VANOI (1987): Jede Stufe wird 3 Minuten lang durchgeführt, danach 30 Sekunden Pause zur Blutentnahme. Steigerung: dreimal 3 Minuten in 7 km/h mit einer Veränderung der Steigung des Bandes von 0 auf 1 und auf 2 Grad, danach dreimal 3 Minuten mit 8 km/h und Veränderung der Bandsteigungen von 6 auf 12 auf 18 Grad.

Der Stufentest sollte weitgehende Affinität zur Sportart aufweisen. Sie kann durch das Gerät (Fahrradergometer, Laufband), aber auch durch die Stufenlänge, die Laufgeschwindigkeit/den Widerstand und durch den Steigungswinkel des Bandes hergestellt werden. *Wichtig ist es, immer das gleiche Verfahren unter standardisierten Bedingungen* (gleiche Vortestbedingungen, gleiche Testbedingungen) *anzuwenden,* um mit den Testergebnissen auch längsschnittliche Vergleiche anstellen zu können.

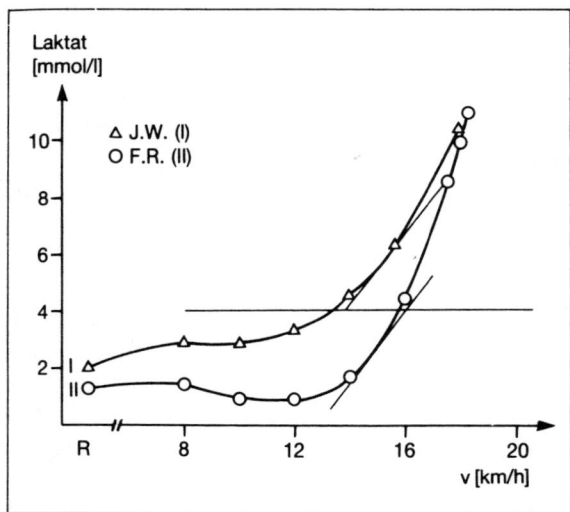

*Abb. 77: Laktat-Leistungskurven von zwei Skilangläufern mit nahezu gleichem Leistungsniveau. Im Bereich unterhalb der Schwelle zeigt (II) jedoch eine höhere aerobe Leistungsfähigkeit (KEUL / SIMON / BERG / DICKHUTH / GOERTTLER / KÜBEL 1979).*

Der Vorteil der Leistungsdiagnostik im Labor ist die Reproduzierbarkeit der Bedingungen. Wie disziplinspezifisch und damit aussagefähig für das Training getestet werden kann, hängt von der jeweiligen Sportart ab. Zwar haben Laborwerte für die Leistungsdiagnostik einen hohen Stellenwert, jedoch ist die Ergebnisauswertung für die Trainingssteuerung nicht immer gewährleistet. Eine erzielte Laufbandleistung von 12 km/h an der 4-mmol-Schwelle muß noch nicht heißen, daß diese Leistung auch im Feld an dieser Schwelle erbracht werden kann.

Mit den Stufentests wird gegenwärtig in der Regel gleichzeitig die *Laktatkinetik* und die *aerob-anaerobe Schwelle* ermittelt. Für die Trainingssteuerung im Ausdauerbereich ist die Schwelle der wichtigste Wert, weil die Ausdauerleistungsfähigkeit am besten in einem Intensitätsbereich trainierbar wird, der sich am *maximalen Laktat-steady-state* orientiert. Die Laktatkinetik zeigt erstens an, wo schätzungsweise die jeweils richtigen Intensitätsbereiche liegen könnten, durch ihre Rechts- oder Linksverschiebungen bei Wiederholungstests, registriert sie zweitens, welche Veränderungen der aeroben Leistungsfähigkeit stattgefunden haben.

Inzwischen hat sich gezeigt, daß unterschiedliche Berechnungsverfahren (MADER, KEUL, STEGEMANN) für dieselbe Laktatkinetik zu unterschiedlichen Schwellenwerten führen. So ist auch die 4-mmol-Schwelle nach MADER lediglich als ein Annäherungsmaß zu betrachten. Denn Langzeitausdauertrainierte haben ihren Schwellenwert häufig darunter, Kurzzeitausdauertrainierte eher darüber. Die Interpretation der Laktatkinetik ist deshalb nur individuell möglich und sollte durch zusätzliche Vergleichswerte abgesichert werden. Aufgrund des derzeitigen Kenntnis- und der Technologiestandes sind dazu Herzschlagfrequenz-Leistungs-Kurven geeignet (LEHNERTZ 1989b, 39-43).

### 3.4.4.2 Leistungsdiagnostik im Feld

Die *Standardisierung* bei Feldtests ist nicht auf dem Niveau zu gewährleisten wie bei Labortests (Witterungs-, Temperaturverhältnisse, Bodenbeschaffenheit). Aus diesem Grund sind die Ergebnisse auch längsschnittlich nur mit Einschränkungen verwertbar. Feldtests zeigen dafür zwei andere Vorteile. Erstens läßt sich mit ihnen — wie die angeführten Beispiele zeigen — eine größere Affinität zur Sportart herstellen. Und zweitens stellen sie gleichzeitig ein Training dar. Feldtests werden hauptsächlich als **Mehrstreckentest** konzipiert. Auch hierbei ist das Prinzip — wie bei den Stufentests im Labor — die *systematische Steigerung der Belastungsintensität.* Gemessen wird dabei die *Laktatkonzentration* aus dem Ohrblut zur Ermittlung der *Laktatkinetik* und der individuellen *aerob-anaeroben Schwelle.* Bei den gegenwärtigen Felduntersuchungen wird zusätzlich mit dem SPORTTESTER auch die Herzschlagfrequenz registriert, um neben der Laktatleistungskurve einen zusätzlichen Vergleichswert zu haben, mit dem die Einschätzung der optimalen Belastungsintensität des Trainings zuverlässiger erfolgen kann. Dazu einige Beispiele:

Für die **Laufdisziplinen** haben sich Mehrstreckentests von 4- bis 5mal 1000 m bewährt, mit einer Pause von 1 min zur Blutentnahme. Je nach Leistungsstand wird die erste Strecke (1000 m) in 5:00 oder 4:40 oder 4:30 Minuten gelaufen und dann von Strecke zu Strecke jeweils um 20 Sekunden gesteigert. Die letzte Strecke wird maximal gelaufen.

Beim **Schwimmen** werden u. a. zwei Streckentests angewandt, der Zweistreckentest bei Sprintern in der Wettkampfdisziplin, die erste Strecke wird in ca. 80 % der maximal möglichen Zeit, die zweite nach einer Pause von 1 Minute maximal geschwommen. In der Pause und nach

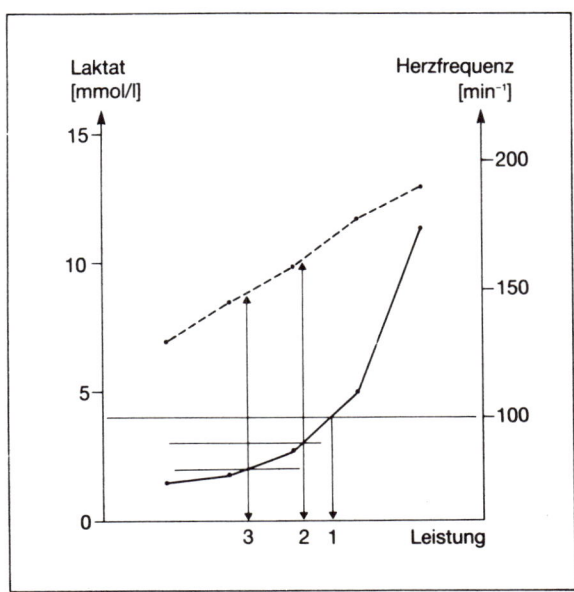

*Abb. 78: Beispiel eines 5-Streckentests mit Laktatleistungskurve (unten) und Herzschlagfrequenz-Leistungskurve (oben). 1 = die Leistung bei 4 mmol/l Laktat. 2 = Laktat 3 mmol/l und HF/min 160. 3 = Laktat 2 mmol/l und HF/min 148 (SCHÜRCH 1987, 34).*

der Belastung wird Laktat gemessen. Eine andere Möglichkeit bietet das Schwimmen von 15- bis 20mal 100 m mit Pausen von 30 Sekunden in einer Zeit, die etwa 80 % der Maximalzeit entspricht. Nach jeder fünften Strecke wird in einer 45-Sekunden-Pause Ohrblut abgenommen. Mit einem solchen Test kann festgestellt werden, wie groß der Belastungsumfang im Verhältnis zu einer bestimmten Intensität sein könnte.

Als letztes Beispiel stellen wir einen **Rad-Feldtest** vor, der an unserem Institut entwickelt wurde. Es ist ein *Mehrstreckentest* mit steigender Belastungsintensität (Geschwindigkeit) und sollte auf einer Radrennbahn oder auf einer flachen Rundstrecke durchgeführt werden. Für diesen Feldtest wurde ein Rundkurs von 1250 m abgemessen. Die Athleten benutzten dafür ihre eigenen Rennmaschinen, die Übersetzungsverhältnisse wurden von außen nicht vorgegeben, sondern entsprechend der Beanspruchung vom Athleten frei gewählt. Empfohlen wird eine Trittfrequenz von 90-100 Umdrehungen pro Minute. Die erste Geschwindigkeitsstufe wurde so gewählt, daß die Belastungsintensität, festgelegt nach der Herzschlagfrequenz, im Bereich von 120-140 HF/min lag. Alle weiteren Stufen wurden um 2 km/h gesteigert. Für die Bestimmung von biochemischen Parametern (Laktat, Ammoniak) aus dem kapillaren Ohrblut wurde zwischen den Stufen eine Pause von 45 sec eingelegt. Bei einem dieser Tests wurden für die Triathleten des C-Kaders des Deutschen Triathlonverbandes (16—19 Jahre) je Belastungsstufe eine Strecke von 2500 m (zwei Runden) vorgegeben. Die Geschwindigkeit für die erste Belastung wurde für die Mädchen auf 26 km/h und für die Jungen auf 30 km/h festgelegt und mittels Radcomputer gesteuert. Die Herzschlagfrequenz wurde mit einem SPORTTESTER PE 3000 gespeichert. Die tatsächlich gefahrenen Geschwindigkeiten pro Belastungsstufen wurden anschließend aus dem Zeit/Streckenverhältnis errechnet. Temperatur, Windstärke und die gefahrenen Übersetzungen pro Belastungsintervall wurden protokolliert. In der folgenden Tabelle 19 werden die erhobenen Parameter bei einem Rad-Feldtest eines Triathleten vorgestellt:

*Tabelle 19: Erhobene Werte bei einem Rad-Feldtest von einem jugendlichen Triathleten (2' n. B. = 2 Minuten nach der Belastung).*

| Stufe | km/h | HFmax $min^{-1}$ | Laktat mmol/l | $NH_3$ $\mu$mol/l | Übersetzung |
|-------|------|--------|--------|--------|------------|
| v.B. | — | — | 2,75 | 25 | — |
| 1 | 29,3 | 158 | 2,78 | 38 | 42/20 |
| 2 | 31,4 | 166 | 2,78 | 26 | 42/18 |
| 3 | 33,1 | 169 | 3,54 | 28 | 42/18 |
| 4 | 34,5 | 175 | 4,23 | 31 | 42/18 |
| 5 | 35,8 | 180 | 5,50 | 35 | 42/18 |
| 6 | 37,5 | 184 | 8,39 | 46 | 52/18 |
| 7 | 38,3 | 190 | 10,46 | 53 | 52/18 |
| 8 | 38,8 | 195 | 11,72 | 64 | 52/18 |
| 2' n. B. | — | — | 11,87 | 54 | — |
| 4' n. B. | — | — | 11,07 | 47 | — |

### 3.4.4.3 Leistungsdiagnostik anhand der Herzschlagfrequenz — CONCONI-Test

Im Hinblick auf bestimmte Maßnahmen der Leistungsdiagnostik und Trainingssteuerung sind Wechselwirkungen zwischen Muskelstoffwechsel und Herzschlagfrequenz immer bedeutungsvoll gewesen. Bekannterweise tritt als Folge intensiver Muskelarbeit eine deutliche Konzentrationserhöhung von bestimmten Molekülen — beispielsweise Ammoniak (LEHNERTZ 1985c, 5—10) und Laktat (Tabelle 19) — im Blut auf. Dieser Sachverhalt wird auch zur Leistungsdiagnostik und Trainingssteuerung genutzt, wobei die umfangreichsten Erfahrungen im Zusammenhang mit *Laktatmessungen* vorliegen. Über die Laktatkonzentration im Blut ist es möglich, ungefähr einzuschätzen, wie hoch der Anteil der anaeroben Energiebereitstellung ist. Wenn nun davon ausgegangen wird, daß das Herz in erster Linie für eine ausreichende Sauerstoffversorgung arbeitet und Laktatbildung ein sauerstoff„freier" Prozeß ist, besteht zwischen Laktatbildung und Herztätigkeit keine direkte Abhängigkeit. Dies kann so verstanden werden, daß im Bedarfsfall über die sauerstoffpflichtige Energieversorgung hinaus mit Hilfe der Laktatbildung zusätzlich Energie bereitgestellt wird, ohne daß dafür das Herz unmittelbar arbeiten muß (LEHNERTZ 1989b, 42). Auf diesem Sachverhalt beruhen auch die Versuche, anhand von Herzschlagfrequenzmessungen die *aerob-anaerobe Schwelle* zu bestimmen; dieses Verfahren ist inzwischen als *CONCONI-Test* bekannt geworden.

Beim CONCONI-Test erfolgt eine stufenweise steigende Belastung, wobei am Ende jeder Belastungsstufe die momentane Herzschlagfrequenz ermittelt wird. Dabei ist in der Regel zu beobachten, daß zunächst die Herzschlagfrequenz linear mit der Leistung steigt. In dieser

*Tabelle 20: Lauftabelle für den CONCONI-Test. Die hervorgehobenen Zahlen stellen die aufsummierten Sollzeiten an den 200-m-Meßpunkten dar; die kleinen Zahlen dienen zur Kontrolle an den 50-m-Teilstrecken.*

| 0 bis 1000 m | 1000 bis 2000 m | 2000 bis 3000 m | 3000 bis 4000 m |
|---|---|---|---|
| 0 : 15 | 4 : 49,6 | 8 : 40,6 | 11 : 59,4 |
| 0 : 30 | 5 : 02,0 | 8 : 51,2 | 12 : 08,6 |
| 0 : 45 | 5 : 14,5 | 9 : 01,7 | 12 : 17,8 |
| **1 : 00,0** | **5 : 27,0** | **9 : 12,3** | **12 : 27,1** |
| 1 : 14,4 | 5 : 38,9 | 9 : 22,6 | 12 : 36,1 |
| 1 : 28,8 | 5 : 50,9 | 9 : 32,9 | 12 : 45,1 |
| 1 : 43,1 | 6 : 02,9 | 9 : 43,1 | 12 : 54,1 |
| **1 : 57,5** | **6 : 15,0** | **9 : 53,4** | **13 : 03,1** |
| 2 : 11,3 | 6 : 26,5 | 10 : 03,4 | 13 : 11,9 |
| 2 : 25,1 | 6 : 38,1 | 10 : 13,4 | 13 : 20,7 |
| 2 : 38,8 | 6 : 49,7 | 10 : 23,4 | 13 : 29,5 |
| **2 : 52,5** | **7 : 01,4** | **10 : 33,4** | **13 : 38,2** |
| 3 : 05,8 | 7 : 12,7 | 10 : 43,1 | 13 : 46,8 |
| 3 : 19,1 | 7 : 24,0 | 10 : 52,8 | 13 : 55,4 |
| 3 : 32,4 | 7 : 35,2 | 11 : 02,6 | 14 : 03,9 |
| **3 : 45,8** | **7 : 46,4** | **11 : 12,3** | **14 : 12,5** |
| 3 : 58,6 | 7 : 57,3 | 11 : 21,8 | 14 : 20,9 |
| 4 : 11,5 | 8 : 08,2 | 11 : 33,3 | 14 : 29,3 |
| 4 : 24,3 | 8 : 19,1 | 11 : 40,8 | 14 : 37,6 |
| **4 : 37,2** | **8 : 30,0** | **11 : 50,2** | **14 : 46,0** |

Belastungsphase wird der erhöhte Energiebedarf in erster Linie durch sauerstoffumsetzende Prozesse gedeckt und der Ausgleich des Sauerstoffmehrbedarfs über eine Steigerung des Herzminutenvolumens durch Erhöhung der Herzschlagfrequenz gewährleistet. Nun ist häufig zu beobachten, daß der lineare Verlauf zwischen Leistung und Herzschlagfrequenz im oberen Belastungsbereich *abknickt* (Abb. 78 u. 79); wie viele Leserinnen und Leser wissen, basiert auf diesem Knick das Konzept des CONCONI-Tests. Ein solcher Knick entsteht, wenn der Sauerstofftransport über das Herz-Kreislaufsystem sowie die Sauerstoffumsetzung in der Muskelzelle nicht mehr in gleichem Maße zu steigern sind wie die Leistung. Dann erfolgt eine Kompensation in der Energiebereitstellung durch vermehrte Laktatbildung, die gewissermaßen das Herz *entlastet,* d. h. das Herzminutenvolumen und damit auch die Herzschlagfrequenz brauchen nicht mehr in gleicher Relation zur Leistung zuzunehmen wie vorher (LEHNERTZ 1989b, 42 f.).

Der CONCONI-Test im Laufen wird auf einer 400-m-Leichtathletikbahn durchgeführt. Nach einem 15- bis 20minütigen Aufwärmprogramm läuft der Sportler/die Sportlerin eine Strecke von 200 m mit einer bestimmten Anfangsgeschwindigkeit (12 km/h) und steigert ohne Pause das Lauftempo kontinuierlich alle 200 m solange, bis eine Tempoverschärfung nicht mehr möglich ist. Mit Hilfe eines Pulscomputers (z. B. SPORTTESTER PE 3000) lassen sich per Knopfdruck an den 200-m-Punkten die aktuellen Herzschlagfrequenzen und Laufzeiten speichern, die dann nach Testende ausgewertet werden.

Tabelle 20 zeigt eine Marschtabelle mit den einzelnen Zeitvorgaben für einen gut ausdauertrainierten Athleten.

Der SPORTTESTER kann mit einem Kleincomputer ausgewertet aber auch abgelesen werden. Beim Ablesen bzw. der Auswertung „per Hand" müssen die gespeicherten Puls- und Zeitwerte einzeln aus dem SPORTTESTER gelesen und in ein Protokollblatt übertragen werden. Anschließend erfolgt eine Umrechnung der 200-m-Zeit in km/h mit der Formel: v (km/h) = (720/Zeit in sec über 200 m). Auf Millimeterpapier wird ein kartesisches

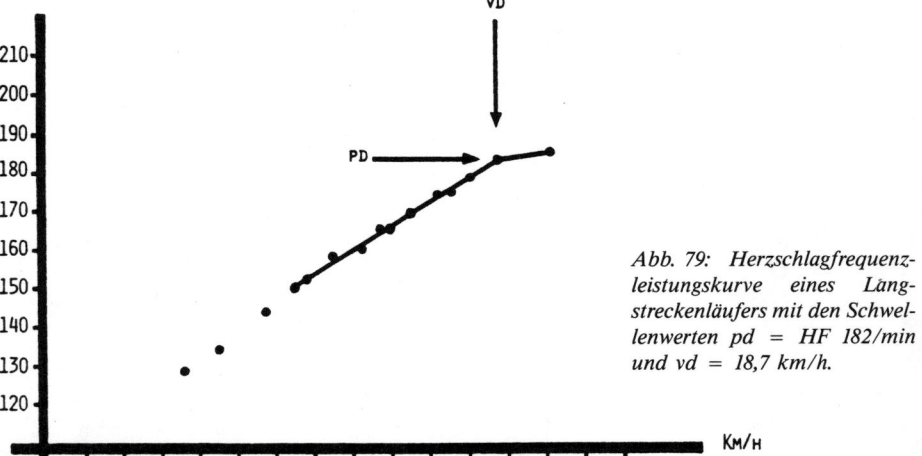

*Abb. 79: Herzschlagfrequenz-leistungskurve eines Längstreckenläufers mit den Schwellenwerten pd = HF 182/min und vd = 18,7 km/h.*

Koordinatenkreuz mit der Herzschlagfrequenz auf der y-Achse und der Geschwindigkeit in km/h auf der x-Achse gezeichnet und die Wertepaare (HF, v) eingetragen. Sind alle Punkte übertragen, versucht man in den linearen Bereich eine Ausgleichsgerade zu legen. Der „Knickpunkt" ist bei richtiger Testdurchführung in den überwiegenden Fällen zu erkennen. CONCONI bezeichnet die am Knick gefundene Herzschlagfrequenz als **pd-Wert** und die Geschwindigkeit als **vd-Wert** (Abb. 79).

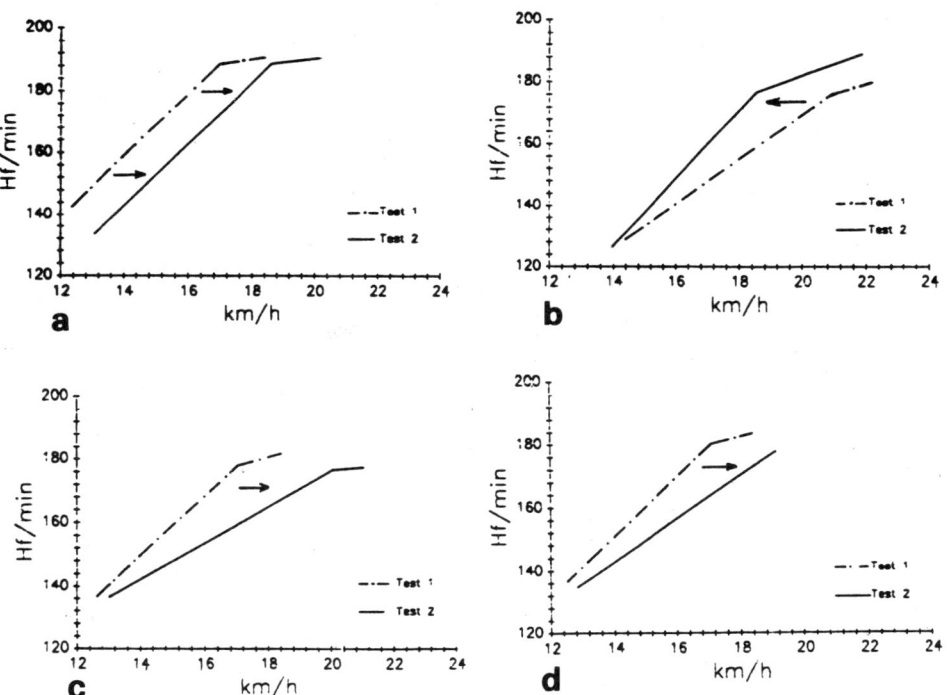

*Abb. 80: Die Beispiele a—d zeigen unterschiedliche Veränderungen der Herzschlagfrequenz-Leistungskurve aus CONCONI-Tests mit entsprechenden Wiederholungstests.*

Nun gilt der allgemeine Grundsatz: Je höher die Leistung im Bereich von 2—4 mmol/l ist bzw. je dichter der Knick beim CONCONI-Test an der maximalen Herzschlagfrequenz liegt, desto höher ist die *aerobe Ausdauerleistungsfähigkeit* und desto länger wird die Energie auf aeroben Weg bereitgestellt. Diese Unterschiede in der Herzschlagfrequenz- und Laktatleistungskurve lassen sich allgemein so deuten, daß Untrainierte oder im Schnelligkeitsausdauerbereich sehr gut trainierte Athleten früher — also bereits auf einer niedrigeren Belastungsstufe — auf eine anaerobe Energiebereitstellung über die Laktatbildung zurückgreifen müssen als hoch Ausdauertrainierte.

Wie die Abb. 80 (a—d) zeigt, gibt es bei Wiederholungstests, die nach einem Trainingszyklus von 4 bis 6 Wochen durchgeführt werden, erhebliche Veränderungen in der Herzschlagfrequenz-Leistungskurve. Sie sind wie folgt zu interpretieren:

Allgemein bedeutet eine *Rechtsverschiebung* (Abb. 80 a) der Herzschlagfrequenz-Leistungskurve eine positiv zu bewertende Anpassung im Sinne einer Leistungsverbesserung. Als Folge des Ausdauertrainings schlägt das Herz bei gleicher Leistung mit verminderter Frequenz. Dementsprechend kann eine Linksverschiebung gleichgesetzt werden mit einer verminderten Ausdauerleistungsfähigkeit.

Zu Veränderungen im *Steilanstieg* der Herzschlagfrequenz-Leistungskurve kann es kommen (Abb. 80 b), wenn der Trainingsschwerpunkt von überwiegend aerober Leistungsfähigkeit bzw. allgemeiner Ausdauer ausgehend zu einem Training mit intensiven anaeroben Belastungen wechselt. Dies ist oft zu beobachten, wenn die Sportler/innen das Vorbereitungstraining abgeschlossen haben und sich auf die Hauptwettkämpfe vorbereiten. Nach dem Knick können sie dann noch einiges „zulegen": Ihre Muskulatur besitzt eine größere Pufferkapazität bzw. Säuretoleranz (auch fälschlicherweise Laktattoleranz genannt) und damit anaerobes Leistungsvermögen. Beobachtet wurde dabei auch das Phänomen, daß trotz des steileren Kurvenverlaufes der pd-Wert gleichblieb, der vd-Wert sich erheblich veränderte.

Ein *flacherer Kurvenverlauf* der Herzschlagfrequenz-Leistungskurve (Abb. 80 c) signalisiert den Trend zu einer verbesserten allgemeinen Ausdauer. Generell zeigen die Kurven von Altersklassensportlern und Marathonläufern einen flacheren Anstieg als jene von Jugendlichen und Mittelstreckenläufern.

Ist trotz sorgfältig durchgeführtem CONCONI-Test und vollständiger Ausbelastung *kein* Knick im oberen Bereich der Herzleistungskurve bei Wiederholungstests zu finden, so kann man dies oft auf mangelnde Schnelligkeitsausdauer und anaerobe Kapazität zurückführen (Abb. 80 d).

### 3.4.4.4 Komplexe Leistungsdiagnostik für Ausdauerdisziplinen

Unsere Erfahrungen mit Auswahlmannschaften im Triathlon und Biathlon haben gezeigt, daß eine gezielte Trainingssteuerung nur durch das Erfassen mehrerer und unterschiedlicher Parameter des komplexen Leistungszustandes möglich ist. Diese Mehrfachdiagnostik soll als *komplexe Leistungsdiagnostik* bezeichnet werden. Dabei beschreibt der Begriff „komplex": Erstens, daß die Leistungsdiagnostik aus *mehreren Testverfahren* zusammengesetzt ist; zweitens, daß diese Verfahren auch nicht *aufeinanderzurückführbare Parameter* messen und drittens, daß die gewonnenen Ergebnisse zusätzlich durch *andere Verfahren* abgesichert werden können. Hierzu ein praktisches Beispiel:

Eine Biathlon-Mannschaft Frauen wurde in der Vorbereitungsperiode 1989 dreimal getestet, die Tests wurden jeweils mit zentralen Trainingsmaßnahmen koordiniert. Das Testprogramm sah wie folgt aus:

— am Tag vor dem Test nur am Vormittag regeneratives Training.

— Voruntersuchungen am Morgen des Testtages: Harnstoff, Ammoniak, Ruhe-Laktat und ein 800-m-Lauf in 5 min, um die Durchschnittsherzschlagfrequenz zu ermitteln. Diese Voruntersuchung, vor allem die drei biochemischen Parameter, zeigten genau wie die einzelnen Sportlerinnen an diesem Tag „drauf waren". Anhand dieser Ergebnisse konnten bereits die späteren Testwerte hinsichtlich des aktuellen Befindens relativiert werden.

— Der nächste Test war der CONCONI-Test, mit anschließenden Laktat- und Ammoniakmessungen. Die Ammoniakwerte zeigten, daß die Sportlerinnen diesen ersten Test gut überstanden (Tabelle 18).

— Eine Stunde danach wurde ein 5 x 1000-m-Mehrstreckentest durchgeführt, der mit 5:00 Minuten für die ersten 1000 m begonnen wurde, die Pause betrug zwischen jedem Lauf 1 Minute zur Blutentnahme.

— Danach wurden der 30-m-Sprint, der Jump-and-Reach-Test und der Medizinball-Weitwurf-Test zur Bestimmung der Sprintschnelligkeit, Sprungkraft und Grundschnellkraft durchgeführt.

Die nachfolgende Tabelle 21 zeigt einige der erfaßten Werte:

*Tabelle 21: Testergebnisse eines Tests aus der Vorbereitungsperiode des A/B-Kaders Biathlon Frauen.*

| | | Pb 1 | Pb 2 | Pb 3 | Pb 4 |
|---|---|---|---|---|---|
| **CONCONI-Test** | | | | | |
| HF max | min$^{-1}$ | 194 | 207 | 184 | 183 |
| pd | HF | 187 | 200 | 176 | 173 |
| vd | km/h | 15,9 | 15,3 | 15,6 | 15 |
| $v_o$ letzte 200 m | s | 41,5 | 43 | 42,2 | 42,9 |
| Laktat max | mmol/l | 9,15 | 8,1 | 8,43 | 9,84 |
| NH$_3$ max | µmol/l | 20 | 22 | 17 | 26 |
| **Mehrstreckentest** | | | | | |
| HF max | min$^{-1}$ | 193 | 208 | 185 | 188 |
| Laktat max | mmol/l | 7,07 | 7,24 | 6,91 | 9,48 |
| HF bei 4 mmol/l | | 184 | 199 | 176 | 172 |
| $v_o$ bei 4 mmol/l | km/h | 15,5 | 14,8 | 15,6 | 14,6 |
| **Schnelligkeit / Schnellkraft** | | | | | |
| 30-m-Sprint | s | 5,15 | 5,31 | 5,39 | 5,37 |
| 10—20 m im 30-m-Sprint | s | 1,51 | 1,58 | 1,6 | 1,54 |
| Jump-and-Reach | cm | 44 | 41 | 41 | 39 |
| **Angaben zum Training** | | | | | |
| aerober Entwicklungs- bereich | HF/min | 172 — 175 180 | 185 — 190 195 | 160 | 160 |
| max. Laktat- steady-state | HF/min | — 182 | — 197 | 172 | 170 |

Die Ergebnisse dieser komplexen Leistungsdiagnostik sind folgendermaßen zu interpretieren:

① Beide Testverfahren, ein exakt durchgeführter CONCONI-Test, genau nach Marschtabelle gelaufen (Tabelle 17), hat bei dieser Gruppe nahezu gleiche Ergebnisse im Schwellenbereich gezeigt wie im Mehrstreckentest (Tabelle 18). Dadurch konnten die im Schwellenbereich erzielten Herzschlagfrequenzen und Laufgeschwindigkeiten verglichen und abgesichert werden. Da die Feststellung der genauen Schwelle für die Trainingssteuerung von größter Bedeutung ist, sollte dieser Wert prinzipiell durch einen zweiten Test gesichert werden.

(2) So problematisch der CONCONI-Test auch sein mag. Er hat als Zweittest eine doppelte Funktion: Er registriert die Herzschlagfrequenz in Beziehung zur Laufgeschwindigkeit genau. Da die Sportler verschiedener Disziplinen, wie u. a. auch die Biathletinnen, fast ausschließlich in kupiertem Gelände trainieren und hier die mittlere Streckenherzschlagfrequenz (Abschnitt 3.4.5.1) als Steuerungsgröße der Belastungsintensität herangezogen werden muß, ist die Bestimmung der Intensitätsbereiche über die Herzschlagfrequenz unbedingt erforderlich. Zweitens gibt die erreichte Laufzeit der letzten 200 m Auskunft über die Sprintausdauerleistung und ferner darüber, welche Schnelligkeitsleistungen in einem Ausbelastungszustand noch möglich sind.

(3) Im Zusammenhang mit den Schnelligkeits- und Schnellkraftwerten kann abgeschätzt werden, ob mit den vorhandenen Schnelligkeits- und Kraftfähigkeiten (Muskelqualitäten) überhaupt noch bessere Renngeschwindigkeiten erzielt werden können. Diese sind nämlich nicht nur abhängig von einer verbesserten aeroben Leistungsfähigkeit, wie sie durch die Rechtsverschiebung der Laktat- oder Herzschlagfrequenz-Leistungskurven analytisch zum Ausdruck kommt, sondern auch vom Schnelligkeitsvermögen der Muskulatur im anaeroben Bereich.

Schnelligkeits-/Sprungkrafttests zeigen eindeutige Versäumnisse im Schnelligkeits- und Krafttraining, das häufig — aufgrund der zu einseitigen Trainingszielsetzung, die Laktatkinetik nach rechts zu verschieben — völlig vernachlässigt wird. Die Abschätzung der Schnelligkeits- und Sprungkraftergebnisse jedoch erfordert Normwerte bzw. Vergleichswerte.

(4) Das wichtigste bei der Dateninterpretation ist die Diskussion mit den Trainern/innen. Hierbei sind die Testergebnisse dem absolvierten Training gegenüberzustellen.

### 3.4.5 Methoden des Ausdauertrainings

Steuergrößen der Methoden des Ausdauertrainings sind die *Belastungsanforderungen*. Sie sollen bei richtiger Dosierung die angesteuerten *individuellen Beanspruchungen* und damit bestimmte *Anpassungen* hervorrufen (Abschnitte 3.1.4 und 3.1.5). Aus der Variation der Ausprägungsgrade der einzelnen Belastungskomponenten — *Umfang, Intensität, Dauer, Dichte* — sind die heute gebräuchlichen Ausdauertrainingsmethoden und Steuerungsprinzipien entstanden. Wobei vor allem der Zusammenhang

$$\boxed{\text{Belastungsintensität}} \longleftrightarrow \boxed{\text{Beanspruchungswirkungen}}$$

die Ausprägungsgrade der drei anderen Belastungskomponenten (Umfang, Dauer, Dichte) steuert, wie das in der Abb. 81 schematisiert wird.

Um mit unterschiedlicher *Belastungsdauer,* mit und ohne *Unterbrechungen,* bei unterschiedlichen *Belastungsintensitäten* bestimmte *Formen der Beanspruchung* realisieren zu können, haben sich die folgenden **Ausdauer-Trainingsmethoden** entwickelt. (1) *Dauer-*

*methode mit kontinuierlicher Geschwindigkeit,* (2) *Dauermethode mit wechselnder Geschwindigkeit,* (3) *intensive Intervallmethode,* (4) *extensive Intervallmethode,* (5) *Wettkampf- und Kontrollmethode,* (6) *Wiederholungsmethode.*

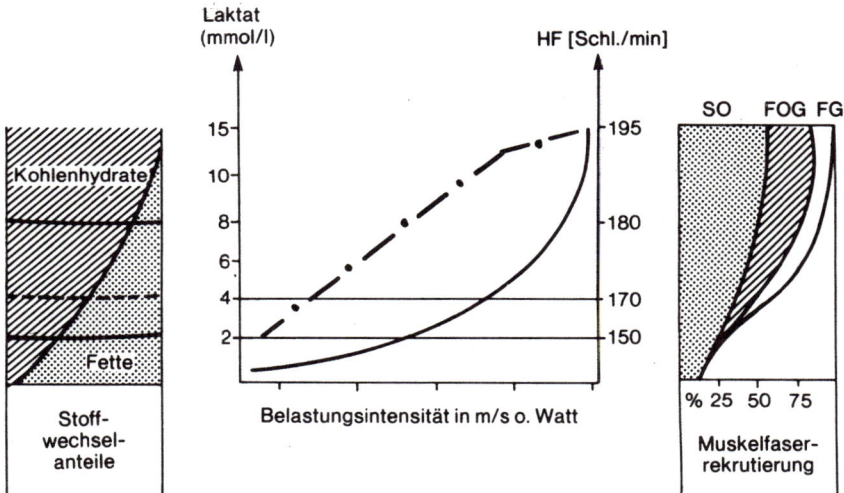

*Abb. 81: Schematische Darstellung des Zusammenhanges der Belastungsintensität (m/s; Watt; u. a.) einerseits und der dabei entstehenden Laktatkinetik ——— (Laktatleistungskurve), Herzschlagfrequenz-Leistungskurve – · – · – ·, der beteiligten Stoffwechselanteile und der Muskelfaserrekrutierung bei steigender Intensität.*

Dabei gilt für den Einsatz der unterschiedlichen Methoden der folgende Grundsatz: Diese einzelnen Methoden stehen nicht zusammenhanglos nebeneinander und sind nicht beliebig untereinander austauschbar. Sie bilden ein *einheitliches System* mit abgestufter Belastungsintensität und jeweils adäquatem Belastungsumfang. Intensität und Umfang werden dabei je nach angesteuertem Beanspruchungsschwerpunkt — Stoffwechsel, Muskulatur, Herz-Kreislauf (Abb. 81) — eingesetzt.

### 3.4.5.1 Die Dauermethode mit kontinuierlicher Geschwindigkeit

Diese Methode findet bei allen Mittel- und Langzeitausdauerdisziplinen zur Entwicklung der Grundlagenausdauer und auch der speziellen Ausdauer die häufigste Anwendung, zumal auch gleichzeitig die Technikökonomie bestimmter Disziplinen mitentwickelt werden kann. Bei der Dauermethode wird eine bestimmte Strecke (Umfang in m oder km) in einer festgesetzten Zeit (Dauer in min) absolviert. Daraus ergibt sich die *Belastungsintensität.*

Die Festlegung der Belastungsintensität hat mit großer Sorgfalt zu erfolgen, vor allem deshalb, weil ein bestimmter Anteil des Trainings von Spitzenathleten/innen der Langzeitausdauerdisziplinen im *Schwellenbereich* stattfindet (LENZI 1987, 47 ff.). Zur Festlegung des Schwellenbereiches und der Intensitätsstufen haben sich folgende der in Abschnitt 3.4.4.4

dargestellten leistungsdiagnostische Verfahren bewährt, die sowohl zur Leistungsdiagnose als auch zur *kontinuierlichen Trainingssteuerung* angewandt werden können:

— *Feldtest als Mehrstreckentest* mit Laktatmessungen und Herzschlagfrequenzregistrierung. Dieser Test dient der Festlegung der Laktat-Leistungskurve und der individuellen anaeroben Schwelle und zeigt gleichzeitig Vergleiche mit dem jeweiligen HF-Wert.

— CONCONI-*Test,* zur Festlegung der Herzschlagfrequenz-Leistungskurve und des Punktes vd bzw. pd.

Wir vertreten aufgrund unserer Erfahrungen in der Trainingssteuerung mit verschiedenen Kaderangehörigen (Triathlon, Biathlon, Skilanglauf) die Auffassung, daß zur richtigen Festlegung der *Belastungsintensität* beide Tests herangezogen werden müssen. Die *Laktatleistungskurve,* um sicherzustellen, daß in einem vorausbestimmten *optimalen Laktatsteady-state* trainiert, die Herzschlagfrequenz-Leistungskurve, um sicherzustellen, daß das angestrebte optimale Laktat-steady-state anhand der Herzschlagfrequenz kontrolliert und gesteuert werden kann. Würde z. B. die Intensität über einen bestimmten Geschwindigkeitswert, der mit einem bestimmten mmol/l-Wert der Laktatleistungskurve in Beziehung steht, gesteuert, dann nähme die metabolische *Beanspruchung* mit zunehmender Dauer der Belastung zu. Dieser Befund läßt sich bei gleichgehaltener Geschwindigkeit am dabei kontinuierlichen Anstieg der Herzschlagfrequenz beobachten. Aber gerade bei genau bemessener Belastungsintensität bietet die Steuerung nach der Herzschlagfrequenz den erforderlichen „Überlastungsschutz" (HECK o. J. 245), und damit die Gewähr, daß das optimal angestrebte Laktat-steady-state eingehalten werden kann.

Die unterschiedlichen **Belastungsintensitäten** für die Dauermethode lassen sich mit den bereits angesprochenen Einschränkungen (Abschnitt 3.4.4.1) an der sog. MADER-Schwelle orientieren. Wobei der Feldtest möglichst sportartspezifisch durchgeführt werden sollte. Die MADER-Schwelle ist eine einfache graphische Bestimmung durch eine lineare Interpolation zwischen dem letzten Laktatwert vor der 4 mmol/l-Linie und dem ersten oberhalb dieser Linie. Im Schnittpunkt wird das Lot auf die x-Achse gefällt und der Schwellenwert abgelesen (Abb. 77 und 78). Da vergleichende Untersuchungen auf dem Laufband und dem Fahrradergometer zeigten, daß individuelle anaerobe Schwellen (nach KEUL oder STEGEMANN) das maximale Laktat-steady-state nicht besser abschätzen als die fixe 4 mmol/l-Schwelle (HECK o. Jg. 199), erfüllt die MADER-Schwelle die Erfordernisse zur Intensitätsabstufung hinreichend, wobei Einschränkungen insofern gemacht werden müssen, daß bei *Langzeitausdauer-Trainierten* die Schwelle unterhalb, bei *Kurzzeitausdauer-Trainierten* die Schwelle oberhalb der 4 mmol/l-Linie liegen wird.

Aufgrund praktischer Erfahrungen mit Intensitätsabstufungen und der Annahme, daß das *maximale Laktat-steady-state* bei ~ 3—3,5 mmol/l liegen dürfte (HECK o. J. 204 ff.), kommen wir zu den folgenden **Intensitätsbereichen** für die Dauermethode für **Langzeitausdauer-Trainierende:**

— *Grenzbereich* ist identisch mit dem maximalen Laktat-steady-state (~ 3 mmol/l oder ca. 97 % der HF von pd nach dem CONCONI-Test;

— *Entwicklungsbereich* (hier dürfte sich die aerobe Leistungsfähigkeit optimal entwickeln) liegt bei der aeroben Schwelle und damit etwa bei 2—2,5 mmol/l Laktat (oder bei ca. 92 % der Herzschlagfrequenz von pd nach dem CONCONI-Test;

— *Stabilisierungsbereich* (hier wird die erreichte aerobe Leistungsfähigkeit stabilisiert) liegt etwas unterhalb von 2 mmol/l, bzw. bei 85 % von pd nach dem CONCONI-Test;

— *Regenerationsbereich* liegt erheblich unterhalb der aeroben Schwelle, etwa bei 75—80 % von pd.

Für **Kurzzeitausdauer-Trainierende** liegen die Intensitätsbereiche höher, der *Grenzbereich* bei ca. 3,5—4,5 mmol/l (maximales Laktat-steady-state) und der *Entwicklungsbereich* bei ca. 2,5—3,5 mmol/l.

Es ist nun Aufgabe der richtigen Trainingssteuerung, diese Intensitätsbereiche (1) im *optimalen Umfang* (2) in *angemessenen Proportionen* und (3) abgewogen entsprechend der jeweiligen *Zielsetzung* einzusetzen. Die nachfolgende Tabelle 22 ordnet die wichtigsten Intensitätsbereiche für die Langzeit-, Kurz- und Mittelzeitausdauerdisziplinen.

*Tabelle 22: Bereiche der Belastungsintensitäten für Kurz-, Mittel- und Langzeitausdauerdisziplinen, bezogen auf den pd-Wert (HF am Knick), dem vd-Wert (Geschwindigkeit am Knick) nach dem CON-CONI-Test und nach Laktatwerten aus Mehrstreckentests im Feld.*

| Langzeitausdauerdisziplinen | | Kurz- und Mittelausdauerdisziplinen | |
|---|---|---|---|
| **Höhe der Intensität** | **Bereiche der Belastungsintensität** | **Höhe der Intensität** | **Bereiche der Belastungsintensität** |
| 103% von pd | Bereich für intensives Intervalltraining | bis $Hf_{max}$ oder bis $v_{max}$ | Bereich für intensives Intervalltraining (Sprintausdauer) |
| pd, oder Laktat ≈ 3,5—4 mmol/l | Bereich für extensives Intervalltraining | bis 90% $HF_{max}$ oder $v_o max$ | Bereich für intensives Intervalltraining (Schnelligkeitsausdauer) |
| ≈ 97% von pd oder Laktat ≈ 3 mmol/l | Grenzbereich für Dauermethoden (maximales Laktat-steady-state) | 105% von vd bzw. Laktat > 4 mmol/l | Bereich für extensives Intervalltraining |
| ≈ 92% von pd oder Laktat ≈ 2—2,5 mmol/l | Entwicklungsbereich für die aerobe Leistungsfähigkeit (optimales Laktat-steady-state) | ≈ 97% von vd bzw. Laktat > 3 mmol/l | Grenzbereich für Dauermethoden (maximales Laktat-steady-state) |
| ≈ 85% von pd | Stabilisierungsbereich für die aerobe Leistungsfähigkeit | ≈ 92% von pd bzw. Laktat ≈ 2,5—3 mmol/l | Entwicklungsbereich für die aerobe Leistungsfähigkeit (optimales Laktat-steady-state) |
| 75—80% von pd | Regenerationsbereich | ≈ 85% von pd | Stabilisierungsbereich für die aerobe Leistungsfähigkeit |
| | | 75—80% von pd | Regenerationsbereich |

Aus diesen Überlegungen resultieren für die Dauermethoden in Verbindung mit der *Belastungsdauer* folgende Variationen (Richtwerte):

— **Unterdistanztraining** im *Grenzbereich*, mit ca. 45 min Dauer.

— **Unterdistanztraining** in der gegenwärtigen *Wettkampfgeschwindigkeit.* Je nach Wettkampfdisziplin liegt die Dauer bei 30 bis 45 min.
— **Distanztraining** im *Entwicklungsbereich* und *Stabilisierungsbereich,* Dauer ist 60 bis 90 min.
— **Überdistanztraining** im *Stabilisierungs-* oder *Regenerationsbereich,* 90 bis 150 min Dauer.

Außerdem haben wir zur Bestimmung der Belastungsintensität für Dauermethoden *ohne Testmöglichkeiten* eine *Formel* abgeleitet, die die Berechnung einer relativen Belastungsintensität in der „Nähe des Entwicklungsbereiches" erlaubt. Das Verfahren wird im Abschnitt 7.2.2.2 beschrieben.

Da mit Dauermethoden häufig in *kupiertem Gelände* trainiert wird, Sportarten wie Skilanglauf, Straßenfahren u. a. sogar permanent in stark profiliertem Gelände trainieren, ist die richtige Steuerung der Belastungsintensität innerhalb der Intensitätsbereiche besonders schwierig und bedarf einer genauen *Kontrolle.* Die durchschnittlich realisierte Belastungsintensität ergibt sich hier aus der sog. **mittleren Streckenherzschlagfrequenz** (HFmS), dem Mittelwert der Summe der auf der Strecke erhobenen Herzschlagfrequenzwerte (BATALOV 1989, 51 f.). Mit den gegenwärtig eingesetzten SPORTTESTERN, die die HF-Werte in beliebigen Zeitabständen speichern und reproduzierbar machen, ist dieses Kontrollverfahren zwar meßtechnisch gelöst. Allerdings kann nach diesem Verfahren erst nach dem Training errechnet werden, ob die angesteuerte mittlere Intensität auch gehalten werden konnte. BATALOV (1989, 51) schlägt für die Kontrolle der Intensität während des Trainings selbst die 3-Punkte-Methode vor. Hierbei werden vom Trainierenden die HF-Werte am Ende eines Anstieges, einer Gefällestrecke und eines ebenen Streckenteils summiert und durch drei geteilt. Liegt dieser Wert mit ± 2—3 Schlägen an der angesteuerten Trainingsherzschlagfrequenz, dann ist die Intensität richtig gewählt worden.

### 3.4.5.2 Dauermethode mit wechselnder Geschwindigkeit

Bei Dauermethode mit wechselnder Geschwindigkeit soll ein Wechsel von der aeroben zur anaeroben Stoffwechsellage zustande kommen, wodurch eine zusätzliche Erweiterung der Organfunktionen bewirkt werden soll. Zwei Typen werden hier unterschieden, die „Wechselmethode" und das „Fahrtspiel".

Bei der **Wechselmethode** wird die Gesamtdistanz in kürzere und längere Teilabschnitte eingeteilt. Die längeren Teilabschnitte werden in der Regel in einer Belastungsintensität des *Stabilisierungsbereiches* zurückgelegt, die kürzeren mit einer höheren Intensität, im *Grenzbereich* und *höher,* um kurzfristig eine anaerobe Stoffwechsellage herzustellen. Hierzu ein Beispiel aus dem Schwimmtraining (SCHRAMM 1987, 41):

Das Training soll mindestens 20 min dauern. Die längeren Teilabschnitte betragen 800—2000 m und werden mit bis zu 85 % Geschwindigkeit (Stabilisierungsbereich) geschwommen. Die kurzen intensiven Einlagen sind Sprints von 50 bis 100 m mit 90—95 % der möglichen Höchstgeschwindigkeit. Die Streckensumme der Einlagen entspricht je nach Trainingsaufbau 200 bis 800 m. Solche Programme können auch nach einer Pause ein- bis dreimal wiederholt werden.

Das **Fahrtspiel** ist eine aus Skandinavien stammende Methode. Es wird hauptsächlich als Lauftraining in den verschiedensten Sportarten genutzt. Die Durchführung ist weitgehend abhängig von der richtigen Geländewahl. Das Gelände soll hügelig kupiert sein und unterschiedlich harten Boden (Wiese, Wald- und Sandwege) aufweisen. Das Fahrtspiel sollte zwar auch weitgehend systematisiert werden, um seinen Belastungscharakter reproduzierbar zu machen, es soll aber auch individueller Gestaltungsfreiheit Raum geben. Inhalte sind Tempowechsel mit längeren Streckenabschnitten, die im Dauerlauftempo absolviert werden, Hügelsprints, Koordinationsläufe auf leicht abfallendem Gelände, Tempowechsel in ansteigendem Gelände u. a. Je nach relativer Intensität dauert es zwischen 45 und 90 min. Auch hier soll ein Wechsel zwischen aerober und kurzfristig anaerober Stoffwechsellage stattfinden.

### 3.4.5.3 Das Intervalltraining

Das Ziel des Intervalltrainings ist in erster Linie die Verbesserung der **anaeroben Kapazität** und damit eine Steigerung von *Schnelligkeitsausdauerleistungen,* wie sie hauptsächlich in den Kurz- und Mittelzeitausdauerdisziplinen erforderlich sind. Allerdings läßt sich die anaerobe Kapazität kaum definieren und auch weniger gut erfassen, als die aerobe Leistungsfähigkeit. Der Begriff hat eher *Modellcharakter* für ein ganz bestimmtes Stoffwechselgeschehen, das beeinflußt wird durch (1) *alaktazide* und *glykolytische Energiebereitstellung,* (2) *Azidosetoleranz,* (3) *genetische Anlagen,* (4) besondere *Willenseigenschaften,* (5) *sportartspezifische Schnelligkeit.*

Aufgrund der schwierigen Bestimmung dessen, was die anaerobe Kapazität eigentlich ist, ist logischerweise auch das Einschätzen bzw. Quantifizieren anaerober Leistungsfähigkeit schwierig. Vor allem kann diese Kapazität nach SALTIN (1986, 92 ff.) nicht — wie teilweise angenommen — über das Laktatverhalten bei einer bestimmten Belastungsintensität eingeschätzt werden, da hier eine Reihe von Ungewißheiten vorliegen, wie beispielsweise das Problem der Identifikation, wann es zum Gleichgewicht zwischen dem Muskel- und Blutlaktat kommt u. a. Zweifellos ist das Laktat ein Indikator für den Anteil der Glykolyse an der Energiebereitstellung, nicht aber für das Maß der anaeroben Leistungsfähigkeit (Abschnitt 3.4.3.4).

Ebenfalls haben sich die verschiedenen Methoden zur Bestimmung des *Sauerstoffdefizits,* vor allem bei völlig erschöpfenden Belastungen, als nicht adäquate Verfahren zur Bestimmung der anaeroben Leistungsfähigkeit erwiesen, denn dieses Defizit ist in erster Linie eine Kapazität und nicht ein Maß, wie beispielsweise die $VO_2max$ zur Bestimmung der aeroben Leistungsfähigkeit, obwohl diese Kapazität als Orientierung für das Einschätzen der anaeroben Leistungsfähigkeit mit herangezogen werden kann. Nach dem gegenwärtigen Kenntnisstand (SALTIN 1986, 99 ff.) lassen sich Kurzzeitausdauerleistungen hinsichtlich ihres Anteiles der anaeroben Leistungsfähigkeit wie folgt charakterisieren:

Bei Leistungen um ca. 35—60 Sekunden, 100-m-Kraulsprint, 400-m-Lauf, 500-m-Eisschnellauf sind weder der *Laktatanstieg* noch das *Sauerstoffdefizit* die *limitierenden Faktoren.* Es muß vermutet werden, daß dann die *Zeit,* in der die *höchstmögliche Aktionsschnelligkeit* aufrechterhalten werden kann, die Leistungsbegrenzung darstellt. In diesem Falle von *Schnelligkeitsausdauer* zu sprechen, sei deshalb nicht präzise genug, weil das Aufrechterhalten der hohen Aktionsschnelligkeit in diesen kurzen Zeiträumen, wenn nicht auf eine Limitierung des Stoffwechselgeschehens, so doch auf ein Nachlassen der *differenzierten Steuerung der Bewegungsprogramme* und somit die Leistungsbegrenzung auf eine *Programmermüdung* zurückzuführen sein dürfte.

Anders bei *Kurzzeitausdauerleistungen,* die um die zwei Minuten währen, wie bei 200-m-Delphin, dem 800-m-Lauf u. a., hier wird erstens ein 100prozentiges Sauerstoffdefizit eingegangen und obendrein könnte die Durchsatzrate der Glykolyse eine weitere Begrenzung der Leistungsfähigkeit darstellen.

In diesem Falle wäre der Begriff der *Schnelligkeitsausdauer* nach SALTIN angebracht, weil es sich hier um Leistungen handelt, die wirklich in der anaeroben Kapazität ihre Begrenzung haben dürften (s. auch HOLLMANN / HETTINGER 1976, 473 ff.). Deshalb ist auch die Unterscheidung zwischen Sprintausdauer und Schnelligkeitsausdauer gerechtfertigt.

---

Bei der **Sprintausdauer** liegen Arbeitsleistungen bis zu etwa 30 Sekunden mit Höchstintensität vor. Der limitierende Faktor ist wahrscheinlich das Nachlassen der differenzierten Steuerung (Programmermüdung).

Bei der **Schnelligkeitsausdauer** liegen Arbeitsleistungen bis zu etwa 120 Sekunden vor (Kurzzeitausdauerleistungen). Limitierende Faktoren sind wahrscheinlich die Durchsatzrate der Glykolyse und ein 100prozentiges Sauerstoffdefizit.

---

Nach SALTIN (1986, 101) muß das Training der anaeroben Kapazität, als Voraussetzung für Schnelligkeitsausdauerleistungen deshalb die folgenden zwei Komponenten umfassen:

— *die Erhöhung der maximalen Durchsatzrate der Glykolyse,*
— *die Tolerierung der Laktatproduktion bei intensiven Belastungen.*

Zur ersten Komponente läßt sich zusammenfassend urteilen: Die Durchsatzrate der Glykolyse wird durch drei Bedingungen beeinflußt: (1) die Glykogenvorräte, (2) die glykolytischen Enzyme und (3) die Aktivierung dieser Enzyme durch Schlüsselenzyme. Bei Trainingsformen, die über kurze Zeiträume mit hoher Intensität durchgeführt wurden, konnte sich eine Zunahme glykolytischer Enzyme nachweisen lassen. Ob dabei auch die Aktivierung der Schlüsselenzyme trainierbar wird, ist allerdings noch unbekannt. Angenommen wird generell, daß es durch ein Training mit höchsten Intensitäten zu einer vegetativen Steuerung des Nervus Sympathicus kommt, der die Glykolyse in hohem Maße anregt. Die zweite Komponente betrifft die sog. Laktatverträglichkeit im Muskel und deren weitere Auswirkungen (Dazu s. Abschnitt 3.4.3.4).

Die *anaerobe Kapazität* ergibt sich aus der alaktaziden und laktaziden Leistungsfähigkeit der Muskulatur und wird in den meisten Ausdauersportarten anteilig zur aeroben Leistungsfähigkeit genutzt. Der Zusammenhang der aeroben und anaeroben Leistungsfähigkeit kann wie folgt gesehen werden: Während bei aeroben Stoffwechselwegen die gleichzeitige Nutzung der anaeroben Möglichkeiten der Muskulatur ausgelassen werden können, sind bei der anaeroben Energiebereitstellung — aufgrund der dafür erforderlichen hohen Belastungsintensität — auch hohe aerobe Durchsatzraten der Energiebereitstellung erforderlich. Das bedeutet: *auch die anaerobe Kapazität setzt eine hohe aerobe voraus.*

In der Entwicklung der anaeroben Kapazität muß beim heutigen Wissensstand davon ausgegangen werden, daß sie auf zwei Komponenten beruht, deshalb sind die Voraussetzungen für die Erhöhung der anaeroben Kapazität im Training:

— Veränderungen in den *nervalen Steuerungsmustern,*

— die Zunahme der *Aktivität glykolytischer Enzyme* in den schnellkontrahierenden Muskelfasern,

— eine hohe *Beteiligung der FTG-Fasern* an den Bewegungsabläufen im Training. Das setzt eine hohe sportartspezifische Schnelligkeit und Belastungsintensität bei der Mobilisation des anaeroben Stoffwechsels voraus. Damit sind der Methodik und der Steuerung des Trainings in dieser Hinsicht Zielperspektiven gegeben.

Jedes *Intervalltraining* ist eine Kombination aus Belastungs- und Erholungsphasen. Festzulegen sind für alle Intervallmethoden prinzipiell

— *Länge der Strecken* (Teilumfänge),

— *Geschwindigkeit der Streckenbewältigung* (Belastungsdauer und -intensität),

— *Anzahl der Wiederholungen und Serien* (Belastungsumfang),

— *Pausenlänge und -gestaltung* (Belastungsdichte).

In der fachspezifischen Literatur haben sich für weitere Modifikationen der Intervalltrainingsmethoden auch Begriffe wie „Intervalldauerläufe", „Tempoläufe" u. a. gehalten (HIRSCH 1977; SCHMIDT 1977; PÖHLITZ 1987) oder es wurde eine Unterteilung in Kurzzeit-, Mittelzeit- und Langzeitintervallmethode (HARRE 1979, 166) getroffen. Diese Begriffsvielfalt verunsichert die methodische Situation nur und hat in trainingswissenschaftlichen Veröffentlichungen des Auslandes wenig Entsprechungen gefunden. International hat sich gegenwärtig die Unterscheidung von *extensivem* und *intensivem Intervalltraining* durchgesetzt. Diese Begriffe sind für alle Ausdauerdisziplinen tragfähig.

Wichtig für das Intervalltraining ist die Pausengestaltung der *Erholungsphase*. Das Maß *3 Minuten* für die Erholungsphasen im Intervalltraining hat grundsätzlich orientierende Bedeutung. Da selbst bei Erreichen der maximalen Herzschlagfrequenz der Erholungspuls nach drei Minuten wieder unter 120/min gesunken ist und damit die Aktivierungsträgheit der Stoffwechselprozesse bereits zu groß wird, sind Pausen grundsätzlich aktiv, d. h. mit reduzierter Intensität zu gestalten, damit ein zu starkes Absinken des Erholungspulses und der Stoffwechselaktivität vermieden werden kann. Für die Pausengestaltung gilt deshalb der folgende Grundsatz:

---

Die *Erholungsphase* zwischen längeren Teilstrecken oder zwischen Serien mit kürzeren Teilstrecken dauert in der Regel *3 Minuten,* weil die Muskulatur aufgrund der schnell ablaufenden *Kreatinphosphatresynthese* und dem damit verbundenen Protonenabbau nach dieser Zeit wieder nahezu voll leistungsfähig ist.

Die Pause wird *aktiv* mit stark reduzierter Intensität gestaltet, um den Erholungspuls nicht zu tief (100–120/min) absinken zu lassen.

Wenn beim intensiven Intervalltraining aufgrund der kürzeren Teilstrecken Pausen von 30 bis 90 Sekunden eingeschoben werden, dann muß die Serienpause nach drei bis vier Belastungen drei Minuten dauern.

---

Das *extensive Intervalltraining* dient der Ausbildung der Ausdauerfähigkeit im und oberhalb des *Grenzbereiches,* wobei die Teilstrecken im Grenzbereich länger und oberhalb des Grenzbereiches kürzer sind. Damit werden auch anaerobe Prozesse einbezogen und eine *Ausdauer bei hoher Belastungsintensität* entwickelt. Durch das Aufrechterhalten einer relativ hohen Geschwindigkeit, die für Langzeitausdauerdisziplinen höher als das Renntempo liegen soll, werden außerdem hohe *psychische Anforderungen* gestellt.

Folgende *Regeln* sollten bei der Anwendung dieser Methode beachtet werden:

Die *Gesamtdauer* der einzelnen zu absolvierenden Teilstrecken < 60 min.

Für *Kurzzeit- und Mittelzeitausdauerdisziplinen* liegt die Belastungsintensität mit 85 bis 90 % in der Regel unter dem Renntempo.

Für *Langzeitausdauerdisziplinen* hat das extensive Intervalltraining 10—12 km Gesamtumfang mit Intervallen von 1000—2000 m und mit einer Intensität von 103 % (Tabelle 22), dazwischen liegen 3minütige aktive Erholungsphasen mit 70 % Intensität; oder das extensive Intervalltraining hat 12—15 km Gesamtumfang mit Intervallen von 3000—5000 m mit einer Intensität im Grenzbereich (Tabelle 22), dazwischen liegen 3minütige aktive Erholungsphasen mit 60—70 % Intensität (LENZI 1987, 48).

Beim Schwimmen beispielsweise hat das extensive Intervalltraining einen Gesamtumfang von 30 bis 45 min, es werden mittellange Strecken von 200 m, 300 m, 400 m und auch 800 m geschwommen. Die Intensität liegt bei 85 % der maximalen Geschwindigkeit bei 200 m, bei 800 m 90 % Geschwindigkeit. Pausenlängen sind hier 30 bis 90 Sekunden zwischen den Belastungen und drei Minuten zwischen den Serien.

Die **intensive Intervallmethode** wird hauptsächlich zur Entwicklung der anaeroben Kapazität eingesetzt. Herz-Kreislaufsystem und die Stoffwechselprozesse werden dabei so hoch beansprucht, daß grundsätzlich die Drei-Minuten-Erholungsphase erforderlich wird. Nach SALTIN (1986, 106 f.) sollte das intensive Intervalltraining in zwei Formen durchgeführt werden:

*Form 1:* Zur *Aktivierung und Steigerung der glykolytischen Enzyme.* Dazu sind Belastungen von 30—40 Sekunden Dauer mit maximaler Intensität von 3 bis 8 Wiederholungen, je nach Trainingszustand, erforderlich.

*Form 2:* Zur *Verbesserung der Pufferkapazität im Skelettmuskel.* Dazu sind Belastungen von 1:30 bis 2:00 Minuten mit nahezu maximaler Intensität und 2 bis 6 Wiederholungen erforderlich. Hierbei kann aus „psychologischen Gründen" die Erholungsphase auch länger als drei Minuten dauern.

### 3.4.5.4 Wiederholungsmethode

Die Wiederholungsmethode wird in der Regel als Unterdistanztraining durchgeführt. Sie wird eingesetzt, um wettkampfspezifische Teilanforderungen innerhalb einer Trainingseinheit mehrfach zu wiederholen. Hierbei wird vor allem die im Trainingsjahr angesteuerte Wettkampfgeschwindigkeit als Belastungsintensität gewählt, um die entsprechende Bewegungsfrequenz und Bewegungsgeschwindigkeit mit dem zu erreichenden Renntempo in Einklang zu bringen.

Auch hier ist die aktive Drei-Minuten-Erholungsphase ausreichend, um die Muskulatur wieder voll leistungsfähig zu regenerieren. Wenn psychologische Gründe längere Pausen erforderlich machen, muß der gute Vorbereitungszustand für die nächste Wiederholung durch entsprechende Maßnahmen erhalten bleiben.

### 3.4.5.5 Wettkampf- und Kontrollmethoden

Wie der Name schon ausdrückt, liegen dieser Methode zwei Erfahrungsbereiche zugrunde, der *Wettkampf,* das Laufen, Schwimmen usw. gegeneinander mit typisch taktischen Bedingungen und die *leistungsdiagnostische Kontrolle.*

Methoden unter Einbezug dieser beiden Erfahrungsbereiche dienen erstens der Entwicklung der *wettkampfspezifischen Ausdauer*, dem Sammeln taktischer (einteilungsmäßiger) Erfahrungen und dem individuellen Leistungsbewußtsein, zweitens der *Leistungskontrolle*, um den gegenwärtigen Leistungszustand zu bestimmen. Solche Methoden haben vor allem in den Kurzzeit- und Mittelzeitausdauerdisziplinen große Bedeutung. Nach PÖHLITZ (1987, 21) sollten beispielsweise Mittelstreckler in der Vorwettkampfetappe eine Trainingseinheit pro Woche im Sinne dieser Erfahrungsbereiche trainieren. Für die Wettkampf- und Kontrollmethode gibt es folgende Varianten:

| | |
|---|---|
| *Unterdistanz* | — schneller als die Wettkampfgeschwindigkeit |
| *Wettkampfstrecke* | — Wettkampfgeschwindigkeit oder eine definiert langsamere Geschwindigkeit (90 oder 95 %) |
| *Überdistanz* | — mit höchstmöglicher Geschwindigkeit |
| *Aufgliedern der Wettkampfstrecke in Teilstrecken mit kurzen Pausen* | — mit jeweils maximaler Geschwindigkeit auf den Teilstrecken |

Die Palette der im Ausdauertraining anzuwendenden Methoden lassen Trainer/innen in vielerlei Hinsicht Variationsmöglichkeiten offen. So bei der Abstimmung von Dauer und Intensität der anzuwendenen Methode; bei der Zusammenstellung von Intervallmethoden, wie der Aufeinanderfolge unterschiedlicher Streckenlängen, so z. B. Serienintervalle mit ansteigender und wieder abnehmender Streckenlängen u. a. Ferner den Wechsel von Bewegungstechniken als Dauer- oder Intervalltraining (beispielsweise erste Strecke Fahrrad, zweite Strecke Laufen usw., erste Strecke Laufen, zweite Strecke Skiroller, dritte Strecke Schrittsprünge am Berg usw.). Der Trainer ist aufgefordert, aus dem Methodenangebot des Ausdauertrainings ein sinnvolles und leistungsentwickelndes Gesamtkonzept zu erarbeiten. Dem gesamten Ausdauertraining liegt immer ein sportartspezifisches Konzept zugrunde.

### 3.4.6 Spezielles Ausdauertraining — ein Orientierungsmodell für Spielsportarten

Die Thematik der speziellen Ausdauer wurde im Abschnitt 3.4.2.2 bearbeitet. Da das spezielle Ausdauertraining für Spielsportarten seit Jahren immer wieder diskutiert wird, wollen wir uns diesem Thema besonders stellen. Auf der einen Seite sind Spielsportler keinesfalls als Ausdauersportler zu bezeichnen, andererseits dauern Spiele im Handball eine Stunde (ohne Anhalten der Spielzeit), im Fußball 90 Minuten, im Volleyball und Tennis nicht selten über zwei Stunden und länger. Betrachtet man jedoch eine wichtige Richtgröße der aeroben Kapazität, nämlich die *maximale Sauerstoffaufnahmefähigkeit*, dann werden in den Spielsportarten bei den Männern durchschnittlich 65 ml $VO_2$ pro kg Körpergewicht und bei den Frauen 55 ml gemessen (HOLLMANN / HETTINGER 1976, 360; LIESEN u. a. 1977, 70; FORSBERG 1986, 31). Wobei sowohl HOLLMANN / HETTINGER für Fußball- und Hockeyspieler der Spitzenklasse Werte > 70 ml als auch FORSBERG für Badmintonspielerinnen Werte > 60 ml veröffentlichten. Bevor wir uns jedoch mit inhaltlichen und methodischen Fragestellungen beschäftigen, ist es angebracht, die Ausdauerleistungen in Spielsportarten analytisch zu betrachten.

Nach bisher vorliegenden Ergebnissen läßt sich die spezielle Ausdauerleistung wie folgt

charakterisieren: Nach Untersuchungen von SICHELSCHMIDT / KLEIN (1986) soll beispielsweise im *Handball* während des gesamten Spiels eine Laufstrecke von ca. 4700—5600 m
zurückgelegt werden. Das ergäbe eine Laufleistung von ca. 80 bis 95 m pro Minute und
entspricht damit eher einem regenerativen Laufverhalten. Während dieser Zeit werden
allerdings durchschnittlich 70 Antritte (Kurzsprints) absolviert, die insgesamt eine Gesamt-
laufstrecke von 470 bis 560 m ausmachen. Damit sind diese Antritte im Durchschnitt 6 bis
8 m lang. Die durchschnittliche Dichte zwischen den Sprints beträgt ca. 50 Sekunden. Legt
man dieses Gesamtbild zugrunde, ergibt sich für das Handballspiel ein Ausdauertyp, der
bei mäßiger Durchschnittsintensität der gesamten Laufarbeit (ca. 1,6 m/s) alle 50 Sekunden einen Kurzsprint absolvieren muß. Da die Sprintstrecken so kurz sind (2—3 Sekunden)
und die Intervalle so lang, handelt es sich hierbei nicht um Schnelligkeits- (Kurzzeit-) Ausdauerleistungen, sondern um Leistungen in alaktaziden Energiebereitstellungsbereichen.
Laktat- und Ammoniakuntersuchungen, die wir bei einem Feldtest durchführten, bestätigen diese Auffassung (Tabelle 23 und 24).

*Tabelle 23: Laktat- und Ammoniakwerte von 6 Pbn, ermittelt nach der 1. Halbzeit und nach dem
Spiel.*

| Proband | Laktat gemessen | | Amoniak gemessen | |
|---------|------------------|------------------|------------------|------------------|
|         | nach der ersten Halbzeit | nach dem Spiel | nach der ersten Halbzeit | nach dem Spiel |
| 1 | 2,6 | − 3,04 | 27 | − 26 |
| 2 | 6,84 | − 2,35 | 62 | − 38 |
| 3 | 5,5 | − 2,13 | 38 | − 41 |
| 4 | 3,54 | − 7,09 | 47 | − 60 |
| 5 | 2,64 | − 1,70 | 27 | − 22 |
| 6 | 5,61 | − 3,25 | 54 | − 31 |

Die Laktatwerte blieben relativ niedrig, obwohl dieses Spiel kaum unterbrochen wurde. Da
auch die Ammoniakwerte nur ca. 50 bis 60 Prozent von gemessenen Ausbelastungswerten
bei Ausdauersportlern ausmachen, wird aufgezeigt, daß die Gesamtbelastung trotz der vielen Sprints insgesamt gesehen im Schwellenbereich oder knapp darüber bleiben wird. Auch
Herzschlagfrequenz-Messungen bei einem Handballspiel, das aus experimentellen Gründen sehr schnell gemacht wurde, bestätigen diese Annahme (Tabelle 24):
Die Herzschlagfrequenzmessungen haben gezeigt, daß die durchschnittliche Leistung im
Schwellenbereich liegt, jedoch in jeder Halbzeit zwischen 8 und 10 Spitzenwerte erreicht
werden, die oberhalb der Schwelle liegen. Allerdings sind zwischen diesen Belastungsspitzen auch jeweils im Durchschnitt 3 Minuten Zeit, in der die Herzschlagfrequenz erheblich
zurückgeht. Die Werte verweisen darauf, daß Handballspieler eine gute allgemeine Ausdauer benötigen, aber auch eine spezielle Spielausdauer, mit dem besonderen, eben beschriebenen Belastungsrhythmus.
WINKLER (1983, 5) analysierte die Laufbelastung bei Fußballbundesligaspielern. Danach
werden ca. 30 Prozent des Fortbewegungsumfanges gegangen, 58 Prozent langsam getrabt
und 12 Prozent schnell gelaufen bzw. gesprintet, bei Fortbewegungsleistungen von
8000—11 500 im Spiel.

*Tabelle 24: Herzschlagfrequenzwerte der 1. (1. HZ) und 2. Halbzeit (2. HZ) von drei Probanden. Die Werte wurden mit dem SPORTTESTER PE 3000 aufgezeichnet.*

| Pbn | $\bar{x}$ HF | | minimale HF | | maximale HF | |
|---|---|---|---|---|---|---|
| | 1. HZ | 2. HZ | 1. HZ | 2. HZ | 1. HZ | 2. HZ |
| G | 167 | 165 | 133 | 140 | 189 | 180 |
| B | 164 | 160 | 143 | 120 | 187 | 177 |
| E | 172 | 159 | 151 | 133 | 188 | 175 |

Ähnlich wie beim Handballspiel liegt auch hier die Gesamtintensität mit durchschnittlich 1,8 m/s nicht sehr hoch. Das wird auch durch Blutlaktatmessungen, von LIESEN (1983, 11 ff.) an zwei Mannschaften in sechs Spielen gemessen, bestätigt. Hierbei ergab das Blutlaktat nach der ersten Halbzeit 4 bis 6,3 mmol/l. In der Halbzeit sinkt es wieder auf 2—3,2 mmol/l ab und mißt nach der zweiten Halbzeit zwischen 3 und 5,3 mmol/l.

Entwirft man aufgrund dieser Analyse ein Ausdauerprofil für Spielsportarten mit hohem Laufanteil, dann muß zunächst die Hypothese aufgestellt werden, daß die erforderliche aerobe Leistungsfähigkeit durch Spielen allein nicht zu entwickeln ist, weil die Gesamtintensität der Laufleistung im Spiel so niedrig liegt, daß die Reizwirkung nicht ausreichen wird. Das Ausdauertraining sollte deshalb eine Mischung von *allgemeiner Ausdauer* und *spezieller Ausdauer* mit dem folgenden Verhältnis (Abb. 82) darstellen:

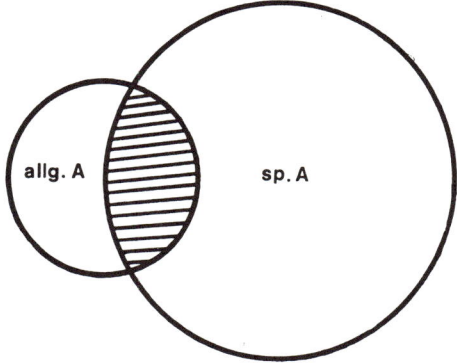

Das *allgemeine Ausdauertraining* wird nach der Dauermethode im Laufen und zu einem Teil mit der Hauptfortbewegungsart des jeweiligen Spiels absolviert (Wasserball = Schwimmen; Eishockey = Eislauf o. Eisschnellauf), weil mit dem Ausdauertraining gleichzeitig eine *Ökonomisierung* der Fortbewegungstechnik herbeigeführt werden soll. Die Belastungsdauer liegt pro Trainingseinheit zwischen 30 und 60 min, die Belastungsintensität sollte für das Lauftraining nach der Formel bestimmt werden, die im Abschnitt

*Abb. 82: Umfang des allgemeinen und des speziellen Ausdauertrainings in den Spielsportarten.*

7.2.2.2 beschrieben wird. Allgemeines Ausdauertraining findet verstärkt in der Vorbereitungsperiode, zum Ende der Übergangsperiode und der Zwischensaison statt. In der Saison unterstützt ein allgemeines Ausdauertraining nach der Dauermethode (20—45 min, mit ~ 70 % Intensität) unmittelbar nach einem Wettspiel die mental-psychische Regeneration und stabilisiert dabei auch die aerobe Leistungsfähigkeit.

Die *spezielle Ausdauer* oder auch *spezielle Spielausdauer* wird hauptsächlich durch solche Spielformen geschult, die eine ständige Laufarbeit innerhalb des Spielrhythmus fordern. Spezielles Spielausdauertraining mit dem Ziel, einen hohen Fortbewegungsumfang zu leisten, findet ein- bis zweimal in der Woche statt. Es dauert je nach Trainingsziel (Verbesserung der aeroben Leistungsfähigkeit, Stabilisierung, Regeneration) und Trainingsperiode 30 bis 60 (und mehr) Minuten.

Als Komplex verfolgt das Training der allgemeinen Ausdauer und der speziellen Spielausdauer drei Ziele: Erstens die Entwicklung der *erforderlichen aeroben Leistungsfähigkeit.* Richtgröße für Spielsportarten mit einem hohen Fortbewegungsumfang (Fußball, Handball, Hockey, Eishockey u. a.) ist eine $VO_2max/kg \sim 65$ ml bei den Männern und $\sim 55$ ml bei den Frauen (HOLLMANN / HETTINGER 1976, 360; LIESEN u. a. 1977, 70; FORSBERG 1986, 31). Zweitens die *Umsetzung* der aeroben Leistungsfähigkeit in einen *hohen Umfang der speziellen Spielausdauer.* Und drittens die *Ökonomisierung* der speziellen Fortbewegungstechnik als koordinative Aufgabe.

### 3.4.7 Planung und Steuerung des Ausdauertrainings

Der Leistungszustand durchläuft bei Ausdauersportlern innerhalb eines Trainingsjahres oder Periodenzyklus bestimmte Veränderungen. Dementsprechend muß ein Periodenzyklus auch auf diese Zustandsveränderungen reagieren. In den Ausdauerdisziplinen werden Einfach-, Doppel- und auch Dreifachperiodisierungen angewandt. Diese Mehrfachperiodisierungen werden aber nicht nur aufgrund des sportartspezifischen Wettkampfkalenders konzipiert, sondern sollten innerhalb einer Sportart auch aus Gründen der Trainingssteuerung verändert werden, weil ein langfristiger Trainingsaufbau im Grundlagen-, Aufbau- und Hochleistungstraining unterschiedliche Strukturen aufweisen sollte.

Nach HARRE (1986, 172) haben Doppelperiodisierungen oder Mischformen gegenüber der Einfachperiodisierung einige Vorteile. So erfolge der Wechsel vom Training der allgemeinen Ausdauer zum intensiven Wettkampftraining schneller. Die Anpassungsprozesse würden beständiger stimuliert als bei einer langen Vorbereitungsperiode, während sich hier die zu gleichförmigen Belastungen allmählich abschwächen. So würden auch psychische Höhepunkte geschaffen, die die Leistungsbereitschaft fördern. Trotzdem ist ein Leistungsaufbau mit Doppel- oder Dreifachperiodisierung nicht unproblematisch, weil eine beschleunigte Entwicklung eines hohen Leistungszustandes nicht immer mit einer Festigung der Leistung verbunden ist. So könnte wahrscheinlich ein *Wechsel zwischen Doppel- und Einfachperiodisierung* in einem Zweijahresrhythmus einer vorzeitigen Leistungsstagnation entgegenwirken.

### 3.4.7.1 *Beispiel Skilanglauf*

Trainingskonzepten in den Langzeitausdauerdisziplinen liegen häufig allgemein anerkannte Eckdatenkonzepte zugrunde, die die Umfänge des allgemeinen und speziellen Ausdauertrainings, das anteilige aerobe, anaerobe und Kraftausdauertraining stunden- und/oder kilometermäßig beschreiben. Die folgende Tabelle 25 zeigt ein solches Eckdatenkonzept.

Eine Arbeitsgruppe von Skilanglauftrainern (u. a. aus CAN, DDR, FIN, ITA, NOR, SOV, SUI, SWE, USA) hat auf einem internationalen Trainerseminar 1986 in Schweden, vor allem auf der Basis der praktischen Erfahrungen, folgende Eckdaten als Erfahrungswerte für die Konstruktion eines erfolgreichen Trainingssystems im Skilanglauf festgelegt.

*Tabelle 25: Eckdaten für das Training im Skilanglauf als Beispiel einer Langzeitausdauerdisziplin.*

|  | Männer | Frauen |
|---|---|---|
| Gesamttrainingsumfang im Jahr | h 800 – 900 km 7000 – 9500 | 500 – 700 5500 – 7500 |
| allgemeines und spezielles Ausdauertraining (aerob) davon: auf Ski       auf Skiroller       Lauftraining       Radfahren/Rudern | 80 – 90% 50% 23% 23% 4% | 80 – 90% 50% 23% 23% 4% |
| Schnelligkeitsausdauertraining (anaerob) | 5 – 10% | 5 – 10% |
| Kraftausdauertraining | 5 – 10% | 5 – 10% |

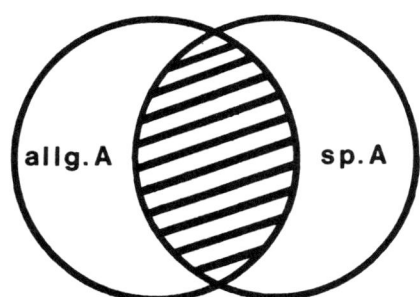

*Abb. 83: Umfang des allgemeinen (allg. A.) und des speziellen Ausdauertrainings (sp. A.). Das allgemeine Ausdauertraining enthält das Lauftraining, Radfahren, das Roller- und Skitraining in Intensitätsbereichen des aeroben Stoffwechsels. Das spezielle Ausdauertraining umfaßt das Ski- und Rollertraining in den höheren Intensitätsbereichen, das wettkampfspezifische Training und das Schnelligkeitsausdauertraining (Tabelle 25).*

Aus diesem Eckdatenkonzept ergibt sich, daß die einzelnen Trainingsinhalte wegen der dabei gewählten Belastungsintensität und der angewandten Technik weder eindeutig dem Training der allgemeinen noch dem der speziellen Ausdauer zuzuordnen sind. Das wird durch die Schnittmenge in Abb. 83 sichtbar gemacht. Das Training in diesem Intensitätsbereich, mit der disziplinspezifischen Technik durchgeführt, ist grundsätzlich ein sehr effektives Training für Langzeitausdauerdisziplinen. Wie die Belastung auf den Jahreszyklus verteilt ist und welche leistungsdiagnostischen Verfahren zur Trainingssteuerung angewandt werden, wird am Beispiel der italienischen Skilangläufer gezeigt (VANOI 1987).

Diesem Modell liegen folgende Prinzipien zugrunde, die für Einfachperiodisierung bei Langzeitausdauerdisziplinen Allgemeingültigkeit haben könnten:

— Der gesamte Periodenzyklus beginnt mit einer *leistungsdiagnostischen Untersuchung* im Labor und im Feld (Abb. 84), die die Aufgabe hat, anhand spiroergometrischer Meßdaten und der Laktat-Leistungskurve sowohl die anaerobe als auch die aerobe Schwelle zu bestimmen.

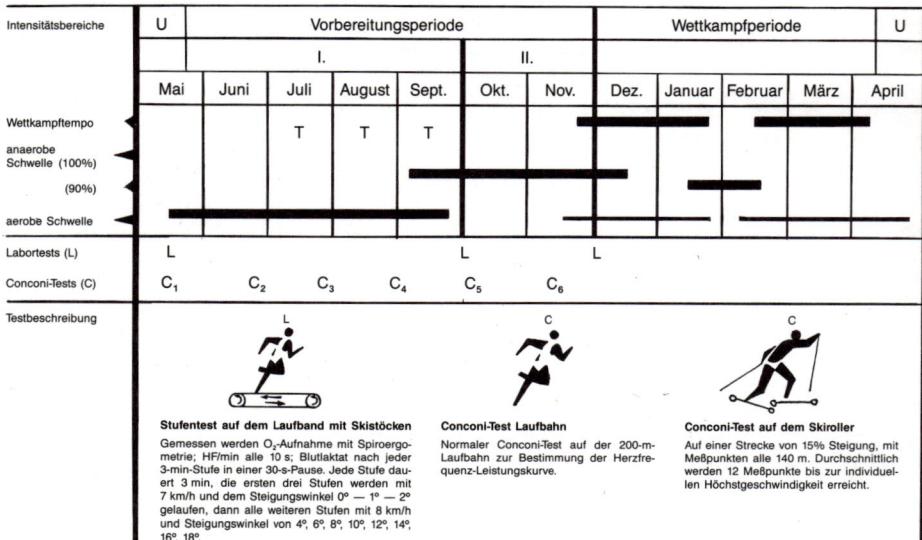

*Abb. 84: Trainingsaufbau dargestellt durch die Intensitätsbereiche und die leistungsdiagnostischen Verfahren zur Trainingssteuerung (nach VANOI 1987, 76 ff.).*

Die aerobe Schwelle wird durch den ersten Laktatanstieg in Verbindung mit dem ersten Anstieg des Atemminutenvolumens ermittelt und in Beziehung zur dabei erreichten individuellen Arbeitsleistung, Herzschlagfrequenz und $O_2$-Aufnahme gesetzt. Entscheidend für die Bestimmung der individuellen Schwelle sind ebenfalls Vergleichswerte aus den vorausgegangenen Untersuchungen. Die individuelle anaerobe Schwelle wird durch den Steilanstieg der Laktatleistungskurve und des Atemminutenvolumens ermittelt. Wobei auch diese Werte zu den vorausgegangenen Untersuchungen in Beziehung gesetzt werden (MOGNONI 1988; PUNKKINEN 1988).

— Alle vier Wochen finden darüber hinaus CONCONI-Tests auf der Laufbahn oder auf dem Skiroller statt (Abb. 84), um die Veränderung der individuellen Ausdauerleistungsfähigkeit kontinuierlich zu beobachten. Ferner wird über den Vergleich der auf der Bahn und der mit dem Skiroller erbrachten Ergebnisse festgestellt, in welchem dieser beiden Trainingsbereiche Defizite vorliegen.

Der **Trainingsaufbau** sieht in der ersten Etappe der Vorbereitungsperiode keine zu hohen Belastungsintensitäten vor. Die *Intensität* liegt konstant leicht oberhalb der aeroben Schwelle bzw. zwischen dem Stabilisierungs- und Entwicklungsbereich. Die Steigerung der gesamten Belastungsanforderung wird in dieser Etappe durch eine kontinuierliche Umfangsteigerung bei *relativ gleichbleibender Intensität* durchgeführt. Diese relativ gleichbleibende Belastungsintensität wird dadurch gewährleistet, daß sie über die Herzschlagfrequenz kontrolliert wird. Mit zunehmender Ausdauerentwicklung wird dann bei gleichbleibender Herzschlagfrequenz die objektive Leistung (z. B. Laufgeschwindigkeit in m/s) systematisch höher. Am Ende der ersten Etappe der Vorbereitungsperiode wird dann eine Hälfte des Umfanges in einer höheren Intensität, die jedoch unter der anaeroben Schwelle liegt, trainiert. Die andere Hälfte des Umfanges wird weiterhin mit einer Intensität im aeroben Schwellenbereich absolviert. Am Ende der ersten Etappe findet wieder eine umfassende leistungsdiagnostische Untersuchung im Labor statt, die die Leistungsentwicklung noch einmal genauer bestimmen bzw. kontrollieren soll.

In der zweiten Etappe der Vorbereitungsperiode wird bei wellenförmig verlaufendem Umfang zunächst mit hohem, dann mit sinkendem und wieder mit steigendem Umfang in einer durchschnittlichen Intensität trainiert, die unterhalb der anaeroben Schwelle im Grenzbereich liegt, wobei hier ein zusätzliches Regenerationstraining absolviert werden muß, das eine Intensität von 70—80 % hat. Am Ende der zweiten Etappe der Vorbereitungsperiode bzw. zu Beginn der Wettkampfperiode, wird das leistungsdiagnostische Programm im Labor wieder durchgeführt, um den Leistungszustand nach diesem intensiven Training wieder genau zu diagnostizieren und Leistungsvorhersagen für die Wettkampfsaison zu machen. Das ist allerdings nur möglich, wenn Vergleichswerte der Leistungsdiagnostik und Wettkampfergebnisse aus den vorausgegangenen Jahren vorliegen.

Die Wettkampfperiode ist in zwei Etappen geteilt, hat einen bis zwei Mikrozyklen zwischen der ersten Etappe und den Hauptwettkämpfen, die in der zweiten Etappe liegen. Die durchschnittliche Belastungsintensität in dieser kurzen Zwischenetappe liegt bei 80—90 % von pd. Die Wettkampfperiode geht mit leichtem Training in die Übergangsperiode über.

Die typischen Fehler der Trainingssteuerung bei den Langzeitausdauerdisziplinen sind nach PUNKKINEN: Der zu starke Anstieg der maximalen Sauerstoffaufnahme bereits in der ersten Etappe der Vorbereitungsperiode mit den Folgen, daß einmal die Topform zu früh erreicht wird oder die Topform nicht bis zum Ende der Wettkampfperiode anhält. Deshalb ist eine konsequente Belastungsdosierung mit einer systematischen Trainingssteuerung in der ersten Etappe der Vorbereitungsperiode sehr entscheidend.

### 3.4.7.2 Beispiel Schwimmen

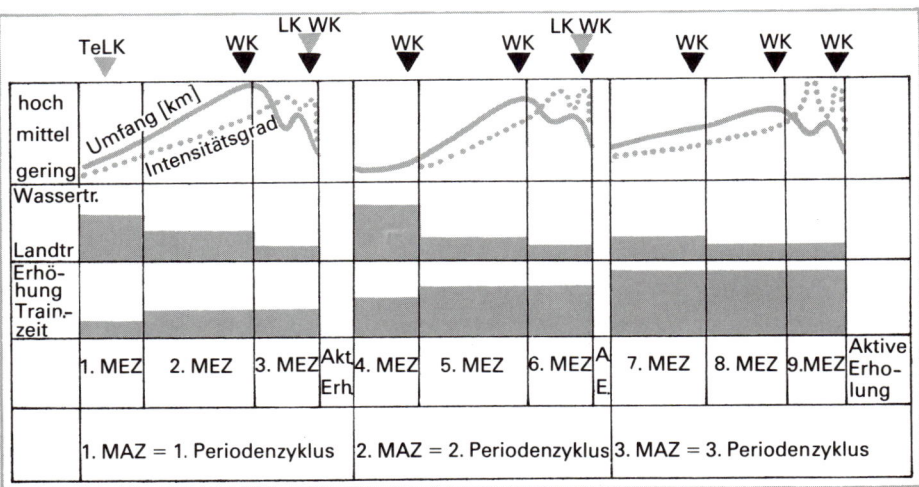

*Abb. 85: Prinzipdarstellung des Trainingsjahres mit Belastungsgestaltung (Umfang und Intensität), der inhaltlichen Proportionierung, der Trainingszeit, Leistungskontrollen (LK) und Wettkämpfen (WK) (nach SCHRAMM 1987, 191).*

Das zweite hier darzustellende Beispiel ist dem Sportschwimmen entnommen (Abb. 85). Es ist ein Empfehlungsmodell nach SCHRAMM (1987, 191 f.) mit einer Dreifach-periodisierung bzw. mit einer dreifachen Wiederholung von Makrozyklen im Trainings-jahr.

Das Trainingsjahr ist in drei Periodenzyklen (= Makrozyklen) unterteilt, in denen jeweils der Umfang von gering zu hoch und wieder gering wellenförmig verläuft. Die Intensität beginnt in jedem Zyklus ebenfalls mit gering und steigt bis hoch an, um am Ende jedes Zyklus wieder abzufallen. Ferner ist das Konzept durch eine häufige Wettkampftätig-keit bestimmt, auf die allerdings belastungsmäßig (Umfang, Intensität) und inhaltlich (Land-, Wassertraining) nur jeweils am Ende eines Periodenzyklus systematisch vorbereitet wird.

### 3.4.7.3 Merkmale der Trainingssteuerung

Wesentlich für die Trainingssteuerung im Ausdauerbereich ist das frühzeitige Erkennen des **Übertrainings.** Bedingt durch extrem *hohe Belastungsumfänge* wie sie bei den Langzeitaus-dauerdisziplinen üblich sind und vor allem in Trainingslagern, zentralen Trainingsmaßnah-men — mit z. T. zwei umfangreichen Trainingseinheiten pro Tag — vorkommen, kann es leicht zum *addisonoiden Übertraining,* oder *Vorformen* davon, kommen (Abschnitt 5.4.3). Sie gilt es zu diagnostizieren und unter Kontrolle zu halten. Das frühe Erkennen eines solchen Übertrainings oder seiner Anzeichen, ist für die Trainingssteuerung im Mikro-zyklus von großer Bedeutung, weil das Training daraufhin spontan verändert werden muß.

Das *addisonoide Übertraining* bzw. diese Ermüdungsform ist gekennzeichnet durch eine Parasympathikonie, d. h. im vegetativen Nervensystem überwiegen die Hemmungsprozesse (ISRAEL 1976, 2; HOLLMANN / HETTINGER 1976, 502). Dieses Übertraining wird subjektiv kaum wahrgenommen, weil der Schlaf nicht gestört ist, Appetit, Körpergewicht, Ruhepuls, Körpertemperatur, Erholungsfähigkeit und Stimmungslage gleichbleibend normal sind, und auch die Leistung subjektiv gesehen immer noch als normal empfunden wird. Be-stimmte Symptome bieten jedoch Anzeichen für diese Ermüdungsform:

— eine *ständige Harnstofferhöhung* am Morgen, die trotz der Regenerationszeit über Nacht nicht zurückgeht (Abb. 86);

— ein früher *Ammoniakanstieg* bei der Leistung;

— eine *verminderte Fähigkeit zur Laktatproduktion;*

— *höhere Herzschlagfrequenzen bei gleichen Leistungen* (LEHNERTZ / MARTIN 1988).

**Harnstoffmessungen** aus dem Blutserum sind eine inzwischen häufig praktizierte Methode zur Diagnose der Trainingsbelastung. Sie werden angewandt, um festzustellen, ob die Rege-nerationsprozesse zwischen den Belastungen ausreichten oder nicht. Dabei wird angenom-men, daß die Trainingsbelastungen reduziert werden müssen, wenn Harnstoffwerte nach einer Erholungsphase immer noch über 8 mmol/l (bei Frauen über 7 mmol/l) betragen und keine anderen Gründe (z. B. hohe Eiweißaufnahme mit der Nahrung) vorliegen (NEU-MANN 1985, 13).

*Abb. 86: Beispiele der Harnstoffkinetik.* —■— *Ruhewerte am Morgen;* —●— *Werte nach der Belastung am Abend. A) Übergang zu höherer Trainingsbelastung mit einer Anpassung an diese Belastungen; B) Ermüdungsakkumulation und keine Tolerierung des Trainings; C) inadäquate Erholung nach hartem Training, keine Abnahme der morgendlichen Werte; D) Kinetik des Harnstoffes bei einem Trainingsstop (nach* NEUMANN *1985).*

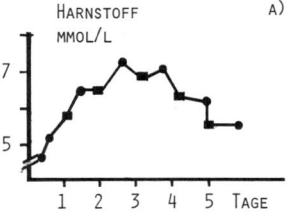

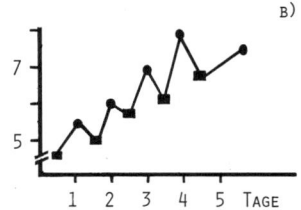

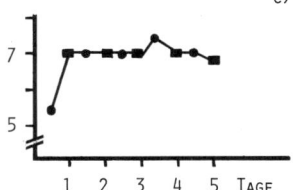

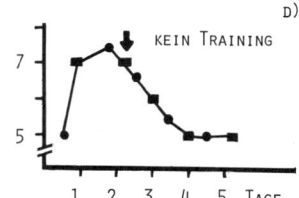

## 3.5 Beweglichkeit und Beweglichkeitstraining

### 3.5.1 Beweglichkeit — Charakteristik und Begriff

Derjenige Fähigkeitsbereich, den wir **Beweglichkeit** nennen, wird bei anderen Autoren synonym auch als *Gelenkigkeit* (GROSSER / STARISCHKA / ZIMMERMANN 1981, 129 ff.) oder *Flexibilität* (HOLLMANN / HETTINGER 1976, 165 ff.) bezeichnet. Als Gelenkigkeit wird die Fähigkeit verstanden, willkürliche Bewegungen mit einer großen Schwingungsweite in bestimmten Gelenken durchzuführen. Der Begriff der Flexibilität verweist zusätzlich stärker auf die Dehnfähigkeit der Muskeln, Sehnen, Bänder sowie der Haut und spricht damit die Elastizität des Skelettmuskels insgesamt an (ebenda 166 f.).

Wir bleiben bei dem Begriff Beweglichkeit, weil diese Fähigkeit nicht nur mit der Schwingungsweite der Gelenke und der Dehnfähigkeit der Muskulatur, sondern aufgrund ihrer *komplexen Voraussetzungen* beschrieben werden muß. Gute Beweglichkeitsleistungen ergeben sich aus dem Zusammenwirken der *elastischen Eigenschaften* der Muskeln, Sehnen und Bänder, der *erforderlichen Kraft,* um den anatomisch möglichen Bewegungsspielraum in den Gelenken zu erreichen, einer guten *intra- und intermuskulären Koordination,* der vorhandenen *Bewegungsprogramme* und der Funktionstüchtigkeit der *Gelenke.* Diese Komplexität von zusammenwirkenden Voraussetzungen ist nach unserer Auffassung am ehesten noch im Begriff Beweglichkeit unterzubringen.

Beweglichkeitstraining hat somit die Aufgabe, die elastischen Eigenschaften der Muskulatur zu optimieren, die erforderliche Kraft zu entwickeln, die den anatomischen Spielraum der Gelenke gezielt ausnutzt und die reflektorischen Koordinationsleistungen der Muskulatur zu verbessern.

Definition:

**Beweglichkeit** ist die Fähigkeit, Bewegungen willkürlich und gezielt mit der erforderlichen bzw. optimalen Schwingungsweite der beteiligten Gelenke ausführen zu können.

Beweglichkeit ist eine sehr tageszeit-, körpertemperatur- und ermüdungsabhängige Fähigkeit, wie es die Abb. 87 zeigt.

| | Nach 10 min Aufenthalt im Freien (nackt) bei 10° C | Nach 10 min Aufenthalt im warmen Wasser bei 10° C | Nach 20 min Aufwärme-training | Nach ermüdenden Training | |
|---|---|---|---|---|---|
| 8 h   12 h | 12 h | 12 h | 12 h | 12 h | |
| −14  +35 | −35 | +78 | +89 | −35 (mm) | |

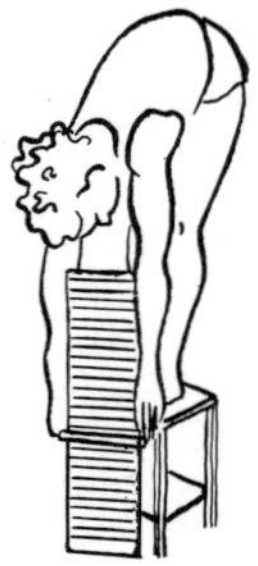

*Abb. 87: Tabelle über die Veränderungen der Beweglichkeit nach Tageszeit, Körpertemperatur und Ermüdung nach OSOLIN, mit der Testübung (Quelle: ZACIORSKIJ 1972, 109).*

Beweglichkeit ist eine grundsätzliche Voraussetzung für die menschliche Motorik, besonders für die sportliche Motorik. *Beweglichkeitsschulung ist damit ein nichtaustauschbarer Bestandteil des Trainingsprozesses.* Aufgrund häufiger Trainingsbeobachtungen ist allerdings feststellbar, daß ihr in der Trainingspraxis vielfach zu wenig Bedeutung beigemessen oder sie mit ein paar Standardübungsformen als „lästiges" Beiwerk des „richtigen" Trainings abgetan wird. Sie wirkt jedoch direkt an der sportlichen Leistung mit, weil mit einer optimalen Beweglichkeit Krafteinsätze und Schnelligkeitsleistungen ungehinderter, d. h. mit weniger innerem Widerstand, vollzogen werden können, das Bewegungslernen nicht durch „Ungelenkigkeit" gestört und die Verletzungsgefahr, wie Muskel- und Faserrisse u. a., verringert wird.

### 3.5.2 Strukturierung und Erscheinungsformen der Beweglichkeit

Traditionell unterscheidet die Trainingslehre Beweglichkeitsanforderungen bzw. Beweglichkeitstypen mit Begriffspaaren wie „allgemeine — spezielle", „aktive — passive" und „statische — dynamische" Beweglichkeit, um damit die Komplexität dieser Fähigkeit zu systematisieren.

*Allgemeine Beweglichkeit* bezeichnet ein durchschnittliches Niveau an Beweglichkeit in den wichtigsten Gelenksystemen. Dieses als „normal" anzusehende Maß hat für die sportliche Leistung jedoch wenig Bedeutung und muß beim Leistungssportler, wenn er seine konditionellen und koordinativen Möglichkeiten ausschöpfen will, überschritten werden. Eine überdurchschnittliche allgemeine Beweglichkeit ist deshalb ein permanentes Trainingsziel im Training aller Sportarten.

*Spezielle Beweglichkeit* wird sportartspezifisch erforderlich und zielt auf die „besonderen" Beweglichkeitsanforderungen einer Sportart. Hierzu entwickeln Sportarten mit einem besonderen Beweglichkeitsanforderungsprofil eigene „Beweglichkeitsprogramme" und „Kontrollübungen" (COUNSILMAN 1980, 126 ff.; SCHMIDT 1987, 29 ff.), die bis zum technischen Ergänzungstraining führen (Abschnitt 2.2.3.6).

*Aktive Beweglichkeit* ist die größtmögliche eines Gelenks, die selbständig, ohne Hilfe durch die aktive Muskelleistung erzeugt werden kann. Leistungsbegrenzend wirken hier die Dehnfähigkeit und die Kraft des Agonisten (MAEHL 1986, 13).

*Passive Beweglichkeit* bezeichnet jene Form der Beweglichkeit in einem Gelenk, die durch die Einwirkung äußerer Kräfte (Partner, Geräte, eigenes Körpergewicht) erreicht werden kann. Die passive Beweglichkeit ist in der Regel größer als die aktive.

*Abb. 88: Beispiele a) für passive Beweglichkeit,*
*b) für aktive Beweglichkeit.*

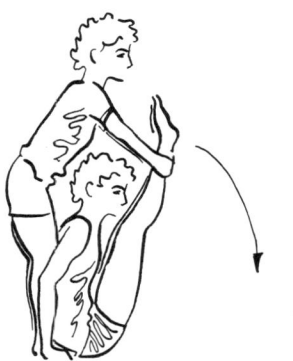

Sicherlich trifft die Unterscheidung zwischen aktiver und passiver Beweglichkeit den tatsächlichen Sachverhalt nicht korrekt, d. h. diese Unterscheidung ist weder physikalisch noch physiologisch genau vorzunehmen. Aus trainingsmethodischen Gründen sollte sie jedoch beibehalten werden, weil Beweglichkeit mit aktiven und passiven Übungsdurchführungen geschult wird.

Eine weitere Differenzierung wird durch *statische und dynamische Beweglichkeit* vorgenommen. Statische Beweglichkeit bezeichnet das Halten einer bestimmten Gelenkstellung über einen Zeitraum (wie beispielsweise das Halten einer Standwaage), das sowohl aktiv als auch passiv eingeleitet werden kann. Dynamisch bedeutet, daß eine bestimmte Gelenkstellung kurzfristig, z. B. durch Nachfedern, erreicht werden kann.

Die Komplexität der Beweglichkeit ist jedoch auch durch diese Differenzierungen nur unzulänglich wiedergegeben (MAEHL 1986, 16). Und es muß an dieser Stelle darauf verwiesen werden, daß es zum Problemfeld der Beweglichkeit bisher wenige wissenschaftliche Untersuchungen gibt.

### 3.5.3 Wissenschaftliche Erklärungsmodelle zur Beweglichkeit

Beweglichkeitsleistungen sind unter biologischer Betrachtung gesehen von den folgenden Voraussetzungen abhängig: (1) der Funktionsfähigkeit und Freiheitsgrade der Gelenke, (2) der Dehnfähigkeit der Muskulatur und ihrer Sehnen, (3) der Muskelleistungsfähigkeit bei der Kraftbildung, (4) der intra- und intermuskulären Koordination.

Da wir uns im Kapitel über die „Kraft und das Krafttraining" (Abschnitt 3.2.3) bereits mit biologischen Merkmalen der Muskelleistung und im Kapitel über die „Schnelligkeit und das Schnelligkeitstraining" (Abschnitt 3.3.3) mit Merkmalen der intra- und intermuskulären Koordination auseinandergesetzt hatten, wollen wir uns hier hauptsächlich mit den Gelenken und der Dehnfähigkeit der Muskulatur beschäftigen.

#### 3.5.3.1 Gelenke und Gelenkverletzungen

Nach der allgemeinen Gelenkslehre müssen, um Bewegungen unseres Körpers und seiner Teilsysteme zu ermöglichen, die einzelnen Knochen gegeneinander verschiebbar sein. Das geschieht in Form einer *Haft* (Bandhaft, Knorpelhaft, Knochenhaft) oder hauptsächlich durch *Gelenke*. In einem echten Gelenk grenzen von Knorpel überzogene und durch den Gelenkspalt getrennte Flächen aneinander, von denen der *Gelenkkopf* konvex und die *Gelenkpfanne* konkav gekrümmt sind. Das Gelenk wird durch die *Knochenhaut* überzogen, die von Knochen zu Knochen über das Gelenk hinweggezogen ist und dadurch eine nach außen abgeschlossene *Gelenkkapsel* bildet (Abb. 89).

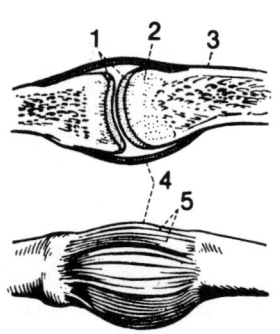

*Abb. 89: Bau eines Gelenks (oben ein Längsschnitt).*
*1 = Gelenkknorpel (Hyaliner Knorpel); 2 = Knochen; 3 = Knochenhaut; 4 = Gelenkkapsel; 5 = Bänder (KUHN 1979, 52).*

Von der Innenhaut (Synovia) der Gelenkkapsel wird eine schleimige Flüssigkeit, die *Gelenkschmiere,* abgesondert, die den Gelenkknorpel ernährt, ihn gleitfähig macht und zugleich als „Stoßdämpfer" wirkt. Die Gelenkkapsel schließt so dicht, daß es im Gelenk zum Unterdruck kommen kann. Im Gegensatz zu den technischen Gelenken (Kardanwelle), die flächenschlüssig sind, sind Gelenke des lebenden Organismus *kraftschlüssig.* „Das bedeutet, daß die auf sie einwirkenden Kräfte nicht völlig abhängig sind von einer ein für allemal festgelegten Form und Lage der Gelenkflächen. Vielmehr bestimmen Muskelkräfte die Bewegungsrichtung mitunter auch unabhängig von den Gelenkflächen. Sie können unter diesen Bedingungen elastisch nachgeben, sogar verschoben und entsprechend umgeformt werden (!)" (KUHN 1979, 52). Selten passen bei Gelenken die Knochen genau zusammen, wie etwa im Hüft- oder Ellbogengelenk. Im Kniegelenk beispielsweise sind Menisci dazwischengeschoben und fungieren als Druckverteiler, Polster und erleichtern ein Ineinanderpassen der Gelenkendigungen. Die Innenschicht einer Gelenkkapsel bildet Falten und Zotten, welche Gefäße, Nerven und Rezeptoren enthalten. Falten und Zotten neigen zu Verkalkungen. Reißen solche verkalkten Zotten ab, können sie als „freie Gelenkkörper" eingeklemmt werden und zu schmerzhaften Sperren im Gelenk führen. Den Reiz zur Bildung der Gelenkschmiere stellt die Bewegung dar. Eine Ruhigstellung des Gelenks aufgrund von Verletzungen, Bewegungsmangel u. a. führt zu einem Versiegen der Gelenkschmierproduktion, das Gelenk „läuft trocken", Überbeanspruchungen, Stauchungen, Torsionen hingegen führen zur Überproduktion an Gelenkschmiere und können dadurch Schwellungen zur Folge haben (GROSSER / STARISCHKA / ZIMMERMANN 1981, 132).

*Bänder* verstärken das Gelenk (Verstärkungsbänder), sichern die Führung des Gelenks (Führungsbänder) oder hemmen Gelenkbewegungen (Hemmungsbänder) und schützen es damit vor zu großer Amplitude (WALDEYER 1942, 52 f.). Da Bänder aus sehr unelastischem Gewebe bestehen, sind sie auch durch Beweglichkeitstraining kaum beweglicher zu machen. Das gilt auch für das Gelenk in seiner Gesamtheit. Da die *Gelenkflächen* kaum veränderbar sind, kann auch die Gelenkfläche selbst durch das Beweglichkeitstraining kaum gelenkiger werden. Physiologisches Bewegen führt zur Verformung der Gelenkknorpel und damit zu einer größeren Kontaktfläche zwischen Gelenkkopf und Gelenkpfanne. Damit wird eine bessere Druckverteilung erreicht.

Die *Form des Gelenks* bestimmt dessen *Freiheitsgrade* und dessen *physiologisch* optimale *Gelenkigkeit.* Der menschliche Organismus verfügt über *Kugelgelenke,* mit einem kugelförmigen Gelenkkopf und einer schalenförmigen Gelenkpfanne, die Bewegungen um drei Achsen in allen drei Dimensionen erlaubt, wie z. B. das Schultergelenk. Bei einem *Nußgelenk,* einer Spezialform des Kugelgelenks (wie beim Hüftgelenk), wo eine tiefe Gelenkpfanne den Gelenkkopf über die Hälfte umschließt, werden diese drei Bewegungsachsen leicht behindert. Beim *Scharniergelenk* dreht sich in einer rinnenförmigen Gelenkpfanne ein walzenförmiger Gelenkkopf, wie beim Ellenbogengelenk zwischen Oberarm und Elle. Das Kniegelenk besitzt als *Drehscharniergelenk* noch einen zweiten Freiheitsgrad. Es läßt gebeugt noch eine Rotation um die Längsachse des Schienbeins zu. Ferner verfügen wir noch über *Eiergelenke* (Handwurzelknochen), *Sattelgelenke* (beispielsweise zwischen Daumen und Handwurzel) sowie *Zapfengelenke* (so zwischen erstem und zweiten Halswirbel).

Nach der Art der Bindung, von der die Festigkeit eines Gelenks und die jeweilige Bewegungsfreiheit abhängen, werden Gelenke noch hinsichtlich ihrer *Führung* unterschieden. Beim Hüftgelenk beispielsweise werden Bewegungsrichtung und -umfang durch die Paßform des Gelenkkopfes in der Gelenkpfanne bestimmt. Diese Führung wird als *Knochenführung* bezeichnet. Sichern Bänder den Zusammenhalt, wie beispielsweise beim Kniegelenk, wo die Gelenkflächen weniger genau zusammenpassen, spricht man von einer *Bandführung.* Das Schultergelenk hingegen verfügt über eine hohe Beweglichkeit, weil die sich berührenden Gelenkflächen relativ klein sind und Bewegungsfreiheit einschränkende Bänder fehlen. Hier wird der Zusammenhalt durch Muskeln gewährleistet. Man nennt diese Form *Muskelführung* (KUHN 1979, 52 ff.).

Bei Überbeanspruchungen, unphysiologischen Bewegungen, falschen Zug- oder Druckbelastungen, treten bei Gelenken folgende *Verletzungen und Schäden* auf: Prellungen, Verstauchungen, Verrenkungen, Bänderrisse und Brüche.

Bei *Prellungen,* zumeist hervorgerufen durch heftiges Aufprallen, wird durch plötzlich starkes Aufeinanderpressen der Gelenkknorpel verletzt.

Bei der *Verstauchung* (Verzerrung) wird die Gelenkkapsel stark, teilweise bis zum Zerreißen gedehnt. Es kommt dabei zu Anschwellungen mit Blutergüssen, wobei auch die Muskeln und Sehnen mit betroffen werden können.

Von einer *Verrenkung* (Ausrenkung oder Luxation) wird dann gesprochen, wenn durch ziehende oder scherende Gewalteinwirkungen die Gelenkkapsel einreißt und der Gelenkkopf nach einer solchen Einwirkung nicht wieder in die Gelenkpfanne zurückschnellt, sondern neben ihr steht (KUHN 1979, 55 f.).

*Bänderrisse* gehören zu den schwerwiegendsten Gelenkverletzungen als Folge extrem unphysiologischer Zug- und Druckkräfte auf das jeweilige Gelenk. Sie werden zumeist operativ behandelt und erfordern sehr lange Heilungsprozesse. Ähnliches gilt für *Frakturen* (Brüche).

In den meisten Sportarten spielt die **Beweglichkeit der Wirbelsäule** eine große Rolle. Sie entsteht erst durch eine Summation von Teilbewegungen und der Elastizität der insgesamt 23 Zwischenwirbelscheiben. Dies führt zu einer erstaunlichen, allseitigen Biegsamkeit des Achsenskeletts, die allerdings individuell durch den Bau der Zwischenwirbelgelenke des Hals-, Brust- und Lendenbereichs und individuell ausgebildeter physiologischer Krümmungen variiert. Die *Hauptbewegungsrichtungen der Wirbelsäule* sind:

— die *Dehnung um die Längsachse,* die besonders im Hals- und Brustwirbelteil stark entwickelt ist. Bei feststehenden Füßen wird nahezu ein Aktionsradius von 180 Grad erzielt;

— die *Seitwärtsneigung um die Sagitalachse,* sie geschieht vor allem im Bereich der Brustwirbelsäule und erreicht im Halsteil 30—40 Grad an Seitwärtsneigung;

— die *Vorbeugung und Rückwärtsbeugung (auch Streckung) um die Transversalachse* ist vor allem in den rippenfreien Abschnitten sehr ausgeprägt.

*Tabelle 26: Die normale Beweglichkeit der Wirbelsäule. − = keine Beweglichkeit; + = geringe Beweglichkeit; + + = gute Beweglichkeit; + + + = sehr gute Beweglichkeit (TITTEL 1985, 139).*

| Bewegung | Halsteil (ohne Kopfgel.) | Brustteil | Lendenteil |
|---|---|---|---|
| Beugung | +++ | ++ | + |
| Streckung | +++ | + | +++ |
| seitl. Neigung | ++ | +++ | ++ |
| Drehung | +++ | ++ | − |

| | |
|---|---|
| — = keine Beweglichkeit | ++ = gute Beweglichkeit |
| + = geringe Beweglichkeit | +++ = sehr gute Beweglichkeit |

Durch ein sehr intensives Training der Streckung und Beugung der Wirbelsäule von der Kindheit an, wie es bei Artisten, Kunstturnerinnen, Wettkampfgymnastinnen u. a. üblich ist, wird eine außerordentliche, ja nahezu anormale Beweglichkeit der Wirbelsäule bei Beuge- und Streckbewegungen erreicht, die allerdings im Lendenwirbelbereich nach TITTEL (ebenda) zu einer frühzeitigen Osteochondrose führen kann. Aber auch diese extremen Überstreckungen und -beugungen finden in den rippenfreien Bereichen der Wirbelsäule statt (Abb. 90).

Nun scheint allerdings, wie Untersuchungen von TILSCHER (1985, 194 ff.) ergaben, die Hypermobilität — vor allem der Lendenwirbelsäule — bei den Turnerinnen eine hohe Krankheitspotenz zu enthalten, ohne dabei krankhaft sein zu müssen. Diese Hypermobilität läßt sich durch eine gut ausgebildete Muskulatur gut stützen und kompensieren.

Das Aufrechterhalten physiologisch optimaler Freiheitsgrade und die Versorgung der Gelenke mit Gelenkschmiere (Synovialflüssigkeit) macht ein systematisches und kontinuierliches Beweglichkeitstraining der Gelenke unbedingt erforderlich.

*Abb. 90: Überphysiologische Beweglichkeit der Wirbelsäule im Hals- und Lendenabschnitt (TITTEL 1985, 140).*

### 3.5.3.2 Muskeldehnung — mechanische Eigenschaften

*Mechanische Eigenschaften* setzen sich aus verschiedenen Materialeigenschaften zusammen. Die *Myofibrillen* (Abschnitt 3.2.3.2) der Muskelfasern besitzen *plastische* Eigenschaften, d. h. sie setzen einer einwirkenden Kraft keinen besonderen oder dauernden Widerstand entgegen. Nach Beendigung der einwirkenden Kraft kehren sie auch nicht allein zur Ausgangslänge zurück. Der *Bindegewebsanteil* des Muskels hat *elastische* Eigenschaften. Er besteht durchschnittlich aus 15% der Muskelmasse, aus den Sehnen, als serienelastische Elemente und aus den parallel-elastischen Elementen, die den Muskel umgeben. Bei einwirkenden Kräften wird er verformt, nimmt aber beim Aufhören der Krafteinwirkung seine Ausgangslänge wieder ein. Bei Kontraktion und Dehnung des Muskels sind demnach immer drei Strukturen betroffen: (1) die *Myofibrillen* als kontraktile Elemente der Muskelfasern, (2) die *bindegewebigen Anteile,* die zu den Myofibrillen *parallel geschaltet* sind (z. B. Faszien), (3) die *bindegewebigen Anteile,* die zu den Myofibrillen in *Serie geschaltet* sind (Sehnen).

Bei einer Dehnung gleiten die *Aktin-* und *Myosinfilamente* zuerst nahezu widerstandslos auseinander, und die Brückenbildungen zwischen den Aktinfilamenten und den Köpfchen der Myosinfilamente verringern sich. Gleichzeitig beginnen die parallel geschalteten elastischen Bindegewebsanteile der zunehmenden Dehnung einen sich allmählich steigernden Widerstand entgegenzusetzen. Dadurch beginnt die Erhöhung der Muskelspannung. Bei einem bestimmten Spannungsgrad fangen auch die *Sehnen* an, der Dehnung Widerstand zu leisten (MARKWORTH 1984, 51 ff.).

Wird ein isolierter Muskel gedehnt und auf jeder Stufe künstlich zu einer isometrischen Kontraktion gereizt, ist zu beobachten, daß die Muskelspannung zunächst ansteigt, dann jedoch wieder abfällt (Abb. 91).

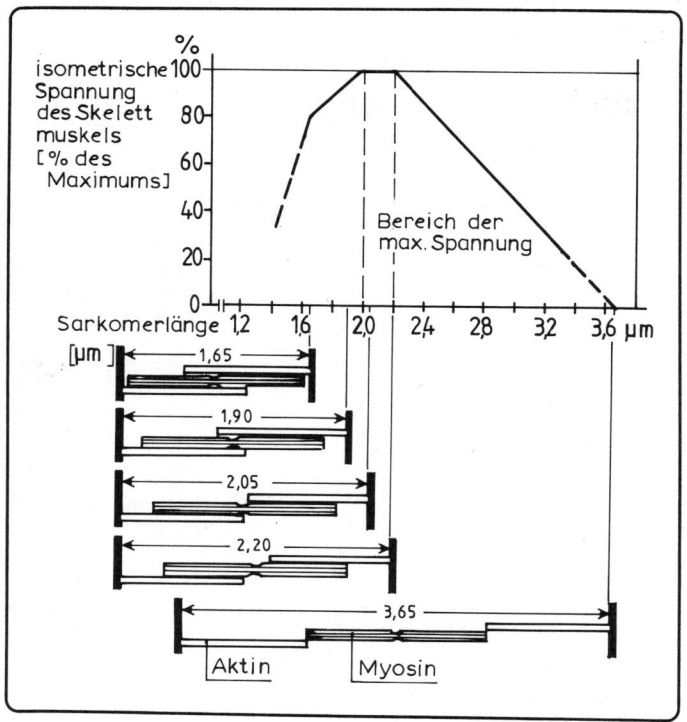

*Abb. 91: Kurve der an- und absteigenden Muskelspannung in Abhängigkeit zur Sarkomerlänge (nach MARKWORTH 1984, 55).*

Wenn sich bei einer Sarkomerlänge von ca. 3,5 $\mu$m die Myosinköpfchen und die Aktinfilamente nicht mehr erreichen, kann der Muskel keine Spannung mehr entwickeln.

Die Länge, bei der der Muskel seine größte Spannung entwickeln kann, wird *Ruhelänge* genannt. Dieser Begriff wurde deshalb gewählt, weil beobachtet werden konnte, daß die meisten Muskeln des menschlichen Körpers in entspannter Ruhelage gerade auf diese Ruhelänge vorgedehnt sind. Wird bei einer Operation der Muskel vom Ansatz gelöst, kontrahiert er sich noch einmal auf 10 bis 20 Prozent und erreicht dabei die sog. Minimallänge. In seiner Ruhelänge kann der Muskel nicht nur deshalb eine optimale Spannung entwickeln, weil die Sarkomerlänge von 2,2 $\mu$m (Abb. 91) die günstigste Überlappung von Myosin und Aktin zeigt, sondern, weil auch bei dieser Vordehnung von 120 Prozent, gegenüber der Minimallänge, die bindegewebigen, elastischen Anteile soweit vorgespannt werden, daß die von den Sarkomeren entwickelte Kraft optimal auf die Knochen übertragen werden kann.

Bei Ausholbewegungen mit größerer Vordehnung sinkt zwar die aktive, von den Sarkomeren erzeugte Spannung ab, die nach außen wirkende Gesamtspannung, die Summe der aktiv erzeugten Spannung und der in den elastischen Strukturen gespeicherten passiven Spannung, steigt jedoch an.

Eine wichtige Rolle bei den Dehnungen spielen (wie im Abschnitt 3.3.3.3 beschrieben)

*Dehnungsreflexe.* Die Grundverschaltung spinaler Dehnungsreflexe ist aufzufassen als ein die Muskellänge stabilisierender Regelkreis mit dem folgenden Ablauf: Jeder Muskel verfügt über *Muskelspindeln,* die die Funktion von Dehnungsrezeptoren haben. Sie sind den Muskelfasern parallel geschaltet und sehr dehnungsempfindlich. Wenn ein Muskel gedehnt wird, dehnen sich auch die Muskelspindeln. Über sensible Ia-Nervenfasern ist der Dehnungsrezeptor mit dem Rückenmark verbunden (Abb. 66). In den *Sehnen* befinden sich weitere Rezeptoren, die *Sehnenorgane* oder *Golgiorgane.* Sie sind in Serie hintereinander geschaltet und befähigt, Spannungsveränderungen zu erfühlen. Sie werden sowohl bei aktiver Kontraktion, als auch bei passiver Dehnung des Muskels erregt. Wird eine Sehne gedehnt, dann melden die Golgi-Organe über die Ib-Fasern (Abb. 66) die zunehmende Spannung an das Rückenmark. Die Reizschwelle der Sehnenorgane ist bedeutend höher als die der Muskelspindeln. Sie springen deshalb erst bei starker Kontraktion oder Dehnung an.

Dieser Regelmechanismus soll nun darauf verweisen, daß sich die gebräuchlichen Dehnungsübungen mit Wippen, Nachfedern, Rucken usw. ins Gegenteil verkehren könnten. Denn eine plötzliche starke Dehnung auf den Muskel, wie beim Wippen oder Federn, löst in der Regel über den Dehnungsreflex eine „autogene Hemmung", ein Gegenstück zum Dehnungsreflex aus und beeinflußt dadurch die Agonisten und die Antagonisten, da die Frequenz der Spindelerregung nicht nur von der Größe der Dehnung (Längenzunahme) abhängt, sondern auch von der Dehnungsgeschwindigkeit (Längenänderung/Zeiteinheit). Die agonistische Muskulatur hält dadurch mit Kontraktionen dagegen. Statt nun die Muskulatur dehnfähiger und geschmeidiger zu machen, wird bei wippenden, zerrenden Dehnungen das Gegenteil erreicht, weil langfristig gesehen diese Muskeln bei Dehnungen einen hohen Widerstand durch Verkürzungen entwickeln sollen (KNEBEL 1985, 42 f.).

Diese Version — obwohl inzwischen scheinbar anerkannte Theorie — läßt noch Fragen offen. Neurophysiologisch ist keineswegs zweifelsfrei geklärt, ob die „autogene Hemmung" die angenommenen Wirkungen auch wirklich zeigt, da sie wahrscheinlich nur mehrere Millisekunden anhält. Auch steht nicht fest, bei welcher Muskelspannung diese Hemmung ausgelöst wird. Gerade bei gut dehnungstrainierten Sportlern/innen ist zu bezweifeln, ob eine willkürlich entwickelte Muskelspannung auch eine deutliche Hemmung dieses Muskels bewirkt. Wäre dies der Fall, würde bei jeder Erhöhung der Muskelspannung, z. B. durch aktive Vordehnungen, durch Ausholbewegungen usw. der arbeitende Muskel gehemmt. Das würde erhebliche Beeinträchtigungen der Bewegungsmuster nach sich ziehen (HOSTER 1987, 1526). Weder die Sportmedizin noch die Trainingswissenschaft können bis heute gesicherte Untersuchungsergebnisse über unterschiedliche Dehnungstechniken vorlegen.

### 3.5.4  Methoden des Beweglichkeitstrainings

#### 3.5.4.1 Zusammenhang von Zielen und Methoden

Wenn wir die bisherigen Betrachtungen zusammenfassend würdigen, dann muß das Training der *Beweglichkeit* zwei *Zielsetzungen* bzw. Aufgaben haben: die *Verbesserung der Gelenkbeweglichkeit* und die *Verbesserung der Dehnfähigkeit der Muskulatur.*

Durch ein Training der **Gelenkbeweglichkeit** kann Einfluß genommen werden auf (1) den *Gelenkstoffwechsel,* (2) die *neuro-physiologischen Steuerungs-, Hemmungs- und Aktivierungsprozesse* und (3) auf den *Zustand der bindegewebigen Formelemente* sowie den *Zu-*

*stand der auf das Gelenk einwirkenden Muskulatur.* Nicht beeinflußbare Faktoren sind die Gelenkform, Abnutzungserscheinungen im Gelenk, Formveränderungen der knöchernen Bauteile eines Gelenks (KNEBEL 1985, 88 f.). Das Training der Gelenkbeweglichkeit wird mit *gymnastischen Übungen* durchgeführt. Sie sollen eine allgemein gute *Gelenksmobilität* erreichen und erhalten.

Das Training der **Dehnfähigkeit** der Muskulatur steuert eine qualitative *Verbesserung der elastischen Eigenschaften* der Muskeln an. Sie wird weniger durch die größere Dehnfähigkeit der bindegewebigen Anteile des Muskels erreicht, was damit zusammenhängt, daß der Muskel um 150 bis 200 Prozent über seine Ausgangslänge gedehnt werden kann, während die Sehnen beispielsweise nur um 5 Prozent dehnbar sind. Die bessere Dehnfähigkeit der Muskulatur wird primär durch eine qualitative Verbesserung der elastischen Eigenschaften der Muskeln selbst erreicht.

### 3.5.4.2 Das Training der allgemeinen Gelenksbeweglichkeit

Das Training der allgemeinen Gelenkbeweglichkeit wird mit *aktiven gymnastischen Übungen* durchgeführt. Diese Übungen werden zu einem *Programm* zusammengestellt, das sich an den *Funktionskreisen* des Gesamtsystems unseres Bewegungsapparates orientiert. Nach KNEBEL (1985, 75) bezeichnen Funktionskreise eine funktionelle Einheit bzw. ein Teilsystem des Bewegungsapparates. Diese Einteilung hat vor allem im Hinblick auf das Training der Gelenkbeweglichkeit eine systematisierende Bedeutung.

Für die praktische Durchführung des Trainings schlagen wir (in Anlehnung an KNEBEL) folgende Funktionskreise vor, zu denen im Programm des Trainings jeweils vier bis fünf Übungsformen ausgewählt werden:

— *Funktionskreis I:* Schultergelenk, Schulterblatt, Schlüsselbein, gesamte obere Extremität
— *Funktionskreis II:* Hals-, Brust-, Lendenwirbelsäule
— *Funktionskreis III:* Becken und Hüftgelenk
— *Funktionskreis IV:* Hüftgelenk mit gesamter unterer Extremität

Für die Übungsdurchführung gelten die folgenden methodischen Merkmale:

— die Übungen müssen die volle *Bewegungsamplitude* ausnutzen, damit das aktuelle individuelle Bewegungsausmaß ausgeschöpft und erweitert werden kann;
— das *Ausführungstempo* ist zügig bis mäßig schnell;
— die *Wiederholungszahlen* liegen zwischen 10 und 20 pro Übung.

Hier wurde lediglich ein Programm mit Übungen ohne Gerät vorgestellt. Die Fachliteratur hält eine Reihe von Atlanten mit aktiven und passiven Übungsformen mit und ohne Gerät für alle Funktionskreise zur Gelenkbeweglichkeit bereit. Entscheidend ist, daß die Übungsformen die *Aktionsmuskulatur* und die *Bewegungsamplitude* des jeweiligen Gelenks *funktionell* ansprechen.

### 3.5.4.3 Das Training der Dehnfähigkeit der Muskulatur

In der traditionellen Trainingslehre (HARRE; ZACIORSKIJ u. a.) werden vier Dehnungsarten beschrieben, (1) die *aktiv-dynamische Dehnung,* (2) die *aktiv-statische Dehnung,* (3) die *passiv-dynamische Dehnung* und (4) die *passiv-statische Dehnung.* Unter **Stretching-Tech-**

**niken** versteht man in der deutschsprachigen Literatur (1) *passiv-statische Dehnungen* (das gehaltene Dehnen, Dauerdehnung) und (2) *Dehnungen nach isometrischer Anspannung.* Die zuletzt genannte Dehnungstechnik wird bei verschiedenen Autoren auch als postisometrische Dehnung bezeichnet (in der manuellen Medizin), *CHRS-Dehnung* (contract-hold-relax-stretch) (KNEBEL 1985, 59) und *AED-Dehnung* (anspannen – entspannen – dehnen) (SÖLVEBORN 1983, 11). Diese Begriffe sind allerdings methodisch wie physiologisch unterschiedlich und werden so uneinheitlich benutzt wie der Stretchingbegriff selbst.

**Aktiv-dynamische Dehnungen** sind als die traditionell gymnastische Form des Dehnens stark in die Schußlinie der „Stretching-Vertreter" geraten und von ihnen als wirkungslose und schädliche „Zerrtechnik" bezeichnet worden (SÖLVEBORN 1983). Diese pauschalierenden Ablehnungen sollten jedoch eher mit kritischer Distanz bewertet werden, weil die dagegen geführten Argumentationen einseitig sind (MAEHL 1986, 97). So wird hier hauptsächlich der Muskeldehnungsreflex genannt, der bei einer schnellen Muskeldehnung zu einer Muskelspindelaktivität führt, die den Dehnungseffekt erheblich beeinträchtigen soll. Dieser neurophysiologische Prozeß mag bei unerwarteten und ruckartigen Muskeldehnungen zutreffen. Aber — und das hat die Trainingspraxis gezeigt — die aktiv-dynamische Dehnung ist bei korrekter, zügiger und kontrollierter Bewegungsführung weder schmerzhaft noch schädigend (HOSTER 1987, 1524). Übungen mit aktiv-dynamischer Dehnung sind sogar erforderlich, um Dehnungsgefühl und Dehnfähigkeit für *Ausholbewegungen* (Wurfdisziplinen, Delphin-, Kraul-, Rückenschwimmen) und *Schwungeinsätze* der Extremitäten zu entwickeln. Für das aktiv-dynamische Dehnen gelten jedoch die folgenden methodischen Grundsätze: (1) Übungen müssen *kontrollierte Bewegungsführungen* zeigen, (2) das Dehnen geschieht nicht ruckartig, im Sinne des Zerrens, sondern *zügig geschwungen,* (3) der *Dehnungsgrad* wird in der Wiederholungsfolge *stufenweise* erhöht, bis zur maximalen Streckung der Antagonisten (HOLLMANN / HETTINGER 1980, 175), (4) die zu dehnende Muskulatur sollte gut *vorgewärmt* sein und (5) die *Wiederholungszahlen* liegen zwischen 10 und 20.

**Aktiv-statische Dehnungen** werden weitgehend durch die isometrische Kraft der jeweiligen Antagonisten bestimmt. Vor allem bei Turnern spielt diese Dehnungsart eine bedeutende Rolle. Die hierfür eingesetzte Methode ist überwiegend die 1971 von HOLT kreierte PNF-Technik (PNF = Propriozeptive — Neuromuskuläre Förderungstechnik). Sie läuft wie folgt ab: Dehnung des betreffenden Muskels — 6 Sekunden isometrische Kontraktion dieses Muskels — Entspannungsphase von 2 Sekunden — Weiterdehnen (konzentrische Kontraktion) dieses Muskels über 6 Sekunden. Dem zu dehnenden Muskel wird damit an der Grenze seiner Dehnfähigkeit ein Haltewiderstand entgegengesetzt. Dann wird der gedehnte Muskel isometrisch stark kontrahiert, eine Veränderung der Gelenkstellung erfolgt nicht. In der nun folgenden Entspannungsphase, durch Aufgabe der aktiven isometrischen Kontraktion, soll der Muskel aktiv (im Sinne einer konzentrischen Kontraktion) noch einmal weiter gedehnt werden. Dieses „Dehnen — Spannen — Entspannen — Weiterdehnen" wird nun ca. 60 Sekunden lang wiederholt.

Die praktische Durchführung dieser Technik ist allerdings wegen ihrer komplizierten Form nicht einfach und erfordert Erfahrung. Es können auch nur solche Übungsformen angewandt werden, bei denen eine isometrische Kontraktion gegen den Dehnungswiderstand durchführbar ist. Auch ist das Einfühlungsvermögen der Partner erforderlich, da viele Übungen als Partnerübungen durchgeführt werden (MAEHL 1986, 83).

Die **passiv-statische Dehnung,** auch „Dauerdehnung" oder „permanente Dehnung", hat als die eigentliche Stretching-Technik seit dem Standardwerk von ANDERSON (1982) einen Bekanntheitsgrad erreicht, der sowohl im Freizeit- als auch im Leistungssport zu einem neuen Dehnbewußtsein geführt hat. Nun sollte diese Entwicklung jedoch nicht darüber hinwegtäuschen, „daß sowohl die Übungen als auch die Übungswirkungen des traditionellen Dehnens durch die Neuorientierung („Stretching") keine essentiellen Änderungen erfahren haben" (HOSTER 1987, 1525). Wir sind der Auffassung, daß für das Training der Dehnfähigkeit im Rahmen der Beweglichkeitsschulung das klassische Stretching oder die permanente Dehnung im Sinne des *sanften, gehaltenen Dehnens* mit (1) *aktiv-selbstgesteuerten* und (2) mit *passiv-fremdgesteuerten Übungsformen* angewandt werden sollte (KNEBEL 1985, 95).

Beim *sanften, gehaltenen Dehnen,* das auch passives Ausziehen oder „zähes Dehnen" genannt wird (SÖLVEBORN 1983, 113 f.), dehnt man den Muskel langsam (sanft) bis zu der Länge, die noch ohne Schmerzen ertragen werden kann. Diese Phase des *„easy stretch"* hält man 10 bis 30 Sekunden, d. h. bis das Spannungsgefühl merklich nachläßt. Dann beginnt die zweite Phase, *„development stretch"* genannt: Hierbei dehnt man noch einmal langsam nach und hält wiederum 10 bis 30 Sekunden. Eine Überstreckung muß vermieden werden. Beide Phasen sollten jedoch eine Haltezeit von insgesamt 30 Sekunden nicht überschreiten. Auch Stretching erfolgt nach *Programmen,* wobei zu beachten ist, daß auch hier die wichtigsten Muskelgruppen der oberen und unteren Extremitäten sowie des Rumpfes einbezogen werden.

Möglicherweise wird die Wirkung der eben beschriebenen Stretching-Technik überschätzt, weil die Stretching-Literatur hervorzuheben versteht, daß verbesserte Durchblutung, nervale Versorgung der Muskulatur, Erwärmung, Schweißbildung, Muskelzuwachs, Verletzungsverhütung, Energieeinsparung u. a. durch Stretching erreicht werden sollen. Hierbei wird häufig übersehen, daß aktive Beweglichkeitsschulung diese Ergebnisse wirkungsvoller zu realisieren vermag.

Nicht durchsetzen konnten sich im Leistungssport verständlicherweise die *postisometrischen Dehnungen,* bzw. *Dehnungen nach Anspannungen* (AED/CHRS), die allerdings bei SÖLVEBORN (1983) als die Stretching-Technik schlechthin angesehen wird.

---

Das Training der allgemeinen Beweglichkeit ist inhaltlich gesehen eine Verbindung mit drei inhaltlichen Schwerpunkten: (1) gezielte gymnastische Übungen a) zur Entwicklung der Gelenkbeweglichkeit und b) zur aktiv-dynamischen Dehnfähigkeit und (2) einem Stretching-Programm zur Entwicklung der passiv-statischen Dehnfähigkeit.

---

### 3.5.5 Training der speziellen Beweglichkeit

In Sportarten wie dem Gerätturnen, der Rhythmischen Sportgymnastik, dem Eiskunstlauf/Eistanz, Wasserspringen, aber auch dem Hürdenlauf, Schwimmen und anderen, wird die Beweglichkeit zu einer entscheidenden Einflußgröße des sportlichen

Leistungszustandes und bedarf weit über das allgemeine Beweglichkeitstraining hinausgehenden systematischen Spezialtrainings.

Das Training der speziellen Beweglichkeit wird in zwei Formen durchgeführt: (1) als *Bestandteil und Erweiterung des Beweglichkeitstrainings* oder (2) als *technisches Ergänzungstraining* (s. Abschnitt 2.2.3.6).

Spezielle Beweglichkeit muß nicht nur inhaltlich systematisiert werden, sie wird in verschiedenen Sportarten auch normiert und damit einschätzbar gemacht. Der Stellenwert des speziellen Beweglichkeitstrainings soll nun anhand zweier Beispiele aufgezeigt werden. Hierzu ein erstes Beispiel aus dem Training der US-Schwimmer (COUNSILMAN 1980, 125 ff.). Nach diesem Programm braucht ein Schwimmer eine durchschnittliche *Hüftbeweglichkeit* (Wirbelsäulenbeweglichkeit), eine überdurchschnittliche *Schulterbeweglichkeit* und *Fußgelenksbeweglichkeit*. Diese Beweglichkeit wird systematisch trainiert und durch folgende Tests kontinuierlich überprüft (Abb. 92):

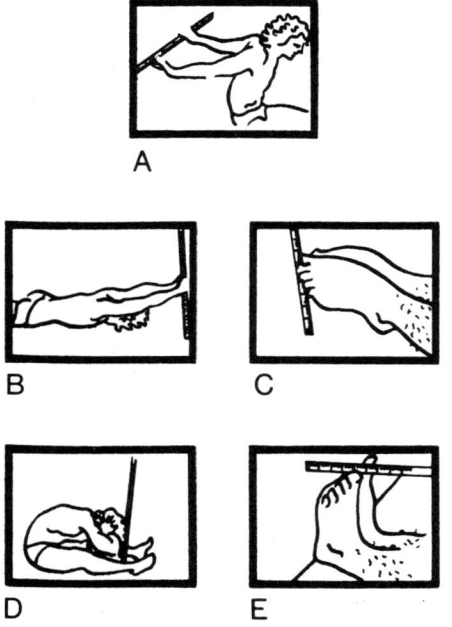

*Abb. 92: Testübungen für die Beweglichkeit von Schwimmern: A = „Schulterbeweglichkeit — waagrecht", geprüft wird, wie eng (in cm) bei gestreckten Armen die Handflächen nach unten gerichtet zusammengeführt werden können; B = „Schulterbeweglichkeit — senkrecht", Kinn auf dem Boden, gemessen wird, wie hoch die Hände bei gestreckten Schultern und Armen nach oben greifen können; C = „Fußgelenksbeugung sohlenwärts", gemessen wird der Abstand Großzehe — Boden; D = „Rumpfbeuge vorwärts", gemessen wird der Abstand Stirn zum Boden bei gestreckten Knien; E = „Fußgelenksbeugung zum Schienbein hin", gemessen wird der Abstand Wand — Großzehe (COUNSILMAN 1980, 127).*

Das zweite Beispiel wird aus den *kompensatorischen Sportarten* vorgestellt. In der Rhythmischen Sportgymnastik, beim Geräteturnen und im Eiskunstlauf/Eistanz erhält spezielles Beweglichkeitstraining eine besondere Bedeutung, weil die Bewegungsweite hier ein entscheidendes Merkmal bei der Beurteilung der „Ästhetik der Technikausführung" ist. Deshalb verfügen diese Sportarten ebenfalls über eine Reihe von Testübungen, mit denen die Bewegungsamplitude gemessen wird:

Diese Testübungen (Schwimmen, Geräteturnen) zeigen auch gleichzeitig auf, in welchen Inhalten das jeweilige spezielle Beweglichkeitstraining gestaltet ist.

Anhand der hier nur kurz vorgestellten Beispiele des speziellen Beweglichkeitstrainings sollte noch einmal die *Relevanz der Beweglichkeit* für den *sportlichen Leistungszustand* hervorgehoben werden und darauf aufmerksam gemacht werden, daß mangelhafte Beweglichkeit oft technische und konditionelle Leistungeinschränkungen verursachen muß, die anderweitig nicht auszugleichen sind.

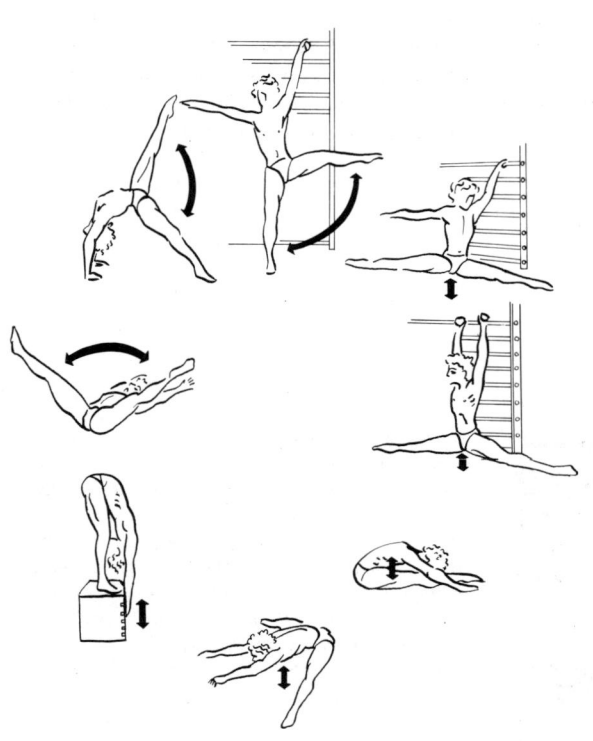

*Abb. 93: Testübungen zur Überprüfung der Beweglichkeit bei Gerätturnern nach HARRE (1986, 184 ff.). Die Pfeile kennzeichnen die Leistungsregistrierung.*

### 3.5.6 Allgemeine Grundsätze zur Gestaltung des Beweglichkeitstrainings

Das Training der Beweglichkeit unterliegt bestimmten Voraussetzungen bzw. *Grundsätzen,* die prinzipiell einzuhalten sind:

— Alle Sportarten erfordern eine gute *allgemeine Gelenkbeweglichkeit* und *Dehnfähigkeit* und viele Sportarten *spezielle Beweglichkeit,* die teilweise weit über das allgemeine Maß hinausgehende Ausformungen aufweist. Die Beweglichkeit ist eine überaus leistungsbestimmende *Einflußgröße* des sportlichen *Leistungszustandes* jeder Sportart.

— Die *Entwicklung* und *Stabilisierung* einer guten allgemeinen und speziellen Beweglichkeit erfordert ein *kontinuierliches* und *systematisches Beweglichkeitstraining.*

— *Jede Trainingseinheit* beginnt deshalb grundsätzlich mit einer *15- bis 20minütigen Beweglichkeitsschulung.* Sie ist integrativer Bestandteil der Aufwärmung. Im Rahmen dieser *Aufwärmung* ist eine für das folgende Training erforderliche optimale *Gelenkmobilität* und *Muskeldehnfähigkeit* zu erzielen.

— *Systematik* und *Dauer* des Beweglichkeitstrainings richten sich nach der *Tageszeit* (am Morgen ist man steifer als am Nachmittag) und dem *Hauptziel* der *Trainingseinheit.* Nachfolgende Ziele wie Schnelligkeits-, Maximal- oder Schnellkraftschulung benötigen neben einer guten Gelenkmobilität eine sehr gut vorgedehnte Muskulatur, eine nachfolgende Technikschulung benötigt zusätzlich eine spezielle Beweglichkeitsvorbereitung.

— Entsprechend der jeweiligen *Trainingsgruppe* und ihrer *Sportart* wird die *allgemeine* und *spezielle Beweglichkeitsschulung* kombiniert und erhält aufgrund der nachfolgenden Trainingseinheit ihre inhaltlichen Schwerpunkte.

— Ferner wird das Beweglichkeitstraining zum *Entmüden* und *Verhindern von Gelenksteifheit* nach harten und umfangreichen Belastungen eingesetzt. Hierbei haben sich *Dehnungstechniken* besonders bewährt.

— Eine hohe Effektivität haben Beweglichkeitsübungen in Verbindung mit dem *Warmbaden* (Thermalbad) und der *Sauna*.

# 4 Taktik und Taktiktraining

## 4.1 Zum Begriff Taktik

Sportliche Leistungen basieren auf einem Wirkungsbündel von konditionellen, technomotorischen und intellektuellen Komponenten. So werden konditionelle Fähigkeiten wie Kraft, Schnelligkeit und Ausdauer nur dann zur Ansteuerung sportlicher Ziele optimal wirksam, wenn sie durch angemessene sportliche Techniken im geeigneten Moment eingesetzt werden. Die *Auswahl* der im Moment bestgeeigneten Handlungsweise ist das Wesen des *taktischen Verhaltens*. Mit anderen Worten: **Taktisches Verhalten** *bedeutet, beim Ansteuern eines sportlichen Ziels seine konditionellen Fähigkeiten, sportliche Techniken und psychischen Voraussetzungen bestmöglichst einzusetzen.* In Anlehnung an HAGEDORN (1983, 397) legen wir deshalb den Taktikbegriff folgendermaßen fest:

---

Definition:

**Taktik** bezeichnet den Einsatz eines Systems von Handlungsplänen und Entscheidungsalternativen, das Handlungen so zu regeln gestattet, daß ein optimaler sportlicher Erfolg möglich wird.

---

*Taktisches Denken* bezeichnet deshalb auch die Fähigkeit von Sportlern/innen, eigene sowie fremde Entscheidungsalternativen und Handlungspläne aufeinander zu beziehen und optimal für den eigenen Erfolg zu nutzen (HAGEDORN, ebenda).

Dies ist besonders im Hinblick auf die Taktik im Wettkampf zu beachten, weil, wie DÖBLER (1976) ausführt: „erstens die Handlung eines Sportlers im Wettkampf eine äußerst komplexe Äußerungsform einer sportlichen Tätigkeit der Persönlichkeit darstellt, die gebunden ist an die verschiedenen Seiten und wechselseitigen Verflechtungen der Persönlichkeitsstruktur; zweitens der Strategie und Taktik komplizierte psychische und psychophysiologische Prozesse zugrunde liegen und drittens strategisch-taktisch determinierte Handlungen als zielgerichtete Handlungen zu verstehen sind, die durch ‚bewußte Zielantizipation (Eigenzielvorstellungen oder Identifizierung mit übertragenen Aufgaben) und bewußte Entscheidungen (unter Beachtung der möglichen Handlungsfolgen und teilweise widerstreitenden Motiven) ausgelöst werden und deren Ausführung durch ständige analytisch-synthetische Orientierungsprozesse reguliert ist'" (in BARTH 1980).

Wie bereits bei der Darstellung von Kraft-, Ausdauer- und Techniktraining geschehen, soll auch das taktische Verhalten und sein Training mit wissenschaftlichen Erklärungsmodellen begründet werden. Dabei wollen wir versuchen, die Differenzierung zwischen Technik- und Taktiktraining theoretisch zu rechtfertigen.

# 4.2   Wissenschaftliche Erklärungsmodelle zum Taktiktraining

## 4.2.1 Biologische Grundlagen des taktischen Verhaltens

Taktische Leistungen sind von der Fähigkeit geprägt, Situationen wahrzunehmen und deren Bedeutung für den Handlungsprozeß zu erkennen sowie darauf mit angemessenen technomotorischen Aktionen zu reagieren. Dabei bestehen Wahrnehmen und Erkennen darin, Empfindungen in Objekte der Wahrnehmung zu gliedern, diese in Begriffe einzuordnen und in einen funktionalen Zusammenhang mit der begrifflichen Objektwelt zu bringen. Diese Verhaltensmöglichkeit des Menschen, die von seiner *Bewußtseinskapazität* abhängig ist, wird als **kognitive Leistungsfähigkeit** bezeichnet.

### 4.2.1.1 Kognitive Leistungen

Bereits im Kapitel „Techniktraining" sind wir grundsätzlich auf die Bedeutung kognitiver Komponenten und der Kapazität des *Bewußtseins* für die sportliche Leistungsfähigkeit eingegangen, wobei auch die Aufgabe der Sprache für die Optimierung des sporttechnischen Verhaltens erörtert wurde. Wenn wir uns nun mit einer *bewußtseinspflichtigen* Tätigkeit wie dem taktischen Verhalten auseinandersetzen, müssen wir klären, ob Sprache eine notwendige Bedingung für bewußtes Handeln ist.

Obwohl in der Regel kognitive Leistungen mit *sprachlichen* (linguistischen) *Leistungen* eng verknüpft sind, bestehen vor allem bei vorwiegend sportpraktisch orientierten Experten Zweifel daran, ob der „Versprachlichung" (Verbalisierung) des sportlichen Handelns die Bedeutung zukommt, die ihr von Sporttheoretikern gerne zugeschrieben wird. Durch die Darstellung neurophysiologischer Modelle der kognitiven Leistungsfähigkeit soll zur Klärung dieser Frage beigetragen werden.

Ein wichtiges Argument für die enge Verknüpfung zwischen dem Leistungsvermögen des Bewußtseins (= kognitive Leistungsfähigkeit) und dem Sprachvermögen ergibt sich aus der Beobachtung, daß die meisten kognitiven Störungen auch mit Störungen der Sprache verbunden sind. Aus diesem Grund gehen Hirnphysiologen heute davon aus, daß Bewußtsein und Denken die Funktion des linguistischen Apparates der sprach-dominanten Hirnhälfte (Hemisphäre) bedingt. Dies bedeutet allerdings noch nicht notwendigerweise, daß die das Denken ermöglichenden Hirn-Mechanismen eng mit jenen Mechanismen, die Sprache ermöglichen, in Verbindung stehen. So sind dem Bewußtsein die Operationen der nichtsprachdominanten Hemisphäre nicht unmittelbar zugänglich. Sie erreichen es erst, wenn sie über die interhemisphärischen Kommissuren, dem linguistischen Apparat der sprachdominanten Hemisphäre, zugänglich gemacht werden.

Diese Sachverhalte sind nun ein Beleg dafür, daß alle Handlungsweisen letztlich ein koordiniertes Wechselspiel zwischen hochspezialisierten und relativ eigenständigen neuronalen Ensembles sind, d. h., daß auf der einen Seite *zielgerichtetes Bewegen* (beispielsweise automatisiertes sporttechnisches Verhalten) *nicht Bewußtseinspflicht ist,* während auf der anderen Seite *bewußtes Handeln* (zum Beispiel sporttaktisches Verhalten) das Einbeziehen des *sprachlichen Apparates* erfordert. Bewußtes Wahrnehmen, Denken und Handeln, also insgesamt geistiges Bewußtsein, sind nur möglich, wenn der linguistische Apparat des Gehirns zur Verfügung steht und Zugriff zu den Informationen im ganzen Gehirn hat. Aus diesen Zusammenhängen — denen hier nicht noch tiefergehend nachgegangen werden kann — leitet sich das folgende Ergebnis ab: Erst wenn die Rohinformation aus den Hemisphären des Großhirns in Symbole transformiert und in dieser symbolischen Transformation dem eigenen Gehirn wieder repräsentiert wird, kommt es zu der bewußten Wahrnehmung, wie wir sie erfahren, und erst dann ist bewußtes Denken möglich.

Natürlich gibt es kombinatorische Leistungen des Gehirns, die nicht als bewußtes Denken ins Bewußtsein treten: Ein ungelöstes Problem oder ein nur vage gesehener Zusammenhang können plötzlich klar im Bewußtsein erscheinen, ohne daß man die Prozesse, die zu diesem plötzlichen Evidenzerlebnis geführt haben, bewußt erlebt hat. Ähnlich ist es beim „Finden" eines halbvergessenen Wortes oder Namens. Man „denkt" schon nicht mehr „bewußt" daran, doch plötzlich ist das Wort oder der Name „da", also im linguistischen Apparat. Es hängt von der Definition des Begriffes „Denken" ab, ob man bereits die nicht-bewußten Kombinationen von Empfindungen und Begriffen als „unbewußtes Denken" bezeichnet oder ob man das Wort „Denken" nur für die logische Kombination von Begriffen im Bewußtsein reservieren möchte (CREUTZFELDT 1983, 342).

**Bewußtsein** als bewußte Wahrnehmung und als bewußtes Denken ist an kortikale Funktionen und an die Intaktheit der sprachdominanten Hemisphäre, also des *linguistischen Apparates* des Gehirns, gebunden.

Wenn wir in der Weiterführung dieses Gedankens nun versuchen, zwischen Technik- und Taktiktraining zu differenzieren, so können wir sagen, daß **Techniktraining** gehirnphysiologisch schwerpunktmäßig **Kleinhirntraining** bedeutet, während sich **Taktiktraining** vorwiegend auf die Verbesserung der Arbeit der **Hirnrindenareale** richtet. Kleinhirn und Hirnrinde unterscheiden sich nicht nur bezüglich ihrer Topographie, sondern auch in ihrer funktionellen Plastizität. Während das Kleinhirn vorwiegend den Charakter eines *Langzeitspeichers* hat, in dem durch langes Üben spezielle Programme — nicht nur sportmotorischer, sondern auch sprechmotorischer Art, ja sogar Denkmuster — fixiert sind, ist die Hirnrinde wesentlich flexibler: Die Hirnrinde ist aufgrund ihres Aufbaus sehr viel umfangreicher und vor allem schneller „bildbar" als alle subkortikalen Strukturen. Für die Taktik heißt das, daß taktische Konzepte schneller zu ändern sind als technisches Verhalten. Somit stellt sich für die Praxis bei kurzfristig zu entwickelnden taktischen Konzepten in der Regel nicht die Frage, welche sportmotorischen Fertigkeiten werden für die geplante Taktik benötigt, sondern es muß vielmehr gefragt werden, welche taktischen Konzepte beim derzeitigen Fertigkeitsstand möglich sind.

### 4.2.1.2 Gedächtnis und Erinnerung

Taktisches Verhalten ist vorwiegend eine Leistung der höheren Strukturen des ZNS, wobei — wie beschrieben — der sprachdominanten Hemisphäre der *Hirnrinde* eine besondere Rolle zukommt. Im Hinblick auf die Optimierung des sporttaktischen Verhaltens ist es vor allem wichtig, zu wissen, welche Prozesse der funktionellen und strukturellen Veränderung des Nervensystems als Folge von Denken und Behalten zugrunde liegen. *Optimales taktisches Verhalten beruht in wesentlichen Punkten auf der Fähigkeit, relevante Gedächtnisinhalte im geeigneten Moment in Erinnerung zu bringen* oder anders formuliert: Inhalte aus dem Langzeitgedächtnis ins Bewußtsein zu rufen. Dabei ist hier Bewußtsein mit dem Kurzzeitgedächtnis für mentale Kategorien gleichzusetzen.

Allgemein wird davon ausgegangen, daß es zwei Arten von *Lernen* und *Gedächtnis* gibt: *Kurzzeit* und *Langzeit.* Als neuronale Grundlage des Lernens nimmt man an, daß eine Information zunächst in Form kreisender Erregung in einem räumlich-zeitlich geordneten Muster als *dynamisches Engramm* gespeichert wird (Abschnitt 2.4). Diese kreisende Erregung führt anschließend zu strukturellen Veränderungen an den beteiligten Synapsen und damit zur Konsolidierung, zu einem *strukturellen Engramm.* Der Gedächtnisinhalt kann dann über eine entsprechende Aktivierung dieser Synapsen wieder abgerufen werden. Deshalb steht auch die Synapse im Mittelpunkt der Forschung zur Informationsverarbeitung im Gehirn.

Als erklärende Basis für das **Kurzzeitgedächtnis** gilt derzeit die sogenannte posttetanische Potenzierung, die sich im Hinblick auf die synaptischen Prozesse als synaptische Bahnung auswirkt: Beginnt man eine Nervenendigung mit einer Frequenz von 20/s zu reizen, so ist an der betreffenden Synapse auf den ersten Reiz fast kein erregendes synaptisches Signal zu beobachten. Erst im Fortgang der Reizserie werden die Signale immer größer. Demnach erhöht wiederholte Aktivierung die Effektivität der synaptischen Übertragung. Wird die Reizfrequenz verdoppelt, so ist der Bahnungseffekt noch stärker. Bei der Bahnung steigt die durchschnittliche Zahl der ausgeschütteten Transmitter-Quanten. Dabei ist der Bahnungseffekt am größten, wenn der zweite Reiz wenige ms auf den ersten folgt; er schwächt sich mit Zeitkonstanten in der Größenordnung von 50 ms ab (DUDEL 1987, 57 f.).

Verschiedene Synapsen zeigen unterschiedlich stark ausgeprägte Bahnungsabhängigkeiten. Vor allem die Synapsen des ZNS sind besonders bahnungsabhängig; bei diesen löst ein einzelnes Aktionspotential in der präsynaptischen Endigung kaum eine Transmitterausschüttung aus, während mehrere kurz aufeinanderfolgende Impulse sehr effektiv sind. Ausmaß und Dauer der Bahnung hängen sehr stark von der jeweiligen Synapse und der Dauer und Frequenz der wiederholten Reizung ab. Die längsten bisher bekannten posttetanischen Potenzierungen dauern mehrere Stunden. Funktionell gesehen, ist posttetanische Potenzierung (= Bahnung) ein durch Üben erleichterter Ablauf eines zentralnervösen Vorganges, also ein Lernprozeß (ebenda).

Während die oben beschriebene posttetanische Potenzierung (= Bahnung) das Phänomen des Kurzzeitgedächtnis erklärt, müssen wir annehmen, daß Langzeit-Erinnerungen bzw. **Langzeitgedächtnis** auf irgendeine Weise in überdauernden strukturellen Veränderungen der neuronalen Verbindungen im Gehirn verschlüsselt sind. Vieles spricht dafür, daß die notwendigen plastischen Veränderungen an den Synapsen zu suchen sind. So könnten sie z. B. hypertrophieren, es könnten sich zusätzliche Synapsen bilden oder es könnten Synapsen verschwinden (ECCLES 1979, 230 f.).

Man nimmt an, daß die neuronale Aktivierung beim Lernprozeß zuerst zu einer spezifischen RNS-Synthese und diese ihrerseits zu einer Proteinsynthese und so schließlich zum Synapsenwachstum und zur Kodierung der Erinnerung führt. Die ungefähre Zeitspanne von etwa 30 Minuten bis 3 Stunden scheint für das Synapsenwachstum, das die Langzeiterinnerung bewirkt, benötigt zu werden. Es muß ein *Intermediärzeit-Gedächtnis* geben, das die Lücke zwischen dem *Kurzzeit-Gedächtnis* von Sekunden und dem Beginn des *Synapsenwachstums* überbrückt, das zum *Langzeitgedächtnis* führt. Die oben beschriebene posttetanische Potenzierung — so wird angenommen — entspricht nun genau den Anforderungen des Intermediär-Gedächtnisses. Sie würde durch die sich wiederholenden synaptischen Aktivierungen des Kurzzeit-Gedächtnisses induziert werden und unmittelbar auf die Aktivierungen folgen und dabei auf die aktivierten Synapsen beschränkt sowie entsprechend ihrer Aktion abgestuft sein (ECCLES 1979, 235).

Wenn man die Unterscheidung zwischen *Kurzzeitgedächtnis* und *Langzeitgedächtnis* auf die biologische Ebene überträgt, liegen dem Kurzzeitgedächtnis modifizierte ionale Mechanismen zugrunde während das Langzeitgedächtnis auf veränderten Eiweißstrukturen basiert. Das Kurzzeit-("Ionen"-)Gedächtnis schlägt sich als erhöhte Calciumionenkonzentration und verminderten Kaliumionenstrom in Muskel- und Nervenzellen nieder, die dadurch nach einer Aktivierung für Folgereize besonders sensibilisiert sind. Das Langzeit-("Protein"-)Gedächtnis manifestiert sich in einer Anhäufung von speziellen Proteinen an den synaptischen Membranen und strukturellen Veränderungen der dendritischen Ausläufer von Nervenzellen (LEHNERTZ 1990 a).

Zwischen *„Ionen"-Gedächtnis* und *„Protein"-Gedächtnis* bestehen enge Wechselwirkungen, da zum einen die gedächtnisbildende Proteinsynthese durch die erhöhte Calciumionenaktivität angeregt wird; zum anderen ist diese Ionenaktivität nur auf der Grundlage der bereits vorhandenen Proteinstrukturen möglich. Bekannterweise erfordert jedes sportmotorische Handeln ein angemessenes Repertoire an Fertigkeiten, die im Bewegungsgedächtnis langfristig gespeichert sind. Demnach besteht die wichtigste Aufgabe des Techniktrainings darin, durch häufig wiederholte Aktivierung der Muskel- und Nervenzellen in optimaler Folge Ionenströme zu mobilisieren, die zur gewünschten Proteinsynthese als Grundlage des Langzeitgedächtnisses anregen. Der optimale Einsatz dieser langfristig gespeicherten Fertigkeiten bedarf des taktischen Denkens, zu verstehen als den Vorgang der assoziativen Verknüpfung von wahrgenommenen Situationen und dazu passenden erinnerten motorischen Handlungsmustern (ebenda).

### 4.2.1.3 Konsequenzen für das taktische Verhalten

*Taktik* erfaßt sowohl die während des Wettkampfes getroffenen Entscheidungen, die unmittelbar das Wettkampfgeschehen beeinflussen, als auch die längerfristigen, ins Training eingreifenden Maßnahmen. So ergibt sich beispielsweise bei ausgedehntem Bewegungstraining ein Problem im Zusammenhang mit der *Depression:* Wenn lange Serien von hochfrequenten Erregungen durch Nervenendigungen laufen, kommt es zur synaptischen Depression (DUDEL 1987, 59). Da dabei die Zahl der pro Nervensignal ausgeschütteten Transmitterquanten vermindert ist, erfolgt die synaptische Übertragung nicht mehr optimal. Zur Kompensation erfolgt in solchen Fällen bei weiterer Erregung die Mobilisierung von Ersatzsynapsen, was zu neuen Schaltungen führen kann, die aber dann nicht mehr die bestmöglichen Verbindungswege für optimale Bewegungsabläufe unter regenerierten Bedingungen sind. Das *Depressionsphänomen* hat für das taktische Verhalten beim Wettkampf dann Bedeutung, wenn die Wettkampfsituation eine längere Serie von gleichartigen, hochintensiv durchzuführenden Bewegungsfolgen fordert (LEHNERTZ 1990a).

Um im Wettkampf erfolgreich handeln zu können, ist es nicht nur wichtig, sich ein entsprechendes *Langzeit-Bewegungsgedächtnis* erarbeitet zu haben, sondern man muß auch in der Lage sein, das Langzeit-Potential zur rechten Zeit einzusetzen. Mit anderen Worten, man muß sich an die optimale Bewegungsausführung erinnern. Das ist ein Kernpunkt des taktischen Verhaltens. Im Zusammenhang mit den hier erörterten Mechanismen der Informationsspeicherung besteht das Erinnern an einen gelernten Bewegungsablauf darin, die zur Steuerung der Bewegung notwendigen Synapsen zu sensibilisieren. Praktisch heißt das, zu versuchen, die Bewegung durchzuführen bis sie in der beabsichtigten Form gelingt. Denn die Wahrscheinlichkeit mit einem Folgeversuch die bestmögliche Bewegungsform zu finden ist dann am größten, wenn durch einen Vorversuch alle an der optimalen Bewegungsform beteiligten Synapsen gebahnt worden sind (ebenda).

Im Techniktraining werden die Auswirkungen ständig erfahren und man stellt sich mit einer entsprechenden Trainingstaktik, so durch Einspringen, Einwerfen, Einturnen usw. darauf ein, wobei je nach Tagesdisposition mehrere Versuche notwendig sind, bevor eine Bewegung in gewünschter Zielform gelingt. Mitunter bleibt aber in einer Trainingseinheit jegliches Bemühen zunächst weitgehend erfolglos. Dann müssen sich Sportler/innen und Trainer/innen überlegen, ob das Training nicht abgebrochen werden sollte, um nicht der Bildung unerwünschter synaptischer Verschaltungen Vorschub zu leisten. Selbst dann, wenn durch erhöhte Konzentration und Anstrengungen der eine oder andere Bewegungsversuch wunschgemäß verläuft, ist die Anzahl der mehr oder weniger mißlungenen Bewegungswiederholungen größer und damit die Wahrscheinlichkeit der Synapsenfehlprogrammierung vermehrt gegenüber der Optimierung der Programme. Für Sportler/innen aus Sportarten, deren Bewegungsspektrum aus mehreren unterschiedlichen sportmotorischen Fertigkeiten besteht, kann bei Auftreten von Depressionserscheinungen ein Bewegungswechsel erfolgen, da vermutlich die Proteinbiosynthese nicht mit den ionalen Mechanismen der Kurzzeitspeicher konkurriert. Dies gilt aber nur dann, wenn sich das Ersatzprogramm deutlich vom ermüdeten Programm unterscheidet und die Bewegung mühelos in der erwünschten Form abläuft.

Die Tatsache, daß eine Bewegung synaptisch nur dann präzise gebahnt ist, wenn sie durch einen Probe- oder Vorversuch vorbereitet wird, der zeitlich möglichst eng mit dem Hauptversuch verknüpft ist, bedingt bestimmte Verhaltensweisen. Diesem Sachverhalt können Sportler/innen in einigen Sportarten dann am besten gerecht werden, wenn sie die Möglichkeit nutzen, *vor einem Wettkampfversuch einen vollständigen Probeversuch oder wesentliche Schlüsselstellen der Bewegung durchzuführen.* Ebenso wichtig ist, sich direkt am Anfang einer komplexeren Wettkampfübung (Eiskunstlauf, Turnkür, Slalom usw.) *relativ risikoarm* zu bewegen, um die *synaptische Sensibilisierung* auf Ionenbasis in den beteiligten neuronalen Strukturen in Gang kommen zu lassen und erst dann „Gas zu geben", wenn die Bewegungen gebahnt sind. Tennisspieler wissen, wie riskant es ist, beispielsweise ein „Crossduell" durch einen Linienball zu unterbrechen. Auch hier liegt der Grund für diese schwierige Verbindung darin, daß nach einigen aufeinanderfolgenden crossgeschlagenen Bällen dieser Schlag vollständig gebahnt und ein anderer möglicherweise nicht. Damit ist die Wahrscheinlichkeit des Gelingens eines erneuten Crossballs wesentlich größer als die aller anderen Bälle (LEHNERTZ 1990 a).

Aus dem Sachverhalt der zeitlich begrenzten synaptischen Bahnung ergibt sich eine Forderung gegen die sehr häufig in Hoch- und Stabhochsprungwettbewerben „gesündigt" wird: Viele Springer haben vor allem in großen internationalen Wettbewerben wie Olympische Spiele, Welt- und Europameisterschaften ihre möglichen Medaillen deshalb verschenkt, weil sie entweder zu hohe Anfangshöhen wählten oder in der Endphase aus taktischen Erwägungen Sprunghöhen ausließen. In beiden Fällen resultierten aus der längeren Wartezeit zwischen dem Einspringen bzw. den Vorversuchen in Fehlversuche, womit der taktische Vorteil der geringeren Versuche insgesamt in den Nachteil zusätzlicher Fehlversuche umschlug. Auch hier liegt die wesentliche Ursache darin, daß bei zu langen zeitlichen Abständen zwischen Bewegungsversuchen die synaptische Bahnung weitgehend verschwindet. Der offensichtliche Nachteil, der daraus entsteht, kann auch mit äußerster mentaler Konzentration nicht kompensiert werden.

Durch den eindringlichen Hinweis auf die Wichtigkeit, bei der Vorbereitung eines Wettkampfversuches möglichst vollständige Vorversuche durchzuführen, soll nicht der Eindruck entstehen, mentale Maßnahmen hätten bei der Vorbereitung praktischer Bewegungsversuche keine Bedeutung. Im Gegenteil: Eine angemessene mentale Vorprogrammierung ist für die optimale Bewegungsbereitschaft ebenfalls unbedingt notwendig. Bei der gedanklichen Vorstellung eines durchzuführenden Bewegungsablaufs erfolgt nämlich auf höchster zentralnervöser Ebene — im assoziativen Cortex (Hirnrinde) — eine synaptische Bahnung, die der beim realen Bewegungsvollzug gleicht. Solche Bahnungen bleiben aber weitgehend auf die höheren Strukturen begrenzt, so daß die Bewegung nicht bis zur Muskulatur „durchgebahnt" ist (ebenda).

Abschließend soll noch auf ein *„Zusatzgedächtnis"* hingewiesen werden, das gezielt genutzt werden sollte. Gemeint ist das *schriftliche Fixieren* von sprachlichen Hilfen zur Handlungs- und Bewegungssteuerung. Sportler und Sportlerinnen, die technisch und taktisch anspruchsvolle Sportarten betreiben, formulieren zumindest gedanklich bestimmte kinästhetische Empfindungen, visuell vorgestellte Bewegungssequenzen und beeindruckende taktische Entscheidungen in sprachlicher Form. Solche sprachlichen Kodierungen über die Wahrnehmung der eigenen Bewegung und Handlung können und sollten auch schriftlich festgehalten werden. Hier kann das geschriebene Wort dazu dienen, die entsprechende Erinnerung zu wecken und damit die Voraussetzung zu schaffen für die synaptische Bahnung einer Bewegung und Handlung in der gewünschten Qualität (LEHNERTZ 1990a). Ebenso ist das Erinnern an erfolgreiche Handlungen im Wettkampf wahrscheinlicher, wenn man sich anhand notierter Erfahrungen regelmäßig damit beschäftigt.

## 4.2.2 Handlungspsychologische Denkmodelle zur Taktik

Zielorientierte Tätigkeiten werden im allgemeinen als Handlungen bezeichnet. Tätigkeiten zum Erreichen eines sportlichen Zieles sind demzufolge grundsätzlich *sportliche Handlungen*. Unterteilt man diese in mehr physisch und motorisch und in mehr kognitiv bestimmte Komponenten, dann überwiegen bei taktischen Handlungen die kognitiven Leistungskomponenten.

Demnach ist handlungspsychologisch gesehen taktisches Handeln zunächst auf Erfahrungen, d. h. auf erworbenes und gespeichertes Wissen zur Trainings- und Wettkampfdurchführung zurückzuführen. In der konkreten Handlungssituation verknüpft sich dann jedoch dieser Erfahrungsschatz mit den Bedingungen des Handlungsablaufes und dieser wird in der einschlägigen Literatur als ein *Phasenverlauf* gesehen. Nach diesem Modell wickeln sich taktische Handlungen in den folgenden **Phasen** ab: Erste Phase (sensorischer Abschnitt) — *Wahrnehmung der Situation;* Bewegungen des Gegners, Flugbahn, -geschwindigkeit des Balles, Stellungen und Positionen im Raum werden wahrgenommen und erfaßt. Zweite Phase (diskriminatorischer Abschnitt) — *gedankliche Auseinandersetzung und Analyse der Situation;* hier werden die eigenen und gegnerischen Möglichkeiten kalkuliert und gedankliche Lösungsmöglichkeiten durchgespielt. Dritte Phase (kombinatorischer Abschnitt) — *Erstellung eines Handlungsplanes;* er wird als die momentan beste Aufgabenlösung betrachtet. Vierte Phase (operativer Abschnitt) — *Umsetzung in die*

*Handlung;* hierbei laufen gleichzeitig operative Denkprozesse ab, durch die der ursprüngliche Handlungsplan erneut an die Bedingungen der Situation angepaßt wird. Fünfte Phase (auswertender Abschnitt) — *Ergebnisanalyse;* sie beginnt bereits im aktiven Handlungsverlauf und setzt sich nach der Handlung fort. In dieser Phase findet eine subjektive Bewertung des Handlungsergebnisses statt. Die Intensität dieser Phase spielt eine entscheidende Rolle beim Sammeln von Erfahrungen.

Ob erfolgreiches Handeln, vor allem in Spielsportarten (Tennis, Tischtennis), in Kampfsportarten wie Boxen, Fechten, wo es unter Zeitdruck stattfindet, in den eben beschriebenen Phasen ablaufen kann, muß dahingestellt bleiben. Wir hatten uns bereits in den Abschnitten zum „Technikanwendungstraining" (2.2.3.5) und zu „Reaktionsleistungen" (3.3.2.1) mit dieser Problematik auseinandergesetzt.

Die wissenschaftliche Aufarbeitung taktischer Fragestellungen, die in den Sportspielen am weitesten entwickelt ist, zeigt eindeutig, daß den kognitiven Prozessen beim erfolgreichen taktischen Handeln große Bedeutung zukommt. Gleichgültig, ob sich entsprechende Untersuchungen der Frage widmen, inwieweit die Zeitverläufe in einer Sportart taktisches Handeln auf der Grundlage der Antizipation erfordern. Oder ob sie danach fragen, unter welchen neurophysiologischen Bedingungen Reaktionen ablaufen (Abschnitt 4.2.1). Alle Untersuchungen kommen zu dem Schluß: *Unabhängig von Sportarten kann taktisches Handeln auf vorauslaufende Steuerungsprozesse zurückgeführt werden.* Leistungsdifferenzen zwischen leistungsstärkeren und leistungsschwächeren bzw. erfahrenen und weniger erfahrenen Sportlern/innen können hauptsächlich auf Unterschiede bei der Informationsaufnahme und -verarbeitung zurückgeführt werden (WESTPHAL / GASSE / RICHTERING 1987, 57). Es muß demnach angenommen werden, daß erfahrene Sportler/innen über eine ausgeprägte, auf Erfahrungen basierende **Antizipationsfähigkeit** verfügen. Sie sind demnach in der Lage, durch nur wenige situationsbedingte Informationen ihr Handlungsergebnis bereits im voraus zu konstruieren bzw. vorauszunehmen (MEINEL / SCHNABEL 1987, 75).

Die Literatur differenziert die Antizipationsfähigkeit in Wahrnehmungs- und Erfahrungsantizipation (RÜSSEL 1976, 87 ff.) oder in Situations-, Ziel- und Programmantizipation (MEINEL / SCHNABEL 1987, 80 ff.) und zeigt in dieser Differenzierung: Erfahrene Spieler/innen können mit Sicherheit (1) aufgrund nur weniger Informationen die Gesamtsituation vorausnehmen (Wahrnehmungs- oder Situationsantizipation) und (2) schnell mit einem antizipierten Handlungsprogramm reagieren (Erfahrungs- oder Programmantizipation). Deshalb sind Situations- und Handlungsantizipation (wie wir diese beiden Formen bezeichnen) differenzierbar und Ergebnisse eines taktischen Erfahrungsprozesses.

WESTPHAL / GASSE / RICHTERING (1987, 58) fassen die Ergebnisse der handlungspsychologischen Taktikforschung in den Sportspielen wie folgt zusammen:

— bei der kognitiven Bewältigung von Taktikaufgaben wird den Prozessen der Informationsaufnahme und -verarbeitung die entscheidende Rolle zugerechnet.

— Die Fähigkeit unter Zeitdruck Entscheidungen zu fällen und die Handlungen zu antizipieren ist sportartübergreifend vorhanden aber sportart- und situationsspezifisch ausgeprägt.

— In der Gesamthandlungszeit (Auftreten des Signals bis zur Handlungsdurchführung) nehmen die kognitiven Prozesse mehr als die Hälfte dieser Zeit in Anspruch.

— Leistungsstärkere und erfahrene Sportler/innen nehmen Informationen schneller auf. Sie verfügen über bessere kognitive Leistungsvoraussetzungen und über effektiveres Beobachtungsverhalten: Bei bekannten Situationen springt ihr Blick rechtzeitig in Form antizipierender Augenbewegungen in Bereiche wo die entscheidenden Handlungen erwartet werden. Im Verlauf der Beobachtung beziehen sie nur wenige, aber offensichtlich die richtigen Merkmale ein. Sie beurteilen das Ergebnis des Handlungsverlaufes schneller und richtiger als Anfänger.

— Erfahrene Sportler/innen erkennen Wahrnehmungsinhalte besser wieder.

Grundsätzlich läßt sich zusammenfassen, daß für taktisches Handeln der *Erfahrung* die herausragendste Bedeutung zukommt.

## 4.3 Methodische Überlegungen zum Taktiktraining

Typische trainingsmethodische Konzepte wie beispielsweise im Technik-, Kraft- oder Ausdauertraining, die sich aus der Kopplung von Trainingsinhalten und Belastungsanforderungen ergeben, gibt es für das Taktiktraining nicht. Da optimales taktisches Handeln jedoch eine der wichtigsten leistungsbestimmenden Komponenten ist, und sportlicher Erfolg in hohem Maße auf die taktisch optimale Trainings- und Wettkampfdurchführung zurückzuführen ist, stellt sich auch für diesen Trainingsinhalt die Frage: *„wie"* soll taktisches Handeln trainiert werden?

### 4.3.1 Ziele des Taktiktrainings

Optimales taktisches Handeln beruht anerkanntermaßen auf (1) ausgeprägten sportartspezifischen *Erfahrungen,* (2) auf einer guten *Situations-* und *Handlungsantizipation* und (3) diese Antizipationsleistungen beruhen auf komplexen *kognitiven Prozessen.* Welche praktischen Konsequenzen können nun aus diesen Voraussetzungen taktischer Leistungen gezogen werden? Nach WESTPHAL / GASSE / RICHTERING (1987, 65) setzen taktische Handlungen

— die Fähigkeit zur Einschätzung der *Zeitverläufe* des gegnerischen und eigenen Handelns,

— Kenntnisse über Bedeutungen von *situativen Merkmalen,*

— Kenntnis der *Handlungsalternativen* in konkreten Entscheidungssituationen,

— die Fähigkeit zum Einsatz von *Denk-* und *Entscheidungsprozessen* und zur Einschätzung des *eigenen Leistungszustandes*

voraus.

Wenn Voraussetzungen für taktisches Handeln herausgearbeitet werden sollen, dann muß das Taktiktraining die folgenden *Ziele* verfolgen (65 ff.):

① Die *Ausbildung taktischer Kenntnisse:* Sportler/innen müssen Kenntnisse über die grundlegenden taktischen Systeme ihrer Sportart erwerben. Sie müssen vor allem Wissen über die Möglichkeiten und Ereignisfolgen in sogenannten Standardsituationen erwerben.

② Die **Ausbildung der Wahrnehmungsfähigkeit:** Unter dieser Zielsetzung soll die Wahrnehmungsfähigkeit vor allem im Hinblick auf die sportartspezifischen Wahrnehmungsinhalte geschult werden. Dazu gehören die Schulung des Blickbewegungsverhaltens, der Aufmerksamkeitslenkung, der ganzheitlichen und punktuellen Wahrnehmung u. a.

③ Die **Erarbeitung von Entscheidungsschritten:** Dafür ist bewußtes Entscheiden Voraussetzung. Einzelne Handlungsalternativen müssen situationsspezifisch erarbeitet und als Möglichkeiten bewußt und abfragbar geschult werden. Hierbei müssen Sportler/innen lernen, wahrgenommene Informationen mit den Möglichkeiten taktischer Handlungen situationsspezifisch in Verbindung zu bringen.

④ Die **Anleitung zur Selbstkontrolle:** Für situationsadäquates Handeln ist die Eigenkontrolle grundlegend. So müssen Sportler/innen befähigt werden, Fehlentscheidungen zu erkennen und zu akzeptieren, um sie konstruktiv für Verhaltensänderungen in vergleichbaren Situationen nutzen zu können.

## 4.3.2 Methodische Leitlinien zum Taktiktraining

*Das Leitziel des Taktiktrainings ist das systematische Sammeln von Erfahrungen zur erfolgreichen Bewältigung sportartspezifischer Wettkampfanforderungen.* Taktiktraining kann deshalb auch nur im Rahmen einer sportartspezifischen Eigendynamik gesehen werden. Das erleichtert die Suche nach einer Verallgemeinerung von gültigen Leitlinien für das Taktiktraining keinesfalls. Deshalb muß hierfür nach dem „kleinsten gemeinsamen Nenner" gesucht werden, d. h. nach solchen methodischen Regeln, die eine allgemeine Gültigkeit beanspruchen können. Auf der Basis der bisher geführten theoretischen Erörterungen über taktisches Handeln und den vier Zielen des Taktiktrainings haben WESTPHAL / GASSE / RICHTERING (1987, 68 ff.) vier methodische Leitlinien hergeleitet, denen wir uns — im Sinne einer trainingstheoretischen Verallgemeinerung — inhaltlich anschließen. Sie lauten:

① **Wahrnehmungsfähigkeit entwickeln lassen:** Bei Spielanfängern beispielsweise bleibt die Wahrnehmung zunächst personenzentriert. Erst mit zunehmender Sicherheit wird der Blick frei für neue Zusammenhänge, bleibt aber noch personenzentriert. Erst in einem dritten Schritt der spielerischen Entwicklung wird die Aufmerksamkeit auf abstraktere Spielstrukturen gelenkt. Aufgrund eines solchen Entwicklungsverlaufes muß sich Wahrnehmung stufenweise entwickeln können. Aber sie muß im Training bewußtgemacht und *Wahrnehmungsergebnisse müssen systematisch aufgearbeitet werden.*

② **Vom „Beobachten" zum „Erkennen":** Was Sportler/innen z. B. in einem Spielverlauf beobachten, müssen sie systematisch in Erfahrung bringen, „erkennen" lernen, weil Standort, Position, Gesichtsfeld und Perspektive die Wahrnehmungsmöglichkeiten ebenso einschränken wie die zur Verfügung stehende Zeit. Deshalb lassen sich aus der Gesamtsituation immer nur ein bis zwei Merkmale „beobachten" und „erkennen". Aus dem Beobachten muß sich das Erkennen der Situation ergeben, um daraus situationsadäquate Handlungen einleiten zu können. *Was für welche Merkmale in bestimmten Situationen beobachtet werden muß, sollte im Training systematisch bewußtgemacht werden.*

③ **Selbständiges Üben:** Situationsgemäßes Handeln erfordert Eigenständigkeit, selbständiges Erkennen und Interpretieren der jeweiligen Situation. *Taktiktraining muß zum Impuls für eigenverantwortliches Handeln werden.* Übungsformen, das Schulen von Standardsituationen, müssen daher Entscheidungsspielräume zulassen und auch zu taktischen Fehlentscheidungen führen können. Selbständigkeit erfordert außerdem die Eigenbewertung, so sollten Sportler/innen nicht nur auf die Rückmeldung von Trainern/Trainerinnen angewiesen sein, sondern zusätzlich die Möglichkeit erhalten, ihre Handlungen selbst zu bewerten.

④ **Objektive Rückmeldungen:** Objektive Informationen sind unverzichtbar, um das eigene Handeln anhand von Fakten einschätzen und beobachten zu lernen. Deshalb sollten Videoanalysen das Spielverhalten der eigenen und der fremden Mannschaft offenlegen, Spielbeobachtungen durchgeführt werden und die dabei beobachteten taktischen Strukturen Bestandteil des Taktiktrainings werden.

„Individuelle Taktik sollte in der Ausbildung zur eigentlichen Grundlage der Mannschaftstaktik werden und im Vordergrund stehen. Ideal wäre, wenn die Erarbeitung individueller Entscheidungen jeweils im Rahmen der Mannschaftstaktik abgerundet würde. Sie sollte von Beginn an mit Technik verknüpft werden und deutlich machen, daß die Bewegungstechnik eine Funktion zur Umsetzung des Spielgedankens erfüllt.

Schließlich wird individuelle Taktik als Schulung der Wahrnehmungs- und Entscheidungsfähigkeit in spielnahen Übungsformen verbessert werden, da nur so die Bedeutung der handlungsleitenden Signale erarbeitet werden kann.

Diese Übungsformen sollten die Entscheidungsbedingungen standardisiert repräsentieren und zunächst nur eine Alternative beinhalten. Der Spieler muß den Handlungsverlauf auf der Grundlage seiner Beobachtungen vorhersagen und sich für eine Alternative entscheiden. Diese Wahl sollte selbständig getroffen und nicht durch regelmäßige Abfolgen erleichtert werden, so daß die Entscheidung für den Spieler zunächst ein Problem darstellt, das er über Orientierungshilfen lösen lernt.

In der einzelnen Übungsform sollte die Entscheidung erarbeitet werden, indem drei Schritte eingehalten werden:

1. Der Spieler beobachtet den Ablauf der Ereignisse und versucht, Regelmäßigkeiten aufzudecken.
2. Er übt, in einer Beobachtungsfolge die Merkmale abzufragen, die regelmäßige, „wenn ... dann"-Beziehungen repräsentieren.
3. Er verknüpft seine Beobachtungen mit eigenem Handeln: Wenn das so ist, macht er dies und ich mache jenes.

In einem letzten Schritt läßt sich dann die Spielnähe dadurch steigern, daß weitere schon bekannte Alternativen wieder hinzugefügt werden.

Der Trainer/Lehrer beschränkt sich im Übungsprozeß darauf, über Beobachtungsaufgaben und Fragen Impulse zu setzen bzw. Rückmeldungen zu geben. Seine Aufgabe liegt insbesondere in der Konzeption und Kontrolle des Übungsablaufes:

— Stimmen die Vorbedingungen der Übungsform mit denen der Spielsituation überein?
— Sind die Bedingungen standardisiert?
— Entspricht die Handlungsalternative dem Leistungsniveau und Könnensstand der Spieler?

— Werden die Vorbedingungen in der Durchführung eingehalten? Entscheiden sich die Spieler und wie?

— Schließlich wird er die gelernten Situationsbedingungen sowie die erarbeiteten Handlungsalternativen in entsprechenden Lernerfolgskontrollen festigen und seinen Spielern die Möglichkeit geben, ihren Kenntnisstand selbst kritisch zu prüfen" (WESTPHAL / GASSE / RICHTERING 1987, 70 f.).

Die trainingsmethodische Bewältigung von taktischen Fragen kann letztlich nur in Verbindung mit konkret zu lösenden Wettkampfaufgaben unter Berücksichtigung der momentanen *technischen und konditionellen Voraussetzungen* ermöglicht werden (KERN 1989, 53). Da sich der technische Könnensstand und die konditionellen Möglichkeiten ständig entwickeln, muß auch das Taktiktraining — unter Berücksichtigung der eben genannten vier Leitlinien — ein längerfristiges Konzept mit den folgenden inhaltlich methodischen Schwerpunkten zeigen (BARTH 1980):

In der ersten Stufe der taktischen Ausbildung werden *typische Merkmale bestimmter Wettkampfhandlungen* wiederholt und ständig geübt, bis Sportler/innen diese Merkmale „erkennen" und der Handlungsentschluß zunehmend schneller erfolgt.

In der zweiten Stufe soll systematisch darauf hingearbeitet werden, daß Sportler/innen lernen, die *Wettkampfsituationen zu antizipieren,* d. h. hier muß gelernt werden, die gegnerischen Handlungen aufgrund einer Wahrscheinlichkeitscharakteristik vorauszunehmen und entsprechend zu reagieren.

In der dritten Stufe muß ein *situatives Gedächtnis* entwickelt werden, das es erlaubt, Ereigniswahrscheinlichkeiten zu identifizieren. Entscheidend für die Ausprägung eines spezifischen Wahrscheinlichkeitsverhaltens ist die Teilnahme an vielen Wettkämpfen mit unterschiedlichen Gegnern.

# 5 Aufbau, Gestaltung oder System des sportlichen Trainings

Im Abschnitt 1.2 hatten wir den gesamten Prozeß und Aufbau des Trainings als Blockschema eines Regelkreises (Abb. 5) vorgestellt, und wegen des kybernetischen Informationsflusses als *System des sportlichen Trainings* bezeichnet.

Der Systembegriff wurde von uns bewußt eingesetzt, weil er den bisher verwendeten Begriff *Trainingsstruktur* (THIESS / SCHNABEL / BAUMANN 1978, 239; MARTIN 1980, 9 u. a.) ersetzen soll. Der Begriff Trainingsstruktur umfaßt die Komponenten (1) Periodisierung, (2) Zyklisierung, (3) Proportionierung der Inhalte, (4) Belastungsdynamik und (5) zeitliche Veränderungen der Inhalte des Trainingsprozesses. Diese Verwendung zeigt, daß der Strukturbegriff mehr den formalen Aufbau bestimmter Zusammenhänge beinhaltet (DORSCH 1970, 401). Der Begriff „System" hingegen beschreibt ein Aggregat von Einzelvorgängen, die nach bestimmten Gesetzmäßigkeiten wechselseitig in der Weise aufeinander wirken, daß damit ein gemeinsamer Effekt erzielt wird (ebenda, 406). Da Aufbau und Gestaltung des sportlichen Trainings genau jenen Leitlinien folgen und systematisch auf eine bestimmte Leistungsentwicklung ausgerichtet werden, sind die dabei angesteuerten Ziele nur unter den Bedingungen eines darauf bezogenen Systems realisierbar. *Aufbau und Gestaltung des Trainings folgen demnach einem System das vom angesteuerten Ziel des Trainings sowie den Gesetzmäßigkeiten der Bedingungen, unter denen dieses Ziel erreichbar ist, geregelt wird.*

Im Vorgriff auf dieses Kapitel und zur hier bearbeiteten Thematik wurden bereits zu den Themen *Techniktraining* (im Abschnitt 2.6), *Krafttraining* (im Abschnitt 3.2.7), *Schnelligkeitstraining* (im Abschnitt 3.3.6) und *Ausdauertraining* (im Abschnitt 3.4.7) Merkmale und Gestaltungsprinzipien des jeweiligen speziellen inhaltlichen Trainingsaufbaus beschrieben und durch praktische Beispiele begründet.

## 5.1 Neuere Grundsatzüberlegungen zum Trainingsaufbau

Aufgrund der Arbeiten von BOIKO (1988) und WERCHOSCHANSKI (1988) äußert TSCHIENE (1989) die Überzeugung, daß die Trainingslehre endlich wieder in Bewegung gekommen sei, weil diese Autoren eine prinzipiell „neue" systemorientierte, handlungstheoretische Theorie kreiert hätten, in der sie die Gesetzmäßigkeiten umweltbeeinflußter Anpassungen in den Mittelpunkt stellten. Eine praxisorientierte Analyse dieser Arbeiten ergibt, daß diese „neueren" Theorien hauptsächlich drei Aspekte problematisieren: (1) das Primat der *Spezialisierung* (Abschnitt 2.1.1) im Training, (2) das Problem der *Langzeitanpassungen* von Trainingsbelastungen und (3) die *Methode der gezielten Belastungskonzentration*.

### 5.1.1 Spezialisierung als Orientierung für den Trainingsaufbau

Folgen wir der Argumentation von BOIKO (1988, 53 ff.), dann ist das Trainingsleitziel in vielen Fällen eine *erfolgreiche, spezielle Wettkampftätigkeit*. Nun beinhalten Trainingsvollzug sowohl *spezifische* konditionelle, koordinative und technisch-taktische *Trainingsformen,* die eine unmittelbare Beziehung zur Wettkampftätigkeit haben und damit eine „positive Übertragung" gewährleisten, als auch *unspezifische Trainingsformen,* die nur mittelbar oder möglicherweise in unbedeutendem Maße mit der Wettkampftätigkeit im Zusammenhang stehen. Sie entwickeln motorische Vielseitigkeit und ein allgemeines konditionelles Niveau. Da jedoch davon auszugehen ist, daß Sportler/innen nur über ein beschränktes Maß an *Anpassungsreserven* verfügen (Abschnitt 3.1.5.2), stehen die unspezifischen Trainingsinhalte beim Ausschöpfen vorhandener Anpassungsreserven zu den spezifischen in Konkurrenz.

ANOCHIN (1975) vertritt die These, daß die Anpassung an geforderte sportliche Leistungen nach dem Wahrscheinlichkeitsprinzip vonstatten geht, d. h. die Anpassung greift dann Leistungen antizipierend voraus, wenn bestimmte Umwelteinflüsse (so auch das Training) sich ständig wiederholen. In diesem Falle werden die Trainingswiederholungen von den motorischen Funktionen der Sportler/innen als gesetzmäßig aufgenommen und antizipierende Entwicklungen eingeleitet. Praktisch gesehen bedeutet das: Training muß die speziellen Anforderungen der Wettkampftätigkeit konditionell, technisch-taktisch, psychisch in Schwierigkeit und Variabilität ständig wiederholend vorausnehmen, weil es dadurch zu einer Abnahme der Vielseitigkeit der zu trainierenden Komponenten kommt und sich das Training besser auf die Ausübung der individuellen Funktionsreserven bzw. Anpassungsreserven konzentriert.

Der Umfang einer aktuellen Funktionsreserve wird mit großer Wahrscheinlichkeit von der aktuellen Funktionskapazität limitiert. Belastungsanforderungen können deshalb dann als effektiv angesehen werden, wenn sie die jeweiligen Funktionsreserven ausloten (Abschnitt 3.1.5.2).

Eine weitere Begründung für die Spezialisierung des Trainingsprozesses liefert WERCHOSCHANSKI (1988, 59). Danach sind Menschen grundsätzlich nicht mit einem Komplex engspezialisierter Mechanismen versehen, sondern vielmehr mit einem universellen, breiten Spektrum funktioneller Möglichkeiten und einer großen Stabilität gegenüber äußeren Einflüssen. Es gibt deshalb auch keinerlei spezielle Mechanismen die allein für Kraft, Ausdauer, Schnelligkeit oder die sportliche Technik zuständig wären. Jede beliebige sportliche Handlung wird von ein und demselben funktionellen Systemkomplex gesichert. Im Training jedoch spezialisieren sich die funktionellen Systeme in jene Richtung, in der sie beansprucht werden. So gesehen ist die Entwicklung der speziellen Leistungsfähigkeit von Sportlern/innen nur sekundär mit der Ausformung einzelner Fähigkeitsbereiche verbunden, primär reagiert die funktionelle Spezialisierung des Organismus in Richtung der sportartspezifischen Wettkampfleistung.

*Spezialisierung des Trainings bedeutet das Gestalten komplexer Trainingsbeanspruchungen, die sich konditionell und technisch an den Wettkampfübungen orientieren.* Sie will in erster Linie das auf die einseitige Entwicklung nur einer Komponente oder eine Fähigkeit gerichtete Training vermeiden. In der Psychologie wird diese Spezialisierung neuerdings als *Expertiseerwerb* bezeichnet, womit eine Konzentration der Leistungsentwicklung auf dasjenige Expertentum gemeint ist, das für bestimmte, optimal zu bewältigende Situationen erforderlich ist.

### 5.1.1.1 Komplextraining als eine Form der Spezialisierung

Verschiedene Sportarten haben für bestimmte, *spezialisierende Trainingsinhalte* den Begriff „Komplextraining" eingeführt. **Komplextraining** integriert die allgemein und speziell konditionellen mit technisch-taktischen Komponenten der Leistung in Orientierung an die Bedingungen der Wettkampftätigkeit zu einer sportartspezifischen Trainingsform.

Am Beispiel Biathlon soll gezeigt werden, wie die einzelnen Komponenten des Leistungszustandes im Sinne einer Spezialisierung integriert werden: Im Biathlon ist das Komplextraining — laut Trainingsanalysen — inzwischen zur Haupttrainingsform geworden. Dabei werden das *allgemeine* und *spezielle* Ausdauertraining mit den Inhalten Dauerlauf, Skirollertraining, Skitraining bei unterschiedlicher *Belastungsintensität* und -dauer mit der Disziplin Schießen gekoppelt, um mit der Ausdauerentwicklung gleichzeitig das Schießen nach vorausgegangenen Ausdauerbeanspruchungen, in unterschiedlichen Zeitabständen, stehend und liegend, komplex zu trainieren. Im Bereich Komplextraining ist die Trainerschaft aufgefordert Trainingsformen zu gestalten, die die Wettkampfleistung bzw. Teile davon ständig wiederholend antizipieren.

## 5.1.2 Langzeitanpassungen auf Belastungen

Anpassungen werden durch Trainingseffekte beobachtbar. Sie sind das Ergebnis von solchen Belastungen, die zu Beanspruchungen mit Anpassungswirkungen führten (Abschnitte 3.1.4 und 3.1.5). Dabei lassen sich *aktuelle* — das sind laufende Reaktionen auf Belastungen — und *kumulative Trainingseffekte* unterscheiden. Letztere sind Reaktionen auf eine Reihe verschieden ausgeprägter Belastungsanforderungen, gekoppelt mit unterschiedlichen Inhalten, die parallel und/oder aufeinanderfolgend den Organismus beanspruchten. Kumulative Trainingseffekte sind das Ergebnis derjenigen „gespeicherten" Anpassungsreaktionen, die sich nach gewissen Zeitabschnitten als Kennwerte der Leistungsentwicklung zeigen.

### 5.1.2.1 Der langzeitig verzögerte Trainingseffekt

Eine zielgerichtete Periodisierung kann bekanntlich den Ausprägungsgrad von Trainingseffekten steuern. Deshalb ist das Festlegen von Trainingszielen für die Langzeitanpassung eine Bedingung.

Die Gesamtbelastung resultiert aus den (1) absolvierten Trainingsinhalten, (2) den Belastungsanforderungen und (3) der zeitlichen Dynamik der Belastungen sowie der Anordnung der Inhalte (Periodisierung). Die Abstimmung dieser drei Bedingungen, genauer gesagt *Regelgrößen*, eines Trainingszyklus, ergeben Richtung und Ausprägung der Langzeitanpassung. Die *Trainingsinhalte* orientieren sich dabei, im Sinne der *Spezialisierung*, an den spezifischen Anforderungen der Wettkampftätigkeit, wobei ihr *trainingswirksames Potential* (WERCHOSCHANSKI 1988, 98) systematisch erweitert werden muß, d. h. man wird einem Periodenzyklus nicht direkt mit einer ständigen Wiederholung der Wettkampfübung, -distanz und dem Wettkampftempo im Training beginnen, sondern „trainingswirksam", d. h. die Anforderungen systematisch steigernd, vorgehen.

Die gesamte *Belastungsanforderung,* das Zusammenwirken des *Belastungsumfanges* mit der jeweiligen *Belastungsintensität,* ergibt die zweite Bedingung (Regelgröße). Langzeitig erwartete Trainingseffekte setzen einen richtigen Übergang von der Umfangs- zur Intensitätsbetonung voraus. Das Zusammenwirken der Belastungskomponenten und deren Anforderungen funktioniert dann im Sinne einer Langzeitanpassung, wenn als dritte Bedingung (Regelgröße) die *zeitliche Verteilung* der *Inhalte* und der *Belastungskomponenten,* in Abstimmung mit dem aktuellen Leistungsstand der Sportler/innen und der an ihrer aktuellen Funktionskapazität ausgerichteten Gesamtleistung, eingeschätzt werden kann.

Das soll am Beispiel des *langzeitig verzögerten Trainingseffektes* (Abb. 26 und 59) erläutert werden (Abschnitte 3.2.5.2 und 3.2.7.1): Bei der Summierung von Trainingsbelastungen ergibt sich die Frage, wie lange die vorhandenen Funktionsreserven noch ausgeschöpft werden können, ohne die vorhandene Funktionskapazität zu stören und negativ auf angestrebte Anpassungsprozesse zu wirken. Für die *Schnellkraftsportarten* konnte WERCHOSCHANSKI (1988, 43 ff.) dabei zwei „Formen" von Anpassungsverläufen analysieren. Die *erste Form* (Abb. 26) zeigte eine kontinuierliche Erweiterung der Kennwerte der Kraft und Schnelligkeit durch eine mäßige Steigerung des Belastungsumfanges. Hierbei konnten die Energieverluste kontinuierlich ausgeglichen werden. Eine solche Steuerung der Trainingseffekte ist vor allem bei Nachwuchssportlern/innen und Sportlern/innen eines mittleren Leistungsniveaus angebracht. Die *zweite Form* (Abb. 26) charakterisiert den eigentlichen langzeitig verzögerten Trainingseffekt. Er ergibt sich aus den folgenden Voraussetzungen: Eine sehr umfangreiche erste Trainingsetappe, die die Kennwerte der Kraft und Schnelligkeit weit unter das Ausgangsniveau senkt und zu einem Abbruch der Anpassungsreaktionen führt. Dieser Trainingsblock hat einen außergewöhnlich hohen Belastungsumfang mit geringer Belastungsintensität. Zum Ende dieser Etappe wird der Umfang systematisch verringert und die Intensität gesteigert.

Die Dauer eines langzeitig verzögerten Trainingseffekts wird nun dadurch bestimmt, „wann" der Übergang vom mehr umfangreichen zum intensiveren Training eingeschaltet wird. *Ausschöpfungszeiträume* für die *aktuelle Funktionsreserve* liegen bei 18—22 Wochen (Abb. 26). Dabei können die „Belastungsblöcke" bei der „Form 1" fünf bis sechs Wochen dauern, bevor sie von einem regenerierenden Mikrozyklus unterbrochen werden, die Belastungsblöcke der „Form 2", die den langzeitig verzögerten Trainingseffekt anstrebt, jedoch nur drei bis vier Wochen, dann ist ein regenerierender Mikrozyklus erforderlich. Nach maximal drei Belastungsblöcken muß der Übergang zum weniger umfangreichen, intensiveren Training erfolgen.

*Tabelle 27: Zusammenfassung der Belastungszeiträume der Form 1 und 2 aus der Abb. 26.*

| | Länge des belastenden Makrozyklus 18—22 Wochen | | |
|---|---|---|---|
| Form | Länge eines Belastungsblocks | Anzahl der Belastungsblöcke | Regenerationstraining zwischen den Blöcken |
| Form 1 | 5—6 Wochen | 2—3 | 7—10 Tage |
| Form 2 | 3—4 Wochen | 37—10 Tage | |

### 5.1.3 Steuerung langzeitig verzögerter Trainingseffekte mit der Methode der gezielten Belastungskonzentration

Leistungsveränderungen innerhalb von Trainingszyklen sind über die wechselseitig wirkenden Komponenten *Zeit,* Inhalte sowie Ausprägungen der *komplexen Trainingsbelastungen* steuerbar. Der jeweilige Zeitraum der Leistungsentwicklung wird dabei vom Wettkampfkalender determiniert, die komplexe Trainingsbelastung von der aktuellen Funktionskapazität limitiert. Diese Erkenntnisse liegen den bekannten Periodisierungskonzepten zugrunde. Die Periodisierungstheorie vertritt dabei die folgende Auffassung: Die Leistungsentwicklung in einem Trainingszyklus folgt dem Nacheinander von *allgemeiner* zu *spezieller* Vorbereitung, wobei die allgemeine Vorbereitung zusätzlich durch steil ansteigende *Belastungsumfänge,* die spezielle Vorbereitung durch abnehmende Belastungsumfänge bei zunehmender Intensität charakterisiert wird. Ferner besagt diese Theorie, daß eine zu frühe Spezialisierung des Trainingsprozesses zu einseitigen Anpassungen des Organismus und damit zur Dominanz nur einer Leistungskomponente führen würde. Sportliche Leistungsentwicklung beruhe indes hauptsächlich auf einer vielseitigen Basis.

Nach dem gegenwärtigen Erkenntnisstand der Trainingssteuerung muß jedoch für einen langjährigen und zyklischen Trainingsprozeß von folgender *Regel* ausgegangen werden: Das gängige, allgemeine *Periodisierungskonzept* (Abschnitt 5.2) hat nur für untere und mittlere Leistungsklassen der Individualsportarten Gültigkeit. Für *hochqualifizierte Sportler/innen* des Spitzensports sind nur die durch den Wettkampfkalender festgelegten Zeiträume von Zyklen und Perioden zu übernehmen, nicht die gängige Abfolge von allgemeiner zu spezieller Vorbereitung. Denn Spitzensportler/innen verfügen erstens über ein hohes spezielles Leistungsniveau, das nur noch über eine Verbesserung eben dieses *speziellen Niveaus* möglich ist. Zweitens trainieren sie bereits im Grenzbereich ihrer *Anpassungsreserven.* Dieses Training muß deshalb prinzipiell auf *spezielle, sportartspezifische Trainingsbelastungen* ausgerichtet sein.

Zur Trainingssteuerung im Spitzenbereich soll aufgrund der Untersuchungsergebnisse von WERCHOSCHANSKI (1988, 128 ff.) die *Methode der gezielten Belastungskonzentration* eingesetzt werden. Sie bedeutet: *„Blöcke" mit inhaltlichen Schwerpunkten,* wie Technikblöcke, Kraftblöcke, Kraft-/Schnelligkeitsblöcke mit hohem Belastungsumfang zu bilden.

Die Effektivität solcher Blöcke wird von mehreren sowjetischen Sportwissenschaftlern für den Spitzensport nachgewiesen. Dabei wird nicht verkannt, daß das Problem von Blöcken in der negativen Beeinflussung von Trainingseffekten derjenigen Leistungskomponente liegt, die in einem Block mit nur geringem Inhalt und Umfang zusätzlich zum Hauptinhalt trainiert werden, z. B. von einem umfangreichen Krafttraining auf das Techniktraining.

### 5.1.3.1 Trainingssteuerung für die Schnellkraft und für kompositorische Sportarten — ein Beispiel

Der negative Einfluß von hohen Kraftbelastungen auf das Techniktraining ist hinlänglich bekannt. Trotzdem ist das Zusammenwirken dieser beiden Leistungskomponenten im Spitzensport im Sinne einer Spezialisierung erforderlich.

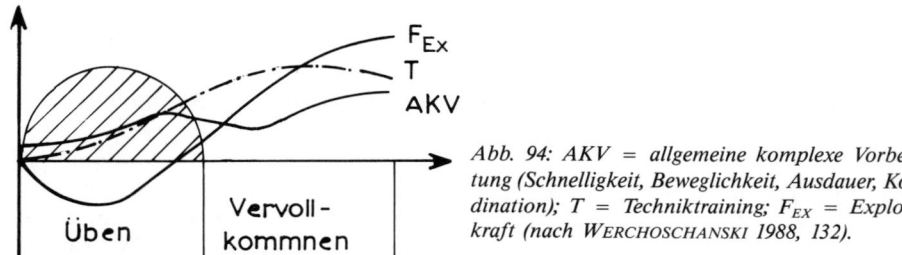

*Abb. 94: AKV = allgemeine komplexe Vorbereitung (Schnelligkeit, Beweglichkeit, Ausdauer, Koordination); T = Techniktraining; $F_{EX}$ = Explosivkraft (nach* Werchoschanski *1988, 132).*

Grundlage dieses Modells ist die **Differenzierung** der *konzentrierten Kraftbelastung* (Abb. 94, schraffiert) als Hauptinhalt des ersten Makrozyklus und des *Techniktrainings* (T) als Hauptinhalt des zweiten Mikrozyklus. Ziel dieser Steuerung ist es, das Haupttechniktraining dann durchzuführen, wenn die langzeitig verzögerten Trainingseffekte des Krafttrainings Techniktraining unter höchstmöglichen Krafteinsätzen erlauben, um es wettkampfnah durchführen zu können (Abb. 94, zweiter Makrozyklus). Deshalb gliedert sich hier die Vorbereitungsperiode in zwei große Makrozyklen des Techniktrainings (Üben, Vervollkommnen). Im ersten Makrozyklus, dem Zyklus der konzentrierten Kraftbelastung besteht das Techniktraining aus Technikerwerb mit geringerer Bewegungsintensität und aus technischem Ergänzungstraining. Im Makrozyklus des langzeitig verzögerten Trainingseffekts beginnt die Vervollkommnung der Technik durch Technikerwerbstraining unter höchster Bewegungsintensität mit Anpassung an das höhere Niveau der Schnellkraft und wettkampfnahem Technikanwendungstraining. In diesem Makrozyklus muß das hohe Kraftniveau durch ein Krafttraining mit geringen Umfängen aber hoher Intensität und sportartspezifischer Qualität erhalten bleiben.

### 5.1.3.2 Trainingssteuerung für die Sprintdisziplinen — ein Beispiel

Ein weiteres Beispiel soll zeigen, wie vor allem die Bewegungsgeschwindigkeit (Abschnitte 3.3.2.3 und 3.3.3.3) langzeitig im Rahmen der Vorbereitungsperiode entwickelt werden soll. Im Gegensatz zum vorher beschriebenen Beispiel für Schnellkraft- und kompositorische Sportarten (Abb. 94), wird für die Sprintdisziplinen eine deutlichere Differenzierung des Kraftblocks und der Schnelligkeitsverbesserung (Abb. 95, v und $v_{max}$) vorgenommen. Im Makrozyklus mit der konzentrierten Kraftbelastung (Abb. 95, schraffiert) wird auf das Schnelligkeitstraining vollkommen verzichtet. Allerdings werden die Bedingungen für die intramuskuläre Koordination der Bewegungsgeschwindigkeit (Koordinationsstruktur) mittels „entspannender" Arbeit auf einem hohen Niveau gehalten. Das eigentliche Sprintschnelligkeitstraining beginnt im zweiten Makrozyklus im Verlaufe des langzeitig verzögerten Trainingseffektes der Kraftbelastungen.

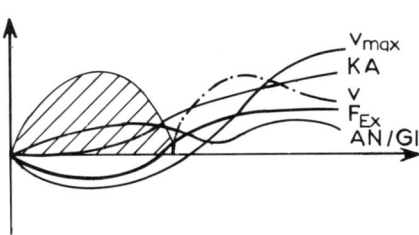

*Abb. 95: Beschreibung im Text; KA = Kraftausdauer; An/Gl = anaerob-glykolytischer Bereich (nach* WERCHOSCHANSKI *1988, 134).*

Das Training zur Entwicklung der anaerob-glykolytischen Kapazität als eine Komponente der Sprintausdauer (Abb. 95, An/Gl) wird in diesem Modell durch zwei Wellen charakterisiert. Die eine liegt am Ende der konzentrierten Kraftbelastung, die andere folgt im zweiten Makrozyklus nach dem Hauptumfang des Trainings der Bewegungsschnelligkeit (Abb. 95, v), dann mit nur gering ermüdenden Umfängen.

Die in diesem Kapitel vorgestellte Methode der Belastungskonzentration in Blöcken weicht natürlich vom Verständnis der gängigen Periodisierungstheorie ab, die auf einer komplexen Vorbereitung mit paralleler Entwicklung verschiedener Leistungskomponenten beruht. Die Methode der gezielten Belastungskonzentration soll die Erkenntnisse der Periodisierung nicht außer Kraft setzen. Sie zeigt nur, daß nach rationelleren Methoden des Trainingsaufbaus gesucht wird und werden muß, wenn die *Spezialisierung* mit Belastungen im Grenzbereich der *Anpassungsreserve* Leitmotiv des Trainingssystems wird.

## 5.2 Periodisierung — Zyklen

L. P. MATWEJEWs Arbeit „Periodisierung des sportlichen Trainings" ist 1972 zum ersten Mal in der Bundesrepublik veröffentlicht worden. Sie gehört zu den Klassikern der Trainingslehre. Die daraus abgeleitete Theorie ist seither in mehreren Veröffentlichungen vorgestellt, diskutiert und modifiziert worden (LEMPART 1973; TSCHIENE 1977, 1985; MARTIN 1980; 1987; STARISCHKA 1988; WERCHOSCHANSKI 1988 u. a.). Da diese Theorien auch Grundlage für die Trainingsplanung ist, mußte sie ständig überprüft und weiterentwickelt werden (Abschnitt 5.1).

Definition:

***Periodisierung*** ist die Festlegung einer Folge von Perioden, deren inhaltliche, belastungsmäßige und zyklische Gestaltung die Herausbildung der optimalen sportlichen Form für einen bestimmten Zeitraum innerhalb des Periodenzyklus ansteuert.

## 5.2.1 Die klassische Theorie Matwejews

Matwejew geht davon aus, daß Sportler/innen eine erworbene sportliche Form nicht ständig auf dem gleichen Niveau halten können, sondern daß sie diese erstens „phasisch" (periodisch) erwerben, zweitens über einen Zeitraum halten können und drittens sie zeitweilig wieder verlieren. Die Phasen der Formentwicklung und des Formerhalts erreichen bei einem entsprechenden mehrjährigen Trainingsprozeß von Jahr zu Jahr ein höheres Niveau.

Aufgrund der Notwendigkeit, daß die Höchstform ja nicht irgendwann im Jahr erbracht werden soll, sondern zu einem vorausbestimmbaren Zeitpunkt, den jeweiligen Hauptwettkämpfen beispielsweise, muß und kann der Trainingsprozeß so gesteuert werden, daß diese Höchstform auch zum geplanten Zeitpunkt erreicht wird, vorausgesetzt die *objektiven Gesetzmäßigkeiten der Formentwicklung* werden erkannt und eingehalten. Die dazu notwendigen Entwicklungsphasen erhalten aufgrund dieser Steuerungsfunktion einen genau bestimmten Trainingsaufbau und ihm zugeordnete Trainingsinhalte. Daraus ergibt sich ein Trainingszyklus mit drei Perioden: (1) Die *Vorbereitungsperiode;* in ihr wird die sportliche Form entwickelt. (2) Die *Wettkampfperiode;* in ihr werden die erworbenen Möglichkeiten weiterentwickelt und in den Wettkämpfen realisiert. (3) Die *Übergangsperiode;* sie bedeutet aktive Erholung mit dem Erhalt des Trainingszustandes auf einem bestimmten Niveau (Matwejew 1972, 108 ff.).

Für das Verstehen der *objektiven Gesetzmäßigkeiten* ist zunächst folgende Erkenntnis wichtig: Die Trainingsperioden ergeben sich nicht nur daraus, daß Sportler/innen nicht immer in Form sein können, sondern auch, weil die *periodische Veränderung der Trainingsstruktur* und der *Trainingsinhalte* objektiv notwendige Bedingungen der sportlichen Entwicklung sind. Damit meint Matwejew, daß jede Phase dieser Entwicklung mit einem besonderen Inhalt und Aufbau des Trainingsprozesses verbunden ist. In diesem Entwicklungsprozeß bilden also erstens die *Belastungsanforderungen* und zweitens die *inhaltliche Gestaltung* einen gesetzmäßigen Zusammenhang, der in der Abb. 96 schematisiert wird.

Der Trainingszyklus (ob ganz- oder halbjährig) geht von einem terminierten Höhepunkt aus und unterteilt sich danach in Trainingsperioden. Fest umrissen ist die Wettkampfperiode. Ihre Dauer wird durch die Zeit bestimmt, in der Sportler/innen ihre Form unter den jeweiligen Bedingungen aufrechterhalten sollen. Die Wettkampfperiode dauert in einem Ganzjahreszyklus vier oder fünf Monate. Die Übergangsperiode dauert ein bis zwei Monate und die Vorbereitungsperiode fünf bis sechs Monate. Dabei erhält innerhalb jeder Periode das Verhältnis von Trainingsumfang und Trainingsintensität eine ganz bestimmte Ausprägung (Abb. 96).

Wie in Abb. 96 (oben) schematisiert, steigt die *Belastungsintensität* bis zum Anfang der Wettkampfperiode linear an und erhält ihre Kulmination während der Wettkampfperiode. Der *Belastungsumfang* steigt hingegen bis zur Hälfte der Vorbereitungsperiode stark an, nimmt jedoch bei steigender Intensität wieder ab. Der *erste Steuerungsfaktor,* der den Zeitpunkt der „Höchstform" stark beeinflußt, ist demnach die Belastungsintensität. Erreicht sie zu früh ihr Maximum, ist auch die Höchstleistung im Zeitraum dieses Zyklus zu früh zu erwarten und wahrscheinlich nicht so lange stabilisierbar. Andererseits kann am Ende der Vorbereitungsperiode und zum Anfang der Wettkampfperiode nur dann mit hoher Intensität trainiert werden, wenn ein Training mit hohem Umfang vorausgegangen ist.

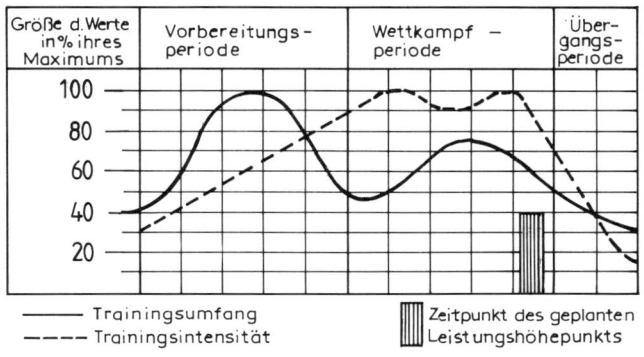

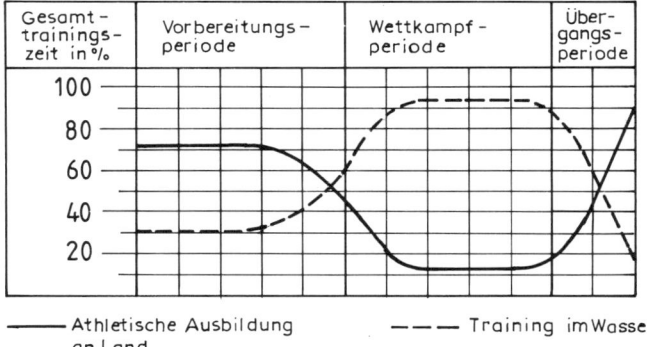

*Abb. 96: oben: Tendenz der Belastungsdynamik (Umfang und Intensität); unten: Verteilung der Trainingsinhalte in allgemeine Vorbereitung (athletische Ausbildung an Land) und spezielle Vorbereitung (Training im Wasser) nach LEWIN (1974, 150).*

Der *zweite Steuerungsfaktor* ist der *Trainingsinhalt* bzw. die inhaltliche Gestaltung des Trainings (Abb. 96, unten). Die Inhalte werden in einem systematischen Nacheinander in den Trainingsprozeß eingeschaltet. Zusammen mit dem „Umfang-Intensitäts-Verhältnis" gestalten sie die Periodisierung. In der ersten Hälfte der Vorbereitungsperiode geht es um die Verbesserung der allgemeinen Kondition. Hierbei erreicht der Trainingsumfang seinen Höhepunkt. In der zweiten Hälfte der Vorbereitungsperiode werden schwerpunktmäßig spezielle Übungsformen angewandt und die Intensität steigt bei einer Abnahme des Umfanges an. Die größte Intensität bei geringstem Umfang liegt am Anfang der Wettkampfperiode, hier wird dann die Wettkampfübung selbst zum Haupttrainingsinhalt.

## 5.2.2 Die Perioden

Trainingsperioden sind aufeinanderfolgende Stadien eines Trainingsprozesses; sie werden durch eine zweckmäßige Anwendung bestimmter Inhalte und Methoden charakterisiert, die eine gezielte Einwirkung auf die Leistungsentwicklung gewährleisten. Die Trainingsperioden sind damit aufeinanderfolgende Stadien eines Steuerungsprozesses zur Entwicklung der sportlichen Form. Daraus geht hervor, daß die Gesetze der Trainingsperiodisierung vor allem Gesetze der Steuerung der sportlichen Form in verschiedenen Stadien dieses Prozesses sind. Die Grenzen zwischen den Perioden sind zwar fließend, sie bedeuten keinen plötzlichen, inhaltlichen oder belastungsmäßigen Wechsel, stellen aber dennoch im Trainingsprozeß Knotenpunkte dar und werden zeitlich ziemlich genau terminiert. An solchen Knotenpunkten ändern sich Belastungsanforderungen sowie Inhalt und damit der gesamte Trainingsprozeß. Damit leiten sie von einer Entwicklungsphase der sportlichen Form zu einer anderen über (MATWEJEW 1972).

### 5.2.2.1 Die Vorbereitungsperiode

Die *Vorbereitungsperiode* ist derjenige Periodenzyklus, der das Ziel verfolgt, grundlegende konditionelle, technisch-taktische Voraussetzungen für hohe sportliche Leistungen und Trainingsbelastungen in der Wettkampfperiode zu schaffen (STARISCHKA 1988, 33).

Traditionell wird die Vorbereitungsperiode in zwei Etappen, die „allgemein vorbereitende" und die „speziell vorbereitende", gegliedert. Neuerdings wird eine Unterteilung in drei **Makrozyklen** (MAZ) vorgenommen, die vier bis acht Wochen dauern. Die drei Makrozyklen (MAZ) der Vorbereitungsperiode haben folgende Aufgaben: Im MAZ 1 soll die letztjährige Leistungsfähigkeit der *allgemeinen Leistungsgrundlagen* wieder erreicht und nach Möglichkeit übertroffen werden. Die Trainingsinhalte sind unspezifisch und die Trainingsbelastung ist mittel bis hoch. Im MAZ 2 sollen die *speziell dominierenden Leistungsgrundlagen* entwickelt werden. Die Trainingsinhalte sind spezifisch und die Trainingsbelastungen liegen im Grenzbereich. Im MAZ 3 werden die *speziellen Leistungsvoraussetzungen* in enger Verbindung mit den Bedingungen der Wettkampfleistung noch weiter entwickelt. Die Trainingsinhalte sind wettkampfspezifisch, die Trainingsbelastung ist hoch und liegt im Grenzbereich (STARISCHKA 1988, 33 f.).

### 5.2.2.2 Die Wettkampfperiode

Die **Wettkampfperiode** wird durch den Wettkampfkalender, die Anzahl und die Arten der Wettkämpfe zeitlich festgelegt und inhaltlich bestimmt.

Entsprechend der Wettkampfhöhepunkte wird zwischen „einfacher" und „komplizierter" Wettkampfperiode unterschieden. Die *einfache Wettkampfperiode* wird in zwei Makrozyklen unterteilt (MAZ 4 und 5). Im MAZ 4 soll die sportliche Form optimal ausgeprägt, im MAZ 5 eine hohe Form stabilisiert werden. Die *komplizierte Wettkampfperiode* zeigt eine Dreiteilung: MAZ 4 ist der erste Wettkampfzyklus, MAZ 5 ein Zwischenzyklus und MAZ 6 der zweite Wettkampfzyklus. Die Gesamtdauer der Wettkampfperiode ist sportartenabhängig sehr unterschiedlich. Bei einfacher Periodisierung dauert sie zwei bis drei Monate. Bei komplizierter Periodisierung, wie beispielsweise in den Sportspielen, müssen erheblich längere Zeiträume geplant werden (STARISCHKA 1988, 35 f.).

### 5.2.2.3 Die Übergangsperiode

Die *Übergangsperiode* ist der Zyklus der aktiven Erholung mit einem vorübergehend in Kauf genommenen Leistungsrückgang. Sie dauert durchschnittlich zwei bis vier Wochen und ist durch folgende Merkmale gekennzeichnet:

— Zurücknahme der Trainingsbelastungen,
— keine Wettkämpfe,

— Formerhalt auch mit nicht sportspezifischen Trainingsformen,
— systematische Anwendung trainingsbegleitender Maßnahmen wie Massagen, Thermal-
bäder, gymnastische Beweglichkeitsprogramme, Schwimmen, Luftveränderungen —
„Urlaub", welcher der Regeneration, dem „Kräftesammeln" und persönlichen Bedürfnissen dient.

### 5.2.3 Periodisierungsmodelle und neuere Tendenzen in der Periodisierung

Aufgrund unterschiedlicher Wettkampfkalender, zweimaliger bzw. dreimaliger Wettkampf-
zyklen innerhalb eines Jahreszyklus kommt es in den Sportarten zwangsläufig zu unterschiedlichen Periodisierungsmodellen, zum

— Modell der *Einfachperiodisierung* (eine Wettkampfperiode im Jahreszyklus)
— Modell der *Doppelperiodisierung* (zwei Wettkampfperioden im Jahreszyklus)
— Modell der *Dreifachperiodisierung* (drei Wettkampfperioden im Jahreszyklus).

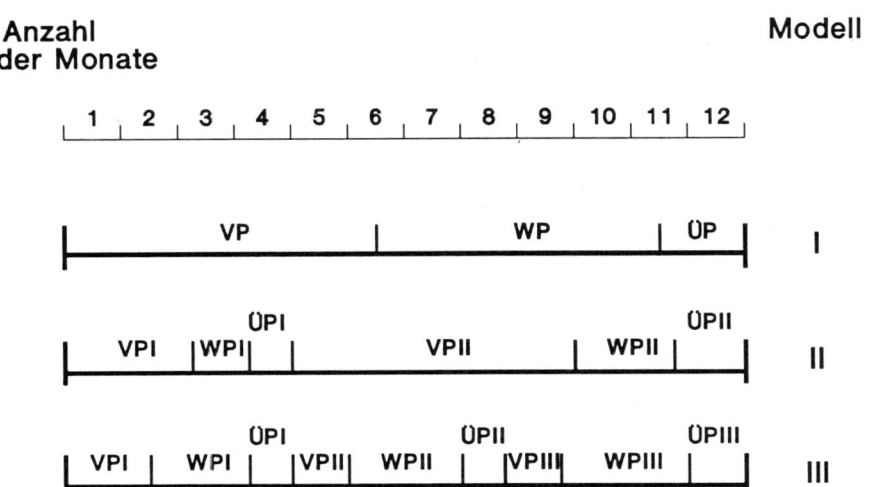

Abb. 97: *Zeitliche Verteilungsmöglichkeiten bei Einfach- (I), Zweifach- (II) und Dreifachperiodisierung (III).*

#### 5.2.3.1 Spezielle Probleme der Periodisierungsmodelle

Untersuchungen zur Dynamik der Leistungsentwicklung von Sportlern/innen lassen die
Vermutung zu, daß sich diese Dynamik in zwei großen Wellen vollzieht, wobei die höheren
Werte der Leistung in der zweiten Welle erreicht werten. Das kann auf eine bessere aktuelle
Funktionskapazität in dieser zweiten Welle zurückzuführen sein. Es wird vermutet, daß
eine Zweifachperiodisierung für die meisten Sportarten grundsätzlich zweckmäßig ist. Sie
wird seit längerer Zeit auch in solchen Disziplinen erprobt, die traditionell mit einer Einfachperiodisierung trainierten. Mit dem gegenwärtigen Erkenntnisstand läßt sich die Ein-

fachperiodisierung kaum noch stützen. Viele Trainer gehen auch in den traditionell einfachperiodisierten Sportarten zur Zweifachperiodisierung über. Die Dreifachperiodisierung hat sich im Schwimmen, Boxen u. a. durchgesetzt. Für Langzeitausdauer- und/oder Mehrkampfdisziplinen läßt sich die Einfachperiodisierung jedoch nach wie vor vertreten. Anhand einiger Beispiele sollen vor allem die Bedingungen der Dynamik von Leistungsentwicklungen vorgestellt werden.

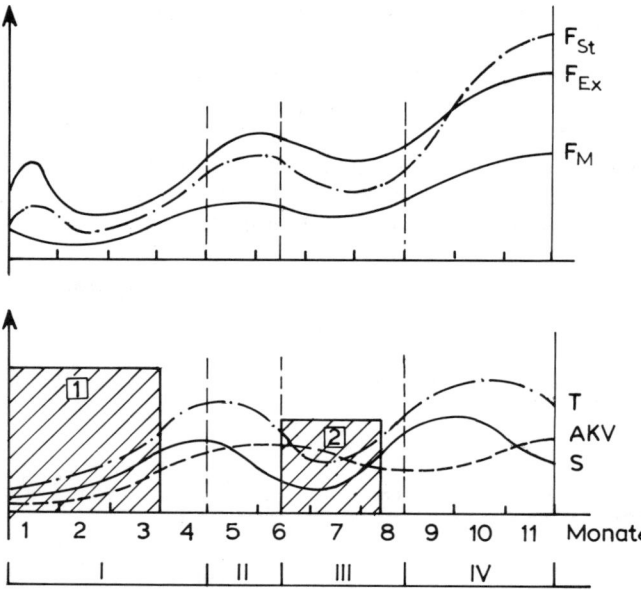

Abb. 98: Modell der Zweifachperiodisierung für Schnellkraftsportarten. Der obere Teil der Abb. zeigt die Dynamik der Leistungsentwicklung der Maximal- ($F_M$), Explosiv- ($F_{Ex}$) und der Startkraft ($F_{St}$), der untere Teil die Umfangsverteilung des Technik- (T), Schnelligkeits- (S) und des allgemeinen Konditionstrainings (AKV) mit zwei Kraftblöcken (schraffiert). I = Vorbereitungsperiode I; II = Wettkampfperiode I; III = VP II; IV = WP II (nach WERCHOSCHANSKI 1988, 149).

Die Abb. 98 zeigt ein Modell der Zweifachperiodisierung mit zwei Kraftblöcken, die zu einem langzeitig verzögertem Trainingseffekt führen sollen. Dieses Phänomen ist in den Abschnitten 5.1.2 und 5.1.3 ausführlich beschrieben worden. Es wird in einer Zweifachperiodisierung zweimal angesteuert, wobei der zweite Kraftblock einen geringeren Belastungsumfang in einem kürzeren Zeitraum aufweist. Dafür hat die gesamte Belastungsintensität in der VP II ein höheres Niveau.

Das Modell einer Einfachperiodisierung für Langzeitausdauerdisziplinen wird in Abb. 99 vorgestellt. Zur Entwicklung einer stabilen Anpassung des Organismus ist eine relativ lange Vorbereitungsperiode erforderlich (bis zu 6 Monaten). Ferner ist die allmähliche Erhöhung des Belastungsumfanges, der auch in der Wettkampfperiode keinen plötzlichen Abfall haben darf, charakteristisch. Es hat sich gezeigt, daß eine langzeitige Umfangsverringerung in der Wettkampfperiode bei Einfachperiodisierungen zu Reanpassungsprozessen führen kann, die sich deutlich in den Parametern des Leistungszustandes nachweisen lassen. Die Wettkampfbelastungen selbst können den Erhalt eines hohen Niveaus der Leistungsfähigkeit nicht gewährleisten. Des weiteren zeigt das Modell (Abb. 99) zwei Blöcke des speziellen Kraft- und Schnelligkeitstrainings. Die Belastungsumfänge dieses Trainings liegen allerdings in Bereichen der anaerob-alaktaziden Energiebereitstellung.

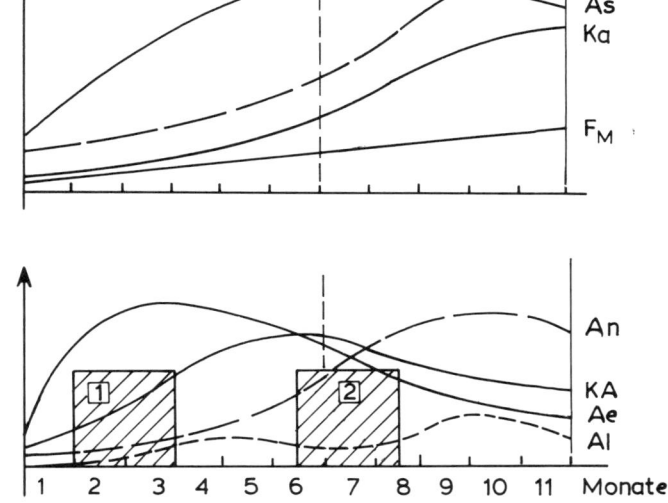

*Abb. 99: Modell der Einfachperiodisierung für Langzeitausdauerdisziplinen. An = anaerobe Leistungsfähigkeit/Training; Ae = die aerobe; Al = die alaktazide; KA = Kraftausdauer; $F_M$ = Maximalkraft. Das obere Bild zeigt die Leistungsdynamik, das untere die jeweiligen Belastungsumfänge. I = VP; II = WP; (nach WERCHOSCHANSKI 1988, 153).*

### 5.2.3.2 Neuere Tendenzen oder Variationen in der Periodisierung

Die bisher vorgestellten Modelle zeigen das Grundschema der Periodisierung mit ihrer Einteilung in Vorbereitungs-, Wettkampf- und Übergangsperiode. Begriffe, wie „Periode der Erholung", „Periode der konditionellen Entwicklung", „Periode der Formerhaltung", wie sie TSCHIENE (1986, 126) aus Übersetzungen der Arbeiten von BONDARCUK vorstellte, haben sich im deutschen Sprachraum nicht durchgesetzt. Periodisierung geschieht nach wie vor in den drei oben erwähnten Perioden mit den Bezeichnungen Vorbereitungs-, Wettkampf- und Übergangsperiode. Dabei werden Zweifach- und Dreifachperiodisierungen teilweise so konzipiert, daß sie nur zum Ende eines Jahreszyklus eine Übergangsperiode aufweisen, andere wieder haben nach jeder der zwei bzw. drei Wettkampfperioden eine kurze Übergangsperiode (Abb. 97).

Trainingsdokumentationen von bundesdeutschen Weltklasseathleten (Biathlon, Skisprung, Nordische Kombination) haben zwei Tendenzen gezeigt, die eindeutig als Spezialisierung des Trainings im Hinblick auf die Wettkampffähigkeit gesehen werden sollten: Erstens *Blockbildungen,* in denen schwerpunktmäßig Techniktraining bzw. Techniktraining mit spezieller Kondition auf dem Programm steht und die ein bis zwei Mikrozyklen einschließen; und zweitens einen *sprunghaften Wechsel des Belastungsumfanges* von Mikrozyklus zu Mikrozyklus bei der Konditionsentwicklung (Tabelle 28).

Die Tabelle 28 zeigt diese beiden Tendenzen sehr deutlich: Der erste Makrozyklus (1. Etappe) zeigt einen reinen Ausdauerblock mit sprunghaft wechselnden Belastungsumfängen (km). Der zweite Makrozyklus (2. Etappe) ist eine Kombination von Blöcken: 29. Woche

Tabelle 28: Dokumentation des absolvierten Trainings eines Spitzenathleten in der Nordischen Kombination (M = Mattensprünge)

| | | 1. Etappe | | | | | | | | | 2. Etappe | | | | | | | | | | | | |
|---|---|---|---|---|---|---|---|---|---|---|---|---|---|---|---|---|---|---|---|---|---|---|---|
| Monat | | Mai | | | | Juni | | | | | Juli | | | | | August | | | | | September | | |
| Woche | | 18 | 19 | 20 | 21 | 22 | 23 | 24 | 25 | 26 | 27 | 28 | 29 | 30 | 31 | 32 | 33 | 34 | 35 | 36 | 37 | 38 | 39 | 40 |
| **Ausdauer** | Dauerlauf (km) | 80 | 48 | 112 | 64 | 112 | 48 | 80 | 64 | 64 | 80 | 48 | 32 | 80 | 64 | 32 | 32 | 48 | 32 | 48 | 64 | 32 | | 64 |
| | Skiroller (km) | | 54 | 54 | 54 | 54 | 36 | 108 | 72 | 18 | 36 | 36 | 18 | 18 | 36 | 36 | 36 | 36 | 18 | 36 | 36 | 18 | | 72 |
| | Ski (km) | | | | | | | | | | | | | 40 | | | 55 | | | 56 | | | 91 | |
| | Te | 5 | 6 | 10 | 7 | 9 | 5 | 11 | 9 | 5 | 7 | 5 | 3 | 8 | 6 | 4 | 7 | 5 | 3 | 8 | 6 | 3 | 5 | 8 |
| | km | 80 | 102 | 166 | 118 | 166 | 84 | 188 | 136 | 82 | 116 | 84 | 50 | 138 | 100 | 68 | 123 | 84 | 50 | 140 | 100 | 50 | 91 | 136 |
| **Sprung** | Matte/Schnee (M) | | | | | | | | | | M | | M | | | M | | M | M | | M | M | | |
| | Anzahl | | | | | | | | | | 10 | | 45 | | | 30 | | 10 | 30 | | 10 | 45 | | |
| | Te | | | | | | | | | | 2 | | 9 | | | 6 | | 2 | 6 | | 2 | 9 | | |
| **Kraft/Koord.** | Kraft | 1 | | 1 | | 1 | | 1 | | 1 | 2 | 2 | 1 | 2 | 2 | 1 | 2 | 2 | 1 | 2 | 2 | 1 | 2 | 2 |
| | Schnelligkeit | 1 | 1 | 1 | 1 | 1 | 1 | 1 | 1 | 1 | 1 | 2 | 2 | 1 | 2 | 1 | 2 | 2 | 1 | 2 | 1 | 2 | 1 | 1 |
| | Koordination | 1 | 2 | 1 | 2 | 1 | 2 | 1 | 2 | 1 | 1 | 1 | 1 | 2 | 2 | 1 | 2 | 1 | 2 | 2 | 1 | 1 | 2 | 1 |
| | Summe Te | 3 | 3 | 3 | 3 | 3 | 3 | 3 | 3 | 3 | 4 | 5 | 5 | 5 | 4 | 5 | 5 | 5 | 5 | 4 | 5 | 5 | 5 | 4 |
| **Total** | TE | 8 | 9 | 13 | 10 | 12 | 8 | 14 | 12 | 8 | 13 | 10 | 17 | 13 | 10 | 15 | 12 | 12 | 14 | 10 | 19 | 17 | 10 | 12 |
| | km | 80 | 102 | 166 | 118 | 166 | 84 | 188 | 136 | 82 | 116 | 84 | 50 | 138 | 100 | 68 | 123 | 84 | 50 | 100 | 140 | 50 | 91 | 136 |

= Sprungblock, 30. Woche = Skitraining, 32. Woche = Sprungblock, 33. Woche = Skitraining, 34./35. Woche = Sprungblock, usw.

Inwieweit die Prinzipien „Blockbildung" und „sprunghafter Wechsel des Belastungsumfanges" Allgemeingültigkeit für den Spezialisierungsanspruch des Trainings im Spitzensport, vielleicht sogar für den Nachwuchsbereich, beanspruchen können, muß in sportartspezifischen Experimenten erprobt werden.

### 5.2.4 Makro- und Mikrozyklus in den Perioden

Zyklus heißt eine Anordnung von Elementen, Dingen in einer zusammenhängenden, aber auch wiederkehrenden Folge. Ein Trainingszyklus ist ein bestimmter zeitlicher Abschnitt. Die Trainingslehre unterscheidet *Mikrozyklen* (mikro = klein), die in der Regel eine Woche umfassen, *Mesozyklen* (meso = mittel, zwischen), die 3—4 *Mikrozyklen* lang sind, Makrozyklen (makro = groß, lang) als eine größere Anordnung von Mikro- und/oder Mesozyklen und den Periodenzyklus als Jahres- oder Teiljahreszyklus. Als weitere zeitliche Gliederung des Trainingsprozesses wird noch der Begriff *Etappe* als eine Unterteilung der Perioden verwendet.

Aus Gründen terminologischer Genauigkeit und Einfachheit verwenden wir nur die Begriffe „Mikrozyklus" und „Makrozyklus". Ein **Mikrozyklus** beschreibt dabei in der Regel den Zeitraum einer Trainingswoche. Ein **Makrozyklus** unterscheidet sich aufgrund veränderter inhaltlicher Schwerpunktlegung und einer veränderten Belastungsstruktur von einem anderen und setzt sich aus der für diese Aufgabenlösung erforderlichen Anzahl von Mikrozyklen zusammen. Makrozyklen sind deshalb ungleich lang. Die Vorbereitungsperiode bei einer Einfachperiodisierung besteht häufig aus drei, bei der Zweifachperiodisierung aus zwei Makrozyklen.

Würde die Vorbereitungsperiode im Training der Nordischen Kombination, wie in Tabelle 28 beispielhaft dargestellt, nach diesem Verständnis eines Makrozyklus unterteilt, dann ergäben sich drei Makrozyklen (MAZ). MAZ 1: 18.—26. Woche, Schwerpunkt Ausdauertraining durch Dauerlauf/Skiroller; MAZ 2: 27.—43. Woche (nicht mehr auf der Tabelle), Wechsel von Ausdauer-, Mattensprung- und Skitrainingsblöcken; MAZ 3: 45.—50. Woche, Schneetraining (Lauf, Sprung).

Die Entscheidung, den Begriff „Mesozyklus" nicht zu verwenden, kann wie folgt begründet werden: Mesozyklus wurde eingeführt, weil davon ausgegangen wurde, daß sich ein Makrozyklus in einen „einleitenden" → „grundlegenden" → „Kontroll-" → und „Vervollkommnungsmesozyklus" gliedern soll (THIESS / SCHNABEL / BAUMANN 1978, 162; HARRE 1986, 104 ff.). Ein solcher Verlauf eines Makrozyklus konnte jedoch bei all unseren Trainingsanalysen nicht erkannt werden. Er wäre bei dem Anspruch der Spezialisierung auch nicht sinnvoll! So stellt sich die praktische Frage, warum zwischen einem Makro- und Mikrozyklus noch eine weitere Unterteilung in Mesozyklen erforderlich sein sollte.

### 5.2.4.1 Der Makrozyklus

Da die Trainingplanung zumeist einen Jahrestrainingsplan mit seinen Perioden und Wochentrainingsplänen (Mikrozyklen) erstellt, wird den Prinzipien einer weiteren Untertei-

*Tabelle 29: Makrozyklus September der norwegischen Skilanglaufnationalmannschaft der Damen; H = harte Woche, insgesamt 13-14 Trainingseinheiten; L = leichte Woche, insgesamt 7 TE; M = mittlere Woche, 9-10 TE; MH = mittelharte Woche, 11 TE (KAAS 1986, 211).*

| Trainingsinhalte | H | L | M | HM |
|---|---|---|---|---|
| Aufwärmen | 1,20 | 0,20 | 0,50 | 1,10 |
| Dauerlauf | 6,20 | 4,00 | 5,00 | 5,30 |
| Renntraining/Schnelligkeitsausdauer | 0,20 | | 0,20 | |
| Intervalltraining | 1,40 | 0,30 | 1,00 | 1,20 |
| Explosive Schnelligkeit | 0,40 | 0,10 | 0,30 | 0,30 |
| Kraft | 1,40 | 1,00 | 1,20 | 1,30 |
| Stunden insgesamt | 12,00 | 6,00 | 9,00 | 10,00 |
| Anzahl der Trainingseinheiten | 9 | 5 | 7 | 8 |
| Anzahl der Skirollertrainingseinheiten | 3—4 | 2 | 2—3 | 3 |

lung der Perioden, nämlich den Makrozyklen (Etappen, Mesozyklen), wenig Bedeutung beigemessen. Das zeigt auch die Behandlung dieser Thematik in der Literatur der Trainingslehre. In der Praxis folgt die **Einteilung der Makrozyklen** deshalb nicht so sehr trainingstheoretischen Regeln, sondern eher pragmatischen Bedingungen. So basiert die Einteilung von Makrozyklen vordergründig auf Kalenderplanungen, wie dem Wettkampfkalender, der zeitlichen Einordnung zentraler Trainingsmaßnahmen, ja selbst den Jahreszeiten, Terminabsprachen für leistungsdiagnostische Untersuchungen u. a.

In der Praxis ergeben sich Makrozyklen häufig durch einen bestimmten Rhythmus im *sprunghaften Wechsel des Belastungsumfanges,* wie das folgende Beispiel der Tabelle 29 zeigt. Hier wird ein Makrozyklus des Trainingsaufbaus der norwegischen Damennationalmannschaft im Skilanglauf vorgestellt. Bis zum Beginn des kontinuierlichen Schneetrainings ist die Vorbereitungsperiode in vierwöchentliche Makrozyklen eingeteilt. In den Mikrozyklen wird der Belastungsumfang nach einer bestimmten Systematik sprunghaft verändert. Tabelle 29 zeigt einen Makrozyklus mit vier Wochen im September.

Andere Abgrenzungen einzelner Makrozyklen sind eher inhaltlich bestimmt, wie es das Beispiel der Tabelle 28 zeigte.

### 5.2.4.2 Der Mikrozyklus

In der Regel dauert ein **Mikrozyklus** eine *Woche,* und zwar von Montag bis Sonntag. Der *Makrozyklus* gibt der Konzeption der betreffenden Mikrozyklen zwei Merkmale bzw. Kennwerte vor (Tabelle 28 und 29):

— die zu trainierenden **Inhalte** (Dauerlauf, Skirollertraining, Krafttraining, Sprungtechnik, Schnelligkeitstraining u. a.)

— die **Belastungsumfänge,** mit denen diese Inhalte trainiert werden sollen (Stunden, Trainingseinheiten, km u. a.).

Der Mikrozyklus selbst bestimmt (1) Anzahl und Zeitpunkt der *Trainingseinheiten,* (2) ordnet die *Inhalte* den Trainingseinheiten zu, (3) gibt den *Belastungsumfang* der einzelnen Trainingseinheiten vor und (4) regelt mit welcher *Belastungsintensität* diese Umfänge absolviert werden. Daraus ergibt sich das Hauptproblem zur Planung eines effektiven Mikrozyklus: Die Gestaltung der **Dynamik der gesamten Belastungsanforderung,** weil diese Dynamik Rücksicht auf Ermüdungs- und Regenerationsverläufe innerhalb dieses Zyklus nehmen muß.

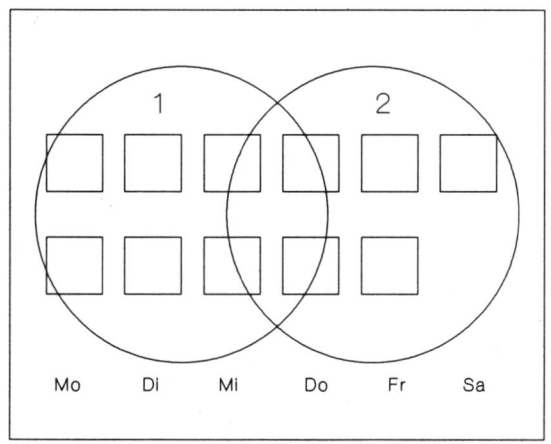

*Abb. 100: Schema der beiden Ermüdungsphasen in einem Mikrozyklus mit 11 Trainingseinheiten.*

Zur Belastungsdynamik muß gleich anfangs gesagt werden: Die Trainingswissenschaft verfügt zum Thema der Steuerung des Mikrozyklus noch nicht über genügend fundierte und überprüfte Aussagen. Aufgrund bisheriger Erkenntnisse können zum Ermüdungsverlauf in einem Mikrozyklus jedoch folgende Aussagen gemacht werden.

*Trainingsermüdungen* sind eine natürliche und beabsichtigte Leistungsminderung, die mit hoher Wahrscheinlichkeit in zwei Phasen verläuft. In der *ersten Phase* können die durch Beanspruchungen verursachten Leistungminderungen schnell regeneriert werden. Bei einer Summierung von Belastungsanforderungen kommt es von einem bestimmten Zeitpunkt an zur Ansammlung von Belastungsresten und zu Leistungsminderungen, die kurzfristig nicht behoben werden können. Diese zweite Phase bezeichnen wir als komplexe Ermüdung, die zentral verursacht sein dürfte (MARTIN 1987a, 378 ff.). Im Abschnitt 2.6.1 hatten wir diese Problematik bereits in Verbindung mit dem Techniktraining diskutiert.

Mit großer Wahrscheinlichkeit nehmen **Ermüdungs- und Regenerationsprozesse** innerhalb eines Mikrozyklus bei der Summierung von Belastungen und deren entsprechenden Beanspruchungen einen bestimmten Phasenverlauf ein, der so aussehen könnte, daß bis zur fünften, sechsten Trainingseinheit nur die erste Phase der Ermüdung, nämlich nur schnell regenerierbare Muskelermüdungen auftreten, dann aber die zweite Ermüdungsphase mit den komplexen Ermüdungen beginnt, deren Leistungsminderungen nicht mehr im Rahmen des Mikrozyklus regenerierbar sind, sondern eine längere Phase der Regeneration benötigen (Abb. 100). Es ist nun anzunehmen, daß das Ausschöpfen aktueller *Funktionsreserven* erst in der zweiten Hälfte eines Mikrozyklus zustande kommt und möglicherweise nur dann, wenn die Gesamtbelastung dieses Zyklus an die aktuelle Funktionskapazität heranreicht. Deshalb sind Erholungen nach einem Mikrozyklus sehr wichtig.

Für die Gestaltung der Belastungdynamik in einem Mikrozyklus gibt es drei Modelle:

*Modell 1:* Mikrozyklus mit *einer Belastungsspitze* (Donnerstag) mit ansteigender und wieder absteigender Belastung (Abb. 101).

*Modell 2:* Mikrozyklus mit *zwei Belastungsspitzen* Mittwoch und Samstag mit geringer Belastung am Donnerstag und Belastungsanstieg am Freitag (Abb. 101).

*Modell 3:* Mikrozyklus mit *zwei Belastungsspitzen* Dienstag und Freitag mit relativ hohem Belastungsniveau zwischen den Spitzen (Abb. 101).

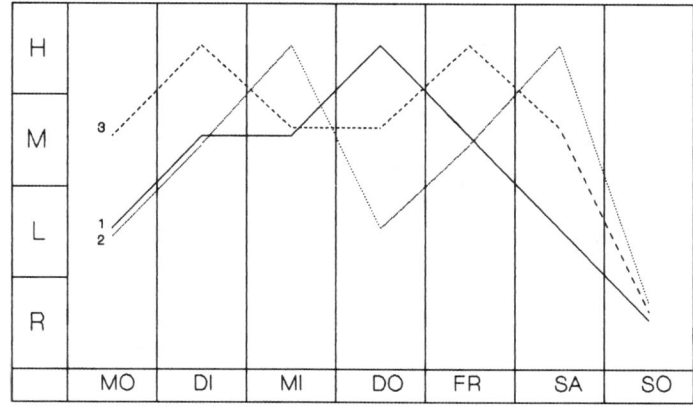

*Abb. 101: Drei Modelle für die Belastungsdynamik in Mikrozyklen. H = hohe Belastung; M = mittlere Belastung; L = leichte Belastung; R = Regeneration.*

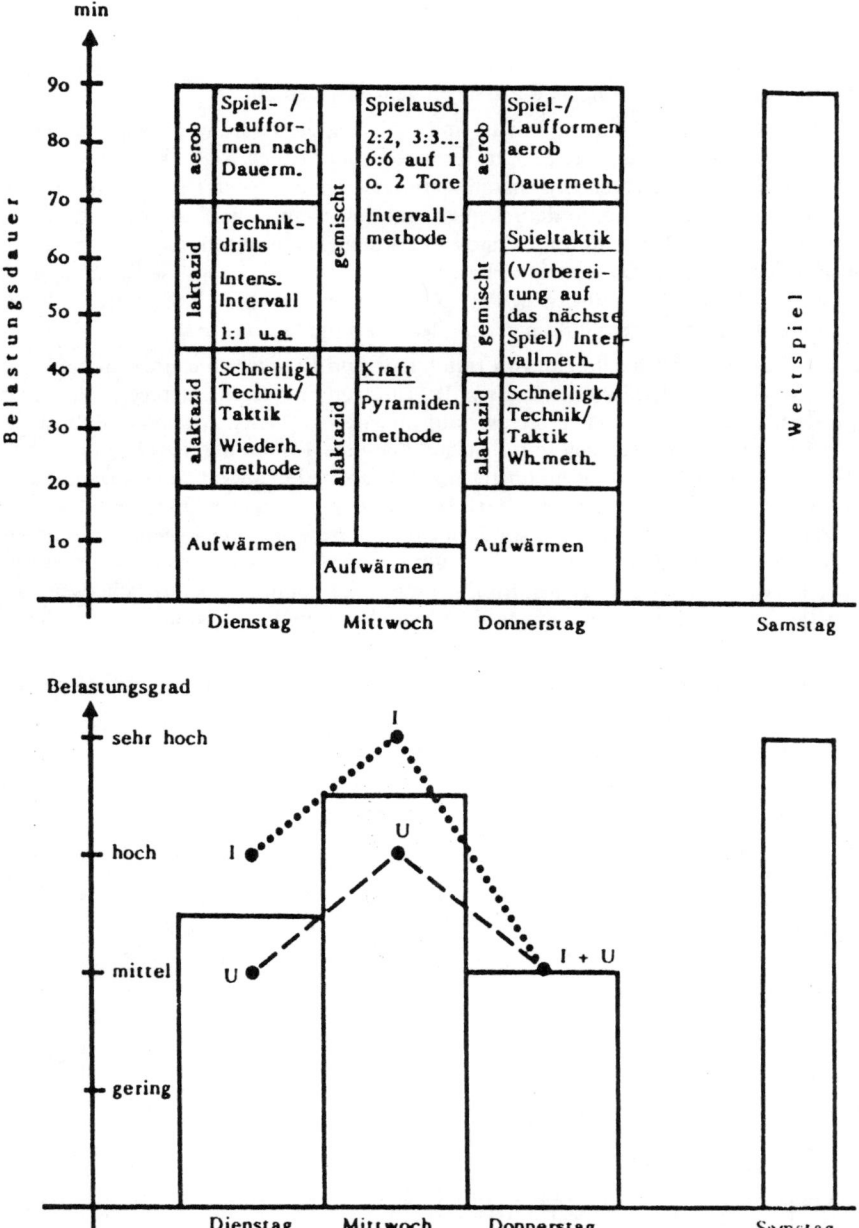

*Abb. 102: Verteilung der Trainingsinhalte und Verlauf der Belastungsdynamik in einem Mikrozyklus Handball (Brack 1986, 119).*

Das nächste Beispiel (Abb. 102) der Belastungsdynamik kommt aus dem Handballspiel. Es zeigt einen Wochentrainingsplan gekoppelt mit der Belastungsdynamik eines Mikrozyklus während der Saison. Von Wettspiel zu Wettspiel hat der Zyklus nur eine Belastungsspitze.

## 5.3 Trainingsplanung

Trainingsplanung — als Festlegung der Trainingsprogramme — gehört wie das Leiten und Auswerten des Trainingsvollzugs zum Alltagsgeschäft von Trainern/innen. Obwohl Trainingspläne manchmal mit gewisser Geheimnistuerei umgeben sind, weiß man heute im allgemeinen wie trainiert wird, weil Rahmenpläne für die verschiedenen Disziplinen und deren Klassen in sportartspezifischen Veröffentlichungen präsentiert bzw. auf internationalen Trainerseminaren mit großer Offenheit diskutiert werden. Deshalb sind sportartspezifische Eckdaten des Trainings und deren Einbindung in *Rahmenpläne* heute im allgemeinen bekannt.

*Rahmenpläne* enthalten verallgemeinerte Trainingsprogramme bestimmter Disziplinen. Teilweise nehmen sie sogar Jahrgangs- bzw. Kader- oder Niveaugruppendifferenzierungen vor. Sie orientieren im Sinne eines *theoretischen Modells* über die Eckdaten der Inhalte und Belastungsanforderungen, deren zeitliche Anordnung, die spezielle Periodisierung und die Wettkämpfe. Rahmenpläne sind als Vorlage und Muster für Trainingsplanungen nicht mehr wegzudenken.

Trotz dieser scheinbaren Plangebundenheit, sind wir häufig nicht zu plangläubig. Es kann immer wieder festgestellt werden, daß viele Trainer sich durch die verschiedensten Umstände — wenn Verletzungen eintreten, wenn zentrale Trainingsmaßnahmen umterminiert werden müssen, wenn Schlechtwetterperioden das Konzept durchkreuzen u. a. — vom planvollen Vorgehen sich in die Improvisation drängen lassen. Häufig gerät das Umdisponieren nicht in das Plankorrigieren, sondern in die Improvisation, und das Plangefüge wird so durchkreuzt, daß das ursprünglich konzipierte Trainingsprogramm seine Strukturen verliert. Improvisierendes Umdisponieren macht einen Trainingsplan häufig unkontrollierbar. Ferner wird schwer nachvollziehbar, wodurch bestimmte Ergebnisse verursacht wurden bzw. nicht zustandekommen konnten.

### 5.3.1 Planung und Plan — Begriffe und Charakteristik

Ohne Anspruch auf begriffliche Genauigkeit soll zunächst ein Allgemeinverständnis von Planung und Plan hergestellt werden. *Planung* ist ein prognostisches Verfahren mit dem Ziel, einen Plan zu erstellen. Dabei ist ein *Plan „nur"* ein *theoretischer Vorentwurf,* ein Programm, der beschreibt wie und unter welchen Bedingungen ein Planziel erreicht werden soll. Er ist deshalb noch nicht mit seiner Realisierung gleichzusetzen, und bietet noch keine Gewähr dafür, ob er überhaupt realisierbar ist. Auch gewährleistet er noch nicht, ob er von denjenigen, die ihn realisieren sollen, akzeptiert wird.

Planung ist ferner als ein fortlaufender Prozeß zu verstehen, bei dem es über Rückkopplungen zu kontinuierlichen Anpassungen des Planes kommen muß. Erfahrungsgemäß ergeben sich im Verlaufe eines Jahreszyklus durch Krankheiten, Verletzungen, berufliche Probleme, Terminverschiebungen, aber auch durch ungenügende, nicht erwartete Testergebnisse immer wieder Anlässe zur Plananpassung.

Deshalb sollte ein ständiger *Soll-Ist-Vergleich* zwischen der *Planung* und der *realisierten Praxis* stattfinden. Für die Funktion von Trainingsplänen gilt deshalb folgender Grundsatz: Die Trainingsplanung ist kein einmaliger Vorgang, der zu Beginn eines Trainingszyklus stattfindet und dann für eine bestimmte Zeit festgeschrieben bleibt, sondern sie ist ein *fortlaufender Prozeß,* der in die praktische Durchführung des Trainings eingeschaltet ist und sich mit den Erfahrungen aus der Trainingspraxis ständig ergänzt und vervollkommnet. Die Planung des Trainings, die Überwachung der Trainingsrealisierung und die Anpassung des Planes an die Trainingsvoraussetzungen bilden eine sich steuernde Einheit und stellen damit eine besondere Anforderung an die Trainingsplanung (MARTIN 1982, 11 f.).

---

Definition:

**Trainingsplanung** ist eine Methode zur Erstellung eines Trainingsplanes als Programm künftig zu realisierender Trainingsmaßnahmen. Sie schließt Anpassungen des Plans an Voraussetzungsänderungen mit ein.

---

Wie effektiv oder auch wie realistisch ein Trainingsplan sein kann, hängt davon ab, wie er die folgenden **Aufgaben** zu erfüllen in der Lage ist. (1) Wie genau er das Trainingsprogramm an die *subjektiven Leistungs- und Umweltbedingungen* anpassen kann. (2) Ob mit dem konzipierten Programm die *angesteuerte Leistungsentwicklung* überhaupt zu generieren ist. (3) Inwiefern durch den Plan die Möglichkeit zur *Steuerung* und *Anpassung* des Trainings an sich verändernde Voraussetzungen gegeben ist. (4) Ob der Plan von den *Trainierenden* als *realisierbar* anerkannt wird, und ob sie sich damit *identifizieren* können.

### 5.3.1.1 Unterschiedliche Plantypen

In der Literatur werden eine Reihe von Plantypen vorgestellt, die sich erstens nach der angesprochenen *Zielgruppe* und zweitens nach dem *Planungszeitraum* unterscheiden. Die nachfolgende Abb. 103 gibt einen Überblick über solche Plantypen, die kurz beschrieben werden sollen:

Die Funktion von **Rahmenplänen** wurde bereits einleitend diskutiert. Es sind verallgemeinerte, sportartspezifische und leistungsniveaudifferenzierte Trainingsmodelle, an denen sich Trainingsplanungen orientieren sollen. Die Übersicht der Abb. 103 nimmt dann für alle nachfolgenden Plantypen eine grundsätzliche Differenzierung in individuelle und Gruppentrainingspläne vor und zeigt damit an, daß alle nachfolgenden Pläne sowohl individuell oder gruppenspezifisch konzipiert werden können.

**Individuelle Trainingspläne** enthalten Trainingsprogramme für Einzelsportler/innen. Sie werden vor allem in den höheren Leistungsklassen der Individualsportarten oder dann, wenn eine Trainingsgruppe nur wenig zusammen trainiert und die Trainingsbedingungen ihrer Mitglieder unterschiedlich sind, eingesetzt.

**Gruppenpläne** finden dann Anwendung, wenn Leistungszustand und Trainingsziel einer

Trainingsgruppe annähernd vergleichbar sind. Für Sportmannschaften, die ständig zusammen trainieren sind Gruppentrainingspläne die Regel.

**Mehrjahrespläne** haben die Funktion von Rahmenplänen. Sie beschreiben die Gestaltung eines langfristigen Trainingsaufbaus perspektivisch, wobei vor allem die sich verändernden Trainingsziele und -inhalte global dargestellt werden.

Der **Jahrestrainingsplan** ist der erste Plantyp der *aktiv* in den Trainingsvollzug eingreift. Er beschreibt das Trainingsprogramm für einen Jahreszyklus. *Makrozykluspläne* werden in der Praxis weniger angefertigt, weil gut konzipierte Jahrestrainingspläne die Aufeinanderfolge und die entsprechenden Kennwerte der Makrozyklen mit einschließen.

Der **Wochentrainingsplan,** der den genauen Trainingsvollzug eines Mikrozyklus beschreibt ist dasjenige Planwerk, nach dem Sportler/innen „eigentlich" trainieren. Es ist der „Stundenplan" einer Trainingswoche. Trainingseinheitenpläne werden für sich wiederholende Trainingseinheiten eingesetzt. Der Jahres- und der Wochentrainingsplan werden — neben dieser kurzen Zusammenfassung — noch besonders bearbeitet.

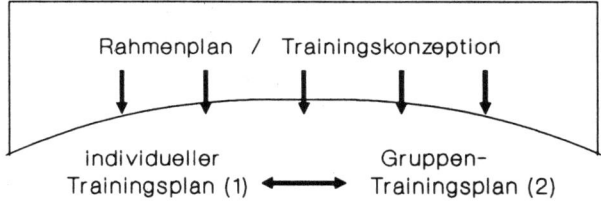

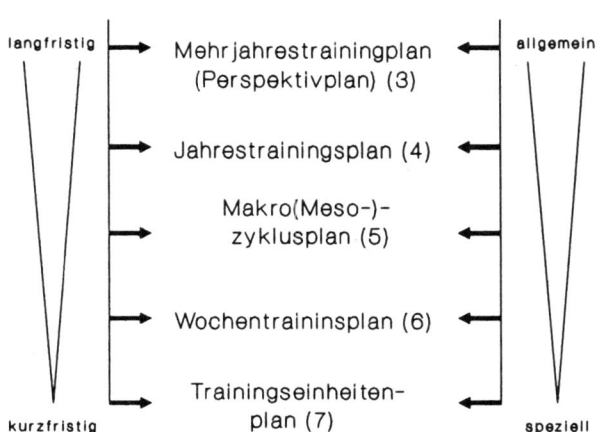

*Abb. 103: Trainingsplantypen (STARISCHKA 1988, 11).*

### 5.3.2 Arbeitsschritte der Trainingsplanung

Trainingspläne sind nahezu immer *Folgepläne*. In den überwiegenden Fällen bauen sie auf dem gegenwärtigen Leistungszustand auf und prognostizieren ein anzusteuerndes Trainingsziel. Basierend auf diesen beiden Komponenten wird dann der **Trainingsplan** systemorientiert zu einem Programm für den Trainingsvollzug entworfen. Planen setzt deshalb bestimmte Arbeitsschritte und Methoden voraus (Abb. 104).

Die **Vorarbeiten** zum Planen sind *Analysen* (1) des gegenwärtigen Leistungszustandes der Sportler/innen, aber (2) auch der Bedingungen, wie die jeweilige Leistung zustandegekommen ist. Deshalb sind *Istzustandsanalysen* und *Auswertung der Trainingsdokumentation* erforderliche Vorarbeiten und die ersten Arbeitsschritte der Trainingsplanung.

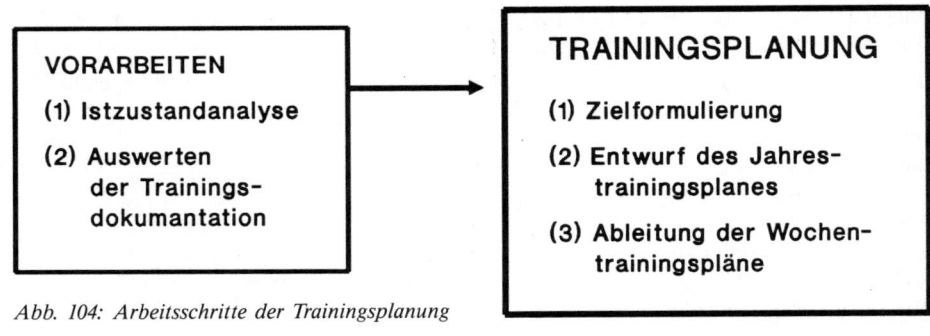

*Abb. 104: Arbeitsschritte der Trainingsplanung*

### 5.3.2.1 Analyse des Leistungszustandes

Eine Analyse des Leistungszustandes muß längerfristig angelegt werden, weil nicht nur der Status der letzten Saison von Bedeutung ist, sondern die Dynamik der Leistungsentwicklung überhaupt. Der Leistungszustand wird erstens anhand von **Wettkampfdaten** und zweitens *leistungsdiagnostischer Daten* ermittelt. Erstere werden mittels Ergebnislisten gesammelt, wobei vor allem die sich verändernden Abstände zur jeweiligen Klassenspitze bzw. zum „Orientierungs-Wettkampfergebnis" zu beobachten sind.

In gleicher Weise von Bedeutung sind die leistungsdiagnostischen Daten und deren Vergleichswerte. Leistungsdiagnostik unterliegt deshalb folgenden Bedingungen: (1) dem *Einsatz aussagefähiger, sportartrelevanter Verfahren* zur Bestimmung des Leistungszustandes; (2) der *konsequenten Anwendung derselben Verfahren* über mehrere Jahre; (3) ihren *Einsatz unter immer den gleichen Bedingungen* (Standardisierung) und (4) immer zum *gleichen Zeitpunkt im Jahreszyklus.* Unter solchen Voraussetzungen sind leistungsdiagnostische Daten längsschnittlich und damit für die Istzustandsanalyse zu verwenden.

Mit welchen Verfahren Leistungsdiagnostik durchgeführt werden kann, wurde in dafür bestimmten Abschnitten des Krafttrainings (3.2.4), Schnelligkeitstrainings (3.3.4), Ausdauertrainings (3.4.4) und Beweglichkeitstrainings (3.5.5) gezielt beschrieben.

Zusammenfassend kann zur **Istzustandsanalyse** gesagt werden: Sie ist ein *permanenter Prozeß,* der nicht nur nach einer abgelaufenen Saison, vor der neuen Trainingsplanung stattfindet, sondern deren Ergebnisse auch als Rückinformation für die phasenweise Überprüfung der Planrealisierung und damit für die *Trainingssteuerung* benötigt werden. Diese Analyse muß natürlich durch *materielle Voraussetzungen* (Trainingsbedingungen, Trainingszeit) und *soziale Einflüsse* (Ausbildung, Beruf) ergänzt werden, weil auch sie bei der Planung zu berücksichtigen sind.

### 5.3.2.2 Trainingsdokumentation

Trainingsdokumentation beinhaltet das systematische Erfassen von Trainingsdaten, deren Zusammenordnung nach Kategorien und Maßeinheiten und die Auswertung dieser Daten.

Sie registriert welche inhaltlichen Trainingsmaßnahmen mit welchen Belastungsanforderungen zu welchen Zeitpunkten absolviert und welche Wettkämpfe mit welcher Vorbereitung durchgeführt wurden (MARTIN 1980, 204).

Die Trainingsdokumentation erfüllt folgende Aufgaben: (1) Sie zeichnet das realisierte Training auf. (2) Dadurch wird nachvollziehbar mit welchen Trainingsmaßnahmen, Inhalten, Belastungen der gegenwärtige Leistungszustand verursacht wurde. (3) Sie dient als Ansatz künftiger Trainingsplanungen, weil Veränderungen der Inhalte der Belastungen in der Makro- und Mikrostruktur des Trainings nur dann vorgenommen werden können, wenn das neu zu planende Training mit dem absolvierten vergleichbar wird. Die Trainingsplanung bedarf Vergleichswerte, die nur über die Trainingsdokumentation erbracht werden können. Sie hat folgende *methodische Voraussetzungen:*

— das Aufzeichnen der *Trainingsdaten* in **Trainingstagebücher** oder *Dokumentationsbögen* durch Sportler/Sportlerinnen

— das zusätzliche Führen von **Trainingsprotokollen** durch Trainer/Trainerinnen, für Spielsportarten und zusammen trainierende Trainingsgruppen. In Verbindung mit den Trainingstagebüchern wird die Datenerfassung genauer.

— das Konzipieren von **Auswertungsverfahren.** Das können mit der Hand auszuführende Analysebogen sein, im Zeitalter der Personal-Computer gibt es aber genügend Beispiele, wie über einfache Programme der Datendokumentation Trainingsdaten ausgewertet, sowie tabellarisiert und graphisch dargestellt werden können.

Nach unserer Auffassung gehört es zur erzieherischen Aufgabe von Trainern/innen die zu betreuenden Sportler/innen frühzeitig mit dem Dokumentieren ihres Trainings bekanntzumachen, und sie mit der Verantwortung des Auswertens zu betrauen. Eine Reihe praktischer Beispiele hat bewiesen, daß Aktive diese Arbeit gewissenhaft leisten und teilweise mit ihren eigenen PCs fachmännisch bearbeiten.

Damit das System *„Trainingsplanungen → Trainingsvollzug → Erfassung der Trainingsdaten → Auswertung"* funktionierend gewährleistet werden kann, bedarf es der Benennung der zu *dokumentierenden Daten.* Dafür sind zwei Arbeitsgänge erforderlich: erstens eine genaue Abstimmung über die zu verwendenden *inhaltlichen Kategorien* und zweitens die *Quantifizierung* der geleisteten Trainingsarbeit anhand eines Trainingsinhaltes. *Kategorien teilen die Trainingsinhalte in Klassen ein und nehmen eine genaue begriffliche Bestimmung dieser Klassen vor. Quantifizieren bedeutet die Zuordnung von Maßeinheiten (Zahlen) zu den Kategorien.*

Das gesamte System „Planung — Dokumentation" funktioniert dann, wenn bei der Trainingsplanung, beim Entwurf des Trainingstagebuches und/oder der Dokumentationsbögen, ja selbst im praktischen Training zur Bezeichnung eines bestimmten Trainingsinhaltes, die gleichen Kategorien verwendet werden. An dem nachfolgenden Beispiel (Tabelle 30) wird gezeigt, wie mit einem Analysebogen das Trainingsbuch eines Skilangläufers (Saison 83/84) ausgewertet wurde.

Bei dieser Dokumentation wurden zur Quantifizierung des Belastungsumfanges die Maßeinheiten km, Trainingszeiten in Stunden (h) und Trainingseinheiten (TE) verwendet. Die Belastungsintensität (I) wurde nur für den Ausdauerbereich dokumentiert, und zwar in drei Intensitätsstufen $I_0$, $I_1$, $I_2$, die nach der Herzschlagfrequenz festgelegt wurden. $I_r$ bedeutet relative Intensität. Sie ergibt sich rechnerisch. Die hier angeführten Kategorien und

*Tabelle 30: Auswertebogen für Trainingsbücher im Skilanglauf. Erläuterungen im Text.*

| MONAT | MAI | | | | | | | | | | | | | | |
|---|---|---|---|---|---|---|---|---|---|---|---|---|---|---|---|
| WOCHE | 18 | | | 19 | | | 20 | | | 21 | | | 22 | | |
| Ausdauerbereich | km | t | TE | km | t | TE | km | t | TE | km | t | TE | km | t | TE |
| Ausdauer ges. | 39 | 3:45 | 3 | 55 | 7:20 | 6 | 57 | 11:20 | 5 | 80 | 8:35 | 5,5 | 98 | 12:55 | 8 |
| Intensität $I_r$ ges. | | 150 | | | 144 | | | 150 | | | 150 | | | 150 | |
| Dauerlauf ges. | 39 | 3:00 | 3 | 55 | 5:05 | 4,5 | 57 | 7:20 | 3 | 80 | 8:35 | 5,5 | 82 | 9:30 | 5 |
| Intensität $I_0$ | — | — | — | 18 | 1:50 | 1,5 | 6 | 0:40 | 0,5 | 4 | 0:25 | — | — | — | — |
| $I_1$ | 39 | 3:00 | 3 | 37 | 3:15 | 3 | 44 | 6:10 | 2,5 | 72 | 7:50 | 5 | 82 | 9:30 | 5 |
| $I_2$ | — | — | — | — | — | — | 7 | 0:30 | — | 4 | 0:20 | 0,5 | — | — | — |
| $I_r$ | | 150 | | | 144 | | | 150 | | | 150 | | | 150 | |
| Skiroller ges. | — | — | — | — | — | — | — | — | — | — | — | — | 16 | 0:55 | 1 |
| Intensität $I_{0-1}$ | — | — | — | — | — | — | — | — | — | — | — | — | 16 | 0:55 | 1 |
| $I_2$ | — | — | — | — | — | — | — | — | — | — | — | — | — | — | — |
| $I_r$ | | | | | | | | | | | | | | 150 | |
| Skitraining ges. | | | | | | | | | | | | | | | |
| Intensität $I_{0-1}$ | | | | | | | | | | | | | | | |
| $I_2$ | | | | | | | | | | | | | | | |
| $I_r$ | | | | | | | | | | | | | | | |
| Rad, Rudern u. a. | — | 0:45 | — | — | 2:15 | 1,5 | — | 4:00 | 2 | — | — | — | — | 2:35 | 2 |
| Wettkämpfe | | | | | | | | | | | | | | | |
| Schnelligkeitsausd. | — | — | — | — | — | — | — | — | — | — | — | — | — | 0:10 | — |
| Kraftbereich ges. | — | — | — | — | — | — | — | 0:40 | 1 | — | 1:25 | 1,5 | — | — | — |
| Ganzkörper | — | — | — | — | — | — | — | 0:10 | — | — | — | — | — | — | — |
| Beinarbeit | — | — | — | — | — | — | — | 0:20 | 1 | — | 0:15 | 0,5 | — | — | — |
| Armarbeit | — | — | — | — | — | — | — | 0:10 | — | — | 1:10 | 1 | — | — | — |
| Spiele | — | 0:10 | — | — | 0:25 | — | — | 0:50 | — | — | 0:45 | — | — | 0:10 | — |
| Schnelligkeit | — | — | — | — | 0:20 | — | — | 0:40 | 1 | — | 0:20 | — | — | — | — |
| SA-K-$S_p$-S-Bereich | — | 0:10 | — | — | 0:45 | — | — | 2:10 | 2 | — | 2:30 | 1,5 | — | 0:20 | — |
| Ausdauerbereich + SA-K-$S_p$-S-Bereich | 39 | 3:55 | 3 | 55 | 8:05 | 6 | 57 | 13:30 | 7 | 80 | 10:55 | 7 | 98 | 13:20 | 8 |
| zentrale Lehrgänge Wettkampforte | | | | | | | | | | | | | | | |

Maßeinheiten wurden auch für die Trainingsbucheintragungen verwendet. Diese Art der Auswertung hat sich für die Anwendung in der folgenden Trainingsplanung gut geeignet.

Zur EDV-gestützten Trainingsdokumentation kann kurz zusammengefaßt werden: Eine Arbeitsgruppe unter STARISCHKA arbeitet im Auftrage des BISp seit 1984 an diesem Projekt. Sie kam allerdings zu dem Schluß, daß der Arbeitsaufwand für die eigentliche Arbeit von Trainern/innen zu hoch ist und die Entwicklungsarbeiten nicht von Trainern/innen allein geleistet werden kann. Hier sind wissenschaftliche Institutionen einzuschalten. Trotzdem wird sich diese Dokumentation in dem Maße durchsetzen, wie Software-Entwicklungen fortschreiten.

### 5.3.2.3 Zielformulierung

Wie in der Abb. 104 gezeigt, beginnt die „eigentliche Arbeit" der Trainingsplanung mit der Zielformulierung. Denn Training leitet sich grundsätzlich von *Trainingsleitzielen* ab. Sie dienen als übergeordnete Zielsetzung und damit zur allgemeinen Orientierung für Sportler/innen und Trainern/innen. Ferner sollen sie motivbildend wirken und der Identifikation mit dem sportlichen Handeln dienen. Solche *Motive* sind das Erreichen einer bestimmten Wettkampfleistung, der angestrebte Einzug in den Endlauf der Deutschen Meisterschaften, der Aufstieg in die nächst höhere Leistungsklasse, die Teilnahme an den Olympischen Spielen, u. a. Trainingsleitziele geben demnach der *Trainingsplanung* mit den hier zu treffenden *Entscheidungen* die übergeordnete Orientierung.

Trainingsziele werden auf verschiedenen Ebenen einer Deduktion bzw. eines Ableitungszusammenhanges formuliert und der Trainingsplanung vorgegeben. Auf der obersten Ebene rangieren die *Trainingsleitziele.* Sie beschreiben die übergeordnete Zielsetzung wie oben schon angeführt und dienen der Ableitung der Ziele der darunterliegenden Ebene, den *Trainingsteilzielen.* Diese formulieren die konkreten Voraussetzungen, unter denen die Trainingsleitziele erreicht werden sollen.

Drei Gründe sind zu nennen, warum jeder Trainingsplanung eindeutige Zielfestlegungen vorausgehen müssen: (1) *Trainingsziele geben pädagogischen Bestrebungen die grundsätzliche Orientierung und sind für die Leistungsmotivierung erforderliche Gütemaßstäbe;* (2) *Trainingsziele machen den Grad der Effektivität des Trainings überprüfbar;* (3) *Trainingsziele machen Training steuerbar.* Wenn man nicht weiß, mit welcher Ausprägung eine bestimmte Komponente des Leistungszustandes entwickelt werden soll, kann das Training auch nicht entsprechend gesteuert werden.

### 5.3.2.4 Entwurf des Jahrestrainingsplanes

Der Jahrestrainingsplan ist der Entwurf eines *Trainingsprogramms* für eine Trainingsgruppe (Gruppenplan) oder einzelne Sportler/innen (Individualplan). Er umfaßt einen 12monatigen *Jahreszyklus,* der mit der ersten Vorbereitungsperiode beginnt und am Ende der letzten Übergangsperiode, am Beginn des neuen Jahreszyklus endet. Mehrere Gründe, wie nationale oder internationale Wettkampfkalender, die jeweils für einen Jahreszyklus geplant werden, Altersklasseneinteilungen im Nachwuchstraining, Finanzplanungen der Verbände u. a., haben Jahresplanungen erforderlich gemacht.

Entsprechend der Trainingszielsetzung ist es Aufgabe des *Jahrestrainingsplanes* das Trainingsprogramm so zu konzipieren, daß die Zielsetzungen damit erreichbar werden können. Der Plan muß folgende acht Positionen enthalten, wenn er seine Funktionen erfüllen soll:

— der Trainingsplan ist ein *Kalendarium* mit Monats- und Wocheneinteilungen, das mit dem Anfang des Jahrestrainingszyklus beginnt (z. B. 18. Woche, 32. Woche)

— ausgehend vom Wettkampfkalender wird das Kalendarium in die zu konzipierenden *Perioden* und *Zyklen* unterteilt

| Zeit / Inhalt | Jan. | Febr. | März | April | Mai | Juni | Juli | Aug. | Sept. | Okt. | Nov. | Dez. |
|---|---|---|---|---|---|---|---|---|---|---|---|---|
| *Periode* | 1. Vorbereitungsperiode (1. Etappe) | | 2. Etappe | | 1. Wettkampfperiode | | 1. Übergangsperiode | 2. Vorbereitungsperiode (1. Etappe) | 2. Etappe | 2. Wettkampfperiode | | 2. Übergangsperiode |
| **Allgemein entwickelnde Übungen** | +++ | +++ | ++ | ++ | + | | +++ | ++ | + | + | | +++ |
| **Spezialübungen:** Kraft | +++ | +++ | +++ | +++ | ++ | | O | +++ | ++ | ++ | | O |
| Gelenkigkeit | ++ | ++ | ++ | ++ | ++ | | + | ++ | ++ | ++ | | + |
| Einzelteile | ++++ | ++++ | ++ | ++ | + | | O | +++ | ++ | + | | O |
| Verbindungen | ++ | ++ | ++++ | ++++ | ++ | | O | ++ | +++ | ++ | | O |
| **Wettkampfübungen** | O | O | ++ | ++ | ++++ | | O | + | +++ | ++++ | | O |
| **Flankierende Maßnahmen:** Ballett | +++ | +++ | +++ | +++ | + | | O | +++ | +++ | + | | O |
| Taktik, Aufbau | +++ | +++ | + | + | + | | O | +++ | +++ | + | | O |
| Körperpflege | ++ | ++ | ++ | ++ | ++ | | ++++ | ++ | ++ | ++ | | ++++ |
| **Termine:** persönliche | F | Fahrprüfung △ F | | F | | | Urlaubsreise F | | Geburtstag △ F | | | Urlb. △ F |
| Wettkämpfe | | △ S | △ S | △ T △ T △ A | △ A △ A △ A | △ H | | △ S | △ S △ A | △ A △ A △ H △ A | △ A △ A △ H △ S | |
| sonstige | △ UM | | | | | | △ UM | △ UB | | | | |

*Zeichenerklärung:*
++++ : größte Bedeutung
+++ : große Bedeutung
++ : mittlere Bedeutung
+ : geringe Bedeutung

O : keine entsprechenden Aktivitäten
F : Ferien
S : Schauturnen
T : interner Testwettkampf

A : Aufbaukampf
H : Hauptwettkampf
UM : Untersuchungstermin (medizinisch)
UB : Untersuchungstermin (biomechanisch)

*Abb. 105: Jahrestrainingsplan mit Zweifachperiodisierung für Geräteturnen. Als Darstellungsform wurde die Tabelle mit symbolisierten Umfangsangaben gewählt (FRIEDRICH / BRÜGGEMANN 1981, 50).*

| Periode | | | | | | | | |
|---|---|---|---|---|---|---|---|---|
| Zyklus | | | | | | | | |
| Monat | | | | Mai | | | | |
| Woche | 18. | | | | 19. | | | |
| Inhaltskategorien | TE | h | km | Spr | TE | h | km | Spr |
| 1. Sprungtechnik | | | | | | | | |
| 1.1 Technik | | | | | | | | |
| — Matte | | | | | | | | |
| — Schnee | | | | | 2 | 4 | | 10 |
| 1.2 Imitationstraining | | | | | 0,5 | 1 | | |
| 1.3 Krafttraining | 1 | 1 | | | 1 | 2 | | |
| 1.4 Schnelligkeitstraining | | | | | | | | |
| 2. Allgemeines Training | | | | | | | | |
| 2.1 Koordination | 0,5 | 1 | | | 0,5 | 1 | | |
| 2.2 Beweglichkeit | 0,5 | 1 | | | 0,5 | 1 | | |
| 3. Lauftraining | | | | | | | | |
| 3.1 Ski | 3 | 4 | 60 | | 1 | | 15 | |
| 3.2 Skiroller | | | | | | | | |
| 3.3 Lauftraining | 4 | 5 | 60 | | 2,5 | 3 | 40 | |
| Summe | 9 | 12 | 120 | | 7 | 13 | 55 | 10 |
| Zentrale Maßnahmen | | | | | | | | |
| Wettkämpfe | | | | | | | | |
| Tests | | | | | | | | |

*Abb. 106: Diese Tabelle wurde für die Nordische Kombination angelegt. Folgende Umfangsangaben werden hier quantifiziert: Anzahl der Trainingseinheiten (TE), der km, die Zeit (h) und die Anzahl der Sprünge (Spr) auf Schnee- und Mattenschanzen.*

— in der senkrechten Leiste vor dem Kalendarium werden die **Inhaltskategorien** eingetragen (Abb. 105, 106)
— der Plan muß die **zeitliche Veränderung** der *Inhalte* und ihre jeweilige **Proportionierung** deutlich herausstellen
— die **Belastungsdynamik** wird im Jahrestrainingsplan fast ausschließlich durch genaue oder weniger genaue *Umfangsangaben* dargestellt. Intensitätsplanungen werden im Jahrestrainingsplan nicht vorgenommen
— des weiteren enthält der Plan Angaben über Anzahl, Art und Zeitpunkt der *Wettkämpfe*
— dann werden die *zentralen Trainingsmaßnahmen* eingetragen
— und schließlich Zeitpunkt und Art **leistungsdiagnostischer Untersuchungen.**

Für die Planungen werden vier verschiedene Darstellungsformen benutzt: erstens *grafisch gestaltete Pläne,* die a) die *Belastungsumfänge* quantifizieren oder b) symbolisieren. Zweitens *Tabellenpläne,* a) mit *symbolisierten* (+ + + +) *Umfangsangaben* (Abb. 105) oder b) mit quantifizierten Umfangsangaben (Abb. 106).

Der zweckmäßigste Plan, der allerdings auch größte Detailarbeit voraussetzt, und der ohne ausreichendes Datenmaterial aus der Trainingsdokumentation nicht erstellt werden kann, ist der *Tabellenplan mit Umfangsquantifizierung.* Aus ihm lassen sich die Wochentrainingspläne am genauesten ableiten (Abb. 106).

### 5.3.2.5 Entwurf des Wochentrainingsplanes

*Der Wochentrainingsplan ist der Entwurf des detaillierten Trainingsprogramms einer Woche mit Belastungs- und inhaltlichen Anforderungen eines Mikrozyklus.*

Tabelle 31: *Wochentrainingsplan für Sprinter (*THIELE *1981, 135)*

| Montag | Dienstag | Mittwoch | Donnerstag | Freitag | Samstag | Sonntag |
|---|---|---|---|---|---|---|
| (vormittags) | Koordination | (vormittags) | Technik | Kraft | Koordination | Ruhe |
| Kraft | Technik | Kraft | Schnelligkeit | 8 x 6 Knie- | Schnelligkeit | |
| Koordination | Schnelligkeit | 6 x 8 | Schnelligk.- | beugen | Schnelligk.- | |
| 6 x 5 EBS | Schnelligk.- | Kniebeugen | ausdauer | I — 85% | ausdauer | |
| 6 x 5 LS | ausdauer I1) | I = 70% | (I1/I2) | submax. | (I2/I3) | |
| 4 x 10 LS | 2 x 10/20/30 | submax. | 4 x 10 m | Geschw. | 2 x 20/20/30 | |
| 10 x 5 HSS | m KHL | Geschw. | Wechselabl. | 8 x 6 Beuger | KHL | |
| ü. Hü. | 4 x 20 m Tst | 6 x 8 Beuger | 4 x 20 m Tst | I — 85% | 2 x 20/40/60 | |
| 4 x 20 m | 4 x 40 m Tst | I = 70% | 4 x 40 m Tst | 30' Medizinb. | Hst | |
| KHL i. d. L. | 6 x 60 m — | ca. 200 Wh. | 3 x 4 x | (allg. | 6 x 100 m 6' P | |
| 4 x 20 m Hst | 6,3''-4' P | allg. K. | 50-m-Staffel | Athletik) | 10,6/10,4/ | |
| (nachmittags) | 120 m/180 m/ | (Bauch-, | 180 m/220 m/ | | 10,2/10,2/ | |
| Schnelligkeit | 120 m 12,2/ | Rücken-, | 120 m | | 10,4/10,6 | |
| Schnelligk.- | 19,5/12,2'' | Arm-musk. | 19,5/3,0/ | | | |
| ausdauer (I1) | P — 10—15'' | usw.) | 12,2'' | | | |
| 4 x 20/40 m | | (nachmittags) | P — 10'' | | | |
| Hst | | Koordination | | | | |
| 2 x 4 x 60 m | | Komp. (ext. | | | | |
| 6,6''-2' P | | L.) Kraft | | | | |
| 3 x 300 m | | 4 x 20 m | | | | |
| 33,5''-12' P | | FGA u. KHL | | | | |
| | | 6 x 20 m KHL | | | | |
| | | 2 x 4 Diago- | | | | |
| | | nalläufe auf | | | | |
| | | dem Rasen | | | | |
| | | 4 x 8 HSS | | | | |
| | | 4 x 12 AWS | | | | |

EBS = Einbeinsprünge; LS = Laufsprünge; HSS = Hockstrecksprünge; KHL = Kniehebelauf; Hst = Hochstart; Tst = Tiefstart; FGA + Fußgelenksarbeit; Komp. = Kompensation; (ext. L.) = extensive Tempoläufe; P = Pause; I = Intensität; I1 = Intensität 1 (—92—97%); I2 = Intensität 2 (—85—92%); K = Koordinierung; Frequ. = von submax. bis max. gehend; HL = Hopserlauf.

Wie das Beispiel in Tabelle 31 zeigt, enthält der Wochentrainingsplan folgende Informationen: (1) die **Verteilung der Trainingseinheiten** auf die einzelnen Wochentage, die Vor- und

Nachmittage; (2) die detaillierte **Beschreibung des Trainingsvollzugs** für jede Trainingseinheit, im Sinne des inhaltlich-methodischen Ablaufes; (3) die **Festlegung der Belastungsanforderungen,** wobei die Belastungsumfänge mit ihrem jeweiligen Anstrengungsgrad, der Intensität, beschrieben werden. Für Inhalts- und Belastungsbeschreibungen werden Kürzel, Symbole oder Zahlenwerte vereinbart.

Um das Problem der *Belastungsdynamik* und den *Wechsel von Belastung und Erholung* noch besser *steuern,* d. h. den eigentlichen Charakter eines Mikrozyklus im Plan und auch grafisch noch deutlicher ausprägen zu können, empfehlen wir auch die *zeitlichen Zwischenräume* zwischen den Vor- und Nachmittagstrainingseinheiten festzuschreiben und den *„Härteverlauf"* im Zyklus zu skizzieren (Abb. 107).

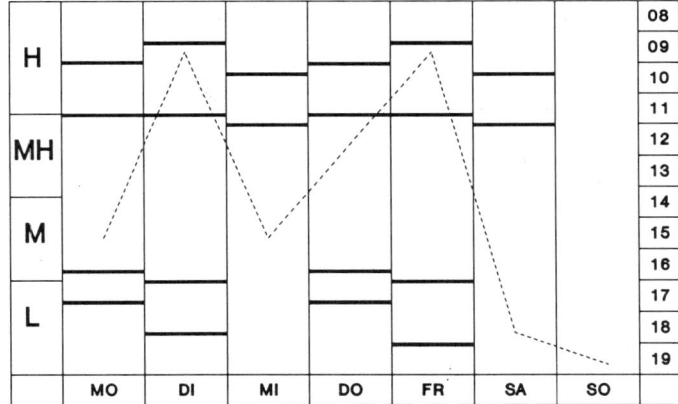

*Abb. 107: Schema eines Wochentrainingsplanes mit Uhrzeit (rechter Rand) und „Härtegraden eines Trainingstages": L = leicht; M = mittel; MH = mittelhart; H = hart.*

### 5.3.4 Die Trainingseinheit

Die Trainingseinheit mit ihren einzelnen Teilen muß — wenn sie trainingseffektiv ausgerichtet werden soll — als ein funktionales Ganzes wirken. Sie ist inhaltlich wie methodisch nicht auf „Absolvieren", sondern konsequent auf das Erreichen *vorgegebener Ziele* zu gestalten. Deshalb sind auch ihre einzelnen Teile, *Einleitender Teil* (ET) → *Hauptteil* (HT) → *Ausklang* (A) nicht im Sinne *ihrer* Funktion, die ihnen qua Trainingstheorie zugeordnet ist, zu konzipieren, sondern sie müssen ihre Funktion spezifisch auf das Ziel der Trainingseinheit ausgerichtet erfüllen.

Der **einleitende Teil** bereitet die Trainierenden *einstellungsmäßig* und *kognitiv* durch Bewußtmachen des Zieles, der Aufgabenstellung der Trainingseinheit und des erwarteten individuellen Einsatzes sowie der Mitarbeit vor. Zweitens gilt es sich *motorisch-regulativ* und *physisch,* durch das Erarbeiten optimaler Muskelelastizität und Gelenkbeweglichkeit, durch organische Vorbereitung, das „Hineinarbeiten" in spezielle Bewegungsabläufe (Technik-Imitationen, spezielle Beweglichkeit und Reaktionen), *systematisch* auf den Hauptteil und die Hauptaufgaben der Trainingseinheit einzurichten.

Der **Hauptteil** erfüllt durch seine inhaltliche und methodische Gestaltung die Zielaufgaben. Der differenzierte Aufgabencharakter unterschiedlicher Inhalte hat spezielle Typen von Trainingseinheiten hervorgebracht, so Einheiten des Techniktrainings, Bewegungslernens, wettkampfnahen Trainings, Taktiktrainings, Komplextrainings, Ausdauer-, Kraft-, Schnelligkeits-, Koordinationstrainings und Koppelungen dieser Typen. Die Wirksamkeit aller Typen von Trainingseinheiten ist allerdings von der Systematik folgender Bedingungen abhängig:

— von der Festlegung des *zeitlichen Ablaufes* bzw. der Steuerung des Ablaufes entsprechend der Entwicklung die der Trainingsvollzug nimmt (wie beispielsweise beim Technik- oder Taktiktraining)

— der Bestimmung der *Reihenfolge* der *Inhalte* und des *methodischen Vorgehens*

— vom Planen der *räumlichen apparativen Organisation,* des *Medieneinsatzes* und der *Ein- oder Aufteilung* der Trainingsgruppe

— des Einsatzes von *Kontrollmaßnahmen* (Videorecorder beim Techniktraining, Zeitmessungen beim Schnelligkeitstraining, Pulsmessungen beim Ausdauertraining, Kontrollen der Krafteinsätze u. v. a.)

— Gewährleistung des kontinuierlichen *Informationsflusses* zwischen Trainern/innen und den Mitgliedern der Trainingsgruppe.

Der **Ausklang** hat generell die Funktion *Regenerationsprozesse* einzuleiten, wenn sie erforderlich sind. Trainingseinheiten, wie z. B. im Techniktraining oder der Technikschulung, bei denen es darauf ankommt „Spuren" nicht zu verwischen, verzichten auf eine Ausklangsphase (Abschnitt 2.6). Keinesfalls sollte nach Konditionsbelastungen, nach Komplextraining und nach wettkampfnahem Training auf den regenerationseinleitenden Ausklang verzichtet werden. *Typische Ausklangformen* sind Auslaufen, Dehnungstechniken, Gelenkbeweglichkeitsgymnastik, Warmwassergymnastik oder auch Spielformen.

Jede *Trainingseinheit* oder jeder Trainingstag sollte mit einer reflektierenden **Nachbereitung** abgeschlossen werden. Sie kann durch *Kurzzusammenfassungen, Auswertungen* der *Trainingsergebnisse, Gruppen-* oder *Einzelgespräche* oder nach Technik-, Taktik- und wettkampfnahem Training sinnvollerweise in *Seminarform,* unter Einbeziehung audiovisueller Aufzeichnungen, realisiert werden. Vor allem wenn eine Trainingseinheit ihren erzieherischen Aufgaben gerecht werden will, kann sie keinesfalls auf eine reflektierende Nachbereitung verzichten. Psychomotorische Lernerfolge, die Entwicklung von Werthaltungen und Einstellungen sowie der erforderliche Kenntniserwerb sind auf Erfahrungen angewiesen und setzen deshalb die Reflexion, das Bewußtmachen voraus. Genau das soll eine Nachbereitung leisten. Insofern ist sie auch ein Instrument der *Trainingssteuerung.*

Betrachtet man die Gestaltung einer Trainingseinheit unter Gesichtspunkten neuerer Überlegungen zum Trainingsaufbau (Abschnitt 5.1) und hier besonders unter dem Aspekt der Spezialisierung, dann sollte im Bereich des Spitzensports eine Trainingseinheit nur einen Hauptteil, eine Hauptaufgabe enthalten. In den darunterliegenden Niveaustufen und im Nachwuchsbereich, mit nur wenigen Trainingseinheiten pro Woche, ist diese Forderung jedoch teilweise nicht zu realisieren. Trotzdem muß darauf verwiesen werden, daß auch hier im Sinne von „*Blockbildungen*" und *gezielter Belastungskonzentration* (Abschnitt 5.1.3) versucht werden sollte, Trainingseinheiten mit nur einem Hauptteil zu gestalten. Bei Koppelungen von zwei Hauptteilen müssen folgende Regeln beachtet werden:

①  **Techniktraining** ist der letzte Teil in der Trainingseinheit, weil die dabei angeregten dynamischen Engramme unbedingt einer nachfolgenden Konsolidierungsphase bedürfen (Abschnitt 2.6.1). Vor ein Techniktraining kann nur kurzes, nicht ermüdendes, aber hoch intensives *Kraft-* oder *Schnelligkeitstraining* geschaltet sein.

②  Vor **Schnelligkeitstraining** kann ein kurzes, intensives *Krafttraining* (ALLMANN 1985, 294 ff.), allgemeines und/oder spezielles *Beweglichkeitstraining* oder *Koordinationstraining* gelegt werden.

③  Kraft- oder Ausdauertraining mit umfangreichen Belastungen können nur mit einem vorausgehenden Beweglichkeitstraining verbunden werden.

Die hier vertretene Auffassung widerspricht bisherigen Reihungstheorien, die auf Überlegungen vermeintlich „positiver Übertragung" beruhen.

## 5.4  Trainingsermüdung und Übertraining

### 5.4.1 Ermüdung

Training steuert solche Belastungen an, die aufgrund ihres Anforderungscharakters zu funktionellen Anpassungen und/oder koordinativ-motorischen Erfahrungsbestand führen. Dabei werden die trainierenden Systeme häufig bis an die Grenze der Beanspruchungsfähigkeit und aktuellen Funktionskapazität belastet. Der Wechsel von *Belastung* → *Ermüdung* → *Erholung* ist dabei die typische biologische Funktionsweise. Sie wird durch das Training gezielt angesteuert und auch realisiert. Innerhalb dieser Funktionsweise ist die *Ermüdung* eine notwendige Erscheinung des Trainings und zugleich Voraussetzung für Leistungsverbesserungen, weil nur wiederholte, zu Ermüdungen führende Beanspruchungen zur Ausschöpfung von Funktionsreserven und innerhalb dieser Reserven zu Anpassungen führen. Training muß deshalb zu Ermüdungen führen, andererseits aber solche Ermüdungen meiden, die zu Übertrainingssymptomen führen. Ermüdung und Erholung sind somit wichtige Zustände für die Gestaltung und Steuerung des Trainings (MARTIN 1987a, 378). In Anlehnung an DANKO (1974, 342) beschreiben wir den Ermüdungsbegriff wie folgt:

---

Definition:
**Ermüdung** ist ein besonderer physischer und psychischer Zustand als Resultat von Belastungen. Sie drückt sich in Diskoordination der Funktionen des Organismus und in zeitweiliger Leistungsminderung aus. Der Ermüdungszustand ist vorübergehend, reversibel und stellt ein komplexes Geschehen dar, das physische und psychische Vorgänge umfaßt.

---

Aufgrund unterschiedlicher Theorieansätze und Forschungsergebnisse kann sowohl zwischen *lokaler* (peripherer) und *zentraler* (allgemeiner) Ermüdung unterschieden werden. Es zeigt sich aber auch, daß Ermüdungen nicht nur lokalisiert zum Ausdruck kommen, sondern sich *graduell, phasenweise* verstärken. Deshalb ist auch eine Unterscheidung in Ermüdungsgraden sinnvoll, die vom Ausschöpfen relevanter Energiedepots (erste Phase) → zu komplexen Ermüdungen (zweite Phase) → bis zum Übertraining reichen. Die *erste Phase* tritt meist durch ein *lokales Ausschöpfen der Energiedepots* in den arbeitenden Muskelgruppen auf und wird auch lokal durch Auffüllen dieser Speicher wieder regeneriert. In dieser Phase kann die Leistungsfähigkeit bei kurzfristigen Belastungen noch auf einem hohen Niveau gehalten werden. Diese relativ schnell regenerierbare Ermüdungsform trifft hauptsächlich in der ersten Hälfte eines belastenden Mikrozyklus auf, wie im Abschnitt 5.2.4.2 bereits dargestellt wurde. Bei der *zweiten Phase* handelt es sich um eine *kurzfristig unüberwindbare komplexe* (zentrale) *Ermüdung* die wir hypothetisch als Programmermüdung bezeichnet haben, weil sich Ermüdungen hier auf ein ganzes Programm beziehen (MARTIN 1989a, 390 f.).

*Komplexe Ermüdungen* treten in hartbelastenden Mikrozyklen in der Regel in der zweiten Hälfte der Woche aufgrund einer Summierung der Belastungsanforderungen ein. Möglicherweise können aber erst im Zustand komplexer Ermüdung die Funktionsreserven des Organismus derart ausgeschöpft werden, daß mit dem dabei erreichten Beanspruchungsgrad Anpassungen im Rahmen dieser Reserven erfolgen können. Komplexe Ermüdungen verursachen *komplexe Leistungsminderungen,* die insgesamt, so bei Bewegungsausführungen, schnellkoordinativen Leistungen und dem konditionellen Vermögen, beobachtbar werden. Ermüdungen zeigen sich im Training wie folgt (hier können nur einige Symptome genannt werden):

— durch *Leistungsminderungen,* die zwischen 7 und 10 Prozent unter dem gegenwärtigen Leistungsvermögen liegen (Hinweis auf die zweite Ermüdungsphase),

— einen *frühen Anstieg der Blutammoniakwerte* und ein frühes Erreichen der Ammoniakwerte (der Belastungsabbruch fiel im ermüdeten, wie im regenerierten Zustand — in den von uns untersuchten Fällen — immer mit dem individuellen Ammoniakhöchstwert zusammen) Abb. 108. (Hinweis auf die zweite Erholungsphase),

— erheblich verringerter Fähigkeit zur Laktatproduktion (leere Speicher), Verschiebungen der Herzschlagfrequenz-Leistungskurve und der Laktatleistungskurve in der Regel nach links,

— ständig erhöhte Harnstoffwerte (Abschnitt 3.3.6.2), (LEHNERTZ / MARTIN 1988, 9)

— in diskoordinierten Bewegungsabläufen.

Die Vorgabe von *Regenerationszeiten* aufgrund verschiedenartig vorausgegangener Belastungen mit unterschiedlichen Ermüdungswirkungen ist insofern äußerst schwierig, weil bei Kraft- und/oder Ausdauertraining — um nur zwei Trainingsarten zu nennen — ständig andersartige Belastungsanforderungen mit unterschiedlichen Beanspruchungen auftreten und darüber hinaus das Ausgangsniveau vor dem Training nie gleichwertige Regenerationszustände aufweist. Hinzu kommt, daß bei Summierungen von Belastungen, wie sie im Rahmen eines Mikrozyklus auftreten, auch die Wirksamkeit der im Training *laufenden Regeneration* und die nach dem Training einsetzende *Sofortregeneration* nachlassen. Aus diesen Gründen nutzen der Trainingssteuerung Angaben darüber, wie lange beispielsweise eine vollständige Regeneration nach einem umfangreichen aeroben, anaeroben Ausdauertraining oder einem sehr umfangreichen Krafttraining in der Regel dauert, recht wenig.

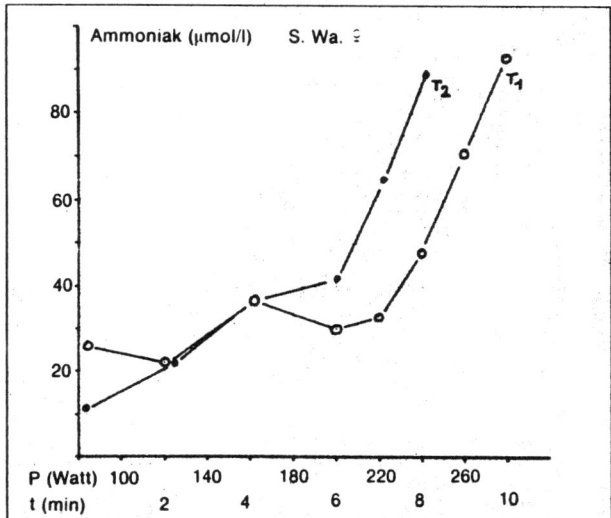

*Abb. 108: Verschiebung der Ammoniak-Leistungskurve bei Ergometerbelastung, $T_1$ regenerierter, $T_2$ ermüdeter Zustand (LEHNERTZ / MARTIN 1988, 11).*

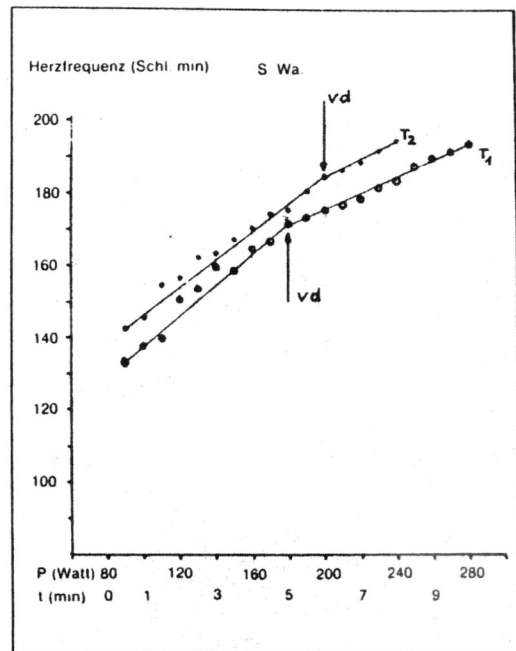

*Abb. 109: Herzschlagfrequenz-Leistungskurven der gleichen Probandin wie in Abb. 108. Hier zeigt sich eine Linksverschiebung im ermüdeten Zustand = $T_2$ (LEHNERTZ / MARTIN 1988, 9).*

Wir wollen deshalb einige globale **Regeln** aufstellen, die aber aufgrund individuell zu machender Erfahrungen anzuwenden sind:

① **Sofort-Regenerationen** beginnen nach jedem Training. Je regenerierter ein Organismus vor diesem Training war, umso wirksamer sind die jeweils einsetzenden Sofort-Regenerationen. Sie ermöglichen es auch, daß täglich zwei, ja drei Trainingseinheiten durchführbar werden.

② Mit zunehmendem **Belastungsumfang** innerhalb eines **Mikrozyklus** läßt die Wirksamkeit der Sofortregeneration kontinuierlich nach und Folgetrainingseinheiten müssen auf einem höheren Ermüdungsniveau stattfinden. Das zeigt sich vor allem in der zweiten Hälfte des Mikrozyklus.

③ Das macht nach jedem Mikrozyklus eine **Regenerationsphase** erforderlich, die durch regeneratives Training und/oder Ruhe zu erfüllen ist. Nach einem sehr harten Mikrozyklus muß neben dieser Regenerationsphase zusätzlich eine leichtere Trainingswoche folgen (Abschnitt 5.2.4.2).

## 5.4.2 Regenerationsmaßnahmen

Bei der folgenden Darstellung beziehen wir uns zusammenfassend auf Arbeiten von KEUL (1978, 236 ff.) und KINDERMANN (1978, 348 ff.).

Trainingsbegleitende Regenerationsmaßnahmen müssen durch drei Maßnahmegruppen vorgenommen werden: (1) richtige **Ernährung,** vor allem durch entsprechende Mischungen von Kohlehydrat, Fett, Eiweiß, in Verbindung mit Elektrolyten, Flüssigkeit und Vitaminen, richtige Ernährung ist für *Ausdauersportarten* ein sehr wichtiges Regenerationsmittel, (2) **Entspannungsmaßnahmen,** wie Schlaf, autogenes Training, Sedativa, Milieuwechsel und (3) **physikalische Maßnahmen,** wie Massagen, Wassergymnastik, Warmbäder, Sauna.

Bei Ausdauersportarten müssen die erschöpften *Energiereserven,* vor allem die entleerten Kohlehydratdepots durch eine kohlehydratreiche Ernährung (Kohlehydratdiät) systematisch wieder aufgefüllt werden. Nach hochintensiven Belastungen von 60 bis 90 Minuten und auch sehr großen Umfängen, sind die Kohlehydratdepots fast ausgeschöpft und sind bei normal gemischter Kost erst nach ca. 72 Stunden wieder aufgefüllt. Bei kohlehydratreicher Kost (systematischer Diät) können Glykogenspeicher jedoch bereits 24 Stunden nach einer Belastung ihre Ausgangswerte wieder erreicht haben. An diesem Beispiel zeigt sich, wie wichtig — gerade für die Ausdauersportarten — richtige Ernährung für Regenerationsprozesse ist. Ferner ist dabei auch an den erhöhten Vitaminbedarf zu denken. Bei intensiver körperlicher Arbeit verdoppelt sich der Bedarf der Vitamine der B-Gruppe sowie von Vitamin C und E. Bei erhöhtem Kohlehydratumsatz ist vor allem eine Erhöhung des Bedarfs an Vitamin $B_1$ zu beobachten.

Für den Regenerationsprozeß ist ferner der Ausgleich des Flüssigkeits- und Elektrolytehaushalts wichtig. Da der Organismus zu 70 % aus Wasser besteht, können Veränderungen des Wasserhaushalts zu größeren Störungen des inneren Milieus führen. Gewichtsverluste während des Trainings resultieren in der Hauptsache aus dem Schweißverlust. Bei langen Ausdauerleistungen und bei Sportspielen kommt es zu erheblichen Flüssigkeitsverlusten. Damit werden gleichzeitig Elektrolyte verloren. Dieser Zustand kann sogar zu einer Bluteindickung mit der Folge einer verminderten peripheren Durchblutung und gestörtem Abtransport der Stoffwechselschlacken führen. Mit dem Wasserverlust werden desweiteren Kochsalz, Kalium und Magnesium ausgeschieden und damit der gesamte Säure-

Basen-Haushalt gestört. Wasser- und Kochsalzverluste sind mit erheblichen Leistungsein-bußen verbunden, die bei schweren Formen zu Muskelkrämpfen, Schwindel, Reizbarkeit und gesteigertem Muskeltonus führen. Dieser Ausgleich wird noch wichtiger, wenn bei hohen Temperaturen trainiert wird.

Eine Reihe von Untersuchungen konnte nachweisen, daß die Zufuhr von Elektrolyten ein-mal bereits während einer zweistündigen Belastung (in der zweiten Belastungshälfte lei-stungsverbessernd wirken, aber auch die Regenerationsprozesse nachhaltig beeinflussen konnte (KEUL 1978, 241 f.). Auch für den Glykogenaufbau sind Elektrolytezugaben wich-tig. Ebenso werden bei hohem Kohlehydratumsatz ein erhöhter Bedarf an Vitamin $B_1$ nachweisbar und Vitaminzugaben besonders ratsam. Elektrolytepräparate, angereichert mit Kohlehydraten, haben sich hier bestens bewährt.

Regenerationsmaßnahmen bedürfen einer systematischen Anwendung. Sie beginnen be-reits mit dem *systematischen Ausklang* einer Trainingseinheit und beziehen dann, je nach Anstrengungsgrad der Beanspruchung, physikalische Maßnahmen, Entspannungsmaß-nahmen und richtige Ernährung mit ein.

*Tabelle 32: Regenerationsmaßnahmen nach hartem Training und/oder Wettkampf.*

| | Ausklangphase der Trainings-Einheit/des Wettkampfes | physikalische Maßnahmen | Ernährung |
|---|---|---|---|
| sehr umfangreiche Ausdauerbelastungen | Lockerungsübungen, Dehnungstechniken | Selbstmassage warme Bäder | Kohlehydratdiät, Vitamine, Elektrolyte, viel Flüssigkeit |
| sehr umfangreiche Kraftbelastungen | Auslaufen, Lockerungen, Dehnungstechniken | Massage warme Bäder | eiweißreiche Kost, Vitamine, Elektrolyte |
| Wettspiele | Auslaufen, Lockerungen, Dehnungstechniken | Massage warme Bäder | Flüssigkeit, Vitamine, Elektrolyte |

### 5.4.3 Übertraining

*Übertraining ist die Folge häufiger zu hoher Belastungsanforderungen und zeigt sich in einer chronischen Diskrepanz zwischen Leistungsanforderung und Leistungsfähigkeit bei herabgesetzter Belastungsfähigkeit* (HOLLMANN / HETTINGER 1976, 501). Es wäre nach ISRAEL (1976), auf den wir uns bei dieser Betrachtung maßgeblich beziehen, deshalb tref-fender, von einem *Fehltraining* oder von Überbelastung bzw. Überforderungsreaktion zu sprechen, weil die Symptome eines wirklichen Übertrainings nur in seltenen Fällen einem Zuviel an sportlicher Belastung zugeschrieben werden können. Da die Anforderungen an Sportler/innen vielseitig aber auch komplex sind, wie Wettkampf, Training, Schule, Beruf und Privatleben, können auch die Gründe für einen Leistungsabfall, der oft als Übertrai-ning diagnostiziert wird, nur unter dem Aspekt multifaktorieller Ursachen gesehen wer-den.

Nach ISRAEL lassen sich gegenwärtig zwei Übertrainingsformen relativ sicher voneinander abgrenzen, obwohl das Hauptsymptom beider Erscheinungsformen die *herabgesetzte, sportartspezifische Leistungsfähigkeit* und die Reduzierung der zugänglichen Reserven ist. Bei der Einteilung dieser beiden Übertrainingsformen und bei ihrer begrifflichen Bestimmung ging ISRAEL von *vegetativen Dystonien* (Störung des normalen Spannungszustandes der vegetativen Nervensystems) aus. Danach werden unterschieden:

① Ein *basedowoides Übertraining.* Es ist gekennzeichnet durch eine starke Erhöhung des Grundumsatzes. Die Züge dieses Übertrainings sind sympathikon, d. h. im vegetativen Nervensystem überwiegen die *Erregungsprozesse;*

② ein *addisonoides Übertraining.* Es ist gekennzeichnet durch eine Parasympathikonie, d. h. im vegetativen Nervensystem überwiegen die *Hemmungsprozesse* (ISRAEL 1976, 2; HOLLMANN / HETTINGER 1976, 502).

Bei beiden Formen kommt es im *vegetativen Nervensystem* entweder zu einer *sympathischen oder parasympathischen Dominanz.* Symptome solcher Belastungen des gesamten

*Tabelle 33: Gegenüberstellung der Symptome und Anzeichen der beiden Übertrainingsformen nach ISRAEL (1976, 2).*

| Basedowoides Übertraining | Addisonoides Übertraining |
|---|---|
| — leichte Ermüdbarkeit | — leichte (abnorme) Ermüdbarkeit |
| — Schlaf gestört | — Schlaf nicht gestört |
| — Appetit herabgesetzt | — normaler Appetit |
| — Abnahme des Körpergewichts | — Körpergewicht gleichbleibend |
| — Neigung zum Schwitzen, Nachtschweiß, feuchte Hände | — Thermoregulation normal |
| — halonierte Augen | |
| — Neigung zum Kopfschmerz | — klarer Kopf |
| — Herzklopfen, Herzdruck, Herzstiche, Ruhepuls beschleunigt | — Bradykadie |
| — Grundumsatz gesteigert | — Grundumsatz normal |
| — Körpertemperatur leicht erhöht | — Körpertemperatur normal |
| — verzögerte Einstellung der Herzschlagfrequenz auf Ruhewerte nach Belastung | — schnelle Kreislaufberuhigung nach Belastung |
| — Blutdruck uncharakteristisch | — unter und nach Belastung oft Erhöhung des diastolischen Blutdrucks auf 100 Torr |
| — abnorme Hyperpnoe unter unter Belastung | — keine Atemschwierigkeiten |
| — Überempfindlichkeit gegenüber Sinnesreizen (besonders akustischer Art) | |
| — Bewegungsablauf wenig koordiniert, oft überschießend | — Bewegungsablauf bei hoher Intensität ungenügend koordiniert |
| — Reaktionszeit verkürzt, allerdings viele Fehlreaktionen | — Reaktionszeit normal oder verlängert |
| — Tremor | |
| — Erholung verzögert | — gute bis sehr gute Erholungsfähigkeit |
| — innere Unruhe, leichte Erregbarkeit, Gereiztheit, Depression | — Phlegma, normale Stimmungslage |

Vegetativums können auch bei Geistesschaffenden und anläßlich depremierender Erlebnisse auftreten; sie sind demnach nicht allein für das sportliche Übertraining typisch, sondern typisch für den Streß. In der folgenden Tabelle 33 werden die Anzeichen des Übertrainings zusammengefaßt:

### 5.4.3.1 Diagnose des Übertrainings

Beide Formen des Übertrainings treten unterschiedlich und in relativ reiner Form auf, wobei oftmals nur jeweils ein Teil der Anzeichen und Symptome beobachtet werden kann. Übertraining ist in jedem Fall fähigkeitsrelevant, d. h. Fähigkeiten bzw. leistungsbestimmende Faktoren, die in einer Spezialsportart besonders gefordert werden und die damit auch qualitativ hochwertig sind, sind von einer durch das Übertraining verursachten Leistungsminderung am stärksten betroffen. Ein Kugelstoßer kann beispielsweise in Teilaspekten des Trainings, wie in seiner Sprintleistung, der Sprungkraftleistung, ja der Maximalkraftleistung, normale Werte reproduzieren, seine komplexe sportmotorische Leistung ist aber vermindert. Ein Mittelstreckler, dessen komplexe Leistung momentan niedriger ist, kann beim Dauertraining trotzdem alle Merkmale einer unverminderten Leistungsfähigkeit zeigen. So ist es gerade für das addisonoide Übertraining typisch, daß große Trainingsumfänge auch bei einem ausgeprägten Übertrainingszustand möglich werden. Ein addisonoid übertrainierter Skilangläufer ist durchaus in der Lage, lange Strecken relativ intensiv zu trainieren. In einem schweren Rennen aber, mit Anstiegen im Kampf Mann gegen Mann, mit den entsprechenden Tempovariationen, fällt er leistungsmäßig zurück, obwohl er nie das Gefühl hatte, „ausgebrannt" zu sein. Oft ist deshalb auch von addisonoid Übertrainierten nach einem Wettkampf zu hören, „jetzt könnte ich dasselbe Rennen noch einmal laufen". Bei diesem Übertraining liegt keine Erschöpfung vor (ISRAEL 1976, 3).

Das *basedowoide Übertraining* tritt recht kurzfristig in Erscheinung und ist gekennzeichnet durch einen *Symptomenkomplex,* der durch ein „Sympathikotonus-Überwiegen" charakterisiert ist. Sportler/innen fühlen sich krank. Dafür findet sich eine große Anzahl klinischer Befunde. Die Diagnose fällt leicht.

Anders beim *addisonoiden Übertraining.* Hier fehlen diese auffälligen und markanten Befunde. Unter Ruhebedingungen und bei normalem Training nimmt der Sportler, die durch das Übertraining hervorgerufene Leistungsminderung, gar nicht wahr. Erkennt er in diesem Stadium eine Leistungsminderung, dann ist sie für ihn fast unerklärlich. *Diese Form des Übertrainings ist sehr schwer objektivierbar.*

Sie beginnt meist schleichend und wird deshalb erst nach einer gewissen Zeit, dann, wenn der Zustand schon ziemlich verfestigt ist, diagnostiziert. Oft wird beim Erkennen einer Leistungsminderung oder einer Leistungsstagnation versucht, diese durch forciertes Training wettzumachen. Ein sicheres Anzeichen für ein addisonoides Übertraining ist es, daß trotz des erhöhten Trainings ein weiterer Leistungsrückgang erfolgt.

Die Diagnose des Übertrainings geht von der objektiven Leistung aus. Ist ein Leistungsrückgang beobachtet worden, ohne daß Trainingsbeschränkungen wie Defizite, Krankheit, Verletzung u. a. vorliegen, muß grundsätzlich mit einem Übertraining gerechnet werden. Hier sollten dann (1) *klinische Befunde* erhoben und (2) das *Training analysiert* werden, damit aus dem Trainingsablauf (Monotonie, keine ausreichenden Erholungspausen, sehr hohe Intensität) Ursachen erkannt werden können.

### 5.4.3.2 Ursachen des Übertrainings

Das addisonoide Übertraining wird als die „moderne Form" gegenwärtig häufiger beobachtet, als das „klassische" basedowoide Übertraining. Wahrscheinlich ist, daß diese „moderne Form" früher weniger Beachtung fand und der Zustand eher mit dem sogenannten *„Ausgebranntsein"* charakterisiert wurde. Addisonoides Übertraining beruht in den meisten Fällen auf einem Fehltraining.

Grundsätzlich ist davon auszugehen, daß die belastungsmethodischen Grundkategorien, *Umfang* und *Intensität* mit ihren biologischen Korrelaten, für die Entstehung der einen oder der anderen Art des Übertrainings von Bedeutung sind. So bewirken im Ausdauerbereich der Umfang eine stärkere Mobilisierung aerober, die Intensität eine stärkere Mobilisierung anaerober Energiebereitstellungsprozesse.

Mit einem basedowoiden Übertraining ist dann zu rechnen, wenn vom Organismus hohe Intensitäten verkraftet werden mußten, ohne daß durch ein vorausgegangenes, genügend umfangreiches Grundlagentraining eine Basis für die Verarbeitung derartiger Belastungsreize entwickelt werden konnte. Es ist nicht verwunderlich, daß gerade bei den Volksläufern/innen die Gefahren für basedowoides Übertraining groß sind, weil hier Intensität und Ehrgeiz oft keine entsprechend ausreichende physische Grundlage aufweisen.

Vor allem dann, wenn Grenzbelastungen ohne entsprechende Vorbereitung erreicht werden, ist die Gefahr des basedowoiden Übertrainings gegeben. Bei häufiger Ausbelastung, ohne angemessene Grundlage, kann sich kein Organsystem optimal anpassen.

Das addisonoide Übertraining dagegen tritt dann auf, wenn (1) mit sehr großen *Umfängen,* (2) mit ziemlicher *Monotonie,* (3) zusätzlich mit *hohen Intensitäten substraterschöpfend* trainiert wird und (4), wenn die notwendigen *Regenerationsprozesse* nicht gewährleistet sind.

Übertrainingszustände können sowohl mit einem Drang, die mangelnde Leistungsfähigkeit durch erhöhtes Training wettmachen zu wollen, gekennzeichnet sein, als auch durch allgemeine Entmutigung, Pessimismus, Gleichgültigkeit, ja sogar Verdrossenheit am Sport. Die Stimmungslage ist beim basedowoiden Übertraining meist labil, und das Selbstvertrauen ist erheblich beeinträchtigt. Es hat starken Einfluß auf die psycho-sozialen Beziehungen; Konflikte sind häufig.

Addisonoid Übertrainierte sind stimmungsmäßig relativ stabil; sie sind aber unsicher in der eigenen Leistungsbeurteilung. Neben den Faktoren des Trainingsprozesses wie Umfang, Intensität, Monotonie, Regenerationsprozesse u. a. gibt es noch eine Reihe anderer Faktoren, die eine der beiden Formen des Übertrainings begünstigen: Bagatell- und Herderkrankungen, Infektionen, Rekonvaleszenzen, Mängel in der Ernährung, Genußmittel, Stimulantien, Schlafdefizite, bioklimatische Faktoren wie Hitzeperioden, hohe schulische, berufliche, wirtschaftliche Belastungen und Schwierigkeiten, Mißtrauen gegenüber Trainer/in oder dem Trainingsaufbau u. a. (ISRAEL 1976, 5).

Übertraining kann von vielen Faktoren verursacht werden. Jedoch ist soviel zu beachten: Die Auswirkungen eines Trainings sind das Ergebnis von Wechselwirkungen zwischen Trainingsbelastungen und der Persönlichkeit von Sportlern/innen. Somit sind dann auch Auswirkungen des Trainings nicht nur von Belastungen, sondern auch von zahlreichen inneren Faktoren abhängig und die Dosis-Wirkungsbeziehungen sind sehr dynamisch. Der höchste Trainingseffekt ist dann zu erwarten, wenn die Belastungsdosierung und die Belastbarkeit optimal aufeinander abgestimmt sind, wobei Trainingsbelastungen in diesem Fall als Ergebnis der komplexen Umwelt zu betrachten sind. Das Training stellt somit nur einen Teil der insgesamt auf Sportler/innen einwirkenden Belastungen dar. In Abhängigkeit von der auslösenden Ursache können durch das Übertraining unterschiedliche Funktionen gestört sein. Im Vordergrund steht aber die Störung der Regulationssysteme: (1) des *zentralen Nervensystems,* (2) des *vegetativen Nervensystems* und (3) des *Endokrinums.*

Bei einer Diskrepanz zwischen Leistungsbeanspruchung und momentaner Leistungsfähigkeit kommt es zu allgemeinen Störungen in der Neurodynamik, d. h. zu Störungen in der Beweglichkeit der Erregungs- und Hemmungsprozesse. Und dieser Zustand bewirkt eine Störung der gesamten Nerventätigkeit. Solche Regulationsstörungen kommen einer Neurose gleich. Übertraining ist damit immer neurotisch (ISRAEL 1976, 6). Dieser Hinweis auf eine Neurotisierung von Übertrainierten gibt auch gleichzeitig die hauptsächliche Richtung in der Behandlung der Übertrainierten an: sie muß die neurotische Störung des zentralen Nervensystems auflösen.

Wie schon beschrieben, stellt sich beim basedowoiden Übertraining ein dauerndes Überwiegen des Sympathikotonus ein, beim addisonoiden Übertraining ein Überwiegen des Parasympathikotonus ein. Das bedeutet bei der ersten Form eine ungenügende Umstellung von Leistung auf Erholung und bei der zweiten Form von Erholung auf Leistung. Einmal sind Sportler/innen in einer Art Erholungspause fixiert, das Befinden ist dementsprechend gut. Zum anderen befindet sich basedowoid Übertrainierte dauernd in einer Leistungsphase. Die autonome Regulation von Belastung und Erholung durch das vegetative Nervensystem ist erheblich gestört.

### 5.4.3.3 Behandlung des Übertrainings

Ein völliges Absetzen des Trainings ist als Behandlung undiskutabel, da das Entlastungssystem die Gesamtsituation eher verschlechtern würde. Auch die Fortsetzung der gleichen hohen Trainingsbelastung kann nicht durchgehalten werden, da daraufhin mit einer höheren Abnützung zu rechnen ist. *Die Behandlung des Übertrainings verlangt ein reduziertes und verändertes Weitertrainieren.*

Sind die Symptome eines basedowoiden Übertrainings erkannt, dann läßt es sich in ein bis zwei Wochen durch ein stark reduziertes Training, durch ein völlig anderes Training und einen evtl. Milieuwechsel (Ferien), durch Massagen und viel Schlaf relativ leicht beheben. Nach Wiederaufnahme des systematischen Trainings, nach Verschwinden der Übertrainingssymptome, soll die Belastung, vor allem die Belastungsintensität, nur sehr allmählich gesteigert werden. *Am Anfang der Trainingswiederaufnahme, sollte ein Grundlagenausdauertraining und ein allgemeines Kraftausdauertraining stehen.*

Das addisonoide Übertraining verläuft problematischer, weil es „auf Anhieb" kaum diagnostizierbar ist. Davon betroffenen Sportlern/innen wird häufig Willensschwäche, mangelnde Einsatzbereitschaft und fehlender Kampfgeist vorgeworfen. Diese Übertrainingsform wird gegenwärtig häufig angetroffen, das bestätigen auch eigene Analysen. Das addisonoide Übertraining ist ein allgemeiner Streßzustand der Sportler/innen.

Bei der Diagnose eines unerklärbaren Leistungsrückganges, trotz eines unveränderten Trainings — das ist ja oft bei fehlenden klinischen Befunden das einzige Anzeichen dieses Typs des Übertrainings — sind die Betroffenen in erster Linie psychisch zu unterstützen und ihr Selbstvertrauen ist zu stärken. Die „Behandlung" solchermaßen „gestreßter" Sportler/innen nimmt Wochen in Anspruch. Bei hoher Ausprägung dieses Übertrainings dauert es sogar Monate, mitunter ist eine ganze Wettkampfperiode als verloren zu betrachten. Beim addisonoiden Übertraining wird das spezielle Training umgestellt und reduziert.

Da das addisonoide Übertraining im wahrsten Sinne des Wortes überwiegend aus einem *Fehltraining* resultiert, liegt die Bekämpfung des Übertrainings somit bereits mehr in einer optimalen Trainingsgestaltung, die ein Zustandekommen von Übertrainingszuständen prophylaktisch ausschließen kann. Dabei sind folgende Punkte zu beachten:

— Gründliche *Planung* und *Aufbau* des Trainings, entsprechende Periodisierung;

— Vermeidung von *Ermüdungsakkumulationen* nach hohen Belastungen, *ausreichende Regenerationsprozesse,* richtig gestalteter *Wechsel von Belastung und Erholung;*

— Vermeidung der *Monotonie* und von *Trainingsstereotypen* (die Punkte 2 und 3 verweisen somit auf die richtige Gestaltung der Mikrozyklen und Trainingseinheiten);

— *konfliktarme Gestaltung* der sozialen und individuellen Umweltbedingungen;

— *vertrauensvolle Zusammenarbeit* zwischen Sportlern/innen, Trainern/innen und Sportärzten (ISRAEL 1976, 10).

## 5.5 Bedingungen sportlicher Wettkämpfe

Training wird — wenn nicht auf Fitness- und Präventiv-/Gesundheitsprogramme ausgerichtet — in der Regel im Hinblick auf Präsentation der Leistungen im sportlichen Wettkampf und auf Wettkampferfolg geplant und durchgeführt. Damit erhält der sportliche Erfolg in Wettkämpfen für viele Trainingsprogramme *Zielfunktion.* Ferner dienen die sportlichen Wettkämpfe selbst als eine wichtige *Trainingsform* bei der Leistungsentwicklung, weil bestimmte Fähigkeiten, wie Reserven zu mobilisieren, sie taktisch richtig einzusetzen, sich voll zu verausgaben, „über sich hinauszuwachsen", nur im Wettkampf selbst entwickelt werden können. Auch die zur Wettkampfführung notwendige Erfahrung und Routine lassen sich nur über die kontinuierliche Wettkampfteilnahme erwerben.

---

Definition:

Ein **sportlicher Wettkampf** ist eine organisierte, öffentliche Veranstaltung des sportlichen Leistungsvergleich, in dem nach einem Reglement Gegner aufeinandertreffen, deren Leistungen — den Regeln entsprechend — in Rängen oder Plazierungen geordnet werden.

---

Das tragende Element des Wettkampfes ist das **Reglement** (Wettkampfbestimmungen). Es regelt alle Bedingungen eines Leistungsvergleichs unter der Maxime der *Chancengleichheit.* Zwar kann Chancengleichheit in hohem Maße durch Regeln für Wettkämpfe hergestellt werden, nicht aber für die Bedingungen der Leistungsvorbereitungen, weil diese davon abhängig sind, welches Vorbereitungsprogramm von Teilnehmern/innen und Trainern/innen als das individuell optimale angesehen und durchgeführt wird. Wettkampfbestimmungen beeinflussen den Trainingsprozeß im Hinblick auf die Zielformulierung, die Trainingsinhalte und -methoden maßgebend, weil sie die erlaubten Techniken, Umfänge oder Zeiten des Leistungsvergleiches, Geräte, Hilfsmittel, Bekleidungen, Klasseneinteilungen, Ergebnisermittlungen bestimmen, aber auch erlaubte Hilfen und Sanktionen für Fehlverhalten festlegen. So kann festgehalten werden, daß das Reglement eine konstitutive Wirkung auf sportartspezifische Trainingsprogramme ausübt.

Das zweite charakteristische Merkmal des Wettkampfes ist die **Anwesenheit des Gegners.** Bei meßbaren Leistungen ist die Anwesenheit von Gegnern durchaus keine Selbstverständlichkeit, wenn die Leistung hier nur einem Rekordversuch, der Rangliste oder Rekordmarken dient. Aber solche Rekordversuche sind trotz der Tatsache, daß hierbei höchste Leistungen erbracht werden, kein Wettkampf. Durch die Anwesenheit des Gegners erhält der Wettkampf seine typischen Merkmale wie „direkter Leistungsvergleich", „taktische Varianten in der Wettkampfführung", um die eigenen Leistungen optimal auf die Gegnerhandlungen einzustellen, mit Überraschungen fertigzuwerden, sie selbst einzubringen und diejenigen psychischen Qualitäten aufzubringen, die der unmittelbare Leistungsvergleich erfordert und hohe Leistungen bedingen. Auch die Anwesenheit des Gegners, als konstitutives Merkmal des Wettkampfes hat unmittelbaren Einfluß auf die Trainingszielsetzung und den Trainingsvollzug.

Die **Anwesenheit von Öffentlichkeit** bringt Wettkämpfe in eine besondere Emotionslage und macht Motivationen frei. Sie hat aber auch noch hinsichtlich der Zeugenschaft über den Wettkampfverlauf eine große Bedeutung. Man denke nur an ein Foul eines gegnerischen Abwehrspielers, das er an einem Stürmer der Heimmannschaft begeht, unter welchem Druck (Pfeifkonzerte) dieser Abwehrspieler von da an spielen muß u. a.

### 5.5.1 Wettkampf- und Wettspielmethode im Training

Die **Spezialisierung** als prinzipielles Leitmotiv im Trainingsaufbau bedeutet Gestaltung komplexer Belastungsanforderungen mit Orientierung an den Techniken und konditionellen Bedingungen des Wettkampfes (Abschnitte 2.1.1 und 5.1.1). **Wettkampf- und Wettspielmethoden** schließen darüber hinaus den Leistungsvergleich nach Forderungen des sportartspezifischen *Reglements* und die *Rivalität* der Trainingspartner/innen (Anwesenheit des Gegners) mit ein.

**Trainingsziele** der Wettkampf- und/oder Wettspielmethoden sind: (1) Gewöhnung an die *spezielle Belastungsstruktur* des Wettkampfes und sammeln von *Wettkampferfahrungen;* (2) Erlernen des *rationellen Einsatzes des Leistungsvermögens* und der *taktischen Wettkampfführung;* (3) Herausbildung von *Willenseigenschaften* und *Entscheidungskompetenz* in der Wettkampfführung. Die Anwendung von Wettkampf- und Wettspielmethoden muß demnach so arrangiert werden, daß diese Trainingszielsetzungen realisierbar werden.

Wettkampfmethoden sind auch die aussagefähigsten leistungsdiagnostischen Verfahren bzw. **Kontrollmethoden.** Auch Kontrollwettkämpfe haben eine ähnliche Funktion: Ihre Durchführung findet in jedem Jahreszyklus unter den gleichen Wettkampfbedingungen statt. Damit wird die Entwicklung des Leistungszustandes von Zyklus zu Zyklus genau beobachtbar.

Wettkampf- und Wettspielmethoden werden neuerdings auch als **Blocktraining** (Abschnitt 5.2.3.2) durchgeführt. Diese Blöcke werden systematisch auf die Makrozyklen der Vorbereitungsperiode verteilt. Dadurch kann auch eine Einfachperiodisierung charakteristische Merkmale einer Zweifach- bzw. Dreifachperiodisierung annehmen.

*Das Grundprinzip einer* **Wettkampfmethode** *ist die Variation bzw. Veränderung der aktuellen, regelgerechten Wettkampfpraxis entsprechend einer bestimmten Zielsetzung.* Dabei gibt es folgende Veränderungsmöglichkeiten: (1) Reduzierung von Wettkampfteilen (Übungen im Turnen, bei Mehrkämpfen); (2) Wiederholung von Wettkampfteilen (dabei wird beispielsweise eine Barrenübung zweimal hintereinander unter Wettkampfbedingungen geturnt u. a.); (3) Verringerung der Wettkampfzeit (Zweikampfsportarten); (4) Verkürzung des Wettkampfprogramms, der Wettkampfzeit; (5) bestimmte Gegnerzuweisung (leichtere, schwerere Gegner als Sparrings-partner); (6) ständiger Gegnerwechsel (Rückschlagspiele, Zweikampfsportarten); (7) Erschwernisse, wie Verlängerung der Wettkampfstrecken oder -zeit; (8) Veränderung äußerer Bedingungen (Bodenverhältnisse, leichtere, schwerere Geräte, verkürzter Anlauf beim Skispringen, enge Tore bei Slalom u. v. a.).

Die **Wettspielmethode** variiert unter Beibehaltung der Spielidee und der meisten Bestandteile des Reglements (1) Spielzeit; (2) Spielfluß, -tempo und -rhythmus; (3) Spielfeldmaße; (4) Anzahl der Gegner (Überzahl, Unterzahl); (5) äußere Bedingungen (vor allem Bodenbeschaffenheit); (6) Mannschaftsformationen.

## 5.5.2　Die Gestaltung der Wettkampfperiode und -saison

### 5.5.2.1 *Wettkampfhäufigkeit — Funktion der Wettkämpfe*

Wettkämpfe dienen nicht nur der Präsentation der Leistung und der Ermittlung von Leistungsergebnissen, sie sind gleichzeitig — nach dem Grundsatz, der Wettkampf ist das beste Training — eine **Methode der Leistungsentwicklung.** In dieser methodischen Funktion von Wettkämpfen erhalten Fragen der *Wettkampfhäufigkeit* und die *zeitliche Verteilung der Wettkämpfe* eine besondere Bedeutung. Zunächst ist *Wettkampfhäufigkeit* grundsätzlich abhängig von der *Sportart* und den dabei zugrundeliegenden Terminen. Bei den *Spielsportarten,* vor allem wenn Mannschaften neben der Meisterschaftsrunde am Pokal teilnehmen und zusätzlich repräsentative Verpflichtungen haben, sind 60 und mehr harte Spiele keine Seltenheit. Das bedeutet, daß in mancher Woche der Saison auch zweimal gespielt werden muß. Bei den *Sportarten mit Schnellkraftcharakter* verteilen sich 25—35 Wettkämpfe auf 6- bis 7monatige Wettkampfperioden. Auch hier werden in mancher Woche zwei Wettkämpfe absolviert.

Für die *Ausdauer- und Kampfsportarten* ist diese Häufigkeit noch zu hoch, denn die Regenerationsprozesse dauern länger. Die Wettkampfhäufigkeit liegt hier bei 20—30 Wettkämpfen. Die wenigsten Wettkämpfe werden in den *Mehrkämpfen* bestritten (Zehnkampf, Fünfkampf der Frauen, moderner Fünfkampf, nordische Kombination, Wettkampfgymnastik, beim Turnen die Mehrkämpfe der Männer und Frauen). Die Wettkampfhäufigkeit in Mehrkämpfen liegt bei 10—20, selten darüber, wobei es zusätzlich zu Starts in Einzeldisziplinen kommen kann (MARTIN 1980, 227 ff.).

Weiterhin ist die Wettkampfhäufigkeit abhängig vom *Leistungsniveau der Sportler/innen.* Unabhängig von der Sportart und den hier vorgegebenen Voraussetzungen, ist die Wettkampfhäufigkeit bei Sportler/innen mit hohem Leistungsniveau höher als bei anderen, Männern höher als bei Frauen, was aber auf das geringere Wettkampfangebot zurückzuführen sein kann, da es eigentlich keine zwingenden, trainingsmethodischen Gründe für eine geringere Wettkampfhäufigkeit gibt. *Unabhängig von der optimalen Wettkampfhäu-*

*figkeit muß eine Wettkampfperiode stets eine echte Wettkampfperiode sein, sie muß so viele Wettkämpfe enthalten, wie es zur Weiterentwicklung des Leistungszustandes erforderlich ist.*

Wettkämpfe haben zudem unterschiedliche *Funktionen* und Bedeutungen. Danach lassen sich drei Typen unterscheiden: (1) **Aufbauwettkämpfe** — sie sind Bestandteil des Trainings ohne spezielle Vorbereitungsphase. Sie dienen dem Übergang von der Mikrostruktur der Vorbereitung zu derjenigen der Wettkampfperiode, und damit der Gewöhnung an die Wettkampfbeanspruchung und -häufigkeit; (2) **Vorbereitungswettkämpfe** — sie haben eine spezielle Überprüfungs-, Selektions- und Vorbereitungsfunktion für einen jeweilig folgenden Hauptwettkampf. Sie sollen in dieser Funktion möglichst viele Merkmale der folgenden Hauptwettkämpfe, Programm, Startbedingungen, Besonderheiten der Gegner, des Wettkampfortes u. a. berücksichtigen; (3) **Hauptwettkämpfe** — sind die Wettkampfhöhepunkte der Saison und die dafür evtl. erforderlich werdenden Ausscheidungen. Sie werden zu den Knotenpunkten der gesamten Planung für die Wettkampfperiode (MATWEJEW / NOWIKOW 1982, 46).

### 5.5.2.2 Verlauf und Varianten der Wettkampfperiode

Wettkampfergebnisse sind ziemlichen Schwankungen unterworfen. Andererseits sind diese Schwankungen bewußt angestrebt, damit sich die Wettkampfergebnisse nach einer bestimmten *Leistungsdynamik* entwickeln. Die daraus entstehenden Leistungsprofile von Sportlern/innen verweisen nämlich darauf, daß Höchstleistungen nicht über längere Zeiträume haltbar sind und häufig auch nicht zum Zeitpunkt der Hauptwettkämpfe erreicht werden konnten. Aufgabe der Trainingssteuerung ist es, die Leistungsdynamik so zu gestalten, daß Höchstleistungen zu den Hauptwettkämpfen erreichbar werden. Daraus ergibt sich die Frage, welche Voraussetzungen für eine angestrebte Leistungsdynamik gegeben sein müssen. Diese Frage kann die Trainingswissenschaft — bei zwar vorhandenem Teilwissen — bis in die letzten Einzelheiten noch nicht beantworten. Aber die idealtypische Leistungsdynamik sollte folgender Modellvorstellung entsprechen: Eine aufsteigende Leistungsfähigkeit bis zum Zeitpunkt der Hauptwettkämpfe, dann das Erreichen der Höchstleistungen und die Stabilisierung des Niveaus für eine bestimmte Zeit. Die Voraussetzungen für eine optimale Leistungsdynamik garantieren erstens die genaue Steuerung der *Wettkampfhäufigkeit;* zweitens die *optimale Dichte der Wettkampffolge;* und drittens die erforderlichen *Regenerations- und Vorbereitungsmaßnahmen* zwischen den Wettkämpfen, hauptsächlich den Hauptwettkämpfen. Aus diesen drei Merkmalen ergeben sich der gesamte Verlauf sowie deren individuelle wie sportartspezifische Varianten der Wettkampfperiode (MARTIN 1980, 230 f.).

Neben der Wettkampfhäufigkeit muß also die Planung der **Dichte der Wettkampffolge** ebenfalls den Verlauf der Wettkampfperiode steuern. Dazu ein Beispiel: KALININ / OSOLIN (1975, 231 ff.) analysierten die Leistungsdynamik der besten Mittelstreckler der Welt und Europas (n = 79) über 10 Wettkampfperioden hinweg und kamen zu interessanten Ergebnissen. Diese sind zwar nur für Sportarten relevant, die ähnliche Trainings- und Regenerationsvoraussetzungen wie der Mittelstreckenlauf haben (etwa andere Schnelligkeitsausdauer- und Ausdauersportarten), sie verdeutlichen aber den *Einfluß der Wettkampfdichte* auf die Leistungsentwicklung.

Werden die Wettkampfergebnisse dieser Mittelstreckler — so wie KALININ / OSOLIN methodisch vorgingen — klassifiziert in: (1) „Relativ hohe Leistungen" (= Abweichung von höchstens 2 % von der Bestleistung), (2) „mittlere Leistungen" (= Abweichungen von höchstens 2—3,5 %) und (3) „geringe Leistungen" (= Abweichungen von 3,5—5 %), dann läßt sich feststellen, daß immerhin 49 % aller Ergebnisse im Bereich der zweiprozentigen Abweichung von der Bestleistung lagen und damit als hohe und stabile Leistungen betrachtet werden können. 51 % waren mittlere und geringere Leistungen. Dabei streuen diese Ergebnisse bei den einzelnen Läufern aber erheblich und nicht alle Läufer konnten ihre Bestleistungen zu den Hauptwettkämpfen bringen.

Die individuellen Zeitintervalle zwischen den Wettkämpfen schwanken zwischen 4 und 21 Tagen. Dabei konnten am häufigsten hohe Leistungen erreicht werden, wenn Zeitintervalle von 1 bis 2 Wochen, also *10 Tagen,* eingehalten wurden. So gelangten KALININ / OSOLIN (1975, 232) für den Mittelstreckenlauf zu folgender Erkenntnis: Eine hohe Wettkampfdichte steht in einem negativen Zusammenhang mit der Stabilität hoher Leistungen. Bei kurzen Zeitintervallen zwischen den Wettkämpfen gelingt es nicht, die Form lange zu halten. Die Höchstleistung ist nur dann zu halten, wenn die Gesamtzahl der Wettkämpfe, Zahl der Hauptwettkämpfe und die dazwischenliegenden Intervalle als eine zusammenhängende Struktur geplant werden.

Das verweist darauf, daß der Bezug der Wettkämpfe zur Zeit (Wettkampfdichte) eine große Rolle spielt und die Leistungsdynamik weitgehend von dieser Struktur bestimmt wird.

Die Planung der Wettkampfperiode beginnt mit einer Einteilung ihres Zeitraumes in Makrozyklen unterschiedlicher Funktionen. Diese **Wettkampf-Makrozyklen** (W-MAZ) dauern aufgrund gebräuchlicher Abschnitte in Wettkampfkalendern durchschnittlich 4—5 Wochen. Sie sollten die folgenden Teile umfassen: die *vorbereitenden Mikrozyklen* auf einen/mehrere Hauptwettkampf/kämpfe, den *Mikrozyklus des/der Hauptwettkampf/ -kämpfe* und eine *Nachwettkampfphase.* Bei einer längeren Wettkampfperiode werden **Zwischen-Makrozyklen** (Zwischenetappen = Z-MAZ) notwendig. Dabei haben sich folgende Typen mit differenzierten Funktionen herausgebildet: (1) ein Zwischen-Makrozyklus mit *Regenerations- und Vorbereitungsfunktion,* der in der Wieder-Vorbereitungsphase sogar einzelne Starts mit Überprüfungs- und Vorbereitungsaufgaben enthalten sollte, und (2) ein Zwischen-Makrozyklus mit *Regenerations- und Formerhaltungsfunktion,* hierbei muß teilweise der Belastungsumfang wieder deutlich erhöht werden, weil der Leistungszustand readaptiv bedingte Verminderungen zeigt. Diese Zwischen-Makrozyklen sind Trainingszyklen, die zumeist in der Mitte einer zweigeteilten Wettkampfperiode liegen.

Zur Abb. 110 noch einige Bemerkungen: Wenn der Hauptwettkampf in der zweiten Hälfte der Wettkampfperiode liegt, kann der Zwischen-MAZ mit formerhaltener Funktion und einem gezielten Vorbereitungs-Wettkampf-MAZ verbunden werden (Abb. 110, unterstes Beispiel), in dem noch einmal systematische Vorbereitungsarbeit auf den Hauptwettkampf geleistet wird. Wenn Zwischen-MAZ eingeschoben werden, ist grundsätzlich mit wellenförmigen Leistungsschwankungen zu rechnen, die noch keinen Formverlust bedeuten müssen, sondern häufig einstellungsmäßig und/oder regenerativ zu begründen sind. Sollte der Einschub eines Zwischen-MAZ aus irgendwelchen Gründen nicht realisierbar sein (Hallenfußballturnier während der Winterpause), dann muß in verschiedenen Mikrozyklen der Wettkampfperiode gezielt, durch Umfangerhöhungen, formerhaltend trainiert werden, um die fehlenden Belastungsanforderungen zu kompensieren.

Abschließend bleibt für die Gestaltung der Wettkampfperiode zu konstatieren: Für jede

Sportart und auch für individuelle Leistungsentwicklungen ist mit der zyklischen Einteilung zu experimentieren, weil Wettkampfkalender zyklische Variationen zulassen und es keine Normen gibt, die vorschreiben, wie unter bestimmten Bedingungen die zyklische Einteilung vorgenommen werden sollte.

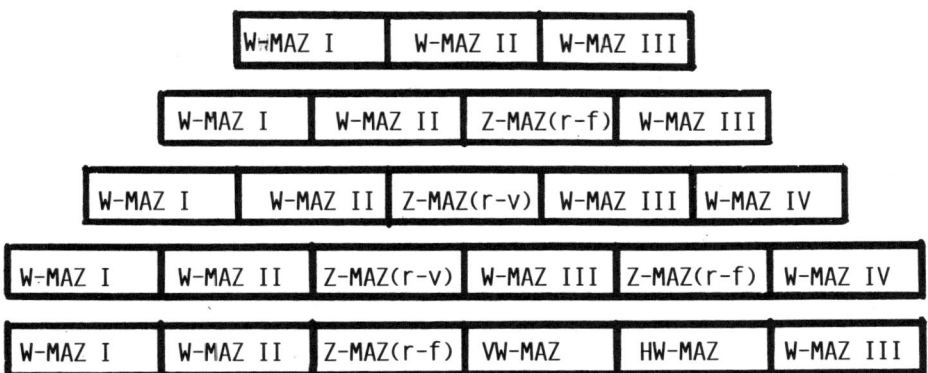

*Abb. 110: Verschiedene Modelle der zyklischen Einteilung der Wettkampfperiode (in Anlehnung an* MATWEJEW / NOWIKOW *1982, 48); r-f = regenerativ-formerhaltend; r-v = regenerativ-vorbereitend; HW-MAZ = Hauptwettkampf-MAZ; VW-MAZ = Vorbereitungswettkampf-MAZ.*

### 5.5.3 Die Wettkampfvorbereitung

#### 5.5.3.1 Allgemeine Grundsätze der Vorbereitung

*Die Wettkampfvorbereitung hat die Aufgabe, trainingsmethodische, pädagogisch-psychologische und organisatorische Maßnahmen so einzusetzen, daß Sportler/innen zum Zeitpunkt der Hauptwettkämpfe oder entscheidender Wettkämpfe ihre sportliche Höchstform erreichen, psychisch und physisch leistungsstabil und richtig auf diese Wettkämpfe eingestellt sind.*

Eine systematische *Vorbereitung* wird grundsätzlich für alle diejenigen Wettkämpfe durchgeführt, bei denen ein hohes Ergebnis erwartet wird (besondere Hauptwettkämpfe). Das Training muß sich dabei auf möglichst viele Situationen der späteren Wettkampfbedingungen einstellen. Demnach simuliert ein solches Training viele der Bedingungen, die beim späteren Wettkampf erwartet werden. Das kann beispielsweise durch folgende Maßnahmen geschehen:

① Durch das *Einstellen auf den künftigen Gegner.* Das ist durch mehrere Methoden möglich. Es können Videoaufzeichnungen oder Beobachtungen der künftigen gegnerischen Mannschaft, des Gegners beim Boxen, Ringen, Judo u. a. gemacht werden, die dann auszuwerten und zu diskutieren sind, damit die Erkenntnisse und Ergebnisse in die unmittelbare Wettkampfvorbereitung eingebracht werden können. Das Einstellen auf den künftigen Gegner bedeutet aber auch die richtige und nüchterne Einschätzung der eigenen Möglichkeiten und Leistungsfähigkeit.

② Durch das **Vermitteln des Wissens über die richtige Regelauslegung und Wertungspraxis,** ja sogar über die in Erfahrung gebrachten Eigenarten der Schieds-, Punkt- und Kampfrichter, die den Wettkampf leiten.

③ Ferner durch das **systematische Vertrautmachen mit dem Wettkampfgerät.** In apparativ bedingten Sportarten (Bob, Boot, Gewehr, Ski, aber auch die Bälle, Handschuhe u. a. des nächsten Turniers) haben Wettkampfgeräte einen großen Einfluß auf die Wettkampfleistung. Zur Qualität des Gerätes muß ein absolutes Vertrauen hergestellt werden. Sportler/innen müssen davon überzeugt sein, daß es sich bei ihren Geräten um das beste Material handelt. Vertrautmachen mit dem Gerät heißt aber auch, die Technik, Behandlung und Einstellungsveränderungen des Gerätes genau zu beherrschen und situativ optimal anzuwenden.

④ Durch das **Trainieren auf möglichst adäquaten Wettkampfanlagen** (Streckenprofil, Strömungsverhältnisse, Schanze u. a.). Das bedeutet aber auch, daß die besonderen Beleuchtungsverhältnisse, die Eigenart der Bahnbeschaffenheit u. a. im Training möglichst die gleichen sein sollten.

⑤ Außerdem die frühzeitige Vorbereitung auf den **Wettkampfrhythmus,** d. h. auf die Wettkampfzeiten, darauf, daß an einem Tag Vor- und Endkämpfe zu bestimmten Zeiten stattfinden, sich ein Wettkampf (Zehnkampf, Fechten, Turnen) über Stunden mit entsprechenden Pausen hinzieht u. a. (LEMPART 1973, 125; HARRE 1975, 257; MARTIN 1980, 237 f.).

Es sind sicherlich noch andere Bedingungen, auf die man vorbereitet sein kann, die aber hier nicht alle aufzuführen waren, so die Witterungsbedingungen, die besondere Höhenlage (Beispiel Mexiko City), der Tagesablauf in fremder Umgebung, Umstellungen auf Zeitverschiebungen u. a.

Die hier aufgeführten, allgemeinen Grundsätze sollten darauf verweisen, daß parallel zu trainingsmethodischen Vorbereitungen ein *Erziehungsprozeß* stattfindet, bei dem Sportler/innen systematisch mit Situationen des kommenden Wettkampfes konfrontiert werden.

### 5.5.3.2 Die trainingsmethodische Vorbereitung

Ziel der trainingsmethodischen Vorbereitung ist es, eine unmittelbar und mittelbar vorbereitende Mikrostruktur zu konzipieren, die zum Beginn des betreffenden Wettkampfes zum momentan optimal möglichen Leistungszustand führt. Allgemeine, wissenschaftlich fundierte Regeln für diese Vorbereitungen lassen sich kaum aufstellen, weil sie erstens sehr „individuell" vorgenommen werden muß, zweitens aber häufig durch das Anreisen zum Wettkampfort mit langen Sitzstunden im Bus oder in Pkws nicht zum Tragen kommen kann. Erfahrungsgeleitet lassen sich allerdings die folgenden **Regeln der unmittelbaren Vorbereitung** darlegen:

— der *Belastungsumfang* wird ca. drei Tage vor dem Wettkampf drastisch reduziert

— vom dritten Tag vor dem Wettkampf an wird das „individuelle Ritual" des *Warmmachens* zum Zeitpunkt dieser Vorbereitungsarbeit am Wettkampftag kopiert

— ferner werden die *Mahlzeiten* auf die Uhrzeiten verschoben, wie sie am Wettkampftag stattfinden werden

— die *Trainingseinheiten* finden zum Zeitpunkt der Wettkämpfe statt

— *Trainingsinhalte* sind: kurze, intensive Kraft-, Schnellkraft-, Schnelligkeitsbelastungen im alaktaziden Bereich im Zusammenhang mit genauen Technikdurchführungen, technischen Ergänzungsprogrammen (wie Imitationsformen, spezielle Koordinationsübungen; Abschnitt 2.2.3.6) sowie einer konsequenten Aufrechterhaltung der Muskelelastizität und Gelenkbeweglichkeit

— *regenerative Maßnahmen.*

*Ziel der unmittelbaren Wettkampfvorbereitung ist es, Sportler/innen in einen hoch motivierten, spritzig-reaktionsschnellen, koordinativ-technisch, muskulär gut vorbereiteten sowie regenerierten Leistungszustand zu versetzen.* Die mittelbare Wettkampfvorbereitung ergibt sich aus der Struktur und Aufgabenstellung des jeweiligen Makrozyklus der Wettkampfperiode.

### 5.5.3.3 Die pädagogisch-psychologische Wettkampfvorbereitung

Die Aufgabe der pädagogisch-psychologischen Vorbereitung ist *die Entwicklung der Leistungs- und Wettkampfbereitschaft, einer positiven Einstellung zur harten Trainingsarbeit und zum Wettkampf, eines selbstgesteuerten Willens zur Handlung, die Herausformung und Stabilisierung bestimmter und sportartspezifischer Persönlichkeitseigenschaften und vor allem die Hinführung zur Selbsterziehung und Selbstregulierung.*

Diese Eigenschaften können sich nur im Training und Wettkampf selbst herausformen (PUNI 1973, 147), und sie sind auch nur in einer Wechselwirkung mit dem Gesamtzustand zu sehen. Denn steigende konditionelle Form hebt normalerweise auch die psychische Form, gibt affektiven Auftrieb, fördert die Lust am Training und Wettkampf, während ein konditioneller Formverlust Leistungseinbußen und Mißerfolge hervorruft. „Im Zustand guter psychischer Einstellung scheint auch die Fähigkeit zur Mobilisierung von Reserven zu wachsen, das Hinausschieben der Leistungsgrenzen, auch plötzliche Steigerung und die Abwehr von Konflikten aller Art werden möglich, die Bereitschaft zu wichtigen Gesprächen über Training und Wettkampfplanung nimmt zu. Dies alles bedeutet auch eine erhöhte Lernbereitschaft, verbessertes Koordinationsvermögen, Erkennen technischer Details von Bewegungsabläufen. Daß eine Reihe dieser Begriffe wie Kraftüberschußgefühl, Selbstvertrauen oder Sicherheit eng mit guten konditionellen Werten zusammenhängen, ist offensichtlich. Steigende Kondition bedeutet deshalb eine Erhöhung der psychischen Form" (RIEDER 1973, 382).

Aufgrund von Beobachtungen von Spitzenathleten in der Leichtathletik konnte festgestellt werden, daß der Zusammenhang aller Komponenten des Leistungszustandes und der Leistungsdynamik immer vorhanden ist. Bei guter Form und hoher Leistung besitzen Sportler/innen ein Höchstmaß an Konzentration für den kommenden Wettkampf. Der Leistungswille steigert ihre Trainingsarbeit oft so, daß er gebremst werden muß. Aber dieser mit der Leistungsfähigkeit gewonnene hohe Grad an „psychischer Stabilität" ist nur relativ und kann durchaus schnell wieder verlorengehen bzw. blockiert werden, etwa durch leichte, sich hinziehende Verletzungen und durch Mißerfolge, für die dann auch keine rechte Erklärung gefunden werden kann.

Andererseits muß nach einer längeren Erfolgsserie mit unerwarteten Mißerfolgen kalkuliert werden. Um die alte psychische Stabilität wieder herstellen zu können, sollte mit einem veränderten, kontrastreichen Training neu begonnen werden, damit zunächst die sportliche Form wiedergewonnen wird (RIEDER 1973, 383).

In diesem Wechselprozeß von Training und Erziehung stecken die erzieherischen Aufgaben von Trainern/innen. Sportler/innen unterliegen immer einem nach außen gerichteten Geltungsdrang. Daneben tritt aber das Streben nach Selbstbestätigung, das Bewähren nach eigenen Maßstäben. Nach Auffassung und Beobachtung von K. ADAM entwickeln sich Leistung und Persönlichkeit durch das Eigenwertsstreben im Sinne einer Selbstbestätigung am besten (1973, 385).

Die Mittel zur psychischen Leistungsentwicklung sind keine „Hexerei", es sind: *Versachlichung, Bewußtmachung, Rationalisierung* und *Einbeziehung der emotionalen Reaktionen* in die Planung und Realisierung des Trainings. Und das läßt sich nur über einen sozialintegrativen Führungsstil erreichen, der auch im Leistungstraining entschieden von einem autoritären Führungsstil abgehoben werden muß. Beim autoritären Führungsstil gehen grundsätzlich alle Direktiven ohne Diskussion vom/von der Trainer/in aus. Beim sozialintegrativen Führungsstil werden die Maßnahmen im Training und Wettkampf mit dem Ziel der Optimierung zwischen Trainierenden und Trainern/innen ausdiskutiert und in gemeinsam getragenen Handlungsstrategien realisiert.

Beide im Training möglichen Stile haben Vor- und Nachteile. Der autoritäre Führungsstil ist unkompliziert, einfach und schnell zu handhaben, er stellt an die Beteiligten nur geringe Anforderungen. Trainer/innen liefern Rezepte, Sportler/innen trainieren ohne viel zu denken und zu reflektieren. Der Nachteil ist, die Trainer/innen können die Gruppe nur bei ihrem Dabeisein kontrollieren, kehren sie ihnen den Rücken, dann wird meist auf „Spargang" geschaltet. Beim sozial-integrativen Führungsstil wirken die Sportler/innen bei der Konzipierung, Planung, Kontrolle der Realisierung mit, und sie identifizieren sich mit diesem Handeln. Ihnen werden Möglichkeiten der Selbst- und Mitentscheidung gegeben, die die Persönlichkeitsbildung und das Eigenwertsstreben besser zu unterstützen in der Lage sind.

„Die hohe Identifikation des einzelnen mit der gemeinsamen Planung eröffnet beim sozialintegrativen Führungsstil die praktisch wichtige Möglichkeit der autonomen Kontrolle, der Selbstkontrolle des Athleten im Training. Dadurch kann der Trainer eine größere Gruppe betreuen, Ferntraining wird möglich. Es liegen Erfahrungen vor, die beweisen, daß eine solche Selbstkontrolle des einzelnen Athleten auch bei hohen Belastungen funktionieren kann" (ADAM 1973, 387).

Nahezu die gesamte pädagogische und psychologische Vorbereitung liegt im Sport bei Trainern/innen. Sie werden hierbei kaum von Psychologen unterstützt. Sie ist demnach ein permanenter Bestandteil der Trainerstrategie, und es ist aus diesem Grunde heute noch wichtig, die Sätze zu wiederholen, die der unvergessene KARL ADAM seinen Trainerkollegen/innen für ihr pädagogisch-psychologisches Handeln mit auf den Weg gab:

— „Deine Hauptaufgabe ist es, den Athleten mit allen für seine Leistungsentwicklung wichtigen Informationen zu versorgen.

— Diese Informationen müssen zuverlässig und korrekt sein und dabei ins einzelne gehen. Wenn du deiner Sache nicht ganz sicher bist, halte den Mund oder mache den Athleten auf die Problematik aufmerksam. Wenn du deiner Sache sicher bist, überprüfe diese Meinung immer wieder an der Erfahrung. Versuche nie, deinen Mann mit falschen Informationen zu manipulieren.

— Führe den Informationsaustausch intensiv, heftig, ja sogar leidenschaftlich; führe ihn täglich, aber nicht länger als von der Sache her nötig; sitz deinem Mann nicht dauernd auf der Pelle. Sorge für intensiven Informationsaustausch zwischen den Athleten der Trainingsgruppe.

— Analysiere deine Motive — aber die wahren — und die deines Athleten. Versuche ständig, dich so intensiv wie nur möglich in seine Situation hineinzuversetzen, sich in ihn einzufühlen.

— Versuche stets, nicht nur die sportliche Leistung, sondern auch die Persönlichkeit des Athleten und seine Leistung in Beruf und Leben günstig zu beeinflussen, bewußten Transfer anzuregen, sein — und dein eigenes — Selbstwertstreben bevorzugt zu entwickeln und den Geltungsdrang einzudämmen.

— Mach den Athleten möglichst selbständig, unabhängig, auch von dir!

— Konflikte zwischen Trainer und Athlet sowie innerhalb der Athleten nicht unterdrücken und verdrängen, sondern austragen nach dem Motto: „Wenn euch was nicht paßt, macht das Maul auf!"

— Sorge dafür, daß dein Athlet immer ein Teilziel hat, das zu erreichen schwer, aber nicht unmöglich ist.

— Mach deinen Athleten vorher darauf aufmerksam, daß er im hochtrainierten Zustand reizbar, aggressiv und Wahnideen zugänglich wird. Wenn er die Symptome vorher kennt, ist es leichter, den Zustand durch Rationalisieren zu bekämpfen. Erwarte und verlange vom Athleten keinen Dank" (ADAM 1973, 389).

### 5.5.3.4 Die strategisch-taktische Wettkampfvorbereitung

Strategie und Taktik sollen das eigene Handeln günstig beeinflussen und optimal auf Gegner und Situationen einstellen, um Vorteile im Hinblick auf das Wettkampfziel herauszuarbeiten. Strategisch-taktisches Handeln äußert sich in der *Planung, Organisation* und im situationsgemäßen *Führen* von Wettkämpfen. Die taktische Handlungsfähigkeit ist grundsätzlich das Ergebnis eines systematischen Lern- und Erfahrungsprozesses. Sie kann nur in dem Maße entwickelt werden, wie der Trainingsprozeß in der Lage ist, Informationen über den künftigen Wettkampf einzuholen und zu verarbeiten und anhand dieser Informationen das taktische Handeln zu schulen (Kapitel 4).

Zur strategischen Wettkampfvorbereitung gehört zunächst das Aufstellen eines **Wettkampfplanes,** mit dem die taktische Wettkampfführung theoretisch durchgespielt und festgelegt wird. Die Hauptaufgabe des Wettkampfplanes besteht nun darin, den Sportlern/innen eine organisierte, systematische und zielstrebige Konzeption zu verleihen. *Eine Wettkampfführung ist bei wichtigen Wettkämpfen ohne geplante Konzeption (Taktik) undenkbar. Damit ist der Wettkampfplan die Grundlage zur taktischen Vorbereitung der kommenden Wettkampfführung.*

Der pädagogisch-psychologische Wert einer durch diesen Plan gesteuerten taktischen Vorbereitung liegt darin, Sportler/innen Selbstvertrauen in die eigene Leistung zu vermitteln und deshalb das Konzept hauptsächlich auf seinen *Stärken* aufzubauen und diese auszunutzen. Orientiert sich die Wettkampfplanung an den vorhandenen Schwächen (auch das ist grundsätzlich möglich) — weil geglaubt wird, so Mißerfolge oder Einbrüche besser vermeiden zu können —, wird ein Wettkampf erfahrungsgemäß schon unsicher begonnen. So ist es wichtig, Sportler/innen schon bei den Aufbauwettkämpfen genau zu beobachten, um herauszufinden, wo die Willensstärken und -schwächen liegen, wo ihre Risikobereitschaft und Leistungsfähigkeit Reserven mobilisieren können und unter welchen Situationen und Bedingungen diese Stärken bzw. Reserven eher gelähmt werden. Ebenso entscheidend für die Wettkampfplanung ist das Beobachten, der Leistungsfähigkeit und Wettkampfführung der *Gegner.* Trainer/innen und Sportler/innen sollten vor einem schweren Spiel, vor Box-, Judo-, Fechtwettkämpfen u. a., jede Gelegenheit wahrnehmen, den künftigen Gegner zu studieren. Um Gegner genau kennenzulernen, helfen keine Vermutungen und Meinungen, sondern nur gründliche Analysen. Vor allem müssen die Wettkampfergebnisse der Gegner bekannt sein, weil sie die Leistungsfähigkeit auch quantitativ dokumentieren. Ferner ist für die Wettkampfplanung die Analyse der *äußeren Wettkampfbedingungen* von Bedeutung. Die Besonderheiten der Wettkampfstätte (Profile, Ausmaße, Beschaffenheit des Bodens, der Bahn), zu erwartende Witterungsbedingungen und Sichtverhältnisse, Publikum, Kampfgericht u. a.

Die taktische Vorbereitung der Sportler/innen besteht für Trainer/innen (und auch für Mannschaftführungen) in den folgenden drei Aufgaben:

— Vor Wettkampfbeginn — und das muß auch bei der Anreise zu wichtigen Wettkämpfen mit einkalkuliert werden — soviel wie möglich *Informationen über Gegner und Wettkampfstätte* einzuholen, um daraus einen Wettkampfplan zu entwickeln.

— Mit den Sportlern/innen oder den Mannschaften vor dem Wettkampf diese Konzeption gründlich erörtern und diskutieren, um dann eine Taktik festzulegen, die von allen getragen wird und die von außen her (Trainer/innen, Mannschaftsführung) auch unterstützt werden kann.

— Nach dem Wettkampf den Verlauf und die Ereignisse gründlich analysieren und entsprechende Schlußfolgerungen, vor allem im Hinblick auf *nachfolgende Wettkämpfe,* zu ziehen (MARTIN 1980, 250 f.).

# 6. Nachwuchstraining

## 6.1 Nachwuchstraining als Teil des spitzensportorientierten Trainings

Wie in den vorangehenden Kapiteln bereits dargestellt, kann sportliches Training mit sehr unterschiedlichen Trainingsleitzielen und damit im Zusammenhang stehend mit sehr unterschiedlichem Engagement betrieben werden. *Spitzensportorientiertes Training* ist dabei grundsätzlich ein langfristig angelegter Prozeß. Im Zuge der Bemühungen um ein immer höheres Niveau sportlicher Spitzenleistungen wurde nicht nur eine erhebliche Steigerung der Trainingsbelastung im Erwachsenenalter vollzogen, sondern es erfolgte auch eine Steigerung der Belastung im Training mit Kindern und Jugendlichen und eine Vorverlegung des Trainings- bzw. Übungsbeginns in ein immer jüngeres Lebensalter. Was letztlich dazu führte, daß sportliche Spitzenleistungen in zahlreichen Sportarten auch schon von Jugendlichen erzielt werden. Seit den 60er Jahren wurde es weitgehend üblich, im Spitzensport den Trainingsprozeß in bezug auf die Höchstleistungsfähigkeit in die beiden langfristigen Trainingsstufen

— *Nachwuchstraining* und

— *Hochleistungstraining*

zu unterteilen. Im Zuge der immer weitergehenden Bemühungen um eine Ausdifferenzierung des Nachwuchstrainings wurden zahlreiche Vorschläge zur weiteren Aufgliederung des Nachwuchstrainings gemacht (vgl. u. a. THIESS 1964, HÖGER 1969, HARRE 1979, BAUERSFELD / SCHRÖTER 1979, MARTIN 1980, CARL 1984). In Würdigung der theoretischen Diskussion und unter Beachtung trainingspraktischer Gegebenheiten und Empfehlungen (vgl. u. a. HIERSEMANN 1989: Modell der Talentsuche und Talentförderung in Nordrhein-Westfalen und das Konzept der Nachwuchs- und Talentförderung im Leistungssport des Deutschen Sportbundes/Bundesausschuß Leistungssport von 1990) soll hier der langfristige Trainingsprozeß in die drei Trainingsstufen *Allgemeine Grundausbildung, Nachwuchstraining* und *Hochleistungstraining* gegliedert und das Nachwuchstraining noch einmal in die mehrjährigen Trainingsabschnitte Grundlagentraining, Aufbautraining und Anschlußtraining ausdifferenziert werden.

*Tabelle 34: Stufen des Trainingsaufbaus im spitzensportorientierten Training*

| | |
|---|---|
| Allgemeine Grundausbildung | |
| Nachwuchstraining | — Grundlagentraining<br>— Aufbautraining<br>— Anschlußtraining |
| Hochleistungstraining | |

Unter Beachtung der von MARTIN (1988, 101 ff.) als Optimum der Leistungsentwicklung postulierten Abfolge in der Schwerpunktsetzung des Kinder- und Jugendtrainings von

① Ausbildungsabschnitt: Vielseitige Grundausbildung

② Ausbildungsabschnitt: Entwicklung sportartspezifischer Grundlagen

③ Ausbildungsabschnitt: Systematischer Aufbau der konditionellen Leistungsfähigkeit und der Stabilisierung der Leistung

und unter Beachtung der in Abschnitt 1.2.3.2 formulierten Prinzipien 3., 4., 5. und 6. zum Trainingsaufbau und zur Trainingsorganisation werden den einzelnen Trainingsstufen die folgenden Leitziele zugeordnet:

*Leitziele der Allgemeinen Grundausbildung:*
Die vielseitige Verbesserung des sportlichen Leistungszustandes, die Weckung eines stabilen Interesses an leistungssportorientiertem Handeln in Training und Wettkampf, auch über das genauere Kennenlernen einer ausgewählten Sportart.

*Leitziele des Nachwuchstrainings:*
Die langfristige und planmäßige Verbesserung eines sportartspezifischen Leistungszustandes bis zu einem Niveau, das den Beginn des Hochleistungstrainings ermöglicht, Stabilisierung einer sportartgerichteten hohen Leistungsmotivation und erfolgreiche Wettkampfteilnahme in der höchsten, dem Nachwuchstraining zugeordneten Altersklasse bzw. Leistungsklasse.

Für die einzelnen Abschnitte des Nachwuchstrainings ergeben sich die folgenden *Trainingsleitziele:*

① *Grundlagentraining:*
— guter allgemein-vielseitiger sportlicher Leistungszustand,
— Entwickeln grundlegender sportartspezifischer Fähigkeiten und Erlernen der grundlegenden Bewegungstechniken,
— Kennenlernen und Erproben einzelner sportartspezifischer Trainingsmethoden,
— Wecken einer sportartgerichteten Leistungsmotivation in Training und Wettkampf.

② *Aufbautraining:*
— hoher sportartspezifischer Leistungszustand,
— Beherrschen der wichtigen sportartspezifischen Techniken,
— Kenntnis sportartspezifischer Trainingsmethoden,
— Stabilisieren der sportartspezifischen Leistungsmotivation,
— erfolgreiche Teilnahme an nationalen Wettkämpfen.

③ *Anschlußtraining*
— weitere Erhöhung des sportartspezifischen konditionellen Leistungszustandes,
— virtuose Beherrschung des sportartspezifischen Technikrepertoires,
— Tolerieren der erforderlichen Trainingsbelastungen in den unterschiedlichen Trainingszyklen,
— erfolgreiche Teilnahme an nationalen und internationalen Meisterschaften der höchsten Altersklasse des Nachwuchstrainings,
— Perspektive des Erreichens sportlicher Höchstleistungen im Hochleistungstraining.

Dem im Abschnitt 1.2 abgeleiteten Kategoriensystem des Trainingshandelns entsprechend werden in den nachfolgenden Abschnitten die für das Nachwuchstraining spezifischen Entscheidungen zum Trainingsaufbau, zur Trainingsorganisation, zu den Trainingsinhalten und zu den Trainingsmethoden dargestellt. Auf eine Ausdifferenzierung des Nachwuchstrainings wird dabei weitgehend verzichtet. Sie folgt im wesentlichen sportartspezifischen Bedingungen.

Im Rahmen systematischer Betrachtungen des sportlichen Trainingsprozesses ist immer wieder auf das Bedingungsgefüge der Trainingsentscheidungen verwiesen worden (vgl. u. a. MARTIN 1977 und 1980, CARL 1984). Bezüglich des Nachwuchstrainings erscheint es notwendig, zumindest kurz auf Besonderheiten der menschlichen Reifung, Entwicklung und den Einfluß des sozialen Umfeldes (u. a. Eltern, Freunde, Schule, Beruf, Gesamtgesellschaft) auf das sportliche Handeln einzugehen.

Zum vertiefenden Studium sei auf die drei Studienbriefe der Trainerakademie Köln aus dem Jahre 1988 verwiesen, die sich mit den Themen „Training im Kindes- und Jugendalter" (MARTIN), „Talentsuche, Talentauswahl und Talentförderung" (CARL) und „Pädagogische Grundlagen des Trainings" (KURZ) beschäftigen, sowie auf einige sportartspezifische Trainingslehren, u. a. zur Leichtathletik (BAUERSFELD / SCHRÖTER 1979), zum Schwimmen (COUNSILMAN 1980 u. SCHRAMM u. a. 1987), zum Rudern (KÖRNER u. a. 1985), zu den Sportspielen (STIEHLER u. a. 1988) und zum Kunstturnen (FRIEDRICH / NILSSON 1979 u. FRIEDRICH / BRÜGGEMANN 1981).

## 6.2  Bedingungen für die Entscheidungen des Nachwuchstrainings

### 6.2.1  Besonderheiten der Entwicklung Heranwachsender

Da die Geschwindigkeit der *Persönlichkeitsentwicklung* beim Heranwachsenden in der Regel größer ist als beim Erwachsenen, kommt den entwicklungsspezifischen Besonderheiten in den Altersabschnitten des Nachwuchstrainings eine große Bedeutung zu. In diesem Rahmen ist es nicht möglich, das Problem der Persönlichkeitsentwicklung oder der motorischen Entwicklung umfassend darzustellen (siehe dazu MEINEL / SCHNABEL 1987; WILLIMCZIK / ROTH 1983). Hier sollen nur einige für das Nachwuchstraining wichtige Aspekte skizziert werden.

Bei der Darstellung von Regelhaftigkeiten der menschlichen Entwicklung muß man sich zunächst immer vergegenwärtigen, daß solche Regeln oder Gesetze stets nur einen Mittelwert von zum Teil sehr unterschiedlichen individuellen Entwicklungsverläufen darstellen. Sie bieten deshalb für die Einschätzung der Entwicklung nur einen groben Orientierungsrahmen. Außerdem sollte immer beachtet werden, daß individuelle Entwicklungsverläufe stets sowohl von den ererbten Anlagen als auch von den einwirkenden Umwelteinflüssen abhängen. MARTIN (1988, 13 ff.) weist darauf hin, daß entwicklungspsychologische Theorien davon ausgehen, daß das Entwicklungsgeschehen von den vier Prozessen Reifung, Sozialisation, Lernen/Üben und Selbststeuerung bestimmt wird. Er formuliert als Merksatz zur Persönlichkeitsentwicklung: „Jede Persönlichkeit entwickelt sich durch ihr spezifisches individuelles Lebensschicksal, durch einen hohen Anteil von Selbststeuerung und Erbanlage, durch ihre eigene Sozialisation. Deshalb sind über das gesamte Entwicklungsgeschehen Heranwachsender nur sehr vorsichtig generell Aussagen zu machen" (MARTIN 1988, 97). Obwohl die Entwicklung individuell sehr unterschiedlich, stetig und nicht sprunghaft verläuft, ist es für das praktische Handeln hilfreich, die einzelnen Altersabschnitte durch entwicklungsspezifische Besonderheiten zu kennzeichnen. Tabelle 35 zeigt für die Zeitspanne,

*Tabelle 35: Entwicklungsstufenmodell nach GRIMM (1966) und KIRCHMAIR (1971)*

| **1. Gestaltungswandel** | | |
|---|---|---|
| Vorschulalter | Es umfaßt den Zeitraum vom 3. bis 7. Lebensjahr. Hier vollzieht sich die Entwicklung von der *Kleinkindform* (gedrungener nicht taillierter Rumpf, betonter Bauch, relativ großer Kopf, kurze Extremitäten) bis zur *Schulkindform* (gestreckter taillierter Rumpf, längere Extremitäten, relativ kleiner Kopf). | |
| Frühes Schulkindalter | Es umfaßt den Zeitraum vom 1. bis 3. Schuljahr bzw. vom 7. bis 10. Lebensjahr. Es ist eine Übergangsform bis zum Auftreten der ersten Reifezeichen. | |
| Spätes Schulkindalter (vorpuberale Phase) | *Mädchen*<br>3./4. bis 5./6. Schuljahr bzw.<br>10./11. bis 11./12. Lebensjahr | *Jungen*<br>3./4. bis 6./7. Schuljahr bzw.<br>10./11. bis 12./13. Lebensjahr. |
| | Beginn der Längenwachstumsbeschleunigung, rasche Genitalentwicklung, erste Mammaebildung. | |
| **2. Gestaltungswandel** | | |
| Erste puberale Phase (Pubeszenz) | *Mädchen*<br>5./6. bis 7./8. Schuljahr bzw.<br>11./12. bis 13./14. Lebensjahr | *Jungen*<br>6./7. bis 8./9. Schuljahr bzw.<br>12./13. bis 14./15. Lebensjahr. |
| | Die Pubeszenz umfaßt bei den Mädchen den Zeitraum vom Beginn der Geschlechtsreifung bis zur ersten Menarche (Monatsblutung), bei den Jugen bis zur Spermarche (dem Auftreten der ersten reifen Samenfäden). | |
| | Individuell sind in dieser Phase Abweichungen von ± 2 Jahren zu beachten (Früh- und Spätentwickler). | |
| Zweite puberale Phase (Adoleszenz) | *weibliche Jugendliche*<br>7./8. bis 10./11. Schuljahr bzw.<br>13./14. bis 17./18. Lebensjahr. | *männliche Jugendliche*<br>8./9. bis 11./12. Schuljahr bzw.<br>14./15. bis 18./19. Lebensjahr. |
| | Die Adoleszenz wird bei den weiblichen Jugendlichen vom Zeitraum der Menarche bzw. bei den männlichen Jugendlichen der Spermarche bis zum Erreichen der **Maturität** (der körperlichen Vollreife) gesehen. Zu Beginn der Adoleszenz treten erhebliche individuelle Unterschiede in der Entwicklung auf. | |

die für die sportliche Ausbildung Heranwachsender bedeutsam ist, ein sogenanntes *Entwicklungsstufenmodell* (nach GRIMM 1966; KIRCHMAIR 1971; und MARTIN 1980, 285). Aus dieser Tabelle können Trainer/innen oder Übungsleiter/innen sehr grob erkennen, in welchem Entwicklungsabschnitt sich ein ihm anvertrauter Heranwachsender befindet und durch welche allgemeinen sportunspezifischen Merkmale dieser Abschnitt gekennzeichnet ist. Dabei ist darauf hinzuweisen, daß die Individualentwicklung von der in der Tabelle 35 skizzierten „Durchschnittsentwicklung", vor allem im Abschnitt der puberalen Phasen erheblich abweichen kann. Nach HOLLMANN / HETTINGER (1980, 606 ff.) betragen die größten Differenzen bei Jungen, die sie für das 13. Lebensjahr ermittelten, 3,4 Jahre, bei Mädchen im 11. Lebensjahr 3,0 Jahre.

Um den individuellen Entwicklungsstand auch quantifizieren zu können, hat man im Unterschied zum Lebensalter (oder kalendarischen Alter) den Begriff des biologischen Alters eingeführt. Das biologische Alter bezeichnet den Entwicklungsstand und die Funktionstüchtigkeit des Organismus der Durchschnittsbevölkerung in dem entsprechenden kalendarischen Alter (zur Problematik der Definition und Messung des biologischen Alters vgl. u. a. GRIMM 1978; BRAUER 1982). Eine Beschleunigung der Wachstums- und Entwicklungsvorgänge gegenüber dem Bevölkerungsdurchschnitt wird als *Akzeleration,* eine Hemmung als *Retardation* bezeichnet.

Zum Ableitungszusammenhang muß wiederum auf die weiterführende Literatur verwiesen werden (siehe u. a. WILLIMCZIK / ROTH 1983; MEINEL / SCHNABEL 1987; OERTER / MONTADA 1982 u. a.). Die vor allem für die Talentprognose wichtige Frage, ob *Retardierte* oder *Normalentwickelte* den Entwicklungsvorsprung der *Akzelerierten* nach Abschluß der Wachstumsphase einholen oder gar übertreffen, kann nicht mit hinreichender Sicherheit beantwortet werden. Es sei allerdings darauf hingewiesen, daß in den Sportarten, in denen das Leistungsniveau in besonderem Maße vom konditionellen Leistungszustand bestimmt wird, die Fördersysteme der Verbände die akzelerierten Jugendlichen oftmals bevorzugen.

Aus der Sicht der Trainingslehre sind hinsichtlich der Besonderheiten der Entwicklung der Heranwachsenden über die oben dargestellten allgemeinen Probleme hinaus, u. a. die folgenden trainingsmethodischen Fragen von Interesse:

— Auf welcher Entwicklungsstufe sind die einzelnen sportlichen Fähigkeiten und Fertigkeiten besonders effektiv trainierbar (sog. sensible Phasen oder ontogenetisch besonders günstige Entwicklungsabschnitte)?

— Gibt es in der menschlichen Entwicklung Zeitpunkte, bis zu denen bestimmte Entwicklungsreize gesetzt werden müssen, wenn einzelne Fähigkeiten oder Fertigkeiten ihrem genetischen Potential entsprechend optimal ausgebildet werden sollen (sog. kritische Phasen)?

— Gibt es Entwicklungsabschnitte, in denen der Heranwachsende aufgrund seines spitzensport-orientierten Trainings- und Wettkampfhandelns gesundheitlich oder in seiner Persönlichkeitsentwicklung besonders gefährdet ist?

Diese Fragen wollen wir nachfolgend zu beantworten versuchen.

### 6.2.1.1 Trainingsgünstige Entwicklungsphasen

Die Frage, ob es im Kindes- und Jugendalter für die Entwicklung einzelner körperlicher Fähigkeiten Bewegungsfertigkeiten besonders trainingsgünstige Entwicklungsabschnitte,

*Tabelle 36: Trainingsgünstige Entwicklungsphasen für die verschiedenen sportlichen Fähigkeiten und für die Bewegungsfertigkeiten*

| Fähigkeit/Fertigkeit | Sensible Entwicklungsphasen |
|---|---|
| Bewegungskoordination | Vorschulalter<br>frühes und spätes Schulkindalter |
| Bewegungsfertigkeiten | frühes und spätes Schulkindalter<br>Adoleszenz |
| Beweglichkeit (passiv)<br>(aktiv) | ab Kleinkindalter<br>frühes und spätes Schulkindalter |
| Schnelligkeit | frühes und spätes Schulkindalter<br>Pubeszenz |
| Maximalkraft | ab Pubeszenz |
| Ausdauer aerob<br>anaerob | (keine sensible Phase)<br>ab Pubeszenz |

sog. **sensible Phasen** gibt, wurde vor allem von WINTER (1984) aufgearbeitet. Der Grad der Trainierbarkeit der einzelnen Fähigkeiten hängt in besonderem Maße von dem Entwicklungsverlauf der einzelnen, die jeweilige Fähigkeits- oder Fertigkeitsentwicklung bestimmenden indirekt beobachtbaren personalen Leistungsbedingungen ab (Abschnitt 1, Abb. 2). In Anlehnung an die Arbeiten von WINTER (1984) lassen sich für die einzelnen direkt beobachtbaren personalen Leistungsbedingungen, die in der Tabelle 36 zugeordneten sensiblen Entwicklungsphasen (grob vereinfacht) hervorheben.

### 6.2.1.2 Kritische Enwicklungsphasen

Für die langfristige Trainingsplanung ist die Frage von besonderem Interesse, ob es im Entwicklungsverlauf letzte Momente oder Zeiträume gibt, in denen angestrebte Entwicklungen gerade noch erreicht werden können (WINTER 1980, 102). Die Existenz sogenannter **kritischer Phasen** konnte für die menschliche Entwicklung bisher nicht mit der hinreichenden Exaktheit nachgewiesen werden. Sie wird jedoch vor allem für die Entwicklung einzelner koordinativer Fähigkeiten noch immer angenommen. So stellt ISRAEL (1977) die Hypothese auf, daß Kinder, speziell im Vorschulalter, koordinativ vielfach unterfordert sind und sieht eine frühzeitige Ausbildung besonders der koordinativen Fähigkeiten und einfacher Bewegungsfertigkeiten im Hinblick auf eine optimale motorische Entwicklung, als notwendig an. Da die Entwicklung der koordinativen Fähigkeiten durch die Funktionsform der Informationssysteme, speziell des Zentralnervensystems bedingt ist, sieht er gewisse Parallelen mit der Wachstumsgeschwindigkeit des Gehirns; es hat nach dem dritten Lebensjahr bereits über 80% seiner endgültigen Größe erreicht. Während es durchaus sinnvoll sein kann, für die Entwicklung der koordinativen Fähigkeiten „kritische Phasen der Entwicklung" anzunehmen, scheinen diese für die konditionellen Fähigkeiten nicht zu existieren (CARL 1984, 921).

### 6.2.1.3 Gefahren des spitzensportorientierten Trainings mit Kindern und Jugendlichen

Negative Folgen für die Persönlichkeitsentwicklung des Heranwachsenden können sich aus längerfristigen Überbeanspruchungen in Training und Wettkampf ergeben und sowohl den Organismus als auch die Psyche betreffen. Zu nennen sind vor allem die folgenden Gefährdungsmöglichkeiten:

Durch langfristig zu hohe Trainingsbelastung, die mit hohem Energieverbrauch verbunden ist, kann es zu *Stoffwechselstörungen* kommen. Beispielsweise weist WEINECK (1986, 48) darauf hin, daß eine Erhöhung des Grundumsatzes als Folge zu hoher Trainingsbelastungen zu Beeinträchtigungen des Baustoffwechsels und zu Störungen des Wachstums führen kann.

Als Folge zu hoher Trainingsbelastungen im Krafttraining kann es zu Schädigungen des insgesamt gegenüber dem Erwachsenen noch vermindert beanspruchbaren *passiven Bewegungsapparates,* also der Knochen, Knorpel, Sehnen und Bänder, kommen. Die Gefahr der Schädigung ist in den Phasen beschleunigten Wachstums stets besonders groß, denn die Empfindlichkeit des Gewebes ist proportional zu seiner Wachstumsgeschwindigkeit (WEINECK 1986, 48 ff.).

Sehr hohe Trainingshäufigkeit und Trainingsdauer können zu ständiger *Zeitknappheit* der Kinder und Jugendlichen führen, so daß vor allem die Gefahr besteht, daß die Heranwachsenden nicht mehr in der Lage sind, ihre leistungssportlichen und schulisch-beruflichen Karrierepläne nebeneinander zu verwirklichen. Wiederholter von außen ausgeübter Erfolgsdruck vor allem im Wettkampf, aber auch in zwanghaft erlebten Trainingssituationen, kann dazu führen, daß der Heranwachsende spitzensportorientiertes Handeln als Überforderung empfindet, bei der die für seine umfassende Persönlichkeitsentwicklung notwendigen Freiräume verlorengehen. Das Empfinden andauernden *psychischen Stresses* und schließlich längerfristige psychische Störungen könnten die Folge sein (Deutsche Gesellschaft für Erziehungswissenschaft 1982).

## 6.2.2 Einfluß des sozialen Umfeldes auf das Trainings- und Wettkampfhandeln

Der Einfluß des sozialen Umfeldes auf das Trainings- und Wettkampfhandeln ist augenscheinlich und braucht nicht besonders begründet zu werden. Er ist z. B. durch die unterschiedlichen Wege, die die beiden Teile Deutschlands zur Förderung des Nachwuchssports vor der Vereinigung gewählt haben, für jedermann sichtbar gewesen.

Neben den gesamtgesellschaftlichen Rahmenbedingungen, wie Einstellung der Gesellschaft zur sportlichen Leistung, Sportstättenangebot und verfügbare Finanzmittel, spielen die im unmittelbaren sozialen Umfeld des Sportlers wirksam werdenden Einflüsse für die Individualentscheidung zu spitzensportorientiertem Handeln eine wichtige Rolle. Die bedeutendsten Einflußfaktoren für den Nachwuchssportler sind die *Familie,* besonders die *Eltern,* die *Freunde,* die Schule bzw. die Berufsausbildung und die Attraktivität der Angebote der Sportvereine. Sowohl beim Hinführen zu einer bestimmten Sportart als auch bei der Unterstützung der Trainingsorganisation spielen die Eltern die wichtigste Rolle. Diesen Tatbestand untermauert z. T. eine Umfrage von STORK (1983). Auf die Frage: „Wie bist du zu deiner Sportart gekommen?" gaben D-Kaderathleten aus Nordrhein-Westfalen die in der Tabelle 37 aufgeführten Antworten.

*Tabelle 37: Anreger zum trainingsmäßigen Betreiben einer Sportart (Mehrfachnennungen möglich,*
STORK *1983)*

| | |
|---|---|
| 1. Eltern | 54,6 % |
| 2. Freunde | 41,4 % |
| 3. Vereinstrainer | 27,0 % |
| 4. Sportlehrer der Schule | 17,7 % |
| 5. Vorbild des erfolgreichen Spitzensportlers | 10,9 % |
| 6. Sonstige | 17,9 % |

Auch erfolgreiche Trainer bestätigen immer wieder, daß die Eltern bei der Unterstützung
der Trainingsorganisation eine wichtige Rolle spielen (CARL 1988). Demgegenüber ist die
Rolle der Schule als Katalysator des Nachwuchstrainings uneinheitlich und wohl in starkem
Maße vom Engagement einzelner Lehrer bestimmt. Vor allem dann, wenn ein Lehrer einer
Schule gleichzeitig Nachwuchstrainingsgruppen in einem Sportverein betreut, ist ein großer Einfluß der Schule festzustellen. Trotz der stärkeren Konzentration des Hochleistungstrainings auf zentrale Trainingsstätten, wie z. B. die Olympiastützpunkte, bildet das Trai-
ningsangebot der Sportvereine für die meisten Sportarten die Basis für eine erfolgreiche
Nachwuchsförderung. Zielrichtung und Qualität der Vereinsarbeit, speziell der dort überwiegend nebenamtlich tätigen Übungsleiter/innen und Trainer/innen, bestimmen im wesentlichen die Erfolgsbilanz eines Spitzenfachverbandes im Nachwuchstraining.

Eine besondere Aufgabe fällt den Vereinen bei der Förderung des Sports mit Kindern vor
deren Eintritt in das Nachwuchstraining zu. Welche Bedeutung die nicht ausschließlich auf
Spitzensporttraining hin orientierte Allgemeine Grundausbildung für das Nachwuchstraining hat, soll in dem nachfolgenden Abschnitt dargestellt werden.

## 6.3 Allgemeine Grundausbildung als Vorstufe des Nachwuchstrainings

Die in Abschnitt 6.1 vorgegebenen Leitziele der *Allgemeinen Grundausbildung,* (1) die vielseitige Verbesserung des allgemeinen sportlichen Leistungszustandes, und (2) das Wecken
eines stabilen Interesses an sportlichem Handeln (auch durch genaueres Kennenlernen
einer Sportart), werden ganz allgemein vor allem durch eine *vielseitige* sportliche Betätigung erreicht. Wie „Vielseitigkeit" im 1. Ausbildungsabschnitt eines langfristig leistungs-
orientierten sportlichen Handelns aussehen sollte, wird im folgenden dargestellt.

Die erste Entscheidungskategorie von Trainingsplanung und Trainingsvollzug, der *Trainingsaufbau* (Abschnitt 1.2.2, Tab. 1), ist in der Allgemeinen Grundausbildung durch die
folgenden Besonderheiten gekennzeichnet. Für den Trainingsbeginn gibt es bei strikter Beachtung der alterspezifischen Besonderheiten der Heranwachsenden prinzipiell keinen zu
frühen Zeitpunkt. So kann ohne weiteres bereits im Vorschulalter angefangen werden. Der
späteste Zeitpunkt des Beginns richtet sich nach dem für die einzelnen Sportarten empfoh-
lenen durchschnittlichen Beginn des (sportartspezifischen) Grundlagentrainings. Da die
Allgemeine Grundausbildung in der Regel mindestens zwei Jahre dauern sollte, ergibt sich
für viele Sportarten das frühe Schulkindalter (1.—3. Schuljahr; 7.—9./10. Lebensjahr) als
günstiger Zeitabschnitt; wobei er in den kompositorischen Sportarten eher früher, zum Teil

bereits im Vorschulalter, in den Ausdauersportarten und in einigen Spielsportarten eher später, in jedem Fall jedoch vor Beginn der Pubeszenz, liegen kann.

Bei den für eine Sportart oder in einer Trainingsgruppe zum Trainingsbeginn zu treffenden Entscheidungen sind jedoch nicht nur trainingsmethodische Gesichtspunkte maßgebend. Im Hinblick auf das Bestreben jeder Trainingsgruppe, eine hinreichende Anzahl möglicher Spitzensporttalente für die Aufnahme des Trainings zu gewinnen, muß die Entscheidung auch mit Blick auf die um die potentiellen Talente konkurrierenden Sportarten bzw. Trainingsgruppen getroffen werden und eventuell schon zu einem Zeitpunkt mit der Allgemeinen Grundausbildung begonnen werden, zu dem dies — aus enger trainingsmethodischer Sicht — noch nicht notwendig gewesen wäre.

*Das Vorschulalter oder das frühe Schulkindalter bieten für die Allgemeine Grundausbildung vor allem deswegen besonders günstige Voraussetzungen,* weil diese Altersabschnitte für die Ausbildung der informationsaufnehmenden und -verarbeitenden Strukturen, also vor allem für die Ausbildung der koordinativen Fähigkeiten, besonders günstig sind (Abschnitt 6.2). Bezüglich der Trainingsgestaltung sind in diesem Ausbildungsabschnitt noch keine besonderen Überlegungen zur Zyklisierung notwendig. Der Ablauf des Trainingsjahres orientiert sich im wesentlichen am Aufbau des Schuljahres. Die Trainingshäufigkeit sollte bei 2—3 Trainingseinheiten pro Woche liegen, die jeweils 1—1,5 Std. dauern. Für das Vorschulalter werden eher 2 Trainingseinheiten, für das frühe Schulkindalter bereits 3 Trainingseinheiten empfohlen. Die einzelnen Trainingseinheiten sind in ihrem grundsätzlichen Aufbau ähnlich; sie bieten vor allem vielseitige Lern- und Übungsmöglichkeiten und systematisieren sich nach dem Prinzip Einleitung, Hauptteil, Ausklang. Im Unterschied zum fortgeschrittenen Nachwuchstraining und zum Hochleistungstraining kommt es wegen der vergleichsweise geringen Trainingsfrequenz und Trainingsbeanspruchung kaum zu einer gegenseitigen Beeinflussung der Wirkungen einzelner Trainingseinheiten, so daß die Überlegungen zur Trainingsplanung im Vergleich zum Hochleistungstraining nicht so sehr auf die Gestaltung des Mikrozyklus (oder längerer Zyklen), sondern auf die effektive Gestaltung der *Trainingseinheit* zu konzentrieren sind. Auch in der Allgemeinen Grundausbildung ist Trainingshandeln ohne Bezug auf das Wettkampfhandeln undenkbar.

Die **Wettkämpfe** unterscheiden sich jedoch sowohl bezüglich der Zielsetzung als auch bezüglich der Anforderungen grundlegend von denjenigen der nachfolgenden Ausbildungsabschnitte. Wettkämpfe haben in der Allgemeinen Grundausbildung vor allem die Funktion, Abwechslung in das Trainingshandeln zu bringen und zu sportlichem Leistungshandeln zu motivieren. Entsprechend ergeben sich die Wettkampfinhalte aus dem vorangegangenen Trainingshandeln; sie können also sportartunspezifische und sportartspezifische Komponenten enthalten und sind in ihren Regeln nicht an übergeordnete nationale oder internationale Normen gebunden. Die Vorbereitung auf einzelne Wettkämpfe sollte für die Kinder stets überschaubar bleiben und keine zu langen Zeiträume umfassen. Die einzelnen Wettkampfsituationen sollten zwar Konzentration auf das Geschehen verlangen, aber gleichzeitig immer noch die Kompensation von Fehlleistungen ermöglichen; dies kann z. B. durch das Vorgeben von Mehrfachversuchen oder durch das Ausschreiben von Mehrkämpfen und Mannschaftskämpfen erfolgen. Insgesamt sollten die Wettkämpfe in der Allgemeinen Grundausbildung so angelegt sein, daß sie von den beteiligten Kindern nicht als Streßsituation, sondern mehr als freudvolle Bewährungssituation angesehen werden (CARL 1988, 51).

Kennzeichnend für die **Organisation** der Allgemeinen Grundausbildung ist seine Durchführung in Vereinsgruppen (oder in Ausnahmefällen in Fördergruppen, die der Schule angegliedert sind), sehr oft die Benutzung von wenig spezifischen Sportstätten und in der Regel die Leitung des Trainings von neben- oder ehrenamtlich tätigen Übungsleitern/innen. Die Trainingsgruppen sind meist noch relativ leistungsheterogen und keinen bestimmten Leistungskadern zugeordnet. Obwohl das Training nicht ausschließlich auf das spätere Erreichen von sportlichen Spitzenleistungen ausgerichtet ist, bieten die Trainingsgruppen ideale Möglichkeiten zur Talentsuche für das nachfolgende Grundlagentraining. Eine sehr detaillierte Trainingsplanung ist in diesem Ausbildungsabschnitt nicht notwendig; vor allem kann auf Sollwerte zur Belastung und Beanspruchung weitgehend verzichtet werden. Eine Beschränkung auf die Vorgabe inhaltlicher Schwerpunkte und methodischer Leitlinien scheint ausreichend. Für die zum Teil nicht sehr umfassend ausgebildeten Übungsleiter/innen sind vor allem exemplarische Stundenmodelle für die einzelnen Trainingsaufgaben hilfreich. Auf eine detaillierte Leistungsdiagnostik und Trainingsdokumentation kann noch verzichtet werden.

Die geforderte Vielseitigkeit der Ausbildung bedeutet eine *Vielseitigkeit der Trainingsinhalte.* Einfache Grundbewegungen des Laufens, Springens, Werfens und Kletterns, also sportartunspezifische Bewegungen, gehören ebenso dazu wie einfache Grundelemente unterschiedlicher Sportarten. Um das vorgegebene Ziel, die Verbesserung des allgemeinen sportlichen Leistungszustandes, mit dem Schwerpunkt bei den koordinativen Fähigkeiten zu erreichen, eignen sich als Trainingsinhalte besonders die vielfältigen sogenannten Kleinen Spiele und die Grundformen des Gerätturnens. Zur Verbesserung der Dehn- und Kraftfähigkeiten sind daneben ausgewählte Übungen der Gymnastik und vielseitige Sprungformen günstig. Zur unverzichtbaren Ausdauerschulung sind nicht nur die üblichen längeren Läufe, sondern wiederum Spiele, aber auch je nach örtlicher Gegebenheit das Schwimmen, das Radfahren oder der Skilanglauf geeignet. Die *sportartspezifische Orientierung* wird durch das Erlernen einzelner Grundtechniken, zum Teil in vereinfachter abgewandelter Form, wie z. B. in den Minisportspielen erreicht.

Das *Bewegungsverhalten* der Kinder in der Allgemeinen Grundausbildung, vor allem derjenigen, die sich in den Entwicklungsphasen Vorschulalter und frühes Schulkindalter befinden, ist durch eine relativ geringe Differenzierung bei den einzelnen koordinativen und konditionellen Fähigkeiten (FILIPPOWITSCH / TUREWSKIJ 1977, 507), durch eine Bevorzugung hochfrequenter und kurzdauernder Bewegungen und durch einen oftmaligen und kurzfristigen Wechsel bei den Trainingsübungen gekennzeichnet. Trainingsreize werden besonders beim Lernen neuer Bewegungsfertigkeiten und bei „aeroben Ausdauerübungen" wirksam.

Bevorzugte *Trainingsmethode* ist daher zunächst die sogenannte Spielform. Im Laufe der Allgemeinen Grundausbildung sollten jedoch zumindest die Kinder, die bereits das frühe Schulkindalter erreicht haben, durch das Absolvieren von langsamen Läufen (oder anderen „Ausdauerübungen") mit immer weniger und kürzeren Pausen an die Dauermethode (als wichtiger Methode des aeroben Ausdauertrainings) gewöhnt werden.

Bei der *Fertigkeitsschulung* steht trainingsmethodisch nicht der schnelle Lernerfolg, sondern daneben immer auch die Förderung der Kreativität des Handelns im Mittelpunkt, was vor allem durch eine Bevorzugung der *Bewegungsaufgaben* gegenüber den wesentlich stärker reglementierenden *Bewegungsanweisungen* erreicht wird. Den entwicklungsspezifischen Besonderheiten der Kinder entsprechend erfolgt die Präsentation der Trainingsziele im wesentlichen durch „Vormachen", weniger durch Erklärung. Audio-visuelle Medien spielen weder zur Präsentation der Trainingsziele noch als Methode des Feedback eine bedeutende Rolle. Die Belastung und die Beanspruchung sind insgesamt noch relativ gering. Steigerungen erfolgen zuallererst durch Erhöhung des *Schwierigkeitsgrades* der Übungen. Hinsichtlich der Belastungsanforderung erfolgt eine kontinuierliche und gleichmäßige Zunahme des Belastungsumfanges, der Belastungsintensität und -dichte, im Fertigkeitserwerb vor allem der Lerninhalte. Insgesamt ist bei der Belastungsanforderung darauf zu achten, daß die vorrangig beanspruchten Körperregionen innerhalb der Trainingseinheit oftmals gewechselt werden und daß auf intensivere Belastungen stets relativ lange Erholungspausen folgen.

## 6.4 Aufbau, Organisation und inhaltlich-methodische Gestaltung des Nachwuchstrainings

Während die Allgemeine Grundausbildung zu großen Teilen auf sportartunspezifische Leitziele ausgerichtet ist, steht im Nachwuchstraining von Anfang an eine sportartspezifische Orientierung im Mittelpunkt (Abschnitt 6.1). Im Gegensatz zur Allgemeinen Grundausbildung ist das Nachwuchstraining jedoch kein relativ einheitlicher Prozeß. Während die inhaltlich-methodische Gestaltung zu Beginn des Grundlagentrainings noch große Ähnlichkeit mit der Allgemeinen Grundausbildung aufweist, nähern sich das Aufbautraining und vor allem das Anschlußtraining immer stärker dem Hochleistungstraining an.

Bei der Planung und Durchführung des Nachwuchstrainings kommt es stets darauf an, ein optimales Verhältnis zwischen *allgemeiner* (sportartübergreifender), *spezieller* (sportartspezifischer) *Ausbildung* und den ontogenetischen Bedingungen zu finden. Dabei ist darauf zu achten, daß durch das Training sowohl eine stabile und umfassende allgemeine *konditionelle Basis* durch Reizsetzungen bei allen konditionellen Fähigkeiten geschaffen wird — wobei individuelle Schwerpunkte auf die schwächer entwickelten Fähigkeiten zu legen sind —, als auch die Ausbildung der *sportartspezifischen Fähigkeiten und Fertigkeiten* gefördert wird. Dabei wird eine Belastung und Beanspruchung gewählt, die die individuellen Entwicklungsbesonderheiten sowohl bzgl. des Vermeidens von zu großen Risiken als auch bzgl. der Ausnutzung von entwicklungsbedingten, ontogenetischen Chancen berücksichtigt.

Die vor allem seit den siebziger Jahren immer wieder vorgenommene Gegenüberstellung der beiden Trainingskonzepte „frühe Spezialisierung" und „entwicklungsgemäßer Leistungsaufbau" (FEIGE 1973) scheint nach den Trainingserfahrungen der letzten Jahre und auch nach den Erkenntnissen der Trainingswissenschaft (CARL 1984 u. 1988; MARTIN 1988; TSCHIENE 1989) keine echte Alternative für ein effektives hochleistungsorientiertes Nachwuchstrainingskonzept aufzuzeigen. Die Orientierung des Handelns kommt vielmehr im „*Prinzip der rechtzeitigen und zunehmenden Spezialisierung*" (MÜLLER 1988a, 105 f.; siehe auch Abschnitt 1.2.3.2, Prinzip 6) viel deutlicher zum Ausdruck. Dieses Prinzip macht vor allem klar, daß in einem spitzensportorientierten Nachwuchstraining die vielseitige Grundausbildung rechtzeitig, d. h. in der Regel spätestens in der für die Koordinations- und Fertigkeitsschulung günstigen vorpuberalen Phase, durch sportartspezifische Trainingsinhalte ergänzt und zum Teil ersetzt werden muß.

Das oben genannte „Prinzip der rechtzeitigen und zunehmenden Spezialisierung" bietet für die Ziel- und Inhaltsorientierung dann einen realisierbarer Weg, wenn die ontogenetische wie trainingsbedingte Abhängigkeit von Trainingswirkungen erkannt wird. Dann bedeutet nämlich dieses Prinzip nicht nur den Erwerb der speziellen Handlungskompetenz in einer Sportart, sondern auch das Ausschöpfen der zeitweise besonders begünstigten ontogenetischen Anpassungsmöglichkeiten — oder das Ausschöpfen der sensiblen Phasen. Gerade diese Komponente wird bei der inhaltlichen Bestimmung der speziellen Ausbildung zumeist nicht berücksichtigt.

Nimmt man bei der inhaltlichen Festlegung der speziellen Ausbildung die genannte ontogenetische Komponente hinzu, so müßte das „Prinzip der rechtzeitigen und zunehmenden Spezialisierung" wie in Abb. 111 zu modifizieren sein. Diese Modifizierung (Abb. 111) berücksichtigt in der Zeitstruktur des Nachwuchstrainings und deren horizontaler Aufteilung in „spezielle" und „vielseitige" Ausbildung zwei vertikale Blöcke, von denen der erste im Zeitraum des späten Schulkindalters (s. Tabelle 35), damit zumeist im Grundlagentraining und der zweite in der ersten puberalen Phase, damit im Aufbautraining liegen sollte. Das inhaltliche Merkmal bleibt in beiden Blöcken die Aufteilung in vielseitig-allgemeine und spezielle Ausbildung, die allerdings unter einem blockspezifischen Leitziel eine jeweils spezifische, ontogenetisch bestimmte Beanspruchung erhält. Im ersten Block ist es die hohe Beanspruchung der informationsaufnehmenden und -verarbeitenden Systeme durch kon-

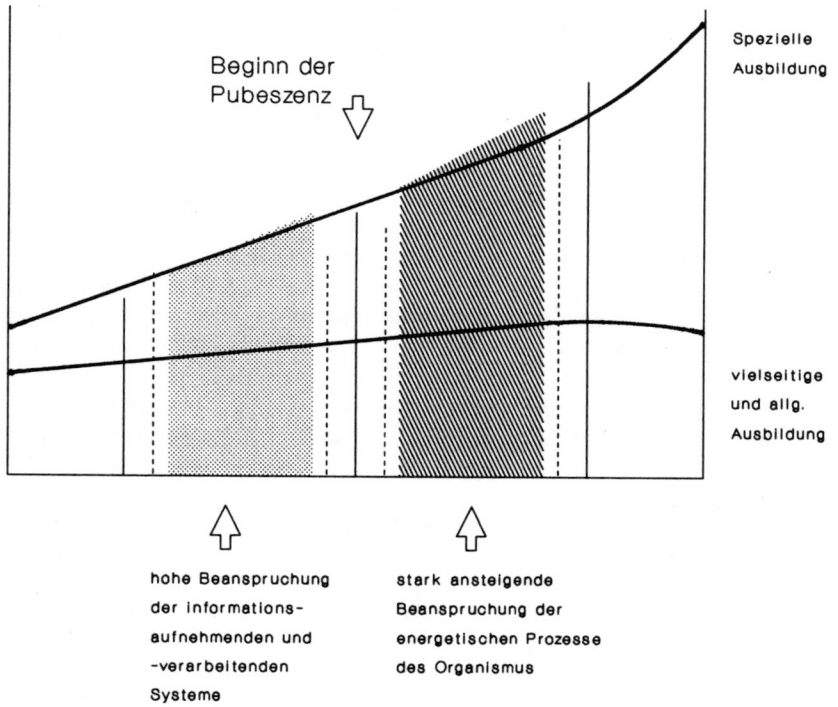

*Abb. 111: Veränderung des Anteils von allgemeiner und spezieller Ausbildung mit zwei Blöcken in den Zeiträumen des Grundlagen- und Aufbautrainings*

sequente Lern- und Koordinationsanforderungen. Im zweiten Block ist eine stark ansteigende Beanspruchung der energetischen Prozesse des Organismus. Die Auffassung über die Höhe der jeweiligen Anteile ist in der Fachdiskussion nicht einheitlich. Tabelle 38 gibt für einige Sportartengruppen die Meinung der sowjetischen Sportwissenschaftlerin NABATNIKOVA (1982) wieder.

*Tabelle 38: Verhältnis von allgemeiner (AKV) und spezieller konditioneller Vorbereitung (SKV) inklusive Technikschulung (NABATNIKOVA 1982)*

| Gruppe der Sportarten | Etappe (Jahre) | Mittel der Vorbereitung (Prozent) AKV | SKV |
|---|---|---|---|
| Zyklische | 12—14 | 80—70 | 20—30 |
| Sportarten | 15—17 | 40—30 | 60—70 |
| Schnellkraft- | 12—14 | 75—70 | 25—30 |
| Sportarten | 15—17 | 60—45 | 40—55 |
| Sportspiele | 12—14 | 75—65 | 25—35 |
| | 15—17 | 40—30 | 60—70 |
| Kampfsport | 12—14 | 75—60 | 25—40 |
| | 15—17 | 45—40 | 55—60 |
| Koordinativ | 12—14 | 40—30 | 60—70 |
| schwierige Sportarten | 15—17 | 30—20 | 70—80 |

Dabei wird deutlich, und dies wird sicher von keinem Experten angezweifelt, daß in den „koordinativ schwierigen Sportarten" der Anteil der *speziellen Ausbildung* von Anfang an sehr groß ist. Es bleibt allerdings zu fragen, ob in den anderen Sportartengruppen 25—35% sportartspezifische Ausbildung in der ersten puberalen Phase, also bereits im „fortgeschrittenen" Nachwuchstraining, für ein individuell bestmögliches Hinführen zum Hochleistungssport ausreichen. Unter Bezugnahme auf Materialien aus der ehemaligen DDR empfiehlt TSCHIENE (1989/4, 17) für die Leichtathletik wesentlich höhere Anteile der sportartspezifischen Ausbildung. Er nennt für das Verhältnis der sogenannten *allgemein vielseitigen Ausbildung* zur *speziell vielseitigen Ausbildung* für 10jährige ein zeitliches Maß von 51:49, für 11jährige 40:60 und für 12jährige 28:72. Vor allem um die individuellen Möglichkeiten bezüglich eines besten „Bewegungstechnikniveaus" voll auszuschöpfen, erscheint ein hoher Anteil spezifischer Trainingsformen, bei allerdings noch relativ geringem Beanspruchungsgrad, während des gesamten Nachwuchstrainings unverzichtbar.

Die zeitliche Einordnung des Nachwuchstrainings in die Entwicklungsphasen des heranwachsenden Kindes oder Jugendlichen wird im wesentlichen durch das Höchstleistungsalter und die notwendige Ausdehnung des Nachwuchstrainings bestimmt. Zentraler Orientierungspunkt für alle Überlegungen zum Trainingsaufbau ist das Alter bei Beginn des (sportartspezifischen) Grundlagentrainings. ROST (1989, 11, nach PLATANOV / SACHOWSKI) nennt fünf Faktoren, die die Zeitstruktur des Trainingsaufbaus im Nachwuchstraining vor allem beeinflussen:

— „die Struktur der Wettkampfleistung und die erforderlichen Leistungsvoraussetzungen für Welthöchstleistungen;

— die Gesetzmäßigkeiten zur Entwicklung der verschiedenen Komponenten der sportlichen Meisterschaft und der Adaptationsprozesse in den für die jeweilige Sportart wichtigsten Funktionssystemen;

— die Inhalte des Trainingsprozesses (...) sowie die Durchführung ergänzender Maßnahmen (...);

— das Alter des Trainingsbeginns und das Alter zum Zeitpunkt der Anfangsspezialisierung sowie die Lage des Höchstleistungsalters;

— die individuellen und geschlechtsspezifischen Besonderheiten der Sportler, die Tempi der biologischen Reifung und der Entwicklung der sportlichen Meisterschaft.

Des weiteren kann die Gesamtdauer des langfristigen Leistungsaufbaus von äußeren Faktoren beeinflußt werden, wie z. B. von Entwicklungstendenzen der Sportart, die zur Verände-

*Tabelle 39: Alter bei Trainingsbeginn von bundesdeutschen C-Kadersportlern/innen des Jahres 1988 (Mittelwert und Standardabweichung)*

| Sportart | Alter bei Trainingsbeginn | | | |
| | Sportler | | Sportlerinnen | |
| | $\overline{x}$ | s | $\overline{x}$ | s |
|---|---|---|---|---|
| Boxen | 12,7 | 3,3 | — | — |
| Fechten | 10,7 | 2,1 | k.A. | k.A. |
| Judo | 7,1 | 2,3 | 8,1 | 1,0 |
| Ringen | 8,4 | 2,9 | — | — |
| Gewichtheben | 13,1 | 2,5 | — | — |
| Leichtathletik | 13,3 | 2,7 | 12,6 | 2,3 |
| Radsport | 10,6 | 3,2 | 11,2 | 3,2 |
| Rudern | 14,2 | 0,9 | 15,6 | 2,4 |
| Kanu | 13,1 | 2,5 | 12,3 | 2,4 |
| Eisschnellauf | 10,4 | 2,4 | 10,0 | 1,9 |
| Schwimmen | 9,8 | 2,3 | 9,4 | 1,9 |
| Badminton | 10,5 | 3,5 | 10,9 | 2,6 |
| Tischtennis | 7,6 | 1,8 | 8,6 | 1,2 |
| Volleyball | 11,6 | 1,6 | 12,0 | 2,3 |
| Wasserball | 10,7 | 1,2 | — | — |
| Kunstturnen | 8,9 | 1,8 | 7,9 | 2,0 |
| Rhythm. Sportgymnastik | — | — | 7,1 | 1,4 |
| Wasserspringen | 9,7 | 1,9 | 9,3 | 2,7 |
| Eiskunstlauf | 11,4 | 3,4 | 9,4 | 1,9 |
| Bobsport | 16,5 | 2,4 | — | — |
| Rennrodeln | 11,2 | 2,3 | 12,7 | 1,5 |
| Reitsport | 12,3 | 2,9 | 10,5 | 3,1 |
| Schießen | 14,0 | 2,3 | 12,9 | 2,4 |

Anm.: Daten des Bundesinstituts für Sportwissenschaft, gespeichert nach den Angaben der Kaderathleten bei den jährlichen sportmedizinischen Untersuchungen

rung der Altersbegrenzung führen, von sozialen Faktoren, von Änderungen der Trainings- und Wettkampfgeräte usw."

Aus der Aufzählung der Beeinflussungsfaktoren der *Zeitstruktur* des Nachwuchstrainings läßt sich erkennen, daß es kaum möglich sein wird, einen sportartspezifisch allgemeingültigen Fixpunkt für den Trainingsbeginn zu nennen. Außerdem ist es nicht verwunderlich, daß es in der Trainingspraxis fast aller Sportarten bezüglich des Alters bei Trainingsbeginn eine sehr große Variationsbreite gibt. Auch die Angaben der Trainingslehre variieren zum Teil sehr stark; Zahlenangaben sind meist wegen der nicht eindeutigen Definition des Trainingsbeginns und wegen der unterschiedlichen Trainingsstruktur vor allem im internationalen Vergleich kaum hilfreich.

Wenn man dem im vorangegangenen Abschnitt zur Allgemeinen Grundausbildung gemachten Vorschlag folgt, so ergibt sich für viele Sportarten der Übergang vom frühen zum späten Schulkindalter — ca. zum 8./9. — 10. Lebensjahr —, als günstiger Zeitpunkt des Beginns des Grundlagentrainings. Das ist sicher ein Orientierungsalter für den langfristigen Trainingsaufbau. Mit diesem Vorschlag befinden wir uns in Übereinstimmung mit der

*Tabelle 40: Durchschnittsalter bundesdeutscher C-Kadersportler/innen des Jahres 1988 (Mittelwert und Standardabweichung)*

| Sportart | Sportler | | Sportlerinnen | |
|---|---|---|---|---|
| | $\overline{x}$ | s | $\overline{x}$ | s |
| Boxen | 20,3 | 2,0 | — | — |
| Fechten | 19,2 | 1,3 | k.A. | k.A. |
| Judo | 19,8 | 2,1 | 17,9 | 1,3 |
| Ringen | 19,6 | 1,5 | — | — |
| Gewichtheben | 18,8 | 1,0 | — | — |
| Leichtathletik | 19,1 | 1,6 | 17,9 | 1,4 |
| Radsport | 18,4 | 2,0 | 18,1 | 1,4 |
| Rudern | 19,4 | 1,4 | 20,0 | 2,1 |
| Kanu | 19,6 | 2,3 | 19,0 | 2,5 |
| Eisschnellauf | 16,7 | 1,9 | 15,8 | 1,5 |
| Schwimmen | 16,9 | 0,8 | 15,6 | 0,9 |
| Badminton | 20,3 | 2,9 | 18,8 | 2,4 |
| Tischtennis | 13,6 | 1,7 | 14,5 | 1,2 |
| Volleyball | 17,1 | 0,7 | 17,1 | 0,9 |
| Wasserball | 17,4 | 0,9 | — | — |
| Kunstturnen | 16,9 | 2,0 | 13,3 | 1,3 |
| Rhythm. Sport-gymnastik | — | — | 12,8 | 1,0 |
| Wasserspringen | 17,4 | 2,4 | 16,6 | 1,7 |
| Eiskunstlauf | 18,2 | 2,1 | 16,0 | 1,9 |
| Bobsport | 22,7 | 0,5 | — | — |
| Rennrodeln | 17,0 | 1,3 | 16,7 | 1,5 |
| Reitsport | 19,7 | 1,6 | 18,7 | 1,8 |
| Schießen | 18,7 | 1,4 | 17,7 | 1,8 |

Anm.: Daten des Bundesinstituts für Sportwissenschaft, gespeichert nach den Angaben der Kaderathleten bei den jährlichen sportmedizinischen Untersuchungen

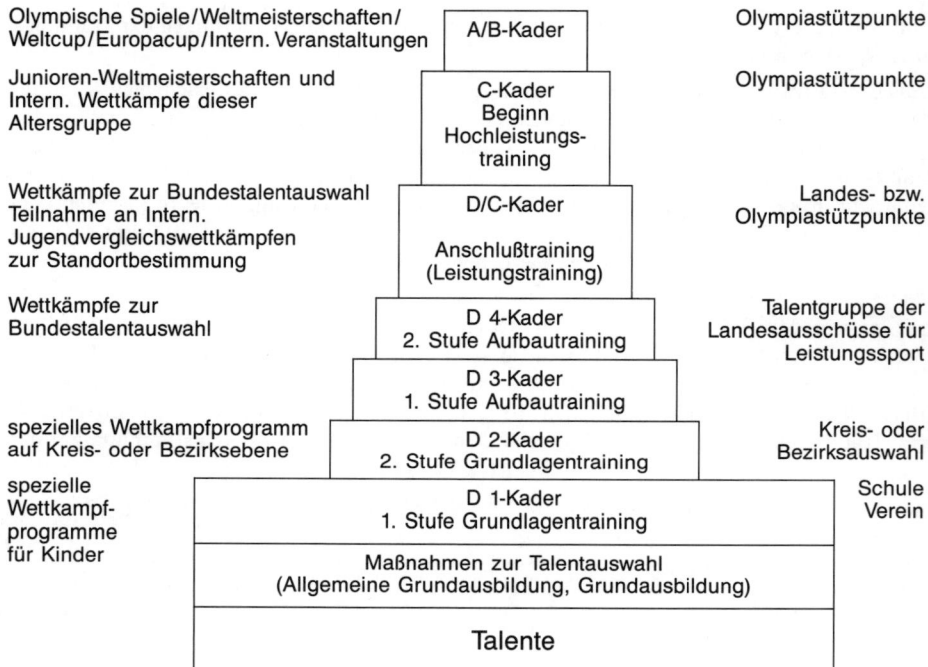

Olympische Spiele/Weltmeisterschaften/ | A/B-Kader | Olympiastützpunkte
Weltcup/Europacup/Intern. Veranstaltungen

Junioren-Weltmeisterschaften und Intern. Wettkämpfe dieser Altersgruppe | C-Kader Beginn Hochleistungstraining | Olympiastützpunkte

Wettkämpfe zur Bundestalentauswahl Teilnahme an Intern. Jugendvergleichswettkämpfen zur Standortbestimmung | D/C-Kader Anschlußtraining (Leistungstraining) | Landes- bzw. Olympiastützpunkte

Wettkämpfe zur Bundestalentauswahl | D 4-Kader 2. Stufe Aufbautraining | Talentgruppe der Landesausschüsse für Leistungssport

D 3-Kader 1. Stufe Aufbautraining

spezielles Wettkampfprogramm auf Kreis- oder Bezirksebene | D 2-Kader 2. Stufe Grundlagentraining | Kreis- oder Bezirksauswahl

spezielle Wettkampfprogramme für Kinder | D 1-Kader 1. Stufe Grundlagentraining | Schule Verein

Maßnahmen zur Talentauswahl (Allgemeine Grundausbildung, Grundausbildung)

**Talente**

Wettkampfsystem                    Sportentwicklung                    Training

*Abb. 112: Zuordnung von Trainingsstufen, Kaderbildung, Trainingsorganisation und Wettkampfsystem (Auszug aus dem Schema „System einer Kaderbildung/ Talententwicklung" des Deutschen Sportbundes von 1990).*

in den achtziger Jahren in der ehemaligen DDR geübten Praxis der Auswahl der Talente für die Trainingszentren und Trainingsstützpunkte. Die zentrale landesweite Sichtung fand dort für die meisten Sportarten in der dritten Klassenstufe statt; nur für die Sportarten Kunstturnen, Rhythmische Sportgymnastik, Wasserspringen, Schwimmen und Eiskunstlauf bereits zu einem früheren Zeitpunkt (vgl. Arbeitsmaterial des DTSB der DDR aus dem Jahr 1976).

Welche Antworten man erhält, wenn man die Mitglieder aktueller bundesdeutscher C-Kader der verschiedenen Sportarten nach dem Zeitpunkt des Trainingsbeginns befragt, zeigt die nachfolgende Tabelle 39.

Tabelle 39 bestätigt die vermutete große Variationsbreite bei Angaben zum Alter bei Trainingsbeginn. Für die große Schwankungsbreite der Angaben werden vermutlich sowohl eine uneinheitliche Zeitstruktur des Nachwuchstrainings als auch eine unterschiedliche individuelle Interpretation des Zeitpunktes des Trainingsbeginns verantwortlich sein. Trotzdem geben diese Daten eine grobe Orientierung über das Alter bei Trainingsbeginn in den verschiedenen Sportarten.

Bis zu welchem Alter sich das Nachwuchstraining erstreckt, läßt sich in etwa ersehen, wenn man die bundesdeutschen C-Kaderathleten/innen nach ihrem Alter befragt und von dem in der Tabelle 40 dargestellten Mittelwerten etwa ein bis zwei Jahre abzieht, weil man als Groborientierung davon ausgehen kann, daß die C-Kader-Sportler zum Zeitpunkt der jeweiligen Erhebung durchschnittlich schon so lange dem C-Kader angehören.

Beim Vergleich der Tabellen 39 und 40 zeigt sich, daß das Nachwuchstraining sportartspezifisch und individuell unterschiedlich lang ist. Das gesamte Nachwuchstraining kann in einigen Sportarten bis zu 10 Jahren dauern, wobei wahrscheinlich die Länge des Aufbautrainings sportartspezifisch am meisten variiert. In einem „Konzept der Nachwuchs- und Talentförderung im Leistungssport" aus dem Jahr 1990 schlägt der Bundesausschuß Leistungssport des Deutschen Sportbundes ein durchschnittlich sechsjähriges Nachwuchstraining vor. Ein Nachwuchsförderungskonzept des Deutschen Turnerbundes für das männliche Kunstturnen umfaßt beispielsweise 11 Altersklassen (CARL 1988, 108).

Die Abb. 112 stellt das vom Bundesausschuß Leistungssport vorgeschlagene „System einer Kaderbildung/Talententwicklung" im Auszug dar. Das Schema scheint insgesamt zu starr zu sein und folglich auf die unterschiedlichen Bedingungen und Anforderungen der einzelnen Sportarten so allgemein nicht übertragbar. Dies gilt vor allem für die Länge der einzelnen Trainingsstufen. Wichtig für einen systematischen Trainingsaufbau ist jedoch die vorgenommene Zuordnung von Trainingsstufen zu Kaderklassen, Wettkampfsystemen und Trainingsorganisation.

Die *Zyklusstruktur* (Periodisierung) des Trainings ist, einmal abgesehen von selbstverständlichen sportartspezifischen Besonderheiten (Kapitel 5), in den einzelnen Trainingsstu-

| | I. Teil 1. 9.— 15. 12. | Übergangsperiode I | II. Teil 16. 12— 28. 3. | Übergangsperiode II | III. Teil 12. 4.— 18. 7 | Übergangsperiode III |
|---|---|---|---|---|---|---|
| Aufbauperiode | 3 Wochen | ist in der Aufbauperiode des II.Teil enthalten | 3 Wochen | Skilager, Trainingslager, Lehrgang | 2 Wochen | wird u. U. verkürzt durch Wettkämpfe |
| Vorbereitungsperiode | 9 Wochen | | 9 Wochen | einige Urlaubstage | 9 Wochen | Urlaub, Ferienlager, abwechslungsreiche, |
| Wettkampfperiode | 3 Wochen | Skilager, Trainingslager, Lehrgang | 3 Wochen | | 3 Wochen | sportliche Betätigung |
| Übergangsperiode | | | | | 2 Wochen | 6 Wochen |
| 52 Wochen = | 15 Wochen | | 15 Wochen | 2 Wochen | 14 Wochen | 6 Wochen |

*Abb. 113: Dreigeteiltes Trainingsjahr für das Nachwuchsschwimmen (nach FREITAG 1977, 157)*

fen des Nachwuchstrainings sehr unterschiedlich. Im Grundlagentraining richtet sie sich stark nach den außerhalb des sportlichen Handelns gegebenen familiären oder schulischen Rahmenbedingungen. Ein mögliches Strukturschema des Nachwuchstrainings ist das von FREITAG (1977) aufgezeigte Beispiel für das Schwimmen, das sich an der Gliederung des Schuljahres orientiert.

Im *Aufbautraining* und vor allem auch im *Anschlußtraining* wird die Zyklusstruktur dann derjenigen des Hochleistungstrainings immer ähnlicher und wesentlich durch die Vorgaben des nationalen und internationalen Wettkampfkalenders bestimmt.

Die **Trainingshäufigkeit** und die **Trainingsdauer** nehmen im Verlauf des Nachwuchstrainings ganz erheblich zu. Die in der Bundesrepublik entwickelten sportartspezifischen Trainingskonzepte für das Nachwuchstraining empfehlen in der Regel eine Trainingshäufigkeit und eine Trainingsdauer, die weit unterhalb vergleichbarer Orientierungswerte etwa aus den Staaten Osteuropas liegt. Beispielsweise wird für den Modellversuch zur Talentsuche und Talentförderung in der Leichtathletik in Bochum-Wattenscheid für das zweijährige Grundlagentraining der zwölf- bis vierzehnjährigen Schüler eine Trainingshäufigkeit von 3—4 Trainingseinheiten pro Woche empfohlen. Für das sich anschließende vier bis fünf Jahre dauernde Aufbautraining wird von 4—6 Trainingseinheiten pro Woche ausgegangen, wobei die einzelnen Trainingseinheiten etwa 2 Stunden dauern (vgl. Materialien zum Sport in Nordrhein-Westfalen, eine Schriftenreihe des Kultusministeriums Bd. 28: Ein Versuch hat sich gelohnt — Das Teilzeitinternat für Leichtathletik —, v. 1990, 17). Dem stehen für die einzelnen leichtathletischen Disziplinblöcke die folgenden in Tabelle 41 dargestellten Trainingsempfehlungen aus der Sowjetunion für die dort sog. dritte Trainingsetappe gegenüber.

Man kann für die Mitte des Aufbautrainings mindestens von einer etwa einhalbmal höheren Trainingsdauer in der Sowjetunion ausgehen. Die wesentlich höhere Trainingshäufigkeit und Trainingsdauer wird in der Sowjetunion in Sportarten mit frühem Höchstleistungsalter empfohlen. Beispielsweise kommt ROST (1989, 26) zu dem Schluß, daß 10- bis 12jährige sowjetische Turnerinnen, die sich bereits in der Stufe des Anschlußtrainings befinden, etwa 1200 Stunden pro Jahr trainieren (entspricht bei angenommenen 45 Trainingswochen pro Jahr einer Trainingsdauer von 26,7 Stunden pro Woche).

*Tabelle 41: In der Sowjetunion für die dritte Trainingsetappe empfohlene Trainingshäufigkeit und Trainingsdauer für die verschiedenen Disziplinblöcke der Leichtathletik bei Annahme von 45 Trainingswochen; (nach PLATONOV / SACHNOVSKIJ 1988)*

| Disziplin-block | Alter | | Trainings- | | | Stunden pro Woche |
|---|---|---|---|---|---|---|
| | männl. | weibl. | Tage | Einheiten | Stunden | |
| Kurzstreckenlauf | 16—18 | 16—18 | 220—240 | 280—300 | 680—700 | 15,1—15,6 |
| Mittel- und Langstreckenlauf | 18—20 | 17—19 | 270—300 | 300—330 | 750—800 | 16,7—17,8 |
| Sprung | 16—18 | 16—18 | 270—280 | 230—300 | 550—600 | 12,2—13,3 |
| Wurf | 18—20 | 16—18 | 250—270 | 270—300 | 650—700 | 14,4—15,6 |

Aber auch für Spielsportarten wird in der Sowjetunion eine große Trainingsdauer im Nachwuchstraining empfohlen, so im Handball für 10- bis 13jährige 8 Std.; 13- bis 15jährige 12 Std.; 15- bis 17jährige 18 Std. (ROST 1989, 28).

Die in der Vergangenheit in den verschiedenen Staaten Osteuropas empfohlene Trainingshäufigkeit und Trainingsdauer ist wohl nur zu realisieren, wenn die Nachwuchssportler Spezialschulen besuchen, wie etwa die Kinder- und Jugendsportschulen in der ehemaligen DDR, in denen die schulische Ausbildung dem sportlichen Training untergeordnet wird. Unter den gesellschaftlichen Bedingungen der Bundesrepublik Deutschland ist es notwendig, ein System des Nachwuchstrainings weiterzuentwickeln, das von geringerer Trainingshäufigkeit und Trainingsdauer ausgeht und eine hohe *Trainingseffektivität* durch ständige *Verbesserung der Trainingsqualität,* insbesondere durch eine starke Individualisierung des Trainings, erreicht. Trainingsempfehlungen, die für das Aufbautraining von mehr als 18—20 Trainingsstunden pro Woche ausgehen, scheinen selbst bei bestmöglicher Unterstützung der Jugendlichen in der Bundesrepublik auf breiterer Basis nicht realisierbar. Daß selbst C-Kadersportler/innen nach ihren eigenen Angaben zum Teil wesentlich weniger trainieren, zeigt die folgende Tabelle 42.

*Tabelle 42: Absolvierte Trainingsstunden pro Woche von bundesdeutschen C-Kadersportlern/innen des Jahres 1988 (Mittelwert- und Standardabweichung)*

| Sportart | Sportler | | Sportlerinnen | |
|---|---|---|---|---|
| | $\bar{x}$ | s | $\bar{x}$ | s |
| Boxen | 14,6 | 7,7 | — | — |
| Fechten | 15,0 | 8,4 | k.A. | k.A. |
| Judo | 12,3 | 3,5 | 7,5 | 3,2 |
| Ringen | 9,1 | 2,0 | — | — |
| Gewichtheben | 16,5 | 6,0 | — | — |
| Leichtathletik | 13,0 | 4,6 | 9,9 | 2,9 |
| Radsport | 14,1 | 5,7 | 10,2 | 3,3 |
| Rudern | 17,1 | 4,5 | 12,6 | 5,0 |
| Kanu | 15,8 | 6,3 | 13,1 | 3,4 |
| Eisschnellauf | 13,9 | 4,3 | 10,3 | 3,3 |
| Schwimmen | 17,1 | 3,2 | 15,9 | 5,2 |
| Badminton | 18,9 | 7,6 | 12,9 | 4,3 |
| Tischtennis | 15,2 | 3,6 | 14,7 | 3,5 |
| Volleyball | 13,7 | 4,4 | 10,0 | 2,8 |
| Wasserball | 11,3 | 1,6 | — | — |
| Kunstturnen | 16,6 | 2,7 | 16,5 | 2,9 |
| Rhythm. Sportgymnastik | — | — | 14,4 | 4,5 |
| Wasserspringen | 9,4 | 4,1 | 8,3 | 3,5 |
| Eiskunstlauf | 17,8 | 8,6 | 16,8 | 8,0 |
| Bobsport | 14,3 | 5,6 | — | — |
| Rennrodeln | 10,3 | 2,9 | 8,3 | 4,7 |
| Reitsport | 27,5 | 10,7 | 25,7 | 11,0 |
| Schießen | 9,8 | 5,9 | 8,6 | 3,1 |

Anm.: Daten des Bundesinstituts für Sportwissenschaft, gespeichert nach den Angaben der Kaderathleten bei den jährlichen sportmedizinischen Untersuchungen

Dabei sollte als Orientierungswert beachtet werden, daß die durchschnittlich 18,5 +/− 2,3 Jahre alten C-Kadersportler im Mittel 12,4 +/− 6,2 Std. pro Woche trainieren, die 17,3 +/− 2,5 Jahre alten C-Kadersportlerinnen 11,5 +/− 5,9 Std. pro Woche.

Bezugspunkte des Handelns im Nachwuchstraining sind neben dem langfristigen Ziel der Vorbereitung auf sportliche Höchstleistungen immer auch die unmittelbar erreichbaren Leistungen und Erfolge im *Wettkampf*. Das Wettkampfsystem des Nachwuchstrainings hat im Vergleich zu der Allgemeinen Grundausbildung und zum Hochleistungstraining eine wesentlich komplexere Zielsetzung. Es ist einmal normbildend für das Trainingshandeln, hat darüber hinaus aber auch die Aufgabe, die Leistungsentwicklung des Sportlers auf dem Wege zur später angestrebten Höchstleistung zu steuern und zum Training auf dieses Fernziel hin zu motivieren. Daher müssen durch das Wettkampfsystem des Nachwuchstrainings attraktive, aber erreichbare Zwischenziele gesetzt werden (CARL 1988, 51). Das „System der Kaderbildung/Talententwicklung" des Bundesausschuß Leistungssport (Abb. 112) macht eine Möglichkeit der Attraktivitätssteigerung des Wettkampfsystems deutlich. Während zu Beginn des Grundlagentrainings spezielle Wettkampfprogramme auf Vereinsebene im Mittelpunkt stehen, die sich nicht an nationale oder internationale Regeln anzulehnen brauchen, können die Wettkämpfe im Anschlußtraining bis zu internationalen Vergleichskämpfen und Altersklassenmeisterschaften hinführen.

Als Besonderheit der *Trainingsorganisation* im Nachwuchstraining gegenüber dem Hochleistungstraining ist zunächst deren geringere Ausdifferenzierung und Professionalität zu sehen. Im Trainingsvollzug ist die Zentralisierung der Trainingsstätten noch nicht weit verbreitet, die Trainingsgruppen sind noch relativ groß, die Trainer/innen und Betreuer/innen arbeiten überwiegend nebenamtlich, aufwendige Trainingsmittel werden nur in Ausnahmefällen eingesetzt. Eine systematische Leistungsdiagnostik ist noch weitgehend auf das Instrument des sportmotorischen Tests beschränkt; spezielle sportmedizinische, sportbiomechanische oder sportpsychologische Diagnosen können in der Regel noch nicht durchgeführt werden. Eine systematische Trainingsdokumentation und -auswertung existiert höchstens als punktuelle Privatinitiative und bezogen auf einzelne Nachwuchssportler; eine zentrale Einflußnahme auf die Trainingssteuerung kann also kaum stattfinden.

Breiten Raum in der Trainingsorganisation des Nachwuchstrainings nehmen die Maßnahmen zur Talentsuche und Talentauswahl ein. Obwohl es, etwa im Gegensatz zur ehemaligen DDR in den achtziger Jahren, in der Bundesrepublik niemals eine zentrale Talentsuche gab, ist auf zahlreiche zum Teil sehr effektive Einzelaktivitäten zu verweisen. Ein ausdifferenziertes System der Talentsuche und Allgemeinen Grundausbildung in der Zusammenarbeit zwischen Schule und Verein wird vor allem in Nordrhein-Westfalen realisiert (HIERSEMANN 1989).

Bei allen Maßnahmen der Talentsuche, Talentauswahl und Talentförderung ist allerdings zu beachten, daß es nicht möglich ist, vor Beginn oder am Anfang eines sportartspezifischen Nachwuchstrainings zu prognostizieren, ob ein junger Heranwachsender ein Talent für Spitzenleistungen in einer bestimmten Sportart ist.

„Vor oder am Anfang des langjährigen Trainings ist es in der Regel höchstens möglich, die Entwicklung der allgemeinen sportlichen Leistungsfähigkeit sehr grobklassig zu prognostizieren. Erst mit Fortschreiten der individuellen Entwicklung und nach einigen Jahren sportartspezifischen Trainings ist auch eine grobe sportartspezifische Klassifizierung im Hinblick auf das erreichbare Leistungsniveau möglich. Eine exakte Prognose darüber, welches Leistungsniveau ein Sportler, der mit dem Hochleistungstraining beginnt, zum Zeitpunkt seines individuellen Leistungshöhepunktes erreichen kann, erscheint in der Regel wiederum höchstens nach einigen Jahren Hochleistungstraining möglich" (CARL 1988, 44).

Daraus ergibt sich für die Praxis des Nachwuchstrainings eine Auswahlstrategie, die auf relativ kurze Prognosezeiträume angelegt ist. Es wird empfohlen, Talentauswahlentscheidungen immer nur in bezug auf die Ziele der nächsthöheren Trainingsstufe zu treffen. Im Hinblick auf längerfristige Ziele sollten höchstens diejenigen nicht für eine Trainingsgruppe ausgewählt werden, von denen man aufgrund einer unzureichenden Ausprägung einzelner, für die sportartspezifische Leistungsentwicklung führender Faktoren, mit einiger Sicherheit sagen kann, daß sie im Höchstleistungsalter der jeweiligen Sportart keine Spitzenleistungen erreichen werden.

Bei der **inhaltlich-methodischen Gestaltung** ist die Lage des Nachwuchstrainings zwischen den beiden Polen Allgemeine Grundausbildung und Hochleistungstraining stets besonders zu beachten. Die Leitlinie des Handelns, das *Prinzip der rechtzeitigen und zunehmenden Spezialisierung,* gewinnt jetzt seine besondere Bedeutung. Große inhaltlich-methodische Umorientierungen ergeben sich im Nachwuchstraining vor allem beim Übergang der Heranwachsenden vom Entwicklungsabschnitt des Schulkindalters in die Pubertät. Mit Einsetzen des puberalen Wachstumsschubes zu Beginn der Pubertät (Abb. 114) treten erhebliche Veränderungen, vor allem bezüglich der Körperproportionen und der Hormonausschüttung, aber auch bezüglich des passiven Bewegungsapparates auf, die zu den schon dargestellten Veränderungen in der Trainierbarkeit der einzelnen konditionellen und koordinativen Fähigkeiten und der Bewegungsfertigkeiten, speziell zu einer Verschiebung der sensiblen Phasen, führen.

Bei der Festlegung der *Trainingsinhalte* ist nicht nur die bereits dargestellte Verringerung des Anteils der allgemeinen zugunsten der speziellen Ausbildung zu beachten, sondern es muß vor allen Dingen auch entschieden werden, in welcher Reihenfolge und auf welcher

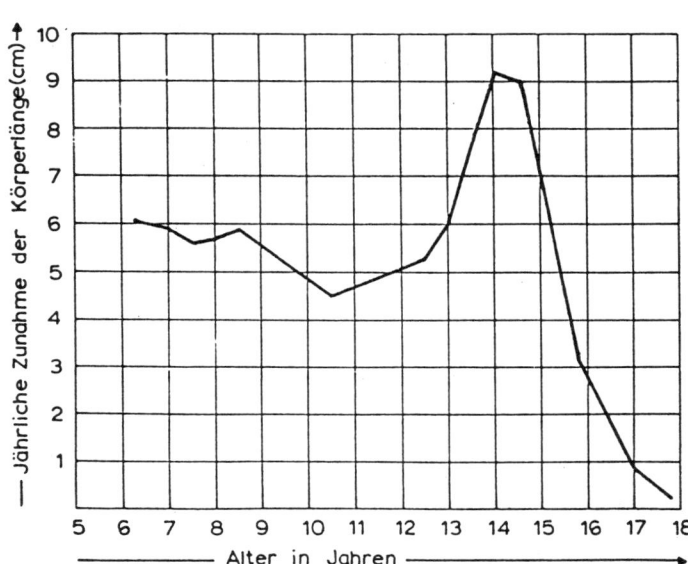

*Abb. 114: Puberaler Wachstumsschub in der Körperhöhe von Jungen (nach SHUTTLEWORTH 1939, zit. nach EIBEN 1979, 194; vgl. CARL 1988, 31)*

Entwicklungsstufe die verschiedenen sportartspezifischen Bewegungsfertigkeiten erlernt und vervollkommnet werden sollen. Besonders in Sportarten mit großer Bewegungsvielfalt ist die große Menge der unterschiedlichen Bewegungsfertigkeiten so zu ordnen, daß während des gesamten Nachwuchstrainings

— hinreichende Reize zur kontinuierlichen Verbesserung der Prozesse der *Informationsaufnahme und -verarbeitung* erfolgen;

— die *konditionelle* und *koordinative Ausbildung* aufeinander abgestimmt werden (Abb. 111).

Außerdem sollten während des gesamten Nachwuchstrainings ergänzend zum konditionellen und koordinativen Training stets auch *kognitive Themen* Gegenstand des Trainingshandelns sein. Neben den theoretischen Unterweisungen über Bewegungsabläufe, taktische Handlungen und trainingsmethodische Zusammenhänge gehört auch die Einführung und Einübung der verschiedenen Formen des psychologischen Trainings schwerpunktmäßig in das Nachwuchstraining. TSCHIENE (1989, 17) hat aus DDR-Materialien zum Nachwuchstraining in der Leichtathletik eine Tabelle über die inhaltliche Aufteilung der Trainingszeit zusammengestellt, aus der deutlich wird, daß der Anteil der Trainingstheorie an der Gesamttrainingszeit bei 10- bis 12jährigen, also im Grundlagentraining, dort ca. 8% betragen soll.

Auch für *trainingsmethodische Entscheidungen* spielt der Übergang vom Schulkindalter zur Pubertät eine wichtige Rolle. In vielen Sportarten ist das Grundlagentraining spätestens mit dem Eintritt der Heranwachsenden in die Pubertät beendet und die im Schulkindalter oftmals noch dominierenden vielfältigen Spiel- und Wettkampfformen werden weitgehend durch die im Hochleistungstraining üblichen Trainingsmethoden ersetzt. Wobei die *Belastungsanforderungen* und die *Beanspruchung* zunächst noch relativ geringgehalten werden. Für die Steigerung der Belastung, vor allem im Aufbautraining, gibt es bis heute noch keine hinreichend präzisen Handlungsregeln. Während grundsätzlich klar ist, daß alle *Belastungskomponenten* wie Belastungsumfang, Belastungsintensität, Belastungsdichte und der *Schwierigkeitsgrad der Übungen,* stetig zu steigern sind, gibt es über die Dynamik der Steigerung und die Beziehung der Steigerungsraten der einzelnen Belastungskomponenten untereinander noch erhebliche Erkenntnisdefizite (ROST 1989, 28 ff.). Die Ratschläge beschränken sich meist auf den Hinweis, daß eine Belastungssteigerung vorrangig eine Steigerung des Belastungsumfangs sein sollte, weil dadurch eine breite und stabile Basis für später notwendige große Beanspruchungssteigerungen zu schaffen ist. Ausdrücklich weist u. a. ROST (1989, 48) darauf hin, daß Belastungssteigerungen unmittelbar mit der Intensivierung der Wiederherstellungsprozesse verbunden sein müssen. Erholungsphasen sind sowohl in jeder Trainingseinheit als auch als spezielle „Entlastungsmikrozyklen" und durch langfristige (mehrmonatige) Erholungsperioden bewußt einzuplanen. Die Erholungsprozesse sollten bereits im Nachwuchstraining durch einfache physiotherapeutische Maßnahmen (wie z. B. kalte Fußbäder) und durch gezielte Ernährung unterstützt werden.

Zusammenfassend sei noch einmal verdeutlicht, daß es für ein effektives spitzensportorientiertes Nachwuchstraining notwendig ist, ein ***Belastungs-Beanspruchungs-Konzept*** zu finden, das gleichzeitig trainingswirksame Reize setzt und vor Überbeanspruchung schützt. Dazu reicht eine Trainingsplanung, die sich von gruppenspezifischen Belastungsnormen leiten läßt, nicht aus. Richtiger ist eine Primärorientierung an einem individuellen Beanspruchungskonzept, in dem die Entscheidungen für Belastungsanforderung und -steigerung auf der Basis individueller Belastungs-Beanspruchungs-Analysen erfolgen. Daß ein solches Konzept bisher nur punktuell vorliegt, entbindet nicht von der Verpflichtung zu dessen Weiterentwicklung; denn in einem für den Heranwachsenden so risikoreichen Betätigungsfeld wie dem spitzensportorientierten Nachwuchstraining hat die theoriegeleitete individuelle Ausrichtung die Leitlinie verantwortlichen Trainerhandelns zu sein.

## 6.5 Besonderheiten des Technik-, Konditions- und Taktiktrainings von Nachwuchssportlern

Obwohl vom Grundsatz her für alle Trainingsarten des Nachwuchstrainings die gleichen Trainingsprinzipien gelten wie für das Hochleistungstraining, unterscheiden sich die einzelnen trainingsmethodischen Regeln zum Teil erheblich. Zurückzuführen ist dies einmal auf die entwicklungsspezifischen Besonderheiten der Heranwachsenden. Aufgrund unterschiedlicher Beschaffenheit der Körpersysteme und abweichender psychischer Zustände kommt es bei gleichen Trainingsbelastungen zu nachwuchsspezifischen Beanspruchungen und Trainingswirkungen. Zweitens sind abweichende trainingsmethodische Entscheidungen oftmals wegen des unterschiedlichen Ausgangsniveaus im Leistungszustand von Nachwuchs- und Hochleistungssportlern/innen notwendig. Im folgenden soll eher stichwortartig auf einige Besonderheiten im *Techniktraining, Krafttraining, Schnelligkeitstraining, Ausdauertraining, Beweglichkeitstraining* und *Taktiktraining* von Nachwuchssportlern eingegangen werden.

### 6.5.1 Besonderheiten des Techniktrainings

Die Unterschiede im Techniktraining zwischen Nachwuchs- und Hochleistungssportlern ergeben sich vor allem aus dem niedrigeren Niveau der Fähigkeiten zur Informationsaufnahme und -verarbeitung und der konditionellen Fähigkeiten sowie aus der geringeren Bewegungserfahrung der Nachwuchssportler. Wegen der Vielfältigkeit der Anforderungen und wegen der Lage der sensiblen Trainingsphasen hat das Techniktraining bei Nachwuchssportlern einen wesentlich höheren Anteil an der Gesamttrainingszeit als bei Hochleistungssportlern.

Je nach Sportart ist eine gute Ausgewogenheit zwischen Fertigkeitslernen, Technikerwerb und Technikanwendung zu sichern. In Spielsportarten, Zweikampfsportarten u. a. müssen erworbene Fertigkeiten umgehend wieder in die Anwendung einbezogen werden. In den Individualsportarten sollten von den im Abschnitt 2.2.2 genannten fünf Zielen des Techniktrainings schwerpunktmäßig die ersten drei, (1) *Erlernen der sportmotorischen Fertigkeiten,* die die Grundlage der sportartspezifischen Techniken bilden; (2) *Erwerb desjenigen Beherrschungsgrades der sportlichen Technik,* der mit dem *biomechanischen Optimum* charakterisiert werden kann; (3) *Stabilisierung* der Beherrschung der Technik im Nachwuchstraining erreicht werden. Entsprechend werden das *Erlernen von Fertigkeiten,* das *Technikerwerbstraining* und das *technische Ergänzungstraining* die Schwerpunkte im Techniktraining der Nachwuchssportler bilden (vgl. Abschnitt 2.2.3). Wobei zu beachten ist, daß das Training spezieller *koordinativer Fähigkeiten,* das vorbereitend oder ergänzend zu einem Training einzelner Bewegungsfertigkeiten durchzuführen ist, nicht nur in der Allgemeinen Grundausbildung, sondern zumindest auch im Grundlagentraining, einen unverzichtbaren Teil des Techniktrainings ausmacht. Trainingsmethodische Unterschiede zwischen Nachwuchstraining und Hochleistungstraining ergeben sich vor allem bezüglich der folgenden Punkte:

① *Präsentation von Lernzielen*

Visuelle Informationen, bei den Kindern vor allem das „Vormachen", haben zumindest in den ersten Stufen des Nachwuchstrainings eine dominierende Stellung gegenüber den verschiedenen Formen der verbalen Information (Abschnitt 2.5.1)

② *Feedbackinformation*

Wegen der Spezifik der Informationsaufnahme und -verarbeitung der Nachwuchssportler/innen und wegen der geringeren „Professionalität" des Nachwuchstrainings muß auf medienunterstützte Feedbackinformation meist verzichtet werden. Wichtigste „Rückkoppler" für die Sportler/innen sind die subjektiv beobachtenden und urteilenden Übungsleiter/innen oder Trainer/innen.

③ *Anordnung der Inhalte in methodischen Übungsreihen*

In der Zuordnung von Konditions- und Techniktraining ist wegen des zur Realisierung von bestimmten Bewegungstechniken noch unzureichenden konditionellen Leistungsniveaus auf eine ständige Abstimmung zu achten. Vor dem Erlernen neuer Fertigkeiten ist es notwendig, ein „Überpotential" (ROST 1989, 24) bei den leistungsbestimmenden konditionellen und koordinativen Fähigkeiten zu besitzen bzw. zu erarbeiten. Besonders im Nachwuchstraining, speziell in den bewegungstechnisch anspruchsvollen kompositorischen Sportarten, ist die Schaffung dieses Überpotentials eine wesentliche Voraussetzung für ein erfolgreiches Techniktraining.

④ *Trainingsmittel und -hilfen*

Um dem Lernenden den richtigen Bewegungsablauf einer neuen Bewegungstechnik zu vermitteln, werden im Nachwuchstraining oft direkt bewegungsunterstützende Hilfen eingesetzt (z. B. als Hilfestellung durch den Trainer oder als spezielles Trainingsgerät), während im Techniktraining des Hochleistungssports verstärkt medienunterstütztes objektives Feedback (z. B. AV-Medien, physiologische oder biomechanische Leistungsdaten) zur Initiierung und Verstärkung der Informationsprozesse benutzt wird.

⑤ *Dosierung der Trainingsbelastung*

Da es im Nachwuchstraining hauptsächlich um Erlernen und Technikerwerb geht, findet das Techniktraining von Nachwuchssportlern/innen in der Regel im ermüdungsfreien Zustand statt; entsprechend ist die Belastungsdichte wesentlich geringer als im Hochleistungstraining. Für die Trainingseffektivität sind eher der richtige Weg bei der Informationsorganisation und der Anordnung der „Vorübungen" in einer methodischen Reihe als die Belastungsdosierung von Bedeutung.

## 6.5.2 Besonderheiten des Krafttrainings

Bezüglich der Wirksamkeit und der Methodik des Krafttrainings sind im Nachwuchstraining zwei Entwicklungsabschnitte deutlich zu unterscheiden. Vor Eintritt in die Pubertät werden durch Krafttraining nur geringe Effekte für das Muskelwachstum erzielt; Anpassungen, die zur Verbesserung der Kraftfähigkeiten führen, beruhen vor allen Dingen auf einer Verbesserung der Innervationsfähigkeit der Muskulatur (zu dem zwei übergeordneten Zielsetzungen des Krafttrainings, Abschnitt 3.2.1). Dabei dient das Krafttraining vor allem einer allgemeinen und vielseitigen Kräftigung der gesamten Skelettmuskulatur und setzt Reize für eine optimale Entwicklung der einzelnen Teile des passiven Bewegungsapparates. Bevorzugte Methode des Krafttrainings vor der Pubertät ist das nicht auf eine einzige Erscheinungsform der Kraft ausgerichtete *Circuittraining* mit niedrigen Zusatzlasten und stets geringer Intensität und Dichte und das *Sprungkrafttraining an Gerätebahnen.* Reize zur Entwicklung der Kraftfähigkeiten werden vor allem bei noch relativ niedrigem Leistungsniveau, also etwa im Grundlagentraining, auch durch die vielfältigen Übungen gesetzt, die primär auf die Verbesserung der anderen konditionellen und koordinativen Fähigkeiten und der Bewegungsfertigkeiten ausgerichtet sind. Wichtiges Ziel des Krafttrainings vor der Pubertät ist außerdem das Schaffen von günstigen Voraussetzungen für das nachfolgende wesentlich effektivere Training.

Nach Eintritt in die Pubertät vergrößert sich die Wirksamkeit des auf die Erweiterung des Energiepotentials der Muskulatur, speziell auf das Muskelwachstum, ausgerichteten Krafttrainings erheblich. Ursache dafür ist die mit Beginn der Geschlechtsreife vor allem bei den Jungen gesteigerte Produktion der männlichen Sexualhormone, insbesondere des Testosterons. Auf die enge Beziehung zwischen Kraft und Sexualhormonausscheidung hat HETTINGER (1972) hingewiesen; die günstige Trainierbarkeit der Maximalkraft ab der Pubertät wurde bereits in Abschnitt 6.2 aufgezeigt. Bei der Gestaltung des Krafttrainings in der Pubertät ist stets zu beachten, daß in dieser Phase, bedingt durch den sogenannten puberalen Wachstumsschub, der passive Bewegungsapparat besonders anfällig für Überbeanspruchungen ist. Die Belastungen sollten daher auch in dieser Entwicklungsphase nicht zu intensiv sein; Belastungssteigerungen erfolgen vor allem über die Vergrößerung von Belastungsumfang. Vermieden werden sollten Übungen mit zu hohen Zusatzlasten. Tiefkniebeugen, reaktive Übungen mit zu hohen Lasten und Hebungen bei gekrümmter Wirbelsäule können besonders leicht zu Schädigungen führen. Um vor allem in den Kraft- und Schnellkraftsportarten während des Hochleistungstrainings das individuell bestmögliche Leistungsniveau zu erreichen, muß das Krafttraining während des gesamten Nachwuchstrainings einen wichtigen Schwerpunkt im Sinne eines Muskelaufbautrainings bilden; wegen der mit diesem Training für die Heranwachsenden verbundenen Schädigungsgefahr sind dabei jedoch stets große Sorgfalt zu wahren und die Belastung von Anfang an individuell zu dosieren. Auf den engen Zusammenhang zwischen einem nicht zu intensiven Krafttraining und dem Beweglichkeitstraining wird im Abschnitt 6.5.5 noch eingegangen. Diese Kopplung zwischen Kraft- und Beweglichkeitstraining muß ein Schwerpunkt des gesamten Nachwuchstrainings sein und dient vor allem der Herausbildung einer guten Körperspannung und einer funktionalen Körperhaltung.

## 6.5.3 Besonderheiten des Schnelligkeitstrainings

Der Leistungszustand bezüglich Schnelligkeit wird vom Niveau sowohl der informationsaufnehmenden und -verarbeitenden als auch der energetischen Prozesse bestimmt (Abschnitt 3.3), deren trainingsgünstige Phasen unterschiedlich, entweder im Schulkindalter oder in der Pubertät liegen. Entsprechend sind für das Schnelligkeitstraining auf den verschiedenen Stufen des Nachwuchssports, unter Beachtung der entwicklungsspezifischen Besonderheiten, zum Teil unterschiedliche trainingsmethodische Regeln vorzugeben. Die trainingspraktische Erfahrung, daß entscheidende Reize für eine individuell optimale Schnelligkeitsentwicklung bereits im Schulkindalter (und eventuell sogar schon im Vorschulalter) gesetzt werden müssen, bezieht sich vor allem auf die Ausbildung des koordinativen Anteils der Schnelligkeit.

Die Zunahme der Schnelligkeitsleistungsfähigkeit und deren gute Trainierbarkeit im Schulkindalter beruhen vor allem auf einer Verkürzung der Reaktionszeiten und auf einer Verbesserung der Fähigkeit zur Ausführung von hochfrequenten Bewegungen über kurze Zeiträume. Die geeigneten Trainingsformen zur Verbesserung der Schnelligkeit im Schulkindalter sind daher einmal viele unterschiedliche sportartübergreifende und sportartspezifische Reaktionsübungen, die in Spiel- oder Wettkampfform in allen Teilen einer Trainingseinheit enthalten sein können. Zum anderen sind es zyklische Bewegungen, wie z. B. die verschiedenartigen Läufe, die mit höchster Geschwindigkeit kurzzeitig oder über kurze Strecken und mit hinreichend langen Erholungspausen durchgeführt werden.

Das mit Beginn der Pubertät eintretende beschleunigte Muskelwachstum und die beschleunigte Erhöhung der anaeroben Stoffwechselkapazität, die bekanntlich zu sensiblen Trainingsphasen bezüglich der Maximalkraftfähigkeit und der Schnelligkeitsausdauer führen, verändern das Schnelligkeitstraining grundlegend. Im Mittelpunkt stehen jetzt einmal allgemeine Trainingsformen, die die Entwicklung der Maximalkraft und der Schnelligkeitsausdauer fördern, zum anderen aber auch solche sportartspezifischen techniknahen Trainingsformen, die gewährleisten, daß das erhöhte konditionelle (energetische) Potential zu größeren Bewegungsgeschwindigkeiten bei Ausführung der sportartspezifischen Zielbewegung führt, d. h. trainingsmethodisch ist auf eine enge Verknüpfung zwischen konditionellem Basistraining und sportartspezifischem Techniktraining zu achten. Damit verändert sich das Schnelligkeitstraining des Nachwuchssportlers im Laufe des langjährigen Trainingsprozesses immer mehr von einer sportartunspezifischen Grundausbildung zu einem „techniknahen" speziellen Konditionstraining. Mit Beginn der Pubertät unterscheidet es sich vom Hochleistungstraining vor allem durch die wesentlich geringere Trainingsbelastung.

## 6.5.4 Besonderheiten des Ausdauertrainings

Die Unterschiede zwischen dem Ausdauertraining im Hochleistungs- und Nachwuchsbereich stellen sich, je nachdem, ob das Training auf die Verbesserung der Kurzzeitausdauer, Mittelzeitausdauer oder Langzeitausdauer ausgerichtet ist (vgl. Abschnitt 3.4.2), andersartig dar. Sie beruhen ganz wesentlich auf Unterschieden, die sich zwischen Heranwachsenden und Erwachsenen bezüglich der einzelnen energieliefernden Systeme ergeben (KEUL 1982) und die aerobe und die anaerobe Kapazität betreffen. Allgemein wird von einer guten aeroben und einer schlechten anaeroben Leistungsfähigkeit und Trainierbarkeit im Schulkindalter ausgegangen und die Pubeszens und die Adoleszenz werden heute nicht mehr als Schonphasen, sondern als Phasen guter Belastbarkeit und Trainierbarkeit, auch bezüglich der Anforderungen an die Kurz- und Mittelzeitausdauer angesehen (BADTKE u. a. 1987, 258 ff.).

Hinsichtlich des Beginns eines Ausdauertrainings gehen BADTKE u. a. (1987, 354) davon aus, daß es offenbar nicht möglich ist, das individuelle genetische Potential im Hinblick auf das Erreichen von Höchstleistungen voll auszuschöpfen, falls erst nach Abschluß des Längenwachstums mit gezielten Reizsetzungen begonnen wird. Das Training der Grundlagenausdauer, das vor allem auf die Verbesserung der aeroben Kapazität ausgerichtet ist, kann sehr effektiv bereits im Schulkindalter mit der im Ausdauertraining dafür bevorzugten Dauermethode fortgesetzt werden. Wichtig erscheint dabei, daß vor allem im Grundlagentraining versucht wird, lange wenig intensive Ausdauerbelastungen mit unterschiedlichen Trainingsinhalten, wie Laufen, Radfahren, Schwimmen, Skilanglauf, zu realisieren. Eine Belastungssteigerung sollte akzentuiert über eine Verlängerung der Belastungsdauer vorgenommen werden.

Wenn das spezielle Ausdauertraining wesentlich auf die Verbesserung der anaeroben Kapazität ausgerichtet ist, sollte es erst mit Eintritt in die Pubertät forciert werden. Die Trainingsmethoden sind dabei ebenfalls die gleichen wie im Hochleistungstraining, wiederum jedoch mit geringerer Belastung. Um Übertraining bzw. Überbelastung zu vermeiden, sind die Pausen zwischen den einzelnen Belastungsphasen in einer Trainingseinheit aber auch zwischen zwei Trainingseinheiten mit dem Schwerpunkt „anaerobe Ausdauer" relativ lang zu halten.

## 6.5.5 Besonderheiten des Beweglichkeitstrainings

Beweglichkeitstraining ist ein unverzichtbarer Bestandteil des gesamten Nachwuchstrainings. Da die Ausprägung der Beweglichkeit bereits im Schulkindalter ihr Maximum erreicht und die sensible Trainingsphase ebenfalls in diesem Entwicklungsabschnitt liegt, kommt dem Training vor Beginn der Pubertät besondere Bedeutung zu.

Training der Beweglichkeit erfolgt im Schulkindalter meist im Rahmen des Aufwärmens und ist damit Bestandteil jeder Trainingseinheit. In Sportarten, in denen die Beweglichkeit kein führender Faktor des Leistungszustandes ist, beschränkt sich das Beweglichkeitstraining auf eine allgemeine und gleichmäßige Ausbildung aller Funktionskreise; bevorzugte Trainingsübungen sind die gymnastischen Übungen, die eine aktive Dehnung beinhalten. Sportarten, bei denen die Beweglichkeit einen besonders wichtigen leistungsbestimmenden Faktor darstellt, wie z. B. die Rhythmische Sportgymnastik, das Kunstturnen oder das Schwimmen, verlangen darüber hinaus ein spezifisches Beweglichkeitstraining, bei dem auch im frühen und späten Schulkindalter auf passive Dehnübungen nicht verzichtet werden kann.

Um den im Schulkindalter erreichten Leistungszustand der Beweglichkeit zu erhalten, ist ein Beweglichkeitstraining in jeder Trainingseinheit auch in den nachfolgenden Entwicklungsstufen ab der Pubeszenz unverzichtbar. Dabei werden die gleichen Trainingsmethoden wie bei Erwachsenen bzw. wie im Hochleistungstraining angewandt. Allerdings ist in der Pubeszenz bei passiven Dehnübungen erhöhte Vorsicht geboten; die auf den Wachstumsschub zurückzuführenden noch labilen Strukturen des passiven Bewegungsapparates sind besonders gefährdet. Im Zusammenspiel mit einem Krafttraining geringer Intensität hat das Beweglichkeitstraining auch bereits im Nachwuchstraining die weitere Funktion, die Körperspannung und die Körperhaltung zu optimieren und muskulären Dysbalancen entgegenzuwirken. Ein Schwerpunkt bildet dabei die Vermeidung von Haltungsschäden im

Rumpfbereich, speziell des sogenannten Hohlrückens, der eine Veränderung der Wirbel-säulen-Becken-Statik als Folge muskulärer Dysbalancen darstellt. Eine erhöhte Schädi-gungsgefahr besteht dabei für die Heranwachsenden vor allem dann, wenn sie im Training ständigen oder besonders hohen Streßbelastungen ausgesetzt sind. Als zweckmäßige gym-nastische Übungen um muskulären Dysbalancen im Rumpfbereich entgegenzuwirken, nennt KNEBEL (1985, 80) Dehnübungen für die Hüftbeuger und die Rückenstrecker sowie Kräftigungsübungen für die geraden Bauchmuskeln, die Kniegelenkbeuger und die Gesäß-muskulatur.

## 6.5.6 Besonderheiten des Taktiktrainings

Während es im Taktiktraining des Hochleistungssports vor allem darauf ankommt, die In-dividualität im taktischen Handeln zu vervollkommnen und zu perfektionieren und die Fä-higkeit, alternative Handlungskonzepte situationsadäquat und für den Gegner überra-schend einzusetzen, zu schulen, ist es das Ziel des Nachwuchstrainings, die Grundstruktu-ren sportartspezifischen Handelns kennenzulernen, und in immer schwieriger werdenden Trainings- und Wettkampfsituationen zu erproben.

Taktiktraining sollte daher von Anfang an ein nichtaustauschbarer Bestandteil jedes Nach-wuchstrainings sein und sowohl das praktische Üben als auch die theoretische Unterwei-sung umfassen. Der Anteil des Taktiktrainings an der Gesamttrainingszeit ergibt sich aus der Bedeutung der Taktik als sportartspezifischer Leistungskomponente.

Im einzelnen beinhaltet das Taktiktraining im Nachwuchssport die folgenden Inhalte:
— das Regellernen,
— das kognitive Lernen und praktische Üben von Grundsituationen der Wettkampffüh-rung (zum Teil unter vereinfachten Bedingungen/Situationen),
— das Erproben vorher trainierter Handlungspläne in „Trainingswettkämpfen",
— die schwerpunktmäßige Schulung der Fähigkeit zur Antizipation gegnerischen Han-delns,
— die Schulung des bewußten Beobachtens und Analysierens von Wettkampfsituationen,
— das Einschätzen der eigenen taktischen Handlungskompetenz.

Wobei der allgemeine methodische Grundsatz „vom Leichten zum Schweren", ergänzt durch den Zusatz „vom Einfachen zum Komplexen" besonders im Taktiktraining beachtet werden sollte. Außerdem ist auf einen ständigen Wechsel von Kenntnisvermittlung, Beob-achtung (in realer Wettkampfsituation und vom Film- oder Videobild), Üben der Bewe-gungsabläufe/Bewegungshandlungen im Training und Erproben in immer schwierigeren Wettkampfsituationen, zu achten.

# 7 Fitnesstraining / Gesundheitstraining

## 7.1 Begriffe, Verständnis und Charakteristik

### 7.1.1 Fitness und Gesundheit

Entsprechend der bekannten Definition der Weltgesundheitsorganisation (WHO) ist *Gesundheit* der „Zustand völligen körperlichen, seelischen und sozialen Wohlbefindens, der nicht lediglich durch Abwesenheit von Krankheit und Schwäche zu erreichen ist, und das für jeden Menschen erreichbare Höchstmaß an Gesundheit ist eines seiner Grundrechte". Damit wird konstatiert, daß Gesundheit nicht nur als Freisein von Krankheit verstanden werden darf, sondern in erster Linie als psycho-soziales und physisches *Wohlbefinden.*

Der Philosoph Karl Jaspers sieht in der Gesundheit einen „Zustand des Erwünschten", eines Lebens mit Fortpflanzungsfähigkeit, Leistungsfähigkeit, Kraft, geringer Ermüdbarkeit, Schmerzfreiheit, einen Zustand, in dem man wenig von seinem Körper merkt, abgesehen vom lustvollen Daseinsgefühl (PRAMANN 1989, 47). Diese Beschreibung von Gesundheit geht sicher über das vorher beschriebene Wohlbefinden hinaus und verweist auf Merkmale, die wir eher der Fitness zuordnen würden. Aber von guter, zu sehr guter Gesundheit bis hin zur Fitness gibt es sicher fließende Übergänge, und letztlich ist es ein Problem von Übereinkunft, Interpretation bzw. Definition, was unter Begriffen wie Gesundheit bzw. Fitness verstanden werden soll.

Fitness ist ein Zustand mit weiterreichenden Ansprüchen als denen der Gesundheit, in dem zum Wohlbefinden ein bestimmter Anspruch von Leistungsfähigkeit hinzukommt. Denn nicht jeder Gesunde ist „fit" zu nennen, weil ihm zum Fit-sein bestimmte Ausprägungen psycho-physischer Leistungsfähigkeit fehlen. Wir schlagen deshalb — aus trainingswissenschaftlichen Erwägungen — das folgende Verständnis vor:

---

Definition:
*Fitness* ist ein durch Training, gezielte Ernährung und gesunde Lebensführung bewußt angestrebter psycho-physischer Leistungszustand, der über gesundheitliches Wohlbefinden hinausgeht.

---

Diese Definition verweist darauf, daß Fitness nicht zum Null-Tarif zu haben ist. Ihr liegt eine bewußt angestrebte Weiterentwicklung der Leistungsfähigkeit zugrunde, die hauptsächlich durch *sportliches Training, gezielte Ernährung* und *gesunde Lebensführung* als erreichbar angesehen wird. Das Motiv *fit zu sein, sich fit zu halten,* schließt deshalb auch häufig das Bewußtsein mit ein, daß dieser Zustand nur über die oben beschriebenen Aktivitäten und Einstellungen realisierbar wird.

Fitness ist nicht an Kennwerten — wie einer bestimmten Muskelleistungsfähigkeit, Sauerstoffaufnahmefähigkeit, Schnelligkeits- oder Reaktionsschnelligkeit festzumachen, sondern sie wird anhand eines jeweils *persönlichen Gütemaßstabes,* der einmal durch die individuellen Motive geprägt wird, die dem „Fit-sein-wollen" zugrunde liegen, der aber auch durch soziale Trends, Moden, Anschauungen beeinflußt wird.

Anfängliche *Motive* für Fitness-Aktivitäten sind häufig gute Gesundheit, schlanke, straffe sportliche Figur, allgemeine Leistungsfähigkeit, Widerstandsfähigkeit und Prävention. Im Verlaufe der Fitness-Aktivitäten werden solche Motive dann auch von konkreten Leistungszielen überlagert, die dann wieder eine Systematisierung des Trainings nach sich ziehen.

## 7.1.2 Gesundheits- und Fitnesstraining

Der Übergang vom Gesundheitstraining zum Fitnesstraining ist fließend, deshalb sind begriffliche Festlegungen nur durch Übereinkünfte zu leisten. Der Unterschied zwischen beiden Trainingsarten — so wie wir ihn sehen — ist deshalb auch nicht so sehr in der Art des Trainings zu sehen, als vielmehr in den für diese Aktivitäten zugrundeliegenden Motiven.

*Gesundheitstraining* betreibt jemand, weil er/sie davon überzeugt ist, etwas für die Gesundheit tun zu müssen, möglicherweise weil die gesamte Lebensführung zu bequem geworden ist und zusammen mit dem Beruf zum Bewegungsmangel führten. Gesundheitstraining soll diesen Mangel kompensieren. Es hat demnach in erster Linie eine *Kompensationsfunktion* bei Bewegungsmangel und deren Folgen.

Das *Fitness-Training* ist dagegen auf Verbesserung der Leistungsfähigkeit und deshalb mehr mit dem Blick nach vorn und weniger rückblickend — wie das Gesundheitstraining — ausgerichtet. Es hat eher *Präventions-* (Vorbeugungs-) und *Leistungsverbesserungsfunktionen* und unterscheidet sich sicherlich auch durch größere Trainingssystematik, Trainingshäufigkeit und größere Belastungsanforderungen (Abschnitt 3.1.4) vom Gesundheitstraining.

Bei einer Betrachtung des Gesundheits- und Fitnesstrainings muß nach unserer Auffassung das *Rehabilitationstraining* ausgeklammert werden, da es jene Maßnahmen umfaßt, die der Wiederherstellung von Gesundheit, Leistungsfähigkeit, Lebenstüchtigkeit und Berufsfähigkeit nach Krankheiten, Verletzungen und Behinderungen dient (MELLEROWICZ 1985, 55). Für dieses Training gelten therapeutische und keine trainingsmethodischen Grundsätze, wie für das Gesundheits- oder Fitnesstraining.

## 7.1.3 Auswirkungen von Bewegungsmangel und Fitnesstraining

Nach MELLEROWICZ (1985, 34 ff.) führt *Bewegungsmangel* zu fortschreitender Inaktivitätsatrophie und Leistungsschwäche des Organismus, die sich folgendermaßen zeigen: Fehlende Bewegungsreize bewirken in der *Muskulatur Atrophien* mit funktionellen und strukturellen Veränderungen und fortschreitenden muskulären Schwächen. Dadurch kann beispielsweise die Rumpfmuskulatur ihre Haltefunktionen nicht mehr erfüllen. So entstehen dann die bekannten und häufig beschriebenen *Haltungsfehler, Haltungsschwächen* mit den Formveränderungen der Wirbelsäule, die wiederum Fehlbelastungen mit möglichen Abnutzungsveränderungen in den Wirbelgelenken hervorrufen. Zusätzlich können diese Hal-

| Parameter | Bewegungsmangel | Training |
|---|---|---|
| | Inaktivitätsatrophie | |
| $\dfrac{\text{Muskelgewicht}}{\text{Körpergewicht}}$ | Quotient: klein | groß |
| $\dfrac{\text{Fettgewicht}}{\text{Körpergewicht}}$ | Quotient: groß | klein |
| $\dfrac{\text{Last}}{\text{Kraft}}$ | Quotient: groß | klein |
| Kapillarisierung der Muskulatur | klein | groß |
| Herzgewicht | klein ($\approx 250$–300 g) | groß ($\approx 400$–500 g) |
| Herzfrequenz | 70–90/min | 30–60/min |
| Systolischer Druck | hoch | |
| Herzarbeit | groß | klein |
| koronare $O_2$-Reserven | klein | groß |
| Maximale Herzleistung | klein | groß |
| Vitalkapazität | klein ($\approx 2000$–4000 ml, oft $< 50$ ml/kg) | groß ($\approx 4000$–7000 ml, oft $> 70$ ml/kg) |
| $O_2$-Kapazität | klein ($\approx 2000$–3000 ml $O_2$/min, oft $< 40$ ml/kg) | groß ($\approx 5000$–6000 ml $O_2$/min, oft $> 70$ ml/kg) |
| Blutvolumen | klein ($\approx 5$ l) | groß ($\approx 6$–7 l) |
| $O_2$-Transportkapazität des Bluts | klein | groß |
| Vegetative Regulation | ergotrop-adrenergisch | trophotrop-cholinergisch |
| adrenokortikale Reserven | klein | groß |
| Ermüdbarkeit | größer | kleiner |
| Erholung | langsamer | schneller |
| Leistungsreserven | klein | groß |
| Leistungsabfall im Alter | schneller | langsamer |

*Tabelle 43: Vergleichende Darstellung von Bewegungsmangel- und Trainingswirkungen (MELLERO-WICZ 1985, 36).*

tungsfehler Rückwirkungen auf den Thorax und damit auf die Organe des Brustkorbs auslösen.

In den untrainierten Muskeln kommt es ferner wegen einer Veränderung der Sauerstoff-Ausnutzung des Blutes zur *Mangelkapillarisierung.* Sie fördert vor allem Altershypoxie (Sauerstoffmangel) der Gewebe. Des weiteren führt Bewegungsmangel zur Entwicklung eines leistungsschwachen **Herzens.** Diese Herzform wird auch als „Büroherz" oder „Schreibtischherz" bezeichnet. Das kleine Büroherz ist ständig gezwungen eine unökonomische, viel Sauerstoff verbrauchende Frequenzarbeit zu leisten und reduziert dabei die *koronaren Reserven.* Der Weg zur koronaren Insuffizienz ist von da aus nicht mehr weit.

Bei Menschen mit ausdauertrainierten Herzen sind Anzeichen koronarer Hypoxie und Herzinfarkt äußerst selten, dagegen neigen kleine, wenig belastete Herzen zur Koronarinsuffizienz, einer der häufigsten Erkrankungen der gegenwärtigen Zeit.

Bewegungsmangel verursacht gleichzeitig Inaktivitätsatrophie des gesamten **Atmungs-**

*systems.* Infolge verminderter Atemökonomie (höhere Frequenz bei kleinerem Volumen) werden *alveolare Ventilation* und $O_2$-*Partialdruck* reduziert, was negative Auswirkungen auf die $O_2$-Versorgung von Zellen und Organen hat. Eine durch Bewegungsmangel latente Hypoxie hat ferner Auswirkungen auf das *Blut,* indem sie zu einer *Mangelerythropoese,* mit Verminderung der *Erythrozytenzahl,* der *Hämoglobinmenge* und der $O_2$-*Transportkapazität* führt. Schließlich kann Bewegungsmangel die regulative Kapazität des *vegetativen Systems* und die biochemische Kapazität von *Hormondrüsen* negativ beeinflussen. *Fitness- und/oder Gesundheitstraining* hat genau die entgegengesetzte Wirkung. Die Wirkungen von Bewegungsmangel und Training werden in der Tabelle 43 in einem Überblick miteinander verglichen.

### 7.1.4 Ziele und Inhalte des Fitness- und Gesundheitstrainings

Ausgehend von den Definitionen des Fitness- und Gesundheitsbegriffs, aber auch als „Offensive" gegen die Inaktivitätsatrophien und Leistungsschwächen, verursacht durch Bewegungsmangel, ergeben sich für das Fitness- und/oder Gesundheitstraining Ziele und davon ableitbare Inhalte.

(1) Erstes und vordringliches *Ziel* ist die Verbesserung der *aeroben Leistungsfähigkeit* und damit (1) der Formen und Funktionen des Herz-Kreislaufsystems, (2) der Steuerungsfunktionen des vegetativen Nervensystems und (3) der Stoffwechselvorgänge im Muskel.

Folgende *Ausdauerformen* sind dafür gut geeignete *Inhalte,* vorausgesetzt sie werden unter wirkungsvollen *Belastungsanforderungen* (Abschnitt 7.2) durchgeführt: Laufen, Radfahren, Hiking, Walking, Schwimmen, Skilanglaufen.

(2) Zweites *Ziel* ist die allgemeine Verbesserung der *Kraftfähigkeiten* und damit der *Muskelleistung* (Abschnitt 3.2.1) der Haltemuskulatur des Rumpfes sowie der Muskulatur der oberen und unteren Extremitäten.

Geeignete *Inhalte* sind Formen des (1) *Bio-Trainings* (Abschnitt 7.3.2), (2) *Circuittrainings* (Abschnitt 7.3.3) und (3) einfache Formen des *Bodybuildings,* wie sie zu Hause durchführbar sind. Ein gutes Beispiel für „Wohnzimmer-Bodybuilding" gibt SCHWARZENEGGER in seinem Buch „Bodybuilding für Frauen" (1982, 47 ff.). Wichtig ist, daß für die Ausführung (ob Circuittraining, Bodybuilding u. a.) hauptsächlich Methoden des *Kraftausdauertrainings* (Abschnitt 3.2.5.5) herangezogen werden.

(3) Drittes *Ziel* ist eine Verbesserung der *funktionalen Beweglichkeit,* d. h. der *Gelenkbeweglichkeit* und *Muskelelastizität* (Abschnitt 3.5.2) aller Gelenksysteme.

Geeignete *Inhalte* sind (1) Programme der *Gelenkbeweglichkeit* (Abschnitt 3.5.4.2), (2) *Dehnungstechniken* wie Stretching (Abschnitt 3.5.4.3), (3) *funktionale Gymnastik* (Abschnitt 7.4).

(4) Viertes *Ziel* ist das *Lernen anwendungsbezogener motorischer Fertigkeiten* zur Verbesserung der Steuerungsfähigkeit bzw. *Bewegungskoordination.*

Geeignete *Inhalte* dafür sind das Betreiben einer Spielsportart (Tennis, Volleyball, Hockey, Fußball), Geräturnen, Tanzen (Jazztanz, elementarer Tanz, rhythmische Gymnastik), alpines Skilaufen, Schlittschuh-, Rollschuhlaufen, Windsurfen u. a.

*Abb. 115: Inhalte des Fitness-Trainings und ihre Zusammenhänge.*

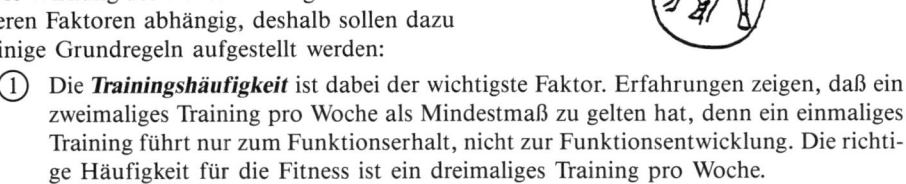

Methodisch wichtig ist das **Hineinbegeben in motorische Lernsituationen,** d. h. zu versuchen, die motorischen Fertigkeiten dieser Sportarten kontinuierlich zu verbessern.

### 7.1.5 Zur Gestaltung des Fitnesstrainings

Die Wirkung des Fitnesstrainings ist von mehreren Faktoren abhängig, deshalb sollen dazu einige Grundregeln aufgestellt werden:

① Die **Trainingshäufigkeit** ist dabei der wichtigste Faktor. Erfahrungen zeigen, daß ein zweimaliges Training pro Woche als Mindestmaß zu gelten hat, denn ein einmaliges Training führt nur zum Funktionserhalt, nicht zur Funktionsentwicklung. Die richtige Häufigkeit für die Fitness ist ein dreimaliges Training pro Woche.

② Die wirkungsvolle **Trainingsdauer** ist abhängig von den ausgeübten Inhalten bzw. Sportformen. Wirkungsvolle Belastungszeiten beim Lauftraining, beim Jazz-Dance sind 45—60 Minuten, beim Radfahren mindestens 90 min, beim Spielen 60—75 min; beim Krafttraining und bei der Gymnastik/Funktionsgymnastik reichen bei richtiger Intensität 30 Minuten. Wie die richtige Intensität zu wählen ist, wird in den nächsten Abschnitten beschrieben.

③ Für die **inhaltliche Ausführung** des Fitnesstrainings sollten folgende *Koppelungen* vorgenommen werden: Nach Ausdauertraining empfehlen wir ein 15minütiges Programmm mit Lockerungs- und Dehnungs-(Stretching-)Übungen, das sowohl beweglichkeitsfördernd als auch entmüdend und regenerativ wirkt. Vor Spielsportarten, Jazz-Dance u. a. gehört ein 15minütiges Programm der Beweglichkeitsschulung (Abschnitt 3.5.4.2). Das gleiche gilt für das Krafttraining, das zusätzlich — aus regenerativen Gründen — mit Dehnungs-(Stretching-)Übungen abgeschlossen wird (Abschnitt 3.5.4.3). Eine gute Kombination ist auch Spielen — Krafttraining — Stretching.

Nachfolgend sollen das breitensportliche Ausdauer-, Kraft- und Beweglichkeitstraining näher beschrieben werden.

# 7.2 Ausdauertraining für die Fitness

Aus einer präventiven Sichtweise der Inneren Medizin kommt dem Ausdauertraining im Gesundheits- und Fitnessbereich sowie als Mittel gegen altersbedingte Funktions- und Leistungseinbußen die wirkungsvollste Bedeutung zu (LIESEN / HOLLMANN 1981, 11).

## 7.2.1 Ziele und Wirkungen des Ausdauertrainings

Ziel des Ausdauertrainings im Fitnessbereich ist die Beeinflussung des Muskelstoffwechsels und die Verbesserung der Leistungen des Herzkreislaufsystems. Bei einem optimalen Ausdauertraining kann es nach HOLLMANN / HETTINGER (1976, 471 f.) zu folgenden Veränderungen kommen, die hier zusammengefaßt wiedergegeben werden: (1) Vergrößerung des **Herzvolumens,** somit des *Schlagvolumens,* oder auf die Zeit bezogen, des *Herzminutenvolumens* (HMV), der Blutmenge, die das Herz in einer Minute in Umlauf bringt. Diese Wirkungen haben auch zur Folge, daß sich die *Ruhepulsfrequenz* erheblich verringert (40—50/min). (2) Vergrößerung der **maximalen $O_2$-Aufnahme,** die zu einer höheren *Energieausbeute pro Zeiteinheit* führt. (3) Verbesserung der **Kapillarisierung** und damit zur Vergrößerung der *arterio-venösen Differenz,* einer besseren Sauerstoffausnutzung in der Muskulatur. (4) Vergrößerung des **maximalen $O_2$-Pulses,** der Menge Sauerstoff, die pro Herzschlag aufgenommen wird. (5) Vermehrung des **Myoglobins,** des roten Muskelfarbstoffes, der Sauerstoff aufnimmt und abgibt, sowie Vermehrung der **Mitochondrien** in der Muskelzelle, in denen die Energiegewinnung durch die Oxidation stattfindet. (6) Vergrößerung des **Glykogengehaltes,** der Speicherform des Traubenzuckers und durch Aktivitätssteigerung der aerob wirksamen **Enzyme.** (7) Vermehrung des **ATP** und **Kreatinphosphates** im Muskel (Abschnitt 3.4.3). (8) Veränderung der **Herzarbeit,** d. h. zu einer Verlängerung der *Systolen-* und *Diastolendauer* und Verringerung des *$O_2$-Bedarfs* des Myokards für eine bestimmte Herzleistung. (9) Verbesserung der **Atmungsökonomie** und (10) Vergrößerung des **Blutvolumens** und des **Gesamt-Hämoglobingehaltes.**

Wenn auch die erheblichen organischen und funktionellen Veränderungen, die Ausdauertraining bewirken, nur zusammengefaßt und unvollständig wiedergegeben wurden, läßt sich sicher erkennen, welche Bedeutung ein *„richtiges"* Ausdauertraining im Gesundheits- und Fitness-Sport hat.

## 7.2.2 Methodische Fragen

Die Forderung nach dem „richtigen" Ausdauertraining ist in erster Linie eine methodische Frage. Und da sich **Methoden** des Ausdauertrainings aus der Kopplung von *Ausübungsformen* und *Belastungsanforderungen* ergeben, betreffen methodische Fragen hauptsächlich diese beiden Komponenten. Wobei hierbei wiederum die Betrachtung der „Belastung" im Vordergrund stehen muß, weil das methodische Vorgehen hauptsächlich über Belastungen gesteuert wird (Abschnitt 3.4.5).

Aus methodischer Sicht müssen im allgemeinen, breitensportlichen Ausdauertraining die Belastungen den zugrundeliegenden *Motiven,* den *Trainingserfahrungen,* dem unterschiedlichen *Leistungsstand* und dem *Lebensalter* angepaßt werden. Die wichtigste methodische Entscheidung im Ausdauertraining ist die Festlegung der beiden Belastungskomponenten *Belastungsintensität* (Leistung) und *Belastungsdauer* (Zeit der Belastung).

Die Intensität muß möglichst genau nach dem jeweiligen Lebensalter und dem momentanen Leistungszustand der Trainierenden festgelegt werden. In der Regel nimmt die Leistungsfähigkeit (oder Beanspruchungsfähigkeit) mit zunehmendem Alter ab. Andererseits kann im höheren Alter dann eine höhere Leistungsfähigkeit vorhanden sein als im jüngeren, wenn in jüngeren Jahren nicht trainiert, aber in späteren Jahren mit einem Ausdauertraining begonnen wurde. So können ausdauertrainierte Menschen des siebten Lebensjahrzehnts leistungsfähiger sein als untrainierte des dritten, vierten und fünften Lebensjahrzehnts, wie die folgende Abb. 116 zeigt.

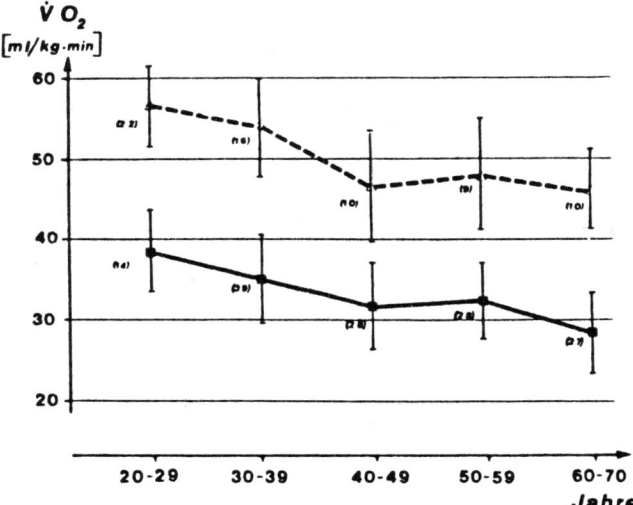

*Abb. 116: Mittelwertdarstellung einer Untersuchung der relativen Sauerstoffaufnahmefähigkeit bei Ausdauertrainierten (---), n = 65 und Untrainierten (——), n = 138 in verschiedenen Lebensjahrzehnten (LIESEN / HOLLMANN 1981, 22).*

Nach den Untersuchungen von LIESEN / HOLLMANN (1981, 21 ff.) ergibt sich bei den Untrainierten, bezogen auf die maximale Sauerstoffaufnahme in der Regel ein jährlicher Leistungsabfall von 0,65%, bei den Trainierten, allerdings auf höherem Leistungsniveau, ein Abfall von jedoch nur 0,45%. Entsprechend der VO$_2$max verhielt sich bei dieser Untersuchung auch der maximale Sauerstoffpuls. Bei den untrainierten 20jährigen wurden durchschnittlich 15,5 ml gemessen, die bis zum siebten Lebensjahrzehnt auf 12,8 ml abfielen. Bei den trainierten 20jährigen wurden 21,6 ml gemessen, die sich bis zum siebten Lebensjahrzehnt jedoch nur auf 19,4 ml verringerten.

Bei einer Herzschlagfrequenz von 130/min ergab sich bei Trainierten wie Untrainierten vom dritten bis zum siebten Lebensjahrzehnt eine nahezu gleichbleibende absolute wie relative VO$_2$max. Bei den Trainierten lag die VO$_2$max, bezogen auf das Körpergewicht, bei ca. 32—35 ml, bei den Untrainierten dagegen nur bei ca. 22 ml. Allerdings nimmt der Prozentsatz der mit einer Herzschlagfrequenz von 130/min erreichten VO$_2$max zur absoluten $VO_2max$ mit zunehmendem Alter zu, d. h. mit zunehmendem Alter wird die Belastungsintensität bei einer HF von 130/min kontinuierlich höher. Aus diesen Werten ergibt sich das folgende Bild:

*Tabelle 44: Werte der $VO_2max$, ml/kg min bei Trainierten und Untrainierten (jeweils erste Zeile) bei HF 130/min (jeweils zweite Zeile) und der erreichten Prozentzahl der $VO_2max$ bei HF 130/min.*

| JAHRE | | 20—29 | 30—39 | 40—49 | 50—59 | 60—70 |
|---|---|---|---|---|---|---|
| TRAINIERTE | $VO_2max$ ml/kg · min | 56 | 54 | 47 | 48 | 46 |
| | $VO_2max$ ml/kg bei HF 130/min | 32 | 33 | 30 | 35 | 34 |
| | % $VO_2max$ bei HF 130/min von $VO_2max$ | 57 | 61 | 63 | 72 | 74 |
| UNTRAINIERTE | $VO_2max$ ml/kg · min | 38 | 35 | 32 | 33 | 28 |
| | $VO_2max$ ml/kg bei HF 130/min | 22 | 22 | 23 | 23 | 20 |
| | % $VO_2max$ bei HF 130/min von $VO_2max$ | 58 | 63 | 72 | 70 | 70 |

Die Werte der Tabelle 44 entstammen ebenfalls Untersuchungen von LIESEN / HOLLMANN (1981, 22 f.). Sie wurden von uns für diese Form der Darstellung neu bearbeitet, um zu zeigen, wie sich bei Trainierten und Untrainierten die *Belastungsintensität* im Verlaufe des Altersvorganges bei der sog. *Trimm-Pulsfrequenz von 130* doch erheblich verändert. Gehen wir davon aus, daß die $VO_2max$ (relative oder absolute) auch eine hundertprozentige Ausbelastung bedeutet, dann würden 20- bis 30jährige bei einer HF von 130/min mit einer Intensität von 55—60% belastet sein, 50jährige mit ca. 65—70% und 60jährige mit bereits 75%. Diese Ergebnisse sind für die Vorgaben der richtigen, altersgemäßen Belastungsintensität mit zu berücksichtigen. Die Vergleiche dieser leistungsphysiologischen Meßgrößen in den verschiedenen Altersstufen bei Ausdauerbelastungen sollten einleitend auf die Problematik der altersunterschiedlichen Abstufung der Belastungsintensität aufmerksam machen und die folgenden Ergebnisse stützen.

Für das Ausdauertraining im Fitness- und Gesundheitssport ist die ***Belastungsintensität** die wichtigste Belastungskomponente. Sie muß mit der Herzschlagfrequenz gesteuert werden.* Die Herzschlagfrequenz gewährleistet erstens eine objektive Abstimmung von Belastung und Beanspruchung. Zweitens sind Herzschlagfrequenzmessungen im Breitensport das einzig realisierbare Diagnoseinstrument, weil spiroergometrische und biochemische Untersuchungen aus Kosten- und Organisationsgründen nicht durchführbar sind. Die Belastungs-Herzschlagfrequenz wird für das Ausdauertraining zumeist durch Faustregeln und Tabellen global vorgegeben.

*Faustregeln* für die richtige Belastungsintensität sind für Untrainierte nach LIESEN / HOLLMANN (1981, 48):

① *180 minus Lebensalter = Mindest-Trainingspulsfrequenz* (sog. BAUM-HOLLMANN-sche Regel);

oder, und das ist eine neuere Modifikation der Regel dieser Autoren:

② *180 minus Lebensalter plus fünf Herzschläge/Lebensjahrzehnt jenseits der dritten Dekade.*

Nach MELLEROWICZ (1985, 53) soll trainiert werden mit einer

③ *HF von 170/min minus Lebensalter in Jahren, bei biologisch Jüngeren und Trainierten mit 180 minus Lebensalter. Die Grenzfrequenz von HF 200/min minus Lebensalter sollte nie überschritten werden.*

Legt man die Faustregel (1) zugrunde, dann müßte man einem 25jährigen empfehlen, mit einer Mindestpulsfrequenz von 155/min, einem 45jährigem von 135/min zu trainieren. Nach der Faustregel (2) verschiebt sich diese Vorgabe. Der 25jährige sollte ebenfalls mit einer Intensität von HF 155/min trainieren, der 45jährige jedoch mit einer HF von 140/min. Empfiehlt man die Festlegung der Intensität nach der Faustregel (3), dann sollten der untrainierte 25jährige mit einer HF von 145/min, der trainierte 25jährige mit einer HF von 155/min aber höchstens von 175/min, der untrainierte 45jährige mit einer HF von 125/min und der trainierte 45jährige mit einer HF von 135/min aber höchstens von 155/min trainieren.

Unserer Auffassung nach können allerdings weder diese Faustregeln, noch die Regel „Trimming 130" der Trainingspraxis im breitensportlichen Ausdauertraining Anhaltspunkte für die individuell beste Intensitätsfestlegung geben, denn sie unterscheiden weder zwischen Männern und Frauen, zwischen Leistungsstärkeren und Leistungsschwächeren, noch zwischen Ausübungsformen wie Laufen, Radfahren, Bergwandern und anderen Formen der Ausübung und weisen zudem nicht nach, welche Beanspruchungsveränderungen während einer längeren Ausdauerbelastung vonstatten gehen.

Aufgrund unserer Untersuchungen und Überlegungen kommen wir hinsichtlich der Steuerung und Bestimmung der *Belastungsintensität* für das breitensportliche Ausdauertraining zu folgenden Ergebnissen: Ausdauersportler/innen im Fitness- und Gesundheitssport sind hinsichtlich der Belastungsintensitätszumessung in *drei Gruppen* einzuteilen, in: (1) *Anfänger* (Einsteiger), (2) *allgemein Trainierende,* (3) *systematisch Trainierende* mit der bewußten Zielsetzung der Leistungsverbesserung. Da die Belastungsintensität im Fitness- und Gesundheitssport grundsätzlich mit der Herzschlagfrequenz gesteuert werden sollte, ist sie vor allem den unterschiedlichen Leistungsniveaus anzupassen. Die nun folgende Betrachtung zur richtigen Wahl der Belastungsintensität gilt nur für das *Ausdauertraining durch Laufen:*

### 7.2.2.1 Belastungsintensität für „Trainierende im Anfangsbereich"

**Anfänger** zeigen beim Einstieg in das Lauftraining relativ hohe Herzschlagfrequenzen und benötigen einige Wochen Einführungstraining, bevor sich die Herztätigkeit bei Belastungen ökonomisiert. Daß Anfänger teilweise eine geringe Bewegungsintensität, beim leichten Joggen bereits mit 90% ihrer maximalen Herzschlagfrequenz, bewältigen müssen, wird häufig beobachtet und ist als die Regel und nicht als die Ausnahme zu bewerten. Die Herzschlagfrequenz *normalisiert* sich dann aber bereits nach vier bis sechs Wochen kontinuierlichem Anfängertraining. Bei gleicher Belastungsintensität (Lauftempo) nehmen Beanspruchung und damit Herzschlagfrequenzen deutlich von Training zu Training ab.

Eine systematische Steuerung des Ausdauertrainings durch die Herzschlagfrequenz ist bei Anfängern deshalb wenig sinnvoll. Hier gilt die Zielsetzung, einen Lauf über 30 bis 45 Minuten Dauer möglichst bald absolvieren zu können. Die Anfängerphase ist dann beendet, wenn sich die Herzschlagfrequenz bei langsamem Lauftempo auf ein bestimmtes Maß „eingependelt" hat, d. h. längere Zeit konstant bleibt. Erst von diesem Zeitpunkt an sollte mit der Trainingssteuerung über die Herzschlagfrequenz begonnen werden.

### 7.2.2.2 Belastungsintensität für „allgemein Trainierende"

**Allgemein Trainierende** sind *Fortgeschrittene,* die wöchentlich und kontinuierlich zwischen 2 und 4 Stunden trainieren, dabei zwei bis vier Trainingseinheiten mit einer jeweiligen Belastungsdauer von 45 bis 60 min durchführen.

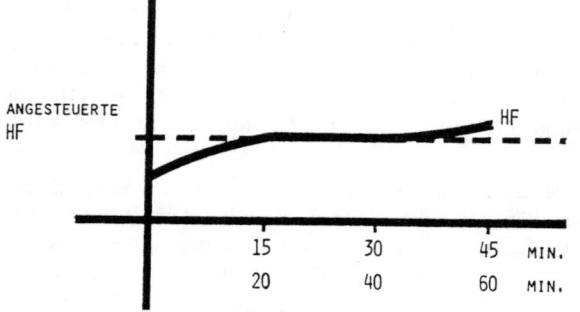

ANGESTEUERTE HF

HF

| 15 | 30 | 45 MIN. |
| 20 | 40 | 60 MIN. |

*Abb. 117: Anzusteuerndes Herzschlagfrequenzverhalten beim Laufen langer Strecken. Auf dem letzten Drittel der Strecke sollte die HF/min > 5% über der angestrebten durchschnittlichen HF max liegen.*

Nach KARVONEN / VUORIMAA (1988, 306), ROITMAN et al. (1978, 98 ff.) und dem American College of Sports Medicine (1978) sollte ein breitensportliches Ausdauertraining im Laufen zwischen 60 und 80% der maximalen Herzschlagfrequenz durchgeführt werden. Wir sind der Auffassung, daß diese sog. „target heart rate" *relativ* gesehen bei 85—90% der HF max liegen sollte, wobei die Belastungsdauer so lang sein müßte, daß die Beanspruchung (HF) auf dem letzten Drittel der Strecke bei gleichbleibendem Lauftempo noch einmal um 5% ansteigt. Dieser Anstieg der HF auf dem letzten Drittel der Strecke zeigt ebenfalls an, ob die *Belastungsdauer* richtig gewählt war. Sie ist dann optimal gewählt, wenn die HF/min während des letzten Drittels der Strecke bei gleichem Lauftempo mindestens 5% über der „target heart rate", d. h. über der durchschnittlich angesteuerten Herzschlagfrequenz liegt (Abb. 117). Was mit dem Begriff „relativ" ausgesagt wird, soll weiter unten erläutert werden.

Auf der Grundlage vieler Daten haben wir eine Formel entwickelt, die anhand von zwei Werten, (1) der *maximalen Herzschlagfrequenz* (HF max) und (2) dem *Ruhepuls* (HF Ruhe), die individuell optimale *Belastungsintensität,* das ist die relative Intensität, berechenbar macht. Der nach dieser Formel errechnete „Trainingspuls" ergibt ca. 85% derjenigen Herzschlagfrequenz, die etwa an der aerob-anaeroben Schwelle bzw. am pd-Wert der Herzschlagfrequenz-Leistungskurve individuell erreicht werden kann. Das ist eine Intensität, die gerne bei einer Laufdauer von ± 60 Minuten zum Training der allgemeinen Ausdauer gelaufen wird. Dadurch, daß in die Berechnung dieser Intensität HF max und HF Ruhe mit eingehen, werden sowohl geschlechts- und altersspezifische wie auch Leistungsunterschiede relativiert.

$$\text{Trainingspuls} = \text{HF max} - (0,45 \cdot \text{HF Ruhe})$$

Die Anwendung dieser Formel soll an einem praktischen Beispiel erörtert werden: Ein Untrainierter (UT) und ein Trainierter (T) absolvierten einen CONCONI-Test (Abschnitt 3.4.4.3) und erreichten dabei die folgenden Werte (Abb. 118):

Bei gut Trainierten konnten wir beobachten, daß die Herzschlagfrequenz am Knick (pd) nicht weit unter der maximalen Herzschlagfrequenz liegt. Bei den Untrainierten dagegen liegt sie weiter unterhalb von HF max. Würde man bei der Festlegung der Belastungsintensität von der maximalen Herzschlagfrequenz ausgehen und darauf bezogen 85% festlegen, dann trainierten beide mit einer HF/min von 162. Das entspräche beim Untrainierten allerdings 92% von pd (96% von vd) und beim Trainierten von nur 87% von pd (83% von vd). Dieses Beispiel zeigt, daß die maximale Herzschlagfrequenz zur Berechnung der Belastungsintensität nur bedingt geeignet ist. Unsere Beobachtungen zeigen, daß durch-

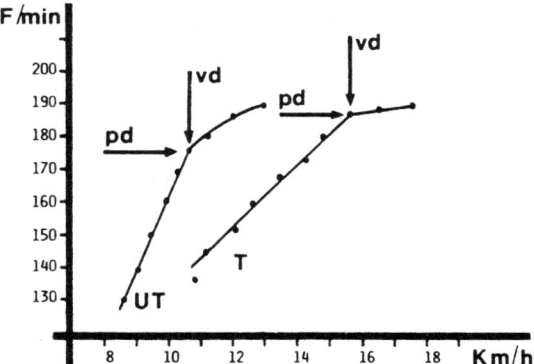

*Abb. 118: Werte von UT: HF max = 190; pd = 176 = 93% von HF max; vd = 10,6 km/h. Werte von T: HF max = 190; pd = 187 = 98% von pd; vd = 15,7 km/h (MARTIN 1989a, 388).*

schnittliche Belastungsintensitäten — und zwar bei allgemein Trainierenden, bei systematisch Trainierenden und auch bei Spitzensportlern/innen der Langzeitausdauerdisziplinen — von etwa 85—90%, bezogen auf pd oder der aerob-anaeroben Schwelle gewählt werden.

Legt man nun den Wert „85% von pd" zugrunde, dann müßten den beiden aus unserem Beispiel folgende Belastungsintensitäten empfohlen werden: dem Untrainierten (UT) ein *Trainingspuls* von 150/min (= 85%), das entspricht für ihn einer Laufgeschwindigkeit von 9,5 km/h; dem Trainierten (T) ein *Trainingspuls* von 159 (= 85%), das entspricht einer Laufgeschwindigkeit von 12,8 km/h.

Diese Werte sind erfahrungsgemäß realistisch, setzten aber die Durchführung eines CONCONI-Tests oder eines Stufentests zur Ermittlung der Laktat-Leistungskurve voraus. Das wiederum ist für „allgemein Trainierende" aus dem Fitness-Sport unrealistisch. Deshalb wurde von uns diese Formel entwickelt (MARTIN 1989a, 390). Für die beiden Probanden

— UT hatte einen Ruhepuls von 82; T von 53 — ergeben sich nach dieser Formel für UT: Trainingspuls 85% = 190 — (0,45 · 82) = 153/min, das entspricht 87% von pd; für T: Trainingspuls 85% = 190 — (0,45 · 53) = 166, das entspricht 89% von pd. Ein Trainingspuls ± 90% wird von allgemein Trainierenden für Dauerläufe von 45 bis 60 min gern erreicht. Die maximale Herzschlagfrequenz läßt sich am besten durch einen Steigerungslauf auf einer 400-m-Laufbahn über 1200 m ermitteln, bei dem das Tempo alle 200 m bis zur erreichbaren Höchstgeschwindigkeit gesteigert wird.

### 7.2.2.3 Leistungsüberprüfungen für Anfänger und allgemein Trainierende

Ein praktikabler Gebrauchstest zur Feststellung der Ausdauerleistungsfähigkeit ist der COOPER-*Test*. Er wird auf einer 400-m-Laufbahn durchgeführt. Die Aufgabenstellung ist einfach, erfordert aber etwas „taktische" Erfahrung, die gewöhnlich erst mit der zweiten oder dritten Testdurchführung erlangt wird. Die Testaufgabe besteht darin: *in der Zeit von 12 Minuten eine möglichst lange Strecke im Dauerlauf zurückzulegen.* Gewertet wird die in den 12 Minuten erreichte Laufstrecke. Deshalb ist es erforderlich, den Test auf einer Laufbahn zu absolvieren, die seitliche Markierungen für alle 100 m aufweist. Die endgültige Laufdistanz kann dann mit dem Bandmaß ermittelt werden.

Ferner empfiehlt es sich unmittelbar nach dem Lauf, dann nach der 1. und 3. Minute die *Herzschlagfrequenz* zu messen und ebenfalls zu registrieren. Sie läßt den *Grad der Ausbelastung* und den *Erholungswert* abschätzen.

*Tabelle 45: Leistungbewertungen nach dem COOPER-Test (BLOSS 1989, 54).*

### 7.2.2.4 Belastungsanforderungen für „systematisch Trainierende"

**Ausdauertest: Frauen**

| | Alter | | Bewertung |
|---|---|---|---|
| bis 30 | 30–45 | über 45 | |
| Mehr als 2,2 km | mehr als 2 km | mehr als 1,8 | gut |
| 1,9–2,2 km | 1,7–2 km | 1,5–1,8 km | mittel |
| weniger als 1,9 km | weniger als 1,7 km | weniger als 1,5 km | schlecht |

**Ausdauertest: Männer**

| | Alter | | Bewertung |
|---|---|---|---|
| Alter bis 30 | 30–45 | über 45 | |
| mehr als 2,5 km | mehr als 2,3 km | mehr als 2,1 km | gut |
| 2,2–2,5 km | 2–2,3 km | 1,8–2,1 km | mittel |
| weniger als 2,2 km | weniger als 2 km | weniger als 1,8 km | schlecht |

Für **systematisch trainierende** Ausdauersportler/innen auch des breitensportlichen Bereichs, das sind solche, die mehr als 5 Stunden Lauftraining pro Woche absolvieren und sich systematisch auf volkssportliche Wettkämpfe vorbereiten, scheint uns zur Festlegung der optimalen Belastungsintensität der CONCONI-*Test* am besten geeignet, weil er die Belastungsintensitäten genau ablesbar macht und gleichzeitig Leistungsveränderungen der aeroben Leistungsfähigkeit registriert. Der Test wurde im Abschnitt 3.4.4.3 beschrieben.

**Belastungsintensitäten** sollten für eine *Belastungsdauer* von

45 min 90 % — 95 %
60 min 85 % — 90 %
90 min 80 % — 85 %
120 min 75 % — 80 %

von pd betragen.

Der CONCONI-Test sollte von den systematisch Trainierenden ca. alle sechs Wochen durchgeführt werden, um erstens an einer Rechtsverschiebung der Herzschlagfrequenz-Leistungskurve die Leistungsverbesserungen oder an einer Linksverschiebung die Leistungsverschlechterungen diagnostizieren zu können. Zweitens ergeben sich mit der Rechts- oder Linksverschiebung auch häufig veränderte vd-Werte, die dann eine Neuberechnung der optimalen Belastungsintensität erforderlich machen.

### 7.2.2.5 Erreichbare Belastungsintensitäten bei anderen Ausübungsformen des Ausdauertrainings

Aufgrund von Vergleichsuntersuchungen von Lauf-, Radfahrleistungen, Hiking, Tennisspielen und bei Triathleten (MARTIN 1989a, 378 ff.), lassen sich folgende Ergebnisse zusammenfassen (Tabelle 46):

*Tabelle 46: Vergleich erreichbarer Belastungsintensitäten bei einer Stunde Dauerbelastung in verschiedenen Ausübungsformen.*

| 1 STUNDE DAUERBELASTUNG | | | | |
|---|---|---|---|---|
| | DAUER-LAUF kupiertes Gelände | SPORTRAD-FAHREN kupiertes Gelände | HIKING 400 m Höhen-unterschied | TENNIS-SPIEL |
| die auf dem intensivsten Teilstück erreichte HF in Prozent von HF max | 92 | 83 | 81 | 82 |
| die auf diesem Teilstück erreichten Prozent der Intensität, bezogen auf den pd-Wert (Schwelle) | 95 | 86 | 83 | 85 |

Als allgemeine **Regel** läßt sich aus dem in Tabelle 46 gezeigten Vergleich ableiten: *die erreichbaren Herzschlagfrequenzen bei Dauerleistungen von 60 bis 90 Minuten sind im Laufen ca. 10 Prozent höher als in anderen Ausübungsformen des Ausdauertrainings.* Ferner zeigten unsere Untersuchungen, daß beim Laufen, selbst bei gleichem Tempo und sogar bei nachlassendem Tempo, die HF kontinuierlich ansteigt. Beim Radfahren konnte das nicht beobachtet werden, hier reagiert der Puls mehr auf das Straßenprofil.

## 7.2.3 Grundsätze für das Ausdauertraining im Fitnessbereich

(1) **Methoden** des Ausdauertrainings entstehen aus einer Kopplung von Ausübungsform und Belastungskomponenten. Unter diesen Komponenten ist es vor allem die *Belastungsintensität,* die entsprechend dem Lebensalter und dem Leistungsstand so genau wie möglich festgelegt werden sollte. Die sicherste Steuergröße der Belastungsintensität im Fitnesstraining ist die *Herzschlagfrequenz.*

(2) Es empfiehlt sich, die Ausdauersportler/innen des Breitensports in drei **Leistungsklassen** einzuteilen, in **„Anfänger", „allgemein Trainierende"** und **„systematisch Trainierende".** Eine systematische Steuerung des Ausdauertrainings der Anfänger ist infolge der Tatsache, daß sie mit enorm hohen Pulsfrequenzen laufen, zunächst nicht sinnvoll. Bei den allgemein Trainierenden empfiehlt sich eine Festlegung der Belastungsintensität nach der von uns bezeichneten Formel. Systematisch Trainierende sollten jedoch den CONCONI-Test zur Trainingssteuerung anwenden.

(3) Diese Form der Festlegung der **Belastungsintensität** hat nur für das **Lauftraining** Gültigkeit, da die in anderen Ausübungsformen (Radfahren, Bergwandern) maximal erreichbaren Herzschlagfrequenzen durchschnittlich 10% unter denen des Lauftrainings liegen. Hier sollte die *Belastungsdauer* die Steuergröße der Belastung sein. Sie sollte in Ausübungsformen, in denen keine hohen Herzschlagfrequenzen erreicht werden können, grundsätzlich über 60 Minuten liegen, 90—120 Minuten sind Richtwerte für Radfahren, Hiking und Walking.

# 7.3 Krafttraining für die Fitness

Durch systematisch gesteuertes Krafttraining kann es (1) zur **Verbesserung der Innervationsfähigkeit der Muskulatur,** damit zur Erhöhung der Kraftbildungsgeschwindigkeit und der intermuskulären Koordination, (2) zur **Erweiterung des Energiepotentials der Muskulatur,** damit zur Hypertrophie der Muskelstrukturen und zur Verbesserung des Energieflusses im Muskel kommen (Abschnitt 3.2.5.1). Das sind die erreichbaren Trainingsziele durch ein jeweils daraufhin speziell abgestimmtes Krafttraining. Krafttraining für die Fitness kann erst dann konzipiert werden, wenn Klarheit darüber besteht, welche dieser Ziele auch für das Gesundheits- und Fitnesstraining relevant sind.

## 7.3.1 Ziele und Wirkungen des Krafttrainings für den Fitnessbereich

Nach unserer Auffassung hat vor allem die zweite Zielsetzung, nämlich die **„Erweiterung des Energiepotentials der Muskulatur",** auf der Basis einer gewissen *Zunahme des Muskeldickenwachstums* und der *Verbesserung des Energieflusses* im Muskel, die größte Bedeutung, weil damit die Muskulatur gekräftigt, ihre Halte- und Kraftbildungsfunktionen für den Alltagsgebrauch und für Bewegungen trainiert und zudem Ermüdungsresistenz entwickelt werden können. Zum Erreichen dieser Ziele sind Methoden des *Bodybuildings* und des *Kraftausdauertrainings* am besten geeignet (Abschnitt 3.2.5.2 und 3.2.5.5).

Werden diese Methoden systematisch angewendet, dann kommt es nach HOLLMANN / HETTINGER (1976, 269) zu den folgenden Wirkungen: (1) *Hypertrophie* der *Muskelstruk-*

turen und *Vermehrung* der *Aktin- und Myosinmoleküle* (Abschnitt 3.2.3.2); (2) *Vermehrung* des *Kreatinphosphats* und *ATP-Gehalts* im Muskel; (3) *Hypertrophie* der *Sehnenfasern* und *Ligamente;* (4) *Dickenzunahme* der *Gelenkknorpel* u. a.

Bodybuilding hat sich als Fitnesstraining und breitensportliches Krafttraining durchgesetzt. Die Methoden wurden im Abschnitt 3.2.5.2 beschrieben. Wir gehen an dieser Stelle nicht weiter darauf ein. Stellen jedoch zwei andere Trainingsarten vor, das *Bio-Training,* das unter individuellen Bedingungen gut durchführbar ist, und das *Circuit-Training,* das sich hauptsächlich für Trainingsgruppen des Breitensports und Schulklassen eignet. Zwei Gründe haben zu dieser Auswahl geführt. Im Gegensatz zum Bodybuilding, wo durch die angewandten Übungsformen Muskelgruppen separiert belastet werden, sind bei den Übungsformen der hier gezeigten Beispiele ganze Muskelschlingen beteiligt. Zweitens werden in beiden Beispielen alle großen Muskelgruppen beansprucht.

## 7.3.2 Das BIO-TRAINING

SPITZ / SCHNELL (1983) haben in zwei Broschüren das BIO-TRAINING beschrieben und publik gemacht. Hierbei wird von folgenden Überlegungen ausgegangen:

Motor menschlicher Bewegungen ist der Muskel. Muskeln besitzen die Fähigkeit Maximalkraft, Schnellkraft, Kraftausdauer und Dehnungen zu vollbringen. Die Kombination dieser vier Eigenschaften bezeichnen diese Autoren als die *komplexe Muskelkraft.* Wenn Muskeln jedoch wirkungsvoll arbeiten sollen, müssen sie ständig mit Energie und Brennstoff versorgt werden. Die Fähigkeit, den arbeitenden Muskeln Brennstoffe zuzuführen, benennen sie *Organkraft.*

Körperliche Fitness würde jedoch bisher leider auf zwei getrennten Wegen angestrebt, entweder durch Ausdauertraining wie dem Joggen, Walking, Radfahren usw. oder durch Kraft- bzw. Muskeltraining mit Hanteln oder an Krafttrainingsgeräten. BIO-TRAINING sucht nach einem harmonisch abgestimmten Fitness- bzw. Präventionstraining, bei dem in einer *Kombination* von *Organtraining — Muskeltraining — Nerventraining* möglichst alle Grundfähigkeiten des Menschen in Form gehalten werden können. Das Bio-Programm besteht aus 10 Übungsformen, den sog. *„Goldenen Zehn".* Sie unterteilen sich in zwei Teilprogramme zu je fünf Übungsformen, die „Täglich 5" und „Die zweiten 5".

*Abb. 119: Die „Täglich 5" (1 Standbeuge; 2 Windmühle; 3 Tal und Berg; 4 Tiefkniebeuge; 5 Brücke) nach* SPITZ / SCHNELL *1983, 78.*

Die „Täglich 5" sollen, wie der Begriff besagt, täglich durchgeführt werden. Anfänger bestreiten 15—20 Wiederholungen, später 30—35 Wiederholungen, danach mehrere Serien mit der hohen Wiederholungszahl.

„Die zweiten 5", die Übungsformen 6—9, werden wöchentlich dreimal (z. B. montags, mittwochs, freitags) durchgeführt. Anfangs mit 6—8 Wiederholungen, später mit 8—12. Auch hier sollen die Belastungen systematisch gesteigert werden. Erstens durch mehr als eine Serie, zweitens durch Erhöhung der Gewichtslasten. Die aerobe Übung 10 kann durch Joggen, Radfahren, Schwimmen, Skilanglauf oder auf dem Fahrradergometer absolviert werden. Belastungsanforderungen sind hier: dreimal wöchentlich, 20—30 Minuten, Herzschlagfrequenz 130—140/min.

### 7.3.3 Das Circuit-Training

Für das breitensportliche oder allgemeine Krafttraining im Fitnessbereich schlagen wir ein *Circuittraining* nach der *Kraftausdauermethode* vor und verfolgen damit einen *allgemeinen Muskelaufbau* (Muskelaufbautraining) für die Hauptmuskelgruppen. Dieses Training (Abb. 121) wird in einer Sporthalle mit den üblichen Hallengeräten durchgeführt.

*Abb. 120: „Die zweiten 5" (6 Armbeugen; 7 Armstrecken; 8 enges Rudern; 9 breites Rudern; 10 aerobe Übung) nach SPITZ / SCHNELL 1983, 79.*

Die *Übungsformen:* 1 = Liegestütz (Armstreckmuskulatur), 2 = Einrollen des Oberkörpers (wie sit-ups für die Bauchmuskulatur), 3 = Tiefsprung vom Kasten mit sofortigem Hocksprung auf einen zweiten Kasten (Bein-Hüft-Streckmuskulatur), 4 = Anheben bis zur Waagerechten und Senken des Oberkörpers in der Bauchlage (Rückenmuskulatur), 5 = Klimmzüge im Schräghang (Armbeugemuskulatur), 6 = Anheben der Beine in Rückenlage (Hüftbeugemuskulatur), 7 = Anheben der Unterschenkel mit eingeklemmtem Medizinball (Beinbeugemuskulatur), 8 = Anheben der Beine in Bauchlage (Hüftstreckmuskulatur).

Die *Übungsausführung* ist, außer bei Übung 3, *zügig bis langsam*. Die *Belastungsdauer* beträgt anfangs 30, später 45 Sekunden bei *Pausen* von 30 Sekunden zwischen den Übungen. Anfangs genügt ein Durchgang. Anzustreben sind zwei Durchgänge mit einer Belastungsdauer von 45 Sekunden pro Übung. Dieses Training sollte einmal wöchentlich durchgeführt werden.

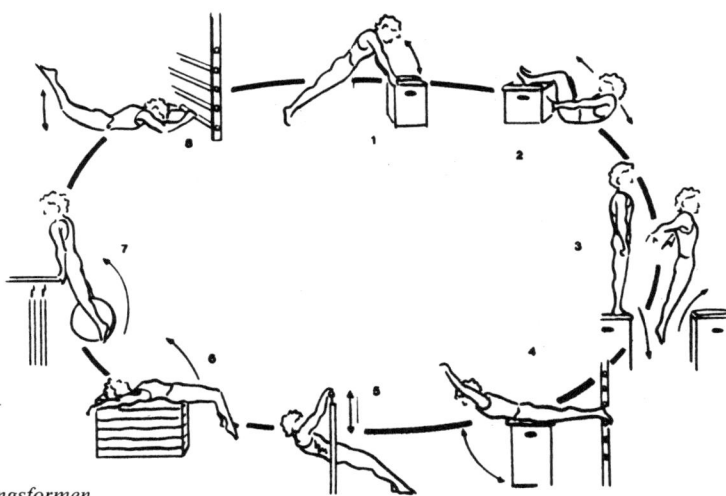

*Abb. 121: Die Übungsformen des Circuittrainings.*

## 7.3.4 Krafttests für das Fitnesstraining

Die im Abschnitt 3.2.4.3 vorgestellten sportmotorischen Tests zur Kraftdiagnose, wie (1) *Jump-and-Reach-Test,* (2) *Bankdrücken* und (3) *Bankziehen* sind auch für das Fitnesstraining bestens geeignet, da sie Leistungsveränderungen genau anzeigen. Hier sollen jedoch noch einige Tests vorgestellt werden, die zwar sehr „grob-diagnostisch" messen, aber im „Wohnzimmer" durchgeführt werden können. Sie haben gleichzeitig die Funktion eines Krafttrainings. Diese Tests sollten deshalb auch zusammen und immer in der gleichen Reihenfolge als *Testbatterie* alle 6 Wochen durchgeführt werden. Auch für den Heimgebrauch von Tests sind die Gütekriterien einzuhalten, wenn Tests aussagefähig sein sollen (Abschnitt 3.2.4).

Vorgeschlagene *Testbatterie:*

Erster Test: *Liegestütz* (Armstreckkraft)

*Testanweisung:* Völlig gestreckte Arme, Hände schulterbreit aufgestützt. Hüftgelenk, Kniegelenk und Fußgelenk bilden eine gerade Linie, d. h. der gesamte Körper ist steif, gestreckt. Die Übungszeit beträgt 30 Sekunden. Der Liegestütz wird in dieser Zeit so oft wie möglich ganz korrekt wiederholt. Frauen führen einen erleichterten Liegestütz durch, indem sie die Unterschenkel bis 10 cm unterhalb des Knies auf einen Hocker legen. Auch hierbei bleibt der Körper steif gestreckt.

*Tabelle 47: Gute Leistungen beim Liegestütz.*

| Alter | bis 30 | 30—45 | über 45 |
|---|---|---|---|
| Gute Leistung | > 20 | > 15 | > 10 |

Zweiter Test: **Aufrichten aus der Rückenlage** — Sit-ups (Bauchmuskulatur)

*Testanweisung:* völlig gestreckte Rückenlage, Fußspitzen berühren die Wand, Arme liegen gestreckt hinter dem Kopf. Der Oberkörper wird bei gestreckten Beinen soweit wie möglich in der Hüfte gebeugt, die Hände berühren die Füße. Gezählt wird die Anzahl der Sit-ups die innerhalb von 15 Sekunden erreicht wird. Gute Leistungen sind 10 Wiederholungen (Frauen) und 12 (Männer).

Dritter Test: **Standweitsprung** (Sprungkraft)

*Testanweisung:* beidbeiniger Absprung von markierter Absprunglinie, mit Armschwung und weit nach vorn gebrachten Beinen bei der Landung. Es empfiehlt sich eine Aufrollfolie mit Markierungen — alle 5 cm — herzustellen. Gemessen wird von der Absprunglinie bis zum ersten Eindruck nach dieser Linie (Ferse).

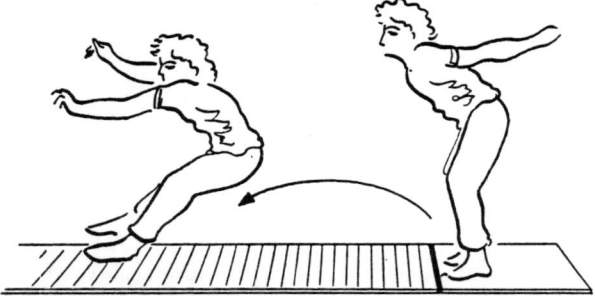

*Abb. 122: Standweitsprung-Test.*

*Tabelle 48: Bewertung der Standweitsprungleistung.*

| LEISTUNG in cm | MÄNNER | | FRAUEN | |
|---|---|---|---|---|
| | 18—30 Jahre | > 30 Jahre | 18—30 Jahre | > 30 Jahre |
| gering | 200 | 180 | 170 | 160 |
| mittel | 220 | 200 | 190 | 180 |
| gut | 240 | 220 | 210 | 200 |

## 7.4 Beweglichkeitsschulung durch Funktionsgymnastik

Neben dem Ausdauertraining betrachten wir eine kontinuierliche *Beweglichkeitsschulung* als das zweite „Standbein", die zweite sehr wichtige inhaltliche Komponente des Gesundheits- und Fitnesstrainings. Allgemeine Beweglichkeitsschulung verfolgt zwei Ziele (Abschnitt 3.5.4): erstens eine allgemein gute *Gelenkbeweglichkeit* zu entwickeln und erhalten; zweitens eine gute *Dehnfähigkeit* (Muskelelastizität) zu gewährleisten. Gelenkbeweglichkeits- und Dehnfähigkeitsschulung sollen deshalb auch häufig in Verbindung mit dem Ausdauer- und Krafttraining durchgeführt werden (Abschnitt 7.1.5).

Unabhängig davon sollte jedoch ein tägliches *Funktionsgymnastik-Programm* von ca. 15 Minuten zur „Fitness-Gewohnheit" werden. Es kann morgens oder abends durchgeführt werden.

*Funktionsgymnastik* folgt anatomisch-physiologischen Regeln und dient dazu auf Organe, Gelenke und Muskeln günstige Reize auszuüben, Bewegungen zu koordinieren, dabei gute psychomotorische Bedingungen für Bewegungsausführungen zu schaffen und auch zum psychischen Wohlbefinden beizutragen (KNEBEL 1985, 11 f.). Um diesen Anforderungen gerecht zu werden, muß die Funktionsgymnastik bestimmten *methodischen Regeln* folgen:

— sie enthält für die großen Funktionskreise menschlicher Bewegungen im anatomisch-physiologischen Sinne *funktionsadäquate Übungsformen;*

— diese Übungsformen werden entsprechend der *Bewegungsabsicht* sehr *genau* durchgeführt;

— das *Bewegungstempo* ist *zügig,* eher langsam, keinesfalls ruckhaft, schnell;

— um auch organisch zu belasten, werden je Übung mindestens *12 Wiederholungen* absolviert.

Ein mögliches Programm mit 12 Übungsformen wird hier kurz beschrieben: (1) hüftbreiter Stand, Hände greifen abwechselnd weit, aber locker nach oben, dabei extreme Schulter- und Ellbogenstreckung; (2) kreuzen der Arme und Hände vor den Oberschenkeln, seitlicher Aufwärtsschwung der Arme und kreuzen vor dem Kopf; (3) Kniestand (Knie hüftbreit), Wechsel vom „Katzenbuckel" zum „Hohlkreuz"; (4) Ausgangsposition ist der Einkniestand, Gegenhand hält das andere Knie hoch, Bein und Arm diagonal bis zur Waagerechten strecken; (5) Rückenlage, Rumpfeinrollen (crunchers), oberer Beckenrand bleibt auf dem Boden, gestreckte Arme heben sich mit; (6) Hochziehen eines Beines mit gleichzeitigem Anheben des Oberkörpers bei Schulterrotation; (7) Rumpfseitbeugen mit gebeugten Beinen und gestrecktem Arm auf der Dehnungsseite; (8) Laufen seitwärts mit vor-, rückwärtskreuzen der Beine und verdrehen der Hüfte; (9) Beugen und Strecken eines Beines in der Seitlage; (10) Hüfte nach vorn schieben, Ferse zum Gesäß ziehen im Hock-Kniestand; (11) lockeres Vor- und Zurückschwingen eines Beines im Einbeinstand; (12) tiefer Hockstand, langsames Aufrichten in den Stand (Übungsbeispiele nach KNEBEL 1985).

## 7.5 Ernährung und Fitness-Training

Ein meßbarer Parameter eines „gesunden" Stoffwechselgleichgewichts und einer „richtigen" Ernährung ist die Einstellung und Erhaltung des sog. individuellen *„Fit-Gewichts"* (auch Normalgewicht). Zur Bestimmung des Normalgewichts kann einmal die BROCA-*Formel* herangezogen werden: *Gewicht in kg = cm über 1 m Körpergröße;* Beispiel: bei 170 cm Körpergröße wäre das Sollgewicht 70 kg. Bei unterschiedlichen Konstitutionstypen muß die BROCA-Formel jedoch modifiziert werden, so werden bei athletischen, pyknischen Typen 5—10% addiert; Beispiel bei 170 cm Körpergröße = 73,5—77 kg. Bei leptosomen Typen sind von der BROCA-Formel 5—10% zu subtrahieren, Beispiel: 180 cm Körpergröße = 72—76 Körpergewicht. Gesundheitlich tolerable Grenzwerte des Körpergewichts sind weitere 5—10% addiert oder subtrahiert von den bereits modifizierten Werten (MELLEROWICZ 1985, 8).

Aufgrund unserer Untersuchungen schlagen wir eine Orientierung am *optimalen Körpergewicht* vor. Dieses ergibt

sich aus dem Quotienten: $\dfrac{\text{Körpergröße } (= \text{ cm})}{\text{Körpergewicht } (= \text{ kg})}.$

Beispiel: 182 cm : 78 kg = 2,33 (Quotient). Quotienten für ein optimales Körpergewicht sind bei Männern = 2,5 (± 0,1), (ein Quotient von 2,2 würde ausdrücken, daß derjenige zu schwer für ein optimales Körpergewicht wäre), bei Frauen = 3,0 (± 0,2), bei Jungen und Mädchen von 10 Jahren = 4,5, bei Zwölfjährigen = 3,6, bei Vierzehnjährigen = 3,2 (MARTIN 1988,42 f.). Das optimale Körpergewicht wird bei Fitness-Sportlern/innen durchschnittlich um 0,15—0,2 überschritten. *Das optimale Körpergewicht verweist auf ein optimales Verhältnis von fettfreier (Muskeln) zu fettreicher Masse und ist deshalb ein gutes Fitness- und Ernährungszielmaß.* Der **Kalorienverbrauch** beim Training kann wie folgt angenommen werden: Während einer Stunde körperlichen Trainings werden zwischen 300—1000 Kilokalorien (kcal), das sind 1000—4000 Kilojoule (kJ) verbraucht. Der Verbrauch von 1000 kcal erfordert einen Stundenlauf im Bereich von 85% der relativen Intensität (Abschnitt 7.2.2.2), bei einer Stunde Radfahren mit hoher Intensität werden ca. 800 kcal, Schwimmen 640, Hiking 500, Walking (ca. 6 km/h) 350 kcal und beim Sitzen 80 kcal verbraucht (MELLEROWICZ 1985, 49; BLOSS 1989, 47).

**Richtige Ernährung** sollte *„bedarfsgerecht und vollwertig sein".* Bedarfsgerecht bedeutet dabei, dem Verbrauch entsprechend, vollwertig meint vielseitig, ausgewogen entweder roh (Obst, Salate) oder mit schonender Behandlung (garen, dünsten) zubereitet. Die richtige *Mischung* der Nahrung wäre: 50% *Kohlehydrate* (Getreide, Reis, Vollkornbrot, Obst, Gemüse, Hülsenfrüchte und Kartoffeln; 35% *Fette,* in Fleisch, Wurst, Milch, Milchprodukten, wobei die Hälfte der Fette aus pflanzlichen Fettsäuren bestehen sollte; 15% *Eiweiß,* wobei 1 Gramm pro kg Normalgewicht einzuhalten sind (Milch, Quark, Fisch, Fleisch, aber auch Soja-Bohnen). Ferner ist eine *Flüssigkeitszufuhr* von 1,5 Liter pro Tag (Tee, Mineralwasser, Säfte) unbedingt einzuhalten. Bei Training und großer Hitze reicht diese Menge nicht aus.

*Mineralien* und *Vitamine* werden normalerweise mit der Vollwertkost ausreichend eingenommen (BLOSS 1989, 44 ff.). Bei Ausdauerbelastungen mit hohen Flüssigkeitsvolumen sollten allerdings zusätzlich Vitamine und Elektrolyte zugeführt werden (Abschnitt 5.4.2).

# Sachregister

# Literatur

ADAM, K. (1973). Zur Praxis der Psychologie im Training. Leistungssport 3 (5), 385—389.

ADAM, K. (1975). Leistungssport — Sinn und Unsinn. München.

ADAM, K. und WERSCHOSHANSKIJ, J. V. (1972). Modernes Krafttraining im Sport. Berlin — München — Frankfurt/M.

ALLMANN, H. (1985). Maximalkraft und Sprintleistung — Maximalkrafttraining im Sprinttraining (S. 282—300). In BÜHRLE, M. (Hrsg), Grundlagen des Maximal- und Schnellkrafttrainings, Schorndorf.

AMERICAN COLLEGE OF SPORTS MEDICINE (1978). Position Statement on the recommended quantity and quality of exercise for developing and maintaining fitness in healthy adults. Medical Sciences in Sports 10, 7—10.

ANDERSON, B. (1982). Stretching. Waldeck-Dehringhausen.

ANOCHIN, P. K. (1969). Physiologie und Kybernetik (S. 59—76). In KITTLER, G., DOWE, G., GÖBEL, R. und KRÜGER, H. (Hrsg.), Psychologische Studientexte, Berlin (DDR).

ANOCHIN, P. K. (1975). Die Theorie des funktionellen Systems (russ.). Moskau.

AUGUSTIN, D. und MÜLLER, N. (Red.) (1981). Leichtathletiktraining im Spannungsfeld von Wissenschaft und Praxis. Niedernhausen.

AUSTE, N. (1987). Konditionstraining Fußball, Übungen und Programme. Reinbek.

BACHL, N. (1981). Möglichkeiten zur Bestimmung individueller Ausdauerleistungsgrenzen anhand spiroergometrischer Parameter. Österreichisches Journal für Sportmedizin Suppl. 1.

BADKTE, G. U. A. (1987). Sportmedizinische Grundlagen der Körpererziehung und des sportlichen Trainings. Leipzig.

BALLREICH, R. (1969). Weg- und Zeitmerkmale von Sprintbewegungen. Berlin.

BALLREICH, R. (1970). Grundlagen sportmotorischer Tests. Frankfurt.

BALLREICH, R. (1983). Analyse und Ansteuerung sportmotorischer Techniken aus biomechanischer Sicht (S. 74—93). In RIEDER, H., BÖS, K., MECHLING, H. und REICHLE, K. (Hrsg.), Motorik- und Bewegungsforschung, Schorndorf.

BARTH, B. (1980). Möglichkeiten einer Methodik der strategischen und taktischen Ausbildung im Trainingsprozeß. Theorie und Praxis der Körperkultur 29 (5), 374—384.

BATALOV, A. G. (1989). Zur Normierung der Belastungsintensität im Training der Skilangläufer. Leistungssport 19 (1), 51—52.

BAUERSFELD, K.-H. und SCHRÖTER, G. (1979). Grundlagen der Leichtathletik. Berlin (DDR).

BAUMANN, H. (1988). „Fehlsehen" als Grundlage für Korrekturen im Techniktraining (S. 90—104). In MECHLING, H., SCHIFFER, J. und CARL, K. (Red.), Theorie und Praxis des Techniktrainings, Köln.

BAUMANN, W. (1973). Biomechanik (S. 351—377). In JONATH, U., Praxis der Leichtathletik, Berlin — München — Frankfurt/M.

BAUMANN, W. (1976). Kinematic and dynamic characteristics of the Sprint start. In KOMI P. (Ed.), Biomechanics V, Vol. B, Baltimore.

BAUMANN, W. (1978). Seminar Skisprung 21.—26. 6. 1978. Köln (Manuskript).

BAUMANN, W. (1989). Grundlagen der Biomechanik. Schorndorf.

BAUMANN, W., SCHWIRTZ, A. und GROSS, V. (1986). Biomechanik des Kurzstreckenlaufs (S. 1—15). In BALLREICH, R. und KUHLOW, A. (Hrsg.), Biomechanik der Sportarten, Bd.1: Biomechanik der Leichtathletik, Stuttgart.

BECKER, V. und OLTMANNS, K. (1984). Umsteiger statt Aussteiger? — Überlegungen zur Vielseitigkeit im Nachwuchstraining. Lehre der Leichtathletik 17 (35), 1271—1274.

BERG, A. und KEUL, J. (1982). Die biochemischen Veränderungen durch körperliches Ausdauertraining. In WEIDEMANN, H. und SAMEK, L., Bewegungstherapie in der Kardiologie, Darmstadt.

BILLETER, R., HEIZMANN, C. W. und HOWALD, H. (1981). Analysis of myosin light and heavy chain types in single human skeletal muscle fibers. European Journal of Biochemistry 116, 389—395.

BLOM, C. S., COSTILL, D. L. und VOLLESTAD, N. K. (1987). Exhaustive running, inappropriate as a stimulus of glycogen super-compensation. Medicine and Science in Sports and Exercise 19 (4), 398—403.

BLOSS, H. A. (1986). Bewegung tut not. Düsseldorf.

BLOSS, H. A. (1989). Fitness-Lexikon. Düsseldorf.

BÖS, K. und MECHLING, H. (1983). Dimensionen sportmotorischer Leistungen. Schorndorf.

BOIKO, V. V. (1988). Die gezielte Entwicklung der Bewegungsfähigkeit des Sportlers. In Übersetzung P. TSCHIENE, BAL Frankfurt 1988 (Manuskript).

BRACK, R. (1986). Angewandte Aspekte in der Ziel- und Belastungsplanung im Sportspieltraining (S. 116—121). In LETZELTER, H., STEINMANN, W. und FREITAG, W. (Red.), Angewandte Sportwissenschaft, Clausthal-Zellerfeld.

BRAUER, B. M. (1982). Die Bestimmung des biologischen Alters in der sport- und jugendärztlichen Praxis mit einer neuen anthroprometischen Methode. Ärztliche Jugendkunde 73, 94—100.

BÜHRLE, M. (1985). Dimensionen des Kraftverhaltens und ihre spezifischen Trainingsmethoden (S. 82—111). In BÜHRLE, M. (Hrsg.), Grundlagen des Maximal- und Schnellkrafttrainings, Schorndorf.

BÜHRLE, M. (1989). Maximalkraft — Schnellkraft — Reaktivkraft. Sportwissenschaft 19 (3), 311—325.

BÜHRLE, M. und SCHMIDTBLEICHER, D. (1981). Komponenten der Maximal- und Schnellkraft. Sportwissenschaft 11 (1), 11—27.

BUONO, M. J., CLANCY, T. R. und COOK, J. R. (1984). Blood lactate and ammonium ion accumulation during grade exercise in humans. Journal of applied Physiology 57, 135—139.

BUSSE, M., MAASEN, N., BRAUMANN, M. und KÖNIG, T. (1987). Neuorientierung in der Laktatdiagnostik: Laktat als Glykogenindikator. Leistungssport 17 (5), 33—37.

CARL, K. (1978). Talentförderung — Leistungsentwicklung. Probleme einer frühen Spezialisierung im Training (S. 173—180). In HAHN, E. (Red.), Kind und Bewegung, Schorndorf.

CARL, K. (1984). Trainingswissenschaft (S. 135—14). In CARL K., KAYSER, D., MECHLING, H. und PREISING, W. (Hrsg.), Handbuch Sport Bd. 1, Düsseldorf.

CARL, K. (1989). Trainingswissenschaft — Trainingslehre (S. 216—228). In HAAG, H., STRAUSS, B. G. und HEINZE, S. (Red.), Theorie- und Themenfelder der Sportwissenschaft, Schorndorf.

CARL, K. und KAYSER, D. (1976). Zur Terminologie des Trainings. Versuch einer systematischen Ableitung von Grundbegriffen im Rahmen der Trainingsplanung. Leistungssport 6 (3), 218—224.

CARL, K. und KAYSER, D. (1983). Training (S. 418—419). In RÖTHIG, P., Sportwissenschaftliches Lexikon, Schorndorf.

CARL, K. (1983). Training und Trainingslehre in Deutschland. Schorndorf.

CARL, K. (1984). Talentsuche, Talentauswahl und Talentförderung in Schule und Verein (S. 917—939). In CARL, K. u. a., Handbuch Sport Bd. 2, Düsseldorf.

CARL, K. (1988). Talentsuche, Talentauswahl und Talentförderung. Schorndorf.

CIVAN, M. M. und PODOLSKY, R. J. (1966). Contraction kinetics of striated muscle fibres following quick changes in load. Journal of Physiology 184, 511—534.

CLAUSS, G. u. a. (1976). Wörterbuch der Psychologie. Köln.

CONCONI, F., FERRARI M., ZIGLIO, P. G., DROGHETTI, P. und CODEA, L. (1982). Determination of the anaerobic threshold by a noninvasive field test for runners. Journal of applied Physiology 4, 869—873.

COUNSILMAN, J. E. (1980). Handbuch des Sportschwimmens. Bockenem am Harz.

CREUTZFELD, O. D. (1983). Cortex Cerebri. Leistung, strukturelle und funktionelle Organisation der Hirnrinde. Berlin — Heidelberg — New York.

DANKO, J. I. (1974). Der Zustand der beständigen Arbeitsfähigkeit und die Ermüdung bei Muskelarbeit (S. 325—344). In PICKENHAIN L. (Hrsg.), Sportphysiologie, Berlin (DDR).

DE MARÉES, H. (1979). Sportphysiologie. Köln-Mülheim.

DE MARÉES, H. und MESTER, J. (1981). Sportphysiologie I. Frankfurt/M. — Aarau.

DE MARÉES, H. und MESTER, J. (1982). Sportphysiologie II. Frankfurt/M. — Aarau.

DE MARÉES, H. und MESTER, J. (1984). Sportphysiologie III. Frankfurt/M. — Aarau.

DESCHKA, K. (1961). Trainingslehre und Organisationslehre des Sports. Wien.

DESMEDT, J. E. und GODAUX, E. (1977). Ballistic contraction in man: Characteristic recruitment pattern of single motor units of the tibiatis anterior muscle. Journal of Physiology 264, 673—693.

DEUTSCH, J. A. (1973). Electroconvulsive schock and memory. In DEUTSCH, J. A. (Ed.), The physiological basis of memory, New York.

DEUTSCHE GESELLSCHAFT FÜR ERZIEHUNGSWISSENSCHAFTEN (1982). Resolution zum Thema: Kind im sportlichen Training (S. 271—273). In HOVALD, H. und HAHN, E. (Hrsg.), Kinder im Leistungssport, Basel.

DEUTSCHER SPORTBUND / BUNDESAUSSCHUSS LEISTUNGSSPORT (1990). Konzept der Nachwuchs- und Talentförderung im Leistungssport, internes Arbeitspapier aus dem Jahr 1990.

DÖBLER, H. (1976). Sportliche Taktik. Leipzig.

DORSCH, F. (1970). Psychologisches Wörterbuch. Hamburg — Bern.

DREVER, J. und FRÖHLICH, W. D. (1972). Wörterbuch zur Psychologie. München.

DTSB der DDR (1976). Die einheitliche Sichtung und Auswahl für die Trainingszentren und Trainingsstützpunkte des DTSB (Deutscher Turn- und Sportbund) der DDR. Nachweispflichtiges Arbeitsmaterial (n. f. D.). Berlin (DDR).

DUDEL, J. (1987). Der Muskel. In SCHMIDT, R. F. (Hrsg.), Grundriß der Neurophysiologie, Berlin — Heidelberg — New York.

DUDEL, J. (1987). Erregung von Nerv und Muskel. In SCHMIDT, R. F. (Hrsg.), Grundriß der Neurophysiologie, Berlin — Heidelberg — New York.

EBERSPÄCHER, H. (Hrsg.) (1987). Handlexikon Sportwissenschaft. Reinbek.

EBERSPÄCHER, H. (1988). Individuelle Handlungsregulation. Schorndorf.

ECCLES, J. C. (1979). Das Gehirn des Menschen. München — Zürich.

ECCLES, J. C. (1985). Willkürmotorik (S. 337—358). In POPPER, K. und ECCLES, J. C., Das Ich und sein Gehirn, München — Zürich.

EHLENZ, H., GROSSER, M. und ZIMMERMANN, E. (1985). Krafttraining. München — Wien — Zürich.

EIBEN, O. G. (1979). Die körperliche Entwicklung des Kindes (S. 187—218). In WILLIMZCIK, K. und GROSSER, M., Die motorische Entwicklung im Kindes- und Jugendalter, Schorndorf.

FASSBENDER, A. (1987). Bela Karolyis hochproduktives Leistungssportsystem in den USA. Leistungssport 17 (3), 11—16.

FEIGE, K. (1973). Vergleichende Studien zur Leistungsentwicklung von Spitzensportlern. Schorndorf.

FEIGE, K. (1978). Leistungsentwicklung und Höchstleistungsalter von Spitzenläufern. Schorndorf.

FETZ, F. (1973). Allgemeine Methodik der Leibesübungen. Frankfurt/M.

FILLIPOWITSCH, W. I. und FUREWSKI, F. M. (1977). Über die Prinzipien der sportlichen Orientierung von Kindern und Jugendlichen im Zusammenhang mit der altersspezifischen Veränderung in der Struktur der Bewegungsfähigkeit. Leistungssport 7 (6), 503—508.

FINDEISEN, D., LINKE, P. und PICKENHAIN, L. (1980). Grundlagen der Sportmedizin. Leipzig.

FORSBERG, A. (1985). Leistungsdiagnostik anhand kardiopulmonaler Meßgrößen. FIS-Langlauftrainerseminar. Bad Blankenburg (DDR).

FORSBERG, A. (1986). The physiology of cross-country skiing (S. 27—38). Seminary for Coaches in Cross-Country. Valadalen (SWE).

FREITAG, W. (1977). Schwimmen. Reinbek.

FREUND, H.-J. (1983). Motor unit and muscle activity in vertebrate muscle fibres. Physiological Reviews 63, 387—436.

FREY, G. (1977). Zur Terminologie und Struktur physischer Leistungsfaktoren und motorischer Fähigkeiten. Leistungssport 7 (5), 339—362.

FREY, G. (1982). Kindgemäßes Leistungstraining. Trainingspraktische Überlegungen aufgrund trainingswissenschaftlicher Erkenntnisse. Sportwissenschaft 12 (3), 275—300.

FRIEDRICH, E. und BRÜGGEMANN, P. (1981). Gerätturnen. Reinbek.

FRIEDRICH, E. und BRÜGGEMANN, P. (1981). Gerätturnen 2 (Wettkampf). Reinbek.

FRIEDRICH, E. und NILSSON, M. (1979). Gerätturnen 1 (Grundlagen). Reinbek.

GABLER, H. (1988). Individuelle Voraussetzungen der sportlichen Leistung und Leistungsentwicklung. Schorndorf.

GAISL, G. und WIESSPEINER, G. (1987). Eine unblutige Methode zur Bestimmung der anaeroben Schwelle bei Kindern. Leistungssport 17 (3), 27—29.

GERISCH, G. und REICHL, A. (1978). Durchführung und Auswertung eines motorischen Tests im Sportspiel Fußball. Leistungsfußball (9).

GERISCH, G. und RUTEMÖLLER, E. (1987). Aspekte der Talententwicklung und -förderung im Fußball (Teil 1). Sportpraxis 28 (4), 43—47.

GERISCH, G. und RUTEMÖLLER, E. (1987). Aspekte der Talententwicklung und -förderung im Fußball (Teil 2). Sportpraxis 28 (5), 50—52.

GERLACH, E. (1967). Stoffwechsel der Skelettmuskulatur. Klinische Wochenschriften 79, 229.

GOLLHOFER, A. (1987). Komponenten der Schnellkraftleistungen im Dehnungs-Verkürzungszyklus. Erlensee.

GONZALES-SERRATOS, H. (1971). Inward spread of activation in vertebrate musclefibres. Journal of Physiology 212, 777—779.

GRIMM, H. (1978). Bestimmung und Anwendung des sog. biologischen Alters. Ärztliche Jugendkunde 69, 179—195.

GRIMM, H. (1966). Grundriß der Konstitutionsbiologie und Anthropometrie. Berlin (DDR).

GROSSER, M., BRÜGGEMANN, P. und ZINTL, F. (1986). Leistungssteuerung in Training und Wettkampf. München — Wien — Zürich.

GROSSER, M. und NEUMAIER, A. (1982). Techniktraining. München — Wien — Zürich.

GROSSER, M. und STARISCHKA, S. (1981). Konditionstests. München — Wien — Zürich.

GROSSER, M., STARISCHKA, S. , und ZIMMERMANN, E. (1981). Konditionstraining. München — Wien — Zürich.

GROSSER, M. und ZIMMERMANN, E. (1981). Aspekte der biologischen Adaptation. Leistungssport 11 (4), 245—259.

GROSSER, M., ZIMMERMANN, E. und EHLENZ, H. (1985). Zu den Voraussetzungen, Inhalten, Methoden der Periodisierung und den Grenzen des Krafttrainings für Sprinter (100-m-Lauf) (S. 301—315). In BÜHRLE, M. (Hrsg.), Grundlagen des Maximal- und Schnellkrafttrainings, Schorndorf.

GUNDLACH, H. (1968). Systembeziehungen körperlicher Fähigkeiten und Fertigkeiten. Theorie und Praxis der Körperkultur 17 (2), 198—205.

GUNDLACH, H. u. Mitarb. (1973). Olympische Analysen. Leipzig.

GUTEWORT, W. und PÖHLMANN, R. (1966). Biomechanik — Motorik — Gedanken zum Terminologieversuch von G. Schnabel. Theorie und Praxis der Körperkultur 15 (6), 595—604.

HAASE, J. (1976). Haltung und Bewegung und ihre spinale Koordination (S. 99—191). In HAASE, J., HENATSCH, H.-D., JUNG, R., STRATA, P. und THODEN, U., Sensomotorik, München — Berlin — Wien.

HAGEDORN, G. (1985). Handlungsstruktur des Sportspiels (S. 29—36). In HAGEDORN, G., NIEDLICH, D. und SCHMIDT, G. (Red.), Basketball-Handbuch, Reinbek.

HARRE, D. u. a. (1970). Trainingslehre. Berlin (DDR).

HARRE, D. u. a. (1971). Trainingslehre. Berlin (DDR).

HARRE, D. u. a. (1975). Trainingslehre. Berlin (DDR).

HARRE, D. u. a. (1979). Trainingslehre. Berlin (DDR).

HARRE, D. u. a. (1982). Trainingslehre. Berlin (DDR).

HARRE, D. u. a. (1986). Trainingslehre. Berlin (DDR).

HARTMANN, F. (1988). Analyse des technisch-taktischen Torhüterverhaltens im Hallenhandball unterschiedlicher Leistungsbereiche. Wissenschaftliche Hausarbeit an der Universität Kassel 1988.

HECK, H. (o. Jg.). Energiestoffwechsel und medizinische Leistungsdiagnostik, Studienbrief 8 der Trainerakademie Köln.

HEHLMANN, W. (1964). Wörterbuch der Pädagogik. Stuttgart.

HENATSCH, H.-D. (1976). Bauplan der peripheren und zentralen sensomotorischen Kontrollen (S. 193—263). In HAASE, J., HENATSCH, H. D., JUNG, R., STRATA, P. und THODEN, U., Sensomotorik, München — Berlin — Wien.

HENATSCH, H.-D. und LANGER, H. H. (1983). Neurophysiologische Aspekte der Sportmotorik (S. 27—55). In RIEDER, H., BÖS, K., MECHLING, H. und REISCHLE, K. (Hrsg.), Motorik und Bewegungsforschung, Schorndorf.

HENNEMANN, E., SHAHANI, B. T. und CARPENTER, D. O. (1965). Excitability and inhibitility of motoneurons of different sizes. Journal of Neurophysiology 28, 599—620.

HETTINGER, T. (1968). Isometrisches Muskeltraining. Stuttgart.

HETTINGER, T. (1972). Isometrisches Muskeltraining. Stuttgart.

HIERSEMANN, D. (1989). Talentsichtung und Talentförderung in Nordrhein-Westfalen. Leistungssport 19 (6), 5—10.

HILDENBRANDT, E. (1973). Trainingslehre. In GRUPE, O. (Hrsg.), Einführung in die Theorie der Leibeserziehung, Schorndorf.

HILL, A. V. (1938). The heat of shortening and the dynamic constants of muscle. Proceedings of the Royal society of London Sect. B. 126, 137—195.

HIRSCH, L. (1977). Trainingsformen zur Verbesserung der aeroben Kapazität. Beiheft zu Leistungssport 9, 93—103.

HIRTZ, P. (1977). Struktur und Entwicklung koordinativer Leistungsvoraussetzungen bei Schulkindern. Theorie und Praxis der Körperkultur 26 (7), 503—510.

HIRTZ, P. (Red.) (1985). Koordinative Fähigkeiten im Schulsport. Berlin (DDR).

HITCHCOCK, S. E. (1981). Study of the structure of troponin-C by measuring the relative reactivities of lysines with acetic anhydride. Journal of Molecular Biology 147, 153—173.

HITCHCOCK, S. E., ZIMMERMANN, C. J. und SMALLEY, C. (1981). Study of the structure of troponin-T by measuring the relative reactivities of lysines with acetic anhydride. Journal of Molecular Biology 147, 125—151.

HOCHMUTH, G. (1974). Biomechanik sportlicher Bewegungen. Berlin (DDR).

HÖGER, H. (1969). Zur Systematisierung des Trainingsprozesses. Theorie und Praxis der Körperkultur 14 (17), 542—550.

HOLLMANN, W. (1966). Muskuläre Beanspruchungsformen und ihre leistungsbegrenzenden Faktoren. Sportarzt und Sportmedizin 11.

HOLLMANN, W. (1973). Sportmedizin (S. 261—315). In JONATH, U. (Hrsg.), Praxis der Leichtathletik, Frankfurt/M.

HOLLMANN, W., HETTINGER, T. (1976). Sportmedizin — Arbeits- und Trainingsgrundlagen. Stuttgart — New York.

HOLLMANN, W., HETTINGER, T. (1980). Sportmedizin, Arbeits- und Trainingsgrundlagen. Stuttgart — New York.

HOSTER, M. (1987). Zur Bedeutung verschiedener Dehnungsarten bzw. Dehnungstechniken in der Sportpraxis. Lehre der Leichtathletik 26 (31), 1523—1526.

HOTZ, A. (1982). Bewegungslernen im (Leistungs-)Sport. Trainer-Information 18, Magglingen.

HOTZ, A. und WEINECK, J. (1988). Optimales Bewegungslernen. Erlangen.

HUXLEY, A. F. und NIEDERGERKE, R. (1954). Structural changes in muscle during contraction. Nature 173, 971—973.

HUXLEY, A. F. und SIMMONS, R. M. (1971). Mechanical properties of the cross-bridges of trog striated muscle. Journal of Physiology 218, 59—60.

HUXLEY, H. E. (1963). Electron microscope studies on the structure of natural and synthetic protein filaments from striated muscle. Journal of Molecular Biology 7, 281—308.

ISRAEL, S. (1976). Zur Problematik des Übertrainings aus internistischer und leistungsphysiologischer Sicht. Medizin und Sport (1), 1—12.

ISRAEL, S. (1977). Bewegungskoordination frühzeitig ausbilden. Lehre der Leichtathletik 30 (21).

JAKOWLEW, N. (1972). Die Bedeutung der Homöostasestörung für die Effektivität des Trainingsprozesses. Medizin und Sport 13, 367—370.

JESCHKE, D., BRÜHL, G., FABRITIUS, H.-CH., HEITKAMP, U., SCHMIECHEN, U. und SCHUBERT, F. (1983). Präventive Effekte des Lauftrainings in Abhängigkeit von der Trainingsdauer (S. 421—426). In HECK, H., HOLLMANN, W., LIESEN, H. und ROST, R., Sport: Leistung und Gesundheit, Köln.

JOCH, W. und SCHMIDL, G. (1982). Zu einigen Aspekten der Altersproblematik im Schwimmen. Leistungssport 12 (5), 118—125.

JUNGERMANN, K. und MÖHLER, H. (1984). Biochemie. Berlin — Heidelberg — New York.

KAAS, D. (1986). Women and girls volume of training and intensity (S. 209—228). Seminary for Coaches in Cross-Country, Valadalen (SWE).

KALININ, W. K. und OSOLIN, N. N. (1975). Zur Struktur der Wettkampfperiode. Leistungssport 5 (3), 231—234.

KARLSON, J., HULTEN, B., PIEHL, K., SJÖDIN, B. und THORSTENSSON, A. (1975). Das menschliche Leistungsvermögen in Abhängigkeit von Faktoren und Eigenschaften der Muskelfasern. Medizin und Sport 15, 357—365.

KARVONEN, J. und VUORIMAA, T. (1988). Heart Rate and Exercise Intensity During Sports Activities — Practical Application. Sports Medicine, 303—312.

KEILHOLZ, U., STRÄHLE, G. und WEICKER, H. (1982). Trainerbriefe zur Beurteilung der konditionellen Leistungsfähigkeit bei Leistungssportlern durch ergometrische Untersuchungen. Beiheft zu Leistungssport 30.

KERN, J. (1989). Taktik im Sport. Schorndorf.

KEUL, J. (1978). Training und Regeneration im Hochleistungssport. Leistungssport 8 (3), 236—246.

KEUL, J. (1982). Zur Belastbarkeit des kindlichen Organismus aus biomechanischer Sicht (S. 31—49). In HOWALD, H. und HAHN, F. (Hrsg.), Kinder im Leistungssport, Basel — Boston — Stuttgart.

KEUL, J. und HARALAMBIE, G. (1972). Energiestoffwechsel und körperliche Leistung (S. 80—100). In HOLLMANN, W. (Hrsg.), Zentrale Themen der Sportmedizin, Berlin — Heidelberg — New York.

KEUL, J., JAKOB, E., LEHMANN, M., BERG, A., HUBER, G. und DICKHUT, H.-H. (1985). Leistungsdiagnostik anhand metabolischer und hormonaler Meßgrößen. FIS-Langlauftrainerseminar. Bad Blankenburg (DDR).

KEUL, J., SIMON, G., BERG, A., DICKHUTH, H.-H., GOERTTLER, J. und KÜBEL, R. (1979). Bestimmung der individuellen anaeroben Schwelle zur Leistungsbewertung und Trainingsgestaltung. Deutsche Zeitschrift für Sportmedizin 30, 212—218.

KINDERMANN, W. (1978). Regeneration und Trainingsprozeß in den Ausdauersportarten aus medizinischer Sicht. Leistungssport 8 (4), 348—358

KINDERMANN, W. (1984). Grundlagen der aeroben und anaeroben Leistungsdiagnostik. Schweizerische Zeitschrift für Sportmedizin 32, 69—74.

KIRCHMAIR, H. u. a. (1971). Kompendium der Kinderheilkunde. Stuttgart.

KLAFKI, W. (1974). Sinn und Unsinn des Leistungsprinzip in der Erziehung (S. 73—110). In MÜLLER, M. (Red.), Sinn und Unsinn des Leistungsprinzips — ein Symposium, München.

KLAUS, G. und BUHR, M. (1974). Philosophisches Wörterbuch Band 1 u. 2. Leipzig.

KLIMT, F. (1978). Sportliche Belastbarkeit von Kindern im Primarbereich (S. 53—76). In CLAUSS, A. (Hrsg.), Sportärztliche und sportpädagogische Betreuung, Beiträge zur Sportmedizin, Bd. 8, Erlangen.

KLUSSOW, N. P. (1986). Handballtaktik. Berlin (DDR).

KNEBEL, H. P. (1985). Funktionsgymnastik. Reinbek.

KÖRNER, T. u. a. (1985). Rudern. Berlin.

KOMI, P. V. (1985). Dehnungs-Verkürzungs-Zyklus bei Bewegungen mit sportlicher Leistung (S. 254—270). In BÜHRLE, M. (Hrsg.), Grundlagen des Maximal- und Schnellkrafttrainings, Schorndorf.

KRÜGER, A. (1980). Das Berufsbild des Trainers im Sport. Schorndorf.

KRUG, J. (1986). Hauptorientierungen zur Erhöhung der Effektivität des Trainingssystems Gerätturnen. Forschungsbericht der FKS, Leipzig.

KÜCHLER, G. (1983). Motorik. Stuttgart.

KÜPFMÜLLER, K. (1971). Grundlagen der Informationstheorie und der Kybernetik (S. 196—231). In GAUER, O. H., KRAMER, K. und JUNG, R. (Hrsg.). Allgemeine Neurophysiologie, München — Berlin — Wien.

KUHLOW, A. (1972). Forschungsbericht sportmotorische Tests — Modelle zur Abschätzung der Einflußhöhe der konditionellen Komponenten auf die komplexe Weitsprungleistung. Frankfurt/M.

KUHN, W. (1979). Funktionelle Anatomie des menschlichen Bewegungsapparates. Schorndorf.

KULTUSMINISTER DES LANDES NORDRHEIN-WESTFALEN (Hrsg.). Ein Versuch hat sich gelohnt — Das Teilzeitinternat für Leichtathletik — Modellversuch zur Talentsuche und Talentförderung in Bochum-Wattenscheid.

KUNATH, P. u. a. (1972). Beiträge zur Sportpsychologie 1. Berlin (DDR).

KUNATH, P. u. a. (1974). Beiträge zur Sportpsychologie 2. Berlin (DDR).

KUNZ, H. und UNOLD, E. (1986). Zielgerichtetes Krafttraining: Begriffe, Methoden, Trainingsmittel. Magglingen.

KURZ, D. (1988). Pädagogische Grundlagen des Trainings. Schorndorf.

KURZ, D. (1989). Worum geht es in einer Methodik des Sportunterrichts? (S. 9—22). In BIELEFELDER SPORTPÄDAGOGEN, Methoden im Sportunterricht, Schorndorf.

LAGERSTROM, D. und VÖLKER, K. (Hrsg.) (1983). Freizeitsport. Erlangen.

LAUDIN, H. (1977). Physiologie des Gedächtnisses. Heidelberg.

LEHNERTZ, K. (1984). Molekularmechanische Grundlagen der Muskelkraft bei Schlagbewegungen. Leistungssport 14 (5), 27—34.

LEHNERTZ, K. (1985a). Blutlaktat und Trainingssteuerung im schnellkoordinativen Bereich. Leistungssport 15 (1), 29—33.

LEHNERTZ, K. (1985b). Mechanismen der Kraftregulierung im Skelettmuskel. Leistungssport 15 (4), 33—40.

LEHNERTZ, K. (1985c). „Ermüdungs"-Molekül Ammoniak — ein Beitrag zur Theorie des Übertrainings. Leistungssport 15 (6), 28—31.

LEHNERTZ, K. (1986a). Die Ermüdung der koordinativen Leistungsfähigkeit. Leistungssport 16 (1), 5—10.

LEHNERTZ, K. (1986b). Zur Schulung der allgemeinen Koordinationsfähigkeit (S. 27—35). In GABLER, H. und ZEIN, B., Konditionstraining im Tennis, Ahrensburg.

LEHNERTZ, K. (1987a). Dipole — eine molekulare Spezialität von wesentlicher biologischer Bedeutung. Leistungssport 17 (1), 44—46.

LEHNERTZ, K. (1987b). Muskelkraft und Bewegungsleistung — mechanische Aspekte. Leistungssport 17 (6), 22—24.

LEHNERTZ, K. (1988a). „Kraftempfindungstraining" als Mittler zwischen Kraft- und Techniktraining (S. 109—123). In MECHLING, H., SCHIFFER, J. und CARL, K. (Red.), Theorie und Praxis des Techniktrainings, Köln.

LEHNERTZ, K. (1988b). Muskelkraft und Bewegungsleistung — magnetische Aspekte. Leistungssport 18 (1), 48—50.

LEHNERTZ, K. (1988c). Optimaler Krafteinsatz aus molekularmechanischer Sicht. Leistungssport 18 (4), 42—46.

LEHNERTZ, K. (1988d). Ammoniak und Laktat — Neue Aspekte der Trainingssteuerung (Teil 1). Leistungssport 18 (5), 48—50.

LEHNERTZ, K. (1988e). Ammoniak und Laktat — Neue Aspekte der Trainingssteuerung (Teil 2). Leistungssport 18 (6), 50—53.

LEHNERTZ, K. (1988f). Mechanische Aspekte des Golfschwungs. In HANKE, U. und WOERMANN, S. (Red.), Golf und Sportwissenschaft — ein Annäherungsversuch, Heidelberg.

LEHNERTZ, K. (1989a). Metabolische Aspekte der Ermüdung beim Ausdauersport (S. 82—95). In BREMER, D. u. a. (Red.), Triathlon: Trainingssteuerung, Psychologie, Jugendtriathlon, Ahrensburg.

LEHNERTZ, K. (1989b). Informationen zur herzschlagfrequenzorientierten Trainingssteuerung. Leistungssport 19 (4), 39—43.

LEHNERTZ, K. (1990a). Molekulare Grundlagen der Informationsverarbeitung im Nervensystem. Leistungssport 20 (2), 27—33.

LEHNERTZ, K. (1990b). Techniktraining (S. 105—195). In RIEDER, H. und LEHNERTZ, K., Bewegungslernen und Techniktraining, Studienbrief 21/Teil II, Schorndorf.

LEHNERTZ, K., LÜBS, E. D. und MARTIN, D. (1989). Zur Veränderung spiroergometrischer Meßwerte als Folge von Ermüdung und Kohlenhydratabstinenz (S. 313—318). In BÖNING, D. u. a. (Hrsg.), Sport — Rettung oder Risiko für die Gesundheit, Köln.

LEHNERTZ, K. und MARTIN, D. (1985). Regeneration des schnellkoordinativen Leistungsvermögens nach Ausdauer-, Schnellkraft- und Maximalkrafttrainingseinheiten. Leistungssport 15 (6), 39—46.

LEHNERTZ, K. und MARTIN, D. (1986). Ermüdungserscheinungen nach einseitigen hochintensiven Belastungen. Leistungssport 16 (6), 11—15.

LEHNERTZ, K. und MARTIN, D. (1988). Probleme der Schwellenkonzepte bei der Trainingssteuerung im Ausdauerbereich. Leistungssport 18 (5), 5—12.

LEHNERTZ, K. und PAMPUS, B. (1988). Trainingssteuerung im Rudern anhand muskelphysiologischer Parameter (S. 205—210). In STEINACKER, J. M. (Hrsg.), Rudern — sportmedizinische und sportwissenschaftliche Aspekte, Berlin — Heidelberg.

LEMPART, T. (1973). Die XX. Olympischen Spiele München 1972 — Probleme des Hochleistungssports. Berlin — München — Frankfurt/M.

LENZI, G. (1987). The marathon race: modern training methodology. New Studies in Athletics (2), 41—50.

LETZELTER, H. (o. J.). Ziele, Inhalte und Methoden des Konditionstrainings, Studienbrief 20, Trainerakademie Köln.

LETZELTER, M. (1978). Trainingsgrundlagen. Reinbek.

LETZELTER, M. (1987). Trainingswissenschaft (S. 507—518). In Eberspächer, H., Handlexikon Sportwissenschaft, Reinbek.

LETZELTER, H. und LETZELTER, M. (1983). Leistungsdiagnostik. Niedernhausen/Taunus.

LETZELTER, H. und LETZELTER, M. (1986). Krafttraining. Reinbek.

LEWIN, G. u. a. (1974). Schwimmsport. Berlin (DDR).

LIESEN, H. (1983a). Training konditioneller Fähigkeiten in der Vorbereitungsperiode. Fußballtraining (3), 11—14.

LIESEN, H. (1983b). Schnelligkeitsausdauertraining im Fußball aus sportmedizinischer Sicht. Fußballtraining (5), 27—31.

LIESEN, H. und HOLLMANN, W. (1981). Ausdauersport und Stoffwechsel. Schorndorf.

LIESEN, H., MADER, A., HECK, H. und HOLLMANN, W. (1977). Die Ausdauerleistungsfähigkeit bei verschiedenen Sportarten unter besonderer Berücksichtigung des Metabolismus: Zur Ermittlung der optimalen Belastungsintensität im Training. Beiheft zu Leistungssport 9, 63—99.

MADER, A. (1989). Aktive Belastungsadaptation und Regulation der Proteinsynthese auf zellulärer Ebene. Ein Beitrag zum Mechanismus der Trainingswirkung und der Kompensation von funktionellen Mehrbelastung.

MADER, A. und HOLLMANN, W. (1977). Zur Bedeutung der Stoffwechselleistungsfähigkeit des Eliteruderers im Training und Wettkampf. Beiheft zu Leistungssport 9, 9—62.

MAEHL, O. (1986). Beweglichkeitstraining. Ahrensburg.

MALLOW, J. (1986). Der DLV-Rahmentrainingsplan für das Grundlagentraining und das Wettkampfsystem im Schüleralter. Lehre der Leichtathletik 20 (25), 751—755.

MARGARIA, R. (1982). Energiequellen der Muskelarbeit. Leipzig.

MARKWORTH, P. (1984). Sportmedizin — 1 — Physiologische Grundlagen. Reinbek.

MARSCHNER, G. (1976). Schlagwort „Leistung" (S. 421—422). In ARNOLD, W. u. a. (Hrsg.), Lexikon der Psychologie, Bd. II/1, Freiburg.

MARTIN, D. (1977). Grundlagen der Trainingslehre Teil I. Schorndorf.

MARTIN, D. (1979). Grundlagen der Trainingslehre Teil I. Schorndorf.

MARTIN, D. (1980). Grundlagen der Trainingslehre Teil II. Schorndorf.

MARTIN, D. (1982). Grundlagen der Trainingslehre Teil II. Schorndorf.

MARTIN, D. (1981). Konzeption eines Modells für das Kinder- und Jugendtraining. Leistungssport 11 (3), 165—176.

MARTIN, D. (1985). Probleme und Fragestellungen der Trainingssteuerung bei der Ausdauerentwicklung. Leistungssport 15 (1), 7—12.

MARTIN, D. (1987a). Ermüdung als Steuergröße im Training. Sportwissenschaft 17 (4), 378—393.

MARTIN, D. (1987b). Trainingsplanung. In Trainerakademie 1987: Fachschriftenreihe des Österreichischen Skiverbandes, 23—37.

MARTIN, D. (1988). Training im Kindes- und Jugendalter. Schorndorf.

MARTIN, D. (1989a). Die Belastungsmerkmale des breitensportlichen Ausdauertrainings. Sportwissenschaft 19 (4), 378—395.

MARTIN, D. (1989b). Probleme des Techniktrainings im Sport (Teil 1). Leistungssport 19 (1), 9—13.

MARTIN, D. und LEHNERTZ, K. (1986). Ermüdung und Regeneration nach bestimmten Trainingsbelastungen. Forschungsbericht für das BISp. Kassel.

MARTIN, D. und LEHNERTZ, K. (1987). Ermüdung und Regeneration nach bestimmten Trainingsbelastungen. Forschungsbericht für das BISp. Kassel.

MARTIN, D. und LEHNERTZ, K. (1989). Probleme des Techniktrainings im Sport (Teil 2). Leistungssport 19 (2), 10—17.

MATTAUSCH, W. D. (1973). Zu einigen Problemen der begrifflichen Fixierung der konditionellen und koordinativen Fähigkeiten. Theorie und Praxis der Körperkultur 22 (9), 849—856.

MATWEJEW, L. P. (1972). Periodisierung des sportlichen Trainings. Berlin — München — Frankfurt/M.

MATWEJEW, L. P. (1972). Die Periodisierung des sportlichen Trainings. Leistungssport 2 (6), 401—415.

MATWEJEW, L. P. (1981). Grundlagen des sportlichen Trainings. Berlin (DDR).

MATWEJEW, L. P. und NOWIKOW, A. D. (1982). Theorie und Methodik der Körpererziehung Band 1. Berlin (DDR).

MECHLING, H. (1988). Zur Theorie und Praxis des Techniktrainings, Problemaufriß und Thesen. Leistungssport 18 (1), 39—42.

MECHLING, H. (1989). Leistung und Leistungsfähigkeit im Sport (S. 230—251). In HAAG, H., STRAUSS, B. G. und HEINZE, S. (Red.), Theorie- und Themenfelder der Sportwissenschaft, Schorndorf.

MECHLING, H., SCHMIDTBLEICHER, D. und STARISCHKA, S. (Red.) (1986). Aspekte der Bewegungs- und Trainingswissenschaft — Motorisches Lernen — Leistungsdiagnostik — Trainingssteuerung, DVS-Protokolle Nr. 22., Clausthal-Zellerfeld.

MEINEL, K. (1960). Bewegungslehre. Berlin (DDR).

MEINEL, K. und SCHNABEL, G. (1987). Bewegungslehre — Sportmotorik. Berlin (DDR).

MELLEROWICZ, H. (1985). Gesundheit und Leistung. Berlin — Heidelberg — New York.

MIRAM, W. und SCHARF, K. H. (1981). Biologie heute, S. II. Hannover.

MOGNONI, P. (1988). Laboratory Test, Referat auf dem FIS-Seminar für Skilanglauftrainer, Rom.

MÜLLER, C. (1988a). Theoretischer Ansatz zur Systematisierung der allgemeinen Prinzipien im sportlichen Training. Theorie und Praxis der Körperkultur 37 (2), 101—109.

MÜLLER, C. (1988b). Prinzipien zur Ausbildung von Leistungsvoraussetzungen — dargestellt am Beispiel der Prinzipien des technisch-koordinativen Trainings. Theorie und Praxis der Körperkultur 37 (3), 171—177.

MÜLLER, K.-J. (1987). Statische und dynamische Muskelkraft. Frankfurt.

NABATNIKOVA, M. J. (1974). Die spezielle Ausdauer des Sportlers. Berlin — München — Frankfurt/M.

NABATNIKOVA, M. J. (1982). Grundlagen der Steuerung des Trainings junger Sportler (russische Fassung). Moskau.

NETT, T. (1960). Das Übungs- und Trainingsbuch der Leichtathletik, Band 1, Der Lauf. Berlin.

NEUMAIER, A. (1983). Sportmotorische Tests in Unterricht und Training. Schorndorf.

NEUMANN, G. (1984). Sportmedizinische Grundlagen der Ausdauerentwicklung. Medizin und Sport 24 (6), 174—178.

NEUMANN, G. (1985). Physiologische Grundlagen der Skilanglaufleistung. FIS-Langlauftrainerseminar. Bad Blankenburg (DDR).

NITSCH, J. und HACKFORTH, D. (1987). Beanspruchung (S. 33—40). In EBERSPÄCHER, H. (Hrsg.), Handlexikon Sportwissenschaft, Reinbek.

NITSCH, J. und UDRIS, J. (1976). Beanspruchung im Sport. Bad Homburg.

NOBLE, M. I. M. und POLLACK, G. H. (1977). Molecular mechanisms of contraction. Circulation Research 40, 333—342.

NOTH, J. (1986). Motorische Lerntheorien — Neurophysiologische Korrelate — Hypothesen zur Funktion des Kleinhirns und der Basalganglien (S. 25—38). In MECHLING, H., SCHMIDTBLEICHER, D. und STARISCHKA, S. (Red.), Aspekte der Bewegungs- und Trainingswissenschaft — Motorisches Lernen — Leistungsdiagnostik — Trainingssteuerung, DVS-Protokolle Nr. 22, Clausthal-Zellerfeld.

OERTER, R. und MONTADA, L. (1982). Entwicklungspsychologie. München — Wien — Baltimore.

OREAR, J. (1982). Physik. München.

PAFFENBARGER, R. S. JR. (1982). Die Rolle der körperlichen Aktivität in der primären und sekundären Prävention der koronaren Herzkrankheit. In WEIDEMANN, H. und SAMEK, L., Bewegungstherapie in der Kardiologie, Darmstadt.

PAHLKE, U. und ISRAEL, S. (1980). Sportmedizinisch-biowissenschaftliche Grundfragen der Ausdauer im Kindes- und Jugendalter (S. 21—48). In WIKOWSKI, R. (Red.), Ausdauerleistungsfähigkeit im Schulsport, Berlin (DDR).

PAMPUS, B., LEHNERTZ, K. und MARTIN, D. (1989). Die Wirkung unterschiedlicher Belastungsintensitäten auf die Entwicklung von Maximalkraft und Kraftausdauer. Leistungssport 19 (4), 5—10.

PFÖRRINGER, B., ROSEMEYER, B. und BÄR, H.-W. (Hrsg.) (1981). Sporttraumatologie. Erlangen.

PICKENHAIN, L. (Hrsg.) (1974). Sportphysiologie. Berlin (DDR).

PLATANOV, V. N. und SACHNOWSKIJ, K. P. (1986). Die Vorbereitung des jungen Sportlers (russisch). Moskau.

PÖHLITZ, L. (1987). Aufbautraining im Mittel- und Langstreckenlauf (Teil 1). Leistungssport 17 (1), 17—22.

PÖHLITZ, L. (1987). Aufbautraining im Mittel- und Langstreckenlauf (Teil 2). Leistungssport 17 (2), 17—20.

POPPER, K. R. und ECCLES, J. C. (1985). Das Ich und sein Gehirn. München — Zürich.

POULTON, E. C. (1950). Perceptional anticipation and reaction time. Quarterly Journal of Experimental Psychology 2, 99—112.

PRAMANN, U. (1989). Das Heyne Fitnessbuch des Jahres. München.

PROBST, H. und WENGER, U. (1986). Praktische Durchführung des CONCONI-Tests, Seminary for Coaches in Cross-Country. Valadalen (SWE).

PUNI, A. Z. (1973). Das Problem der psychischen Wettkampfvorbereitung. Leistungssport 3 (2), 147—150.

PUNKKINEN, J. (1988). Correct interpretation and application of the tests by the coach, Referat auf dem FIS-Seminar für Skilanglauftrainer. Rom.

RIEDER, H. (1973). Über die Wechselwirkung von konditioneller und psychischer Wettkampfvorbereitung. Leistungssport 3 (5), 381—384.

RÖBLITZ, G. (1970). Leistung als konstituierendes Element der sozialistischen Menschengemeinschaft und als Zentralbegriff der Sportwissenschaft. Wissenschaftliche Zeitschrift der DHfK, 61—71.

RÖTHIG, P. (Red.) (1983). Sportwissenschaftliches Lexikon. Schorndorf.

ROGGE, K.-E. (1981). Physiologische Psychologie. München — Wien — Baltimore.

ROITMAN, J., PAVLISKO, J. J. und SCHULZ, G. W. (1978). Exercise prescription by heart rate and met methods. Physician and Sportsmedicine 6, 98—102.

ROST, R. (1984). Herz und Sport. Erlangen.

ROST, K., OSTROWSKI, C., RENNER, E., KÖHLER, F. und KLOSE, S. (1989). Aspekte der Entwicklung von Trainings- und Vorbereitungssystemen im Jugendbereich. Leipzig.

ROTH, K. (1982). Strukturanalyse koordinativer Fähigkeiten. Bad Homburg.

ROTH, K. (1983). Motorisches Lernen (S. 141—239). In WILLIMCZIK, K. und ROTH, K., Bewegungslehre, Reinbek.

ROTH, K. (1987). Koordination — Koordinative Fähigkeiten (S. 191—199). In EBERSPÄCHER, H. (Hrsg.), Handlexikon Sportwissenschaft, Reinbek.

RÜEGG, J. C. (1987). Excitation-Contraction Coupling in Fast- and Slow-Twitch Muscle Fibers. International Journal of Sports Medicine, 360—364.

RÜSSEL, A. (1976). Psychomotorik. Darmstadt.

RUSKO, H. (1985). Physiological values to define fatigue and regeneration, FIS Cross-Country Trainer's Seminary.

SALTIN, B. (1986). The physiological and biochemical basis of aerobic and anaerobic capacities in man: effect of training and range of adaption, Seminary for Coaches in Cross-Country. Valaden (SWE).

SCHMIDT, D. (Red.)(1987). Gerätturnen, Anleitung für den Übungsleiter. Berlin (DDR).

SCHMIDT, P. (1977). Trainingsformen zur Erzielung einer hohen Übersäuerung. Beiheft zu Leistungssport 9, 104—120.

SCHMIDT, R. A. (1968). Anticipation and timing. Psychological Bulletin 70.

SCHMIDT, R. A. (1975). A schema theory of discrete motor skill-learning. Psychological Review 82 (4), 225—260.

SCHMIDT, R. A. (1976). The schema as a solution to some persistent problems in motor learning theory (S. 41—65). In STELMACH, G. E. (Hrsg.), Motor Control: Issues and trends, New York.

SCHMIDT, R. F. (1976). Motorische Systeme (S. 83—113). In SCHMIDT, R. F. und THEWS, G. (Hrsg.), Einführung in die Physiologie des Menschen, Berlin — Heidelberg — New York.

SCHMIDT, R. F. (1977). Grundriß der Neurophysiologie. Berlin — Heidelberg — New York.

SCHMIDTBLEICHER, D. (1980). Maximalkraft und Bewegungsgeschwindigkeit. Bad Homburg.

SCHMIDTBLEICHER, D. (1984). Strukturanalyse der motorischen Eigenschaft Kraft. Lehre der Leichtathletik 35 (30), 1785—1792.

SCHMIDTBLEICHER, D. (1985). Klassifizierung der Trainingsmethoden im Krafttraining. Lehre der Leichtathletik 24 (1) und (2), 25—30.

SCHMIDTBLEICHER, D. und GOLLHOFER, A. (1985). Einflußgrößen des reaktiven Bewegungsverhaltens und deren Bedeutung für die Sportpraxis (S. 271—281). In BÜHRLE, M. (Hrsg.), Grundlagen des Maximal- und Schnellkrafttrainings, Schorndorf.

SCHNABEL, G. und MÜLLER, C. (1988). Wesen, Funktion und Eigenschaften der methodischen Prinzipien im sportlichen Training. Theorie und Praxis der Körperkultur 37 (2), 95—101.

SCHOLICH, M. (1974). Kreistraining. Berlin — München — Frankfurt.

SCHOLICH, M. (1979). Kreistraining. Berlin (DDR).

SCHRAMM, E. u. a. (1987). Sportschwimmen. Berlin (DDR).

SCHÜRCH, P. (1987). Leistungsdiagnostik. Erlangen.

SCHWARZENEGGER, A. (1982). Bodybuilding für Frauen. München.

SICHELSCHMIDT, P. und KLEIN, G. D. (1986). Belastungssteuerung im Training. Handballtraining 7.

SINGER, E. (1983). Der Torwart im Hallenhandball. Böblingen.

SINZ, R. (1981). Lernen und Gedächtnis. Stuttgart.

SOBIESZEK, A. (1982). Steady-state kinetic studies on the actin activation of skeletal muscle heavy meromyosin subfragments. Effects of skeletal, smooth and non-muscle tropomyosin. Journal of Molecular Biology 157, 275—286.

SÖLVEBORN, S. A. (1983). Das Buch vom Stretching. München.

SPITZ, L. und SCHNELL, J. (1983). Muskeln Sie sich. Bd. 2. München.

STARISCHKA, S. (1981). Überlegungen zum Leistungssport aus sportwissenschaftlicher Sicht. Leistungssport 11 (5), 340—349.

STARISCHKA, S. (1988). Trainingsplanung. Schorndorf.

STAROSTA, W. (1988). Das Lehren der Technik und die Technikverbesserungen in den Individualsportarten. Leistungssport 18 (3), 40—44.

STEGEMANN, J. (1971). Leistungsphysiologie. Stuttgart.

STEINBRÜCK, K. (1981). Ringen II (S. 93—101). In PFÖRRINGER, B., ROSEMEYER, B. und BÄR, H.-W. (Hrsg.), Sporttraumatologie — sportartenspezifische Schäden und Verletzungen, Erlangen.

STIEHLER, G. (1974). Methodik des Sportunterrichts. Berlin (DDR).

STIEHLER, G. u. a. (1988). Sportspiele. Berlin.

STOBOY, H. (1972). Neuromuskuläre Funktion und körperliche Leistung (S. 16—41). In HOLLMANN, W. (Hrsg.), Zentrale Themen der Sportmedizin, Berlin — Hamburg — New York.

STORK, H. M. u. a. (1983). Befragung der D-Kaderangehörigen der Fachverbände des Landessportbundes Nordrhein-Westfalen. In Landessportbund und Kultusminister des Landes NRW (Hrsg.), o. O.

SUGI, H. und POLLACK, G. H. (Hrsg.) (1977). Cross-bridge mechanism in muscle contraction. Baltimore.

TANJI, J. und KATO, M. (1981). Activity of low- and high-threshold motor units of abductor digiti quinti in slow and fast voluntary contractions (S. 137—144). In DESMEDT, J. E. (Ed.), Progress in Clinical Neurophysiology Vol. 9, Basel.

THIELE, W. (1981). Darstellung von Mikrozyklen im Sprint der Männer (S. 134—136). In AUGUSTIN, D. und MÜLLER, N. (Red.), Leichtathletiktraining im Spannungsfeld von Wissenschaft und Praxis, Niedernhausen.

THIESS, G. (1964). Die Bestimmung der Trainingsetappen als Grundlage der Trainingsplanung im Aufbautraining. Wissenschaftliche Zeitschrift der DHfK Leipzig (Sonderheft) (6), 17 ff.

THIESS, G. und SCHNABEL, G. (1987). Leistungsfaktoren in Training und Wettkampf. Berlin (DDR).

THIESS, G., SCHNABEL, G. und BAUMANN, R. (1978). Training von A bis Z. Berlin (DDR).

TILSCHER, H. (1985). Klinische Befunde an der Wirbelsäule von Kunstturnerinnen (S. 194—201). In SCHWERDTNER, H. P. (Hrsg.), Sport und Sportmedizin — Kunstturnen, Erlangen.

TITTEL, K. (1985). Beschreibende und funktionelle Anatomie des Menschen. Stuttgart.

TSCHIENE, P. (1975). Moderne Tendenzen im Krafttraining des Hochleistungssports. Beiheft zu Leistungssport 1, 5—53.

TSCHIENE, P. (1977). Einige Aspekte zur Periodisierung des Hochleistungstrainings. Leistungssport 7 (5), 379—382.

TSCHIENE, P. (1985). Veränderungen in der Struktur des Jahrestrainingszyklus. Leistungssport 15 (5), 5—12.

TSCHIENE, P. (1986). Veränderungen in der Struktur des Jahrestrainingszyklus. In Sportwissenschaft in Hessen, Frankfurt.

TSCHIENE, P. (1989). Die neue „Theorie des Trainings" und ihre Interpretation für das Nachwuchstraining. Leistungssport 19 (4), 11—17.

ULICH, E. (1973). Vorwort des Herausgebers der Schriftenreihe. In VOLPERT, W., Sensomotorisches Lernen, Frankfurt/M.

VANOI, A. (1987). Notes from a presentation on the Italian program (S. 76—79). FIS Trainers Seminar Proceedings, Calgary (CAN).

WAGNER, H. (1928). Untersuchungen über die Frage der turnerischen und sportlichen Höchstleistung und ihre Bedeutung für die Jugendbildung. Langensalza.

WALDEYER, A. (1942). Anatomie des Menschen. Berlin.

WALSH, M. L. und BANISTER, E. W. (1988). Possible mechanisms of the anaerobic threshold — a review. Sports Medicine (5), 269—302.

WEBER, A. und MURREY, J. M. (1973). Molecular control mechanisms in muscle contraction. Physiological Review 53, 612—673.

WEBER, A. und WINICUR, S. (1961). The role of calcium in the superprecipitation of actomyosin. Journal of Biological Chemistry 236, 3198—3202.

WEDEKIND, S. (1985). Trainingswissenschaftliche Grundbegriffe — zur Terminologie konditioneller Leistungskomponenten —. Berlin — München — Frankfurt/M.

WEINECK, J. (1980). Optimales Training. Erlangen.

WEINECK, J. (1983). Optimales Training. Erlangen.

WEINECK, J. (1986). Optimales Training. Erlangen.

WERCHOSCHANSKI, J. W. (1988). Effektiv trainieren. Berlin (DDR).

WERCHOSHANSKIJ, J. V. (1972). Grundlagen des modernen Krafttrainings (S.). In ADAM, K. und WERSCHOSHANSKI, J. V., Modernes Krafttraining im Sport, Berlin — München — Frankfurt/M..

WERCHOSHANSKIJ, J. V. und TATJAN, W. W, (1975). Komponenten und funktionelle Struktur der Explosivkraft des Menschen. Leistungssport 5 (5), 25—31.

WESTPHAL, G., GASSE, M. und RICHTERING, G. (1987). Entscheiden und Handeln im Sportspiel. Münster.

WHITE, D. C. S. und THORSON, J. (1973). The kinetics of muscle contraction. Progress in Biophysics 27, 173—255.

WILLIMCZIK, K. (Hrsg.) (1977). Forschungsmethoden in der Sportwissenschaft, Grundkurs Datenerhebung. Bad Homburg.

WILLIMCZIK, K. und ROTH, K. (1983). Bewegungslehre. Reinbek.

WINKLER, W. (1983). Spielbeobachtung bei Fußballspielern. Leistungsfußball, 63—68.

WINTER, R. (1980). Zum Problem der sensiblen und kritischen Phasen in der Kindheit und in der Jugend. Medizin und Sport 20, 102—104.

WINTER, R. (1984). Zum Problem der sensiblen Phasen im Kindes- und Jugendalter. Körpererziehung 34 (8) und (9), 342—358.

WULF, C. (Hrsg.) (1974). Wörterbuch der Erziehung. München.

WURDEL, A. (1972). Sportmotorische Testbatterien und motorische Lernfähigkeit. Ahrensburg.

ZACIORSKIJ, V. M. (1972). Die körperlichen Eigenschaften des Sportlers. Berlin — München — Frankfurt/M.

ZACIORSKIJ, V. M. (1977). Die körperlichen Eigenschaften des Sportlers. Berlin — München — Frankfurt/M.

ZIMMERMANN, E. (1983). Trainingsprinzipien (S. 423—424). In RÖTHIG, P. (Red.), Sportwissenschaftliches Lexikon, Schorndorf.

# Bildnachweis

Wir danken den folgenden Verlagen für die freundliche Nachdruckerlaubnis von Abbildungen:

BLV-Verlag, München (Tabelle 16, S. 148)
Ferdinand Enke Verlag, Stuttgart (Abb. 71, S. 166; Abb. 68, S. 164)
Gustav Fischer Verlag, Stuttgart (Abb. 64, S. 155; Abb. 34, S. 117)
Schattauer-Verlag, Stuttgart (Abb. 72, S. 178)
SFT-Verlag, Erlensee (Abb. 39, S. 122)
Sportverlag, Berlin (Abb. 85, S. 191)
Springer-Verlag, Berlin (Abb. 14, S. 64; Abb. 18, S. 82; Abb. 31, S. 112)
Verlag Volk und Wissen, Berlin (Abb. 13, S. 58)

# Weitere wichtige Titel zur Trainingslehre aus unserem umfangreichen Fachbuchprogramm

Prof. Dr. Dietrich Kurz

## Pädagogische Grundlagen des Trainings

Der Sinn dieses Studienbriefes liegt darin, dem Trainer seine pädagogische Verantwortung anschaulich vor Augen zu führen.

1988. Format 17 × 24 cm, 136 Seiten, ISBN 3-7780-8041-5 (Bestellnummer 8041)

Prof. Dr. Wildor Hollmann

## Training, Grundlagen und Anpassungsprozesse

In dem zweiten der medizinischen Studienbriefe geht es um die physiologisch-medizinischen Grundlagen der Trainingsanpassungen. Der Trainer braucht heute das Wissen, um zu hohe oder zu umfangreiche Belastungen vermeiden zu können.

1990. Format 17 × 24 cm, 120 Seiten, ISBN 3-7780-8091-1 (Bestellnummer 8091)

Prof. Dr. Stephan Starischka

## Trainingsplanung

Der Studienbrief führt in die Arbeit mit Trainingsplänen ein und läßt den Trainer anhand einer Fülle von Beispielen und Aufgaben alle Planungsschritte nachvollziehen.

1988. Format 17 × 24 cm, 176 Seiten, ISBN 3-7780-8191-8 (Bestellnummer 8191)

Prof. Dr. Hermann Rieder / Prof. Dr. Klaus Lehnertz

## Bewegungslernen und Techniktraining

Neben Kondition und Taktik ist die Technik die dritte Schule sportlicher Leistungen. Im Bewegungslernen geht es, abhängig von Entwicklungsstufen sowie motivationalen und biologischen Gegebenheiten, um den Erwerb von Grundmustern der Bewegung.

1991. Format 17 × 24 cm, 196 Seiten, ISBN 3-7780-8211-6 (Bestellnummer 8211)

Prof. Dr. Dietrich Martin

## Training im Kindes- und Jugendalter

Das erste Ziel dieses Lehrbriefes ist die Vermittlung des Kenntnisstandes zum Kindes- und Jugendalter. Die zweite Zielsetzung ist die Umsetzung des Kenntnisstandes in die sportartspezifische Gestaltung des Kinder- und Jugendtrainings. Das dritte Ziel ist die Sensibilisierung der Trainerschaft für die schulungsorganisatorischen Probleme des Kinder- und Jugendtrainings.

1988. Format 17 × 24 cm, 144 Seiten, ISBN 3-7780-8231-0 (Bestellnummer 8231)

Prof. Dr. Josef Nöcker

## Die biologischen Grundlagen der Leistungssteigerung durch Training

**8., völlig neu bearbeitete Auflage 1989**

In der Broschüre vermittelt der Autor in leicht verständlicher Form das theoretische Wissen um die biologischen Grundgesetze, nach denen sich im menschlichen Organismus die Reaktionen auf die verschiedenen Trainingsreize mit dem Ziel der Leistungssteigerung vollziehen.

1960. DIN A 5, 188 Seiten, ISBN 3-7780-4038-3 (Bestellnummer 4038)

Dr. Klaus Carl

## Training und Trainingslehre in Deutschland

Der Autor versucht erstmals, wichtige Stationen der Entwicklung von Training, Trainingslehre und Trainingswissenschaft in Deutschland vom Ende des 19. Jahrhunderts bis heute darzustellen. Die Arbeit gliedert sich in zwei Teile.

1983. DIN A 5, 300 Seiten, ISBN 3-7780-7481-4 (Bestellnummer 7481)

## Verlag Karl Hofmann · D-7060 Schorndorf

Postfach 1360 · Telefon (0 71 81) 4 02-0 · Telefax (0 71 81) 4 02-1 11

# Beiträge zur Lehre und Forschung im Sport